PUBLICATIONS DE L'ÉCOLE DES LANGUES ORIENTALES VIVANTES

BIBLIOGRAPHIE IONIENNE

DESCRIPTION RAISONNÉE

DES OUVRAGES PUBLIÉS PAR LES GRECS DES SEPT-ILES

OU CONCERNANT CES ILES

DU QUINZIÈME SIÈCLE À L'ANNÉE 1900

PAR

ÉMILE LEGRAND

ŒUVRE POSTHUME COMPLÉTÉE ET PUBLIÉE PAR

HUBERT PERNOT

DOCTEUR ÈS LETTRES
RÉPÉTITEUR A L'ÉCOLE DES LANGUES ORIENTALES VIVANTES

TOME DEUXIÈME

PARIS

ERNEST LEROUX, ÉDITEUR

28, RUE BONAPARTE, 28

MDCCCCX

PUBLICATIONS
DE
L'ÉCOLE DES LANGUES ORIENTALES VIVANTES

Ve Série. — Vol. VII

BIBLIOGRAPHIE IONIENNE

TOME DEUXIÈME

MACON, PROTAT FRÈRES, IMPRIMEURS

BIBLIOGRAPHIE IONIENNE

DESCRIPTION RAISONNÉE

DES OUVRAGES PUBLIÉS PAR LES GRECS DES SEPT-ILES

OU CONCERNANT CES ILES

DU QUINZIÈME SIÈCLE À L'ANNÉE 1900

PAR

ÉMILE LEGRAND

ŒUVRE POSTHUME COMPLÉTÉE ET PUBLIÉE PAR

HUBERT PERNOT

DOCTEUR ÈS LETTRES
RÉPÉTITEUR A L'ÉCOLE DES LANGUES ORIENTALES VIVANTES

TOME DEUXIÈME

PARIS
ERNEST LEROUX, ÉDITEUR
28, RUE BONAPARTE, 28

MDCCCCX

ÉMILE LEGRAND

OEUVRES POSTHUMES

N° 4

BIBLIOGRAPHIE IONIENNE
DU DIX-NEUVIÈME SIÈCLE
(Suite)

1818. — Ἀγγλικὴ γραμματικὴ ἐπὶ τῇ βάσει τῶν γραμματικῶν τῶν Γόνεβστερ, Μόρρη καὶ Μακίλεϋ συνταχθεῖσα ὑπὸ Σ. Ἰ. Κασημάτη πρὸς χρῆσιν τῶν μανθανόντων τὴν ἀγγλικὴν γλῶσσαν Ἑλλήνων. Ἐν Ἑρμουπόλει, ἐκ τῆς τυπογραφίας Μ. Π. Περίδου. 1855.

In-8° de 192 pages.

1819. — Αἱ τελευταῖαι ὧραι τοῦ βίου τοῦ αὐτοκράτορος Νικολάου τοῦ πρώτου, συγγραφεῖσαι μὲν ῥωσσιστὶ καὶ ἐκδοθεῖσαι ὑψηλοτάτῃ ἀδείᾳ ἐκ τοῦ τυπογραφείου τοῦ β΄ τμήματος τοῦ ἰδιαιτέρου τῆς Α. Α. Μ. γραφείου, τῇ 24 μαρτίου τοῦ 1855 ἔτους, ἐν Πετρουπόλει, μετενεχθεῖσαι δὲ εἰς τὴν ἡμετέραν γλῶσσαν ὑπὸ Θεοδώρου Βαλλιάνου, συνταγματάρχου τῶν γενικῶν ἐπιτελῶν τοῦ στρατοῦ τῆς Ἑλλάδος. Ἀθήνησι, τύποις Χ. Νικολαΐδου Φιλαδελφέως, παρὰ τῇ Πύλῃ τῆς Ἀγορᾶς, ἀριθ. 420. 1855.

In-8° de ιγ' (13) + 32 pages + un feuillet, lequel a été tiré avec les 13 pages liminaires. Très rare.

1820. — Brevi Cenni sulla città di Malta ed un episodio sulla guerra d'Oriente, del Dr. Nicolò Chiessari Corcirese. *Malta*, tipografia di F. Cumbo. 1855.

In-8° de 52 + iv pages + un feuillet isolé. Rare. Le feuillet final et les 4 pages qui le précèdent contiennent les noms des souscripteurs.

1821. — Δηλοποίησις. (*Au bas:*) Κερκύρᾳ, ἐν τῇ τυπογραφίᾳ τῆς Κυβερνήσεως.

Placard de 12 cent. sur 20. Daté de Corfou, 30 avril 1855, et signé A. L. Dusmani. (Avis du Sénat relatif à la liberté du commerce des céréales.)

1822. — Διοργανισμός της λέσχης ὁ Ζάκυνθος. Περίοδος ἑβδόμη. 1855-1860. Ἐν Ζακύνθῳ, τυπογραφεῖον ὁ Παρνασσός Σεργίου Χ. Ῥαφτάνη διευθυνόμενον παρὰ Ν. Ἰ. Ταρουσσοπούλου. 1855.

In-8°, de 16 pages.

1823. — Ἐπιτομὴ τῆς ἱερᾶς ἱστορίας ἐκ τῆς παλαιᾶς καὶ νέας Διαθήκης πρὸς χρῆσιν τῶν σχολείων καὶ οἰκογενειῶν μετὰ εἰκονογραφιῶν. Μέρος ά. Ἐν Ἑρμουπόλει, ἐκ τῆς τυπογραφίας Γεωργίου Πολυμέρη. 1855.

In-8° de 112 pages. Μέρος β'. 100 pages. L'auteur de cet ouvrage est NICOLAS PHARDOULIS.

1824. — Ἡνωμένον Κράτος τῶν ἰονίων νήσων. Ἐκτελεστικὴ ἀπόφασις τῆς Γερουσίας. Κερκύρᾳ, 18ῃ ἰουνίου 1855. United States of the Ionian islands. Resolution of the Senate. *Corfu*, 18th june 1855. (*Au bas:*) Κερκύρᾳ, ἐν τῇ τυπογραφίᾳ τῆς Κυβερνήσεως.

Placard de 24 cent. sur 32. (Décision relative au commerce des céréales dans les îles de Leucade et de Corfou.)

1825. — Ἡ πολιορκία τῆς Κορίνθου, ποίημα λόρδου Βάϊρων μεταφρασθὲν ὑπὸ Ὄθωνος Σ. Πυλαρινοῦ, ἐκδοθὲν δὲ δαπάνῃ Γ. Μερίδου. Τεῦχος ά. Ἐν Ἀθήναις, ἐκ τῆς τυπογραφίας Γεωργίου Ἐμ. Κοτσαμπασοπούλου. 1855.

In-8° de 48 pages. Complet, malgré la mention de *Premier fascicule*. OTHON PYLARINOS se proposait de publier la traduction d'autres poésies de Byron.

1826. — Ἡ τρικυμία, δρᾶμα Οὐϊλιέλμου Σέϊκσπηρ· μετάφρασις Ἰ. Πολιλλᾶ Κερκυραίου. Κερκύρᾳ, τυπογραφεῖον Σχερία. 1855.

In-8° de 2 feuillets, 93 pages chiffrées en chiffres arabes, une page non chiffrée et 10 pages chiffrées en grec.

1827. — Il conte Giuliano, melodramma in tre atti posto in musica dal signor Spiridione Xinda. *Corfù*, tipografia del Governo. 1855.

In-8° de 30 pages.

1828. — Κεφαλληνία, μάρτιος 1855. Μᾶς ἐσηκώσανε τὴν ἐλευθεροτυπία. (*A la fin:*) Κερκύρᾳ, τῇ 4/16 ἀπριλίου 1855, τύποις Σχερία.

In-8° de 6 pages et un feuillet blanc. Sans titre et signé : ANDRÉ LASCARATOS. Rare.

1829. — La caduta della Repubblica di Venezia ed i suoi ultimi cinquant' anni, studii storici di Girolamo Dandolo. *Venezia*, co' tipi di Pietro Naratovich, prem. della medaglia d'argento dall' I. R. Istituto Ven. 1855.

In-8° de 675 pages. Dédié à Agostino Sagredo.

La caduta della Repubblica di Venezia ed i suoi ultimi cinquant' anni, studii storici di Girolamo Dandolo. Appendice. *Venezia*, co' tipi di Pietro Naratovich, prem. di med. aurea ed argentea da S.M.I.R.A. 1857.

In-8° de 2 feuillets + 357 pages + un feuillet blanc. Contient (pages 324-348) des notices biographiques sur 23 Ioniens célèbres. La couverture de chacun de ces deux volumes porte le millésime 1859. Nous ignorons s'il en est ainsi pour tous les exemplaires.

1830. — La Grèce et les Capodistrias pendant l'occupation française de 1828 à 1834, par le général de division Pellion. *Paris*, librairie militaire, J. Dumaine, libraire éditeur de l'Empereur, rue et passage Dauphine, 30. 1855. (*Au v° du faux-titre :*) Paris, imp. de Cosse et J. Dumaine, rue Christine, 2.

In-8° de deux feuillets non chiffrés, 418 pages et un feuillet non chiffré (pour l'errata).

1831. — La Società filarmonica a Spiridione Xinda, uno dei suoi primi fondatori e suo socio onorato. (*A la fin :*) *Corfù*, febbrajo 1855.

Placard mesurant 21 centimètres sur 30. Poésie.

1832. — Λόγος κατὰ κλοπῆς δημοσιευθεὶς εἰς τὸ 2216 φύλλον τῆς Ἀθηνᾶς τῆς 31 ἰανουαρίου 1855. Ἐκδίδεται δεύτερον μέ τινας προσθήκας καὶ σημειώσεις. Ἐν Ἀθήναις, τύποις Χ. Νικολαΐδου Φιλαδελφέως. 1855.

In-8° de 16 pages. L'auteur de ce discours est GEORGES TERTZÉTIS, qui a signé à la page 12.

1833. — Marino Vréto. Contes et poèmes de la Grèce moderne, précédés d'une introduction par Prosper Mérimée de l'Académie française. *Paris*, Émile Audois, libraire-éditeur, 1, rue d'Erfurth, 1. 1855. (*Au v° du faux-titre :*) Imprimerie de Beau, à Saint-Germain-en-Laye.

In-16 de 93 pages et un feuillet. Couverture blanche imprimée tout en rouge. Dédié à Nicolas A. Maurocordato.

1834. — Νύξεις προς λύσιν του ανατολικού Ζητήματος, μετάφρασις εκ του αγγλικού, εκδοθείσαι το πρώτον εν Λονδίνω τω 1853, νυν μετατυπωθείσαι το δεύτερον. 'Εν Κεφαλληνία, εκ του τυπογραφείου ή Κεφαλληνία. 1855.

In-8° de 36 pages.

1835. — Περί εξ χρυσών ανεκδότων νομισμάτων των Φιλίππων υπό Παύλου Λάμπρου. Sur six médailles d'or inédites de Philippi par P. Lambros, traduction du grec par M. Vreto. 'Εν Κερκύρα, τυπογραφείον 'Ερμής Α. Τερζάκη και Θ. 'Ρωμαίου. 1855. Corfou, typographie Hermès A. Terzaki et T. Romeo. 1855.

In-8° de 15 pages et une planche. Rarissime plaquette.

1836. — Περί της ενεστώσης της Ελλάδος καταστάσεως υπό του δρος Νικολάου Καίσαρη Κερκυραίου. Κερκύρα, τυπογραφείον Σχερία. 1855.

In-8° de 32 pages. Peu commun. La couverture est lithographiée et porte, en dehors de la partie inférieure de son encadrement, la mention : *Lit. Claudiani*.

1837. — Πράξεις του δεκάτου κοινοβουλίου του ηνωμένου κράτους των 'Ιονίων Νήσων εκδοθείσαι υπό το σύνταγμα των 1817, επί την δευτέραν αυτού σύνοδον συγκροτηθείσαν κατά τα έτη 1854 και 1855, τυπωθείσαι αδεία της γενικής κυβερνήσεως. Κερκύρα, εν τω τυπογαφείω της Κυβερνήσεως. 1855.

Acts passed by the tenth Parliament of the United States of the Ionian Islands under the Constitution of 1817, during its second session held in the years 1854 and 1855, published by authority of the general government. *Corfu*, Government printing Office. 1855.

In-4° de ς' (6) + 16 pages et un placard annexé.

1838. — Σύνταγμα του 'Ιονίου κράτους των 1817 ως νυν υπάρχει μεταρρυθμισμένον, μεταφρασθέν εκ του ιταλικού πρωτοτύπου, ώπερ επισυνάπτεται ή εν Παρισίοις συνθήκη των 1815, και πίναξ αναλυτικός των περιεχομένων εν τω συντάγματι. Κερκύρα, τυπ. Σχερία. 1855.

In-8° de 84 + κδ' (24) pages. Rare. Le traducteur est MICHEL S. HIDRÔMÉNOS (Voir André M. Hidrôménos, Ό υπέρ της εθνικής αποκαταστάσεως αγών, Corfou, 1889, 8°, p. 159).

1839. — Τη ημέρα των 'Αγίων Πάντων, προς το άτομον του ευγενούς κυρ:

κυρ. δόκτορος Ἀνδρέου Ῥωμανοῦ, διευθυντοῦ τῆς ἐκτελεστικῆς ἀστυνομίας Ζακύνθου, τῇ 18 μαΐου 1855. Ἀφιαιροῦται τῷ ἐκλαμπροτάτῳ ἐπάρχῳ κόμητι κυρ. κυρ. Γεωργίῳ Μεσσάλᾳ.

Placard in-4°. Poésie signée PANAGIOTIS VORREUS (Παναγιώτης Βορρεύς).

1840. — Τὸ τρωγάλιον τοῦ δοκησισόφου ἢ αὐτοσχέδιος ἀπάντησις εἰς τὸν Κ. Γ. Χρυσοβέργην ὑπὸ Δ.Τ. Βερναρδάκη, φοιτητοῦ τῆς φιλοσ. σχολῆς τοῦ πανεπ. Ἀθήνησι, τύποις Δ. Ἀθ. Μαυρομμάτη. 1855.

In-8° de 2 feuillets et 68 pages.

1841. — Φιλοσοφικαὶ μελέται περὶ χριστιανισμοῦ ὑπὸ Αὐγούστου Νικολάου, ἐξελληνισθεῖσαι ὑπὸ Π. Βράϊλα Ἀρμένη καὶ Ἀ. Μαυρομμάτου, ἐκδοθεῖσαι δὲ δαπάνῃ Ἀντωνίου Τερζάκη. Τόμος πρῶτος. Ἐν Κερκύρᾳ, τυπογραφεῖον Ἑρμῆς Ἀ. Τερζάκη καὶ Θ. Ῥωμαίου. 1855.

In-8° de θ' (9) + 623 pages.

1842. — Αἱ πολιτικαὶ ὁμολογίαι τῆς τοῦ κ. Σολομοῦ ὑποψηφιότητος. (*A la fin :*) Ἐν Κεφαλληνίᾳ. Ἐκ τοῦ τυπογραφείου ἡ Κεφαλληνία. 1857.

In-8° de 14 pages et un feuillet blanc. Il n'y a qu'un titre d'entrée en matière. Brochure datée de Zante, 28 décembre 1856 (style grec) et signée : Εἷς ἀνώνυμος. Mais, dans l'exemplaire que nous avons sous les yeux, ces deux mots ont été biffés d'un trait de plume, et l'auteur a signé au-dessous : Κωνστ. Λομβάρδος. Rarissime.

1843. — Ἀκολουθία ἀσματικὴ τοῦ ἁγίου μάρτυρος Θεοφίλου τοῦ Ζακυνθίου μαρτυρήσαντος ἐν Χίῳ συντεθεῖσα ὑπὸ τοῦ θεολογικοτάτου (*sic*, mais corrigé sur la couverture) Γεωργίου Κορεσσίου τοῦ Χίου, νῦν πρῶτον ἐκδοθεῖσα τῇ ἐκκλησιαστικῇ ἐγκρίσει, ἐπιστασίᾳ καὶ διορθώσει τοῦ Κ. ἱερομ. Στρατούλη, δαπάνῃ δὲ Σεργίου Χ. Ῥαφτάνη. Ἐν Ζακύνθῳ, τυπογραφεῖον ὁ Παρνασσὸς Σεργίου Χ. Ῥαφτάνη διευθυνόμενον ὑπὸ Νέστορος Ἱ Ταρουσσοπούλου. 1856.

In-8° de 47 pages. Dédié à Nicolas Cockinis, métropolitain de Zante.

1844. — Alla Sacra Apostolica Maestà di Francesco Giuseppe I ed Elisabetta Amalia Augusta di lui sposa ecc. ecc. ecc. pel fausto loro arrivo nella città di Trieste l'anno 1856. Sonetto. (*Au bas :*) Tipografia di Lloyd Austriaco.

Placard de 28 cent. sur 44. Daté de Trieste, le 10 novembre 1856, et signé : Basilio qu(onda)m N. Bavea.

1845. — Al prestantissimo reggente ed al nobile consiglio municipale di Corfù, etc. etc. etc. (*A la fin :*) *Corfù*, tip. Scheria.

In-8° de 4 pages. Daté de Corfou, 14/26 sept. 1856, et signé A. DANDOLO.

1846. — Ἀπάντησις εἰς τὸν λιβέλλιον ἐπιγραφόμενον « Οἱ λεγόμενοι ῥιζοσπάσται καὶ σωτῆρες τοῦ τόπου κ.τ.λ. » ὑπὸ Δημητρίου Καλλινίκου. Ἐν Ἀθήναις, τύποις Χ. Νικολαΐδου Φιλαδελφέως. 1856.

In-8° de 16 pages.

1847. — A Sua Signoria prestantissima il Reggente ed al nobile Consiglio municipale di Corfù. (*A la fin :*) Tip. Scheria.

In-8° de 2 pages. Daté de Corfou, 27 novembre 1856, et signé A. DANDOLO. Incipit : Fin dall' infancia appresimo tutti.

1848. — A Sua Signoria prestantissima il Reggente ed al nobile Consiglio municipale di Corfù. (*A la fin :*) Tip. Scheria.

In-8° de 3 pages. Daté de Corfou, 27 novembre 1856, et signé A. DANDOLO. Incipit : Gli antichi Greci erano magnifici nelle opere loro.

1849. — A Sua Signoria prestantissima il Reggente ed al nobile Consiglio municipale di Corfù. (*A la fin :*) Tip. Scheria.

In-8° de 2 pages et un feuillet blanc. Daté de Corfou, 28 novembre 1856, et signé A. DANDOLO. Incipit : Abbenchè Machiaveli.

1850. — A Sua Signoria prestantissima il Reggente, ed al nobile Consiglio municipale di Corfù. (*A la fin :*) Tip. Scheria.

In-8° de 2 pages et un feuillet blanc. Daté de Corfou, 28 novembre 1856, et signé A. DANDOLO. Incipit : Passò quel tempo.

1851. — Δηλοποίησις. Γραμματεία τῆς Γερουσίας, Κερκύρᾳ, τῇ 16ῃ αὐγούστου 1856. (*Au bas :*) Κερκύρᾳ, ἐν τῷ τυπογραφείῳ τῆς Κυβερνήσεως.

Placard de 17 cent. sur 37. (Avis par lequel on porte à la connaissance du public que l'impunité est accordée aux complices de l'assassinat commis à Zante, s'ils en dénoncent l'auteur, et qu'une récompense de cinquante livres sterling est accordée au dénonciateur de l'assassin.)

1852. — Διοργανισμὸς τῆς δ΄ περιόδου τῆς λέσχης ἡ Ἀδελφότης. Ἐν Ζακύνθω, τυπογραφεῖον ὁ Παρνασσὸς Σεργίου Χ. Ῥαφτάνη διευθυνόμενον παρὰ Ν. Ταρουσσοπούλου. 1856.

In-8° de 24 pages.

1853. — Δοκίμιον καλλιλογίας ἤτοι στοιχεῖα αἰσθητικῆς ὑπὸ Κ. ἱερομονάχου Στρατούλη, διευθυντοῦ τῆς δευτερευούσης σχολῆς Ζακύνθου. Ἐκδίδεται δὲ δαπάνῃ Σεργίου Χ. Ῥαφτάνη. Ἐν Ζακύνθῳ, τυπογραφεῖον ὁ Παρνασσὸς Σεργίου Χ. Ῥαφτάνη διευθυνόμενον ὑπὸ Νέστορος Ἰ. Ταρουσσοπούλου. 1856.

In-8° de λδ' (34) et 286 pages.

1854. — Εἰς τὴν ἄφιξιν ἐν Ζακύνθῳ τοῦ λόρδου μεγάλου ἁρμοστοῦ τῶν Ἰονίων νήσων ἱππότου μεγαλοσταύρου σὶρ Ἑρρίκου Στόρξ, τῇ 16 ἰουνίου 1856. ἔ.ν.

Placard in-4°. Poésie signée Panagiotis Vorreus.

1855. — Ἔκθεσις τῶν ἰατρῶν δρ. Διονυσίου Βερέττα, δρ. Ἀναστασίου Ἰ. Βερυκίου, Βασιλείου Α. Βαρβιάνη διευθυνάντων τὸ ἐν Ζακύνθῳ χολεροκομεῖον. Ἐν Ζακύνθῳ, τυπογραφεῖον ὁ Παρνασσὸς Σεργίου Χ. Ῥαφτάνη διευθυνόμενον παρὰ Ν. Ἰ. Ταρουσσοπούλου. 1856.

In-8° de 31 pages.

1856. — Ἐκλαμπρότατε ἔπαρχε, εὐγενὲς ἐπαρχιακὸν συμβούλιον, νομίζων προσφυὲς, etc. etc. (A la fin :) Τυπ. Σχερία.

In-8° de 4 pages. Daté de Corfou, 28 novembre 1856, et signé A. Dandolo.

1857. — Ἐλεγεῖον τῆς ἀποθανούσης σεμνωτάτης (sic) κυρίας Μετῆλδε συζύγου τοῦ πτ. κυρ. Ἀναστασίου Βολτέρρα παρὰ τοῦ ὑποφαινομένου διευθυνόμενον πρὸς τὸν εὐγενῆ κύρ. κύρ. Ἐδουάρδον Ἔεις. (Au bas :) Τυπογραφεῖον ὁ Παρνασσός.

Placard in-4°. Poésie datée de Zante, 4 octobre 1856, et signée Panagiotis Vorreus.

1858. — Ἐπιτάφιος λόγος κατὰ τὴν κηδείαν τῆς ἀειμνήστου κομίσης Ἀγαθαγγέλης Χωραφᾶ Ἄννινο ἀποβιωσάσης τῇ 14 ὀκτωβρίου, ἡμέραν κυριακήν, ἐν ἔτει 1856, ἐκφωνηθεὶς παρὰ τοῦ εὐλαβοῦς ἱερέως Γερασίμου Σιμάτου. Ἐν Κεφαλληνίᾳ, τυπογραφεῖον ἡ Κεφαλληνία. 1856.

In-8° de 15 pages.

1859. — Ἰεφθάε, τραγῳδία ἔμμετρος μετά τινων λυρικῶν ποιημάτωνκ αἴ τινων ἐπὶ τῆς τραγῳδίας κριτικῶν παρατηρήσεων ὑπὸ Σπυρίδωνος Μελισσηνοῦ Κεφαλλῆνος. Ἐν Κερκύρᾳ, τυπογραφεῖον Ἑρμῆς Ἀ. Τερζάκη καὶ Θ. Ῥωμαίου. 1856.

In-8° de η' (8) et 168 pages.

1860. — Κανονισμὸς τῆς ἐν Παλαίῳ Πετριτσείου σχολῆς τοῦ καθιδρυτοῦ δρς Στάμου Πετρίτση. Ἐν Ζακύνθῳ, τυπογραφεῖον ὁ Παρνασσὸς Σεργίου Χ. Ῥαφτάνη διευθυνόμενον παρὰ Ν. Ἰ. Ταρουσσοπούλου. 1856.

In-8° de 16 pages.

1861. — Κεφαλληνία, 1 μαρτίου 1856, ὥρα 3 μ. μ. (*A la fin :*) Τυπογραφεῖον ἡ Κεφαλληνία. 1856.

In-8° de 2 pages et un feuillet blanc. Lettre adressée par ANDRÉ LASCARATOS au métropolitain de Céphalonie, en lui envoyant un exemplaire de ses Μυστήρια τῆς Κεφαλονιᾶς.

1862. — La Bulgarie ancienne et moderne sous le rapport géographique, historique, archéologique, statistique et commercial, par André Papadopoulo Vrétos, ancien consul de Grèce à Varna (Bulgarie) et à Venise, chevalier de plusieurs ordres, membre des sociétés savantes d'Athènes, membre correspondant des principales académies de l'Italie et un des membres des III et IV congrès scientifiques tenus à Florence et à Padoue, en 1841 et 1842. *Saint-Pétersbourg.* Se vend : chez le libraire M. Dufour et chez les autres principaux libraires, et à Leipzig, chez M. Léopold Voss, 1856. (*Au verso du titre :*) Imprimerie de l'Académie impériale des Sciences.

In-8° de 3 feuillets, 246 pages et un feuillet.

1863. — Λόγοι συνταχθέντες καὶ ἐκφωνηθέντες ἐν πατριαρχίοις καὶ ἀλλαχοῦ παρὰ τοῦ ἱεροδιδασκάλου κυρίου Εὐσεβίου τοῦ Πανᾶ τοῦ ἐκ Κεφαλληνίας, ἱεροκήρυκος τῆς τοῦ Χριστοῦ μεγάλης ἐκκλησίας, ἐπὶ τῶν παναγιοτάτων καὶ σοφωτάτων πατριαρχῶν κυρίου κυρίου Κωνσταντίνου τοῦ ἀπὸ Σιναίου, καὶ κυρίου κυρίου Γρηγορίου τοῦ ἀπὸ Σερρῶν. Τόμ. ά. Ἐν Κεφαλληνίᾳ, ἐκ τοῦ τυπογραφείου ἡ Κεφαλληνία. 1856.

In-8° de 316 pages.

1864. — Λόγος εἰς τὴν ἄπειρον τοῦ θεοῦ εὐσπλαγχνίαν συντεθεὶς καὶ ἐκφωνηθεὶς ἐν Ζακύνθῳ ὑπὸ τοῦ ἐλλογιμωτάτου δρος Ἀθανασίου Διονυσιάδου Μπονσινιόρ, διδασκάλου τῆς παγκοσμίου ἱστορίας καὶ χρονολογίας ἐν τῷ δευτερεύοντι σχολείῳ Ζακύνθου. Ἐν Ζακύνθῳ, τυπογραφεῖον ὁ Παρνασσὸς Σεργίου Χ. Ῥαφτάνη, διευθυνόμενον παρὰ Ν. Ταρουσσοπούλου. 1856.

In-8° de 47 pages.

1865. — Λόγος ἐκφωνηθεὶς ἐν τῷ ἀναγνωστηρίῳ τῆς ἑλληνικῆς Βουλῆς ὑπὸ Γεωργίου Τερτσέτη τοῦ Ζακυνθίου, κατὰ τὸ ἔτος 1855. Ἐν Ζακύνθῳ, τυπογραφεῖον ὁ Ζάκυνθος Κωνσταντίνου Ῥωσσολίμου. 1856.

In-8° de 28 pages. Rare.

1866. — Λόγος ἐπιτάφιος συντεθεὶς ὑπὸ τοῦ ἐλλογιμωτάτου δρος Ἀθανασίου Διονυσιάδου Μπονσινιόρ, διδασκάλου τῆς παγκοσμίας ἱστορίας καὶ χρονολογίας ἐν τῷ λυκείῳ Ζακύνθου, καὶ παρ' αὐτοῦ ἐκφωνηθεὶς ἐν τῷ ναῷ τῆς μητροπόλεως Ζακύνθου, τὴν 13 δεκεμβρίου 1856, ἐν τῇ κηδείᾳ τοῦ καπετὰν Κωνσταντίνου Παπαδημητροπούλου τοῦ ἐξ Ἀνδραβίδος. Ἐν Ζακύνθῳ, τυπογραφεῖον ὁ Παρνασσὸς Σεργίου Χ. Ῥαφτάνη διευθυνόμενον παρὰ Ν. Ι. Ταρουσσοπούλου. 1856.

In-8° de huit pages.

1867. — Λόγος τῆς 25 μαρτίου 1855. Οἱ γάμοι τοῦ μεγάλου Ἀλεξάνδρου. Κορίννα καὶ Πίνδαρος. Ἐκδίδονται ὑπὸ Χ. Ν. Φιλαδελφέως. Ἐν Ἀθήναις, τύποις Χ. Νικολαΐδου Φιλαδελφέως. Παρὰ τῇ Πύλῃ τῆς Ἀγορᾶς, ἀριθ. 420. 1856.

In-8° de 104 pages + un feuillet pour l'errata, intercalé entre les pages 4 et 5. L'auteur de ce volume est Georges Tertzétis, qui a signé l'épître dédicatoire à Antoine Matésis.

1868. — Marino P. Vréto. Mélanges néohelléniques. Le Néohollénique (*sic*). Tentative d'insurrection dans le Magne au xviie siècle. Les Valaques ou Vlaques du Pinde et les Albanais. Cérémonies funèbres chez les Grecs modernes. Le Charon des Grecs modernes. Superstitions et usages superstitieux, serments, imprécations et adieux. Proverbes de la Grèce moderne. Colonie grecque en Corse, etc. *Athènes*, imprimerie royale. 1856.

In-32 de 159 pages. Rare. Dédié à Prosper Mérimée.

1869. — Mémoire sur le *pilima* (πίλημα), ou espèce de feutre dont les anciens se servaient pour la confection de leurs armes défensives, retrouvé et proposé pour l'usage des armées modernes, par André Papadopoulo Vrétos, ancien directeur de la bibliothèque de l'Université Ionienne, membre des sociétés savantes d'Athènes, membre correspondant des principales académies de l'Italie, et un des membres du III et IV congrès scientifiques tenus à Florence et à Padoue, en 1841 et 1842, etc. *Saint-Pétersbourg*. Imprimerie D. Quesneville. 1856.

In-8° de VIII et 44 pages. Dédié à Nicolas d'Alféraky, conseiller d'État de l'empereur de Russie.

1870. — Νέα απόδειξις της προστασίας του αγίου και θαυματουργού Σπυρίδωνος αφιερωθείσα τω πανιοσωτάτω (sic) κυρίω κυρίω κόμητι Γεωργίω Βουλγάρεϊ τω Κερκυραίω υπό Γρηγορίου ιερομ. Βάλμη. Κερκύρα, τυπογ. Σχερία. 1856.

In-8° de 24 pages + un portrait lithographié (*Lit. Claudiani in Corfù*) de saint Spiridion.

1871. — Παράρτημα των περί ιερών ακολουθιών επιστολών συγγραφέν μεν ρωσσιστί και εκδοθέν εν Πετρουπόλει, εξελληνισθέν δε υπό Θεοδώρου Βαλλιάνου, συνταγματάρχου των γενικών επιτελών του στρατού της Ελλάδος. Αθήνησι, τύποις Χ. Νικολαΐδου Φιλαδελφέως (παρά τη Πύλη της Αγοράς, αριθ. 420). 1856.

In-8° de 71 pages.

1872. — Περί της εν Κερκύρα χολέρας κατά το 1855. Κερκύρα, εν τω τυπογραφείω της Κυβερνήσεως. 1856. (*Au r° du f. 2 liminaire :*) Έκθεσις υπό Χ. Τυπάλδου Πρετεντέρη. Κερκύρα, τη 10/22 μαρτίου 1856.

In-8° de deux feuillets et 84 pages. On trouve des exemplaires dont les deux feuillets liminaires ont été remplacés par un feuillet unique, lequel porte le titre suivant :

Περί της εν Κερκύρα χολέρας κατά το 1855 υπό Χ. Πρετεντέρη Τυπάλδου, καθηγητού της ειδικής και γενικής παθολογίας εν τη Ιονίω ακαδημία. Κερκύρα, εν τω τυπογραφείω της Κυβερνήσεως. 1856.

1873. — Περί της πολιτικής καταστάσεως της Επτανήσου επί Ενετών υπό Ερμάννου Λούντζη. Εν Αθήναις, τύποις Χ. Νικολαΐδου Φιλαδελφέως (παρά τη Πύλη της Αγοράς, αριθ. 420). 1856.

In-8° de ριή (118) + 217 + 22 pages + un feuillet blanc.

1874. — Περί των σχέσεων του λόγου προς τας άλλας νοητικάς δυνάμεις υπό Π. Βράιλα Αρμένη. Εν Αθήναις, τύποις Λαζάρου Δ. Βιλαρά. 1856.

In-8° de 16 pages. Cette brochure est une réponse à un article de Paul Calligas paru dans le n° 38 de la Πανδώρα d'octobre 1851.

1875. — Poésies nationales de Spyridon Kallos publiées par ses amis. *Constantinople*, 1856.

In-8° de 23 pages. Malgré son titre, la présente plaquette ne contient aucune poésie française. On y trouve, en revanche (pp. 18-20) : « The hellenic national song of the third of september 1843 written in the original greek by Spyridon Kallos, translated by Pericles R. Alexandrides and dedicated by permission to the countess of Arundel and Surrey. » Et (pp. 20-23) « Il 1° marzo 1850, inno a Corcira, dedicato a Pietro Beretta. »

1876. — Ποιήματα διάφορα Ἰουλίου Τυπάλδου. Ἐν Ζακύνθῳ, τυπογραφεῖον ὁ Παρνασσὸς Σεργίου Χ. Ῥαφτάνη διευθυνόμενον παρὰ Ν. Ταρουσσοπούλου. 1856.

In-8° de 200 pages. Peu commun. Dédié à Denys Solomos.

1877. — Proclamation adressée aux Zantiotes par A. Thérianos, candidat radical aux élections, et datée de Zante, 26 novembre 1856.

Placard en grec, mesurant 14 centimètres sur 20.

1878. — Πρόγραμμα τῆς τελετῆς τῆς περικοσμήσεως τοῦ ἐκλαμπροτάτου δρὸς Πέτρου Βράϊλα, προέδρου τῆς νομοθετικῆς συνελεύσεως, καὶ τοῦ Γεωργίου Φ. Βῶεν σκουδιέρου, Ι.Μ.Γ., γραμματέως τοῦ λὸρδ μεγάλου ἁρμοστοῦ, μὲ τὰ παράσημα ἱπποτῶν ταξιαρχῶν τοῦ ἐπισημοτάτου τάγματος τῶν ἁγίων Μιχαὴλ καὶ Γεωργίου, ἐν τῇ αἰθούσῃ τοῦ ἐπισημοτάτου τάγματος, τῷ σαββάτῳ 10 μαΐου. 1856.

Placard in-folio à deux colonnes. Daté de Corfou, 6 mai 1856.

1879. — Progetto di alcune modificazioni all' attuale sistema giudiziario delle Isole Jonie preceduto da alcuni cenni a schiarimento e in appoggio ; dedicata alla pro tempore rappresentanza del popolo Jonio da Marco Rossi, avvocato Corcirese. *Zante*, tipografia Zacinto, Costantino Rossolimo. 1856.

(*Page 92* :) Σχέδιον τροπολογήσεών τινων ἐπὶ τοῦ καθεστῶτος δικαστικοῦ συστήματος τῶν Ἰονίων Νήσων προηγηθὲν ὑπὸ νύξεών τινων πρὸς ἀνάπτυξιν καὶ ὑποστήριξιν, ἀφιερωθὲν εἰς τοὺς κατὰ καιρὸν ἀντιπροσώπους τοῦ Ἰονίου λαοῦ ὑπὸ Μάρκου Ῥώσση, δικηγόρου Κερκυραίου. Ἐν Ζακύνθῳ, τυπογραφεῖον ὁ Ζάκυνθος Κωνσταντίνου Ῥωσσολίμου. 1856.

In-8° de xiii et 195 pages. Italien et grec.

1880. — Πρὸς τοὺς συμπολίτας μου. (*A la fin :*) Τυπογραφεῖον Ἑρμῆς.

In-8° de 8 pages. Daté de Corfou, 14 août 1856, et signé SPIRIDION ANDRONIS. Dans cette brochure, l'auteur fait son apologie comme directeur de Corfou.

1881. — Relazioni storico-politiche delle isole del mare Jonio suddite della Serenissima Repubblica di Venezia scritte allo eccellentissimo Senato da Sua Eccellenza Francesco Grimani, provveditore generale da mar, l'anno MDCCLX. *Venezia,* dalla tipografia di G. B. Merlo. MDCCCLVI.

In-8° de xxii pages (dont les deux premières blanches), un feuillet, 110 pages et un feuillet blanc. Rarissime plaquette. Dédiée au comte Giampietro Grimani et à la noble Laura Fracanzani, pour le jour de leurs noces. Contient les curieuses Relations de Zante, Céphalonie, Sainte-Maure, Corfou et Cérigo.

1882. — Rosa e Gertrude, racconto di Rodolfo Topffer [versione di Ermanno Lunzi]. *Milano,* per Borroni et Scotti. 1856.

In-8° de 241 pages et un feuillet blanc. En tête du volume, on doit trouver, sur un feuillet isolé, une gravure en taille-douce, signée *Focosi dis. Camera inc.* Ce qui a été placé entre crochets dans le titre ci-dessus figure seulement sur la couverture. Le titre du livre porte *Geltrude,* forme qui, dans l'ouvrage, cède la place à *Gertrude,* à partir de la feuille 6. Cette traduction est devenue très rare. Épître dédicatoire à Émile Typaldos, signée ERMANNO LUNZI et datée de Zante, 5 janvier 1854.

1883. — Σκέψεις ἐπὶ τῆς δημοσίας καὶ ἰδιωτικῆς ἐκπαιδεύσεως τῶν νέων Ἑλλήνων ὑπὸ Ἀ. Φατσέα καθηγητοῦ, πρὸς τὸν ὑπουργὸν τῆς δημοσίας παιδείας. Ἐν Λαμίᾳ, ἐκ τῆς τυπογραφείας Εὐθ. Οἰκονομίδου. 1856.

In-8° de un feuillet, γ' (3) + 36 pages + 3 feuillets dont les deux derniers blancs. Première partie. Une seconde partie a paru, la même année, sous le titre suivant :

Σκέψεις ἐπὶ τῆς δημοσίας καὶ ἰδιωτικῆς ἐκπαιδεύσεως τῶν νέων Ἑλλήνων ὑπὸ Ἀ. Φατσέα καθηγητοῦ, πρὸς τὸν ὑπουργὸν τῆς δημοσίας ἐκπαιδεύσεως. Ἀθήνῃσι, τύποις Νικολάου Ἀγγελίδου, ὁδὸς Ἑρμοῦ παρὰ τῇ Καπνικαρέᾳ. 1856.

In-8° de 54 pages et un feuillet blanc.

1884. — Στηλίτευσις κατὰ τοῦ ἀσεβοῦς βιβλιαρίου ἐπιγραφομένου Τὰ μυστήρια τῆς Κεφαλληνίας, τοῦ Ἀνδρέου Τ. Λασκαράτου · ἐκδοθεῖσα τῇ συνδρομῇ τῆς αὐτοῦ πανιερότητος τοῦ μητροπολίτου κυρίου κυρίου Σπυρίδωνος τοῦ ἱεροῦ κλήρου καὶ τοῦ ὀρθοδόξου λαοῦ τῆς νήσου Κεφαλληνίας. Ἐν Κεφαλληνίᾳ, ἐκ τοῦ τυπογραφείου ἡ Κεφαλληνία. 1856.

In-8° de 16 pages. La couverture imprimée sert de titre. Très rare.

1885. — Sul cholera asiatico che invase l'isola di Cefalonia nell' autunno 1855, relazione del dott. E. Aravandinò. *Cefalonia*, tipografia Cefalonia. 1856.

In-8° de 64 pages. Dédié au colonel W. P. Talbot.

1886. — Sulla educazione femminile, scritto postumo di Maria Petrettini Corcirese. *Padova*, co' tipi di A. Bianchi. Al Santo.

In-8° de 19 pages. Publié « per le auspicatissime nozze Martinelli-Bonomi ». En tête, il y a une épître dédicatoire « allo sposo co. Fausto dott. Martinelli », laquelle est datée de Padoue, le 9 septembre 1856, et signée ALESSANDRO PASQUALI PETRETTINI. Rarissime.

1887. — Συμπολῖται.

Placard de 12 cent. sur 20. Daté de Zante, 26 novembre 1856. Proclamation adressée aux Zantiotes par André A. Sigouros, candidat à la députation.

1888. — Σύντομος θρησκευτικὴ ἀνασκευὴ κατὰ τοῦ θεοστυγοῦς καὶ ἐπαράτου βιβλιαρίου τοῦ Ἀνδρέου Τ. Λασκαράτου ἐπιγραφομένου Τὰ μυστήρια τῆς Κεφαλληνίας, ἐκδοθεῖσα ὑπὸ Νικολάου Πολλάνη ἀναγνώστου. (Ἔκδοσις δευτέρα). Ἐν Κεφαλληνίᾳ, τυπογραφεῖον ἡ Κεφαλληνία. 1856.

In-8° de 27 pages.

1889. — Σχέδιον τροπολογήσεών τινων ἐπὶ τοῦ καθεστῶτος δικαστικοῦ συστήματος τῶν ἰονίων νήσων προηγηθὲν ὑπὸ νύξεών τινων πρὸς ἀνάπτυξιν καὶ ὑποστήριξιν, ἀφιερωθὲν εἰς τοὺς κατὰ καιρὸν ἀντιπροσώπους τοῦ ἰονίου λαοῦ, ὑπὸ Μάρκου Ῥώσση, δικηγόρου Κερκυραίου. Ἐν Ζακύνθῳ, τυπογραφεῖον ὁ Ζάκυνθος Κωνσταντίνου Ῥωσσολίμου. 1856.

In-8° de XIII + 195 pages. En grec et en italien.

1890. — Τὰ δάκρυα, ποίημα ὑπὸ Νικολάου Πανούρη. Ἐν Ζακύνθῳ, τυπογραφεῖον ὁ Παρνασσὸς Σεργίου Χ. Ῥαφτάνη διευθυνόμενον παρὰ Ν. Ταρουσσοπούλου. 1856.

In-8° de 40 pages. Dédié à Eustache Dracoulis. Plaquette de toute rareté.

1891. — Τα μυστήρια της Κεφαλονιάς ή σκέψες απάνου στην οικογένεια, στη θρησκία και στην πολιτική εις την Κεφαλονιά, παρά του κυρίου Ανδ. Λασκαράτου. Έν Κεφαληνία, εκ του τυπογραφείου ή Κεφαληνία. 1856.

In-8° de 4 feuillets + 69 pages + 77 pages + 1 feuillet + ς' pages + 91 pages. Rarissime.

1892. — Τῷ Εὐσταθίῳ Δρακούλῃ εὐγνωμοσύνης τεκμήριον. Ἐν Ζακύνθῳ, τυπογραφεῖον ὁ Παρνασσὸς Σεργίου Χ. Ῥαφτάνη διευθυνόμενον παρὰ Ν. Ι. Ταρουσσοπούλου. 1856.

In-8° de 7 pages. En récompense de sa belle conduite pendant le choléra qui sévit à Zante, en 1855, les Zantiotes offrirent à EUSTATHE DRACOULIS, alors directeur du service de la Santé, une médaille d'or, avec cette inscription : Τῷ Εὐσταθίῳ Δρακούλῃ ὑγειονόμῳ διὰ τὸν διακαῆ ζῆλον ἐπὶ τῆς χολέρας οἱ Ζακύνθιοι.

1893. — Φήμη τοῦ λογιωτάτου δημοσίου διδασκάλου Εὐαγγέλου Κολοκοτζᾶ. 1856 τῇ 1 σεπτεμβρίου ἔ. π. Παρὰ τοῦ ὑποφαινομένου ἀφιεροῦται τῷ κυρίῳ κυρίῳ Διονυσίῳ Ζέζα τοῦ Γεωργίου. (Au bas :) Τυπογρ. ὁ Παρνασσός.

Placard in-4°. Poésie signée PANAGIOTIS VORREUS.

1894. — Χρηστομάθεια τῆς ἀγγλικῆς γλώσσης ὑπὸ Σ. Ι. Κασημάτη συνταχθεῖσα καὶ περιλαμβάνουσα ά. εὐμέθοδον σειρὰν ποικίλων ἀναγνωσμάτων πεζοῦ τε καὶ ἐμμέτρου λόγου, συλλεχθέντων ἐκ τῶν δοκιμωτέρων ἄγγλων καὶ ἀμερικανῶν συγγραφέων· β'. ἐξήγησιν τῶν φράσεων διὰ σημειώσεων παρὰ πόδας τοῦ κειμένου, καὶ γ'. λεξιλόγιον παρηρτημένον ἐν τέλει καὶ ἐξηγοῦν τήν τε σημασίαν καὶ προφορὰν ἑκάστης λέξεως. Ἐν Σύρῳ, ἐκ τῆς τυπογραφίας Μ. Π. Περίδου. 1856.

In-16 de 248 pages.

1895. — Χρονογραφία τῆς Ἠπείρου τῶν τε ὁμόρων ἑλληνικῶν καὶ ἰλλυρικῶν χωρῶν διατρέχουσα κατὰ σειρὰν τὰ ἐν αὐταῖς συμβάντα ἀπὸ τοῦ σωτηρίου ἔτους μέχρι τοῦ 1854, περιέχουσα καὶ τοπογραφικὸν πίνακα ἀναπτύσσοντα τὴν πολιτειογραφικήν, ἱστορικὴν καὶ γεωγραφικὴν κατάστασιν τῶν ἐν τῷ κειμένῳ ἐνδιαλαμβανομένων ἐπαρχιῶν, πόλεων, κωμῶν καὶ θέσεων, πρὸς δὲ τούτοις καὶ ἀκριβῆ στατιστικὴν ἔκθεσιν πάσης τῆς Ἠπείρου, διῃρημένη εἰς τόμους δύο, συντεταγμένη ὑπὸ Π.Α.Π. Τόμος πρῶτος. Ἐν Ἀθήναις, ἐκ τοῦ τυπογραφείου Σ. Κ. Βλαστοῦ, κατὰ τὴν ὁδὸν Ἑρμοῦ, ἀριθ. 212. 1856.

In-8° de ις' (16) et 416 pages (tome premier); 428 pages (tome second). Le tome second n'a pas de titre particulier. L'auteur de cet ouvrage est PANAGIOTIS ARAVANTINOS.

1896. — Ἀγγλικὴ ἐγκυκλοπαιδεία περιέχουσα συλλογὴν ἐκλεκτῶν τεμαχίων ἐκ τῶν ἀρίστων ἄγγλων συγγραφέων, εἰς δὲ τὸ τέλος σειρὰν ἐπιστολῶν μετὰ γραμματικῶν καὶ ἐξηγητικῶν σημειώσεων πρὸς χρῆσιν τῶν προωρισμένων δι' ἐμπόριον ὑπὸ Γ. Πολίτου. Ἐν Σύρῳ, τύποις Μ. Π. Περίδου. 1857.

In-8° de 119 pages.

1897. — Αἰσώπου βίος συγγραφεὶς ὑπὸ Ἀνδρέου Μουστοξύδου, ἐξελληνισθεὶς δὲ ὑπὸ Ἰωάννου Βερβιτσιώτου. Κερκύρᾳ, τυπογραφεῖον Σχερία. 1857.

In-8° de 26 pages et 1 feuillet.

1898. — Ἀκολουθία εἰς τὸ ἐν τῇ πόλει Πάργῃ γεγονὸς ὑπερφυὲς θαυμάσιον παρὰ τῆς ἁγιωτάτης εἰκόνος τῆς ἀειπαρθένου καὶ θεοτόκου Μαρίας ψαλλομένη τῇ ιδ φευρουαρίου, ἀδείᾳ τοῦ πανιερωτάτου μ. Κερκύρας, ἐκδίδεται ἐπιμελείᾳ μὲν ἱερομονάχου Σ. Σκορδίλη, δαπάνῃ δὲ Σταματίου Π. Δεσύλλα. Ἐν Κερκύρᾳ, τυπογραφεῖον Ἑρμῆς Ἀ. Τερζάκη καὶ Θ. Ῥωμαίου. 1857.

In-8° de 20 pages.

1899. — Ἀληθὴς ἔκθεσις περὶ τοῦ ἐν Κερκύρᾳ θαυματουργοῦ λειψάνου τοῦ ἁγίου Σπυρίδωνος, ἐν ᾗ δεικνύεται πῶς ἀπὸ Κωνσταντινουπόλεως μετηνέχθη εἰς Κέρκυραν, καὶ πῶς ἡ οἰκογένεια τῶν Βουλγάρεων ἔχει τὸ ἐπ' αὐτοῦ πατρωνικὸν δικαίωμα, παρὰ Νικολάου τοῦ Βουλγάρεως, ἰατροῦ καὶ φιλοσόφου Κερκυραίου · νῦν δὲ ἐξελληνισθεῖσα μετὰ σημειώσεων καὶ προσθηκῶν ὑπὸ Ν. Τ. Βουλγάρεως καὶ Ν. Β. Μάνεση ἐκδίδεται δαπάνῃ Ἀ. Τερζάκη. Ἐν Κερκύρᾳ, τυπογραφεῖον Ἑρμῆς Ἀντωνίου Τερζάκη. 1857.

In-8° de ή (8) + 72 pages, plus une lithographie représentant saint Spiridion dans sa châsse. Il y a des exemplaires en papier fort. Dédié à la mémoire d'André Maurommatis.

Sur l'édition originale italienne : *Vera relatione del thaumaturgo di Corfù Spiridione il santo*, on peut consulter la présente Bibliographie, à l'année 1669.

1900. — Ἀπάντησις πρὸς τὸν μικρομέγα ἀρχιριζοσπάστην κύρ. Δημήτριον Καλλίνικον καὶ συντροφίαν ὑπὸ Θεοδώρου Καρρέρη. Ἐν Ζακύνθῳ, τυπογραφεῖον ὁ Ζάκυνθος Κωνσταντίνου Ῥωσσολίμου. 1857.

In-8° de 20 pages. Rarissime.

1901. — Ἆσμα νυμφικὸν ἐν τῇ ἱερᾷ εὐλογίᾳ τῶν νεογύμφων κυρ. Σπυρίδωνος Δαμήρι τοῦ Ἰωάνφου καὶ κυρ. Αἰκατερίνης Μπουγδάνου τοῦ Ἰωάννου, τῇ 27 ἀπριλίου 1857 ἔ. π. Διευθύνεται πρὸς τοὺς ἀγαπητοὺς καὶς (sic) εἰρηνικοὺς ἀδελφοὺς τοῦ ἄνωθεν νεονύμφου κύριον Χριστόδουλον καὶ Κωνσταντῖνον.

Placard in-8°. Poésie signée Panagiotis Vorreus.

1902. — Βουλευτικά. Διάλογος ά μεταξὺ Μπαρμπαγιάννη καὶ Τσανέτου. (*A la fin :*) Τυπογραφεῖον Ἑρμῆς.

In-8° de 12 pages. Daté de Corfou, 29 juin 1857.

1903. — Breve ricorde di Dionigi Solomos. *Venezia*, Ant. di Tom. Filippi tipografo. 1857.

In-8° de sept pages. Signé : Spiridione Veludo. Rare.

1904. — Βυζαντιναὶ μελέται περὶ πηγῶν νεοελληνικῆς ἐθνότητος ἀπὸ ή. ἄχρι ί. ἑκατονταετηρίδος μ.. Χ. ὑπὸ Σ. Ζαμπελίου. Ἐκδίδεται ὑπὸ Χ. Ν. Φιλαδελφέως. Ἐν Ἀθήναις, τύποις Χ. Νικολαΐδου Φιλαδελφέως, παρὰ τῇ Πύλῃ τῆς Ἀγορᾶς, ἀριθ. 420. 1857.

In-8° de 696 + ρϛ' pages (102, mais en réalité 92, car la pagination passe de 87 à 100) et 4 feuillets, dont le dernier blanc.

1905. — Codices præclarissimi in membrana et in charta græce, latine et italice exarati, ut ex titulo cujusdam (*corrigé à la plume en* cujusque) apparet, apud S. Comnum, civem atheniensem, asservati. Deinde sequuntur editiones Aldi, Juntae et Helzevirii (sic) ad exemplum Bibliographiæ Galli Bruneti descriptæ. *Athenis*, in ædibus Ch. Nicolaidis Philadelphensis. MDCCCLVII.

In-8° de 20 pages. Rarissime.

1906. — Comment les décrets nationaux s'exécutent en Grèce. *Céphalonie*. 1857. (*Au v° du titre :*) Typographie *Céphallénie*.

In-8° de 65 pages et un feuillet blanc.

1907. — Διὰ τὸν θάνατον τοῦ κόμητος Διονυσίου Σολομοῦ. (*Au bas :*) Τυπ. Σχερία.

Placard de 20 centimètres sur 22. Signé : N. Δηλέος.

1908. — Dionigi Solomos (*Au bas :*) Tip. Sceria.

Placard in-folio à 3 colonnes. Signé : N. Tommaseo. Réimpression faite à Corfou d'un article paru dans le journal piémontais *Il Diritto*. Sans date.

1909. — Discorso letto nella cattedrale di Corfù in morte del conte Dionigi Solomos dal C^r Giorgio Marcoran Corcirese. (*Au bas :*) Tip. Sceria.

Placard in-folio à 3 colonnes. Sans date, mais Denys Solomos mourut le 9/21 novembre 1857.

1910. — Δοκίμιον λογικῆς ἀριθμητικῆς ὑπὸ τοῦ πλωτάρχου Γ. Ζωχιοῦ. Ἀθήνησι, τύποις Χ. Νικολαΐδου Φιλαδελφέως (παρὰ τῇ πύλῃ τῆς Ἀγορᾶς, ἀριθ. 420). 1857.

In-8° de 16 et 144 pages.

1911. — Δύο λέξεις περί τινα ψεύδη διαδοθέντα κατὰ τῆς πολιτικῆς πορείας τοῦ κόμ. Δημητρίου Σολομοῦ. Ἐν Ζακύνθῳ, τυπογραφεῖον ὁ Ζάκυνθος Κωνσταντίνου Ῥωσσολίμου. 1857.

In-8° de 19 pages.

1912. — Ἔγγραφα ἀφορῶντα τὰς ἐκλογὰς τῆς Κεφαλληνίας. Ἐν Κερκύρᾳ, τυπογραφεῖον Ἑρμῆς Α. Τερζάκη καὶ Θ. Ῥωμαίου. 1857.

In-8° de un feuillet et 38 pages.

1913. — Ἑκατονταετηρὶς τῶν ἀπὸ Χριστοῦ σωτῆρος ἐνανθρωπήσαντος ἡ πρώτη κατὰ χρονικὴν πρόοδον ἐν ἐπιτομῇ ἐκτεθεῖσα ὑπὸ μὲν τοῦ σοφοπανιερωτάτου ἀρχιεπισκόπου Εὐγενίου τοῦ Βουλγάρεως, παρὰ δὲ τοῦ ἐν ἱερομονάχοις Νεκταρίου Ὁμόγλου δεύτερον τύποις ἐκδοθεῖσα. Ἐν Ὀδησσῷ, ἐν τῇ τυπογραφίᾳ τοῦ Π. Φράνζοφ. 1857.

In-8° de 232 pages. Au dos du titre, permis d'imprimer, en russe, daté du 16 mars 1854. Rare. La première édition de cet ouvrage parut en 1805. Voir ci-dessus le n° 698.

1914. — Ἔκθεσις περιληπτικὴ τῆς ἐν τῇ δημοσίᾳ βιβλιοθήκῃ ἐθνικῆς νομισματικῆς συλλογῆς παρὰ Γεωργίου Κοζ. Τυπάλδου, ἐφόρου τῶν βιβλιοθηκῶν καὶ τοῦ νομισματικοῦ μουσείου. Ἐν Ἀθήναις, ἐκ τῆς τυπογραφίας Χ. Νικολαΐδου Φιλαδελφέως. 1857.

In-folio de dix-huit pages, dont la dernière blanche et la pénultième chiffrée par erreur 16. Peu commun.

1915. — Ἐν τῇ ἑορτῇ τῆς εὐγενοῦς κυρίας κυρίας Αἰκατερίνης, θυγατρὸς τοῦ εκλαμπροτάτου κόμητος Νικολάου Λούντζη. Τη 25 νοεμβρίου 1857. ε.π. Άφιερούται προς την ύπεραγάπητον μητέρα αυτής κυρ. κυρ. κόμισαν Ευφροσύνην Λούντζη.

Placard in-8°. Poésie signée PANAGIOTIS VORREUS.

1916. — Έν τη εορτή της ευγενούς κυρ. κυρ. Ελένης Λούντζη του εκλαμπροτάτου Κ.Κ.Κ. Νικολάου. Άφιερούται τω πατρί αυτής, τη 21 μαΐου 1857 ε.π.

Placard in-4°. Poésie signée PANAGIOTIS VORREUS.

1917. — Έν τη εορτή του ελλογιμωτάτου κυρίου δόκτορος δημοσίου διδασκάλου Αθανασίου Μπονσινιόρ του Διονυσίου. Άφιερούται τη πατρίδι τη 2 μαΐου 1857 ε.π. (Au bas :) Τύπ. ό Παρνασσός.

Placard in-4°. Poésie signée PANAGIOTIS VORREUS.

1918. — Έν τη εορτή του ευγενούς κυρίου κόμητος Διονυσίου Μερκάτη του ευγενούς κυρίου κόμητος Νικολάου, τη 17 δεκεμβρ. 1857. ε.π. Άφιερούται προς τον ύπεραγάπητον πατέρα αυτού.

Placard in-4°. Poésie signée PANAGIOTIS VORREUS.

1919. — Έν τη εορτή του ευγενούς κυρίου Κωνσταντίνου Μπούλτζο ποτέ Κ.Κ.Δ Άφιερούται τω ίερολλογιμωτάτω Αναστασίω Λαμπούδη. Τη 21 μαΐου 1857 ε.π.

Placard in-4°. Poésie signée PANAGIOTIS VORREUS.

1920. Έν τη εορτή του κυρίου κόμητος Νικολάου Μεσσάλα του εκλαμπροτάτου Στεφάνου, εν έτει 1857, μαΐου 10. Διευθύνεται τω εκλαμπροτάτω κυρίω κόμητι Διονυσίω Μεσσάλα θείω αυτού.

Placard in-4°. Poésie signée PANAGIOTIS VORREUS.

1921. — Έν τη ευλογία των νεονύμφων κυρίου κ. προξένου Δημητρίου Σανδρίνη και της ευγενούς κ.κ. Ελένης Αρβανιτάκη του ευγ. Ιωάννου, δημοσιευμένον εν τη λαμπρά εορτή της νεονύμφου τη 21 μαΐου 1857 ε.π. Διευθύνεται προς τον ειρηνικόν πατέρα της νεονύμφου.

Placard in-4°. Poésie signée PANAGIOTIS VORREUS.

1922. — Έν τη ημέρα της ψηφοφορίας του ευγ. κυρ. Κωνσταντίνου Συγούρου του ευγ. Ιωάννου, τη 30 μαΐου 1857 ε.π. Άφιερούται προς την έντιμον λέσχην Ζάκυνθος.

Placard in-4°. Poésie signée PANAGIOTIS VORREUS.

ANNÉE 1857

1923. — Ἐν τῇ λαμπρᾷ ἑορτῇ τοῦ εὐγενοῦς κυρίου Κωνσταντίνου Φραγκοπούλου τοῦ ἐκλαμπροτάτου ἱππότου κυρίου κυρίου Δ.Δ. τῇ 21 μαΐου 1857 ἔ.π. Διευθύνεται πρὸς τοὺς γλυκυτάτους γονεῖς αὐτοῦ.

Placard in-4°. Poésie signée PANAGIOTIS VORREUS.

1924. — Ἐπιστολὴ τῶν ἐμπόρων πρὸς τὸν διευθυντὴν τοῦ Ἐπιστολείου Ζακύνθου κύριον Νικόλαον Καλλίγερον Σοῦλον καὶ ἀπάντησις αὐτοῦ. A letter of the merchants of Zante addressed to the Zante Post Master Mr Nicolò Caligero Sullo and his reply to the same. Ἐν Ζακύνθῳ, τυπογραφ. ὁ Παρνασσὸς Σεργίου Χ. Ῥαφτάνη. *Zante*, printing office Parnassus of Sergio C. Raftanis. 1857.

In-8° de sept pages.

1925. — Ἡ ἀρχαία Μεσσηνία καὶ ὁ Ἀριστομένης ὑπὸ Ἠλία Ζερβοῦ Ἰακωβάτου δικηγόρου. Ἐν Κεφαλληνίᾳ, ἐκ τοῦ τυπογραφείου ἡ Κεφαλληνία. 1857.

In-8° de 2 feuillets et 88 pages.

1926. — Ἡ ἐν τῇ ἑνδεκάτῃ βουλῇ συζήτησις περὶ τῆς ἐκλογῆς τῶν ἀντιπροσώπων Κεφαλληνίας. Ἔκθεσις ἱστορική. Ἐν Κερκύρᾳ, τυπογραφεῖον Ἑρμῆς Ἀ. Τερζάκη καὶ Θ. Ῥωμαίου. 1857.

In-8° de 75 pages et 2 feuillets blancs. Les auteurs de cette brochure sont N. B. MANÉSIS et N. T. BULGARIS.

1927. — Ἡ ἐπιστροφὴ ἐκ τῆς Ἑλλάδος εἰς Ζάκυνθον τοῦ εὐγενοῦς κυρίου κόμητος Διονυσίου Μεσσάλα, δημοσιευμένη ἐν τῇ ἑορτῇ αὐτοῦ τῇ 17 δεκεμβρίου 1857. ἔ.π. Ἀφιεροῦται πρὸς τὴν ὑπεραγάπητον κόμισαν μητέρα αὐτοῦ.

Placard in-4°. Poésie signée PANAGIOTIS VORREUS.

1928. — Ἡ εὔμορφη Βοσκοποῦλα ποίημα Νικολάου Δριμυτικοῦ τοῦ Κρητός. Ἔκδοσις δευτέρα, δαπάνῃ Κ. Ῥωσσολίμου. Ἐν Ζακύνθῳ, τυπογραφεῖον ὁ Ζάκυνθος Κωνσταντίνου Ῥωσσολίμου. 1857.

In-16 de 31 pages.

1929. — Ἡ ὀπτασία τοῦ Ἕλληνος (*Au bas :*) Τυπ. Σχερία.

Placard de 29 cent. sur 41. Prose et poésie. Daté de Corfou, 25 mars 1857 (style grec), et signé TH. VITALIS.

1930. — Κατήχησις τῆς ὀρθοδόξου χριστιανικῆς πίστεως συνοπτικῶς ἐκτεθεῖσα ὑπὸ τοῦ ἱεροδιδασκάλου Κ. Τυπάλδου. Ἐν Ζακύνθῳ, τυπογραφεῖον ὁ Ζάκυνθος Κωνσταντίνου Ῥωσσολίμου. 1857.

In-8° de 40 pages, dont les trois dernières blanches.

1931. — Λαὲ τῆς Κερκύρας, etc. etc. (*Au bas :*) Τυπ. Σχερία.

Placard in-folio à 3 colonnes ; daté de Corfou, 7 janvier 1857, et signé A. DANDOLO.

1932. — L'Angelo della misericordia. Seconda edizione con gran cura emendata e copiosamente accresciuta. *Zante*, pei tipi di C. Rossolimo. 1857. (*A la fin :*) Tipografia Zacinto.

In-8° de 139 pages. Ce poème à la louange de S. Vincent de Paul a pour auteur L. I. MARZOCCHI, lequel a signé l'épître dédicatoire à Pancrazio Molinari. En tête du volume, on trouve une lettre de l'imprimeur, C. Rossolimo, au poète.

NB. La première édition du présent poème, parue en 1854, sous le titre de *Olibani e gigli a S. Vincenzio de Paoli*, est décrite ci-dessus, n° 1803.

1933. — Λόγος βιογραφικὸς περὶ τοῦ Διονυσίου Ῥώμα ἐκφωνηθεὶς ἐπὶ τοῦ νεκροῦ αὐτοῦ τῇ 27 Ἰουλίου 1857 ὑπὸ Π. Χιώτου. Ἐν Ζακύνθῳ, τυπογραφεῖον ὁ Παρνασσὸς Σεργίου Χ. Ῥαφτάνη διευθυνόμενον παρὰ Ν. Ι. Ταρουσσοπούλου. 1857.

In-8° de 38 pages et 1 feuillet blanc.

1934. — Λόγος ἐκφωνηθεὶς παρὰ τοῦ κ. Ἰουλίου Τυπάλδου κατὰ τὴν ἐν τῷ ναῷ τῶν ἁγίων Πάντων πένθιμον τελετὴν εἰς μνημόσυνον τοῦ Ζακυνθίου ποιητοῦ Διονυσίου Σολωμοῦ. Ἐκδίδεται συνδρομῇ διαφόρων Ζακυνθίων, πρὸς οὓς χαριζόμενος ὁ συγγραφεὺς ἐχορήγησε τὴν ἐπὶ τούτου ἄδειαν. Ἐν Ζακύνθῳ, τυπογραφεῖον ὁ Παρνασσὸς Σεργίου Χ. Ῥαφτάνη διευθυνόμενον ὑπὸ Νέστορος Ἰ. Ταρουσσοπούλου. 1857.

In-8° de 15 pages.

1935. — Λόγος ἐκφωνηθεὶς ὑπὸ τοῦ διευθυντοῦ Κωνσταντίνου Ζαβιτζιάνου, τὴν 17 τοῦ σεπτεμβρίου μηνὸς 1857, κατὰ τὴν διανομὴν τῶν βραβείων μετὰ τὰς δημοσίας ἐξετάσεις τοῦ τετάρτου ἔτους τοῦ Παρθεναγωγείου. Κερκύρα, ἐν τῷ τυπογραφείῳ τῆς Κυβερνήσεως. 1857.

In-8° de 11 pages. La couverture imprimée sert de titre.

1936. — Λόγος ἐκφωνηθεὶς ὑπὸ τοῦ κυρίου Θ. Καρούσου, μνημοσύνου τελουμένου ἐν τῷ ναῷ τοῦ Σωτῆρος ὑπὲρ τοῦ ἀοιδίμου Σ. Πετρίτση, καθιδρυτοῦ τῆς ἐπωνύμου αὐτοῦ σχολῆς ἐν Παλαίῳ Κεφαλληνίας, τῇ 10 ἰουνίου 1857 ἔ.ἔ. Ἐν Κεφαλληνίᾳ, ἐκ τοῦ τυπογραφείου ἡ Κεφαλληνία. 1857.

In-8° de δ' (4) et seize pages.

1937. — Λόγος ἐπικήδειος εἰς τὸν ποιητὴν τῆς νέας Ἑλλάδος τὸν κόμητα Διονύσιον Σολωμόν, ἐκφωνηθεὶς ἐν τῷ ναῷ τῆς Μητροπόλεως κατὰ τὸ τελεσθὲν ὑπὸ τοῦ πανιερ. μητροπολίτου καὶ παντὸς τοῦ ἱεροῦ κλήρου μνημόσυνον τῶν ὀκτὼ τῷ σαββάτῳ τῆς Τυρινῆς 16 φεβρ. 1857, ὑπὸ τοῦ ἱερ. Κ. Στρατούλη, διευθυντοῦ τοῦ δευτερεύοντος σχολείου Ζακύνθου. Τυποῦται δαπάνῃ καὶ φιλοτίμῳ συνδρομῇ τῶν κυρ. Ζακυνθίων. Ἐν Ζακύνθῳ, τυπογραφεῖον ὁ Παρνασσὸς Σεργίου Χ. Ῥαφτάνη διευθυνόμενον ὑπὸ Νέστορος Ι. Ταρουσσοπούλου. 1857.

In-8° de seize pages. Rarissime.

1938. — Λόγος ἐπιτάφιος εἰς τὸν διάσημον τῆς νέας Ἑλλάδος ποιητὴν κόμ. ἱππ. Διονύσιον Σολομὸν ὑπὸ Νικολ. Κατραμῆ ἱερέως. Ἐν Ζακύνθῳ, τυπογραφεῖον ὁ Ζάκυνθος Κωνσταντίνου Ῥωσσολίμου. 1857.

In-8° de 16 pages. Plaquette rarissime.

1939. — Λόγος ἐπιτάφιος εἰς τὸν κλεινὸν τῆς νέας Ἑλλάδος ποιητὴν κόμητα ἱππότην Διονύσιον Σολομὸν ὑπὸ Θεοφίλου Φραγγοπούλου, διδάκτορος τὰ νομικά. Ἐν Ζακύνθῳ, τυπογραφεῖον ὁ Παρνασσὸς Σεργίου Χ. Ῥαφτάνη διευθυνόμενον παρὰ Ν. Ι. Ταρουσσοπούλου. 1857.

In-8° de 16 pages. Vignette funéraire sur le titre.

1940. — Λόγος περὶ τοῦ ἀποθανόντος Διονυσίου Σολομοῦ, Ζακυνθίου ποιητοῦ, συντεθεὶς ὑπὸ Π. Χιώτου καὶ ἐκφωνηθεὶς κατὰ τὸ μνημόσυνον τοῦ μακαρίτου τῷ 1857 φεβρουαρίου 23. Ἐν Ζακύνθῳ, τυπογραφεῖον ὁ Παρνασσὸς Σεργίου Χ. Ῥαφτάνη διευθυνόμενον ὑπὸ Νέστορος Ι. Ταρουσσοπούλου. 1857.

In-8° de 16 pages. Rarissime.

1941. — Λόγος τῆς 25 μαρτίου ἔτους 1857. Τὰ ἐπιστρόφια εἰς τὸν θεόν. (*A la fin :*) Ἐξεφωνήθη τὴν 25 μαρτίου 1857 εἰς τὸ ἀναγνωστήριον τῆς βιβλιοθήκης τῆς Βουλῆς. Τύποις Δ. Ἀθ. Μαυρομμάτη.

In-8° de 31 pages. L'auteur de ce discours est GEORGES TERTZÉTIS.

1942. — Μνημόσυνα, ἄσματα Ἀριστοτέλους Βαλαωρίτου Λευκαδίου. Ἐν Κερκύρᾳ, τυπογραφεῖον Ἑρμῆς Ἀ. Τερζάκη καὶ Θ. Ῥωμαίου. 1857.

In-8° de 185 pages et un feuillet non chiffré. Rare. Cette édition est dédiée à ÉMILE TYPALDOS.

1943. — Νεοσύλλεκτα δημοτικὰ ποιήματα ἐκδοθέντα ὑπὸ**** Ἐν Ζακύνθῳ, τυπογραφεῖον ὁ Ζάκυνθος Κωνσταντίνου Ῥωσσολίμου. 1857.

In-8° de 24 pages. Rarissime.

1944. — Οἱ βιβλίου καὶ νοῦ δεόμενοι καθηγηταὶ ὑπὸ τοῦ πλωτάρχου Γ. Ζωχιοῦ. Ἀθήνησι, τύποις Χ. Νικολαΐδου Φιλαδελφέως (παρὰ τῇ πύλῃ τῆς Ἀγορᾶς, ἀριθ. 420). 1857.

In-8° de 64 pages.

1945. — Ὁ Ῥήγας, ἐφημερὶς πολιτικὴ καὶ φιλολογική. Ἐν Ζακύνθῳ.

Le premier numéro de ce journal porte la date du 28 avril 1857. Il était bimensuel et cessa de paraître, avec le n° 12, le 11 novembre 1857. Pour les numéros 1 à 3, le rédacteur responsable était D. Maurianos ; pour les n°s 4 à 12, Carrer.

La publication de cette feuille fut reprise l'année suivante avec Antoine A. Politis, comme rédacteur responsable, trois numéros par mois et un format plus grand. Le n° 13 parut le 22 mai 1858 et le n° 47 (sans doute le dernier), le 2 juin 1859. La collection de ce journal conservée à la Bibliothèque du Parlement hellénique ne possède que 47 numéros.

1946. — Περὶ ἐκλογῆς ἐπαγγέλματος ἤτοι θεωρία τῶν τεχνῶν. Μέρος πρῶτον. Περὶ γεωργίας ὑπὸ Ἰω. Βεάκη δικηγόρου. Τόμος ά. Ἐν Ἑρμουπόλει, τύποις Γ. Μελισταγοῦς, ὁδὸς Ἀγορᾶς, ἀριθ. 673. 1857.

In-16 de ιέ (15) et 146 pages.

1947. — Περὶ τῆς ἐν Ἑπτανήσῳ διοργανώσεως τῆς δημοσίας ἐκπαιδεύσεως ὑπὸ Ἑρμάννου Λούντση. Ἐν Ἀθήναις, ἐκ τοῦ τυπογραφείου Ν. Ἀγγελίδου, ἐν ὁδῷ Ἑρμοῦ παρὰ τῇ Καπνικαρέᾳ. 1857.

In-8° de deux feuillets, 74 pages, un feuillet blanc et un feuillet (isolé) pour l'errata, qui manque dans beaucoup d'exemplaires.

1948. — Περὶ τῶν δύο περιωνύμων ναυμαχιῶν τῶν χριστιανικῶν τῆς Εὐρώπης δυνάμεων κατὰ τῶν Τούρκων, τῷ 1571 καὶ 1827 ἐν Ἑλλάδι, ὑπὸ Τηλεμάχου

Βλασσοπούλου, αξιωματικού τοῦ μηχανικοῦ κλπ. 'Αθήνησι, τύποις Δ. 'Αθ. Μαυρομμάτη, ὁδὸς Αἰόλου, ἀριθ. 337. 1857.

In-8° de 22 pages.

1949. — Ποίημα νεκρικὸν ἐν τῇ τεσσαρακοστῇ ἡμέρᾳ μετὰ τὴν τελευτὴν τῆς ποτὲ κυρίας Τζόγιας Ταπείνη, διαμοιραζόμενον ἐπὶ τοῦ τάφου αὐτῆς τῇ 11 μαΐου 1857, ἔ. π. Διευθύνεται τῷ υἱῷ αὐτῆς κυρίῳ κυρίῳ 'Αντωνίῳ Ταπείνῃ πτ. Σπυρίδωνος.

Placard in-4°. Poésie signée PANAGIOTIS VORREUS.

1950. — Ποιήματα Σολομοῦ καὶ ᾠδὴ εἰς τὸν θάνατόν του. 'Εν 'Αθήναις, ἐκ τοῦ τυπογραφείου τὸ 'Αθήναιον. 1857.

In-8° de 120 pages. Rare. Publié par le hiérodiacre Eugène Mantsavinos et André G. Dellaporta.

1951. — Πολιτικαὶ ὁμολογίαι τῆς τοῦ κ. Σολομοῦ ὑποψηφιότητος. (*A la fin :*) 'Εν Κεφαλληνίᾳ, ἐκ τοῦ τυπογραφείου ἡ Κεφαλληνία. 1857.

In-8° de 14 pages et un feuillet blanc. Daté de Zante, 28 décembre 1856. Il s'agit de DÉMÉTRIUS SOLOMOS, qui fut président du Sénat ionien.

1952. — Πρακτικὰ τῶν συνεδριάσεων τῆς νομοθετικῆς συνελεύσεως τοῦ ἡνωμένου κράτους τῶν 'Ιονίων Νήσων κατὰ τὴν πρώτην σύνοδον τῆς ἐνδεκάτης βουλευτικῆς περιόδου. Κερκύρᾳ, 1857.

In-8° de 460 + ιθ' (19) + ιέ (15) pages. Exemplaire sans doute incomplet.

1953. — Πράξεις τοῦ ἐνδεκάτου κοινοβουλίου τοῦ ἡνωμένου κράτους τῶν 'Ιονίων Νήσων ἐκδοθεῖσαι ὑπὸ τὸ σύνταγμα τῶν 1817, ἐπὶ τὴν πρώτην αὐτοῦ σύνοδον συγκροτηθεῖσαν κατὰ τὸ ἔτος 1857, τυπωθεῖσαι ἀδείᾳ τῆς γενικῆς κυβερνήσεως. Κερκύρᾳ, ἐν τῷ τυπογραφείῳ τῆς Κυβερνήσεως. 1857.

Acts passed by the eleventh Parliament of the United States of the Ionian Islands under the constitution of 1817, during its first session held in the year 1857, published by authority of the general Government. *Corfu*, Government printing Office. 1857.

In-4° de ζ' (7) + 46 pages et 1 feuillet blanc.

1954. — Προσκυνητάριον τῆς ἁγίας πόλεως 'Ιερουσαλὴμ καὶ πάσης Παλαιστίνης συντεθὲν μὲν παρὰ τοῦ πανοσιωλογιωτάτου (*sic*) ἁγίου καμαράση τοῦ παναγίου καὶ ζωοδόχου τάφου κυρίου Χρυσάνθου τοῦ ἐκ Προύσης, ἀφιερωθὲν δὲ παρ' αὐτοῦ τῷ μακαριωτάτῳ, θειοτάτῳ καὶ ἁγιωτάτῳ πατρὶ καὶ πατριάρχῃ τῆς ἁγίας πόλεως Ἱερουσαλὴμ καὶ πάσης Παλαιστίνης κυρίῳ κυρίῳ Ἀβραμίῳ, οὗ τοῖς ἀναλώμασιν ἐξεδόθη, ἐπιστασίᾳ Δημητρίου Φρονίμου. Ἔκδοσις δευτέρα. Ἐν Ζακύνθῳ, τυπογραφεῖον ὁ Ζάκυνθος Κωνσταντίνου Ῥωσσολίμου. 1857.

In-8° de ς' (6) pages + un feuillet + 106 pages + un feuillet. Épître dédicatoire au comte Démétrius Solomos, sénateur de Zante, signée Τὰ ὀρφανὰ τέκνα τοῦ Διονυσίου Σδρινιᾶ.

1955. — Πρὸς τὸν ἱεροελλογημότατον δόκ. Ἀναστάσιον Λαμπούδη. Ἀφιεροῦται τῷ κλήρῳ τῇ ἡμέρᾳ τῶν Ἁγίων Πάντων, 2 ἰουνίου 1857. ἔ. π.

Placard in-4°. Poésie signée PANAGIOTIS VORREUS.

1956. — Πρὸς τοὺς εὐγενεῖς ἐκλογεῖς τῆς Κερκύρας. (*Au bas :*) Τυπ. Σχερία.

Placard in-folio à 2 colonnes. Daté de Corfou, 2/14 janvier 1857, et signé A. DANDOLO.

1957. — Statistica comparativa formata da Giovanni Cozziris, sopraintendente governatore della casa di emendazione nell' isola di Corfù per gli anni 1854-1855-1856. Traduzione del greco. *Corfù*, tipografia Jonia di Spiridione ed Arsenio fratelli Cao. 1857.

In-8° de 74 pages, 1 feuillet blanc et seize tableaux.

1958. — Στεναγμοί, ποιήματα Ἀντ. Μανούσου. Ἐν Ἀθήναις, τύποις Χ. Νικολαΐδου Φιλαδελφέως, παρὰ τῇ Πύλῃ τῆς Ἀγορᾶς, ἀριθ. 420. 1857.

In-8° de 159 pages.

1959. — Τὰ Μυρτίδια ἢ ὁ ἐν Κυθήροις ναὸς τῆς Θεοτόκου, ὑπὸ**. (*A la fin :*) Ἐν Ἀθήναις, ἐκ τοῦ τυπογραφείου Ἀθηνᾶς. 1857.

In-8° de 16 pages. Daté de Cythère, juin (sans millésime), et signé Χ. Σ. Rarissime.

1960. — Τὸ προσεχὲς μέλλον τῶν ἐν τῇ ἀνατολῇ λαῶν ὡς πρὸς τὴν ἱστορίαν, πραγματεία ὑπὸ Θεοδώρου Γ. Κλαδᾶ Κεφαλλῆνος. Ἐν Κερκύρᾳ, τυπογραφεῖον ἡ Ἰονία Σπυρίδωνος καὶ Ἀρσενίου ἀδελφῶν Κάο. 1857.

In-8° de 178 pages et 1 feuillet blanc. Un second fascicule est annoncé à la quatrième page de la couverture, mais nous ne croyons pas qu'il ait paru.

1961. — Τὸ πρῶτο ψυχοσάββατο, ᾠδή. (*Au bas :*) Γερασίμου Μαρκορᾶ.

Placard in-folio. Rarissime. Poésie écrite à l'occasion de la mort du poète Denys Solomos (9/21 février 1857).

1962. — Τοῦ ἐν ἁγίοις πατρὸς ἡμῶν Μακαρίου τοῦ Αἰγυπτίου ὁμιλίαι πνευματικαὶ πάνυ πολλῆς ὠφελείας πεπληρωμέναι. Ἔκδοσις νέα δαπάνῃ μὲν εὐσεβῶν τινων χριστιανῶν, ἐπιμελείᾳ δὲ καὶ ἐπιδιορθώσει Σπυρίδωνος ἱερομονάχου Ζερβοῦ ἀρχιμανδρίτου. Ἐν Βενετίᾳ, ἐκ τοῦ ἑλληνικοῦ τυπογραφείου τοῦ ἁγίου Γεωργίου. 1857.

In-8° de 2 feuillets (dont le premier blanc et le second pour le faux-titre), ζ' (7) + 291 pages. On doit trouver, en outre, vis-à-vis du titre une gravure en taille-douce, laquelle est censée représenter saint Macaire l'Égyptien. Peu commun. Sur le titre des quelques exemplaires que nous avons eus sous les yeux, on avait ajouté à la plume le mot Κερκυραίου après ἀρχιμανδρίτου.

1963. — Φήμη τοῦ εὐγενεστάτου κυρ. κυρ. ἱππότου μεγαλοσταύρου τοῦ τάγματος τῶν ἁγίων Μ. καὶ Γ. Δημητρίου κόμητος Σάλαμον παρὰ τοῦ ὑποφαινομένου διευθυνομένη τῇ 22 ἰανν. 1857 ἔ. π. πρὸς τὸν εὐγενῆ κύριον Πέτρον Δομενίγην εἰρηνικὸν φίλον Ζακύνθου. (*Au bas :*) Τυπ. ὁ Παρνασσός.

Placard in-4°. Poésie signée Panagiotis Vorreus.

1964. — Φήμη τοῦ εὐγενοῦς κυρίου κυρίου Πέτρου Δομενίγη, τῇ 25 αὐγούστου 1857 ἔ. π. Ἀφιαιροῦται τῷ κυρίῳ κυρίῳ δόκτορι Πέτρῳ Ῥάϊνερ.

Placard in-4°. Poésie signée Panagiotis Vorreus.

1965. — Ὠδὴ ἐνταφιαστικὴ τοῦ ποτὲ εὐγενοῦς κυρ. κυρ. κόμητος Διονυσίου Σάλαμον τοῦ ἐν Κερκύρᾳ ἀποβιώσαντος τῇ 9 φεβρουαρίου 1857. Ἀφιεροῦται πρὸς τὴν εὐγενεστάτην κυρίαν κόμισαν Ἑλένην Ἀρβανιτάκην σύσυγον τοῦ ἐκλαμπροτάτου ἱππότου κυρίου κόμητος Δημητρίου Σάλαμον. (*Au bas :*) Τυπ. ὁ Παρνασσός.

Placard in-4°. Poésie signée Panagiotis Vorreus.

1966. — Ὠδὴ ἐν τῇ ἑορτῇ τοῦ εὐγενοῦς κυρίου Διονυσίου Βολτέρρα τοῦ εὐγενεστάτου κυρ. κυρ. Δημητρίου, τῇ 17 δεκεμβρίου 1857. ἔ. π. ὁ ὑποφαινόμενος.

Placard in-4°. Poésie signée Panagiotis Vorreus.

1967. — Ὠδὴ πανηγυρικὴ ἐν τῇ ἑορτῇ τοῦ εὐγενοῦς κυρίου Ἀγγέλλου Μεταξᾶ Σαντορίνη, τῇ 8 νοεμβρ. 1857. ἔ. π. Ἀφιεροῦται πρὸς τὸν εὐγενέστατον πατέρα αὐτοῦ.

Placard in-4°. Poésie signée Panagiotis Vorreus.

1968. — Ὠδὴ πανηγυρικὴ ἐν τῇ ἑορτῇ τοῦ εὐγενοῦς κυρίου κόμητος Νικολάου Μεσσάλα τοῦ εὐγενοῦς Κ. Κ. Κ. Στεφάνου, τῇ 6 δικεμβρίου 1857. ἔ. π. Ἀφιεροῦται πρὸς τὸν εὐγενῆ κύριον κόμητα Διονύσιον Μεσσάλα θεῖον αὐτοῦ.

Placard in-4°. Poésie signée Panagiotis Vorreus.

1969. — Ὠδὴ πανηγυρικὴ ἐν τῇ ἑορτῇ τοῦ εὐγενοῦς κυρίου κυρίου Δημητρίου Δὲ Ῥώση τοῦ εὐγενοῦς Γεωργίου. Ἀφιαιροῦται πρὸς τὸν εὐγενῆ πάππον αὐτοῦ κύρ. κύρ. δόκτορα Π. Ῥάϊνερ.

Placard in-4°. Poésie signée Panagiotis Vorreus.

1970. — Apologie (en italien) de Jean Cozziris concernant une fausse interprétation donnée à un passage de sa Statistique pénitentiaire. (*A la fin :*) Tipografia Jonia.

In-8° de 11 pages dont les deux premières blanches. Sans intitulé. Daté, en tête, de Corfou, 25 décembre 1857. Voir le n° 1957.

1971. — Ἀδολεσχία φιλόθεος ἤτοι ἐκ τῆς ἀναγνώσεως τῆς ἱερᾶς μωσαϊκῆς Πεντατεύχου βίβλου ἐπιστάσεις ψυχωφελεῖς τε καὶ σωτηριώδεις ὑπὸ τοῦ ἀοιδίμου ἀρχιεπισκόπου Εὐγενίου τοῦ Βουλγάρεως · ἐκδοθεῖσα μὲν τὸ πρῶτον φιλοτίμῳ δαπάνῃ τῆς ἀειμνήστου ἀδελφότητος τῶν Ζωσιμάδων · νῦν δὲ τὸ δεύτερον μετατυπωθεῖσα κελεύσει τοῦ μακαριωτάτου πατριάρχου Ἱεροσολύμων κυρίου κυρίου Κυρίλλου, εἰς κοινὴν τῶν ὀρθοδόξων ὠφέλειαν. Τόμος πρῶτος ἐν ᾧ αἱ ἐπιστάσεις περιέχονται αἱ ἐκ τῆς ἀναγνώσεως τῶν τριῶν τῆς ἱερᾶς Πεντατεύχου Γενέσεως, Ἐξόδου, Λευϊτικοῦ. Ἐν Ἱεροσολύμοις, ἐκ τοῦ τυπογραφείου τοῦ Π. Τάφου. ͵αωνή.

In-8° de deux feuillets + ιϛ′ (12) et 488 pages.

Τόμος δεύτερος ἐν ᾧ αἱ ἐπιστάσεις περιέχονται αἱ ἐκ τῆς ἀναγνώσεως τῶν δύο τῆς ἱερᾶς Πεντατεύχου Ἀριθμῶν, Δευτερονομίου, πρὸς δὲ καὶ Ἀδολέσχημα φιλοσοφικὸν κατὰ τοῦ τῶν Ὠκελλιτῶν συστήματος.

In-8° de deux feuillets + δ′ (4) et 408 pages.

1972. — Agostino Capodistria. (*A la fin :*) Venezia, Ant. di Tom. Filippi tip. 1858.

In-8° de 7 pages, dont les deux premières blanches. Article nécrologique traduit en italien par Spiridion Veloudo et tiré du n° 110 du journal corfiote τὰ Καθημερινά (*le Quotidien*).

1973. — Αἱ ἐθνικαὶ γαῖαι. (*A la fin :*) Τυπογραφεῖον ἡ Ἰονία.

In-8° de 1 feuillet et 6 pages. Brochurette signée P (rho) et datée de Janina, 29 mai 1858.

1974. — Ἀναμνήσεις καὶ εἰκόνες. Εὐγένιος Βούλγαρις καὶ Νικηφόρος Θεοτόκης, πρόδρομοι τῆς νοητικῆς καὶ ἐθνικῆς ἐξεγέρσεως τῆς Ἑλλάδος ὑπὸ Ἀλεξάνδρου Σ. Στούρζα. Ἀπόσπασμα μεταφρασθὲν ὑπὸ Κωνσταντίνου Γ. Σούτσου. Ἐν Ἀθήναις, ἐκ τοῦ τυπογραφείου Λαζάρου Δ. Βιλαρᾶ. 1858.

In-8° de δ' (4) + 54 pages et un feuillet blanc. Rare. Les pages 47 à 54 sont occupées par une pièce de vers signée Constantin G. Soutsos et intitulée : Προσδοκῶ ἀνάστασιν νεκρῶν.

1975. — Ἀπόφασις ἐκδοθεῖσα παρὰ τοῦ ἐν Κερκύρᾳ τριμελοῦς πρωτοδικείου. Ἐν Κερκύρᾳ, τυπογραφεῖον Ἑρμῆς Ἀντωνίου Τερζάκη. 1858.

In-8° de 13 pages et un feuillet blanc.

1976. — Ἄσμα ἐν τῇ ἑορτῇ τοῦ εὐγενοῦς κυρίου Πέτρου κόμητος Μεσσάλα τοῦ προτιμωτάτου κόμητος Γεωργίου τῇ 29 ἰουνίου 1858. ἔ. π. Ἀφιαιροῦνται πρὸς τὸν ἀδελφὸν αὐτοῦ κύριον κόμητα Νικόλαον.

Placard in-4°. Poésie signée Panagiotis Vorreus.

1977. — Catalogo dei Medicinali dei quali ogni Farmacia deve essere fornita, nonchè dei prezzi della loro vendita al minuto, e che non possono essere aumentati, compilato in ordine dell' Art° 15° dell' Atto n° V dell' 8° Parlamento in data 3/15 aprile 1845.

Κατάλογος τῶν Φαρμάκων τῶν ὁποίων ἕκαστον Φαρμακοπωλεῖον πρέπει νὰ ἦναι προμηθευμένον, καθὼς ἐπίσης καὶ τῆς τιμῆς αὐτῶν πωλουμένων λιανικῶς, καὶ ἥτις δὲν δύναται νὰ αὐξηνθῇ, συνταχθεὶς δυνάμει τῶν διατάξεων τοῦ ἀριθ. 15, τῆς ὑπ' ἀριθ. ἐ πράξεως τοῦ 8 κοινοβουλίου ὑπὸ χρονίαν 3/15 ἀπριλίου 1845.

In-4° de 8 pages. Daté de Corfou, 23 mai 1858.

1978. — Della condizione politica delle Isole Jonie sotto il dominio Veneto, preceduta da un compendio della storia delle Isole stesse dalla divisione dell' impero Bizantino, di Ermanno Co. Lunzi, versione con note di Marino Dr Typaldo-Foresti e Nicolò Barozzi, riveduta ed aumentata dall' autore. *Venezia*, tipografia del Commercio. 1858.

In-8° de 507 pages.

1979. — Διαδήλωσις. (*Au bas :*) Κεφαλληνία, 12/24 νοεμβρίου 1858. Ἰούλιος Π. Τυπάλδος.

Placard de 20 cent. sur 30. Démenti d'une nouvelle publiée par le Daily News du 2/14 juillet 1858, d'après laquelle Jules P. Typaldos aurait adressé à Sir Bulwer Lytton, un mémoire dans lequel il conseillerait au gouvernement britannique de transformer en colonies Corfou et Naxos.

1980. — Δογματική θεολογία τῆς ὀρθοδόξου καθολικῆς καὶ ἀνατολικῆς ἐκκλησίας, προτασσομένης εἰσαγωγῆς εἰς τὴν σειρὰν τῶν θεολογικῶν ἐπιστημῶν, συντεθεῖσα ὑπὸ τοῦ πρυτάνεως τῆς ἐν Κιέβῳ ἐκκλησ. ἀκαδημίας, ἀρχιμανδρίτου Ἀντωνίου, διδάκτωρος τῆς θεολογίας, διορθωθεῖσα δὲ καὶ τὸ ἕκτον ἐκδοθεῖσα τῷ 1856, ἐν Κιέβῳ. Ἐξελληνισθεῖσα δὲ ἐκ τοῦ ῥωσσικοῦ ὑπὸ Θεοδώρου Βαλλιάνου, συνταγματάρχου τῶν γενικῶν ἐπιτελῶν τοῦ στρατοῦ τῆς Ἑλλάδος. Ἐν Ἀθήναις, τύποις Χ. Νικολαΐδου Φιλαδελφέως (παρὰ τῇ Πύλῃ τῆς Ἀγορᾶς, ἀριθ. 420). 1858.

In-8° de 439 pages + une page blanche + trois pages (pour l'errata) et une page blanche. Rare. Dans l'avis de l'éditeur (p. 7), il est dit que, THÉODORE VALLIANOS étant mort avant d'avoir pu mettre la dernière main à son ouvrage, sa veuve a confié ce soin à un théologien connaissant la langue russe.

1981. — Ἐλεγεῖον τῆς ἀποθανούσης εὐγενοῦς κυρίας κυρίας κομίσσης Ῥιγέτη συμβίας τοῦ εὐγενοῦς ποτὲ κυρίου κυρίου Τίτα Τιπάλδου. Ἀφαιροῦνται πρὸς τὸν εὐγενῆ κύριον κύριον δόκτορα Ἰούλιον υἱὸν αὐτῆς καὶ πρόεδρόν τῶν δικαστηρίων Ζακύνθου, τῇ 12 ὀκτωβρίου 1858. ἔ. π.

Placard in-4°. Poésie signée PANAGIOTIS VORREUS.

1982. — Ἐν τῇ ἁγίᾳ ἑορτῇ τοῦ εὐγενοῦς κυρ. κυρ. Διονυσίου Βολτέρρα τοῦ εὐγενεστάτου κυρ. κυρ. Δημητρίου, τῇ 17 δεκεμβρίου 1858. ἔ. π. Ἀφαιροῦνται πρὸς τὸν εὐγενῆ κύρ. κύρ. Γεώργιον Μελισσινὸν θεῖον αὐτοῦ.

Placard in-4°. Poésie signée PANAGIOTIS VORREUS.

1983. — Ἐν τῇ ἑορτῇ τοῦ εὐγενοῦς κυρίου κυρίου Δημητρίου Δερώση τοῦ εὐγενοῦς Γεωργίου, τῇ 26 ὀκτωβρίου 1858. ἔ. π. Ἀφαιροῦνται πρὸς τὸν εὐγενῆ κύρ. κύρ. δόκτορα Πέτρον Ῥάϊνερ πάππον αὐτοῦ.

Placard in-4°. Poésie signée PANAGIOTIS VORREUS.

1984. — Ἐν τῇ ἑορτῇ τοῦ εὐγενοῦς κυρίου κυρίου κόμητος Δημητρίου Λούντζη τοῦ ἐκλαμπροτάτου κόμητος Νικολάου, τῇ 26 ὀκτωβρίου 1858. Ἀφαιροῦνται πρὸς τὸν ἐκλαμπρότατον πατέρα αὐτοῦ.

Placard in-4°. Poésie signée PANAGIOTIS VORREUS.

1985. — Ἐν τῇ ἑορτῇ τοῦ κυρίου Γεωργίου Γκιούρου τῇ 23 ἀπριλλίου 1858. ἔ. π. Ἀφιαιροῦται τῷ ἀγαπητῷ ἀδελφῷ αὐτοῦ.

Placard in-4°. Poésie signée PANAGIOTIS VORREUS.

1986. — Ἐν τῇ θείᾳ εὐλογίᾳ τῶν νεονύμφων εὐγενοῦς κυρ. κυρ. Σπυρίδωνος Γιόρκ, προξένου τῆς Ἀμερικῆς, καὶ εὐγενοῦς κυρ. κυρ. Λάουρας τοῦ ἐκλαμπροτάτου ἱππότου κυρ. κυρ. δρ. Δημητρίου Φραγκοπούλου, τῇ 9 ὀκτομβρίου 1858. ἔ. π. Ἀφιαιροῦται πρὸς τοὺς εὐγενεῖς γονεῖς τῆς νεονύμφου.

Placard in-4°. Poésie signée PANAGIOTIS VORREUS.

1987. — Ἐν τῇ θείᾳ καὶ ἱερᾷ ἑορτῇ τοῦ κυρ. Διονυσίου Κολοκοσζᾶ, τοῦ λογιωτάτου δημοσίου διδασκάλου Εὐαγέλλου, τῇ 17 δεκεμβρίου 1858. ἔ. π. Ἀφιαιροῦται τῷ πατρὶ αὐτοῦ.

Placard in-4°. Poésie signée PANAGIOTIS VORREUS.

1988. — Ἐν τῇ ἱερᾷ ἑορτῇ τοῦ εὐγενοῦς κυρ. κυρ. Νικολάου Χαλικιᾶ τοῦ εὐγενοῦς δόκτορος Δημητρίου, τῇ 6 δεκεμβρίου 1858. ἔ. π. Ἀφιεροῦται πρὸς τὸν εὐγενῆ Ἰωάννην Χαλικιᾶν θεῖον αὐτοῦ.

Placard in-4°. Poésie signée PANAGIOTIS VORREUS.

1989. — Ἐν τῇ ἱερᾷ εὐλογίᾳ τῶν εὐγενῶν νεονύμφων κυρ. κυρ. Στεφάνου Μπούλτζου καὶ εὐγενοῦς κομίσσης κυρίας Μαρίας Λούντζη, τῇ 19 ὀκτωβρίου 1858. Ἀφιαιροῦται πρὸς τοὺς εὐγενεῖς συγγενεῖς τῶν νεονύμφων.

Placard in-4°. Poésie signée PANAGIOTIS VORREUS.

1990. — Ἐν τῇ ἱερᾷ εὐλογίᾳ τῶν νεονύμφων κυρίου Βασιλείου Γκιούρου καὶ κυρίας Ἑλένης Παγκάλου τῇ 26 ἰαννουαρίου 1858. ἔ. π. Ἀφιεροῦται τῷ κυρίῳ Γεωργίῳ Γκιούρῳ ποθητῷ ἀδελφῷ αὐτοῦ.

Placard in-4°. Poésie signée PANAGIOTIS VORREUS.

1991. — Ἐν τῇ ἱερᾷ εὐλογίᾳ τῶν νεονύμφων κυρίου δόκτορος Εὐαγγέλου Τζαρλαμπᾶ καὶ εὐγενοῦς κυρίας Στέλλας τοῦ εὐγενοῦς κυρίου δόκτορος Σπυρίδωνος Καρβελλᾶ. Ἀφιαιροῦται πρὸς τὸν ἀγαπητὸν πατέρα τῆς νεονύμφου ἀρχίατρον Ζακύνθου, τῇ 5 ἀπριλίου 1858.

Placard in-4°. Poésie signée PANAGIOTIS VORREUS.

1992. — Ἐν τῇ ἱερᾷ εὐλογίᾳ τῶν νεονύμφων τοῦ εὐγενοῦς κυρίου Ἰωάννου

Μόζερα τοῦ 'Αντωνίου κυρ. Λάουρας Στρούζα τοῦ εὐγενοῦς κυρ. 'Ιωάννου, τῇ 22 ἰουνίου 1858. 'Αφιαιροῦται πρὸς τοὺς εὐγενεῖς γονεῖς τῶν νεονύμφων.

Placard in-4°. Poésie signée PANAGIOTIS VORREUS.

1993. — Grammatica della lingua italiana adattata all' uso ed intelligenza dei Greci da Salvatore Lombardo. *Atena*, tipografia di A. C. Garpola (strada d'Adriano). 1858. Γραμματικὴ τῆς ἰταλικῆς γλώσσης ἐρανισθεῖσα ἐκ τῶν νεωτέρων καὶ δοκιμωτέρων τῆς 'Ιταλίας γραμματικῶν ὑπὸ Σωτηρίου Λομβάρδου. Ἐν 'Αθήναις, ἐκ τῆς τυπογραφίας Α. Κ. Γκαρπολᾶ (ὁδὸς 'Αδριανοῦ). 1858.

In-8° de de θ' (9) pages, un feuillet, 213 pages et ί (10) pages.

1994. — Ἡ Δενδροζώγλωσσα. Ἐφημερὶς μυθική. (*A la fin :*) Ὁ ἐκδότης 'Ι. Α. 'Αραβαντινός. Ἐν Κερκύρᾳ, τῇ 16 ἰουνίου 1858 ἐ. ἔ. Τυπογραφεῖον Ἑρμῆς.

In-4° de douze pages. J'ignore s'il a été publié d'autres numéros de ce journal. A la page 3, l'auteur déclare que, ne sachant pas le grec, mais deux langues rares, celle des Arbres et celle des Bêtes, c'est pour cette raison qu'il a baptisé son journal Δενδροζώγλωσσα. A la page 12, il y a un avis qui débute ainsi : Ἡ Δενδροζώγλωσσα τυπόνεται κάθε μῆνα, ἡ τιμή της αὐτηνία, δύο ὀβολά. Ce numéro contient des fables. Rarissime.

1995. — Ἡ Φωνὴ τοῦ 'Ιονίου, ἐφημερὶς πολιτικὴ καὶ φιλολογική. Ἐκδίδεται κατὰ σάββατον. La Voix des Iles Ioniennes, journal politique et littéraire, qui paraît chaque samedi.

Le premier numéro de ce journal hebdomadaire parut, à Zante, le 17 mai 1858. Il était publié par Constantin Lombardos. On trouve dans quelques numéros des articles en français. Les n°s 1 à 50 (8 juin 1859) portent le titre ci-dessus. Après une interruption d'environ quatre mois, il reparut, avec le n° 51 (3 octobre 1859), sous le titre suivant: Φωνὴ τοῦ 'Ιονίου καὶ Ῥήγας. Ἐφημερὶς πολιτικὴ καὶ φιλολογική. Ἐκδίδεται κατὰ σάββατον. Les rédacteurs de cette seconde période étaient D. Callinique, G. Vérykios et Constantin Lombardos. Ce journal cessa de paraître, le 14 mai 1864, avec le n° 138 ; du moins ce numéro est le dernier de la Collection conservée à la Bibliothèque du Parlement hellénique.

1996. — Ἱστορία χρονικὴ περιέχουσα ἅπασαν τὴν κοσμοποιίαν, καὶ διεξιοῦσα κατ' ἐπιτομὴν περί τε οὐρανοῦ καὶ τῆς γῆς, περὶ τοῦ φωτὸς αὐτοῦ, καὶ πάντων ἁπλῶς τῶν ὑπὸ Θεοῦ δημιουργηθέντων ἐν ἡμέραις ἕξ· περί τε τῆς πλάσεως τοῦ 'Αδὰμ καὶ τῆς Εὔας καὶ τῶν λοιπῶν καθεξῆς, θεολογικῶς πως καὶ φυσικῶς· συντεθεῖσα μέν ποτε παρὰ τοῦ ἀοιδίμου καὶ ἀειμνήστου Μιχαὴλ Γλυκᾶ τοῦ ἐκ τῆς νήσου Κερκύρας · φιλοπόνως δὲ ἐπεξεργασθεῖσα καὶ ἐπιμελῶς διορθωθεῖσα καὶ διϰιρεθεῖσα εἰς κεφάλαια τεσσαράκοντα καὶ τρία ὑπὸ Χριστοδούλου Εὐθυμιάδου Ὀλυμπίου · νῦν πρῶτον τύποις ἐκδίδοται πρὸς χρῆσιν ἑκάστου φιλομούσου καὶ φιλομαθοῦς ἀναγνώστου. Ἐν Θεσσαλονίκῃ, ἐκ τῆς τυπογραφίας Κ. Δαρζηδοβίτου, ἐπιμελείᾳ Πανταζῇ Χ. Γαμβρίσσου. 1858.

Petit in-8° de 16 et 208 pages. Rarissime. L'éditeur ignorait l'existence des éditions antérieures. La présente édition est donnée d'après un manuscrit du monastère de Climadès, situé sur le mont Olympe, manuscrit en tête duquel on lisait l'épigramme suivante :

Ὡς ἡ σελήνη ἐν μέσῳ τῶν ἀστέρων,
οὕτω κἀγὼ πέφυκα πρὸ πολλῶν χρόνων
ἐν μέσῳ τῆσδε λαμπρᾶς βιβλιοθήκης
τῆς σεβασμίας μονῆς τῆς τῶν Κληϰάδων.

Au verso du titre, on lit cette autre épigramme :

Ἐπίγραμμα ἰαμβικὸν πρὸς τὸν συγγραφέα.
Βίβλος χρονική, σύνθεσις τεχνουργίας,
εἰς τὸ γλυκὺ σύνταγμα τοῦ λόγου χάριν
ἔργοις παριστᾷ κλῆσις ἡ συγγραφέως,
ἣν ἐκ γένους ἔσχηκε γλυκεπωνύμου,
Γλυκᾶς ὁ γράψας Μιχαὴλ τὸ βιβλίον,
θείων λόγων νοῦς καὶ κανὼν τῶν δογμάτων,
Κερκύρας θρέμμα, καὶ τοῦ κόσμου τὸ θαῦμα,
σὺ γὰρ ὑπάρχεις, ὦ συγγραφεῦ τῆς βίβλου.

Cette édition ne comprend que 43 chapitres, dont le dernier est intitulé : Περὶ τοῦ πῶς ὁ Κάϊν ἐφεῦρε τὸν τρόπον διὰ νὰ φονεύσῃ τὸν ἀδελφόν του Ἄβελ. Un avis de l'éditeur, en tête du volume est daté de Tyrnavo (Thessalie), premier janvier 1858.

1997. — Λόγος ἐκφωνηθεὶς ὑπὸ τοῦ κυρίου Θ. Καρούσου κατὰ τὴν ἔναρξιν τῶν μαθημάτων τῆς Πετριτσείου σχολῆς, τῇ 11 σεπτεμβρίου 1857, ἔ. π. Ἐν Κεφαλληνίᾳ, τυπογραφεῖον ἡ Κεφαλληνία. 1858.

In-8° de 20 pages. La couverture imprimée tient lieu de titre.

1998. — Λόγος ἐκφωνηθεὶς ὑπὸ τοῦ κ. Θ. Καρούσου, μνημοσύνου τελουμένου ἐν τῷ ναῷ τοῦ Σωτῆρος, ὑπὲρ τοῦ ἀοιδίμου Σ. Πετρίτση, καθιδρυτοῦ τῆς ἐπωνύμου αὐτοῦ σχολῆς, ἐν Παλαίῳ Κεφαλληνίας, τῇ 10 ἰουνίου 1858, ἔ. ἔ. Ἐν Κεφαλληνίᾳ, τυπογραφεῖον ἡ Κεφαλληνία.

In-8° de 24 pages.

1999. — Λόγος επιτάφιος εις τον θάνατον του επισκόπου της εν Κερκύρα λατινικής εκκλησίας Καρόλου Ριβέλλη Κερκυραίου, εκφωνηθείς εν τω λατινικώ κοιμητηρίω παρά του δρος. Νικολάου Λούζη. Κερκύρα, τυπογραφείον ή Ιονία Σπυρίδωνος και Αρσενίου αδελφών Κάο. 1858.

In-8° de 8 pages.

2000. — Λόγος επιτάφιος Παρθενίου ιερομονάχου του Μαλαπέτσα συντεθείς και εκφωνηθείς παρά του ιερέως Σπυρίδωνος Ντελέτη, εν τω θείω ναώ του αγίου Παντελεήμονος, τυπωθείς δε δι' εξόδων των πνευματικών τέκνων του χάριν του προς αυτόν σεβασμού και αγάπης, τη 23 αυγούστου 1858 έ. ελ. Εν Ζακύνθω, εκ του τυπογραφείου ή Αυγή. 1858.

In-8° de 16 pages.

2001. — Λόγος επιτάφιος προς τον αποθανόντα ίππ. Κ. Δραγώναν επί του νεκρού του εκφωνηθείς τη 9 ιουλίου 1858 υπό Π. Χιώτου. Εκδίδεται δαπάνη Α και Ω. Εν Ζακύνθω, τυπογραφείον ο Ζάκυνθος Κωνσταντίνου Ρωσσολίμου. 1858.

In-8° de 16 pages.

2002. — Μνεία περί Αντωνίου του Κατηφόρου υπό Π. Χιώτου, εν οις και το επικήδειον υπό ιερέως Κόντου. Εν Ζακύνθω, τυπογραφείον ο Ζάκυνθος Κωνσταντίνου Ρωσσολίμου. 1858.

In-16 de 32 pages. Dédié à Sophocle Œconomos.

2003. — Νέος οδηγός νεωτέρων ποικίλων διαλόγων ένθα και συνδιαλέξεις περί οδοιποριών, σιδηροδρόμων, ατμοπλοίων κτλ. τα πάντα εκτεθέντα εις γλώσσας τέσσαρας, : ελληνικήν, γαλλικήν, αγγλικήν και ιταλικήν, προς χρήσιν περιηγητών και πάσης τάξεως σπουδαστών μιας ή και πλειόνων των γλωσσών τούτων. Dialogues usuels et familiers en quatre langues : grec moderne, français, anglais et italien. Athènes, chez Wilberg, libraire éditeur. Εν Αθήναις. 1858. (*Au v° du faux-titre :*) Εκ της βασιλικής τυπογραφίας.

Petit in-8° de 8 pages + 4 feuillets + 302 feuilllets, dont les deux derniers blancs. L'auteur de ce livre est ANDRÉ PAPADOPOULOS VRÉTOS.

2004. — Οδηγία δια την καλλιέργειαν του Ζακχαρωτού Όλκού και δια τας διαφόρους ύλας εξ αυτού εξαγομένας. Κέρκυρα, τυπογραφείον της Κυβερνήσεως. 1858. (*A la page 3 :*) Guida per la coltivazione dell' *Holcus Zaccharatus*, e per le varie sostanze che dallo stesso si traggono. *Corfù*, Stamperia del Governo. 1858.

ANNÉE 1858

In-8° de 23 pages. Grec et italien placés en regard. L'auteur a ainsi daté et signé : Corfù, 27 marzo 1858, Giov. B. B. Delviniotti, prof. di Fisica esperimentale et di Analisi chimica farmaceutica. L'opuscule est adressé à Sir John Young, lord haut-commissaire dans les Iles Ioniennes.

En tête, lettre (en grec et en anglais) de Georges F. Bowen à A. L. Dusmani, secrétaire du Sénat, pour lui recommander cette étude.

2005. — Ὁ ἐρανιστὴς, σύγγραμμα περιοδικόν. Τόμος πρῶτος. Ἐν Κερκύρᾳ, τυπογραφεῖον Ἑρμῆς Ἀντωνίου Τερζάκη. 1858.

In-8° de 1 feuillet isolé (pour le titre) et 546 pages. Le feuillet du titre a été tiré avec le feuillet qui forme les pages 545 et 546, ainsi que nous permet de le constater un exemplaire broché que nous avons sous les yeux. Cette revue paraissait mensuellement.

2006. — Ὁ θάνατος Ναθαναὴλ Δομενεγίνου Ζακυνθίου ἐνδόξως ὑπὲρ πίστεως καὶ πατρίδος θανόντος ἐν ἔτει 1854. Ἐποίησε Διομήδης Δελβινιώτης Κερκυραῖος. Ἐκδοθὲν ὑπὸ Ἀντωνίου Τερζάκη. Κερκύρα, τυπογραφεῖον Ἑρμῆς Ἀντωνίου Τερζάκη. 1858.

In-8° de 40 pages. Poésie dédiée par l'auteur à sa sœur Corinne Delviniotis, morte à la fleur de l'âge.

2007. — Ὀργανισμὸς τοῦ καταστήματος τῆς ἑταιρίας ὁ Ὀδυσσεύς. Ἐν Ζακύνθῳ, τυπογραφεῖον ὁ Παρνασσὸς Σεργίου Χ. Ῥαφτάνη διευθυνόμενον παρὰ Ν. Ἰ. Ταρουσσοπούλου. 1858.

In-8° de sept pages.

2008. — Ὀρθόδοξος στηλίτευσις Χ. ἱερέως Ζερβοῦ Ἰακωβάτου Κεφαλλῆνος κατὰ τῶν φλυαριῶν καὶ ὕβρεων τοῦ ἐνταῦθα φράτορος Ἀντωνίου τοῦ διοικοῦντος τὴν παπικὴν ἐκκλησίαν, ἃς ἐξέμεσεν ὁ τελχὶν οὗτος κατὰ τῆς ὀρθοδόξου ἐκκλησίας ἐν Κεφαλληνίᾳ. (A la fin :) Κεφαλληνία, ἐν Ἀργοστολίῳ, τῇ 27 μαΐου 1858 ἔ. π. Τυπογρ. ἡ Κεφαλληνία.

In-8° de seize pages.

2009. — Περὶ τῶν διαφόρων πηλῶν, πραγματεία μετὰ ἰχνογραφιῶν ἤδη ἐκδοθεῖσα διὰ τοῦ περιοδικοῦ συγγράμματος ὁ Ἐρανιστὴς καὶ συνταχθεῖσα ὑπὸ Βενεδίκτου Πιέρρη Χαλικιοπούλου, ἀστυκοῦ καὶ χημικοῦ μηχανικοῦ τῆς ἐν Παρισίοις κεντρικῆς σχολῆς τῶν τεχνῶν καὶ βιομηχανιῶν. Ἐν Κερκύρᾳ, τυπογραφεῖον Ἑρμῆς Ἀντωνίου Τερζάκη. 1858.

In-8° de 32 pages et six planches lithographiées. Tirage à part à 25 exemplaires. (Paul Lambros, *Troisième catalogue de livres rares*, p. 102, n° 328.) La bibliothèque de la Société historique de Grèce possède un exemplaire de cet opuscule.

2010. — Ποιητική συλλογή υπό Γ. Ε. Μαυρογιάννη. Ἐν Ἀθήναις, τύποις Σ. Παυλίδου καί Ζ. Γρυπάρη (ὁδός Βύσσης, ἀριθ. 815). 1858.

In-12 de 124 pages. Recueil devenu rare.

2011. — Πρὸς τὰ ἄτομα τῶν νεονύμφων εὐγενοῦς κυρ. κυρ. Στεφάνου Μπούλζου καὶ εὐγενοῦς κυρ. κυρ. κομίσσης Μαρίας Λούντζη, τῇ 24 αὐγούστου 1858. ἔ. π. Ἀφιαιροῦται τῇ εὐγενῇ κυρία κυρία Ἰωάννα Βερναρδάκη Μπούλτζο.

Placard in-4°. Poésie signée PANAGIOTIS VORREUS.

2012. — Πρὸς τοὺς συμπολίτας μου. (*A la fin :*) Κερκύρα, τῇ 17 δεκεμβρίου 1858. Τυπογραφεῖον Ἑρμῆς.

In-8° de 22 pages et 1 feuillet. Brochure de D. COURCOUMÉLIS.

2013. — Πρὸς τοὺς τιμιωτάτους ἐνωρίτας καὶ ἀδελφοὺς τῆς μητροπόλεως. (*Au bas :*) Κερκύρα, τῇ 2 σεπτεμβρίου 1858. ἔ. ἐλ. Τυπογραφεῖον ἡ Ἰονία.

Placard mesurant 240 millimètres sur 325, imprimé sur deux colonnes et signé : Ἀ. ἱερεὺς Πανδῆς, προσωρινὸς τῆς Μητροπόλεως ἐφημέριος. Rare.

2014. — Πρὸς τοὺς τιμιωτάτους τῆς Μητροπόλες (*sic*) Ἐκκλησίας ἐνωρίτας καὶ ἀδελφούς. (*Au bas :*) Τυπογραφεῖον ἡ Ἰονία.

Placard mesurant 240 millimètres sur 325, imprimé sur deux colonnes et signé : Ἀ. ἱερεὺς Πανδῆς. Rare.

2015. — Συλλογή τῶν ποιημάτων τοῦ Διονυσίου Σολομοῦ. Ἐν Ἀθήναις, ἐκ τοῦ τυπογραφείου τὸ Ἀθήναιον. 1858.

In-8° de 112 pages. Rarissime.

2016. — Συντακτικὸν τῆς ἀρχαίας ἑλληνικῆς γλώσσης διὰ τοὺς ἀρχαρίους τῶν ἑλληνικῶν σχολείων μαθητὰς ὑπὸ Χρ. Καλλιακούδα. Ἐν Ἀθήναις, ἐκ τοῦ τυπογραφείου τῆς Λακωνίας, κάτωθι τοῦ ἁγίου Νικολάου τοῦ Ῥαγκαβᾶ, ὁδὸς Αἰγέως, ἀριθ. 906. 1858.

In-8° de 92 pages.

2017. — Τῇ πρωταοιδῷ κυρίᾳ Ἰσαβέλλῃ Ἰατρᾷ τὸ ἑσπέρας τῆς 30 ἰανουαρίου 1858.

Placard de 20 centimètres sur 29. Poésie.

2018. — Τί τὸ ὡραῖον τῆς τέχνης ; (*A la fin :*) Ἐξεφωνήθη τὴν 20 μαίου 1858, τὴν 6 ὥραν μ. μ. εἰς τοὺς ἴσκειους τῶν δένδρων τῆς καϊμένης Βουλῆς. Τύποις Δ. Ἀθ. Μαυρομμάτη.

In-8° de 31 pages. La couverture imprimée sert de titre. L'auteur de ce discours est GEORGES TERTSÉTIS, qui a signé de ses initiales (Γ. T.) la dédicace à Philippos Joannou.

2019. — Τὸ καλὸν κατευόδιον τοῦ εὐγενοῦς κυρ. κυρ. Νικολάου Βολτέρρα ποτὲ εὐγενοῦς κυρ. κυρ. Ἀναστασίου, τῇ 17 μαίου 1858. ἔ. π. Ἀφαιροῦται τῷ ἀδελφῷ αὐτοῦ εὐγενεστάτῳ κυρίῳ κυρίῳ Δημητρίῳ.

Placard in-4°. Poésie signée PANAGIOTIS VORREUS.

2020. — Τὸ καύχημα τῶν χριστιανῶν ἑλλήνων. Ποιημάτιον ἀνέκδοτον. Ἐν Ζακύνθῳ, τυπογραφεῖον ὁ Ζάκυνθος Κωνσταντίνου Ῥωσσολίμου. 1858.

In-16 de 16 pages.

2021. — Τῷ καλῷ καγαθῷ πολίτῃ κυρίῳ κόμητι Νικολάῳ Λούντζῃ ἀνατίθημι δὲ καὶ τόδε τῇ 15 ἰαννουαρίου 1858. ἔ. π. A l'occasion du bal masqué.

Placard in-4°. Poésie signée PANAGIOTIS VORREUS.

2022. — Ὠδή. (*A la fin :*) Ἀναγνώστης Χαράλαμπος Σπάθας. Κερκύρᾳ, τῇ 22 ἰουλίου 1858 ἔ. ἑλ. Τυπογραφεῖον ἡ Ἰονία.

In-8° de 3 pages.

2023. — Αἱ Ἰόνιοι νῆσοι ὑπὸ τὴν δεσποτείαν τῆς Ἐνετίας καὶ τὴν ἀγγλικὴν προστασίαν καὶ ἡ ἐν αὐταῖς ἑλληνικὴ ποίησις μετὰ περιλήψεώς τινος τῆς ἀρχαίας αὐτῶν ἱστορίας ὑπὸ τῆς κομήσσης Δόρας δ' Ἰστρίας μεταφρασθέντα ἐκ τοῦ γαλλικοῦ ὑπὸ Μ. Κ. Ῥάλλη, ἐκδίδονται ὑπὸ Θ. Θερμογιάννη καὶ Δ. Εἰρηνίδου. Ἐν Ἀθήναις, ἐκ τοῦ τυπογραφείου Δ. Εἰρηνίδου. 1859.

In-8° de θ' (9) + 110 + 63 pages.

2024. — Αἱ προξενικαὶ σφαγιάσεις ἢ τὰ τραγῳδήματα τῶν πλοιάρχων, ὑπὸ

Ἰωάννου Π. Καλλιγᾶ. Ἐν Ζακύνθῳ, τυπογραφεῖον ὁ Ζάκυνθος Κωνσταντίνου Ῥωσσολίμου. 1859.

In-8° de 20 pages. La couverture imprimée sert de titre.

2025. — Amarezze ed ingiustizie sofferte in Venezia dal cavaliere Andrea Papadopulo Vretò per avere smascherati due impostori nel suo breve scritto intitolato Informazione sulla medaglia dell' Indipendenza ellenica. *Torino*, stamperia dell' unione tipografico-editrice. Febbraio 1859.

In-8° de 40 pages. La couverture imprimée sert de titre. Brochure rarissime.

2026. — Ἀνατολικαὶ ἐπιστολαί, Σμύρνη, Αἴγυπτος, Παλαιστίνη, ὑπὸ Γεωργίου Κ. Τυπάλδου (υἱοῦ). Ἐν Ἀθήναις, ἐκ τοῦ τυπογραφείου Δ. Εἰρηνίδου. 1859.

In-8° de ζ' (7) + 150 pages + un feuillet.

2027. — Ἀρχαιολογικὴ διατριβὴ περὶ τῆς νήσου Ἰθάκης, ἀγγλιστὶ μὲν συγγραφεῖσα ὑπὸ τοῦ σὶρ Γεωργίου Φ. Βωὲν Ι. Τ. Μ. Γ. ἀποσχόλου τῆς ἐν Ὀξωνίᾳ ἀκαδημίας καὶ γραμματέως τοῦ ἁρμοστοῦ τῆς Ἑπτανήσου, ἐξελληνισθεῖσα δὲ κατὰ τὴν ἐν Λονδίνῳ ἐν ἔτει 1854 τρίτην ἔκδοσιν, ὑπὸ Π. Β. Α. Ἐν Ἀθήναις, ἐκ τῆς τυπογραφίας Σ. Παυλίδου. Ὁδὸς Βύσσης, ἀριθ. 815. 1859.

In-8° de 38 pages et 1 feuillet blanc. Le traducteur de cette étude, qui se dissimule sous les initiales Π. Β. Α., n'est autre que PIERRE BRAÏLAS ARMÉNIS.

2028. — Associazione Jonia per promovere le Scienze, le Lettere e le Arti, nelle Isole Jonie.

In-8° de 15 pages. Projet de règlement (voir plus loin, n° 2045, le même en grec). La date du 28 octobre 1859 se lit à la page 7. Rare.

2029. — A Sua Eccellenza sir H. K. Storks, lord alto commissionario di Sua Maestà Britannica nelle Isole Jonie. (*A la fin :*) Tipografia Jonia.

In-8° de 4 pages. Daté de Corfou, 12 octobre 1860, et signé Antoine Dandolo.

2030. — Διδαχαὶ εἰς τὴν ἁγίαν καὶ μεγάλην τεσσαρακοστὴν καὶ εἰς ἄλλας κυριακὰς τοῦ ἐνιαυτοῦ καὶ ἐπισήμους ἑορτὰς μετὰ καί τινων πανηγυρικῶν λόγων, συντεθεῖσαι μὲν καὶ ἐκφωνηθεῖσαι ὑπὸ τοῦ ποτὲ θεοφιλεστάτου Κερνίκης καὶ Καλαβρύτων ἐν Πελοποννήσῳ ἐπισκόπου κυρίου Ἡλιοῦ Μηνιάτη τοῦ Κεφαλληνιέως, νεωστὶ δὲ πλουτισθεῖσαι μὲ τὴν προσθήκην τῆς τε μεταφράσεως καὶ τοῦ κειμένου τῶν σωζομένων ἰταλικῶν λόγων καὶ ὁμιλιῶν αὐτοῦ, καὶ μὲ τὴν τῆς αὐτοῦ βιογραφίας ὑπὸ τοῦ ἱεροδιδασκάλου Ἀνθίμου Μαζαράκη Κεφαλλῆνος, π. ἀρχιμανδρίτου τοῦ οἰκουμενικοῦ θρόνου. Ἐν Βενετίᾳ, ἐκ τῆς ἐκκλησιαστικῆς τυπογραφίας τοῦ Φοίνικος. 1859.

In-4° de λϛ´ (36) et 364 pages. Phénix sur le titre.

2031. — Διονυσίου Σολωμοῦ τὰ εὑρισκόμενα, ἐκδίδονται δαπάνῃ Ἀντωνίου Τερζάκη. Ἐν Κερκύρᾳ, τυπογραφεῖον Ἑρμῆς Ἀντωνίου Τερζάκη. 1859.

In-8° de 78 pages + 1 feuillet + 445 pages + 1 feuillet blanc. Il y a des exemplaires sur papier fort. Les éditeurs littéraires sont, pour les poésies grecques, Jacques Polylas, et pour les poésies italiennes Pietro Quartano di Calogerà.

2032. — Ἔγγραφα ἀναφερόμενα εἰς τὴν ἐποχὴν τῆς ἐκτάκτου ἀποστολῆς τοῦ κυρίου Γλάδστωνος εἰς Ἑπτάνησον, ἐκδίδεται δαπάνῃ Δ. Ι. Πατέλλη Ζακυνθίου. Ἐν Ζακύνθῳ, ἐκ τοῦ τυπογραφείου ἡ Αὐγή. 1859.

In-8° de 2 feuillets + 21 pages + 3 feuillets (dont le troisième blanc) + 67 pages.

2033. — Ein Besuch auf Korfu und Cefalonien im September 1858. Vortrag gehalten den 10 Februar 1859 von Alb. Mousson. Nebst speciellen Zusätsen. *Zürich*, Druck und Verlag von Fr. Schulthess. 1859.

In-8° de deux feuillets et 83 pages. Très rare et recherché.

2034. — Ἑρμηνεία τοῦ συμβόλου τῆς πίστεως τῆς ὀρθοδόξου ἀνατολικῆς καθολικῆς ἐκκλησίας καὶ περὶ λειτουργίας, συγγραφεῖσα μὲν ῥωσσιστί, καὶ τὸ τέταρτον ἐκδοθεῖσα τῷ 1844 ἔτει ἐν Πετρουπόλει, ἐξελληνισθεῖσα δὲ κατὰ τὸ 1855 ὑπὸ Θεοδώρου Βαλλιάνου, συνταγματάρχου τῶν γενικῶν ἐπιτελῶν τοῦ Στρατοῦ τῆς Ἑλλάδος, ἐκδίδεται νῦν ὑπὸ Ἀναστασίας Θ. Βαλλιάνου. Ἐν Ἀθήναις, τύποις Χ. Νικολαΐδου Φιλαδελφέως (Παρὰ τῇ Πύλῃ τῆς Ἀγορᾶς, ἀριθ. 420). 1859.

In-8° de 123 pages.

2035. — Ἡ αἰσώπειος φιλοσοφία παρ᾽ Ἕλλησι, ἐκδοθεῖσα καὶ συναρμολογηθεῖσα ὑπὸ Ἀντωνίου Πολυλᾶ. Μέρος ά, τμῆμα ά. Βαβρίας. Κερκύρᾳ, τυπογραφεῖον Σχερία. 1859.

In-8° de 2 feuillets, μέ (45) pages, un feuillet et 96 pages. Dédié par Antoine Polylas à sa femme, Fanny Scaramangas, fille de Nicolas Scaramangas.

Μέρος ά, τμῆμα γ'. Ἅγιος Κύριλλος. Κερκύρᾳ, τυπογραφεῖον Σχερία. 1859.

In-8° de κ' (20) et 211 pages. Reproduction des *Apologi morales sancti Cyrilli*, d'après l'édition donnée à Vienne, en 1630, par le R. P. Balthasar Corderius.

Ces deux volumes sont tout ce qui a paru de la Collection. Cf. Laurent Vrokinis, Βιογραφικὰ σχεδάρια, t. I, p. 328.

2036. — Ἡ Βουλγαροσλαβικὴ συμμορία καὶ ἡ τριανδρία αὐτῆς, πραγματεία συγγραφεῖσα μετὰ πλείστης ἐπιμελείας παρὰ Γεωργίου Τσουκαλᾶ τοῦ Ζακυνθίου. Ἐν Κωνσταντινουπόλει, ἐκ τοῦ τυπογραφείου Ε. Λαζαρίδου (ἐν Γαλατᾷ, ὀδὸς Ἐνδυματοπωλείων, ἀριθ. 23). 1859.

In-8° de 108 pages et deux feuillets blancs. Rarissime. Les pages 3-4 sont occupées par une lettre de l'auteur aux Bulgares, datée de Constantinople, 22 décembre 1858. Les pages 5-8 contiennent une préface portant la même date. L'opuscule proprement dit commence à la page 9.

2037. — I meriti e le colpe, ossia il memorandum di un filantropo sulle passate vicende del mondo in generale, in forma di lettere ad un amico. *Corfù*, tipografia Jonia di Spiridione ed Arsenio fratelli Cao. 1859.

In-8° de 78 pages et un feuillet blanc. Rare. Poésie.

2038. — Ἡ κυρὰ Φροσύνη, ποίημα εἰς τέσσαρα ᾄσματα διῃρημένον, ᾧ καὶ ἕτερον συνεκδίδεται ποιημάτιον τὸ Σήμαντρον, ὑπὸ τοῦ ποιήσαντος τὰ Μνημόσυνα Ἀριστοτέλους Βαλαωρίτου Λευκαδίου. Ἐν Κερκύρᾳ, τυπογραφεῖον Ἑρμῆς Ἀντωνίου Τερζάκη. 1859.

In-8° de κς' (26) pages, un feuillet non chiffré, 212 pages et un feuillet non chiffré (pour l'errata). Rare. Dédié à Héloïse Valaoritis, femme du poète.

2039. — Ἡ λέμβος τῆς ἐκκλησιαστικῆς νηὸς ἡ κομίσασα τὴν ἐκκλησιαστικὴν κρίσιν πρὸς κοινὴν γνῶσιν, ὑπὸ Νικολάου Καραντζᾶ. Ἐν Ζακύνθῳ, ἐκ τοῦ τυπογραφείου ἡ Αὐγή. 1859.

In-8° de 16 pages.

2040. — Ἡ μαρτυρία κυρίου πιστὴ σοφίζουσα νήπια (Δαβὶδ ὁ ἱεροψάλτης) καὶ οἱ πατέρες ημών ανήγγειλαν ήμΐν. Ερωτά ό ημέτερος και ποθητός φίλος αρχιμανδρίτης Μενέλαος εκ της ιεράς μονής τοϋ Νιάμσου εκ Μολδαβίας, όπως πληροφορήσωμεν αυτόν περί τοϋ γενομένου θαύματος, κατά τό έτος τοϋτο 1859, εις το φρέαρ της σεβάσμιας μονής τοϋ θεοφόρου πατρός ημών Γερασίμου (*A la fin :*) Εξεδόθη τω 1859 Ιουλίου 16 ετ. ανατολικόν. Χρύσανθος ιερεύς Ζερβός Ίακωβάτος Κεφαλλήν. Τυπογραφεΐον ή Κεφαλληνία.

In-8° de 17 pages et un feuillet blanc.

2041. — Ή ορθοδοξία θριαμβεύουσα ήτοι ποίημα επικόν από Μανουήλ μέχρι της πτώσεως τοϋ Βυζαντίου επί Κωνσταντίνου τοϋ Παλαιολόγου, και τό αληθές συμπέρασμα. Τρεις σκηναί εκ τινός ανεκδότου δράματος ό Αλέξιος, μετά τών εν αύτοΐς αναγκαιούντων σημειώσεων, υπό Δημητρίου Κ. Φούρναρη τοϋ εξ Αμβρακίας, εκδοθέντος δε προτροπή τε και συνεργεία Ιωάννου Β. Κωστάτη. Φυλλάδιον ά. Εν Κέρκυρα,, τυπογραφεΐον Ερμής Αντωνίου Τερζάκη. 1859.

In-8° de 32 pages.

2042. — Ή πτώσις τοϋ Βυζαντίου. Εις στεναγμός τοϋ Μεσολογγίου. Ή ενσάρκωσις τοϋ Σωτήρος. Τρία αποσπάσματα εκ τίνος ανεκδότου ποιήματος επιγραφομένου « Ελλάς και Ορθοδοξία », υπό Σ. Μελισσηνοϋ. Κέρκυρα, τυπογραφεΐον ή Ιονία Σπυρίδωνος και Αρσενίου αδελφών Κάο. 1859.

In-8° de 32 pages.

2043. — Halleck's Marco Botzares, in modern greek by George D. Canale, a Zacynthian. *Cambridge :* Welch, Bigelow and Company, printers to the University. 1859.

In-8° de neuf pages et un feuillet blanc. Rare. Sur le titre de l'exemplaire que nous avons eu sous les yeux, on lit cette note de la main de feu Jean Romanos : Μετεφράσθη πρότερον υπό Σοφ. Ν. Καλούτση και κατεχωρίσθη τό ποιημάτιον τοϋτο εν τη Πανδώρα, 1 μαΐου 1856, φυλ. 147, αλλ' ή πρώτη μεταγλώττισις παρέχει υπονοίας μήπως εγένετο ουχί εκ τοϋ πρωτοτύπου, αλλ' έκ τίνος άλλης γαλλικής.

2044. — I meriti e le colpe, ossia il memorandum di un filantropo sulle passate vicende del mondo in generale, in forma di lettere ad un amico. *Corfù*, tipografia Jonia di Spiridione ed Arsenio fratelli Cao. 1859.

In-8° de 78 pages et 1 feuillet blanc. Poésies.

2045. — Ἰόνιος ἑταιρεία πρὸς προαγωγὴν τῶν Ἐπιστημῶν, τῆς Γραμματολογίας καὶ τῶν Τεχνῶν εἰς τὰς Ἰονίους νήσους.

In-8° de 14 pages et 1 feuillet blanc. Projet de règlement. Voir ci-dessus (n° 2028) le même en italien. La date du 28 octobre 1859 se lit à la page 6. Rare.

2046. — Καθίδρυσις πατριαρχείου ἐν Ῥωσσίᾳ, ὑπὸ Σπυρίδωνος Ζαμπελίου, ἐκδίδοντος Ν. Δραγούμη. Ἐν Ἀθήναις, ἐκ τῆς τυπογραφίας Λ. Δ. Βιλαρᾶ. (κατὰ τὴν ὁδὸν Βύσσης, ἀριθ. 815). 1859.

In-8° de 72 pages.

2047. — La Corona di Monza. Profezia. *Zante*, tipografia Zacinto Costantino Rossolimo. 1859.

In-16 de huit pages. Rare. L'auteur de cette *Prophétie* (en prose) est Luigi Ignazio Marzocchi.

2048. — La Question Ionienne devant l'Europe par François Lenormant. *Paris*, E. Dentu, libraire-éditeur, Galerie d'Orléans, 13, Palais-Royal. 1859. Tous droits réservés. (*Au verso du faux-titre :*) Paris, imprimerie de L. Tinterlin et Cⁱᵉ, rue Neuve-des-Bons-Enfants, 3.

In-8° de 176 pages. Livre devenu rare.

2049. — La statistica generale dell' isola di Cefalonia, una delle sette componenti lo Stato politico Jonio sotto la denominazione di Stati Uniti delle Isole Jonie, compilata dal Dᵉ Marino Salomon. Parte prima. *Corfù*, tipografia Jonia di Spiridione ed Arsenio fratelli Cao. 1859.

In-8° de un feuillet, III + 117 pages. Nous ne savons si la seconde partie de cet ouvrage a été publiée.

2050. — La vita di Giovanni conte Capodistria scritta nel 1833 da Demetrio Arliotti Corcirese. *Corfù*, tipografia Mercurio, A. Tersachi. 1859.

In-8° de 4 + 205 pages et 2 feuillets, dont le dernier blanc. Très rare.

2051. — Les Sept-Iles Ioniennes et les traités qui les concernent par Nicolas Timoléon Bulgari de Corfou. *Leipzig* : F. A. Brockhaus. 1859. *Paris* : Jules Gavelot ; *Athènes* : Charles Wilberg.

In-8° de 74 pages.

2052. — Lezioni sulla Lirica italiana. *Corfù*, tipografia Jonia di Spiridione ed Arseni fratelli Cao. 1859.

In-8° de 1 feuillet, ix et 119 pages. L'auteur de ce livre est Felice Nisio, dont le nom se lit en tête de l'épître dédicatoire à son élève, Démétrius Lountzis.

2053. — Λόγοι εἰς τὴν ἁγίαν καὶ μεγάλην τεσσαρακοστὴν μετὰ καί τινων πανηγυρικῶν, ἐπιφωνηματικῶν καὶ ἐπιταφίων, συντεθέντες μὲν καὶ ἐκφωνηθέντες παρὰ Νικηφόρου ἱερομονάχου Θεοτόκη τοῦ Κερκυραίου, ἐκδοθέντες δὲ τὸ πρῶτον ἐν Λειψίᾳ τῆς Σαξονίας, ἐν ἔτει σωτηρίῳ αψξς', νῦν δὲ τὸ δεύτερον μετατυπωθέντες, κελεύσει τοῦ μακαριωτάτου πατριάρχου τῶν Ἱεροσολύμων κυρίου κυρίου Κυρίλλου, εἰς κοινὴν τῶν ὀρθοδόξων ὠφέλειαν. Ἐν Ἱεροσολύμοις, ἐκ τοῦ τυπογραφείου τοῦ π. Τάφου. αωνθ'.

In-8° de deux feuillets non chiffrés, ις' (16) pages, quatre feuillets non chiffrés, 484 pages et quatre feuillets non chiffrés.

2054. — Λόγος ἐκφωνηθεὶς ἐνώπιον τοῦ κ. Οὐ. Ε. Γλάδστων ὑπὸ Ἀντωνίου Πολυλᾶ, κατὰ τὴν βουλευτικὴν συνέντευξιν τῆς 20 δεκεμβρίου 1858. Κερκύρᾳ, τυπογραφεῖον Σχερία. 1859.

In-8ª de huit pages.

2055. — Λόγος ἐκφωνηθεὶς παρὰ τοῦ δρος Σ. Κουρῆ μετὰ τὴν συνέντευξιν τῶν βουλευτῶν Κερκύρας τῇ 1 ἰανουαρίου 1859 ἐνώπιον τῆς Α. Ε. τοῦ ἐντιμοτάτου Οὐ. Ε. Γλάδστωνος ἐκτάκτου ἁρμοστοῦ. Τυπογραφεῖον ἡ Ἰονία.

In-8° de huit pages.

2056. — Λόγος ἐκφωνηθεὶς ὑπὸ τοῦ κυρίου Θ. Καρούσου, μνημοσύνου τελουμένου ἐν τῷ ναῷ τοῦ Σωτῆρος ὑπὲρ τοῦ ἀοιδίμου Σ. Πετρίτση, καθιδρυτοῦ τῆς ἐπωνύμου αὐτοῦ σχολῆς ἐν Παλαίῳ Κεφαλληνίας, τῇ 12 ἰουνίου 1859, ἔ, έ. Ἐν Κεφαλληνίᾳ, τυπογραφεῖον ἡ Κεφαλληνία. 1859.

In-8° de quinze pages.

2057. — Λόγος ἐν τῇ βουλῇ ἐκφωνηθεὶς ὑπὸ τοῦ Κ. Σ. Κουρῆ, κατὰ τὴν συνεδρίασιν τῆς 7/19 φεβρ. 1859. (*A la fin :*) Κερκύρᾳ, τῇ 18 φεβρουαρίου 1859. Τυπογραφεῖον Ἑρμῆς Ἀντωνίου Τερζάκη.

In-8° de 35 pages.

2058. — Μ. Α. Μελίκη Κερκυραίου δοκίμιον περὶ πολιτισμοῦ τῶν Φαιάκων, περὶ τεχνῶν, γραμμάτων καὶ ἐπιστημῶν τῶν Κερκυραίων εἰς τὴν λαμπρὰν ἐποχὴν τῆς Ἑλλάδος, περὶ πολιτισμοῦ τῶν Κερκυραίων ἀπὸ τῆς ἐποχῆς ἐκείνης ἄχρι τελευτῆς τῆς ἤδη ληξάσης ἑκατονταετίας · νῦν τὸ δεύτερον ἐκδιδόμενον ἐκ τῆς πρώτης ἐν ἔτει 1811 ἐκδόσεως, δαπάνῃ καὶ ἐπιστασίᾳ Ἀλεξάνδρου Τόμπρου. Κερκύρᾳ. Τυπογραφεῖον ἡ Ἰονία Σπυρίδωνος καὶ Ἀρσενίου ἀδελφῶν Κάο. 1859.

In-8 de 1 feuillet, δ' (4) et 53 pages.

2059. — Neaera, Komödie von Demetrius Moschus von Lacedämon, nach dem 1845 in Athen erschienenen ersten Abdruck der florentinischen Handschrift, nebst einer literarhistorischen Abhandlung des griechischen Herausgebers Andreas Mustoxydis von Korcyra. Griechisch und deutsch, mit Einleitung und Anmerkungen von A. Ellissen. *Hannover*, Carl Rümpler. 1859. (*A la fin :*) Hofbuchdruckerei der Gebr. Jänecke in Hannover.

In-8° de deux feuillets non chiffrés et 115 pages. La première édition du texte grec de cette comédie (avec son épître dédicatoire à Louis de Gonzague) fut publiée par ANDRÉ MOUSTOXYDIS, dans son Ἑλληνομνήμων (pages 404 à 436).

Cette comédie, qui ne devait être publiée que de nos jours, avait déjà, du vivant de l'auteur, conquis les suffrages des contemporains. L'un d'eux écrivit même à Alde pour l'engager à l'imprimer, l'assurant que cette publication serait favorablement accueillie par un grand nombre de personnes. Bien que le célèbre typographe ne se soit pas rendu à la prière de son correspondant, la lettre qui lui fut adressée à ce sujet n'en conserve pas moins une réelle valeur au point de vue de l'histoire littéraire, et cette considération nous fait un devoir de la reproduire :

Al clarissimo et eruditissimo messer Aldo
Pio Romano, in Ferraria.

Clarissime d. Alde, messer Demetrio Moscho, homo (come sapete) et optimo et eruditissimo, ha una sua comedia da esso elaborata assai, et multo piace ad tucti che de la litteratura greca han gusto, maxime ad messer Lascari nostro, qui cum hic esset laudenter laudavit. Messer Marco Musuro anchora la commenda sopra modo. Perho alcuni amici del predetto messer Demetrio, fra quali io non me reputo de minimi soi amantissimi, lo havemo pregato ad volerla publicare et farla stampare. Responde che una volta ne parlo con voi, et che non so che parole vi furono de intitularla al signor Alberto [1]. Messer Aldo mio, quando ve piaccia stamparla con la vostra solita diligentia, farrete piacer ad multi gratificando messer Demetrio, et so certo la spacciarete ad furia. Advisatemi che la farro mandar in vostra mano correctissima, et per che sete homo de distictione et conscientia, contentarete il nostro messer Demetrio de vostri libri greci,.

1. Le prince de Carpi.

che pigliara omni cosa, et de questo non solo ad tucti noi de qua, ma so certo, che alla s^ra marchesana ¹ serra cosa grata. Io sono tucto vostro et ad V. M. me recommando.

    Mantue, 15 junii 1510.

                              Mario Equicolo ².

Sur Démétrius Moschus on peut consulter la notice biographique que nous lui avons consacrée dans notre *Bibliographie hellénique des quinzième et seizième siècles*, t. I, p. LXXXVIII-XCIII.

2060. — Ὁ βασιλικός, δρᾶμα εἰς 5 πράξεις. Τὰ ἀναφερόμενα ὑποθέτονται ὅτι ἐσυνέβησαν εἰς τὴν Ζάκυνθον κατὰ τὰ 1712 περὶ τὰ τέλη τοῦ σεπτεμβρίου. Παρὰ Ἀ. Μ. Ζακυνθίου ἐν ἔτει 1829-1830. Ἐν Ζακύνθῳ, τυπογραφεῖον ὁ Ζάκυνθος Κωνσταντίνου Ῥωσσολίμου. 1859.

In-8° de 135 pages. L'auteur de ce drame en prose est ANTOINE MATÉSIS de Zante. Rare.

2061. — Οἰνοπνευματικὴ ἑταιρία ἡ Μέλισσα. Ζάκυνθος, τυπογραφεῖον ἡ Αὐγή. 1859.

In-8° de 36 pages + un tableau replié. Rare.

2062. — Ὁ Λύχνος, ἐφημερίδα οἰκογενειακή. (*A la fin :*) Ὁ ὑπεύθυνος ἐγδότης, Ἀνδρ. Λασκαράτος. Τυπογραφεῖον ὁ Παρνασσὸς Σεργίου Χ. Ῥαφτάνη.

Ce premier n° fut donc imprimé à Zante, mais il en existe une ἔγδοση δεύτερη, qui porte la mention : Τυπογραφεῖον ἡ Κεφαλληνία.

Le n° 2 porte à la fin : Τύποις Χ. Νικολαΐδου Φιλαδελφέως, c'est-à-dire qu'il fut imprimé à Athènes.

Les n°s 3 et 4 sortent de l'imprimerie ἡ Κεφαλληνία.

Les n°s 5, 6 et 7 sont imprimés à Zante, chez Serge Rhaphtanis.

Les n°s 8-12 sortent de l'imprimerie ἡ Κεφαλληνία.

Le n° 13 porte la mention : Ἐν Κερκύρᾳ, τῇ 8 Ἰουνίου 1860, τυπογραφεῖον Ἑρμῆς.

Les n^os suivants sortent de l'imprimerie ἡ Κεφαλληνία.

En outre, au lieu du titre ci-dessus, ce journal porte quelquefois un intitulé de circonstance :

Les n°s 14, 15, 16, 17 et 29 : Ἡ Λυχνιές, ἐφημερίδα πολεμική.

---

1. Isabelle d'Este-Gonzague, marquise de Mantoue.
2. Pierre de Nolhac, *Les correspondants d'Alde Manuce* (Rome, 1888, 4°), p. 92. L'original de cette lettre se trouve dans le *Vaticanus 4105*, f. 105. Ajoutons qu'une intéressante lettre grecque de Bembo à Démétrius Moschus, datée de Messine, premier janvier 1493, a été publiée dans l'*Archivio storico italiano*, t. VI (Florence, 1890, 8°), p. 307-309.

Les n°ˢ 37 et 38 : Ἡ Λυχνιές, ἐφημερίδα σωφρονιστική.

Cette rarissime collection forme un volume in-8° dont la couverture porte ce titre : ὁ Λύχνος παρὰ τοῦ κυρίου Ἀνδ. Λασκαράτου. Κεφαλληνία.

L'exemplaire le plus complet que nous connaissions compte quarante-neuf numéros, soit 396 pages, plus un supplément de quatre pages au n° 1, et un supplément de deux pages au n° 35, lesquelles sont chiffrées 279-280 et se trouvent entre les pages 278-279. Cet exemplaire, aujourd'hui à la Bibliothèque de l'École des langues orientales de Paris, a jadis appartenu au professeur Jean Pio, de Copenhague; il figure, sous le n° 13, dans le Catalogue de sa Bibliothèque, publié, en 1885, par la librairie Otto Harrassowitz, de Leipzig, sous ce titre : *Antiquarischer Catalog 109. Neograeca. Die neugriechische Bibliothek des Prof. Dr. J. Pio in Kopenhagen* (In-8° de 32 pages, plus une suite sur la page 3 de la couverture, en tout 564 numéros).

2063. — Παρατηρήσεις πρὸς τὴν πλειονοψηφίαν τῆς ιά βουλῆς κατὰ τὴν πρώτην αὐτῆς ἔκτακτον σύνοδον ἐν ἔτει 1859. Ἔκδοσις τρίτη. Κερκύρᾳ, τυπογραφεῖον Σχερία. 1859.

In-8° de 40 pages.

2064. — Περὶ δημοτικῆς ἐν Ἑλλάδι γλώσσης διατριβὴ ὑπὸ Π. Χιώτου, τακτικοῦ μέλους τῆς ἐν Ἀθήναις ἀρχαιολογικῆς ἑταιρίας. Ἐν Ζακύνθῳ, τυπογραφεῖον ἡ Αὐγή. 1859.

In-16 de 259 pages. Dédié à Alexandre Rangabé.

2065. — Περὶ τῆς παραδόσεως τῆς νεωτέρας ἱστορίας τῆς Ἑλλάδος ὑπὸ τοῦ κυρίου Α. Δουνούε καὶ περὶ τοῦ χειρογράφου τῆς αὐτοβιογραφίας τοῦ Παναγῆ Σκουζέ, λόγος τοῦ βιβλιοφύλακος τῆς Βουλῆς, Γ. Τ. Ἐν Ἀθήναις, τύποις Χ. Νικολαΐδου Φιλαδελφέως (παρὰ τῇ Πύλῃ τῆς Ἀγορᾶς, ἀριθ. 420). 4 ὀκτωβρίου 1859.

In-8° de 24 pages. Sur le titre de la couverture, après les initiales de l'auteur (GEORGES TERTZÉTIS), on lit cette mention : Ἐξεδόθη δαπάνῃ τοῦ κ. Γεωργίου Π. Σκουζέ.

2066. — Per la serata del direttore dell' Orchestra Augusto Pasquali. *Zante*, 23 decembre 1859. (*Au bas :*) Tip. Aurora.

Placard de 20 centimètres sur 29. Poésie signée : Il vostro amico***.

2067. — Πόθεν ἡ κοινὴ λέξις τραγουδῶ ; σκέψεις περὶ ἑλληνικῆς ποιήσεως ὑπὸ

Σπ. Ζαμπελίου. Έν Άθήναις, τύποις Π. Σούτζα και Ά. Κτενά, οδός 'Αδριανού. 1859.

In-8° de 88 pages.

2068. — 1859. Poésie signée : ὁ διανομεὺς τοῦ Παρατηρητοῦ.

Placard de 21 centimètres sur 28.

2069. — Ποιήματα και πεζά τινα Ἰωάννου Βηλαρᾶ ἐκδοθέντα μὲν τὸ πρῶτον ἐν Κερκύρᾳ. Ἐκδίδονται νῦν τὸ δεύτερον διὰ δαπάνης Σεργίου Χ. Ῥαφτάνη Ἠπειρώτου. Ἐν Ζακύνθῳ, τυπογραφεῖον ὁ Παρνασσὸς Σεργίου Χ. Ῥαφτάνη διευθυνόμενον ὑπὸ Ν. Ταρουσσοπούλου. 1859.

In-16 de 96 pages.

2070. — Πρακτικὰ τῆς ἐπὶ τῆς ἀναθεωρήσεως τοῦ ἐκλογικοῦ καταλόγου ἐπιτροπῆς κατὰ τὸ ἔτος 1859. Ἐν Κεφαλληνίᾳ, τυπογραφεῖον ἡ Κεφαλληνία. 1859.

In-8° de 199 pages.

2071. — Πρὸς τὴν εὐγενεστάτην βουλὴν ἔκθεσις περὶ τῆς δημοσίας ἐκπαιδεύσεως παραγγελλομένη τῷ ἄρχοντι ὑπὸ τοῦ 54ου ἄρθρου τοῦ κ' νόμου τοῦ ἑνδεκάτου κοινοβουλίου. Ἐν Κερκύρᾳ, τυπογραφεῖον Ἑρμῆς Ἀντωνίου Τερζάκη. 1859.

In-8° de 87 pages.

2072. — Πρὸς τὸν εὐάγωγον λαὸν τῆς Λευκάδος ὁ συμπολίτης ἰατρὸς Ἀνδρέας Παπαδόπουλος Βρετός. (A la fin :) Ἐν Κερκύρᾳ, τῇ 10/22 ὀκτωβρίου 1859. Τυπογραφεῖον Ἑρμῆς.

In-8° de 8 pages.

2073. — Σχέδιον κανονισμοῦ τῆς οἰνοπνευματικῆς ἑταιρίας ἡ Μέλισσα. Ἐν Ζακύνθῳ, τυπογραφεῖον ὁ Παρνασσὸς Σεργίου Χ. Ῥαφτάνη διευθυνόμενον ὑπὸ Ν. Ι. Ταρουσσοπούλου. 1859.

In-8° de 8 pages.

2074. — 1859. Τὰ κάλαντα τοῦ διανομέως τῆς Φωνῆς τοῦ Ἰονίου πρὸς τοὺς κυρίους συνδρομητάς.

Placard de 31 cent. sur 48. Poésie datée du premier janvier 1859 et signée : Nicolas Contogiorgas, distributeur de la Φωνὴ τοῦ Ἰονίου.

2075. — Τὰ κυριώτερα τῆς περὶ παιδείας ἐπισήμου τοῦ ἄρχοντος ἀλληλογραφίας πρὸς τὴν ἐκλαμπροτάτην γερουσίαν. Μέρος ά. Κερκύρα, ἐν τῷ τυπογραφείῳ τῆς Κυβερνήσεως. 1859.

In-8° de 1 feuillet, *ί* (10)+ 221 pages + 28 tableaux pliés. On doit trouver, en outre, après la page 202, un feuillet blanc non compris dans la pagination.

2076. — Teatro Apollo. Il basso comico Leopoldo Cammarano invita questo rispettabile publico ed inclita guarnigione per la serata di venerdì 28 gennajo 1859. N. devoluta a suo totale beneficio.

Placard de 29 centimètres sur 40. Poésie.

2077. — The Ionian Islands in relation to Greece, with suggestion for advancing our trade with the turkish countries of the Adriatic and the Danube. By John Dunn Gardner Esq. *London :* James Ridgway, Piccadilly. 1859.

In-8° de 2 feuillets et 92 pages.

2078. — The Ionian Islands in relation to Greece, with suggestions for advancing our trade with the turkish countries of the Adriatic and the Danube. By John Dunn Gardner Esq. Second edition. *London :* James Ridgway, Piccadilly. 1859.

In-8° de un feuillet et 92 pages.

2079. — Τί εἶδα εἰς τὴν τετράμηνον περιήγησίν μου, λόγος τῆς 25 μαρτίου τοῦ ἔτους 1859. Ἐν Ἀθήναις, τύποις Χ. Νικολαΐδου Φιλαδελφέως (παρὰ τῇ Πύλῃ τῆς Ἀγορᾶς, ἀριθ. 420). 1859.

In-8° de 52 pages + β' (2) pages formant un feuillet isolé placé après celui du titre et contenant une « dédicace » au lecteur + à la fin, un feuillet isolé occupé par l'errata. L'auteur de ce discours est GEORGES TERTZÉTIS.

2080. — Τὸ ἀρχιεπισκοπεῖον Ζακύνθου. (*A la fin :*) Τυπογραφεῖον ὁ Ζάκυνθος.

In-8° de 24 pages. Brochure politique signée ἡ Σκλήθρα. Un acte épiscopal, qui figure en tête de cet écrit, est daté du 3 novembre 1859.

2081. — Τὸ ἰόνιον ζήτημα ἐνώπιον τῆς Εὐρώπης ὑπὸ Φραγκίσκου Λενορμαντ. Μετάφρασις ἐκ τοῦ γαλλικοῦ ὑπὸ *** Ἑπτανησίου. Ἐν Ζακύνθῳ, 1859. ἐπιφυλαττομένου παντὸς δικαιώματος. (*Au v° du faux-titre :*) Τυπογραφεῖον ὁ Παρνασσὸς Σεργίου Χ. Ῥαφτάνη, διευθυνόμενον ὑπὸ Ν. Ι. Ταρουσσοπούλου.

In-8° de quatre feuillets et 135 pages. D'après un renseignement fourni par Spiridion de Biasi, le traducteur de ce livre est ANASTASE GAÏTAS, avocat de Zante.

2082. — Φήμη τῶν εὐγενῶν Ζακυνθίων ἐν τῷ θεάτρῳ τούτῳ συναθροισθέντων τῇ 6 φεβρουαρίου 1859. ἔ. π. Ἀφιαιροῦται τῇ πατρίδι. (Au bas :) Τυπογρ. ὁ Παρνασσός.

Placard in-4°. Poésie signée PANAGIOTIS VORREUS.

2083. — Ad Achille Carboni nell' inverno dell' anno 1860 i di lui ammiratori quest' ode consacrano. (Au bas :) Tip. la Aurora.

Placard de 15 centimètres sur 24.

2084. — Alcuni versi inediti di Demetrio Arliotti Corcirese. Corfù, tipografia Jonia di Spiridione ed Arsenio Cao. 1860.

In-8° de XL + 80 pages + un feuillet isolé (pour la table). La préface de ces poésies italiennes est signée N. B. MANESSI, qui les édita. Elle contient d'intéressants détails biographiques sur DÉMÉTRIUS ARLIOTTI. On trouve un compterendu de cette plaquette dans le Παρατηρητής de Corfou du 19 novembre (premier décembre) 1860, p. 4.

2085. — Ἀλέξιος ἢ αἱ τελευταῖαι ἡμέραι τῶν Ψαρρῶν, ἱστορικὸν διήγημα Ἀγγελικῆς Πάλλη, μετάφρασις Σπυρίδωνος Μονδίνου. Ἐν Ζακύνθῳ, ἐκ τοῦ τυπογραφείου ἡ Αὐγή. 1860.

In-8° de 45 pages et un feuillet blanc. Dédié par le traducteur au comte Georges Candianos Romas. Rare.

2086. — Al signor Andrea Mustoxidi, presidente della così detta Società Jonia. (A la fin :) Tip. Jonia.

In-8° de 4 pages. Daté de Corfou, 21 juin 1860, et signé A. Dandolo.

2087. — Al signor Giacomo Polilà, segretario della così detta Società Jonia. (A la fin :) Tipografia Jonia.

In-8° de 3 pages. Daté de Corfou, 20 nov. 1860, et signé A. Dandolo.

2088. — Al sig[r] editore della Gazzetta Uffiziale del Governo nella Stamperia pubblica in Corfù. (A la fin :) Tipografia Jonia.

In-8° de 8 pages. Daté de Corfou, 10 juillet 1860, et signé A. Dandolo.

2089. — Ἀνατύπωσις λόγου εἰς τὸ μνημόσυνον Ζήση Σωτηρίου, ἐκφωνηθέντος τὴν 17 ἀπριλίου 1860 ἐν Ἀθήναις, ἐν τῇ πλατείᾳ τοῦ ἱεροῦ ναοῦ τῆς Ζωοδόχου Πηγῆς, ὑπὸ Ἀνδρέου Ῥηγοπούλου. Ἐν Ζακύνθῳ, ἐκ τοῦ τυπογραφείου ἡ Αὐγή. 1860.

In-8° de 23 pages.

2090. — Antonio Dandolo, il più vecchio fra i membri dell' attuale assemblea legislativa, a suoi colleghi. (*Au bas :*) Tipografia Jonia.

Placard in-8°. Daté de Corfou, 27 juin 1860.

2091. — Ἀντώνιος Δάνδολος ὁ πρεσβύτερος τῶν μελῶν τῆς ἐνεστώσης βουλῆς πρὸς τοὺς συναδέλφους του. (*Au bas :*) Τυπογραφεῖον ἡ Ἰονία.

Placard in-8°. Daté de Corfou, 27 juin 1860.

2092. — Ἀπάντησις τοῦ βουλευτοῦ Μπαχώμη εἰς ὅσα κατ' αὐτοῦ ἐδημοσίευσεν ἡ Φωνὴ τοῦ Ἰονίου. Ἐν Ζακύνθῳ, τυπογραφεῖον ὁ Παρνασσὸς Σεργίου Χ. Ῥαφτάνη. 1860.

In-8° de 40 pages. Daté, à la fin, de Zante, 25 juin 1860, et signé Démétrius Bachômis.

2093. — Associazione Jonia per promovere le scienze, le lettere e le arti nelle Isole Jonie.

In-8° de quinze pages. Traduction du numéro 2115, à moins, ce qui n'a rien d'invraisemblable, que l'italien ne soit l'original.

2094. — A Sua Eccellenza sir Henry Knight Storks, lord alto commissionario, etc. etc. etc. (*Au bas :*) Tipografia Jonia.

Placard in-4°. Daté de Corfou, 12 juillet 1860, et signé A. Dandolo.

2095. — A Sua Eccellenza Sir H. K. Storks lord a. commissionario di S. M. B. etc. etc. etc. (*A la fin :*) Tipografia Jonia.

In-8° de 4 pages. Daté de Corfou, 3 août 1860, et signé A. Dandolo.

2096. — Athènes moderne ou Description abrégée de la capitale de la Grèce, suivie du tableau des départs des bateaux à vapeur, du rapport entre les monnaies grecques et les monnaies étrangères, du tarif des voitures, etc. etc. Αἱ νέαι Ἀθῆναι ἤτοι περιληπτικὴ περιγραφὴ τῆς πρωτευούσης τῆς Ἑλλάδος, μετὰ τῶν ἀναχωρήσεων τῶν ἀτμοπλοίων, τῆς ἀναλογίας τῶν ἑλληνικῶν πρὸς τὰ ξένα νομίσματα, τῆς ἀστυνομικῆς διατιμήσεως τῶν ἁμαξῶν, κτλ. Ἀθήνησι, τύποις Π. Α. Σακελλαρίου, ὁδὸς Εὐαγγελιστρίας, ἀριθ. 44. 1860. (*Sur la couverture :*) Ἀθήνησιν, ἐκ τοῦ τυπογραφείου ἡ φιλόμουσος Λέσχη Δ. Σ. Κοπίδα καὶ Συντρ. ἐν ὁδῷ Ἀθηνᾶς, ὑπ' ἀρ. 275. 1860.

In-8° de 128 pages, dont les trois dernières non chiffrées. Les tables, grecque et française, occupent les pages 3 et 4 de la couverture, de sorte que celle-ci doit être conservée pour que le volume soit complet. L'auteur de cet ouvrage est MARINOS PAPADOPOULOS VRÉTOS.

2097. — Biographie de l'archevêque Eugène Bulgari rédigée sur des documents authentiques, suivie d'un ouvrage en latin du même auteur, par André Papadopoulos Vrétos, ancien directeur de la Bibliothèque de l'université Ionienne et auteur du Catalogue raisonné des livres imprimés en grec ancien ou moderne par des Grecs depuis la chute de Constantinople jusqu'à la fondation du royaume en Grèce. *Athènes*, dd (*sic*) l'imprimerie de P. A. Sakellarios, libraire-imprimeur, rue d'Euripidès, près du lycée Varvaki. 1860.

In-8° de 8 + 44 + 47 pages.

2098. — Biografia del cavaliere Andrea Mustoxidi, scritta e pubblicata in Venezia nell' anno 1836 da Emilio Tipaldo, corrétta dallo stesso Mustoxidi in Corfù nell' anno 1838, annotata e continuata sino alla sua morte da Andrea Papadopulo Vreto Leucadio, coll' aggiunta di una interessante corrispondenza storico-politica-letteraria diretta ad esso dal cavaliere Mustoxidi. *Atene*, dalla stamperia di P. A. Sakellarios, Strada di Euripide, vicino al Liceo Varvaki. 1860.

In-8° de 2 feuillets, IV pages, 40 pages + xxxx pages.
Ces dernières quarante pages, chiffrées en chiffres romains, portent ce titre particulier: *Corrispondenza del cav. Andrea Mustoxidi col suo amico Andrea Padadopulo Vreto. Atene, nella stamperia di G. Angelopulo. 1860*. Dans la partie de cette brochure comprenant les 40 pages chiffrées en chiffres arabes, il n'existe pas de pages 1 et 2, mais il y a deux pages 9 et deux pages 10, ce qui rétablit l'équilibre.

2099. — Γαΐου εἰσηγήσεις ἐξελληνισθεῖσαι καὶ σχολιασθεῖσαι ὑπὸ Σ. Ἀνδρόνη δικηγόρου μετὰ τῆς προσθήκης τοῦ λατινικοῦ κειμένου καὶ τῶν σημειώσεων τοῦ γάλλου μεταφραστοῦ Μ. Λ. Δομεγγέτου. Ἐν Κερκύρᾳ, τυπογραφεῖον Ἑρμῆς Ἀντωνίου Τερζάκη. 1860.

In-8° de ις' (16) + 478 pages et 1 feuillet.

2100. — Deux termes-moyens pour la solution de la Question ionienne. *Constanz*, bei Gregor Offenstand, Beharlichstrasse, n° 7. 1860.

In-8° de 29 pages et un feuillet blanc.

2101. — Δημήτριος Ἀρλιώτης. (*Au bas :*) Κερκύρᾳ, τῇ 23 ἰανουαρίου 1860. ἔ. ἐ. Τυπογραφεῖον Ἑρμῆς Ἀντωνίου Τερζάκη.

Placard in-folio sur trois colonnes. Notice nécrologique anonyme.

2102. — Die Insel Cephalonia von Beeskow. *Berlin*, 1860. Druck der Nauckschen Buchdruckerei.

In-4° de 1 feuillet et 34 pages.

2103. — Διοργανισμὸς τῆς λέσχης ὁ Ζάκυνθος. Περίοδος ὀγδόη 1860-1865. Ἐν Ζακύνθῳ, τυπογραφεῖον ὁ Παρνασσὸς Σεργίου Χ. Ῥαφτάνη διευθυνόμενον ὑπὸ Ν. Ταρουσσοπούλου. 1860.

In-8° de 16 pages.

2104. — Εἰς τὸν θάνατον τοῦ φιλέλληνος Καρόλου Λενορμάν. Ἀθήνησι, τύποις Π. Σούτσα καὶ Ἀ. Κτενᾶ, ὁδὸς Ἀδριανοῦ, ἀντικρὺ τοῦ φαρμακείου τῆς Ἐλάφου. 1860.

In-8° de 29 pages et 1 feuillet blanc. La couverture imprimée sert de titre. L'auteur de cette pièce de vers est JULES TYPALDOS, qui a signé la dédicace.

2105. — Ἔκθεσις τῆς ἐπὶ τῆς δημοσίας ἐκπαιδεύσεως ἐπιτροπῆς.

Placard de 37 cent. sur 51. Daté de Corfou, 10/22 février 1860, et signé : Étienne Padovas, président de la Commission et rapporteur, D. S. Arvanitakis, D. E. Philippas, Gérasime A. Livadas, Joseph Mompherratos, Georges Vérykios, Démétrius Condaris, Aristote Valaoritis et Marc Païzis.

2106. — Ἔκτακτον παράρτημα τοῦ ἀριθ. 31 τῆς ἐφημερίδος Φωνὴ Ἰονίου καὶ Ῥήγας. (*A la fin :*) Ἐν Ζακύνθῳ, τῇ 25 ἰουλίου 1860. Ὁ ὑπεύθυνος ἐκδότης Ἐμ. Μανολόπουλος. Τυπογραφεῖον ἡ Αὐγή.

In-8° de 60 pages et 2 feuillets blancs.

ANNÉE 1860

2107. — Ἐκ τῆς ἐν Τεργέστῃ ἐκδιδομένης ἑλληνικῆς ἐφημερίδος ἡ Ἡμέρα, ἀριθ. 272 τῆς 18/30 νοεμβρίου 1860. (*A la fin :*) Ἐν Κερκύρᾳ, τῇ 24 νοεμβρίου 1860 ἔ. ἐ. Τυπογραφεῖον ἡ Ἰονία.

In-8° de 4 pages. Traduction grecque, donnée par la Ἡμέρα, de la lettre française adressée par A. Dandolo à lord Russell, le 13 nov. 1860.

2108. — Ἑλλὰς καὶ Τουρκία ὑπὸ Ε. Γ. Ἀθήνησιν, τύποις Φ. Καραμπίνου καὶ Κ. Βάφα. 1860.

In-8° de 13 pages et 1 feuillet blanc.

2109. — Ἐν τῇ ἁγίᾳ εὐλογίᾳ τῶν νεονύμφων κυρίου Διονυσίου Ποταμίτου καὶ κυρίας Μαρίας Μαρτινέγκου τοῦ Προκοπίου, τῇ 28 ἀπριλίου 1860. ἔ. π. Ἀφιαιροῦται πρὸς τοὺς εὐγενεῖς γονεῖς τῶν νεονύμφων. (*Au bas :*) Τυπ. ὁ Παρνασσός.

Placard in-4°. Poésie signée : PANAGIOTIS VORREUS.

2110. — Ἐπίσημα ἔγγραφα τυπωθέντα διαταγῇ τῆς γερουσίας καὶ ἀφορῶντα τὴν ἀναθεώρησιν τοῦ ἐν τῷ Ἰονίῳ κράτει ἰσχύοντος κληρονομικοῦ συστήματος. Κερκύρᾳ, ἐν τῇ τυπογραφίᾳ τῆς Κυβερνήσεως. 1860.

In-8° de 68 pages.

2111. — Ἡ δίκη Καλάμου καὶ Καστῶν. (*Page 1 :*) Ἔφεσις τοῦ κόμητος Γερασίμου Δελλαδέτσιμα πὲ κόμητος Μαρίνου ἐνώπιον τοῦ ἀνωτάτου συμβουλίου τῆς Ἑπτανήσου, πρὸς ἀκύρωσιν τῆς ἀποφάσεως ἐκδοθείσης παρὰ τοῦ Πρωτοδικείου Ἰθάκης τὴν 29 ἰουνίου 1860. (*A la fin :*) Τυπογραφεῖον ἡ Κεφαλληνία. 1860.

In-8° de 1 feuillet, 6′ (2) + 151 pages.

Ἡ δίκη Καλάμου καὶ Καστῶν. Ὑπεράσπισις κατ' ἔφεσιν τῶν κατοίκων καὶ ἄλλων κτηματιῶν τῶν δύο νησιδίων κατέναντι τοῦ κόμ. Γερασίμου Δαλλαδέτσιμα καὶ τῆς Ἰονίου κυβερνήσεως. Τμῆμα 6′. Ἐν Κερκύρᾳ, ἐκ τοῦ τυπογραφείου ἡ Ἰονία Σπυρίδωνος καὶ Ἀρσενίου ἀδελφῶν Κάων. 1861.

In-8° de δ′ (4) + 219 pages. Après les 4 pages liminaires, on trouve un autre titre ainsi libellé :

Ἀπολογία τῶν κατοίκων καὶ ἄλλων κτηματιῶν Καλάμου καὶ Καστῶν πρὸς τὴν παρὰ τοῦ κόμ. Γερασίμου Δαλλαδέτσιμα προσαχθεῖσαν ἀνάπτυξιν ἐπὶ τοῦ Ἐφετηρίου τοῦ κατὰ τῆς ἀπὸ 29 ἰουνίου 1860 ἀποφάσεως τοῦ τριμελοῦς Πρωτοδικείου Ἰθάκης. Ἐν Κερκύρᾳ, τυπογραφεῖον ἡ Ἰονία Σπυρίδωνος καὶ Ἀρσενίου ἀδελφῶν Κάων. 1861.

Il doit exister un troisième fascicule que nous n'avons pas eu sous les yeux. La publication en est annoncée dans la préface du deuxième.

2112. — Ἡ κακάβα, κωμῳδία εἰς τρεῖς πράξεις. Πώλησις τῶν ἐντοσθίων βοῶν καὶ προβάτων ἐν Ζακύνθῳ. Μιμηθεὶς τὴν μιξο-βάρβαρον ζακυνθίαν διάλεκτον συντεθὲν κατὰ τὸ 1834, ὑπὸ ***. Ἐν Ζακύνθῳ, ἐκ τοῦ τυπογραφείου ἡ Αὐγή. 1860.

In-8° de 16 pages. Pièce en vers.

2113. — Faculté de médecine de Paris. Thèse pour le doctorat en médecine, présentée et soutenue le 3 mars 1860, par Photinos Panas, né à Céphalonie (îles Ioniennes), aide d'anatomie à la Faculté de médecine de Paris, Grand Lauréat (médaille d'or, 1856) de la même Faculté, ancien interne des Hôpitaux de Paris, membre de la Société anatomique. *Recherches sur l'anatomie des fosses nasales.* Le candidat répondra aux questions qui lui seront faites sur les diverses parties de l'enseignement médical. *Paris*, Rignoux, imprimeur de la Faculté de médecine, rue Monsieur-le-Prince, 31. 1860.

In-4° de 46 pages et un feuillet blanc.

2114. — Ἱκετήριος ὑποβληθεῖσα εἰς τὴν σύμπραξιν τῆς αὐτοῦ ἐξοχότητος τοῦ λὸρδ Μεγάλου Ἁρμοστοῦ σὶρ E. N. Στόρξ. (*A la fin :*) Τυπ. ἡ Ἰονία.

In-8° de quatre pages. Daté de Corfou, 10 mai 1860 (n. st.) et signé Nicolas Avlonitis, prêtre.

2115. — Ἰόνιος Ἑταιρεία πρὸς προαγωγὴν τῶν ἐπιστημῶν, τῆς γραμματολογίας καὶ τῶν τεχνῶν εἰς τὰς Ἰονίους Νήσους.

In-8° de 14 pages et un feuillet blanc.

Pages 6-14 : Σχέδιον κανονισμοῦ τῆς Ιονίου Ἑταιρείας πρὸς προαγωγὴν τῶν Ἐπιστημῶν, τῆς Γραμματολογίας, καὶ τῶν Τεχνῶν εἰς τὰς Ιονίους Νήσους· συνταχθὲν συνεπείᾳ τῆς προκαταρκτικῆς Ἐκθέσεως, τῆς 28 Οκτωβρίου 1859, δημοσιευθείσης ἐν τῇ Ιονίῳ Ἐφημερίδι ἀριθ. 437.

Les statuts de cette Société furent approuvés dans une réunion des membres tenue le 8 février 1860, ainsi qu'il résulte d'un document manuscrit annexé à un exemplaire en notre possession. Ce document, daté du 14 février 1860 et signé Jacques Polylas secrétaire, est suivi de la signature autographe des membres adhérents, en tête desquels figurent : H. Drummond Wolff, a vita. Andrea Mustoxidi. Édouard Grasset. A. Tipaldo Xidian. E. Βουλισμᾶς. Αγ. Δελβινιώτης. Χ. Πρετεντέρης Τυπάλδος. Ν. Ζαμπέλης. Ι. Ν. Οἰκονομίδης. Χρ. Φιλητᾶς. Α. Γρύλλος. Ν. Γ. Μάντζαρο. Ἰωσὴφ δὲ Σέμος. Giacomo Polilà, etc. etc.

2116. — Ἱστορικὰ σκηνογραφήματα ὑπὸ Σπυρίδωνος Ζαμπελίου, ἐκδιδόντος Ν. Δραγούμη. Ἀθήνησιν, ἐκ τοῦ τυπογραφείου Λαζ. Δ. Βιλαρᾶ. 1860.

In-8° de 151 pages.

On lit en note, à la page 3 : 'Απόσπασμα ἐξ ἀνεκδότου συγγραφῆς, ἐπιγραφομένης Τὰ Πάθη τῆς Κρήτης ἐπὶ Ἑνετῶν. Ἡ διήγησις ἄρχεται ἐνταῦθα ἀπὸ τοῦ Η'. Κεφαλαίου.

2117. — Ἰωάννης Ζαμπέλιος.

In-8° de 38 pages et 1 feuillet blanc. Signé : Θ. Γ. Κλαδᾶς. Publié à l'occasion de l'édition en deux volumes des Tragédies de Jean Zambélios parue en 1860 et décrite sous le n° 2148. Sans lieu ni date.

2118. — Κλεὶς Ὁμήρου ἤτοι βιβλίον δι' οὗ δύναταί τις νὰ ἐννοῇ τὸν Ὅμηρον, μεταφρασθὲν ἐκ τοῦ ἀγγλικοῦ καὶ πλουτισθὲν ὑπὸ Δ. Ι. Κομποθέκρα, ἐκδοθὲν δὲ δαπάνῃ Ἐμμ. Γεωργίου. Ἰλιάδος Β. Ἀθήνησι, τύποις Π. Α. Σακελλαρίου, κατὰ τὴν ὁδὸν Εὐαγγελιστρίας, ἀριθ. 44. 1860.

In-16 de 93 et 182 pages.

2119. — L'apologia di Lorenzino de' Medici restituita a giusta lezione da Pietro Giordani. *Corfù*, tipografia Mercurio d'Antonio Terzachi. 1860.

In-8° de 23 pages. Publié par le Dr QUARTANO DI CALOGERÀ, dont le nom figure à la page 3.

2120. — La Question italienne en 1860 par A. Dandolo, membre du Parlement ionien. *Corfou*, imprimerie Jonia. 1860.

In-8° de 14 pages et un feuillet blanc.

2121. — Le mie sofferenze e le mie osservazioni nelle prigioni di Cefalonia da A. Lascarato nel 1860. *Cefalonia*, stamperia Cefalonia. 1860.

In-8° de 32 pages. Rarissime.

2122. — Λόγος ἐκφωνηθεὶς εἰς τὴν κηδείαν τοῦ ἀειμνήστου δικηγόρου ἱππότου Ἀλοϊσίου Κούρτσολα ὑπὸ τοῦ δικηγόρου κ. Δ. Μεταξᾶ Σαντορίνη. (*Au bas :*) Ἐν Ζακύνθῳ, τῇ 30 Ἰουνίου, ἔ. ἔ. 1860.

Placard in-folio signé Διονύσιος Μεταξᾶς Σαντορίνης.

2123. — Λόγος ἐκφωνηθεὶς ὑπὸ τοῦ κυρίου Θ. Καρούσου, μνημοσύνου τελουμένου ἐν τῷ ναῷ τοῦ Σωτῆρος ὑπὲρ τοῦ ἀοιδίμου Ἀ. Μεταξᾶ. Ἐν Κεφαλληνίᾳ, τυπογραφεῖον ἡ Κεφαλληνία. 1860.

In-8° de quinze pages.

2124. — Λόγος επιτάφιος εις τον εν Αθήναις ενταφιασμόν των λειψάνων Σπυρίδωνος Βερέττα, τη 8 οκτωβρίου 1860. Έν Ζακύνθω, τυπογραφεῖον ὁ Παρνασσός Σεργίου Χ. Ῥαφτάνη. 1860.

In-8° de sept pages.

2125. — Λόγος επιτάφιος προς τον αείμνηστον ιατροφιλόσοφον δρ. Νικόλαον Δαλλαπόρταν, συντεθείς μέν αυτοσχεδίως καί εκφωνηθείς παρά τοῦ Γεωργίου ιερέως Βυζαντίου εν τῷ πανσέπτῳ ναῷ τῆς ὑπεραγίας Θεοτόκου τοῦ Δραπάνου. Ἐν Κεφαλληνίᾳ, τυπογραφεῖον ἡ Κεφαλληνία. 1860.

In-8° de 14 pages et un feuillet blanc.

2126. — Λόγος τῆς 20 μαΐου 1860 περί Κράτους. Ἐν Ἀθήναις, ἐκ τοῦ τυπογραφείου Χ. Ν. Φιλαδελφέως (παρά τῇ Πύλῃ τῆς Ἀγορᾶς, ἀριθ. 420). 1860.

In-8° de 20 pages. La couverture imprimée sert de titre.

2127. — Νεκρολογία [Γεωργίου ιερέως Μάνεση]. (*Au bas :*) Ἐν Ζακύνθῳ, τῇ 29 φευρουαρίου 1860.

Placard in-4°. Signé Νικόλαος Μπονσινιόρ.

2128. — Νεκρολογία [Θεοδώρου Λιβέρι].

Placard in-4°, daté de Zante, le 30 mars 1860, et signé Δ. Ἀργασάρης.

2129. — Νεκρολογία [Σπυρίδωνος Βροχίνη]. (*Au bas :*) Κερκύρᾳ, τὴν 13 ὀκτωβρίου τοῦ 1860, ἔ. ἑ. Τυπογραφεῖον ἡ Ἰονία.

Placard in-4° signé Μιχαήλ Δεσύλαν.

2130. — Nelle esequie di Monsignor Giacomo Gherardini commemorate nella Chiesa Latina di Cefalonia il 17 novembre 1860. Il Dr Marco Rossi di Corfù diceva. (*A la première page :*) Zante, tipografia Parnaso Sergio C. Raftani. 1860.

In-8° de 14 pages + 1 feuillet. Le titre ci-dessus figure en tête de la troisième page. Rare.

2131. — Notice nécrologique sur Aloïsios Courtzolas (en grec).

Placard in-folio à 2 colonnes, daté de Zante, le 30 juin 1860, et signé I. Δ.

2132. — Ὁ Χάσης, κωμῳδία ποιηθεῖσα τῷ 1786 ὑπὸ Δημητρίου Γουζέλλη Ζακυνθίου κατὰ τὸν τότε ζακύνθιον ἰδιωτισμόν. Ἐν Ζακύνθῳ, τυπογραφεῖον ὁ Ζάκυνθος Κωνσταντίνου Ῥωσσολίμου. 1860.

In-8° de 56 pages.

2133. — Per le nobili nozze Sanbonifacio-Zacco. *Padova*, 1860, prem. tip. e lit. Prosperini.

In-8° de 8 pages. Contient une lettre inédite d'ANDRÉ MOUSTOXYDIS et une lettre inédite de PIERRE ALEXANDRE PARAVIA adressées à Marie Petrettini. L'éditeur est ALEXANDRE PASQUALI-PETRETTINI, qui a dédié cette brochure à Théodore Zacco.

2134. — Πόθεν ἡ μυστικοφοβία τοῦ κ. Σπ. Ζαμπελίου Στοχασμοὶ Ἰακ. Πολυλᾶ. Ἐν Κερκύρᾳ, τυπογραφεῖον Ἑρμῆς Ἀντωνίου Τερζάκη. 1860.

In-8°. de 31 pages.

2135. — Polimetro in morte del giovinetto Giovanni Cladàn. (*Au bas :*) Tipografia Jonia.

Placard in-4°. Pièce de vers datée de Cythère, le 13 décembre 1860.

2136. — Πρὸς τὴν αὐτοῦ ἐξοχότητα τὸν σὶρ Ἑρ. Στὸρξ, λ. μέγαν ἁρμοστὴν τῆς αὐτῆς Βρεταννικῆς Μεγαλειότητος κτλ. κτλ. κτλ. (*A la fin :*) Τυπογραφεῖον ἡ Ἰονία.

In-8° de 4 pages. Daté de Corfou, 3 août 1860, et signé A. Dandolo.

2137. — Πρὸς τὸν κύριον Δημήτριον Μπαχώμην. (*A la fin :*) Ἐν Ζακύνθῳ, ἐκ τοῦ τυπογραφείου ἡ Αὐγή. 1860.

In-8° de 15 pages; daté de Zante, 8 juin 1860, et signé JEAN LISGARAS.

2138. — Πρὸς τοὺς Θεσσαλούς, Ἠπειρώτας καὶ Κρῆτας. (*A la fin :*) Κερκύρᾳ, τῇ 11 μαΐου 1860 ἕ. ἑ. Τυπογραφεῖον Ἰονία.

In-8° de 3 pages. Signé Antoine Dandolo.

2139. — Πρὸς τοὺς κατοίκους τῆς εἰσέτι δούλης Ἑλλάδος Τούρκους. (*A la fin :*) Τυπογραφεῖον ἡ Ἰονία.

In-8° de 4 pages. Daté de Corfou, 21 mai (2 juin) 1860, et signé Antoine Dandolo.

2140. — Report of the Commission appointed and presided over by His Excellency the Lord High Commissioner, to inquire into the financial condition of the United States of the Ionian Islands.

In-8° de 100 pages. Le titre ci-dessus figure en tête de la page 2. Une lettre qui se trouve à la première page est datée de Corfou, 29 septembre 1860. En anglais, grec et italien.

2141. — Storia delle Isole Jonie sotto il reggimento dei repubblicani Francesi del conte Ermanno Lunzi. *Venezia*, tipografia del Commercio. 1860.

In-8° de 247 pages.

2142. — Συλλογὴ παροιμιῶν τῶν νεωτέρων Ἑλλήνων μετὰ παραλληλισμοῦ πρὸς τὰς τῶν ἀρχαίων ὑπὸ Ἰωάννου Φ. Βερέττα, φοιτητοῦ τῆς νομικῆς. Ἐν Λαμίᾳ, ἐκ τοῦ τυπογραφείου ὁ Ἑλληνοπελασγὸς ἀδελφῶν Παππᾶ Βασιλείου. 1860.

In-8° de 88 pages. *NB*. Les quatre premières pages ne sont pas chiffrées; les quatre suivantes sont chiffrées [α'], β', γ', [δ']; vient ensuite la page 9.

2143. — Τὰ μνήματα, ἔπος ὑπὸ δρος Σπυρίδωνος Μελισσηνοῦ. Ἐν Κερκύρᾳ, τυπογραφεῖον Ἑρμῆς Ἀντωνίου Τερζάκη. 1860.

In-8° de 32 pages.

2144. — Τὰ παράπονα τοῦ λαοῦ. (*A la fin :*) Ἐν Ζακύνθῳ, τῇ 8 νοεμβρίου 1860 ἔ. π. Τυπογραφεῖον ὁ Παρνασσὸς Σεργίου Χ. Ῥαφτάνη.

In-8° de huit pages.

2145. — Τίς ὁ προορισμὸς τοῦ ἀνθρωπίνου βίου. Ἐκδίδεται δαπάνῃ τοῦ κ. Γεωργίου Μαντζαβίνου καὶ πωλεῖται πρὸς ὄφελος τοῦ ἀνεγερθησομένου Λεπροκομείου. Ἐν Ἀθήναις, τύποις Χ. Νικολαΐδου Φιλαδελφέως (παρὰ τῇ Πύλῃ τῆς Ἀγορᾶς, ἀριθ. 420). 1860.

In-8° de 24 pages. La couverture imprimée sert de titre. L'avis qui se trouve en tête de cette brochure est signé : G. Tertzétis.

2146. — Τὸ ἐθνικὸν ἡμῶν καθῆκον· πρὸς τὴν κινδυνεύουσαν ἀνατολικὴν χριστιανοσύνην, ὑπὸ Τιμολέοντος Βουλγάρεως Κερκυραίου. Ἀθήνῃσι, τύποις καὶ βιβλιοπωλείῳ Π. Α. Σακελλαρίου (ὁδὸς Εὐριπίδου, παρὰ τὸ Βαρβάκειον Λύκειον). 1860.

In-8° de 28 pages.

2147. — Τραγῳδίαι Ἰωάννου Ζαμπελίου Λευκαδίου. Ἔκδοσις Σεργίου Χ. Ῥαφτάνη Ἠπειρώτου. Τόμος πρῶτος. Ἐν Ζακύνθῳ, τυπογραφεῖον ὁ Παρνασσὸς Σεργίου Χ. Ῥαφτάνη διευθυνόμενον ὑπὸ Ν. Ι. Ταρουσσοπούλου. 1860.

In-8° de ρ' (100) et 436 pages. Dédié à Simon Sinas. Tome second : Un feuillet (faux-titre) et 508 pages. Les pages 473-488 sont occupées par une Διατριβὴ περὶ τοῦ ἰαμβικοῦ τῶν τραγῳδιῶν μου στίχου, et les pages 489 à 506 par une Διατριβὴ περὶ τῆς νεοελληνικῆς γλώσσης.

2148. — Alcune considerazioni sopra un opuscolo del barone Theotoky sulle condizioni della Grecia e dell' Italia. (*A la fin :*) *Firenze*, 1861. Tipografia di C. Rebagli, Piazza dei Vecchietti.

In-8° de 8 pages. Extrait du journal *La Guardia nazionale del Regno*, signé F. Galvani.

2149. — A monseigneur le comte Grey, A. Dandolo, membre du parlement Ionien. (*A la fin :*) Imprimerie Mercure d'Antoine Terzaki.

In-8° de 7 pages. Daté de Corfou, 30 mars 1861.

2150. — A Monsieur A. Dandolo, membre du parlement Jonien, lettre du chevalier A. Papadopoulo Vréto, membre des corps électoral et éligible de l'île de Leucade. *Corfou*, Imprimerie Mercure d'Antoine Terzaki. 1861.

In-8° de 15 pages. Il y a des exemplaires sur papier fort.

2151. — Ἀπάντησις τοῦ βαρῶνος δρὸς Ἀνδρέου Θεοτόκου τῷ ἱππότῃ Φραγκίσκῳ κόμ. Γαλβάνῃ, μέλει διαφόρων ἀκαδημιῶν κτλ. κτλ. κτλ. ἐμπεριέχουσα βραχείας παρατηρήσεις ἐπὶ τῆς καταστάσεως Ἑπτανήσου καὶ Ἰταλίας. Risposta del barone Dr. Andrea Theotoky al cavaliere Francesco C.te Galvani, membro di più accademie, etc. etc. etc. contenente alcune brevi osservazioni sulla condizione delle Sette Isole e dell' Italia. Ἐν Κερκύρᾳ, τυπογραφεῖον ἡ Ἰονία Σπυρίδωνος καὶ Ἀρσενίου ἀδελφῶν Κάων. 1861.

In-8° de 16 pages. Grec et italien.

2152. — A Sa Grâce le duc de Newcastle, ministre secrétaire d'État du département colonial de S. M. la Reine de la Grande Bretagne et de l'Irlande, etc. etc. etc. Lettre respectueuse de Mr. Antoine Dandolo, membre du parlement Ionien. (*A la fin :*) Imprimerie Jonia.

In 8° de 16 pages. Daté de Corfou, 19 octobre 1861. Cette date semble avoir été mise après coup au composteur.

2153. — Au ministère de Sa Majesté la Reine de la Grande Bretagne Exposé respecteux (*sic*) de M. A. Dandolo, membre du parlement Ionien. (*A la fin :*) Κερκύρα, τῇ 13 μαρτίου 1861, ἔ. ἐλ: Τυπογραφεῖον Ἑρμῆς Ἀντωνίου Τερζάκη.

In-8° de 15 pages.

2154. — Au parlement britannique Exposé respectueux de M. Antoine Dandolo, membre du parlement Jonien. *Corfou*, imprimerie Jonia. 1861.

In-8° de 15 pages.

2155. — Au très honorable Mr. W. Gladston, ministre chancelier de l'Échiquier, lettre de Monsieur Antoine Dandolo, membre du parlement Ionien, etc. etc. etc. (*A la fin :*) Imprimerie Jonia.

In-8° de 8 pages. Daté de Corfou, 2 décembre 1861.

2156. — Cenni indirizzati all' Associazione Ionia nella sua seduta del 6 luglio 1861, da H. Drummond Wolff C. M. G. Vice-presidente dell' Associazione e della Commissione centrale per l'Esposizione del 1862. *Corfù*, tipografia Mercurio d'Antonio Terzachi. 1861.

In-8° de 24 pages.

2157. — Cenni sopra alcuni codici Greci che si trovano nelle biblioteche d'Italia, scritti da Panajoti Chioti, professore di lingua greca nel ginnasio di Zante, membro della società archeologica di Atene, lettore di storia ecclesiastica, ed istoriografo delle Isole Ionie. *Siena*, tipografia di A. Mucci. 1861.

In-8° de 17 pages et 1 feuillet blanc. Dédié à Émile Typaldos de Céphalonie (*alias* Emilio de Tipaldo). Très rare.

2158. — Cenni sopra la vita e gli scritti di Andrea Vesalio compilati da Demetrio Sicuro. *Firenze*, tipografia di Federigo Bencini. 1861.

In-8° de 21 pages et 1 feuillet. Au verso du titre, on lit cette mention : « Estratto dallo *Sperimentale*, anno XIII, série IV, tom. VIII, fasc. 7°-8°, anno 1861. »

Sur André Vésale, voir aussi, dans le journal napolitain *Fantasio* du 16 janvier 1883, un article signé Spiridione A. Sanson.

2159. — Ἐπιστολὴ Ἀναστασίου Ν. Βυθούλκα ἱερέως πρὸς τὸν κύριον Μ. Δ. Θ. (*A la fin :*) Ἐν Ἀθήναις, τὴν 10 ἀπριλίου 1861.

In-8° de seize pages.

2160. — Ἐπιστολὴ τοῦ κ. Ἀ. Δανδόλου, μέλους τῆς Ἰονίου βουλῆς πρὸς τὴν αὐτοῦ ἐντιμότητα τὸν μαρκέσιον Νόρμαμβυ εὐσεβάστως ἀπευθυνομένη. (*A la fin :*) Κερκύρᾳ, τῇ 26 μαΐου 1861. Τυπ. Ἑρμῆς.

In-8° de 24 pages.

2161. — Ἐπίτομος ἐκκλησιαστικὴ ἱστορία συντεθεῖσα παρὰ Στεφάνου Κομμητᾶ τοῦ ἐκ Φθίας, ἐκ χωραρχίας μὲν Κοκοσίου, κώμης δὲ Κωφῶν, περιέχουσα τὰ ἀναγκαιότατα συμβεβηκότα εἰς τὴν ἱερὰν ἐκκλησίαν· οἷον τὸ κήρυγμα τῆς πίστεως, τοὺς διωγμούς, τὰς αἱρέσεις, τὰς συνόδους, κτλ. Ἔκδοσις β' ὑπὸ Σεργίου Χ. Ῥαφτάνη Ἠπειρώτου, ἐπαυξηθεῖσα διὰ προεισαγωγῆς καὶ ἀναπληρώσεως ὑπὸ Π. Χιώτου, διδασκάλου τῆς ἐκκλησιαστικῆς ἱστορίας κτλ. ἐν τῷ λυκείῳ Ζακύνθου. Ἐν Ζακύνθῳ, ἐκ τοῦ τυπογραφείου ὁ Παρνασσὸς Σεργίου Χ. Ῥαφτάνη βραβευθέντος δι' ὀλυμπιακοῦ ἀργυροῦ στεφάνου τῷ 1859 διευθύν. Ν. Ἰ. Ταρουσσοπούλου. αωξά.

In-8° de ιή (18) + 460 pages et 1 feuillet.

2162. — Εὑρετήριον τῆς πολιτικῆς νομολογίας τοῦ ἀνωτάτου συμβουλίου τῆς δοκαιωσύνης (*sic*) ἀπὸ τοῦ ἔτους 1855 μέχρι τοῦ 1860 συνταχθὲν ὑπὸ Νικολάου Δηλώτου Κερκυραίου. Μέρος τέταρτον. Ἐν Κερκύρᾳ, ἐκ τοῦ τυπογραφείου ἡ Ἰονία Σπυρίδωνος καὶ Ἀρσενίου ἀδελφῶν Κάων. 1861.

In-8° de 2 feuillets (dont le premier blanc), 428 + ξη' (68) + ιγ' (13) pages et 1 feuillet.

2163. — Ἡ ἐκκλησία καὶ οἱ Βούλγαροι διὰ Ἰωάννου Κασσιανοῦ.

In-8° de un feuillet et demi (le demi-feuillet collé sur la page suivante) et 48 pages chiffrées 37 à 84. On lit en tête : Τὸ παρὸν βιβλιάριον ἐγένετο ἐν παρόδῳ, καθὼς ἐτελείωσα τὰς διορθώσεις ἄλλης προηγουμένης συγγραφῆς, ὑπὸ τὸν τίτλον Παράρτημα αὐτῆς, σχετιζόμενον μετὰ τῆς προηγουμένης ὕλης. Ἀλλά, καθὼς πολλάκις συμβαίνει μοι, ἡ ὤθησις ἐκείνη ἀπέβη πλέον τι, χρῇζον αὐθυπαρξίας· καί, τούτου ἕνεκα, χωρίζω αὐτὸ ἀπὸ τῆς ῥηθείσης ὕλης. Μὴ οὖν ὑπολάβῃ ὁ ἀναγνώστης ὅτι ἐκ τοῦ ἀνὰ χεῖρας πονηματίου ἐλλείπει προηγούμενόν τι, βλέπων ὅτι ἄρχεται ἐκ τῆς 37 σελίδος. Ἐπιφυλάττομαι δέ, εἰς ἄλλην ἔκδοσιν, ἵν' ἀναπληρώσω τὰ ἐλλείποντα καὶ διορθώσω καὶ τὸν ἀριθμὸν τῶν **σελίδων. Voir le n° 2173.**

2164. — Ἡ θεία καὶ ἱερὰ ἀκολουθία τοῦ ἐν ἁγίοις πατρὸς ἡμῶν Σπυρίδωνος, ἐπισκόπου Τριμυθοῦντος, τοῦ θαυματουργοῦ, πατρὸς καὶ προστάτου Κερκύρας, νεωστὶ μετατυπωθεῖσα μετὰ προσθηκῶν. Ἐν Βενετίᾳ, ἐκ τῆς ἐκκλησιαστικῆς τυπογραφίας τοῦ Φοίνικος. 1861.

In-8° (non in-4°) de 77 pages (dont les deux premières blanches) et 1 feuillet blanc.

2165. — Ἡμερολόγιον διὰ τὸ ἔτος 1861 μετὰ εἰκονογραφιῶν καὶ λεπτομεροῦς σημειώσεως τῶν ἀστρονομικῶν φαινομένων συνταχθείσης ὑπὸ Παπαδάκη, καθηγητοῦ τῆς ἀστρονομίας ἐν τῷ ὀθωνείῳ πανεπιστημίῳ. Προσετέθη εἰς τὸ τέλος διατριβὴ ἀνέκδοτος Φιλίππου Ἰωάννου περὶ τῆς νεωτέρας ἑλληνικῆς γλώσσης. Ἐκδίδεται παρὰ Μ. Π. Β. ἐν Ἀθήναις. 1861. (A la fin:) Paris, typographie de Firmin-Didot frères, fils et Ce, rue Jacob, 56.

In-8° de 32 pages. La couverture est à conserver pour les indications qu'elle contient. Les gravures sont comprises dans la pagination. L'éditeur de cet *Almanach*, qui parut jusqu'en 1871 inclusivement, est Marinos Papadopoulos Vrétos.

NB. Nous n'avons pas cru devoir grouper ici les onze volumes dont se compose la série de cet *Almanach*. On trouvera la description de chacun d'eux à l'année même dont il porte la date.

2166. — Ἡ νῆσος Κρήτη καὶ οἱ νόμοι τοῦ Μίνωος μετὰ τῆς σπαρτιατικῆς πολιτείας ὑπὸ Ἠλία Ζερβοῦ Ἰακωβάτου. Ἐν Κεφαλληνίᾳ, ἐκ τοῦ τυπογραφείου ἡ Κεφαλληνία. 1861.

In-8° de ιγ' (13) et 200 pages. Rare.

2167. — Ἡ σημερινὴ κατάστασις τῆς Ἀνατολῆς καὶ ἰδίως τῆς Ἑλλάδος. Ἐν Ζακύνθῳ, ἐκ τοῦ τυπογραφείου ἡ Αὐγὴ διευθυν. παρὰ Νικολάου Κοντόγιωργα. 1861.

In-8° de 32 pages.

2168. — Ἡ συμπλήρωσις τῶν δημοσιευθέντων ἐγγράφων τῆς δίκης τοῦ κυρίου Βαπτιστοῦ Ἀνίνου. Ἐν Κερκύρᾳ, ἐκ τοῦ τυπογραφείου ἡ Ἰονία Σπυρίδωνος καὶ Ἀρσενίου ἀδελφῶν Κάων. 1861.

In-8° de 30 pages et 1 feuillet blanc.

2169. — Θεολογία συνοπτικὴ ἐκ τῶν θείων Γραφῶν καὶ ἱερῶν συνόδων συνερανισθεῖσα καὶ ἀποδειχθεῖσα, καὶ εἰς δύο μέρη τμηθεῖσα, ἔτι γε τῷ λόγῳ αὐξηθεῖσα τοῦ ἁγίου Ἐπιφανίου περὶ πίστεως, καὶ τῇ ἱστορίᾳ τῶν αἱρέσεων κατὰ τὸν αὐτόν, παρὰ Ἰωάννου Κοντονῇ τοῦ Ζακυνθίου. Ἐν Ζακύνθῳ, ἐπὶ τὸ τῆς Σωτηρίας ἔτος 1748. Ἐν Ζακύνθῳ, ἐκ τοῦ τυπογραφείου ἡ Αὐγὴ διευθ. παρὰ Νικολάου Κοντόγιωργα. 1861.

In-8° de 192 pages.

2170. — Ἱερὰ κατήχησις ἤτοι ἐξήγησις τῆς θείας καὶ ἱερᾶς λειτουργίας καὶ ἐξέτασις τῶν χειροτονουμένων συγγραφεῖσα ὑπὸ τοῦ ἀοιδίμου Νικολάου τοῦ Βουλγάρεως νῦν δὲ διασκευασθεῖσα ἐπὶ τὸ καθαρώτερον ὕφος ἐκδίδοται δαπάνῃ τῶν Κ. Ἀνανιάδη καὶ Κ. Πολυτάκη εἰς κοινὴν τῶν ὀρθοδόξων ὠφέλειαν. Ἐν Κωνσταντινουπόλει, ἐκ τοῦ πατριαρχικοῦ τυπογραφείου, διευθυνομένου παρὰ Στεφάνου Α. Δομεστίκου. 1861.

In-8° de ις' (16) et 336 pages. La préface (p. έ-ιέ) est signée de Grégoire J. Palamas, religieux du S. Sépulcre. Édition devenue rare.

2171. — Κανονισμὸς τῆς ἐμπορικῆς λέσχης ἡ Πρόοδος. (*A la fin :*) Κερκύρᾳ, ἐν τῷ τυπογραφείῳ τῆς Κυβερνήσεως. 1861.

In-8° de neuf pages.

2172. — Κάτοπτρον καὶ ὄνυξ διὰ Δ. Ι. Κασσιανοῦ. Τυποῦται διὰ συνδρομῆς πρὸ πάντων τοῦ παναγίου καὶ ζωοδόχου Τάφου. Ἐν Κωνσταντινουπόλει, ἐκ τοῦ τυπογραφείου Α. Ἀνδριάδη. 1861.

In-8° de seize pages. Tous les exemplaires vus par nous étaient incomplets, mais avaient sûrement été ainsi mis en vente, car ils possédaient encore leur couverture primitive bien collée sur la première et la seizième page[1]. Toutefois cette brochure devrait comprendre (si elle ne comprend réellement) 36 pages, car celle que nous décrivons sous le n° 2164 en formait certainement la continuation. En effet, sous une demi-page imprimée qui recouvre la partie supérieure de la page 37, par laquelle elle débute, on distingue aisément les mots Παράρτημα τρίτον. Or, à la page 15 de la présente, commence un Παράρτημα πρῶτον. Il est donc permis de supposer que les pages absentes étaient occupées par la fin de cet appendice et le deuxième tout entier. Dédié à Nicolò Tommaseo. Sur la première page de la couverture, on lit la note suivante : Σημείωσις. Τὸ παρὸν φυλλάδιον ἐποίει ἀρχὴν καὶ ἐφείπετο ἡ συνέχεια τοῦ βιβλίου τὸ ὁποῖον ἀνήγγειλα πρό τινος καιροῦ, μετὰ ἐπιστημονικῶν καὶ ἄλλων προσέτι παραρτημάτων τῆς ἱερᾶς φιλολογίας. Ἀλλ' ἐπειδὴ τὸ πρῶτον αὐτῶν ἀποβλέπον εἰς τὰς ἀρχάς, αἵτινες διέπουσι

[1]. L'exemplaire de la bibliothèque du métoque du Saint-Sépulcre, à Constantinople, se termine, lui aussi, avec la page 16. Il porte la cote : ϛ'. 1024. Θ.

σήμερον τήν Ευρώπην και τήν εφημεριδογραφίαν απέβη ογκώδες, διερχόμενον και κρίνον σπουδαίως περί αρχών και νόμων εξ ημερών αιώνος, τούτου ένεκα δημοσιεύομεν κατά μέρος τον παρόντα λόγον, ως ανεξάρτητον της λοιπής ξυγγραφής. Ακολουθεί δε να τυπούται κατ' ιδίαν τάλλα μέρη του συγγράμματος μετά μικρών προλεγομένων και των άνωθεν παραρτημάτων, υπό τήν επωνυμίαν : « Η ΕΚΚΛΗΣΙΑ μία και μόνη επί της γης απολύτως καθισταμένη διηνεκής, αιωνία, άνωθεν κατερχομένη εκ του ουρανού από του θεού εξ Αδάμ έως της συντελείας του αιώνος. » Όπου εν μέρει και περί της καταστάσεως των εν Κωνσταντινουπόλει ημετέρων εκκλησιαστικών πραγμάτων.

2173. — Κωμωδία ὁ Χάσης υπό Δημητρίου Γουζέλη Ζακυνθίου. Έκδοσις νέα βελτιωθείσα και μετά συντόμου βιογραφίας του συγγραφέως πλουτισθείσα, διά δαπάνης Σεργίου X. Ῥαφτάνη. Ἐν Ζακύνθῳ, εκ του τυπογραφείου ὁ Παρνασσὸς Σεργίου X. Ῥαφτάνη, βραβευθέντος δι' ολυμπιακού αργυρού στεφάνου τῷ 1859. Διευθυν. Ν. Ι. Ταρουσσοπούλου. 1861.

In-8° de 63 pages. La biographie de Démétrius Gouzélis, qui figure en tête de cette plaquette, a pour auteur P. Chiotis.

2174. — La Moda, versi giocosi di G. M. letti alla Società Jonia pel progresso delle scienze, lettere ed arti nella riunione del 13/25 maggio 1861. *Corfù*, tipografia Jonia di Spiridione ed Arsenio fratelli Cao. 1861.

In-8° de 22 pages et 1 feuillet. L'auteur de ce poème est Georges Marcoras. Cf. Ποιητικὸς ἀνθών, t. I (Zante, 1887, 8°), p. 351.

2175. — Le comte André Métaxa et le parti Napiste en Grèce par François Lenormant. Extrait du *Correspondant*. *Paris*, Charles Douniol, libraire éditeur, 29, rue de Tournon, 29. 1861. (*Au verso du faux-titre :*) Paris, Imp. Simon Raçon et Comp., rue d'Erfurth, 1.

In-8° de 31 pages.

2176. — Le gouvernement des îles Ioniennes. Lettre à lord John Russell par François Lenormant. *Paris*, Amyot, éditeur, 8, rue de la Paix. M.DCCC.LXI. (*Au verso du faux-titre :*) Paris, imprimerie de Ch. Lahure et Cie, rues de Fleurus, 9, et de l'Ouest, 21.

In-8° de deux feuillets non chiffrés et 156 pages.

2177. — Les Iles Ioniennes, étude historique par A. Dandolo, membre du parlement Ionien, suivie de la biographie de l'auteur. *Paris*, 1861. Rue des Saints-Pères, 53.

In-8° de 2 feuillets et 64 pages chiffrées 161 à 224. En regard du titre, on doit trouver un portrait d'Antoine Dandolo. Extrait du *Répertoire historique*, tome deuxième.

2178. — Λογική ὑπὸ Δ. Ι. Βεκκίου, ἐξελληνισθεῖσα καὶ ἐπεξεργασθεῖσα ὑπὸ Θεαγένους Λιβαδᾶ, δ. φ., διευθυντοῦ τῆς ἐν Τεργέστῃ ἑλληνικῆς σχολῆς, πρὸς χρῆσιν τῶν παρ' αὐτῷ μαθητιώντων. Τεργέστῃ, τύποις τοῦ Αὐστριακοῦ Λόϋδ. 1861.

In-8° de quatre feuillets et 68 pages. Très rare.

2179. — Λόγος ἐκφωνηθεὶς ἐν τῇ Πετριτσείῳ σχολῇ κατὰ τὴν ἔναρξιν τῶν μαθημάτων, τῇ 14 σεπτεμβρίου 1860 ἔ. ἒ. Ἐν Κεφαλληνίᾳ, τυπογραφεῖον ἡ Κεφαλληνία. 1861.

In-8° de 22 pages et un feuillet.

2180. — Λόγος ἐκφωνηθεὶς παρὰ τοῦ γυμνασιάρχου κ. Θ. Καρούσου, τῇ 12 ἰουνίου 1861 ἔ. ἒ. ἐν τῷ ναῷ τοῦ Παντοκράτορος ἐν Παλαίῳ Κεφαλληνίας, μνημοσύνου τελουμένου ὑπὲρ τοῦ ἀοιδίμου Σ. Πετρίτση. Τυπογραφεῖον ἡ Κεφαλληνία. 1861.

In-8° de 18 pages et un feuillet blanc.

2181. — Λόγος ἐκφωνηθεὶς ὑπὸ τοῦ διευθυντοῦ Κωνσταντίνου Ζαβιτζιάνου, τῇ 13η τοῦ σεπτεμβρίου μηνὸς 1861, κατὰ τὴν διανομὴν τῶν βραβείων μετὰ τὰς δημοσίας ἐξετάσεις τοῦ ὀγδόου ἔτους τοῦ Παρθεναγωγείου. Κερκύρᾳ, τυπογραφεῖον ἡ Ἰονία Σπυρίδωνος καὶ Ἀρσενίου ἀδελφῶν Κάων. 1861.

In-8° de 32 pages. La couverture imprimée sert de titre.

2182. — Λόγος ἐπικήδειος εἰς τὸν ῥῶσσον Κωνσταντῖνον Ὀξακῶφ, ἐκφωνηθεὶς ἐν τῷ τῆς Μητροπόλεως Ζακύνθου ναῷ, κατὰ τὴν 9 δεκεμβρίου 1860, ὑπὸ τοῦ ἱερομ. Κωνσταντίνου Στρατούλη, ἱεροκήρυκος τοῦ πανιερωτάτου μητροπολίτου κυρίου κυρίου Νικαλάου (sic), διδάκτορος τῆς ἱερᾶς θεολογίας καὶ φιλολογίας, δημοσίου διδασκάλου τῶν ἑλληνικῶν καὶ τῆς δογματικῆς θεολογίας καὶ τῶν τῆς φιλοσοφίας στοιχείων καὶ διευθυντοῦ τοῦ Λυκείου Ζακύνθου. Ἐν Ζακύνθῳ, τυπογραφεῖον ὁ Παρνασσὸς Σεργίου Χ. Ῥαφτάνη. 1861.

In-8° de 16 pages. Il y a des exemplaires sur papier fort.

2183. — Λόγος ἐπιτάφιος τῷ ἀειμνήστῳ ἐν ἱερεῦσι Ἀναστασίῳ Πολίτῃ ἐκφωνηθεὶς ὑπὸ τοῦ αἰδεσίμου ἱεροδιδασκάλου δρος Νικολάου Κατραμῆ, ἐν τῷ ναῷ τῆς θεοτόκου Ὀδηγητρίας τῇ 18 δεκεμβρίου 1861, ἐκδιδόμενος δαπάνῃ εὐσεβῶν τινων

Ζακυνθίων. Έν Ζακύνθω, τυπογραφεῖον ή Αὐγή διευθυνόμενον παρά Νικολάου Κοντόγιωργα. 1861.

In-8° de 8 pages. La couverture imprimée sert de titre.

2184. — Λόγος πανηγυρικός εἰς τὸν ὅσιον Γεράσιμον τὸν προστάτην Κεφαλληνίας συντεθείς ὑπὸ Κωνσταντίνου διακόνου Τυπάλδου τοῦ Κεφαλλῆνος. Νῦν δὲ μετατυποῦται χάριν τῶν ὀρθοδόξων χριστιανῶν. Ἐν Κεφαλληνίᾳ, τυπογραφεῖον ἡ Κεφαλληνία. 1861.

In-8° de 21 pages et un feuillet blanc.

2185. — Mémoire sur la floraison des vitres par la gelée par Spiridion Pascalis de Corfou. *Montpellier*, Gras, imprimeur-libraire. 1861.

In-8° de 26 pages, 1 feuillet blanc et 4 planches.

2186. — Notice nécrologique en grec sur Matthieu Coccosoris, datée de Corfou, 12 septembre 1861. (*Au bas :*) Τυπογραφεῖον ή 'Ιονία.

Placard in-folio à deux colonnes, signé Spiridion P. Maurogiannis.

2187. — Ὁ Γραμματικὸς τῶν ὀκτὼ ἀπὸ Μανδοῦκι, πρὸς τὸν κύριον κύριον Πολυχρόνιον Κοτζαντὰ τοῦ Βιτζέντζου ἀπὸ Ἀγραφοὺς καὶ κάτοικον εἰς τὴν πόλιν, πρώην συντάκτην τοῦ Ἀνατολικοῦ Κήρυκος νῦν τοῦ Ἐπιθεωρητοῦ, πάντοτε δὲ δημοσίου διδασκάλου μὲ τάλληρα τριάκοντα ἢ μᾶλλον ἀργύρια κατὰ μῆνα. (*A la fin :*) Κερκύρᾳ, τῇ 19 δικεμβρίου (*sic*) 1861 ἔ. ἑ. Τυπογραφεῖον ή 'Ιονία.

In-8° de 4 pages. Signé : Σπυρίδων Γραματικὸς τῶν ὀκτὼ ἀπὸ Μανδοῦκι.

2188. — Οἱ Λευκίμνιοι καὶ ὁ ὑγειονομικὸς ἰατρὸς ὑπὸ διαφόρων Λευκιμνίων. Ἐν Κερκύρᾳ, ἐκ τοῦ τυπογραφείου ἡ 'Ιονία Σπυρίδωνος καὶ Ἀρσενίου ἀδελφῶν Κάων. 1861.

In-8° de 14 pages et 1 feuillet. Dédié au Dr L. J. Cavoudistras.

2189. — Οἱ περὶ ἀττικῆς νομοθεσίας γράψαντες · διατριβὴ ἧς μέρη τινὰ ἀνεγνώσθησαν ἐν ταῖς 2 ἀπριλίου καὶ τῆς 22 ἰουνίου 1860 συνεδριάσεσι τῆς 'Ιονίου ἑταιρίας τῶν ἐπιστημῶν, τῶν γραμμάτων καὶ τῶν τεχνῶν, ὑπὸ Ἀντωνίου Πολυλᾶ. Κερκύρᾳ, ἐκ τοῦ τυπογραφείου Σχερία. 1861.

In-8° de 2 feuillets et 137 + 6' (2) pages.

2190. — Ὀκταετὴς ὑπηρεσία ἐν τῇ δημοσιογραφίᾳ Μαρίνου Π. Βρετοῦ, διδάκτορος της νομικής, πρώην διευθυντού και συντάκτου του Ελληνικού Μηνύτορος. Έν Παρισίοις, εκ της τυπογραφίας του Φιρμίνου Διδότου. 1861.

In-8° de 16 pages. Pièce rarissime.

2191. — Piaceri e dolori avuti dal Dr. Colonna Bozi in Corfù, mentre in qualità d'istruttore dava lezioni delle lingue italiana e francese agli ufficiali a bordo dei vascelli di S. M. B. Agamemnon e London, nel 1861. *Malta*, tipografia anglicana.

In-8° de 19 pages.

2192. — Πολιορκία της Κερκύρας υπό των Τούρκων εν έτει 1716, υπό Αλεξάνδρου Τόμπρου Κερκυραίου. Έν Κερκύρα, εκ του τυπογραφείου ή Ιονία Σπυρίδωνος και Αρσενίου αδελφών Κάων. 1861.

In-8° de ιέ (15) et 20 pages.

2193. — Πρακτικά της Ιονίου εταιρίας. Τόμος ά. 1860-1861. Εκδοθέντα υπό Ναπολέοντος Ζαμπελίου ταμίου και Ιακώβου Πολυλά γραμματέως. Κερκύρα, εν τω τυπογραφείω της Κυβερνήσεως. 1861.

In-8° de 2 feuillets (dont le premier blanc), 42 pages et 1 feuillet blanc.

2194. — Προς τας βρεταννικάς βουλάς έκθεσις του κ. Αντωνίου Δανδόλου, μέλους της Ιονίου βουλής. Κέρκυρα, τυπογραφείον ή Ιονία Σπυρίδωνος και Αρσενίου αδελφών Κάων. 1861.

In-8° de 14 pages et un feuillet blanc.

2195. — Προς την αυτού χάριτα τον δούκα του Νιουκάστελ, υπουργόν γραμματέα του Κράτους εις το επί των αποικιών τμήμα της Α. Μ. της βασιλίσσης της Μεγάλης Βρεταννίας και Ιρλανδίας κτλ. κτλ. κτλ. Επιστολή ευσεβάστως απευθυνομένη παρά του κ. Α. Δανδόλου, μέλους της ιονίου βουλής. (*A la fin :*) Έν Κερκύρα, 2 νοεμβρίου 1861. Τυπογραφείον ή Ιονία.

In-8° de 16 pages.

2196. — Προς τον εντιμώτατον κύριον Γ. Γλάδστωνα υπουργόν γραμματέα επιστολή του κυρ. Αντωνίου Δανδόλου, μέλους του Ιονίου κοινοβουλίου, κτλ. κτλ. κτλ. (*A la fin :*) Κερκύρα, 7 δεκεμβρίου 1861. Τυπογραφείον ή Ιονία.

In-8° de 8 pages. La lettre elle-même est datée du 2 décembre 1861.

2197. — Πρὸς τὸν εὐάγωγον λαὸν τῆς Λευκάδος ὁ συμπολίτης ἰατρὸς 'Ανδρέας Παπαδόπουλος Βρετός. Φυλλάδιον δεύτερον. (*A la fin :*) Τυπογραφεῖον ἡ 'Ιονία.

In-8° de huit pages. André P. Vrétos y répond à un article de la Νέα Ἐποχὴ par un article d'abord publié dans le Παρατηρητής, et daté de Corfou, 26 juin 1861.

2198. — Πρὸς τὸν συντάκτην τῆς ἑλλ. ἐφημερίδος ἡ Ἡμέρα. (*Au bas :*) Τυπογραφεῖον ἡ 'Ιονία.

Placard in-8°. Daté de Corfou, 11 juin 1861, et signé A. Dandolo.

2199. — Πρὸς τὸ ὑπουργεῖον τῆς αὐτῆς μεγαλειότητος τῆς βασιλίσσης τῆς μεγάλης Βρεταννίας ἔκθεσις τοῦ κυρ. 'Α. Δανδόλου, μέλους τῆς ἑπτανησίου βουλῆς. (*A la fin :*) Κερκύρᾳ, τῇ 29 μαρτίου 1861. Τυπογραφεῖον Ἑρμῆς 'Αντωνίου Τερζάκη.

In-8° de 15 pages.

2200. — Πρὸς τοὺς ἀναγινώσκοντας. Μαθὼν κατὰ τὴν στιγμὴν ταύτην. (*A la fin :*) Τυπογραφεῖον 'Ιονία.

In-8° de 3 pages. Daté de Corfou, 19 avril 1861, et signé Antoine Dandolo.

2201. — Πρὸς τοὺς ἐκλογεῖς τῶν χωρίων τῆς Λευκάδος ὁ δοτόρος 'Ανδρέας Παπαδόπουλος Βρετός. (*A la fin :*) Κερκύρᾳ, τῇ 27 νοεμβρίου 1861, ἔ. ἑ. Τυπογραφεῖον ἡ 'Ιονία.

In-8° de 4 pages.

2202. — Santorre conte di Santa Rosa o l'otto di maggio 1825. *Torino*, stamperia dell' Unione tipografico-editrice. 1861.

In-8° de un feuillet, onze pages et un feuillet. Rarissime brochure signée (p. 11) : G. Terzetti.

2203. — Σκέψεις περὶ τῆς ἐν Ζακύνθῳ φημιζομένης συστάσεως παρθεναγωγείου ὑπὸ τῶν καλογραιῶν τῆς ρωμαϊκῆς ἐκκλησίας τῶν ἀδελφῶν τοῦ Ἐλέους ὑπὸ Δ. Καλλινίκου. Ἐν Ζακύνθῳ, ἐκ τοῦ τυπογραφείου ὁ Παρνασσὸς Σεργίου Χ. Ῥαφτάνη βραβευθέντος δι' ὀλυμπιακοῦ ἀργυροῦ στεφάνου τῷ 1859. Διευθυν. Ν. Ι. Ταρουσσοπούλου. 1861.

In-8° de 55 pages.

2204. — Statistica del penitenziario di Corfù per gli anni 1857, 1858, 1859, compilata da Giovanni Cozziris, governatore del penitenziario di Corfù ed inspettore generale delle prigioni dello stato Ionio. *Corfù*, tipografia Jonia di Spiridione ed Arsenio fratelli Cao. 1861.

In-8° de 2 feuillets, v + 269 pages + 4 feuillets + 11 tableaux.

2205. — Συλλογὴ ἀρχαιολογικῶν λειψάνων τῆς νήσου Κεφαλληνίας, ὑπὸ Ἡλία Ζερβοῦ Ἰακωβάτου. Ἐν Κεφαλληνίᾳ, ἐκ τοῦ τυπογραφείου ἡ Κεφαλληνία. 1861.

In-8° de 2 feuillets, 4 + 73 pages et 1 feuillet blanc.

2206. — Σύνοψις τῆς ἱερᾶς κατηχήσεως ὑπὸ Α. Κοραῆ, πρὸς χρῆσιν τῶν κοινῶν Σχολείων τοῦ ἑλληνικοῦ γένους. Ἔκδοσις δευτέρα Σεργίου Χ. Ῥαφτάνη. Ἐν Ζακύνθῳ, τυπογραφεῖον ὁ Παρνασσὸς Σεργίου Χ. Ῥαφτάνη, βραβευθέντος τῷ 1859 εἰς τὰ ἐν Ἀθήναις Ὀλύμπια, διευθύν. Ν. Ι. Ταρουσσοπούλου. 1861.

In-8° de 128 pages. Rare. Il existe des exemplaires sur papier fort.

2207. — Σύντομος διατριβὴ περὶ τῆς φυματικῆς φθίσεως τῶν πνευμόνων συλλεγεῖσα ἐκ διαφόρων συγγραφέων καὶ ἐκδοθεῖσα ὑπὸ Σπυρ. Α. Λεκατσᾶ ἰατροῦ. Ἐν Πάτραις, τύποις Π. Εὐμορφοπούλου καὶ Π. Δημητριάδου. 1861.

In-8° de 31 pages.

2208. — Suor Editta ed Edgardo I^{mo}, re d'Ingliterra. Dramma storico in cinque atti di Angiolo Calcani Leucadio. *Corfù*, tipografia Mercurio d'Antonio Terzachi. 1861.

In-8° de 68 pages. Drame en prose. Rarissime. La dédicace (page 7) est ainsi conçue: *A lady Dorina Petrizzopulo, madre affetuosissima, qual tributo di amore e di rispetto, il figlio suo le dedica questo suo primo lavoro drammatico.*

2209. — Σχέδιον τῆς κατὰ τὴν γενικὴν ἐτήσιον συνεδρίασιν τῆς 8ης μαρτίου 1861, ὑποβληθησομένης πρὸς τὴν Ἰόνιον Ἑταιρίαν ἐκθέσεως, συμφώνως τῷ ἄρθρῳ 23ῳ τοῦ κανονισμοῦ αὐτῆς.

In-8° de 6 pages et un feuillet blanc. Daté du 8 février 1861 et signé: Ν. Ζαμπέλιος, Λ. Λῶφναν, ταμίαι τῆς Ἰονίου Ἑταιρίας.

2210. — Τὰ ἀρέσκοντα τοῖς ὁμογενέσι καὶ ἡ διασάφησις τῆς φιλικῆς ἐπιστολῆς.

(*A la fin :*) Έν Κεφαλληνία, 9 νοεμβρίου 1861 έτ. άνατ. Χρυσόστομος ίερομ. Ζερβός Ίακωβάτος Κεφαλλήν. Τυπογραφείον ή Ήχώ.

In-8° de neuf pages et un feuillet blanc.

2211. — Τα Ιουδαϊκά ήτοι ανατροπή της θρησκείας των Εβραίων και των έθίμων αυτών μετ' άποδείξεων έκ της αγίας Γραφής. Παράρτημα έκ των υπό τοΰ Παύλου Μεδίκων γραφέντων περί Εβραίων. Οί παραδεχθέντες ψευδείς Μεσσίαι, και το Χρυσοΰν Πόνημα Σαμουήλ Ραββί τοΰ Ίουδαίου έξελέγχον την των Ιουδαίων πλάνην. Έκδιδόμενα υπό Σεργίου Χ. Ραφτάνη, μετά εισαγωγής και διαφόρων άλλων άποδεικτικών έγγράφων, έν οίς καί τινα άνέκδοτα. Ζακύνθω, αωξά, τυπογραφείον ό Παρνασσός Σεργίου Χ. Ραφτάνη.

In-8° de ις' (16) et 288 pages. Ouvrage devenu rare. On dit que les Juifs de Zante en ont acheté et détruit tous les exemplaires qu'ils ont pu trouver. Le premier ouvrage de ce recueil porte le titre particulier suivant :

Ανατροπή της θρησκείας των Εβραίων και των έθίμων αυτών μετ' άποδείξεων έκ της αγίας Γραφής συντεθείσα μέν εις την μολδαβικήν υπό Νεοφύτου μοναχού τοΰ έξ Εβραίων, μεταφρασθείσα δέ υπό Ιωάννου Γεωργίου. Έκδοσις τετάρτη.

La préface du traducteur-éditeur est signée Γεώργιος Γάτζος. La traduction du Πόνημα Χρυσοΰν est celle de Nicéphore Théotokis.

2212. — Το νέον έτος 1861, ή Ανατολή προς την Κέρκυραν.

Placard de 22 centimètres sur 29. Poésie.

2213. — Το νέον έτος 1861. ό διανομεύς τοΰ Παρατηρητού προς τους συνδρομητάς. (*Au bas :*) Τυπ. Ιονία.

Placard de 22 centimètres sur 29. Poésie.

2214. — Άγόρευσις τοΰ βουλευτοΰ Ζακύνθου δρος Κωνσταντίνου Λομβάρδου έν τη Ίονίω βουλή, κατά την συνεδρίασιν της 20 μαρτίου 1862, προς ύποστήριξιν της υπό της βουλής παραδεχθείσης απαντήσεως είς τον λόγον τοΰ αρμοστού, καί προς άνασκευήν της κατά την αυτήν συνεδρίασιν άγορεύσεως τοΰ προέδρου της βουλής, ύποστηρίξαντος τα υπό της βουλής άπορριφθέντα άλλα δύο σχέδια απαντήσεως. (Έκ των άριθ. 208-209 της Νέας Έποχης.) Οί ριζοσπάσται Κερκύρας τοις άδελφοΐς έπτανησίοις. Κερκύρα, τυπογραφείον Έρμης Αντωνίου Τερζάκη. 1862.

In-8° de 22 pages + un feuillet blanc. Très rare.

2215. — Άγόρευσις τοΰ βουλευτοΰ Λευκάδος δρος Ιωάννου Μαρίνου προς την ιόνιον βουλήν, κατά την συνεδρίασιν της 30 άπριλίου 1862 έ. έ. έπί των προτάσεων τῶν κκ. Λομβάρδου, Βαλαωρίτου καὶ Φωκᾶ περὶ ἐπιχαρακτηρίσεως πάσης πρὸς συνταγματικὴν μεταρρύθμισιν προσπαθείας. Ἐκδίδοται αὐθορμήτῳ συνδρομῇ διαφόρων Λευκαδίων ἐν Κερκύρᾳ διαμενόντων. Κερκύρᾳ, τυπογραφεῖον ἡ Ἰονία Σπυρίδωνος καὶ Ἀρσενίου ἀδελφῶν Κάων. 1862.

In-8° de 22 pages et un feuillet blanc.

2216. — Ἀγρονομικὸς κανονισμὸς διὰ τὸ δάσος τοῦ ὄρους Αἴνους παραδεχθεὶς ὑπὸ τοῦ ἐγχωρ. συμβουλίου κατὰ τὴν συνεδρίασιν αὐτοῦ 3 σεπτεμβρίου 1862. (*A la fin :*) Ἐν Κεφαλληνίᾳ, τύποις ἡ Ἠχὼ Π. Ν. Πολλάνη. 1862.

In-8° de 13 pages et un feuillet blanc.

2217. — Alla Maestà di Vittoria I^{ma}, regina d'Inghilterra. (*A la fin :*) Zante, pei tipi di C. Rossolimo. 1862.

In-8° de quinze pages. L'auteur de cet opuscule est L. I. Marzocchi.

2218. — Alla nobile Commissione incaricata d'investigare le cause che hanno potuto cagionare il recente ammutinamento nel Penitenziario. (*A la fin :*) Tipografia Jonia.

In-folio de 3 pages. Signé G. Cozziris et daté de Corfou, le 5 février 1862. L'auteur donne ainsi les noms des membres dont se composait la commission d'enquête : Dr Spiridione Garzoni. Dr Stefano Mastraca. Dr Antonio Polillà.

2219. — All' onorando ed illustre patriota Elia Zervò, nel giorno che per voto generale fù eletto Presidente alle Camere del Parlamento Ionio, un Italiano spinto dal santo amor dell' indipendenza offre il seguente. (*Au bas :*) Tipografia Ionia.

Placard de 15 centimètres sur 24. Poésie.

2220. — A Monsieur le Rédacteur du journal le *Times* à Londres. (*A la fin :*) Corfou, 5 mai 1862. Typographie Mercure Antoine Tersachi.

In-8° de 15 pages.

2221. — Ἀνασκευὴ ἐπὶ τοῦ πρώτου μέρους ἄρθρου τινὸς σταλέντος ἐξ Ἰθάκης, καὶ καταχωρηθέντος ὑπό τινος εἰς τὸ ὑπ' ἀριθμὸν 228 φῦλλον τῆς ἐφημερίδος « ἡ νέα Ἐποχή ». (*A la fin :*) Ἐν Ζακύνθῳ, τῇ 17 σεπτεμβρίου 1862 ἔ. ἐ. τυπογραφεῖον « ὁ Παρνασσὸς » Σεργίου Χ. Ῥαφτάνη.

In-8° de 16 pages. Signé : Spiridion A. Leccatsas.

2222. — Ἀνθοδεσμὶς ἐκ λυρικῶν ποιηματίων πέντε συντεθειμένη. Ἐν Ζακύνθῳ, ἐκ τῆς τυπογραφίας ἡ Αὐγὴ διευθυνομένης ὑπὸ Ν. Κοντόγιωργα. 1862.

In-8° de 15 pages. L'auteur, DENYS ARAVANTINOS, a signé la dédicace aux abonnés du Cabinet de lecture ἡ Πρόοδος et à son président, Jean G. Crendiropoulos.

2223. — Ἀπάντησις εἰς τὴν λεγομένην Ἀνασκευὴν ἐπιχειρισθεῖσαν ὑπὸ τοῦ κ. Σπυρίδωνος Α. Λεκατζᾶ, καὶ ἀναγινωσκομένην εἰς τὸ ἐν Ζακύνθῳ τυπωθὲν φυλλάδιον ὑπὸ χρονίαν 17 σεπτεμβρίου 1862. (A la fin :) Ἐν Κεφαλληνίᾳ, τυπογραφεῖον ἡ Ἀνατολή. 1862.

In-8° de 16 pages. Signé : DIOMÈDE G. PILLICAS. Voir le n° 2221.

2224. — Ἀπάντησις τοῦ αἰδ^{του} δρος ἱερέως Ἀναστασίου Λαμπούδη, δημοσίου διδασκάλου ἐν τῷ λυκείῳ Ζακύνθου καὶ ἐν τῷ ἐκεῖσε ἐπανορθωτικῷ οἴκῳ, εἴς τινα περικοπὴν τινὸς λόγου ἐκφωνηθέντος ἐν τῇ ἰονίῳ βουλῇ παρὰ τοῦ βουλευτοῦ Ζακύνθου κυρίου Γ. Βερυκίου. Ἐν Ζακύνθῳ, ἐκ τοῦ τυπογραφείου ὁ Παρνασσὸς Σεργίου Χ. Ῥαφτάνη. 1862.

In-8° de 8 pages.

2225. — Ἀπολογία τοῦ ἡγουμένου τῆς μονῆς τῶν Καθαρῶν κατὰ τῆς κατ᾽ αὐτοῦ συκοφαντίας ὡς κατασκόπου. (A la fin :) Ἐν Ζακύνθῳ, τῇ 7 ἰουλίου 1862. Τυπογραφεῖον ὁ Παρνασσὸς Σεργίου Χ. Ῥαφτάνη.

In-8° de 14 pages et un feuillet blanc. Brochure datée d'Ithaque, le 29 juin 1862, et signée : ἀρχιμανδρίτης Γεράσιμος Συκεώτης, ἡγούμενος τῆς ἱερᾶς μονῆς τῶν Καθαρῶν.

2226. — Ἀπάντησις πρὸς τὴν ἀπολογίαν τοῦ ἡγουμένου τῆς μονῆς τῶν Καθαρῶν ἱερέως Γερασίμου Σκιώτου, ἀπευθυνομένην πρὸς τοὺς Ἑπτανησίους. (A la fin :) Ἐν Κεφαλληνίᾳ τυπογραφεῖον ἡ Κεφαλληνία.

In-8° de 18 pages et 1 feuillet blanc. Daté d'Ithaque, le 9 août 1862, et signé Εἷς Ἰθακήσιος.

2227. — Ἀπομνημονεύματα ἐπὶ τῶν Ἰονίων Νήσων συγγραφέντα γαλλιστὶ ὑπὸ δρ. Γ. Βροθοντοῦ (sic) Κεφαλλῆνος, νῦν δὲ μεταφρασθέντα εἰς τὴν καθομιλουμένην ἐκδίδονται πρὸς κοινὴν γνῶσιν. Ἐν Κεφαλληνίᾳ, τύποις ἡ Ἠχὼ Π. Ν. Πολλάνη. 1862.

In-8° de 12 pages.

2228. — A Sa Seigneurie le très honorable vicomte Palmerston, premier ministre de Sa Majesté britannique, etc. etc. etc. Lettre respectueuse de A. Dandolo, membre du dernier parlement Ionien. (*A la fin :*) Imprimerie Jonia.

In-8° de 15 pages. Daté de Corfou, 20 janvier 1862.

2229. — Βιογραφίαι μετὰ εἰκόνων τῶν μεγάλων καλλιτεχνῶν τῆς Ἰταλίας μεταφρασθεῖσαι ἐκ τοῦ γαλλικοῦ ὑπὸ Γ. Ε. Μαυρογιάννη. Ἐν Ἀθήναις, ἐκ τοῦ τυπογραφείου Π. Β. Μωραϊτίνη (ὁδὸς Ἀθηνᾶς). 1862.

In-8° de ιέ (15) + 332 pages + 4 gravures hors texte.

2230. — Cenni necrologici per l'immatura morte di Filippo Cacopardo che diceva nella cattedrale latina di Corfù il rev° Padre Antonio de' Gornielli, paroco latino di Cefalonia, il dì 2 maggio 1862. (*A la fin :*) Tip. Jonia.

In-8° de 4 pages.

2231. — Cenni sopra alcuni codici greci che si trovano nelle biblioteche d'Italia, scritti da Panajoti Chioti, professore di lingua greca nel ginnasio di Zante, membro della società archeologica di Atene, lettore di storia ecclesiastica, ed istoriografo delle Isole Ionie. Seconda edizione. *Siena*, tip. dell' Ancora di G. Landi. 1862.

In-8° de 16 pages. Très rare. Dédié à Émile Typaldos de Cephalonie (*alias* Emilio de Tipaldo).

2232. — Componimenti lirici d'un giovine Zantiotto. *Zante*, tipografia Zacinto, Costantino Rossolimo. 1862.

In-8° de 24 pages. L'exemplaire que nous avons sous les yeux porte la dédicace manuscrite suivante sur le titre : « In segno di stima e di rispetto, l'autore, E. Sicuro. »

2233. — Coroncina in onore del glorioso taumaturgo santo Spiridione, vescovo di Trimitunte e protettore di Corcira, scritta del Dr. sacerdote Francesco Saverio Schembri Maltese. *Corcira*, tipografia Jonia di Spiridione ed Arsenio fratelli Cao. 1862.

In-8° de 1 feuillet, II et 7 pages.

2234. — Δαρτοῦλα, Λάτμος, ποιήματα τοῦ 'Οσσιάνου μεταφρασθέντα ὑπὸ Παναγιώτου Πανᾶ. Ἐν Κεφαλληνίᾳ, ἐκ τοῦ τυπογραφείου ἡ Κεφαλληνία. 1862.

In-8° de 1 feuillet + δ' (4) pages + 1 feuillet + v et 58 pages. Brochure devenue très rare. Traduction en vers.

2235. — Διάλογος τοῦ μπάρμπα Μανόλη μεταξὺ πατρὸς καὶ υἱοῦ. (A la fin:) Τυπγραφεῖον (sic) ὁ Ζάκυνθος Κωνσταντίνου Ῥωσσολίμου.

In-16 de 16 pages. Daté de Zante, 7 janvier 1862 (style grec) et signé: Εἷς πολίτης. Rare.

2236. — Discorso funebre in commemorazione della morte di Alessandro Rossi pronunziato nella rispettabile Loggia di Corfù, il 15 aprile 1862, dal presidente Dr. Giacomo Zancarol, pubblicato per unanime voto de' suoi fratelli nella seduta 6 maggio 1862 in onore della venerata sua memoria. *Corfù*, tipografia Jonia. 1862.

In-8° de 7 pages.

2237. — Discours de M. Aristote Valaority, député de Sainte-Maure, prononcé dans le Parlement ionien, le 12/24 april (sic) 1862, à l'occasion du Rapport de la Commission instituée pour modifier l'assiette de l'impôt. (Traduit du grec.) *Corfou*, typographie Mercure Antoine Terzaki. 1862.

In-8° de 22 pages et un feuillet blanc.

2238. — Ἐγχειρίδιον ἀστυκῆς ἀρχιτεκτονικῆς, πρὸς χρῆσιν τῶν φοιτητῶν τοῦ ἐν Κερκύρᾳ ἰονίου γυμνασίου καὶ λυκείου, ὑπὸ τοῦ ἀρχιτέκτονος Ἰωάννου Χρόνη, συνεταίρου ἐπιτίμου τῆς ἐν Ῥώμῃ κλεινῆς τῶν καλῶν τεχνῶν ἀκαδημίας τοῦ ἁγίου Λουκᾶ καὶ τῆς ἐν Ἀθήναις, καὶ διδασκάλου ἀρχιτεκτονικῆς ὡραϊσμοῦ καὶ γεωδαισίας ἐν τοῖς εἰρημένοις δύο καταστήμασι. Κερκύρᾳ, τυπογραφεῖον ἡ Ἰονία Σπυρίδωνος καὶ Ἀρσενίου ἀδελφῶν Κάων. 1862.

In-8° de 53 pages, un feuillet, et sept feuilles lithographiées contenant divers dessins. Très rare.

2239. — Ἐθνικὸν ἡμερολόγιον διὰ τὸ ἔτος 1862 ἐκδιδόμενον ὑπὸ Μαρίνου Π. Βρετοῦ. Τὸ μὲν ἐκκλησιαστικὸν μέρος ἀνεθεωρήθη παρὰ τοῦ αἰδεσιμωτάτου ἀρχιπρεσβυτέρου Ἰωσὴφ Βασιλείου, ἐφημερίου τῆς ἐν Παρισίοις ὀρθοδόξου ἑλληνορωσσικῆς ἐκκλησίας· τὸ δὲ ἀστρονομικὸν συνετάχθη καὶ διωρθώθη παρὰ τοῦ κυρίου Παπαδάκη, καθηγητοῦ τῆς ἀστρονομίας ἐν τῷ ἐν Ἀθήναις ὀθωνείῳ πανεπιστημίῳ. Ἐν Παρισίοις, ἐκ τῆς τυπογραφίας Φιρμίνου Διδότου. 1861.

In-8° de 108 pages. La table des matières figure sur le titre même, mais sans renvoi à la pagination. Nous n'avons pas cru devoir la reproduire. Gravures dans le texte. *NB*. Il y a des exemplaires sans gravures, lesquels n'ont que 32 pages. Malgré le millésime de la fin du titre, nous plaçons cet ouvrage dans l'année 1862.

2240. — Εἰς τοὺς ἐν Κύθνῳ δολοφονηθέντας ἐλεγεία ὑπὸ *** Ἀπρίλιος 1862. Ἐν Ἀθήναις, ἐκ τοῦ τυπογραφείου Π. Β. Μωραϊτίνη (ὁδὸς Ἀθηνᾶς). 1862.

In-8° de 43 pages mal chiffrées (les deux premiers feuillets ne sont pas chiffrés, viennent ensuite 4 pages chiffrées en grec, puis la page 9), plus une gravure représentant les trois victimes. L'auteur de cette Élégie est SPIRIDION MALAKIS, de Céphalonie, qui exerçait le métier de menuisier à Athènes, où je l'ai connu en 1875. Je possède un exemplaire de ce petit livre avec une dédicace de sa main.

2241. — Ἔκθεσις περὶ τῆς δημοσίας ἐκπαιδεύσεως καθυποβληθεῖσα τῇ εὐγενεστάτῃ βουλῇ τοῦ δωδεκάτου κοινοβουλίου κατὰ τὴν πρώτην αὐτῆς σύνοδον ὑπὸ τοῦ προσκαίρως ἐπιτελοῦντος καθήκοντα ἄρχοντος. Ἐν Κερκύρᾳ, τυπογραφεῖον Ἑρμῆς Ἀντωνίου Τερζάκη. 1862.

In-8° de 62 pages et 1 feuillet blanc. Ce Rapport est signé : Ἰ. Ν. Οἰκονομίδης, ἐπιτελῶν προσκαίρως καθήκοντα ἄρχοντος τῆς δημοσίας ἐκπαιδεύσεως.

Nous rappellerons ici que Jean N. Œconomidis, natif de Chypre, fut naturalisé sujet Ionien par un Acte du quatrième parlement septinsulaire, en date du 20 mai 1833 [1].

2242. — Ἔκθεσις τῆς ἐπὶ τῆς παιδείας ἐπιτροπῆς. (*A la fin :*) Κερκύρᾳ, ἐν τῷ τυπογραφείῳ τῆς Κυβερνήσεως.

In-8° de 21 pages et 1 feuillet blanc. Rapport daté du 8 avril 1862, et signé comme il suit par les membres de la Commission : Στέφανος Παδοβᾶς. Εὐστάθιος Φίλιππας. Ἀχιλλεὺς Δελβινιώτης Βαρότζης διαφωνῶ. Ἀνδρέας Πλέσας. Ἀριστοτέλης Βαλαωρίτης διαφωνῶ. Ἀναστάσιος Μεταξᾶς Καῖσαρ. Ἰωσὴφ Μονφερρᾶτος. Γεώργιος Βερύκιος. Θεόδωρος Καροῦσος εἰσηγητής.

2243. — Ἡ ἁγία Σοφία ὑπὸ Π. Α. Ζ. ἐκδοθεῖσα καὶ αὖθις μετὰ πολλῶν ἐπιδιορθώσεων καὶ προσθηκῶν παρὰ Θεοδώρου Γ. Πεφάνη Κεφαλλῆνος. Ἐν Κεφαλληνίᾳ, ἐκ τοῦ τυπογραφείου ἡ Ἀνατολή. 1862.

In-8° de 28 pages.

---

1. *Gli atti e le risoluzioni del 1, 2, 3, 4, 5, 6, 7 e della 1 sessione dell' 8 parlamento degli Stati Uniti delle Isole Jonie* (Corfou, 1847, in-8°), table E.

2244. — Ἡ καταδρομές μου ἐξ αἰτίας τοῦ Λύχνου, παρὰ τοῦ κυρίου Ἀνδ. Λασκαράτου. Κεφαλληνία, τυπογραφεῖον ἡ Κεφαληνία. 1862.

In-8° de 126 pages et un feuillet blanc. Rarissime.

2245. — Ἡ κατάπτωσις τῆς ἐν Ἑλλάδι βαυαρικῆς δυναστείας. Ποίημα Ἀριστοτέλους Καψοκεφάλου. (*Au bas :*) Ἐν Ζακύνθῳ, τῇ 21 ὀκτωβρίου 1862 ἐθνοσωτηρίῳ ἔτει. Τυποφραφεῖον Αὐγή.

Placard de 31 centimètres sur 47.

2246. — Ἡ καταστροφὴ τῆς τυραννίας καὶ ὁ θρίαμβος τῆς ἐλευθερίας ὑπὸ Σ. Ναύτη. Ἐν Ἀθήναις, τύποις Ν. Γ. Πάσσαρη καὶ Α. Γ. Καναριώτου. 1862.

In-8° de 16 pages.

2247. — Ἡ νεολαία καὶ οἱ τεχνῖται Κεφαλληνίας τῷ προέδρῳ καὶ ἀντιπροέδρῳ τῆς ιβ' βουλῆς.

Placard de 15 cent. sur 22. Poésie. Le président du 12ᵉ Parlement ionien était Élie Zervos Jacovatos et le vice-président Joseph Mompherrhatos.

2248. — Θεωρητικῆς καὶ πρακτικῆς φιλοσοφίας στοιχεῖα ὑπὸ Π. Βράϊλα Ἀρμένη, καθηγητοῦ τῆς φιλοσοφίας ἐν τῇ Ἰονίῳ ἀκαδημίᾳ. Δαπάνῃ τοῦ κληροδοτήματος Πετρίδου. Ἐν Κερκύρᾳ, τυπογραφεῖον Ἑρμῆς Ἀντωνίου Τερζάκη. 1862.

In-8° de 412 pages.

2249. — La Grecia ed il re Ottone, cenni storici intorno alla sommossa militare scoppiata ultimamente a Nauplia ὁ Napoli di Romania, per Ettore Lombardi. *Torino*, tip. Sarda di C. Cotta, via Lagrange, 17. 1862.

In-8° de 50 pages et 1 feuillet blanc.

2250. — L'arrivo del principe di Wales in Corcira. Acrostico. (*A la fin :*) Tipografia Ionia di S. ed A. fratelli Caos.

Placard de 15 cent. sur 23. Poésie datée du 25 février 1862 et signée : Spiridione Kállos.

2251. — Λεγένδρου στοιχεῖα γεωμετρίας μεταφρασθέντα ὑπὸ τοῦ ἀντιπλοιάρχου Γ. Ζωχιοῦ. Ἔκδοσις δευτέρα. Ἐν Ἀθήναις, τύποις Χ. Νικολαΐδου Φιλαδελφέως. 1862.

In-8° de 298 pages avec des planches.

2252. — Les Grecs modernes par M. Duvray. (Extrait de la *Semaine universelle.*) Prix : 1 franc. *Bruxelles*, librairie de MM. Lacroix et Cie, Impasse du Parc, 3, rue Royale. 1862. (*Au v° du faux-titre :*) Bruxelles. Imp. de Ch. Lelong, rue du Commerce, 25.

In-8° de deux feuillets non chiffrés, 85 pages et un feuillet non chiffré. M. Duvray est le pseudonyme de Marinos Papadopoulos Vrétos. Ce renseignement nous a été fourni par lui-même. Petit volume intéressant et peu commun.

2253. — L'istruzione pubblica in Grecia. 1862. (*Au recto du dernier feuillet :*) *Torino*, tip. C. Cotta, via Lagrange, 17.

In-16 de 14 pages et 1 feuillet. Brochurette signée : Ing. Ettore Lombardi.

2254. — Λογοδοσία τοῦ κυρίου Θεοδώρου Καρούσου, βουλευτοῦ Κεφαλληνίας πρὸς τοὺς συμπολίτας του. Ἐκδίδεται δαπάνῃ ῥιζοσπαστῶν Ζακύνθου ὅπως διανεμηθῇ δωρεάν. Ἐν Ζακύνθῳ, τυπογραφεῖον ἡ Αὐγὴ διευθυνόμενον παρὰ Νικολάου Κοντόγιωργα. 1862.

In-8° de 16 pages.

2255. — Λόγοι ἐκφωνηθέντες παρὰ τῶν Ζακυνθίων βουλευτῶν Γ. Βερυκίου, δρος Ι. Ἰωαννοπούλου καὶ δρος Κ. Λομβάρδου ἐπὶ τῆς ἀπαντήσεως τῆς ιϚ' βουλῆς εἰς τὸν λόγον τοῦ ἁρμοστοῦ, καὶ πρὸς ἀνασκευὴν τῶν ἐπὶ τοῦ ἀντικειμένου τούτου λόγων τοῦ προέδρου αὐτῆς, μετατυπωθέντες δὲ αὐθορμήτῳ δαπάνῃ φιλοπατρίδων πολιτῶν τε καὶ χωρικῶν Ζακυνθίων. Ἐν Ζακύνθῳ, τυπογραφεῖον ἡ Αὐγὴ διευθυνόμενον παρὰ Νικολάου Κοντόγιωργα. 1862.

In-16 de 48 pages.

2256. — Λόγος ἐκφωνηθεὶς ἐν τῇ ιβ' βουλῇ ὑπὸ τοῦ κυρίου Σωκράτους Κουρῆ, κατὰ τὴν συνεδρίασιν τῆς 24 ἀπριλίου 6 μαΐου 1862. Κερκύρα, τυπογραφεῖον ἡ Ἰονία Σπυρίδωνος καὶ Ἀρσενίου ἀδελφῶν Κάων. 1862.

In-8° de 14 pages et un feuillet blanc.

2257. — Λόγος ἐκφωνηθεὶς ἐν τῇ ιβ' βουλῇ ὑπὸ τοῦ κυρίου Σωκράτους Κουρῆ, κατὰ τὴν συνεδρίασιν τῆς 28 ἀπριλίου 10 μαΐου 1862. Ἐκδίδεται δι' αὐθορμήτου ζήλου ὀρθοφρονούντων Κερκυραίων. Κερκύρα, τυπογραφεῖον ἡ Ἰονία Σπυρίδωνος καὶ Ἀρσενίου ἀδελφῶν Κάων. 1862.

In-8° de 13 pages et un feuillet blanc.

2258. — Λόγος εκφωνηθείς επί του νεκρού του λοχαγού Φιλίππου Πετριτσοπούλου την 2/14 μαρτίου 1862, υπό του δρος Αναστασίου Τρύφωνα. (*Au bas :*) Τυπογραφείον Ιωνία.

Placard in-folio à 2 colonnes.

2259. — Λόγος εκφωνηθείς παρά του ιερέως Σπυρίδωνος Ντελέτη, τη 16 ιανουαρίου 1862, εις τον ναόν του αγίου Αντωνίου του Ανδρίτζη εν τω εσπερινώ της εορτής του εν αγίοις πατρός ημών Αντωνίου του Μεγάλου και καθηγητού της ερήμου. Εν Ζακύνθω, τυπογραφείον ή Αυγή διευθυνόμενον παρά Νικολάου Κοντόγιωργα. 1862.

In-8° de huit pages.

2260. — Λόγος εκφωνηθείς υπό του αιδεσίμου ιεροκήρυκος δρος Ν. Κατραμή εν τω ναώ της Θ. Φανερωμένης κατά τό μνημόσυνον των εν τω ιερώ αγώνι υπέρ πατρίδος πεσόντων, τη 25 μαρτίου. Δαπάναις της ζακυνθίου νεολαίας. Εν Ζακύνθω, τυπογραφείον ή Αυγή διευθυνόμενον παρά Ν. Κοντόγιωργα. 1862.

In-8° de huit pages. La couverture imprimée sert de titre. Rarissime.

2261. — Λόγος εκφωνηθείς υπό του προέδρου της ιϛ' βουλής της Επτανήσου δόκτωρος Ηλία Ζερβού Ιακωβάτου, κατά την συνεδρίασιν της 12ης μαρτίου 1862. Εκδίδεται δι' αυθορμήτου ζήλου της φιλοπάτριδος νεολαίας. Κερκύρα, τυπογραφείον Αντωνίου Τερζάκη. 1862.

In-8° de 16 pages.

2262. — Έτερος λόγος εκφωνηθείς υπό του προέδρου της ιϛ' βουλής της Επτανήσου δόκτωρος Ηλία Ζερβού Ιακωβάτου, κατά την συνεδρίασιν της 20ης μαρτίου 1862, επί της συνολικής τροπολογίας του κυρίου Λομβάρδου εις το σχέδιον της απαντήσεως. Εκδίδεται δι' ενθέρμου προθυμίας πολιτών Κερκυραίων. Κερκύρα, τυπογραφείον Ερμής Αντωνίου Τερζάκη. 1862.

In-8° de 15 pages.

2263. — Λόγος περί εκλογικού δικαιώματος εκφωνηθείς υπό Αντωνίου Λεκατσά δικηγόρου προς τους συμπολίτας του, τη 14η ιανουαρίου 1862, εν τη πλατεία της πόλεως. (*A la fin :*) Κερκύρα, τη 5 απριλίου 1862. Τυπογραφείον Ερμής Αντωνίου Τερζάκη.

In-8° de 8 pages.

2264. — Λόγος περὶ φορολογικῆς καὶ συνταγματικῆς μεταρρυθμίσεως ἐκφωνηθεὶς ἐν τῇ ἰονίῳ βουλῇ, κατὰ τὴν συνεδρίασιν τῆς 26/8 ἀπριλίου 1862, ὑπὸ τοῦ βουλευτοῦ Ζακύνθου Κωνσταντίνου Λομβάρδου καὶ συμπέρασμα τοῦ ἰδίου, τὴν 1/13 μαΐου, ἐπὶ τοῦ αὐτοῦ ἀντικειμένου ('Εκ τῶν ἀριθμῶν 217 καὶ 218 τῆς Νέας 'Εποχῆς). Ἐκδίδονται ὑπὸ Ν. Κοντόγιωργα τῇ συνδρομῇ δισχιλίων πολιτῶν τῆς νήσου ταύτης. Ζακύνθῳ, τυπογραφεῖον ἡ Αὐγὴ διευθυνόμενον παρὰ Νικ. Κοντόγιωργα. 1862.

In-8° de 32 pages. Édition différente de la suivante.

2265. — Λόγος περὶ φορολογικῆς καὶ συνταγματικῆς μεταρρυθμίσεως ἐκφωνηθεὶς ἐν τῇ ἰονίῳ βουλῇ κατὰ τὴν συνεδρίασιν τῆς 26/8 ἀπριλίου 1862 ὑπὸ τοῦ βουλευτοῦ Ζακύνθου Κωνσταντίνου Λομβάρδου καὶ συμπέρασμα τοῦ ἰδίου, τὴν 1/13 μαΐου, ἐπὶ τοῦ αὐτοῦ ἀντικειμένου. Ἐκδίδονται δαπάνῃ τῶν ῥιζοσπαστῶν Κερκύρας. Ζακύνθῳ; τυπογραφεῖον Αὐγὴ διευθυνόμενον παρὰ Νικ. Κοντόγιωργα. 1862.

In-8° de 32 pages. La couverture imprimée sert de titre. Édition différente de celle qui précède.

2266. — Λόγος τοῦ ἱππ. Ἀριστοτέλους Βαλαωρίτου, βουλευτοῦ Λευκάδος, ἐκφωνηθείς, τὴν 12 ἀπριλίου 1862, κατὰ τὴν συζήτησιν ἐπὶ τῆς ἐκθέσεως τῆς ἐπιτροπῆς πρὸς τροπολόγησιν τοῦ ἐν ἰσχύϊ φορολογικοῦ συστήματος. Ἐκ τοῦ ἀριθμοῦ 212 τῆς Νέας Ἐποχῆς, δαπάνῃ τῶν Κερκυραίων ῥιζοσπαστῶν. Ἐν Κερκύρᾳ, τυπογραφεῖον Ἑρμῆς Ἀντωνίου Τερζάκη. 1862.

In-8° de 16 pages.

2267. — Notes sur les Iles Ioniennes par le Dr G. Votronto Céphalène. (À la fin :) Céphalonie, imprimerie « Céphalonie ». 1862.

In-8° de 8 pages.

2268. — Ὁ αἱρετικὸς διδάσκαλος ὑπὸ τοῦ ὀρθοδόξου μαθητοῦ ἐλεγχόμενος. Βιβλίον πάνυ χρήσιμον τοῖς ὀρθοδόξοις, βεβαιοῦν τὰς παραδόσεις καὶ τὰ σοφίσματα τοῦ Βενιαμὶν Οὐδρώφ, διδασκάλου τοῦ ἐν Βρεταννίᾳ ἑλληνικοῦ φροντιστηρίου, ἐμφαῖνον, συντεθὲν καὶ τυπωθὲν σπουδῇ, ἐπιμελείᾳ τε καὶ δαπάνῃ τοῦ ἐν ἱεροδιακόνοις ταπεινοῦ Φραγκίσκου Προσσαλέντου τοῦ Κερκυραίου, ἱκανὸν χρόνον τοῦ αὐτοῦ Βενιαμὶν Οὐδρὼφ ἐν Βρεταννίᾳ ἀκούσαντος, κατὰ τὸ ἔτος τῆς ἡλικίας αὐτοῦ κέ· νῦν δὲ τὸ δεύτερον ἐκδοθὲν ὑπὸ Παύλου Λάμπρου, προσθήκῃ τῆς τοῦ συγγραφέως βιογραφίας ὑπὸ Ἀ. Μουστοξύδου. Ἀθήνησι, τύποις Π. Ἀ. Σακελλαρίου. 1862.

In-8° de 1 feuillet blanc, ιδ' (14) et 87 pages. Sur la couverture, après le nom de l'imprimeur, on lit : Ὁδὸς Εὐριπίδου παρὰ τὸ Βαρβάκειον Λύκειον.

2269. — 1862. Ὁ διανομεὺς τοῦ Παρατηρητοῦ.

Placard de 18 centimètres sur 22. Poésie.

2270. — 1862. Ὁ ἐν Κερκύρᾳ διανομεὺς τῆς Ἀληθείας πρὸς τοὺς συμπολίτας του.

Placard de 22 centimètres sur 27. Poésie signée : N.M.

2271. — Οἱ ἐν Κύθνῳ πεσόντες ὑπὸ Ν. Κατραμῆ ἱερέως. Ἐν Ζακύνθῳ, τυπογραφεῖον ὁ Ζάκυνθος. 1862.

In-8° de 7 pages.

2272. — Ὀλίγα τινὰ πρὸς ἀπάντησιν φυλλαδίου ἐπιγραφομένου Ἀνασκευὴ ἐπὶ τοῦ πρώτου μέρους ἄρθρου τινὸς καταχωρηθέντος εἰς τὸ ὑπ' ἀριθμὸν 228 φύλλον « ἡ Νέα Ἐποχὴ », ὑπογεγραμμένου παρὰ τοῦ ἰατροῦ Σπ. Λεκατσᾶ. (A la fin :) Ἐν Κεφαλληνίᾳ, τυπογραφεῖον ἡ Ἀνατολή. 1862.

In-8° de 16 pages. Signé Μάρκος Παΐζης.

2273. — Ὁ ῥιζοσπαστισμὸς καὶ πολιτικαὶ δοξασίαι τοῦ προέδρου τῆς ιβ' βουλῆς τῶν Ἰονίων Νήσων καὶ τῶν ὀπαδῶν αὐτοῦ ὡς διετυπώθησαν εἰς τὸν λόγον, ὃν ἐν τῇ βουλῇ ἐξεφώνησε, κατὰ τὴν 12/24 μαρτίου 1862. Ἐν Ζακύνθῳ, ἐκ τοῦ τυπογραφείου ἡ Αὐγὴ διευθυν. παρὰ Ν. Κοντόγιωργα. 1862.

In-8° de 31 pages.

2274. — Ὁ σουλτᾶνος Ἀβδοὺλ Ἀζὴζ ἐπὶ τοῦ τάφου τῶν πατέρων του ὑπὸ Δ. Καλλινίκου. Ἐν Ζακύνθῳ, ἐκ τοῦ τυπογραφείου ἡ Αὐγή, διευθυν. Ν. Κοντόγιωργα. 1862.

In-8° de 30 pages et un feuillet blanc.

2275. — Περιγραφὴ τῆς ὑποδεξιώσεως ἥτις ἐγένετο, τὰς 9 καὶ 10 ἀπριλίου ἐ. ἔ. 1862, ὑπὸ τῶν Λευκιμνίων πρὸς τόν, μεθ' ἑτέρων βουλευτῶν, ἐπισκεφθέντα αὐτοὺς Δρα Η. Ζερβόν. Ἐν Κερκύρᾳ, τυπογραφεῖον Ἑρμῆς Ἀντωνίου Τερζάκη. 1862.

In-8° de 22 pages et un feuillet blanc.

2276. — Per nozze di Marco dottor Calcani e Sofia nobile Ninni. *Venezia*, nel priv. stab. di Giuseppe Antonelli. MDCCCLXII.

In-8° de 7 pages. Le nom de l'auteur de cette poésie, Cesare Gasparini, se lit au bas de la dédicace à Sophie Ninni (p. 3).

2277. — Πίναξ τῶν σχολῶν τῆς Ἰονίου ἀκαδημίας κατὰ τὸ σχολαστικὸν ἔτος 1862-1863. Κερκύρᾳ, Ἐν τῷ τυπογραφείῳ τῆς Κυβερνήσεως. 1862.

Et au feuillet suivant cet autre titre :

Λόγος περὶ Ἀκαρνανικῶν τριῶν ψηφισμάτων ἐν Ἀκτίῳ εὑρεθέντων ἐκφωνηθεὶς ἐπὶ τῇ ἐνάρξει τῶν ἐν Κερκύρᾳ ἀκαδημιακῶν μαθημάτων τοῦ 1862-1863 σχολαστικοῦ ἔτους ὑπὸ τοῦ καθηγητοῦ Χριστοφόρου Φιλητᾶ Ι. Δ. Κέρκυρα. 1862.

In-4° de 1 feuillet, 15 pages et 3 feuillets, dont le dernier blanc. Très rare.

2278. — Πολιτικὰ ἀφηγήματα τὴν Ἑλλάδα ἀφορῶντα. Ἔγραψε Γεώργιος Βερύκιος, βουλευτὴς Ζακύνθου. Ἐν Ζακύνθῳ, ἐκ τοῦ τυπογραφείου ἡ Αὐγὴ διευθυνομένου ὑπὸ Ν. Κοντόγιωργα. 1862.

In-8° de 27 pages.

2279. — Πραγματεία περὶ Δωδώνης ὑπὸ Π. Ἀραβαντινοῦ. Ἐν Ἰωαννίνοις, τύποις Δωδώνης. 1862.

In-8° de 56 pages. Sur le titre, une vignette censée représenter l'antique Dodone, avec les mots : Τυπογαφεῖον Δωδώνης ἐν Ἰωαννίνοις.

2280. — Πρακτικὰ τῶν συνεδριάσεων τῆς νομοθετικῆς συνελεύσεως τοῦ ἡνωμένου κράτους τῶν Ἰονίων νήσων κατὰ τὴν πρώτην σύνοδον τῆς δωδεκάτης βουλευτικῆς περιόδου κατὰ τὸ ἔτος 1862. Κέρκυρα, ἐν τῷ τυπογραφείῳ τῆς Κυβερνήσεως.

In-8° de 2 feuillets (dont le premier blanc) et 1154 pages.

2281. — Προσλαλιὰ ἐκφωνηθεῖσα ὑπὸ τοῦ προέδρου τῆς ιβ' βουλῆς δρος Ἠλία Ζερβοῦ Ἰακωβάτου ἐν τῇ προκυμαίᾳ Κερκύρας ἐνώπιον τῶν διὰ παρατεταμένων ζητωκραυγῶν καὶ ἐνθουσιωδῶν ἐπιδείξεων παρακολουθησάντων αὐτὸν τὴν ἑσπέραν τῆς 26 μαΐου 1862 ἔ. ἔ. καθ' ἣν ἀνεχώρει διὰ τὴν πατρίδα του Κεφαλληνίαν. (Au bas :) Ἐν Κερκύρᾳ, τῇ 28 μαΐου 1862 ἔ. ἔ. Τυπογραφεῖον Ἑρμῆς Ἀντωνίου Τερζάκη.

Placard de 20 centimètres sur 28.

2282. — Πρὸς τοὺς ἀναδεχομένους καὶ δυσφημοῦντας τὸ ἱερὸν ὄνομα τῆς πατρίδος, ὀλίγας τινὰς λέξεις. (*Au bas :*) Στυλιανὸς Μπισμπάρδης, ἐκ τῆς κώμης Μαχαιράδο ἐξ ὀνόματος τῶν χωρικῶν. Ἐν Ζακύνθῳ, τῇ 2 ἰουνίου 1862 ἔ. ἐ. Τυπογραφεῖον ἡ Αὐγή.

Placard de 29 cent. sur 45. Réponse aux libelles des organes de la politique anglaise. Défense de Constantin Lombardos. Blâme infligé à Hélie Zervos, qui, reniant les principes pour lesquels il a souffert et été exilé, a voté contre l'union des Iles Ioniennes avec la Grèce.

2283. — Πρὸς τοὺς Λευκαδίους. (*Au bas :*) Τυπογραφεῖον ἡ Ἰονία.

Placard de 31 cent. sur 47. Daté de Corfou, 11 avril 1862 (style grec), et signé JEAN MARINOS, votre compatriote et représentant. C'est un remerciement de ce député à ses électeurs de Leucade.

2284. — Πρὸς τοὺς συγκλήτους τῆς ἐξοχῆς. (*Au bas :*) Τυπογραφ. Ἑρμῆς.

Placard in-8°, en grec vulgaire, daté de Corfou, 18 janvier 1862, et signé CONSTANTIN PAGIATAKIS.

2285. — Quelques mots sur la nouvelle de la réunion des Iles Ioniennes au royaume de Grèce. (*A la fin :*) Tip. Jonia.

In-8° de 8 pages. Sans titre. Brochure en italien datée de Corfou, 24 décembre 1862, et signée THÉODORE LAVRANOS.

2286. — Ῥητορική, θεωρία καὶ ἐφαρμογή, ὑπὸ Ι. Ν. Σταματέλου, καθηγητοῦ τῆς ῥητορικῆς, συνθέσεως καὶ φιλοσοφίας ἐν τῷ λυκείῳ Λευκάδος. Ἐν Ζακύνθῳ, τυπογραφεῖον ὁ Παρνασσὸς Σεργίου Χ. Ῥαφτάνη βραβευθέντος τῷ 1859 δι' ὀλυμπ. ἀργ. στεφάνου. 1862.

In-8° de 190 pages et 1 feuillet. Dédié par l'auteur « à l'ombre » de son père, Nicolas Stamatélos.

2287. — Σκέψεις περὶ τῶν αἰτίων τοῦ μεγαλείου καὶ τῆς πτώσεως τῶν Ῥωμαίων ὑπὸ Μοντεσκίου, ἐκ τοῦ γαλλικοῦ ὑπὸ Τ. Μανταφούνη. Ἀθήνησι, τύποις Α. Κτενᾶ καὶ Π. Σούτσα, κατὰ τὴν ὁδὸν Ἀδριανοῦ. 1862.

In-8° de ή (8) + 204 pages et deux feuillets. Rare. Cette traduction avait d'abord paru dans le journal Νέαι Ἰδέαι. T. MANTAPHOUNIS est un Zantiote.

2288. — Sulla condizione attuale degl' Israeliti. Sermone pronunziato dall' eccellentissimo rabbino maggiore D. Bachi nella Pasqua dell' anno

5621 (1861). *Corfù*, tipografia Jonia di Spiridione ed Arsenio fratelli Cao. 1862.

In-8° de 14 pages et 1 feuillet blanc.

2289. — Σύνοψις τῆς ἱερᾶς θεολογίας φιλοπονηθεῖσα εἰς ὠφέλειαν τῶν ὀρθοδόξων φιλομαθῶν παρὰ Νικολάου Κούρσουλα Ζακυνθίου διδασκάλου, φιλοσόφου καὶ θεολόγου, ἐκδοθεῖσα ὑπὸ Σεργίου Χ. Ῥαφτάνη. Τόμος ά. Ἐν Ζακύνθῳ, ἐκ τοῦ τυπογραφείου ὁ Παρνασσὸς Σεργίου Χ. Ῥαφτάνη, βραβευθέντος τῷ 1859 δι' ὀλυμπ. ἀργ. στεφάνου. 1862 (et sur la couverture :) 1864.

In-8° de λϛ' (32) + 350 pages et 1 feuillet blanc. Dédié par l'éditeur à Démétrius Bernardakis. En tête du volume, on trouve une notice biographique sur NICOLAS COURSOULAS par PANAGIOTIS CHIOTIS, laquelle est datée d'avril 1863. Voir la *Bibl. hell. du XVIIe siècle*, t. V, p. 261-268.

Τόμος β'. In-8° de 440 pages.

2290. — Τὰ ἐν Ἰθάκῃ νέα. (*A la fin :*) Ἐν Κεφαλληνίᾳ, τυπογραφεῖον ἡ Ἀνατολή. 1862.

In-8° de 15 pages. Brochure signée : EUTHYMIOS VRÉTOS.

2291. — Τῆς παλαιᾶς διαθήκης ἱερὰ ἱστορία κατ' ἔκτασιν διηγηθεῖσα μὲν τοῖς τοῦ λυκείου Κερκύρας φοιτηταῖς, χάριν δὲ τῶν εὐσεβῶν καὶ φιλομαθῶν πλείσταις θεολογικαῖς καὶ ἄλλαις γνώσεσιν ἀναγκαίαις, ἔτι δὲ καὶ βιβλικῷ γεωγραφικῷ χάρτῃ ἐν τῷ τέλει τῆς βίβλου πλουτισθεῖσα, καὶ δαπάναις ἰδίαις ἐκδοθεῖσα ὑπὸ Ἀρσενίου ἱερέως Πανδῆ. Ἐν Κερκύρᾳ, τυπογραφεῖον ἡ Ἰονία Σ. καὶ Ἀ. ἀδελφῶν Κάων. 1862.

In-8° de ζ' (7) + 399 + γ' (3) pages et 1 feuillet blanc + une carte géographique.

2292. — Τὸ ἀνδραγάθημα Θεμιστοκλέους Βρατσάνου καὶ Ἀριστείδους Γ. Ἀντωνάκη. (*A la fin :*) Τυπογραφεῖον ὁ Παρνασσὸς Σεργίου Χ. Ῥαφτάνη.

In-8° de 15 pages. Daté de Zante, 26 octobre 1862, et signé : Λ. Κ.

2293. — Τὸ βασίλειον τῆς Ἑλλάδος καὶ ἡ ἑλληνικὴ ὁλομέλεια ὑπὸ ***. Περίοδος πρώτη. 1833-1843. Ἐν Κερκύρᾳ, τυπογραφεῖον Ἑρμῆς Ἀντωνίου Τερζάκη. 1862.

In-8° de 202 pages et 1 feuillet.

2294. — Τὸ καλῶς ἐκοπιάσατε πρὸς τοὺς εὐγενεστάτους ἀντιπροσώπους Ζακύνθου κατά τήν χαρμόσυνον ήμέραν της εαυτών επανόδου εκ Κερκύρας μετά τήν ά σύνοδον της ιβ' βουλευτικής περιόδου. (*Au bas :*) Τυπογραφεΐον ό Παρνασσός.

Placard de 29 cent. sur 40. Poésie datée de Zante, 20 mai 1862 (style grec), et signée : Εις αληθής ριζοσπάστης.

2295. — Το νέον έτος 1862. Ή πρωτοχρονιά. (*Au bas :*) Τυπογραφεΐον Έρμης.

Placard de 23 cent. sur 30. Poésie adressée par le distributeur de la Έθνεγερσία aux abonnés de ce journal.

2296. — Το νέον έτος 1862. Ό διανομεύς της « Νέας Εποχής » εις τους συνδρομητάς της. (*Au bas :*) Τυπ. Έρμης.

Placard de 22 centimètres sur 30. Poésie.

2297. — Ύμνος εις τήν ήμέραν της εθνεγερσίας 25 μαρτίου. (*A la fin :*) Τυπογραφεΐον ή Αύγή.

Feuillet de 29 cent. sur 43. Poésie datée de Zante, 24 mars 1862 (style grec), et signée : ARISTIDE CAPSOKÉPHALOS.

2298. — Υπόμνημα προς τάς προστάτιδας της Ελλάδος δυνάμεις και προς άπαντα τον πεπολιτισμένον κόσμον. Mémorandum aux trois puissances protectrices de la Grèce & au monde civilisé. Έν Κερκύρα. 1862.

In-8° de 1 feuillet et 29 pages. L'auteur de ce *Mémorandum* est A. N. GOUDAS.

2299. — Υπόμνημα τρίτον προς τάς προστάτιδας της Ελλάδος δυνάμεις και προς άπαντα τον πεπολιτισμένον κόσμον. — Ά. Ν. Γούδα. Έν Κερκύρα. 1862.

In-8° de 29 pages et 1 feuillet blanc.

2300. — Ώδή εις τήν πεντεκαιεικοσαετηρίδα εορτήν τών αισίων γάμων του μεγαλειοτάτου της Ελλάδος βασιλέως Όθωνος καί της βασιλίσσης Άμαλίας (κατά τά μέτρα της ή τών Όλυμπιονικών Πινδάρου) υπό του σοφού Κ. Άσωπίου, παραφρασθεΐσα χάριν κατανοήσεως τών πολλών καί ωφελείας τών νέων σπουδαστών της γλώσσης υπό Δ. Σ. Α. Έν Ζακύνθω, τυπογραφεΐον ό Ζάκυνθος Κωνσταντίνου Ρωσσολίμου. 1862.

In-8° de 15 pages.

ANNÉES 1862-1863

2301. — A. Dandolo al metropolita di Corfù Atanasio (*A la fin :*) Corfù, 15 settembre 1863. Tipografia Mercurio d'Antonio Terzachi.

In-8° de 8 pages.

2302. — 'Α. Δάνδολος πρὸς τὸν μητροπολίτην Κερκύρας 'Αθανάσιον. (*A la fin :*) Κερκύρᾳ, 3 σεπτεμβρίου 1863. Τυπογραφεῖον Ἑρμῆς 'Αντωνίου Τερζάκη.

In-8° de 8 pages.

2303. — Adresse aux Grecs de Mr. A. Dandolo, ex-membre du parlament jonien, conseiller et magistrat municipal actuel de Corfou. (*A la fin :*) Imprimerie Mercure.

In-8° de 15 pages. Daté de Corfou, 24 janvier 1863.

2304. — A few words on the discussion in the Houses of Lords and Commons of great Britain, on the 17th april and 12th may 1863, on the non-reappointment of the two Ionian Judges of the supreme council of justice of the Ionian Islands, by sir Anastasius Typaldo Xydias, K. C. M. G., L. L. D., of Cephalonia, ex-member of the supreme council of justice of the Ionian Islands.

In-8° de 16 pages. Imprimé en Angleterre.

2305. — A Giuseppe Patella nel dì che la figlia Elena va sposa al signor Giovanni Scola di Vicenza Emilio de Tipaldo. 1° giugno MDCCCLXIII. (*Au verso du deuxième feuillet :*) Venezia, nello stabilimento tipografico Antonelli.

In-8° de 21 pages et un feuillet blanc. Les deux premières pages sont également blanches. Cette brochure contient la traduction en vers italiens de deux pièces de vers d'ARISTOTE VALAORITIS.

2306. — A letter from sir Anastasius Typaldo Xydias, LL.D., K.C. M.G., to sir Demetrius count Caruso, G.C.M.G. Translated from the italian.

In-8° de 16 pages. Daté de Corfou, 7 septembre 1863, mais certainement imprimé en Angleterre.

2307. — A monsieur le rédacteur du journal grec la Ἡμέρα à Vienne réponse de M. A. Dandolo, ex-membre du parlement Ionien, conseiller et magistrat municipal actuel de Corfou. *Corfou*, imprimerie Mercure d'Antoin Terzaki. 1863.

In-8° de 15 pages.

2308. — Ἀνασκευὴ τοῦ τυπωθέντος ἐν Ζακύνθῳ λόγου τοῦ συμπολίτου μου Π. Αὐγερινοῦ ὑπὸ Πυργείου τινός. — Ἐν Πύργῳ, τῇ 19 ὀκτωβρίου 1863, ἡμέρα καὶ ἔτος εὐδαῖμον ἐσαεὶ διὰ τὴν εἴδησιν τῆς ἐλεύσεως τοῦ βασιλέως Γεωργίου αʹ.

In-8° de 16 pages.

2309. — Ἀπάντησις Ἠλία Βασιλάκη εἰς τὸ ἔγγραφον τῆς 20 αὐγούστου τοῦ κυρίου Δ. Καρούσου. Κέρκυρα, τυπογραφεῖον ἡ Ἰονία Σπυρίδωνος καὶ Α. ἀδελφῶν Κάων. 1863.

In-8° de 2 feuillets. Voir le n° 2316.

2310. — Ἀπάντησις πρὸς τὸν λίβελλον τοῦ κυρίου Γ. Βερυκίου ὑπὸ Κ. Λομβάρδη. Ἐκ τῶν ἀριθμῶν 125 καὶ 126 τῆς Φωνῆς τοῦ Ἰονίου. Ἀνατυποῦται παρὰ τῶν ῥιζοσπαστῶν Ζακύνθου δαπάνῃ 500 ὑπογραφῶν. Ὁ βουλόμενος νὰ τὰς ἀναγνώσῃ διευθυνθήτω εἰς τὸ Τυπογραφεῖον ἡ Αὐγή. Ἐν Ζακύνθῳ, ἐκ τῆς τυπογραφίας ἡ Αὐγὴ διευθυνομένης ὑπὸ Νικολάου Κοντόγιωργα. 1863.

In-8° de 64 pages, dont les sept dernières blanches.

2311. — Biografia di un assassino. (*A la fin :*) *Corfù*, 11 aprile 1863. Tipografia Mercurio d'Antonio Terzachi.

In-8° de 1 feuillet, 12 pages et 1 feuillet blanc. L'assassin dont il est question dans ce titre s'appelait « Stefano Mochiato » et était de Varipatadès, village de l'île de Corfou.

2312. — Breve saggio sulle vigende (*sic*) della Grecia in via di seconda appendice al mio Saggio sulle vicende del mondo in generale stampato nel 1859. *Corfù*, tipografia Jonia di S. ed A. fratelli Caos. 1863.

In-8° de 23 pages. Poésie italienne.

2313. — [Brochure publiée à Zante, en juillet 1863, par Ph. Chariatis ; elle contient une lettre de son frère D. Chariatis, datée de Trieste, juin 1863, et adressée à la reine Amélie ; l'auteur s'y plaint d'une injustice que la souveraine déchue aurait commise envers lui.] (*A la fin :*) Τυπογραφεῖον ἡ Αὐγὴ διευθυνόμενον ὑπὸ Νικολάου Κοντόγιωργα. 1863.

In-8° de 15 pages.

2314. — Cenni sulla origine della famiglia del conte Demetrio Caruso colla esposizione di alcuni fatti e documenti relativi alla sua vita politica. *Corfù*, tipografia Jonia di S. ed A. fratelli Caos. 1863.

In-8° de 23 pages.

2315. — Count Dusmani's observations on the assertions made respecting him in the House of Commons by the right honorable the Chancellor of the Exchequer on the subject of the dismissal of the two Jonian judges of the supreme council. *Corfù*, printed by S. and A. brothers Caos. 1863.

In-8° de 1 feuillet et 18 pages.

. 2316. — Déclaration (en grec et en italien) du comte D. Carouso. (*Au bas :*) Τυπογραφεῖον τῆς Κυβερνήσεως.

Placard oblong, daté de Corfou, 20 août 1863.

2317. — Della Repubblica Settinsulare libri due del conte Ermanno Lunzi. *Bologna*, tipi Fava e Goragnani. 1863.

In-8° de 4 feuillets et 276 pages. Dédié à Napoléon Zambélios.

2318. — Descrizione d'una cerimonia nuziale celebratasi in Corfù il 12 agosto 1863. *Corfù*, tipografia Jonia di S. ed A. fratelli Caos. 1863.

In-8° de 16 pages. Traduction de la brochure décrite sous le numéro 2381.

2319. — Deux mots sur la lettre de M. F. Lushington à lord Stanley par A. Damaschinò. *Corfou*, Imprimerie Mercure d'Antoine Terzachi. 1863.

In-8° de 15 pages.

2320. — Δηλοποίησις. (*Au bas :*) Τυπογραφεῖον Ἑρμῆς.

In-8°. Placard daté de Corfou, 9 mars 1863, signé Georges Perdicommatis, secrétaire de la Société ἡ 'Αναγέννησις, et concernant l'élection d'une rosière et son couronnement.

2321. — Διαθήκη τῆς κομήσσης Ἑλένης Ἀ. Μοτσενίγου. Ἐκδίδεται ἀναλώμασι τοῦ αὐτοῦ κληροδοτήματος. Ἐν Κερκύρᾳ, τυπογραφεῖον Ἑρμῆς Ἀντωνίου Τερζάκη. 1863.

In-4° de 16 pages à deux colonnes. Grec et italien.

2322. — Διδαχὴ τοῦ ἁγίου ἐνδόξου ἱερομάρτυρος ἰσαποστόλου Κοσμᾶ τοῦ νέου τοῦ ἐξ Αἰτωλίας ἐκφωνηθεῖσα ἐν τῷ τῆς Περιβλέπτου ναῷ τῆς πόλεως Ἰωαννίνων κατὰ τὸ ἔτος αψοθ' (1779). Ἐκδίδεται δαπάνῃ Γεωργίου Ἀ. Παραμυθιώτη καὶ διανέμεται δωρεάν. Ἐν Κερκύρᾳ, τυπογραφεῖον ἡ Ἰονία Σπυρίδωνος καὶ Ἀρσενίου ἀδελφῶν Κάων. 1863.

In-8° de 1 feuillet et 24 pages.

2323. — Du comte Capodistrias et de sa mort par le baron Emmanuel Theotoky, ancien président du Sénat Ionien, chevalier de plusieurs ordres, etc. etc. etc. rédigé à Corfou en 1831 et publié par son petit-fils Emmanuel en 1863. (*A la fin :*) Ἐν Κερκύρᾳ, τυπογραφεῖον ἡ Ἰονία.

In-8° de 1 feuillet blanc et 6 pages. Texte français suivi d'une traduction anglaise anonyme et d'une traduction grecque par le petit-fils de l'auteur. Il y a des exemplaires où ne figure pas la version anglaise et qui n'ont que 4 pages.

2324. Due parole all' una parola sulla seconda epistola del conte Antonio Dusmani. (*A la fin :*) *Corfù*, 10 decembre 1863. Tipografiia (*sic*) Jonia.

In-8° de 3 pages.

2325. — Δύο λέξεις περὶ τῆς πρὸς τὸν λόρδον Στάνλεϋ ἐπιστολῆς τοῦ κυρίου Φ. Λούσιγκτον ὑπὸ Ἀ. Δαμασκηνοῦ. Κερκύρᾳ, τυπογραφεῖον ἡ Ἰονία Σ. καὶ Ἀ. ἀδελφῶν Κάων. 1863.

In-8° de 14 pages et un feuillet blanc.

2326. — Δύο λέξεις περί τινος παραγράφου τῆς δευτέρας πρὸς τὸν κόμητα Καροῦσον ἐπιστολῆς τοῦ κόμητος Δούσμανη ὑπὸ Ἀθανασίου Παραμυθιώτου. Ἐν Κερκύρᾳ, τυπογραφεῖον ἡ Ἰονία Σπυρίνωνος (*sic*) καὶ Ἀρσενίου ἀδελφῶν Κάων. 1863.

In-8° de 13 pages et 1 feuillet blanc.

2327. — Ἔγγραφα προαχθέντα εἰς φῶς χάριν τῶν ἀτρύτων καὶ ἐντίμων ἀγώνων τῶν κλεινῶν τοῦ Βρεταννικοῦ Κοινοβουλίου μελῶν, μεταφρασθέντα δὲ καὶ ἐκδοθέντα πρὸς γνῶσιν τοῦ κοινοῦ, δαπάνῃ φίλων τῶν διὰ τῶν ἐγγράφων τούτων συκοφαντηθέντων. Κέρκυρα, τυπογραφεῖον ἡ Ἰονία Σπυρίδωνος καὶ Α. ἀδελφῶν Κάων. 1863.

In-8° de 30 pages et 1 feuillet blanc. Rarissime. Les « amis » qui se disent calomniés, dans le titre ci-dessus, sont Georges Marcoras et Anastase Xydias.

2328. — Ἐγκώμιον ἐκτεθὲν καὶ ἐκφωνηθὲν ἐπ' ἄμβωνος παρ' ἐμοῦ, εἰς τὰ ἐμβάσματα τοῦ ἱεράρχου Διονυσίου τῷ 1862 κατὰ μῆνα δεκέμβριον. Ἐν Ζακύνθῳ, τυπογραφεῖον Αὐγή. 1863.

In-8° de 7 pages. Signé : ὁ ὀρθόδοξος ἱερεὺς Ἀναστάσιος Λαμπούδης. C'est un éloge de saint Denys de Zante.

2329. — Ἐθνικὸν ἡμερολόγιον διὰ τὸ ἔτος 1863 ἐκδιδόμενον ὑπὸ Μαρίνου Π. Βρετοῦ. Ὁ μὲν πρόλογος ἐγράφη καὶ τὸ ἐκκλησιαστικὸν μέρος ἀνεθεωρήθη παρὰ τοῦ ἱεροδιδασκάλου Εὐσταθίου Κλεοβούλου · τὸ δὲ ἀστρονομικὸν συνετάχθη καὶ διωρθώθη παρὰ τοῦ κυρίου Παπαδάκη, καθηγητοῦ τῆς ἀστρονομίας ἐν τῷ Ἀθήνησιν ὀθωνείῳ πανεπιστημίῳ. (Τυπογραφικῇ ἐπιστασίᾳ Γ. Βιτάλη). Ἔτος γ'. Συνιστῶμεν εἰς τὴν προσοχὴν τοῦ ἀναγνώστου τὸν ἐπίλογον. Ἀθήνησιν. (*A la fin :*) Paris, imprimerie A. Laîné et J. Havard, rue des Saints-Pères, 19.

In-8° de 288 pages + un feuillet + les gravures dans le texte et hors texte dont la table figure à la page 286.

2330. — Ἔκθεσις τῆς κατὰ τὴν 3ην, 4ην, 5ην καὶ 6ην τοῦ ὀκτωβρίου μηνός, ἐν Παλαιῷ Κεφαλληνίας, τελεσθείσης πανηγύρεως, ὑπὸ Θ. Καρούσου, 1863 ὀκτωβρίου 10. Ἐν Κεφαλληνίᾳ, τυπογραφεῖον ἡ Κεφαλληνία.

In-8° de onze pages.

2331. — Ἔκθεσις τῶν συμβάντων κατὰ τὴν 29 ἰουλίου 1863. (*A la fin :*) Φεδ. Γ. Χαριάτης. Τύποις Κ. Ῥωσσολίμου.

In-8° de huit pages. Daté de Zante, 5 août 1863.

2332. — Ἐπιστολὴ τοῦ δρος Νικολάου Λούζη πρὸς τὸν ἀξιότιμον κ... περὶ τοῦ πῶς ἠδύνατο νὰ ἐπισπευθῇ ἡ νόμιμος ἐκλογὴ τῶν Ἰονίων πληρεξουσίων. Ἐν Κερκύρᾳ, τυπογραφεῖον ἡ Ἰονία Σπυρίδωνος καὶ Ἀρσενίου ἀδελφῶν Κάων. 1863.

In-8° de 8 pages.

2333. — Esposizione dei fatti relativi alla partenza dei fratelli Bandiera da Corfù per la Calabria nel 1844 di Mauro Caputi. *Napoli*, stamperia e cartiere del Fibreno, strada Trinità Maggiore, n° 26. 1863.

In-8° de 32 pages.

2334. — Exposition of the real state of the facts contained in the pamphlet intituled « The mysteries of the government pawn establishment at Zante ».

In-8° de 4 pages sur papier azur. Sans lieu ni date. Voir le numéro 2391.

2335. — Faculté de médecine de Paris. Concours pour l'agrégation (section de chirurgie et d'accouchements). *Des cicatrices vicieuses et des moyens d'y remédier.* Thèse présentée et soutenue à la Faculté de médecine par le Docteur Panas, chirurgien des Hôpitaux, prosecteur de la Faculté de médecine de Paris, lauréat (médaille d'or) de l'École pratique, membre de la Société anatomique. *Paris*, imprimerie de E. Martinet, rue Mignon, 2. 1863.

In-4° de 134 pages, un feuillet blanc et une planche.

2336. — Ἡ ἕνωσις καὶ ἡ ἐπανάστασις τῆς 10 ὀκτωβρίου. (*A la fin* :) Ἐν Ζακύνθῳ, τῇ 8 ἰουνίου 1863 ἑλλ., ἐκ τοῦ τυπογραφείου ὁ Ζάκυνθος.

In-8° de sept pages.

2337. — Ἡ ἕνωσις τῆς Ἑπτανήσου μετὰ τοῦ βασιλείου τῆς Ἑλλάδος. (*A la fin* :) Ἐν Κεφαλληνίᾳ, ἐκ τοῦ τυπογραφείου ἡ Κεφαλληνία.

In-8° de 1 feuillet, 12 pages et 1 feuillet blanc. Sans date, mais certainement de 1863.

2338. — Ἡ θεία καὶ ἱερὰ ἀκολουθία τοῦ ἁγίου ἱερομάρτυρος Ἐλευθερίου, ψαλλομένη κατὰ τὴν δεκάτην πέμπτην δεκεμβρίου, ἐρανισθεῖσα μὲν ὑπὸ τοῦ ἱεροσοφολογιωτάτου κυρίου Ἀθανασίου τοῦ Παρίου, ἐκδοθεῖσα δὲ καὶ αὖθις μετὰ ἐπιδιορθώσεων τινῶν ὑπὸ Θεοδώρου Γ. Πεφάνη Κεφαλλῆνος. Ἐν Κεφαλληνίᾳ, ἐκ τοῦ τυπογραφείου ἡ Ἀνατολή. 1863.

In-8° de 40 pages. Les pages 33 à 36 contiennent un Éloge de S. Éleuthère par Théodore G. Péphanis. Cet office est dédié par l'éditeur à monseigneur Athanase, métropolitain de Corfou.

2339. — Ἡ πανήγυρις τῆς παρὰ ιγ' καὶ τελευταίας ιονίου βουλῆς ψηφισθείσης λαοσωτηρίου ἑνώσεως τῆς Ἑπτανήσου μετὰ τῆς μητρὸς ἡμῶν Ἑλλάδος ἐν Ἀργοστολίῳ Κεφαλληνίας. (*A la fin :*) Τυπογραφεῖον ἡ Ἀνατολή.

In-8° de 9 pages. Daté d'Argostoli, 10 octobre 1863, et signé A. G. Anninos.

2340. — Ἡ πρὸς τὸν βασιλέα παράστασις καὶ τὰ ἑπτὰ προσέχετε! τῆς ὑπ' ἀριθμὸν 134 ἐφημερίδος « ἡ Ἰονίου καὶ ὁ Ῥήγας » ὑπὸ Νικολάου Λούζη. Κερκύρᾳ, τυπογραφεῖον ἡ Ἰονία Σπυρίδωνος καὶ Ἀρσενίου ἀδελφῶν Κάων. 1863.

In-8° de 15 pages.

2341. — Ἡ συνάντησις. Κερκύρᾳ, τυπογραφεῖον ἡ Ἰονία Σπυρίδωνος καὶ Ἀρ. ἀδελφῶν Κάων. 1863.

In-8° de 15 pages. L'auteur de cette poésie est N. Conémémos, qui a signé l'épître dédicatoire « à madame*** ».

2342. — Ἡ φάσις τῆς Ἑλλάδος πρὸ τῆς ἐκλογῆς καὶ μετ' αὐτὴν τοῦ Γεωργίου ά, βασιλέως τῶν Ἑλλήνων, ποίημα Ἰωάννου Νικολάου Κονταρίνη, τοῦ πατρόθεν μὲν Κεφαλλήνος μητρόθεν δὲ Φολεγανδρίου. Ἐν Ἀθήναις, τύποις Νικολάου Παπαδοπούλου (ὁδὸς ἁγίου Νικολάου Ῥαγκαβῆ). 1863.

In-8° de 20 pages.

2343. — Il 10 marzo, ossia le nozze del principe di Galles colla principessa Alessandra di Danimarca. Inno di Spiridione Kallos. (*A la fin :*) Tipografia Ionia.

Placard de 21 centimètres sur 32. Poésie.

2344. — Il 10 marzo 1863 per le nozze del principe di Galles colla principessa Alessandra di Danimarca. Versi. (*A la fin :*) *Corfù*, tipografia Ionia.

Placard de 20 centimètres sur 30. Poésie signée : N. di Leo Corcirese.

2345. — Κύριε Σπυρίδων Μελισσηνὲ συντάκτα τῆς ἐφημερίδος ἡ Ἐθνεγερσία, etc. etc. (*A la fin :*) Τυπογραφεῖον Ἑρμῆς.

In-8° de 6 pages et 1 feuillet blanc. Lettre datée de Corfou, 23 décembre 1863, et signée Antoine Dandolo.

2346. — La révision du traité du 5 novembre 1815 relatif aux Iles Ioniennes. *Corfou*, imprimerie Ionia, par les frères S. et A. Caos. 1863.

In-8° de 15 pages. Daté du 4 décembre 1863 et signé Georges Marcoran.

2347. — Les Iles Ioniennes pendant l'occupation française et le protectorat anglais d'après des documents authentiques la plupart inédits tirés des papiers du général de division comte Donzelot, gouverneur général des Iles Ioniennes sous le premier Empire, suivies de la correspondance échangée en 1814, entre le gouverneur français, le lieutenant-général James Campbell, et le contre-amiral sir John Gore, pour la remise des forteresses et de l'île de Corfou, en français et en anglais, par G. Pauthier. *Paris*, Benjamin Duprat, libraire de l'Institut, de la Bibliothèque impériale et du Sénat, rue Fontanes (Cloître-Saint-Benoît), 7, près le Musée de Cluny. (*Au verso du faux-titre :*) *Paris*, imp. W. Remquet, Goupy et Ce, rue Garancière, 5.

In-8° de xiii + 155 pages. Dédié à Alfred de Vigny.

2348. — Lettera del conte Dusmani al signor Demetrio Caruso. *Corfù*, tipografia Jonia di Spiridione ed A. fratelli Caos. 1863.

In-8° de 14 pages et 1 feuillet blanc.

2349. — Lettera seconda del conte Dusmani al signor Demetrio Caruso. *Corfù*, tipografia Jonia di Spiridione ed Arsenio fratelli Caos. 1863.

In-8° de 30 pages et 1 feuillet blanc. A la quatrième page de la couverture, on lit : « Si vende in questa tipografia Jonia. Prezzo scellino uno. »

2350. — Lettera di Anastasio Typaldo Xydian al conte Demetrio Caruso. *Corfù*, tipografia Jonia di S. ed A. fratelli Caos. 1863.

In-8° de 13 pages et 1 feuillet blanc.

2351. — Letters sent by M. Elias Vassilachi to signor Demetrio Caruso on the occasion of the publication of a Memorandum by the latter dated 30th october 1862. *Corfù*, printed by Caos brothers. 1863.

In-8° de 1 feuillet, 3 pages et 1 feuillet blanc.

2352. — Lettre d'Élie Vasilakis (*en grec et en italien*) à Démétrius Carousos. (*Au bas :*) Tipografia Jonia.

Placard oblong, daté de Corfou, 7/19 août 1863.

2353. — Λογοδοσία τοῦ κυρ. Θ. Καρούσου, βουλευτοῦ Κεφαλληνίας, πρὸς τοὺς συμπολίτας του. (*A la fin :*) Ἐν Κεφαλληνία, τυπογραφεῖον ἡ Ἠχὼ Πέτρου Ν. Πολλάνη. 1863.

In-8° de dix pages et un feuillet blanc.

2354. — Λόγος ἐκφωμηθεὶς ἐν τῷ ναῷ τῶν ἐν Βενετίᾳ ἀνατολικῶν ὀρθοδόξων τοῦ ἁγίου Γεωργίου κατὰ τὴν τελεσθεῖσαν δοξολογίαν ἐπὶ τῇ ἐνθρονίσει τοῦ βασιλέως τῶν Ἑλλήνων Γεωργίου ά, τῇ 21 νοεμβρίου 1863 ἔ. ἐ. ὑπὸ Σρυρίδωνος Βιττούρη Κερκυραίου. Ἐν Κερκύρᾳ, τυπογραφεῖον Ἑρμῆς Ἀντωνίου Τερζάκη. 1863.

In-8° de 10 pages et 1 feuillet blanc.

2355. — Λόγος ἐκφωνηθεὶς κατὰ τὴν ἔναρξιν τοῦ ἐν Κερκύρᾳ δικανικοῦ συλλόγου παρὰ τοῦ προσωρινοῦ αὐτοῦ προέδρου δόκτωρος Μάρκου Ῥώσση, τὴν 1 δεκεμβρίου 1863.

In-8° de 18 pages et un feuillet blanc. Le texte grec est suivi d'une traduction italienne.

NB. Le texte de ce discours a été réimprimé, cette même année, en une brochure de huit pages, et la traduction italienne en une autre brochure également de huit pages. Texte et traduction portent l'un et l'autre le titre grec ci-dessus, avec, en outre, cette mention au bas de la page : Κερκύρᾳ, τυπογραφεῖον ἡ Ἰονία Σπυρίδωνος καὶ Ἀρσενίου ἀδελφῶν Κάων. 1863.

2356. — Λόγος ἐκφωνηθεὶς ὑπὸ Διονυσίου Λιναρδάτου διὰ τὴν τελεσθεῖσαν ἕνωσιν τῆς Ἑπτανήσου μετὰ τῆς μητρὸς Ἑλλάδος, τελουμένης ἐθνικῆς πανηγύρεως, 1863 ὀκτωβρίου 6. Ἐν Κεφαλληνίᾳ, τυπογραφεῖον ἡ Κεφαλληνία.

In-8° de dix pages.

2357. — Λόγος ἐκφωνηθεὶς ὑπὸ Θ. Καρούσου, δημοτελοῦς μνημοσύνου τελουμένου τῇ 5 ὀκτωβρίου 1863, ἐν τῷ ἱερῷ ναῷ τοῦ Παντοκράτορος ὑπὲρ τοῦ ἀοιδίμου Κυβερνήτου τῆς Ἑλλάδος καὶ τῶν ὑπὲρ πίστεως καὶ πατρίδος πεσόντων, 1863 ὀκτωβρίου 10. Ἐν Κεφαλληνίᾳ, τυπογ. ἡ Κεφαλληνία.

In-8° de dix pages.

2358. — Λόγος ἐκφωνηθεὶς ὑπὸ Π. Χιώτου εἰς τὴν ἀνακομιδὴν τῶν λειψάνων τῆς Αἰκατερίνης Καρούτζου, συζύγου τοῦ ἀρχιστρατήγου Θεοδώρου Κολοκοτρώνη, ἐν τῷ ναῷ τοῦ ἁγίου Γεωργίου τῶν Λατίνων, ἐν μηνὶ Ἰανουαρίου 3 τοῦ ἔτους 1863, ὅτε ἐτελεῖτο ἀρχιερατικὸν μνημόσυνον αὐτῆς κατὰ πρόσκλησιν τοῦ Γενναίου στρατηγοῦ Ἰωάννου Κολοκοτρώνη, ἀνακομίζοντος τὰ ὀστᾶ τῆς μητρός του. (*A la fin :*)

Έν Ζακύνθω, εκ του τυπογραφείου ή Αυγή διευθυνομένου υπό Ν. Κοντόγιωργα. 1863.

In-8° de huit pages. Il n'y a qu'un titre d'entrée en matière. Rarissime.

2359. — Λόγος εκφωνηθείς υπό του καθηγητού Κωνσταντίνου Ζαβιτζιάνου, τη 16η νοεμβρίου 1863, κατά την έναρξιν των ακαδημαϊκών παραδόσεων.

In-folio de quatre pages.

2360. — Λόγος πανηγυρικός διά την ψηφισθείσαν ένωσιν της Επτανήσου μετά του συνταγματικού βασιλείου της Ελλάδος εκφωνηθείς υπό του γραμματέως της βουλής δρος Νικολάαυ Λούζη εν τη μητροπόλει Κερκύρας τη 26 σεπτεμβρίου 1863 έ. έλ. μετά την υπό του πανιερωτάτου μητροπολίτου αποφάσει της βουλής τελεσθείσαν δοξολογίαν, παρούσης της βουλής, της γερουσίας, των προξένων των προστατίδων της Ελλάδος δυνάμεων, και του της Δανίας, Ιταλίας, του Άγ. Πατρός, της Ισπανίας, της Ελλάδος, και πλείστων άλλων διακεκριμένων ανδρών πολιτικών τε και στρατιωτικών ελλήνων και αλλοδαπών. Έν Κερκύρα, τυπογραφείον ή Ιωνία Σπυρίδωνος και Αρσενίου αδελφών Κάων. 1863.

In-8° de 7 pages.

2361. — Λόγος πανηγυρικός επί τη ψηφισθείση ενώσει των Ιονίων νήσων μετά του συνταγματικού βασιλείου της Ελλάδος, εκφωνηθείς κατ' εντολήν της Ιονίου βουλής υπό του βουλευτού δρος Ιωάννου Μαρίνου Λευκαδίου, εν τη μητροπόλει Κερκύρας, τη 26 σεπτ. 1863 έ. έλ., μετά την υπό του πανιερωτάτου μητροπολίτου αποφάσει της βουλής τελεσθείσαν δοξολογίαν. (Εδημοσιεύθη και διά της εφημερίδος Ενώσεως.) Έν Κερκύρα, τυπογραφείον Ερμής Αντωνίου Τερζάκη. 1863.

In-8° de 16 pages.

2362. — Λόγος της 25 μαρτίου 1863 υπό Γ. Τερτσέτη. Έν Αθήναις, εκ του τυπογραφείου Χ. Ν. Φιλαδελφέως (παρά τη Πύλη της Αγοράς, αριθ. 420). 1863.

In-8° de un feuillet, douze pages et un feuillet.

2363. — Λόγος του βουλευτού Κερκύρας Σωκράτους Κουρή, κατά την εν τω βουλευτηρίω συζήτησιν της 1/13 οκτωβρίου 1863, επί των προτάσεων άς ή αυτού εξοχότης ό λόρδ μέγας αρμοστής εν ονόματι της Ανάσσης καθυπέβαλεν ως αναγκαίας προς πραγματοποίησιν της ενώσεως. Έν Κερκύρα, τυπογραφείον ή Ιωνία Σπυρίδωνος και Αρσενίου αδελφών Κάων. 1863.

In-8° de 13 pages et 1 feuillet blanc.

2364. — Μαρία Παδίλλα, δράμα έκ του ιταλικού μεταφρασθέν υπό Α. Καλύβα, αφιερούμενον τη ελληνική κοινωνία. Έν Πάτραις, έκ του τυπογραφείου Δ. Ι. Κατζικίδου (κειμένου απέναντι του Ταχυδρομείου). 1863.

In-8° de 52 pages. Traduction en prose.

2365. — Mediterranean. Ionian Sea. Channels of Corfu with the adjacent coast of Albania from cape Kiephali to Kastrosikia surveyed by T. A. Hull, F. Skead & F. B. Christian mast[rs], F. J. Gray 2nd master & F. W. Jarrad, act J 2nd mast[r] R. N. under the direction of comm[r] A. L. Mansell. 1863-4. (*Au bas :*) London, published at the Admiralty, 25th oct[r] 1865, under the superintendence of capt[n] G. H. Richards R. N. hydrographer, jan[y] 66. Sold by J. D. Potter, agent for the Admiralty charts, 31 Poultry & 11 King street Tower Hill. Engraved by J. & C. Walker.

Carte géographique mesurant 75 centimètres sur un mètre.

2366. — Μία λέξις επί του ζητήματος των φρουρίων Κερκύρας. Un mot sur la question des fortifications de Corfou. — Τυπογραφεῖον Ἑρμῆς Ἀντωνίου Τερζάκη.

Placard de 28 cent. sur 42. Extrait du n° 45 du journal 'Αναγέννησις, daté de Corfou, 11/23 novembre 1863, et signé Étienne Padovan.

2367. — Μία φωνή διαμαρτυρήσεως των υποφαινομένων αποτυχόντων βουλευτών Ζακύνθου, οπαδών της οκτωβριανής επαναστάσεως, ενώπιον του Πανελληνίου διά την κατάπτωσιν ήτις εγένετο κατά τάς βουλευτικάς εκλογάς Ζακύνθου της 9ης και 10ης σεπτεμβρίου 1863. (*A la fin :*) Κερκύρα, τη 21 σεπτεμβρίου 1863 έ. ελ. Τυπ. ή Ιωνία.

In-8° de 8 pages. Signé: Δημήτριος Μπαχώμης, Άγγελος Συγούρος Δεσύλλας, Ιωάννης Ιωαννόπουλος, Γεώργιος Βερύκιος.

2368. — Νικόλαος ελέει θείω μητροπολίτης Ζακύνθου προς τους εντίμους εκλογείς και άπαντας τους συμπολίτας της νήσου ταύτης. Εγκύκλιος. — Τυπ. ό Παρνασσός.

Placard mesurant 37 cent. sur 42. Daté de Zante, le 7 septembre 1863.

2369. — Νύξεις περί της αρχής της οικογενείας του κόμ.. Δημητρίου Καρούσου καὶ ἔκθεσις γεγονότων καὶ ἐγγράφων τινῶν συσχετιζομένων μὲ τὸν δημόσιον βίον του. Κερκύρᾳ, τυπογραφεῖον Ἑρμῆς Ἀντωνίου Τερζάκη. 1863.

In-8° de 23 pages.

2370. — Ὁ ἅγιος Βασίλειος τοῦ 1863. (*Au bas :*) Τύποις Ἰω. Ἀθανασιάδου.

Placard in-folio à deux colonnes. Poésie ayant pour auteur Antoine Phatséas. L'exemplaire que nous possédons est en papier bleu.

2371. — Ὁ βασιλεὺς Ἀλφρέδος, ἤτοι τὰ ὑπέρτατα καθήκοντα καὶ αἱ νόμιμοι ἐλπίδες τοῦ ἑλληνισμοῦ, ὑπὸ Εὐγενίου Βαπτιστιάδου Δελβινιώτη Κερκυραίου. Ἐν Ζακύνθῳ, τυπογραφεῖον ὁ Παρνασσὸς Σεργίου Χ. Ῥαφτάνη. 1863.

In-8° de 45 pages et un feuillet.

2372. — Observations sur les pièces produites à l'appui de la démission des deux Juges ioniens, par Georges Marcoran de Corfou. *Corfou*, Imprimerie Jonia, par les frères S. et A. Caos. 1863.

In-8° de 29 pages et 1 feuillet blanc.

2373. — Ὁ γέρο Θανάσης ἢ ἡ ἱστορικὴ ἀλήθεια τῶν πραγμάτων. Ζάκυνθος, τῇ 6/18 σεπτεμβρίου 1863. Τυπογραφεῖον ὁ Ζάκυνθος Κωνσταντίνου Ῥωσσολίμου.

In-8° de seize pages.

2374. — Ὁ ἐνθουσιασμὸς τοῦ κρασοπατέρα. (*A la fin :*) Ἐκ τοῦ τυπογραφείου ἡ Κεφαλληνία.

Placard de 29 cent. sur 41. Poésie à la louange du vin et de l'union des Sept-Iles avec la Grèce. Elle est signée : Ἰ. Α. Ἀραβαντινός.

2375. — Οἱ τάφοι τῆς Ἀργολίδος ἢ ὕμνος εἰς τὴν ἐλευθερίαν. Τοῦ ἐξορίστου τοῦ Ναυπλίου ᾆσμα πρῶτον. Ὑπὸ Σπυρίδωνος Γ. Μαλάκη, Κεφαλλῆνος λεπτουργοῦ. Ἐν Ἀθήναις, τύποις Ν. Γ. Πασσάρη καὶ Ἀ. Γ. Καναριώτου, ὁδὸς Νικίου, ἀριθ. 15. 1863.

In-8° de 56 et 8 pages. Ces 8 dernières pages, qui contiennent les noms des souscripteurs, manquent dans certains exemplaires.

2376. — Ὁ Κορνήλιος Κ. Φέλτων ὑπὸ Γ. Δ. Κ. — Ἐν Ζακύνθῳ, τυπογραφεῖον Αὐγή. 1863.

In-8° de huit pages.

2377. — Ὁ Λέλεκας καὶ ὁ Σπαρτσίνης Διάλογος. Κέρκυρα, τυπογραφεῖον ἡ Ἰονία Σπυρίδωνος καὶ Ἀ. ἀδελφῶν Κάων. 1863.

In-8° de huit pages. Rarissime plaquette.

L'auteur de ce Dialogue en vers est Gérasime Marcoras, comme en fait foi le passage ci-dessous d'une lettre que ce poète voulut bien nous écrire, le 11 mars 1899. Après nous avoir informé qu'il venait de faire imprimer à Athènes un nouveau Recueil de poésies, il ajoutait : Λείπει μόνον ἀπὸ τὴ νέα συλλογὴ μία σάτυρα ἐπιγραμμένη « ὁ Λέλεκας καὶ ὁ Σπαρτσίνης », διάλογος μεταξὺ τοῦ ὑστέρου ἄγγλου ἁρμοστοῦ τῆς Ἑπτανήσου Στόρξ, ὁποῦ ἀγγλικὰ σημαίνει λέλεκας, καὶ τοῦ τότε προέδρου τῆς γερουσίας Καρούσου, ποῦ στὴν Κεφαλληνία εἶχε τὸ sobriquet Σπαρτσίνης. Δὲν ἐσυμπερίλαβα καὶ τοῦτο στὴ νέα συλλογή, μολονότι πολλοὶ ἐπίμεναν νὰ τὸ κάμω, ἐπειδή, περασμένη ἡ αἰτία ποῦ τὸ ὑπαγόρεψε, δὲν ἤθελα νὰ πικράνω κάποιους ὁποῦ ζοῦν καὶ ἀναφέρονται σ' ἐκείνους τοὺς στίχους.

2378. — Ὁ Μουστοξύδης καὶ αἱ κατ' αὐτοῦ συκοφαντίαι. (*A la fin :*) Ἐν Κερκύρᾳ, τῇ 19 ἰουνίου 1863. Τυπογραφεῖον ἡ Ἰονία.

In-8° de huit pages. Signé : Spiridion A. Moustoxydis.

2379. — Παρατηρήσεις τοῦ κό. Δούσμανη ἐπὶ τῶν κατ' αὐτοῦ λεχθέντων ἐν τῇ Βουλῇ τῶν Κοινοτήτων παρὰ τοῦ κυρίου ὑπουργοῦ τῶν οἰκονομικῶν ἐν τῇ συζητήσει περὶ τῆς ἀποβολῆς τῶν δύο Ἰωνίων δικαστῶν τοῦ ἀνωτάτου συμβουλίου. (*A la fin :*) Κερκύρᾳ, τυπογραφεῖον Ἑρμῆς Ἀντωνίου Τερζάκη.

In-8° de 15 pages. Sans date, mais voir le n° 2372.

2380. — Παροιμιαστήριον ἢ Συλλογὴ παροιμιῶν ἐν χρήσει οὐσῶν παρὰ τοῖς Ἠπειρώταις, μετ' ἀναπτύξεως τῆς ἐννοίας αὐτῶν καὶ παραλληλισμοῦ πρὸς τὰς ἀρχαίας. [Τυπογραφεῖον Δωδώνης ἐν Ἰωαννίνοις.] 1863.

In-8° de 183 pages. Sur le titre, vignette censée représenter l'antique Dodone, avec les mots qui se trouvent entre crochets dans le titre ci-dessus.

2381. — Περιγραφὴ μιᾶς τελετῆς γάμου ἐν Κερκύρᾳ κατὰ τὴν 12 αὐγούστου 1863. Κέρκυρα, τυπογραφεῖον ἡ Ἰονία Σπυρίδωνος καὶ Ἀ. ἀδελφῶν Κάων. 1863.

In-8° de 15 pages. Relation des cérémonies du mariage de Chrysoula (Dorina) Beretta avec Georges Campbell Spaight. Les pages 14-15 sont occupées par une ode de Spiridion Mélissène. Voir le numéro 2318.

2382. — Περιληπτικὴ βιογραφία τοῦ φιλέλληνος Ἑλβετοῦ Ἰ. Γ. Εὐνάρδου μεταφρασθεῖσα ἐλευθέρως ἐκ τῆς γαλλικῆς. Γενεύῃ, τύποις Ἰουλ. Φικκίου. 1863.

In-8° de 31 pages. A la page 5, on trouve une préface du traducteur, C. D. Mylonas, datée de Genève, le 30 mars 1863.

2383. — Περὶ τῶν ἐν Κερκύρᾳ ἐπιδημικῶν νόσων 1862-1863 ὑπὸ Χ. Πρετεντέρη Τυπάλδου, καθηγητοῦ τῆς εἰδικῆς καὶ γενικῆς παθολογίας ἐν τῇ Ἰονίῳ ἀκαδημίᾳ. Ἐν Κερκύρᾳ, τυπογραφεῖον Ἑρμῆς Ἀντωνίου Τερζάκη. 1863.

In-8° de 2 feuillets et 92 pages.

2384. — Πέτρα σκανδάλου, ἤτοι διασάφησις τῆς ἀρχῆς καὶ τῶν ἀληθῶν αἰτιῶν τοῦ σχίσματος καὶ διχονοιῶν τῶν δύο ἐκκλησιῶν ἀνατολικῆς καὶ δυτικῆς, μετὰ τῶν πέντε διαφωνουσῶν κυρίων διαφορῶν, συντεθεῖσα παρὰ τοῦ ποτὲ θεοφιλεστάτου Κερνίκης καὶ Καλαβρύτων ἐν Πελοποννήσῳ ἐπισκόπου Ἠλιοῦ Μηνιάτη· νῦν δὲ μετατυπωθεῖσα ὑπὸ Γ. Καρυοφύλλη. Ἐν Ἀθήναις, τύποις Γ. Καρυοφύλλη (ἐν ὁδῷ Νικία, ἀριθ. 74). 1863.

In-8° de 132 pages.

2385. — Poche parole sui dibattimenti avvenuti nelle camere dei Lordi e dei Comuni d'Inghilterra, nei giorni 17 aprile e 20 maggio 1863, sulla non rielezione dei due giudici Jonj presso il supremo consiglio di Giustizia nelle Isole Jonie, di Anastasio Typaldo Xidian di Cefalonia. *Corfù*, tipografia Jonia di S. ed A. fratelli Caos. 1863.

In-8° de 21 pages et 1 feuillet blanc.

2386. — Πρακτικὰ τῶν συνεδριάσεων τῆς νομοθετικῆς συνελεύσεως τοῦ ἡνωμένου κράτους τῶν Ἰονίων Νήσων κατὰ τὴν πρώτην σύνοδον τῆς δεκάτης τρίτης βουλευτικῆς περιόδου κατὰ τὸ ἔτος 1863. Κερκύρᾳ, ἐκ τῆς τυπογραφίας τῆς Κυβερνήσεως. 1863.

In-8° de 129 pages, 1 feuillet blanc et 1 tableau.

2387. — Πρὸς τὸν λαὸν τῆς Κερκύρας ἡ « Ἀναγέννησις ». (*Au bas :*) Τυπογραφεῖον Ἑρμῆς.

Placard in-8°, daté de Corfou, le dernier jour d'avril 1863, et signé Georges Perdicommatis. Il y est question de l'union des Iles Ioniennes avec la Grèce.

2388. — Quelques observations sur les débats du 17 avril 1863 à la Chambre des Lords d'Angleterre au sujet d'une démission de Juges dans les Iles Joniennes par Georges Marcoran de Corfou, avec appendice. *Corfou*, imprimerie Jonia par S. et A. frères Caos. 1863.

In-8° de 27 pages.

ANNÉE 1863

2389. — Risposta del Sr. C. Anino Corafà in quanto lo riguarda lo scritto del Sr. A. L. Dusmani ultimamente stampato. *Corfù*, tipografia Jonia di Spiridione ed Arsenio fratelli Caos. 1863.

In-8° de 8 pages.

2390. — Saggio sui prosatori italiani ad uso de' licei Ionii. *Corfù*, tipografia Mercurio d'Antonio Terzachi. 1863.

In-8° de deux feuillets et 79 pages. Épître dédicatoire adressée à Athanase, archevêque de Corfou, et signée : Dr P^o Quartano di Cal(ogerà).

2391. — Schiarimenti di fatto su l'opuscolo I misteri del Monte di Pietà di Zante (Tipografia Mercurio). (*A la fin :*) Tipografia Jonia.

In-8° de 6 pages et 1 feuillet blanc. Daté de Corfou, le 16 septembre 1863. Voir le numéro 2334.

2392. — Sui documenti prodotti a sostegno della dimessione dei due giudici Jonii del supremo Consiglio osservazioni di Giorgio Marcoran (dal francese). *Corfù*, tipografia Jonia di S. ed A. fratelli Caos. 1863.

In-8° de 29 pages et 1 feuillet blanc.

2393. — Sulla pubblicazione di tre atti officiali riferibili ad un condannato, osservazioni di Giovanni Cozziris ex governatore del penitenziario in Corfù. *Corfù*, tipografia Jonia di S. ed A. fratelli Caos. 1863.

In-8° de 19 pages.

2394. — Συμπολῖται, γινώσκει ὁ καθείς, etc. etc. (*A la fin :*) Τυπογραφεῖον Ἑρμῆς Ἀντωνίου Τερζάκη.

In-8° de 16 pages. Daté de Corfou, 1er décembre 1863, et signé A. Dandolo.

2395. — Συνδρομὴ τῶν ἁγνῶν ῥιζοσπαστῶν. Ζάκυνθος, 19/31 αὐγούστου 1863. Τυπογραφεῖον ὁ Ζάκυνθος Κωνσταντίνου Ῥωσσολίμου.

In-8° de seize pages. Signé Νικόλαος Ἁγιοβλασίτης.

2396. — Τὰ περὶ τῆς διενέξεως μεταξὺ τῶν βουλευτῶν Λευκάδος κυρίων Ἀριστοτέλους Βαλαωρίτου καὶ Γερασίμου Σέρβου. Ἐν Κερκύρᾳ, τυπογραφεῖον ἡ Ἰονία Σπυρίδωνος καὶ Ἀρσενίου ἀδελφῶν Κάων. 1863.

In-8° de 72 pages. Cette brochure a pour auteurs Jérôme Capodistrias Souphis et Jean Cotziris, témoins d'Aristote Valaoritis dans une affaire de duel (qui, d'ailleurs, n'eut pas lieu) avec Gérasime Servos. Il y a une réponse des témoins de ce dernier, 'Ολίγαι λέξεις πρὸς ἀπάντησιν, etc., dont on trouvera la description à l'année 1864, sous le n° 2443.

2397. — Τὰ φῶτα. 'Ελευθέριος καὶ 'Αποστόλης. (*A la fin :*) Κερκύρᾳ, τῇ 4 ἰανουαρίου 1863. Τυπογραφεῖον Ἑρμῆς 'Αντωνίου Τερζάκη.

In-8° de huit pages. Dialogue relatif à la réunion des Iles Ioniennes avec la Grèce.

2398. — The Ionian Islands during the present century by captain Whyte-Jervis, M. P. *London*, Chapman and Hall. Piccadilly. 1863. (Bradbury and Evans, printers, Whitefriars.)

In-8° de VIII + 120 pages.

2399. — The Ionian Islands in the year 1863. By professor D. T. Ansted, M. A., F. R. S. etc. etc. etc. *London*, WM. H. Allen & Co., 13, Waterloo Place. S.W. 1863. (Lewis and Son, printers, Swan Buildings, Moorgate Street).

In-8° de XII + 480 pages et 16 gravures.

2400. — Una notte e un mattino. *Zànte*, 1863. (*Au v° du titre :*) Pei tipi di C. Rossolimo.

In-8° de 50 pages. L'auteur de cet opuscule est L. I. MARZOCCHI.

2401. — Una parola sulla seconda epistola del Co. Antonio Dusmani. (*A la fin :*) *Corfù*, 7 decembre 1863. Tipografia Mercurio.

In-8° de 8 pages.

2402. — Χρονολογία μαθηματικὴ καὶ ἱστορικὴ ὑπὸ Ἰωάννου Ν. Σταματέλου, καθηγητοῦ τῆς ῥητορικῆς, συνθέσεως καὶ φιλοσοφίας ἐν τῷ λυκείῳ Λευκάδος. Ἐν Ζακύνθῳ, τυπογραφεῖον ὁ Παρνασσὸς Σεργίου Χ. Ῥαφτάνη. 1863.

In-8° de 56 pages.

2403. — Ὠδὴ εἰς τὴν ἔλευσιν τοῦ τρισεβάστου βασιλέως τῶν Ἑλλήνων Γεωργίου ά. (*A la fin :*) Κέρκυρα, τυπογραφεῖον ἡ Ἰονία.

Placard de 23 cent. sur 32. Daté d'Ithaque, 18 octobre 1863, et signé : Σ. I. B.

2404. — Ἀγγελία (relative à la réfection en marbre de Paros du καταπέτασμα de l'église de S. Spiridion à Corfou). (*A la fin :*) Κερκύρᾳ, ἐν τῷ τυπογραφείῳ τῆς Κυβερνήσεως.

In-folio de 8 pages. Ce document se termine par une adresse de Nicolas Aspiotis à ses concitoyens, laquelle est datée de Corfou, 22 avril 1864.

2405. — Ἀθανάσιος ἐλέῳ θεοῦ μητροπολίτης τῆς ἁγιωτάτης μητροπόλεως Κερκύρας. (*Au bas :*) Τυπογραφεῖον ἡ Ἰονία Σπυρίδωνος καὶ Ἀρσενίου ἀδελφῶν Κάων.

Placard de 23 cent. sur 32. Daté de Corfou, 12 mars 1864, et signé Athanase, métropolitain de Corfou. Ce prélat informe les Corfiotes qu'il donne sa démission de président honoraire du Syllogue Ἀναγέννησις.

2406. — Ἀκολουθία τῆς θείας μεταλήψεως, ἐκδοθεῖσα ὑπὸ Σεργίου Χ. Ῥαφτάνη. Ζακύνθῳ, τυπογραφεῖον ὁ Παρνασσὸς Σεργίου Χ. Ῥαφτάνη, διευθύν. Ν. Ι. Ταρουσσοπούλου. αωξδʹ.

In-32 de 63 pages.

2407. — Ἀνάπτυξις τοῦ προγράμματος τοῦ ἐν Λευκάδι συλλόγου « ἡ ἀδελφότης » καὶ ἔκθεσις τῶν πρὸς βιαίαν διάλυσιν τοῦ συλλόγου αὐτοῦ γεγονότων. Ἐκδίδεται δαπάνῃ τοῦ πολιτικοῦ συλλόγου. Κερκύρᾳ, τυπογραφεῖον ἡ Ἰονία ἀδελφῶν Κάων. 1864.

In-8° de 24 pages.

2408. — An historical outline of a Grecian family, when Greece and the Ionian Islands were under the dominion of Republic of Venise, and the Ionian Islands under the protectorate of England. By C. — *Cheltenham*. George Norman, printer and publisher, 9, Clarence Street. 1864.

In-8° de huit pages. Rarissime. Il s'agit de la famille Cladas, de Céphalonie, et cette brochure a sans doute pour auteur un de ses membres.

2409. — Ἀπάντησις τοῦ δρος Σπυρίδωνος Βιττούρη εἰς τὸ ἐν Κερκύρᾳ ἐκδοθὲν ἀνώνυμον φυλλάδιον ὑπογραφόμενον « Εὐθύς ». Ἐνετίῃσιν, ἐκ τοῦ ἑλλην. τυπογραφ. τοῦ ἁγ. Γεωργίου. 1864.

In-8° de 28 pages.

2410. — Aperçu d'un mémoire sur l'occupation des Iles Ioniennes par les Français, en 1797, 1798, 1799, d'après la correspondance du général

Chabot, par X. Gaultier de Claubry, ancien membre de l'École d'Athènes. (*A la fin :*) Imprimerie impériale. 1864.

In-8° de dix pages.

2411. — Βαρῶνος δρος 'Ανδρέου Θεοτόκου ποσφώνημα τοῖς ἐκλογεῦσι Κερκύρας καὶ σχετικὴ δήλωσις. Adresse du baron Dr André Théotoky aux électeurs de Corcyre et déclaration relative. Κερκύρᾳ, τυπογραφεῖον ἡ 'Ιονία ἀδελφῶν Κάων. 1864.

In-8° de huit pages. Grec et traduction française. Il y a des exemplaires dans le titre desquels on lit par erreur Κενκύρᾳ.

2412. — Γυναικολόγιον ἤτοι αἱ σοφαὶ γυναῖκες ὅλων τῶν ἐθνῶν καὶ αἰώνων, βιβλίον περίεργον, ὠφέλιμον καὶ καινοφανὲς ὑπὸ 'Ιωάννου Ν. Σταματέλου, καθηγητοῦ τῆς ῥητορικῆς, συνθέσεως καὶ φιλοσοφίας ἐν τῷ λυκείῳ Λευκάδος. 'Εκδίδοται ὑπὸ Σεργίου Χ. 'Ραφτάνη. 'Εν Ζακύνθῳ, τυπογραφεῖον ὁ Παρνασσὸς Σεργίου Χ. 'Ραφτάνη. 1864.

In-8° de 117 pages et 1 feuillet. Dédié à Dora d'Istria.

2413. — De pronuntiatione linguae graecae. Dissertatio inauguralis quam consensu et auctoritate amplissimi philosophorum ordinis in alma litterarum Universitate Friderica Guilelma ad summos in philosophia honores rite capessendos, die XXIII m. aprilis a. MDCCCLXIV. h. l. q. s. publice defendet auctor Anastasius comes a Lunzi Zacynthius. Adversariorum partes suscipient : M. Figueira d'Almeida, stud. jur. St. Caratheodores, dr. jur. Princeps A. Maurocordatus, stud. jur. *Berolini*, typis expressit Gustavus Schade.

In-8° de vi pages, un feuillet non chiffré, 180 pages et deux feuillets non chiffrés, dont le dernier blanc. Thèse devenue rare.

Du *Curriculum vitae*, nous nous bornons à reproduire les premières lignes : « Anastasius, filius Hermanni Lunzi optimatis ex nobilissimo ordine comitum Venetorum, et ex matre Johanna de gente illustri Volterra Martinengo, in insula pulchra et amœna Zacyntho, quam florem Orientis hodie Itali nuncupant, VI a. id. febr. anno MDCCCXLI natus sum. »

2414. — Δύω λέξεις εἰς ἀπάντησιν τοῦ φυλλαδίου τοῦ κυρίου Βιττούρη. 'Εν Κερκύρᾳ, τυπογραφεῖον ἡ 'Ιονία ἀδελφῶν Κάων. 1864.

In-8° de 12 pages. Signé Εὐθύς.

2415. — Δύο λέξεις επί του φυλλαδίου επιγραφομένου « Ευθύς ». (Au bas :) Ἐν Κερκύρᾳ, τυπογραφεῖον ἡ Ἰονία.

Placard in-8°. Daté de Corfou, 6 juillet 1864, et signé Σπυρίδων Βιτούρης.

2416. — Ἐθνικὸν ἡμερολόγιον διὰ τὸ δίσεκτον ἔτος 1864 ἐκδοθὲν ὑπὸ Μαρίνου Π. Βρετοῦ. Τὸ μὲν ἐκκλησιαστικὸν μέρος ἀνεθεωρήθη παρὰ τοῦ ἱεροδιδασκάλου κ. Εὐσταθίου Κλεοβούλου · τὸ δὲ ἀστρονομικὸν συνετάχθη παρὰ τοῦ κυρίου Παπαδάκη, καθηγητοῦ τῆς ἀστρονομίας ἐν τῷ Ἀθήνησιν ἐθνικῷ πανεπιστημίῳ. Ἔτος δ'. Τιμᾶται φράγκων δώδεκα καὶ ἡμίσεως. Πωλεῖται ἐν Παρισίοις παρὰ τῷ κ. Laîné, 19, rue des Saints-Pères. Ἐν Ἀθήναις, παρὰ τῷ κ. Δραγούμῃ, ἐκδότῃ τῆς Πανδώρας.

In-8° de 280 pages, plus les gravures dans le texte et hors texte, dont la table figure p. 264-265.

2417. — Εἰς δόξαν Πατρὸς, Υἱοῦ καὶ Ἁγίου Πνεύματος τοῦ ἑνὸς θεοῦ, Πηδάλιον τῆς νοητῆς νηὸς τῆς μιᾶς ἁγίας, καθολικῆς καὶ ἀποστολικῆς τῶν ὀρθοδόξων ἐκκλησίας, ἤτοι ἅπαντες οἱ ἱεροὶ καὶ θεῖοι κανόνες τῶν ἁγίων οἰκουμενικῶν τε καὶ τοπικῶν συνόδων καὶ τῶν κατὰ μέρος θείων πατέρων ἑλληνιστὶ μὲν χάριν ἀξιοπιστίας ἐκτιθέμενοι, διὰ δὲ τῆς καθ' ἡμᾶς κοινοτέρας διαλέκτου πρὸς κατάληψιν τῶν ἁπλουστέρων ἑρμηνευόμενοι παρὰ Ἀγαπίου ἱερομονάχου καὶ Νικοδήμου μοναχοῦ, καὶ μετ' ἐπιμελείας ἀνακριθέντες καὶ διορθωθέντες ψήφῳ τοῦ παναγιωτάτου καὶ τῆς ἱερᾶς καὶ ἁγίας συνόδου, παρὰ τοῦ σοφολογιωτάτου διδασκάλου καὶ ἱεροκήρυκος κυρίου Δωροθέου, τὸ πρῶτον τύποις ἐκδοθέντες ἀδείᾳ μὲν καὶ προτροπῇ καὶ ἐπιταγῇ τοῦ παναγιωτάτου καὶ οἰκουμενικοῦ πατριάρχου καὶ τῆς ἁγίας συνόδου, ἐπιστασίᾳ τοῦ ἐν ἱερομονάχοις Θεοδωρήτου Ἀθ. τοῦ ἐξ Ἰωαννίνων · τὸ δεύτερον δὲ ὑπὸ Κ. Γκαρπολᾶ τοῦ Ὀλυμπίου, νῦν δὲ τὸ τρίτον ὑπὸ Σεργίου Χ. Ῥαφτάνη Ἠπειρώτου. Ἐν Ζακύνθῳ, ἐκ τοῦ τυπογραφείου ὁ Παρνασσὸς Σεργίου Χ. Ῥαφτάνη διευθυνόμενον ὑπὸ Ν. Ἰ. Ταρουσσοπούλου. αωξδ'.

In-4° de κϛ' (22) + 789 pages + 1 gravure en regard du titre, lequel est imprimé en rouge et noir.

2418. — Εἷς χαιρετισμὸς εἰς τοὺς Ἰονίους ἐλευθέρους. Ἐν Λονδίνῳ, τῇ 23/4 Ἰουνίου 1864.

In-8° de 11 pages.

2419. — Ἐπιστολαὶ περὶ τῶν ἱερῶν ἀκολουθιῶν τῆς ἀνατολικῆς καθολικῆς ἐκκλησίας συγγραφεῖσαι μὲν ῥωσσιστὶ καὶ τὸ πέμπτον ἤδη ἐκδοθεῖσαι τῷ 1844 ἔτει ἐν Πετρουπόλει, μετενεχθεῖσαι δὲ εἰς τὴν ἡμετέραν διάλεκτον ὑπὸ Θεοδώρου Βαλλιάνου, συνταγματάρχου τοῦ Μηχανικοῦ τῆς Ἑλλάδος. Μετατύπωσις. Ἀθήνησιν, ἐκ τοῦ τυπογραφείου Ἑρμοῦ (κατὰ τὴν ὁδὸν Περικλέους, ἐν τῇ οἰκίᾳ N. Μυκονίου. 1864.

In-8° de ιδ' (14) et 242 pages.

2420. — Few observations of an Ionian on the debates that took place in the House of Commons on the 18th march 1864, on the motion of Mr. Gregory about the cession of the Jonian Islands to Greece. *Corfu*, printed by S. and A. brothers Caos. 1864.

In-8° de 41 pages et 1 feuillet blanc.

2421. — Four years in the Ionian Islands. Their political and social condition with a history of the British Protectorate. Edited by Viscount Kirkswall, lately on the staff of Sir Henry Ward, seventh Lord High Commissioner. In two volumes. *London* : Chapman and Hall, 193, Piccadilly, 1864. The right of translation is reserved. (C. Whiting, Beaufort House, Strand.)

In-8° en deux volumes, dont le premier de xiv et 306 pages ; le second de viii et 336 pages.

2422. — Ζήτημα. Τίς ἡ ἁρμοδία ἀρχὴ πρὸς ἔκδοσιν ἐκλογικοῦ νόμου, δι' οὗ νὰ πεμφθῶσιν εἰς τὴν Ἐθνοσυνέλευσιν οἱ Ἰόνιοι πληρεξούσιοι. (*A la fin :*) Τυπογραφεῖον ἡ Ἰωνία.

In-8° de 8 pages. Daté de Corfou, 4 avril 1864, et signé : Κατ' ἐπιταγὴν τοῦ συντακτικοῦ συμβουλίου τοῦ « Δικανικοῦ Συλλόγου », ὁ προσωρινὸς γραμματεὺς, δρ Σ. Μελισσηνός.

2423. — Ἡ ἀπόπειρα ἐμφυλίου πολέμου καὶ ἡ πρὸς τὸ ὑπουργεῖον ἔκθεσις τοῦ ἀνακριτοῦ Δημητρίου Λέσση ὑπὸ δρ Θεοφίλου Φραγγοπούλου. Ἐν Ζακύνθῳ, ἐκ τοῦ ἐθνικοῦ τυπογραφείου ἡ Αὐγὴ διευθυνομένου ὑπὸ Νικολάου Κοντόγιωργα. 1864.

In-8° de quinze pages.

2424. — Ἡ Κέρκυρα κατὰ τὴν 23ην ἀπριλίου 1864. (*A la fin :*) Τυπογραφεῖον ἡ Ἰωνία.

In-12 de 4 pages. Poésie signée : A.

2425. — Ἡ πρωτομαγιὰ ὑπὸ Σπυρίδωνος Γ. Μαλάκη (Κεφαλλῆνος λεπτουργοῦ). Ἐν Ἀθήναις, ἐκ τοῦ τυπογραφείου ἡ Καρτερία. 1864.

In-8° de 1 feuillet et 6 pages. Il y a des exemplaires dont le titre porte υοῦ au lieu de τοῦ.

2426. — Il due di Giugno del 1864. (*Au v° du titre :*) *Zante*, tipografia del Parnaso di Sergio C. Raftani.

In-8° de huit pages. L'auteur de cet opuscule est L. I. MARZOCCHI.

2427. — Ἱστορικὴ περίληψις τοῦ ἱεροῦ εὐαγγελίου, φιλοπονηθεῖσα ὑπὸ τοῦ Θετταλομάγνητος Κωνσταντίνου Χριστοδούλου. Ἔκδ. β΄. Σεργίου Χ. Ῥαφτάνη. Πρὸς χρῆσιν τῶν δημοτικῶν σχολείων. Ἐν Ζακύνθῳ, τυπογραφεῖον ὁ Παρνασσὸς Σεργίου Χ. Ῥαφτάνη διευθυνόμενον παρὰ Ν. Ι. Ταρουσσοπούλου. αωξδ΄.

In-8° de 80 pages.

2428. — Ἰταλοελληνικὰ ἤτοι κριτικὴ πραγματεία περὶ τῶν ἐν τοῖς ἀρχείοις Νεαπόλεως ἀνεκδότων ἑλληνικῶν περγαμηνῶν ὑπὸ Σ. Ζαμπελίου. Ἐν Ἀθήναις, ἐκ τοῦ τυπογραφείου Λ. Δ. Βιλλαρᾶ. 1864.

In-8° de 254 pages et 1 feuillet blanc.

2429. — Lambro del conte cavaliere D. Solomos, traduzione dal testo greco di Ettore Sicuro. *Zante*, pei tipi di C. Rossolimo. 1864.

In-12 de 10 pages et 1 feuillet blanc. A la quatrième page de la couverture : « Si trova nella libreria del sigʳ A. Caranzà. Prezzo pens 4. »

2430. — La Metropoli. (*Au v° du titre :*) *Zante*, tipografia Parnaso di Sergio C. Raftani. 1864.

In-8° de seize pages. L'auteur de cet opuscule est L. I. MARZOCCHI.

2431. — L'annessione delle Isole Ionie al regno Ellenico, considerazioni storiche politiche del filelleno Francesco Lenormant, con documenti ed aggiunte in ispecie intorno ai rapporti degli Ionj cogli Italiani per P. dott. Tipaldo Foresti. *Venezia*, tipografia del Commercio impr. 1864.

In-8° de 61 pages et 1 feuillet.

2432. — Λέξεις ἀθώου μαθητοῦ ἐκ τῆς σχολῆς ἡ Ὑπομονὴ διευθυνομένης παρὰ

Δημητρίου Βέρρα τῷ ἀδίκως φονευθέντι Διονυσίῳ Λαγούσῃ Καμίλῳ. (*Au bas :*) Ἐν Ζακύνθῳ, τῇ 8 δεκεμβρίου 1864. Ἐθνικὸν τυπογραφεῖον ἡ Αὐγή.

Placard in-4° à deux colonnes.

2433. — Lettere di Andrea Mustoxidi e di Ippolito Pindemonte a Francesco Negri. *Venezia*, tipografia S. Giorgio edit. 1864.

In-8° de seize feuillets non chiffrés. Publication faite « per le faustissime nozze Comello-de Totto ». Épître dédicatoire de l'éditeur, Spiridion Veloudo, datée de Venise, mai 1864.

2434. — Lettre du baron Dr. André Théotoky à Sa Seigneurie le très honorable Lord Westbury, lord haut chancelier d'Angleterre (Note relative) et réponse de Sa Seigneurie concernant la purification des lois. *Corfou*, imprimerie Jonia, par les frères S. et A. Caos. 1864.

In-8° de 24 pages.

2435. — Lettre du Dr Antoine Dandolo à Son Excellence le Ministre des Affaires Étrangères de Sa Majesté Britannique la reine Victoria. (*A la fin :*) Imprimerie Ionia.

In-8° de 15 pages. Daté de Corfou, 1er mars 1864.

2436. — Lettre (en grec) à Monseigneur Athanase, métropolitain de Corfou. (*A la fin :*) Κερκύρᾳ, τυπογραφεῖον ἡ Ἰονία ἀδελφῶν Κάων. 1864.

In-8° de 7 pages. Sans intitulé. Daté de Corfou, 29 juillet 1864, et signé ALEXANDRE B. DELVINIOTIS.

2437. — Λόγος συντεθεὶς καὶ ἐκφωνηθεὶς ὑπὸ τοῦ διευθυντοῦ τοῦ λυκείου Ζακύνθου καὶ διδασκάλου τῆς ἀρχαιολογίας, ἱστορίας καὶ χρονολογίας, δ^{ρος} Ἀθανασίου Διονυσιάδου Μπονσινιόρ, τῇ 2 ὀκτωβρίου 1864, κατὰ τὴν ἔναρξιν τῶν μαθημάτων τοῦ προμνημονευθέντος λυκείου. Ἐν Ζακύνθῳ, ἐκ τοῦ ἐθνικοῦ τυπογραφείου ἡ Αὐγὴ διευθυνόμενον ὑπὸ Ν. Κοντόγιωργα. 1864.

In-8° de seize pages.

2438. — Mémoire sur les tremblements de terre dans l'île de Zante, par MM. D. G. Barbiani et B. A. Barbiani, avec une introduction par M. Alexis Perrey.

In-8° de 112 pages. Ce volume est un extrait des *Mémoires de l'Académie impériale des sciences, arts et belles-lettres de Dijon,* deuxième série, tome XI, année 1863 (*Dijon,* imprimerie J. E. Rabutot, Place Saint-Jean, 1 et 3. *1864).* Alexis Perrey était alors professeur à la faculté des Sciences de Dijon.

2439. — Νέον ἔτος 1864.

Placard de 16 cent. sur 24. Poésie offerte aux abonnés par le distributeur du journal 'Αναγέννησις.

2440. — Νέον ἔτος 1864. ὁ διανομεὺς τῶν κερκυραϊκῶν ἐφημερίδων 'Ενώσεως καὶ 'Ανατολῆς. (*Au bas :*) 'Εν Κερκύρᾳ, τυπογραφεῖον ἡ 'Ιονία Σπυρίδωνος καὶ 'Αρσενίου ἀδελφῶν Κάων.

Placard de 23 cent. sur 32. Poésie adressée par le distributeur des journaux Ἕνωσις et 'Ανατολή aux abonnés de ces feuilles.

2441. — Ὁ ἐρχομὸς τοῦ Γεωργίου πρώτου εἰς τὴν Κέρκυρα καὶ ὁ βασιλικὸς ὕμνος, στίχοι Γερασίμου Μαρκορᾶ. L'arrivée de Georges premier à Corcyre et l'Hymne royal, vers de Gerasimo Marcoran. Κερκύρᾳ, τυπογραφεῖον ἡ 'Ιονία ἀδελφῶν Κάων. 1864.

In-8° de 31 pages. Texte avec traduction française en prose.

2442. — Οἱ Ἑπτανήσιοι καὶ οἱ ὑποδουλωμένοι Ἕλληνες ποίημα Χαραλάμπους Μουρίκη. Κερκύρᾳ, τυπογραφεῖον ἡ 'Ιονία ἀδελφῶν Κάων. 1864.

In-8° de 14 pages et 1 feuillet blanc.

2443. — 'Ολίγαι λέξεις πρὸς ἀπάντησιν τοῦ φυλλαδίου τῶν κυρίων 'Ιωάννου Κοτσίρη καὶ κὸ. 'Ιερονύμου Σούφη. 'Εν Κερκύρᾳ, τυπογραφεῖον ἡ 'Ιονία Σπυρίδωνος καὶ 'Αρσενίου ἀδελφῶν Κάων. 1864.

In-8° de 18 pages et un feuillet blanc. Cette brochure, signée Georges Diplas et Spiridion Philippas, répond à une autre intitulée Τὰ περὶ τῆς διενέξεως, etc. Voir ci-dessus le n° 2396.

2444. — 'Ολίγαι λέξεις πρὸς τοὺς ἐκλογεῖς τῆς ἐξοχῆς. (*Au bas :*) Τυπογραφεῖον ἡ 'Ιονία ἀδελφῶν Κάων.

Placard in-folio à 2 colonnes. Daté de Corfou, le 15/27 juin 1864, et signé Σπυρίδων Βιττούρης δικηγόρος.

2445. — Καὶ πάλιν ὀλίγαι λέξεις πρὸς τοὺς ἐκλογεῖς Κερκύρας. (*A la fin :*) Τυπογραφεῖον ἡ 'Ιονία ἀδελφῶν Κάων.

In-8° de 8 pages. Daté de Corfou, 23 juin 1864, et signé Σπυρίδων Βιττούρης δικηγόρος.

2446. — Όλίγα τινά περί Δάντου Άλιγιέρη καί Φραγκίσκου Πετράρχη μεταφρασθέντα έκ τής ιταλικής πρός ώφέλειαν τής σπουδαζούσης νεολαίας ύπό Σπυρίδωνος Διονυσιάδου Ι. Πυλαρινού. Έν Ζακύνθω, έκ τοϋ έθνικοϋ τυπογραφείου ή Αύγή διευθυνομένου ύπό Κοντόγιωργα. 1864.

In-8° de 54 pages et un feuillet blanc.

2447. — Όλίγα τινά περί τής ένεστώσης καταστάσεως τής Ελλάδος ύπό Έπαμινώνδου Γ. Άννίνου Κεφαλλήνος. Έν Κεφαλληνία, τυπογραφεϊον ή Άνατολή. 1864.

In-8° de 17 pages et un feuillet blanc.

2448. — Ό περί έκλογής τών Ιονίων πληρεξουσίων νόμος ύπό Νικολάου Λούζη. Κέρκυρα, τυπογραφεϊον ή Ιονία άδελφών Κάων. 1864.

In-8° de 52 pages.

2449. — Panegirico in onore di santo Spiridione, vescovo, protettore dell' isola di Corfù, recitato il giorno 8 maggio 1864 dal reverendissimo D. Eugenio canonico Luzzi. *Corfù*, tipografia Jonia dei fratelli Caos. 1864.

In-8° de 34 pages et 1 feuillet blanc. Ce panégyrique est dédié à Spiridion Maddalena, archevêque latin de Corfou.

2450. — Περί τών έν Κερκύρα τιμαριωτικών κτημάτων. Κέρκυρα, τυπογραφεϊον ή Ιονία άδελφών Κάων. 1864.

In-8° de 12 pages. Signé: MICHEL POLYLAS.

2451. — Πολιτική όμολογία. (*A la fin :*) Τυπογραφεϊον ή Ιονία άδελφών Κάων.

In-8° de 7 pages. Daté de Corfou, 10 juin 1864, et signé: Ίωάννης Κόλλας ποτέ Άνδρέου.

2452. — Πρός τήν έλληνικήν Κυβέρνησιν.

In-8° de seize pages. Grec et français. Daté de Corfou, 17/29 août 1864, et signé MICHEL POLYLAS. Dans ce Mémoire, l'auteur fait observer au gouvernement grec qu'une seule classe des habitants de Corfou, celle des paysans, est représentée à l'assemblée hellénique.

2453. — Πρὸς τοὺς ἐκλογεῖς τῆς Ἑπτανήσου. (*A la fin :*) Τυπογραφεῖον ἡ Ἰονία ἀδελφῶν Κάων.

In-8° de quatre pages. Daté de Corfou, 6/18 mai 1864, et signé Oth. S. Pylarinos.

2454. — Πρὸς τοὺς κατοίκους τοῦ Καλάμου καὶ τῶν Καστῶν. (*Au bas :*) Κεφαλληνίᾳ, τύποις « ἡ Ἀνατολή ». 1864.

Placard in-folio sur trois colonnes. Daté d'Ithaque, 5 juin 1864, et signé E(ustathe) Dracoulis. C'est une profession de foi électorale.

2455. — Προσφώνησις πρὸς τὸν ἀείμνηστον Χριστόδουλον Ποφάντην ἐπὶ τῷ τάφῳ ἐκφωνηθεῖσα τῇ 31 δεκεμβρίου 1864 ἡμέρᾳ τοῦ μνημοσύνου ὑπὸ τοῦ Κερκυραίου ποιητοῦ Σπυρίδωνος Κάλλου. (*Au bas :*) Τυπογραφεῖον ἡ Ἰονία.

Placard in-folio à 2 colonnes. Prose et vers.

2456. — Σκέψεις περὶ τοῦ συντακτέου πολιτεύματος τῆς Ἑλλάδος ὑπὸ Στυλιανοῦ Ἰ. Κασημάτη. Ἐν Ἑρμουπόλει. 1864.

In-8° de 54 pages.

2457. — Στιχουργήματα ὑπὸ Ν. Κ. Ἐν Κερκύρᾳ, τυπογραφεῖον ἡ Ἰονία Σπυρίδωνος καὶ Ἀ. ἀδελφῶν Κάων. 1864.

In-8° de 15 pages. L'auteur de ces poésies est N. Conéménos, qui a signé l'épître dédicatoire à Panagis Scaltsounis.

2458. — Σχέδιον συντάγματος.

In-8° de 28 pages. Le titre ci-dessus se trouve à la page 3. La première page est occupée par un avis au lecteur, daté de Corfou, 27 février 1864, et signé: Ἀντώνιος Κ. Κόντης et Πολυχρόνιος Βικεντίου Κωνσταντᾶς, rédacteurs de ce *Projet de Constitution*.

2459. — Τὰ κάστρα μας. (*Au bas :*) Κερκύρᾳ, τῇ 29 φεβρουαρίου 1864. Τυπογραφεῖον Ἑρμῆς.

Placard in-folio. Pièce de vers signée Gérasime Marcoras.

2460. — Τὸ ἀποτέλεσμα τῶν ἐκλογῶν Κερκύρας καὶ ἡ παρ' ἡμῖν κυβέρνησις ὑπὸ τοῦ δικηγόρου Σπυρίδωνος Βιττούρη Κερκυραίου. Κερκύρα, τυπογραφεῖον ἡ 'Ιονία ἀδελφῶν Κάων. 1864. (*A la fin :*) Ἐν Κερκύρᾳ, τῇ 2 ἰουλίου 1864, ἔ. ἑλ. Τυπογραφεῖον ἡ 'Ιονία.

In-8° de 13 pages et 1 feuillet blanc.

2461. — Τὸ ἐμπόριον καὶ ἡ ναυτιλία, ἤτοι συλλογὴ διαφόρων ναυτικῶν καὶ ἐμπορικῶν γνώσεων περὶ διαφόρων μετὰ προσθήκης περὶ βαρομέτρου καὶ ἄλλων μετεωρολογικῶν γνώσεων, μεταφρασθεῖσα κατὰ τὸ πλεῖστον ἐκ τοῦ ἀγγλικοῦ καὶ ἐρανισθεῖσα ἐκ διαφόρων ἄλλων συγγραμμάτων καὶ ἐκδοθεῖσα ὑπὸ Βασιλείου Παδοβᾶ, ἐν Ἑρμουπόλει Σύρου, τύποις ˙Ρενιέρη Πρίντεζη. 1864.

In-8° de 96 pages.

2462. — Τὸ ἐν Κερκύρᾳ ἀγροτικὸν σύστημα ὑπὸ 'Αλεξάνδρου Δαμασκηνοῦ. Ἐν Κερκύρᾳ, τυπογραφεῖον Ἑρμῆς 'Αντωνίου Τερζάκη. 1864.

In-8° de 31 pages.

2463. — Τὸ νέον ἔτος 1864.

Placard de 23 cent. sur 31. Poésie du rédacteur de la 'Εθνεγερσία offerte par le distributeur de ce journal aux abonnés.

2464. — Ὕμνος εἰς τὸν Κωνσταντῖνον Λομβάρδον καὶ λοιποὺς πληρεξουσίους Ζακύνθου. (*Au bas :*) Ἐν Ζακύνθῳ, τῇ 11 δεκεμβρίου 1864 ἔ. ἑλ. Τυποῦται δαπάνῃ τοῦ ζακυνθίου λαοῦ. Τυπ. ὁ Παρνασσὸς Σεργίου Χ. Ῥαφτάνη.

Placard de 29 cent. sur 40. Poésie signée ἡ σύνταξις τοῦ περιοδικοῦ Ὁ φιλόμουσος Νέος.

2465. — Un mot sur la neutralisation des îles Ioniennes et la question d'Orient, par P. Polycratès. Paris, chez les libraires des Arcades de l'Odéon. 1864. (*A la fin :*) Paris, imprimerie de L. Tinterlin et Cᵉ, rue neuve des Bons-Enfants, 3.

In-8° de 15 pages.

2466. — Ὑπουργεῖον ἐξωτερικῶν. Ἔγγραφα ἐπίσημα ἀφορῶντα τὰς ἐπὶ τοῦ ἑπτανησιακοῦ ζητήματος διαπραγματεύσεις. Ἐν 'Αθήναις, ἐκ τοῦ ἐθνικοῦ τυπογραφείου. 1864.

In-8° de 241 pages.

2467. — Φίλοι συμπολῖται, etc. (*A la fin :*) Κερκύρᾳ, τῇ 3 Ἰουλίου 1864. Τυπογραφεῖον Ἑρμῆς Ἀντωνίου Τερζάκη.

In-8° de quatre pages. Signé P. BRAÏLAS ARMÉNIS. Il adresse des remerciements à ses électeurs pour les suffrages qu'ils lui ont accordés.

2468. — Φιλοσοφικαὶ μελέται ὑπὸ Βράϊλα Ἀρμένη, καθηγητοῦ τῆς φιλοσοφίας ἐν τῇ Ἰονίῳ Ἀκαδημίᾳ. Δαπάνῃ Ἀντωνίου Τερζάκη. Ἐν Κερκύρᾳ,, τυπογραφεῖον Ἑρμῆς Ἀντωνίου Τερζάκη. 1864.

In-8° de ριδ′ (114) pages, un feuillet, 557 pages et un feuillet. Rare.

2469. — Ὠδαὶ Κάλβου τοῦ Ζακυνθίου (ἀνατυπωθεῖσαι κατὰ τὴν παρισιανὴν ἔκδοσιν τοῦ 1826). Ἐν Ἀθήναις, τύποις Z. Γρυπάρη καὶ Α. Καναριώτου, ὁδὸς Βύσσης, ἀριθ. 815. 1864.

In-8° de 69 pages et un feuillet blanc. Rarissime.

2470. — Ὠδὴ εἰς τὴν ἀπαρχὴν τῆς πανελληνίου ἑνώσεως, τὴν ἕνωσιν τῆς Ἑπτανήσου ὑπὸ Σπυρίδωνος Γ. Μαλάκη (κεφαλλῆνος λεπτουργοῦ). Μὴν ἀπρίλιος. Ἀθῆναι, τύποις Εὐαγγελισμοῦ Δ. Καρακατζάνη (ὁδὸς ἁγίου Μάρκου, ἀριθ. 188). 1864.

In-8° de huit pages.

2471. — Ἀγόρευσις Σ. Κουρῆ, βουλευτοῦ Κερκύρας ἐν τῇ 30ῃ συνεδριάσει τῆς βουλῆς (22 ἰουλίου 1865) ἐπὶ τῆς ἀναπτήσεως τοῦ βασιλικοῦ λόγου. Ἀθῆναι, τυπογραφεῖον Φραγκλίνος Ἰ. Γιαννοπούλου Ἠπειρώτου καὶ Σας. 1865.

In-8° de 22 pages et 1 feuillet blanc.

2472. — Αἱ ἀναμνήσεις μου. Souvenirs d'un Grec. (*A la fin :*) *Paris*, typ. de Ad. Laîné et J. Havard, rue des Saints-Pères, 19.

In-8° de vingt pages. Signé MARINOS P. VRÉTOS. Le texte grec seul est extrait de l'Ἐθνικὸν ἡμερολόγιον du même Vrétos, pour l'année 1865, pages 331 à 339. C'est le début d'un récit romanesque.

2473. — Αἰτία τῆς παρούσης τοῦ τόπου καταστάσεως καὶ μέσα θεραπείας ὑπὸ Ἀθανασίου Παραμυθιώτου, δικηγόρου τῆς ἐγχωρίου κυβερνήσεως καὶ ἀντεισαγγελέως Κερκύρας. Κερκύρᾳ, τυπογραφεῖον ἡ Ἰονία ἀδελφῶν Κάων. 1865.

In-8° de 14 pages et un feuillet blanc.

2474. — Ἀκολουθία τῆς ὑπεραγίας δεσποίνης ἡμῶν Θεοτόκου καὶ ἀειπαρθένου Μαρίας, εἰς τὸ ὑπερφυὲς θαῦμα, ὅπερ ἐνήργησε διὰ τῆς πανσέπτου θείας εἰκόνος αὐτῆς, τῆς ἐπιλεγομένης Μυρτιδιοτίσσης, ἐν τῇ νήσῳ Κυθήρων, ὅτε τὸν παράλυτον ἤγειρε μετὰ τεσσαράκοντα ἡμέρας τῆς ἁγίας αὐτῆς Κοιμήσεως, συντεθεῖσα μὲν παρὰ τοῦ θεοφιλεστάτου καὶ σοφωτάτου κυρίου Σωφρονίου ἐπισκόπου Κυθήρων τοῦ Παγκάλου, ἀντιγραφεῖσα δὲ καὶ ἐκδοθεῖσα παρὰ Δομενίκου Βενερίου, πλείστοις καὶ ἐξαισίοις τερατουργήμασι εὐεργετηθέντος παρὰ τῆς ἁγίας αὐτῆς εἰκόνος. Νῦν τὸ τρίτον τύποις ἐκδίδεται παρὰ Ἀθανασίου Γ. Χαντζούς. Ἐν Κωνσταντινουπόλει, ἐκ τοῦ πατριαρχικοῦ τυπογραφείου. 1865.

In-8° de 40 pages. La page 6 est occupée par une image de Notre-Dame des Myrtes. Rare.

2475. — Ἀνακρέοντος Τηίου ᾠδάρια ἐκ τῆς ἀρχαίας εἰς ἁπλοελληνικὴν μεταφρασθέντα ἐμμέτρως γλῶσσαν. Ἐν Ζακύνθῳ, ἐκ τοῦ τυπογραφείου ὁ Παρνασσὸς Σεργίου Χ. Ῥαφτάνη διευθυν. ὑπὸ Ν. Ι. Ταρουσσοπούλου. 1865.

In-8° de ή (8) et 24 pages. Le traducteur est Denys S. Aravantinos (voir la seconde édition à l'année 1880). Dédié à Pierre Domeneghini. Rarissime.

2476. — An historical sketch illustrative of the life and times of Dante Alighieri, with an outline of the legendary history of Hell, Purgatory and Paradise previous to the *Divina Commedia*, by M¹ Albana Mignaty. *Florence*, printed by A. Bettini. 1865.

In-8° de viii + 292 pages et un portrait de Dante. Ouvrage devenu rare.

2477. — Canzoncine di Atanagio Cristopulo. *Venezia*, tip. Antonelli editrice. MDCCCLXV.

In-8° de 26 pages et 1 feuillet blanc. Traduction italienne en vers de quelques poésies d'Athanase Christopoulos par Émile de Tipaldos et dédiées par celui-ci au marquis Eugène Paulucci, à l'occasion du mariage de Magdeleine, sa fille aînée, avec François de Contin.

2478. — Compendio della vita del glorioso taumaturgo santo Spiridione, vescovo di Trimitunte e protettore di Corcira, composto de Francesco Saverio Schembri, sacerdote Maltese, dottore di sacra teologia. *Corcira*, tipografia Jonia dei fratelli Caos. 1865.

In-8° de 56 pages.

2479. — Δήλωσις 'Αντωνίου Λ. Δούσμανη. (*A la fin :*) Τυπογραφεῖον ἡ Ἰονία.

In-8° de 3 pages. Daté de Corfou, 12 avril 1865.

2480. — Divers documents concernant la République septinsulaire, premier état ou noyau de l'indépendance grecque, présentés aux ministres plénipotentiaires des Hautes Puissances alliées, réunis au Congrès de Vienne, par Démétrius fils de Pierre comte Valsamachi, l'an 1815. (*A la fin :*) *Corfou.* Imprimerie Kadmos de Néophytos Karajannis. 1865.

In-8° de 22 pages.

2481. — Ἐγκόλπιον τοῦ ὀρθοδόξου χριστιανοῦ τῆς ἀνατολικῆς ἐκκλησίας ὑπὸ Σεργίου Χ. Ῥαφτάνη. Ἔκδοσις β' πλουτισθεῖσα. Ζακύνθῳ, τυπογραφεῖον ὁ Παρνασσὸς Σεργίου Χ. Ῥαφτάνη, διευθύν. Ν. Ἰ. Ταρουσσοπούλου. αωξέ.

In-16 de 467 pages.

2482. — Ἐθνικὸν ἡμερολόγιον τοῦ ἔτους 1865 ἐκδοθὲν ὑπὸ Μαρίνου Π. Βρετοῦ. Τὸ μὲν ἑορτολόγιον ἀνεθεωρήθη παρὰ τοῦ ἱεροδιδασκάλου κ. Εὐσταθίου Κλεοβούλου· τὸ δὲ ἀστρονομικὸν μέρος συνετάχθη παρὰ τοῦ κυρίου Παπαδάκη, καθηγητοῦ τῆς ἀστρονομίας ἐν τῷ Ἀθήνησιν ἐθνικῷ πανεπιστημίῳ. Ἔτος έ. Τιμᾶται φράγκων δώδεκα καὶ ἡμίσεος. Πωλεῖται ἐν Παρισίοις, rue des Saints-Pères, 19. Ἐν Ἀθήναις, παρὰ τῷ φωτογράφῳ κ. Δημητρίῳ Κωνσταντίνῳ. Ἴδε λεπτομερεστέρας πληροφορίας περὶ τῆς πωλήσεως τοῦ ἐθνικοῦ ἡμερολογίου εἰς τὰς εἰδοποιήσεις (annonces) τοῦ παρόντος τόμου, σελ. 1, 2, 17, 18 καὶ 19. (*Page 400 :*) *Paris,* imprimerie Ad. Laîné et J. Havard, rue des Saints-Pères, 19.

In-8° de 400 pages + les gravures dans le texte et hors texte indiquées aux deux tables (p. 379 à 383) par le chiffre ε' + 68 pages d'annonces sur papier jaune.

2483. — Ἔκθεσις τῆς ἐπὶ τοῦ ἀγροτικοῦ ζητήματος Κερκύρας ἐπιτροπῆς.

In-8° de 1 feuillet, 21 + ιή (18) pages et 1 feuillet blanc. Daté de Corfou, 13 mars 1865, et signé (p. 21) par les membres de la Commission : Ἀλέξανδρος Δαμασκηνός, πρόεδρός, Ἀ. Ἰ. Καποδίστριας, Σ. Δωρίας Προσαλένδης, Π. Β. Κωσταντᾶς, Γεώργιος Μεταλλινός, Σπυρίδων Ῥάλλης Μοναστηριώτης.

2484. — Ἐκλογικὸς κατάλογος τοῦ γ' τμήματος Λευκάδος. Ἐν Κεφαλληνίᾳ, ἐκ τοῦ τυπογραφείου ἡ Κεφαλληνία. 1865.

In-8° de 22 pages et un feuillet blanc.

2485. — Faculté de Droit de Paris. Thèse pour la licence. L'acte public sur les matières ci-après sera soutenu le 1er juin 1865, à midi, par N. G. Quartanos de Colojéras, né à Corfou (îles Ioniennes). Président : M. Ortolan, professeur. Suffragants : MM. Valette, Colmet de Santerre, Batbie, professeurs; Beudant, agrégé. Le candidat répondra, en outre, aux questions qui lui seront faites sur les autres matières de l'enseignement. *Paris*, imprimerie de P. A. Bourdier et Cie, 6, rue des Poitevins, 1865.

In-8° de 122 pages et 1 feuillet blanc.

2486. — Ἡ αἰώνιος ζωὴ καὶ μελέτη τοῦ ὑπὸ τοῦ κ. Ῥενᾶνος Βίου τοῦ Ἰησοῦ ὑπὸ Ἐρνέστου Ναβίλλη, πρώην καθηγητοῦ τῆς φιλοσοφίας ἐν τῷ πανεπιστημίῳ τῆς Γενεύης, καὶ μέλους ἀντεπιστέλλοντος τῆς γαλλικῆς Ἀκαδημίας τῶν ἠθικῶν καὶ πολιτικῶν ἐπιστημῶν. Μετάφρασις ἐκ τοῦ γαλλικοῦ ὑπὸ Γ. Ι. Κεφαλᾶ. Ἐν Ὀδησσῷ, ἐκ τοῦ τυπογραφείου Λ. Νίτσε. 1865.

In-8° de un feuillet, ιδ' (14) + 317 pages + un feuillet + une gravure en regard de la page 301. Cette gravure représente le tombeau de Marie Paléologue, fille de Michel Paléologue et femme de Gérasime Képhalas, traducteur du présent ouvrage; née le premier septembre 1832, elle mourut le 20 février 1864. Les pages 301-317 contiennent: Ὀλίγα ἄνθη ἐπὶ τοῦ τάφου Μαρίας Γ. Κεφαλᾶ. Gérasime Képhalas était un commerçant originaire de Céphalonie, établi à Odessa.

2487. — Ἡ καλύβη, ἄσματα τρία παρὰ Γεωργίου Κανδιάνου Ῥώμα. Βραΐλλα, ἐκ τοῦ τυπογραφείου ἡ Ἕνωσις. 1865.

In-8° de 88 pages. Très rare et recherché.

2488. — Ἡ Κόλασις τοῦ Δάντου ἐξελληνισθεῖσα ἐμμέτρως, καὶ μὲ σημειώσεις ἐξηγητικάς, ἱστορικὰς καὶ φιλολογικὰς ἀναπτυχθεῖσα κατὰ τὰ πέντε πρῶτα ᾄσματα, ὑπὸ Παναγιώτη Βεργωτῆ. Ἐν Κεφαλληνίᾳ, ἐκ τοῦ τυπογραφείου ἡ Κεφαλληνία. 1865.

In-8° de νς' (56) et 79 pages. Devenu rare.

2489. — Ἡ πληγωμένη μήτηρ ἔναντι τῆς Ἠπείρου καὶ Θεσσαλίας ὑπὸ... Ἐν Ζακύνθῳ, ἐκ τοῦ ἐθνικοῦ τυπογραφείου ἡ Αὐγὴ διευθυνόμενον ὑπὸ Ν. Κοντόγιωργα. 1865.

In-12 de 22 pages et un feuillet blanc.

2490. — Κανονισμὸς τῆς ἐμπορικῆς Λέσχης. (*A la fin :*) Τυπογραφεῖον ἡ Ἰονία.

In-8° de huit pages. Daté de Corfou, 17 mars 1865. Signé : Jean Ath. Képhalas, président provisoire.

2491. — Κατάλογος τῶν ἐκλογέων τῆς περιοχῆς Πυλλαροῦ. Ἐν Ζακύνθῳ τυπογραφεῖον ὁ Παρνασσὸς Σεργίου Χ. Ῥαφτάνη. 1865.

In-8° de 48 pages.

2492. — La Grèce et les Iles Ioniennes, études de politique et d'histoire contemporaine par François Lenormant. *Paris*, Michel Lévy frères, libraires éditeurs, rue Vivienne, 2 *bis*, et boulevard des Italiens, 15, à la Librairie nouvelle. 1865. Tous droits réservés. (*Au v° du faux-titre :*) Poissy, typ. et stér. de A. Bouret.

In-18 jésus de deux feuillets non chiffrés et 368 pages.

2493. — La Turchia nel 1864 per B. C. Colas. Traduzione dal francese. *Milano*, Corona e Caimi editori. 1865. (*Au v° du faux-titre :*) Tip. Guglielmini. Proprietà letteraria.

In-8° de 495 pages. Forme le tome XII de la « *Collana di storie e memorie contemporanee* diretta da Cesare Cantù. ».

2494. — L'hellénisme et la langue grecque par Cosme Leucadites. *Athènes*, imprimerie Hermès d'Antoine Terzachi. 1865.

In-8° de 112 pages. Dédié au roi Georges Ier. Une seconde édition parut en 1896.

2495. — Λόγος εἰς τὴν μετακομιδὴν τῶν ὀστέων τοῦ ποιητοῦ Σολωμοῦ ὑπὸ Π. Χιώνου (*sic*), ἐκφωνηθείς, τὴν 14 Ἰουλίου 1865, ἐν τῷ ναῷ τῆς Μητροπόλεως. Ὁ λόγος οὗτος ἀφιεροῦται τῷ νομάρχῃ Ι. Μαρίνῳ καὶ τοῖς δημοσυμβούλοις Ζακύνθου τοῖς τὰς πατρίους τιμὰς τῷ ποιητῇ Σολωμῷ συμψηφήσασιν. Ἐν Ζακύνθῳ, ἐκ τοῦ ἐθνικοῦ τυπογραφείου ἡ Αὐγὴ διευθυνόμενον (*sic*) ὑπὸ Ν. Κοντόγιωργα. 1865.

In-16 de 16 pages. L'auteur, dont le nom est défiguré dans le titre, se nommait Παναγιώτης Χιώτης. Rare.

2496. — Λόγος ἐκφωνηθεὶς ἐπὶ τοῦ νεκροῦ τοῦ Ἐμμανουὴλ Ῥοδοκανάκη Χίου τελευτήσαντος εν Λιβόρνω κατά δεκέμβριον 1865. Έν Ζακύνθω, τυπογραφεΐον ό Παρνασσός Σεργίου Χ. Ραφτάνη. 1865.

In-8° de 7 pages.

2497. — Λόγος εκφωνηθείς τη 23η απριλίου 1865 εν τω γυμνασίω Κερκύρας υπό Νικολάου Σ. Ί. Ζερβοΰ Κερκυραίου. (*A la fin :*) Τυπογραφεΐον Ερμής Αντωνίου Τερζάκη.

In-8° de 8 pages.

2498. — Λόγος εκφωνηθείς υπό Αγγέλου Γ. Πεφάνη εν τω εν Πεσσάδαις της Ευαγγελιστρίας ναώ, τη 25 μαρτίου 1865. Έν Κεφαλληνία, εκ τοΰ τυπογραφείου ή Ανατολή. 1865.

In-8° de 20 pages.

2499. — Λόγος πανηγυρικός εκφωνηθείς τη 25 μαρτίου 1865 εν τω γυμνασίω Κερκύρας υπό του υποτρόφου Νικολάου Σ. Ζερβοΰ Κερκυραίου. (*A la fin :*) Τυπογραφεΐον Ερμής Αντωνίου Τερζάκη.

In-8° de 15 pages.

2500. — Λόγος περί αθανασίας ψυχής εκφωνηθείς τη 19 δεκεμβρίου 1865, εν τω Βαρβακείω υπό Γ. Τερτζέτη. Αθήνησι, εκ του γραφείου της Χρυσαλλίδος (παρά τη Πύλη της Αγοράς, άριθ. 4). 1865.

In-8° de 16 pages. La couverture imprimée tient lieu de titre.

2501. — Malta and Mediterranean Gas Company limited. Corfu Station. Alcuni cenni sull' illuminazione a gas. 6 marzo 1865. (*A la quatrième page de la couverture :*) Corfù, tipi A. Terzachi. 1865.

In-16 de 16 pages. La couverture imprimée sert de titre.

2502. — Nel settimo giorno dopo la morte del chiaro nostro concittadino signor Giorgio Laguidara. (*A la première page :*) Zante, tipografia nazionale l'Aurora. 1865.

In-8° de 10 pages et un feuillet. Le titre ci-dessus figure en tête de la troisième page. Oraison funèbre datée de Zante, 6 juillet 1865 et signée : *Un' amico*.

2503. — Νέον άλφαβητάριον κατά τήν ταχυμαθητικήν της αναγνώσεως μέθοδον προς χρήσιν των δημοτικών σχολείων. Έκδοσις ε βελτιωθείσα και μετά εικονογραφιῶν πλουτισθεῖσα ὑπὸ Σεργίου X. Ῥαφτάνη. Ἐν Ζακύνθῳ, τυπογραφεῖον ὁ Παρνασσὸς Σεργίου X. Ῥαφτάνη, βραβευθέντος τῷ 1859 εἰς τὰ ἐν Ἀθήναις Ὀλύμπια. Διευθύν. Ν. Ι. Ταρουσσοπούλου. 1865.

In-16 de 96 pages. Rare.

2504. — Νέον ἔτος. 1865 ὁ διανομεὺς τοῦ Ταχυδρομείου Τριπόλεως ἢ ἡ φιλοσοφία τοῦ μπάρμπα Βασίλη.

Placard in-4° à trois colonnes. Poésie dont l'auteur est Antoine Phatséas.

2505. — Ὁ γάμος τοῦ Κοντογιαννάκη μετὰ τῆς Ἀγγελικῆς Μοτζῆ (Τραυλῆς) συντεθεὶς ὑπὸ... Ἐν Ζακύνθῳ, ἐκ τοῦ ἐθνικοῦ τυπογραφείου ἡ Αὐγὴ διευθυνομένου ὑπὸ Ν. Κοντόγιωργα. 1865.

In-8° de 8 pages.

2506. — Ὁ ἔνδοξος θάνατος τοῦ Μάρκου Βότσαρη εἰς Μεσολόγγι. Τὸ περιπλανώμενον Φάντασμα. Καὶ διάλογος Λογιώτατος καὶ Ποιητής. Ποιήματα λυρικὰ ὑπὸ Ἀριστείδου Καψοκεφάλου. Ἐν Ζακύνθῳ, ἐκ τοῦ ἐθνικοῦ τυπογραφείου ἡ Αὐγή, διευθυνόμενον ὑπὸ Ν. Κοντόγιωργα. 1865.

In-16 de 30 pages et un feuillet ayant seulement un ornement au verso. Très rare.

2507. — Ὀλίγα ἄνθη ἐπὶ τοῦ φερέτρου τῆς μακαρίτιδος Ἄννης Βαρζοῦ, χήρας Δημητρίου Ἰωαννοπούλου, ὑπὸ τοῦ θεολογοδιδασκάλου ἱερέως Ν. Κατραμῆ, κατὰ τὴν 23 δεκεμβρίου 1862. Ἐν Ζακύνθῳ, τυπογραφεῖον ὁ Παρνασσὸς Σεργίου X. Ῥαφτάνη. 1865.

In-8° de 8 pages, dont la dernière blanche. Ces *Fleurs* sont en prose. Rarissime.

2508. — Ὁ Λιεβμὰν ἢ τὰ ὀλέθρια ἀποτελέσματα τῆς ζηλοτυπίας, μυθιστόρημα τοῦ κυρίου δ' Ἀρνώ, μεταφρασθὲν ἐκ τοῦ ἰταλικοῦ ὑπὸ Γεωργίου Κ. Σφήκα. Ἐν Ζακύνθῳ, τυπογραφεῖον ὁ Παρνασσὸς Σεργίου X. Ῥαφτάνη. 1865.

In-8° de 60 pages, dont les trois dernières blanches.

2509. — Ὁ μαῦρος ἐπαίτης, ἠθικὸν μυθιστόρημα ὑπὸ Ἑλένης Β. Βάλδη, ἐκ τοῦ ἰταλικοῦ. Ἐν Ἑρμουπόλει Σύρου, τύποις Ρ. Πρίντεζη. 1865.

In-8° de 139 pages. Hélène Valdis était de Corfou.

2510. — Ὁ Νάχας καὶ ὁ Χάκας, εἰς πρᾶξιν μίαν ὑπὸ *** μεταφρασθεῖσα ἐκ τοῦ ἀγγλικοῦ ὑπὸ Μ. Ε. Π. ἐκδοθεῖσα δαπάνῃ τοῦ φιλέλληνος κυρίου κυρίου Ῥογέρου, ἐν Ἑρμουπόλει, τύποις Ῥ. Πρίντεζη. 1865.

In-8° de 24 pages. L'auteur de la traduction est M. E. Prochéraris.

2511. — Πατριωτικαὶ σκέψεις ὑπὸ Σπυρίδωνος Πασχάλη Φίλλη Κερκυραίου. Κερκύρᾳ, τυπογραφεῖον ἡ Ἰονία ἀδελφῶν Κάων. 1865.

In-8° de 20 pages.

2512. — Πειράματα καθολικοῦ δαμαλεισμοῦ, διαρκούσης τῆς ἐν τῇ νήσῳ Κεφαλληνίᾳ ἐνσκηψάσης εὐλογίας, κατὰ τὸ ἔτος 1864, ὑπὸ τοῦ ἰατροῦ Ε. Ἀραβαντινοῦ. Ἐν Κεφαλληνίᾳ, 1865, τυπογραφεῖον ἡ Κεφαλληνία.

In-8° de 24 pages.

2513. — Περὶ συμβουλίου τῆς Ἐπικρατείας καὶ περὶ ἀφομοιώσεως ὑπὸ Δ. Δ. Ἐκδίδεται διὰ κοινῆς συνεισφορᾶς. Κεφαλληνία, τυπογραφεῖον ἡ Ἠχώ. 1865.

In-8° de un feuillet et 21 pages.

2514. — Πρὸς τὸν κ. Σπυρίδωνα Ζερβὸν Καναλᾶτον καὶ τὴν ὁμόφρονα σπεῖραν ὑπὸ Δ. Δ. Ἐκδίδεται διὰ κοινῆς συνεισφορᾶς. Κεφαλληνίᾳ, τυπογραφεῖον ἡ Ἠχώ. 1865.

In-8° de 15 pages.

2515. — Πρὸς τὸ ὑπουργεῖον τῶν Ἐσωτερικῶν. — Ἐν Ζακύνθῳ, ἐκ τοῦ ἐθνικοῦ τυπογραφείου ἡ Αὐγὴ διευθυνόμενον ὑπὸ Ν. Κοντόγιωργα. 1865.

In-8° de quinze pages. Rapport de Théodore Gér. Cladas, sous-préfet de Cérigo, et de Fr. A. Callonas et Angélinos Cotzambasis, conseillers de sous-préfecture, relativement à l'état de la Justice dans la susdite île.

2516. — Saggio di una descrizione geografico-storica delle Isole Ionie (Eptanesia) proposto ad uso della gioventù studiosa da P. Donato de Mordo. *Corfù*, tipografia Jonia dei fratelli Caos. 1865.

In-8° de 127 pages et 4 feuillets. Dans l'introduction, l'auteur se déclare arrière petit-fils du docteur Lazare de Mordo.

2517. — Στιχουργικὴ τῆς γρεκικῆς γλώσσας παρὰ τοῦ κυρ. Ἀνδ. Λασκαράτου. Ἐν Κεφαλληνίᾳ, τυπογραφεῖον ἡ Κεφαλληνία. 1865.

In-8° de 32 pages.

2518. — Συνταγματικόν χρονολόγιον του έτους 1865 μετά εικονογραφιών. Προσθήκη του νέου ελληνικού πολιτεύματος ποιημάτων, αστείων, ανεκδότων και αινιγμάτων. Έν Ζακύνθω, τυπογραφεΐον ό Παρνασσός Σεργίου Χ. Ραφτάνη.

In-8° de 18 pages (au moins, mais l'exemplaire que nous avons eu sous les yeux était incomplet). Très rare.

2519. — Τα δεινοπαθήματα των χωρικών Κερκύρας. — Έν Κερκύρα, τη 19 οκτωβρίου 1865. Τυπογραφεΐον ό Κάδμος Νεοφύτου Καραγιάννη.

In-8° de 23 pages.

2520. — Τα δύο τελευταία κεφάλαια ιγ' και ιδ' έκ της Πραγματείας περί του πρωτείου του πάπα αρχιεπισκόπου Ρώμης επιγραφομένης ούτω « Πραγματεία περί του πρωτείου του Μ. Πάπα απέναντι της επιστολής Πίου θ', πάπα Ρώμης, πρός τους ανατολικούς χριστιανούς κατά την 6 ιανουαρίου 1847, διηρημένη εις κεφάλαια ιδ', μετά πλείστης επιμελείας συνταχθεΐσα και επί πηγών αδιαφιλονεικήτων βασισθεΐσα υπό Γεωργίου Γ. Τσουκαλά του Ζακυνθίου. Έν Φιλιππουπόλει την ιά ιουνίου αωμή (1848) » ήδη δε επεξεργασθέντα και επιδιορθωθέντα παρά του ιδίου εκδίδονται εν έτει αωξέ (1865), άτινα και ριζοσπαστικά Κεφάλαια δύνανται να ονομασθώσι διότι ριζηδόν δίδουσι τέλος εις τας αντευαγγελικάς και αντιχριστιανικάς αξιώσεις του μακαριωτάτου πάπα Ρώμης. Αθήνησι, έκ του τυπογραφείου Λαζ. Δ. Βιλαρά. 1865.

In-8° de 96 pages.

2521. — Τα πρωτόλεια της αγγλοϊονίου κυβερνήσεως, επιστολή του Θεοδώρου Καρούσου προς τον κον... — Κεφαλληνία, τη 15 αυγούστου 1865. (A la fin :) Τυπογραφεΐον ή Κεφαλληνία.

In-8° de 23 pages.

2522. — Το δίκαιον και η ελευθερία κατά Γεωργίου Τυπάλδου Κοζάκη και άλλων. Έν Κεφαλληνία, έκ του τυπογραφείου ή Κεφαλληνία. 1865.

In-8° de 1 feuillet, μά (41) pages, 62 pages et un feuillet blanc.

2523. — Το ξεσκεπαστήριον των υπό του σεισμού φονευθέντων κατά την εσπέραν του γάμου του Κοντογιαννάκη και η εκφορά αυτού. Έν Ζακύνθω, έκ του εθνικού τυπογραφείου ή Αυγή διευθυνομένου υπό Ν. Κοντόγιωργα. 1865.

In-8° de 4 pages.

2524. — Τῶν ἀποδημιῶν 'Ανδρονίκου τοῦ Νουκίου Κερκυραίου κεφάλαια οή-πγ' τοῦ λόγου γ', περιέχοντα τήν ἐξιστόρησιν τῆς ἐν ἔτει 1537 πολιορκίας τῆς Κερκύρας, νῦν πρῶτον ἐκδοθέντα ἐξ ἀντιγράφου τῆς 'Αμβροσιανῆς βιβλιοθήκης (Κώδ. D 72. Τετρ. θ', φυλ. 8-τετρ. ιά, φύλ. 3). Ἐν Κερκύρᾳ, τυπογραφεῖον ὁ Κάδμος Νεοφύτου Καραγιάννη. 1865.

In-8° de 16 pages. Publié par MICHEL MOUSTOXYDIS d'après une copie exécutée par son père, ANDRÉ MOUSTOXYDIS.

2525. — Ἀ. Θεοτόκου 'Απολογία τοῖς συμπολίταις αὐτοῦ. Κέρκυρα. 1866. Apologie de A. Théotoky à ses concitoyens. *Corcyre.* Imprimerie Jonia. 1866.

In-8° de 13 pages et un feuillet blanc.

2526. — 'Αθηναϊκά ὑπὸ Σπυρίδωνος Πασχάλη Φίλλη Κερκυραίου. 'Αθῆναι, τυπογραφεῖον 'Αγγέλου Καναριώτου, ὁδὸς Χρυσοσπηλαιωτίσσης, ἀριθ. 14. 1866.

In-8° de 78 pages et 1 feuillet blanc.

2527. — Αἱ κατὰ τῆς Ζακύνθου συκοφαντίαι. Ἐν 'Αθήναις, τύποις Διονυσίου Κορομηλᾶ (ὁδὸς 'Αδριανοῦ, ἀριθ. 214). 1866.

In-8° de 46 pages et un feuillet blanc. Daté, à la fin, d'Athènes, mars 1866, et signé : Εἷς τῶν βουλευτῶν Ζακύνθου.

2528. — 'Αναφορὰ τοῦ πανοσιωτάτου ἱερομονάχου Σεραφίμ, ἡγουμένου τοῦ σ. κοινοβίου τῆς Ὑ.ας Θ.ου Πλατυτέρας, πρὸς τὸν πανιερώτατον μητροπολίτην Κερκύρας. (*A la fin :*) Τυπογραφεῖον ἡ 'Ιονία ἀδελφῶν Κάων.

In-8° de 7 pages. Daté de Corfou, 26 octobre 1866.

2529. — 'Αττικὸν ἡμερολόγιον τοῦ ἔτους 1867 ὑπὸ Εἰρηναίου 'Ασωπίου τῇ εὐνοϊκῇ συνεργασίᾳ φιλοκάλων λογίων. Ἔτος α'. 'Αθήνησι, ἐκ τοῦ τυπογραφείου Νικήτα Πάσσαρη, ἐν ὁδῷ Νικίου καὶ Μιλτιάδου, ἀριθ. 6. 1866.

In-8° de ή (8) et 180 pages.

2530. — Αὐτοσχέδιος προσλαλιὰ ἐκφωνηθεῖσα παρὰ τοῦ ἀρχιμανδρίτου Α. Χαριάτη πρὸς τὴν Α. Ὑ. τὸν πρίγγιπα Μ. Στούρτζα, κατὰ τὴν ἱερὰν τελετὴν τῶν ἐγκαινίων τοῦ παρὰ τῆς Α. Ὑ. ἀνεγερθέντος ἱεροῦ ναοῦ ἐν Βάδῃ τῆς Γερμανίας, τῇ ιγ' ὀκτωβρίου 1866. Allocution adressée par l'archimandrite Père Antoine Chariatis à Son Altesse le prince M. Stourdza, pendant la cérémonie de la consécration de l'église orthodoxe érigée à Baden-Baden le 13/25 octobre 1866. (*A la dernière page :*) Imprimerie impériale royale de Vienne.

In-folio de quatre feuillets. Encadrement en or. Texte grec et traduction française en regard. Rarissime.

2531. — Βασίλειον τῆς Ἑλλάδος. Ὁ νομάρχης Κερκύρας πρὸς τοὺς δημάρχους τῶν ἐπαρχιῶν Κερκύρας, Μέσης καὶ Ὄρους. Ὁδηγίαι περὶ ἀνακρίσεως τῶν κατὰ τῶν στρατολογικῶν καταλόγων παραπόνων.

Placard in-folio. Daté de Corfou, 8 décembre 1866, et signé: ὁ νομάρχης N. Μαυροκορδάτος.

2532. — Βίος Ἰωάννου τοῦ Χρυσοστόμου μεταφρασθεὶς ἀπὸ τὸ ἀγγλικὸν παρὰ τοῦ κυρίου Ἀνδ. Λασκαράτου. Ἐν Κεφαλληνίᾳ, τυπογραφεῖον ἡ Κεφαλληνία. 1866.

In-8° de 26 pages et un feuillet blanc.

2533. — Carme lirico per la morte di lord Byron di Dionisio Solomos da Giacinto, versione libera di A. B. Palli. *Livorno*, tipografia di Franc. Vigo. 1866.

In-12 de 20 pages et 2 feuillets dont le dernier blanc. Sur la première page de la couverture, on lit : « Si vende a pro della emigrazione di Creta. Prezzo : cent. 50. »

2534. — Ἐγχειρίδιον τῆς δημοτικῆς διοικήσεως καὶ τῆς διαχειρίσεως, μετὰ τῶν ἰονίων δημοτ. νόμων, ὑπὸ Πάνου Ν. Πλέσκα. Κέρκυρα, τυπογραφεῖον Κάδμος Νεοφύτου Καραγιάννη. 1866.

In-8° de λβ´ (32) et 272 pages.

2535. — Ἐθνεγερτήριον ὑπὸ Π. Βεργωτῆ. Αἱ εἰσπράξεις εἰς ὠφέλειαν τῶν Κρητῶν. Ἐν Κεφαλληνίᾳ, τύποις Προόδου. 1866.

In-8° de 31 pages.

2536. — Ἐθνικὸν ἡμερολόγιον τοῦ ἔτους 1866 ἐκδοθὲν ὑπὸ Μαρίνου Π. Βρετοῦ. Τὸ μὲν ἑορτολόγιον ἀνεθεωρήθη παρὰ τοῦ ἱεροδιδασκάλου κ. Εὐσταθίου Κλεοβούλου· τὸ δὲ ἀστρονομικὸν μέρος συνετάχθη παρὰ τοῦ κυρίου Ἰ. Γ. Παπαδάκη, καθηγητοῦ τῆς ἀστρονομίας ἐν τῷ Ἀθήνησιν ἐθνικῷ πανεπιστημίῳ. Ἔτος ς´. Τιμᾶται φράγκων δεκαπέντε. Πωλεῖται ἐν Παρισίοις, rue des Saints-Pères, 19, καὶ παρὰ τῷ ἐκδότῃ, 8, rue Miroménil. Ἐν Ἀθήναις, παρὰ τῷ φωτογράφῳ κ. Δημητρίῳ Κωνσταντίνῳ. Ἴδε λεπτομερεστέρας πληροφορίας περὶ τῆς πωλήσεως τοῦ Ἐθνικοῦ Ἡμερολογίου εἰς τὰς ἀγγελίας (annonces) τοῦ παρόντος τόμου σελ. 15 καὶ 16. (*Au v° du titre :*) *Paris*, typographie de Ad. R. Laîné et J. Havard, rue des Saints-Pères, 19.

In-8° de 448 pages + les gravures dans le texte et hors texte dont la table figure p. 445 à 447 + 44 pages d'annonces sur papier jaune.

2537. — Essai sur la pellagre observée à Corfou, par C. Prétendéris Typaldos, professeur de clinique médicale à l'université d'Athènes, médecin de S. M. le Roi des Hellènes, chevalier de l'ordre du Sauveur, officier de l'ordre Léopold, membre de plusieurs sociétés savantes, etc. *Athènes*, imprimerie d'Hermès (rue des Muses, n° 2). 1866.

In-8° de deux feuillets + 232 pages. Étude devenue rare.

2538. — Ἡ ἀλήθεια καὶ ἡ ἀπάτη. Μῦθος σατανικός. Ἐν Ζακύνθῳ, ἐκ τοῦ ἐθνικοῦ τυπογραφείου ἡ Αὐγὴ διευθυνόμενον ὑπὸ Ν. Κοντόγιωργα. 1866.

In-8° de 8 pages.

2539. — Ἡ ἐν Κερκύρᾳ ἁρπαγὴ τῆς ἰδιοκτησίας. Ἐν Κερκύρᾳ, τῇ 27 ὀκτωβρίου 1866, τυπογραφεῖον ἡ Ἰονία ἀδελφῶν Κάων.

In-8° de 14 pages et un feuillet blanc.

2540. — Ἡ ἐν Νεαπόλει ἑλληνικὴ ἐκκλησία ὑπὸ Νικολάου Κατραμῆ ἀρχιμανδρίτου τῆς ἱερᾶς συνόδου τῆς ἐκκλησίας τῆς Ἑλλάδος. Ἐν Ζακύνθῳ, τυπογραφεῖον ὁ Παρνασσὸς Σεργίου Χ. Ῥαφτάνη. 1866.

In-8° de 32 pages. Dédié à Théophile, métropolitain d'Athènes. Brochure rarissime.

2541. — Ἡ Κρήτη ὑπό... Ἐν Ζακύνθῳ, ἐθνικὸν τυπογραφεῖον ἡ Αὐγὴ διευθυνόμενον ὑπὸ Ν. Κοντόγιωργα. 1866.

In-8° de 14 pages et un feuillet blanc.

2542. — Κατορθώσαντες νὰ λάβωμεν ἀντίγραφα τῆς μεταξὺ τοῦ ἐνταῦθα ἡμετέρου μητροπολίτου καὶ τῶν ἀρχῶν τῆς πρώην Ἰονίου Κυβερνήσεως ἀλληλογραφίας περὶ τοῦ λατινεπισκόπου Νίχολσων, δημοσιεύομεν αὐτὰ ὡς ἄξια, καθ' ἡμᾶς, περιεργείας καὶ ἀναγνώσεως. Ε. Α. Π. — Ὑπόμνημα ἰδιαίτερον πρὸς τὴν αὐτοῦ ἐξοχότητα τὸν λὸρδ Σήτωνα, μέγαν ἁρμοστήν. (*A la fin :*) Κερκύρᾳ, 2/14 αὐγούστου 1852. Γεώργιος Βελιανίτης, Δημήτριος Βολτέρρας, Νικόλαος Χωραφᾶς, Στέφανος Παδοβᾶς, Σπυρίδων Ἀνδρώνης, Μάρκος Τσαρλαμπᾶς, Ἰωάννης Κλαδᾶς. Ἐν Κερκύρᾳ, κατὰ φεβρουάριον 1866. Τυπογραφεῖον ἡ Ἰονία.

In-8° de 24 pages.

2543. — La morte di Socrate, dramma di Giorgio Terzetti con proemio di Niccolò Tommaseo. *Firenze*, tipografia di Federigo Bencini, all' insegna di Dante. 1866.

In-8° de xiv pages, 1 feuillet et 51 pages.

2544. — Λόγος ἀπαγγελθεὶς ὑπὸ τοῦ προέδρου τῶν ἐν Κερκύρᾳ ἐφετῶν Ἀ. Ἀθανασιάδου κατὰ τὴν γενομένην τὴν 28 νοεμβρίου 1866 ἔναρξιν τοῦ Κακουργιοδικείου, ἐκτυπωθεὶς καὶ δημοσιευθεὶς ὑπὲρ τῶν Κρητῶν. Ἐν Κερκύρᾳ, τυπογραφεῖον ἡ Ἰονία ἀδελφῶν Κάων. 1866.

In-8° de 38 pages et 1 feuillet blanc.

2545. — Λόγος κατὰ τὴν τελετὴν τῆς ἀνεγέρσεως τοῦ μνημείου τοῦ ποιητοῦ Διονυσίου Σολωμοῦ ὑπὸ Φ. Καρρέρ. Ἐν Ζακύνθῳ, ἐθνικὸν τυπογραφεῖον ἡ Αὐγὴ διευθυνόμενον ὑπὸ Ν. Κοντόγιωργα. 1866.

In-16 de 8 pages. Devenu très rare.

2546. — Λουκία, διήγημα Φαβίου Ναννερέλλη μεταφρασθὲν ὑπὸ Παναγιώτου Πανᾶ. Ἐν Κεφαλληνίᾳ, τύποις Προόδου. 1866.

In-8° de 127 pages.

2547. — Μελέται ἐπὶ τῶν ἀστυκῶν νόμων τῶν Ἰονίων Νήσων ὑπὸ Ἰωάννου Σκαλτσούνη δικηγόρου. Ἀθήνησι, τύποις Α. Κτενᾶ καὶ Π. Σούτσα (ἐπὶ τῆς ὁδοῦ Εὐριπίδου). 1866.

In-8° de 144 pages.

2548. — Nelle fauste nozze Sartori-Squeraroli. (*A la page 4 :*) *Venezia*, tip. Antonelli edit.

In-8° de 14 pages (dont les 2 premières blanches) et 1 feuillet blanc. Contient « Dei benefizii recati dall' ingegno greco alle lettere ed alle arti » par ÉMILE DE TYPALDOS.

2549. — Νέος έμπειρος Ιταλός, ήτοι καινή πρακτική μέθοδος προς έκμάθησιν της ιταλικής γλώσσης εις δώδεκα μαθήματα και άνευ διδασκάλου, μεταγλωττισθεΐσα εκ της γερμανικής εις την νεωτέραν ελληνικήν μετά διαφόρων προσθηκών. Έν Ζακύνθω, τυπογραφεΐον ό Παρνασσός του εκδότου Σεργίου Χ. Ραφτάνη. 1866.

In-8° de 160 pages.

2550. — Ό φθόνος και ή ζήλια. Μύθος σατανικός. Έν Ζακύνθω, εκ του εθνικού τυπογραφείου ή Αυγή διευθυνομένου υπό Ν. Κοντόγιωργα. 1866.

In-8° de 8 pages.

2551. — Panegirico in onore del S. vescovo Spiridione, protettore dell' isola di Corfù, recitato il 15 aprile 1866 dall' oratore quadragesimale Bernardino Quatrini. *Recanati*, tipografia Badaloni. 1866.

In-8° de 34 pages et 1 feuillet. Ce petit volume est dédié à Spiridion Maddalena, archevêque latin de Corfou.

2552. — Πίναξ των αποστάσεων των πόλεων και των χωρίων από της έδρας των δικαστηρίων του νομού της Κερκύρας προς χρήσιν των δικαστηρίων. Σημ. Κατά την ποιν. διατίμησιν το χιλιόμετρον = 12 λεπτ. ώρας δρόμου, το μυριόμετρον = 2 ώραις. Το αγγλικον μίλιον = 1609, 3 μέτρα. Τυπογραφεΐον (*sic*) Κάδμος.

In-folio de un feuillet et 8 pages. Daté, à la fin, de Corfou, 2 juin 1866.

2553. — Προς την νεολαίαν Κερκύρας.

Placard in-folio. Daté de Corfou, 4 décembre 1866. Appel aux armes pour inviter les jeunes Corfiotes à aller prendre part à l'insurrection crétoise, signé par les membres du comité: Σ. Λυκούδης. Ρ. Δ. Γεζουάς. Ξ. Τοπάλης. Γ. Παππανικόλας. Κ. Δημομίτσης. Ί. Πάλλιος.

2554. — Προς τον κύριον πρόεδρον του δημοτικού συμβουλίου. (*A la fin* : Τυπογραφεΐον ή Ιονία.

In-8° de 8 pages. Daté εκ της πρωτευούσης του δήμου Λευκιμμαίων, 17 septembre 1866, et signé : ό δήμαρχος, Β. Σαμουέλης.

2555. — Προς τους αγωνιζομένους Κρήτας. Λογοδοσία του γραμματέως της φιλοδραματικής εταιρίας Κεφαλληνίας περί της υπέρ αυτών παραστάσεως της ιδίας. Έν Κεφαλληνία, 1866.

In-8° de 16 pages. L'auteur de cette brochure est PANAGIOTIS VERGOTIS.

2556. — Σάτυρα εκείνου τίνος; τοῦ διαόλου. Ἐν Ζακύνθῳ, ἐκ τοῦ ἐθνικοῦ τυπογραφείου ἡ Αὐγὴ διευθυνομένου ὑπὸ Ν. Κοντόγιωργα. 1866.

In-8° de 7 pages.

2557. — Συγκριτικοὶ πίνακες νομισμάτων, μέτρων καὶ σταθμῶν ὑπὸ Πάνου Πλέσκα. Κέρκυρα, τυπογραφεῖον ὁ Κάδμος Νεοφύτου Καραγιάννη. 1866.

Petit in-folio.

2558. — Σύνοψις τῆς ἱερᾶς ἱστορίας ὑπὸ Ἀ. Κοραῆ. Πρὸς χρῆσιν τῶν κοινῶν σχολείων τοῦ ἑλληνικοῦ γένους. Ἔκδ. τρίτη. Σεργίου Χ. Ῥαφτάνη. Ἐν Ζακύνθῳ, τυπογραφεῖον ὁ Παρνασσὸς Σεργίου Χ. Ῥαφτάνη βραβευθέντος τῷ 1859 εἰς τὰ ἐν Ἀθήναις Ὀλύμπια. αωξς΄.

In-8° de 48 pages. Devenu peu commun.

2559. — Τὰ κατὰ τὴν δημοτικὴν διοίκησιν τῶν Κρεστενιτῶν ἐν τῷ δήμῳ Λετρίνων τῆς ἐπαρχίας Ἠλείας. Ἐν Ζακύνθῳ, ἐκ τοῦ ἐθνικοῦ τυπογραφείου ἡ Αὐγὴ διευθυνομένου ὑπὸ Ν. Κοντόγιωργα. 1866.

In-8° de 26 pages. La couverture imprimée sert de titre.

2560. — Τὰ πάντα σχετικά, δρᾶμα εἰς πράξεις τρεῖς ὑπὸ Ἰωάννου Βεάκη δικηγόρου, ἐν Ἑρμουπόλει, ἐκ τοῦ τυπογραφείου Μ. Π. Περίδου. 1866.

In-8° de 108 pages.

2561. — Ἀθανάσης Διάκος, Ἀστραπόγιαννος ὑπὸ Ἀριστοτέλους Βαλαωρίτου· ἐκδίδονται ὑπὸ Παύλου Λάμπρου. Ἀθῆναι, τύποις Χ. Νικολαΐδου Φιλαδελφέως (παρὰ τῇ Πύλῃ τῆς Ἀγορᾶς, ἀριθ. 4). 1867.

In-8° de deux feuillets non chiffrés, 282 pages et un feuillet blanc. Ce volume contient plusieurs autres feuillets blancs, mais compris dans la numération.

2562. — Ἀνακρέοντος Τηίου μέλη ἐμμέτρως εἰς τὴν καθ᾽ ἡμᾶς γλῶσσαν μετενεχθέντα ὑπὸ Ἰωάννου Φ. Βερέττα δικηγόρου. Λαμία, τυπογραφεῖον τῆς Φωνῆς τοῦ λαοῦ. 1867.

In-8° de 2 feuillets, 1 page non chiffrée, 48 pages chiffrées (les chiffres impairs figurent aux versos), 1 page blanche et 1 feuillet (ce dernier pour l'errata). Rarissime.

2563. — Ἀνασκευὴ τῶν περὶ τῆς Ζακύνθου προλεγομένων τοῦ κυρίου Κωνσταντίνου Σάθα. Ἐν Ζακύνθῳ, ἐκ τοῦ τυπογραφείου ἡ Αὐγὴ διευθυνομένου ὑπὸ Ν. Κοντόγιωργα. 1867.

In-8° de 14 pages et 1 feuillet.

2564. — Ἀπάντησις πρὸς τὴν ἀνώνυμον διατριβὴν περὶ τῆς μελετωμένης καταργήσεως τῶν χρεῶν. Ἐν Κερκύρᾳ, τῇ 17 ἰανουαρίου. 1867. Τυπογραφεῖον Κάδμος.

In-8° de 8 pages.

2565. — Ἀπόκρισῃ εἰς τὸν ἀφορεσμὸν τοῦ Κλήρου τῆς Κεφαλονιᾶς τῶν 1856, παρὰ τοῦ κυρίου Ἀνδρέου Λασκαράτου, συγγραφέως τῶν Μυστηρίων τῆς Κεφαλονιᾶς. Κεφαλληνίᾳ, τύποις ἡ Πρόοδος. 1867 (1868 sur la couverture).

In-8° de 180 pages mal chiffrées et deux feuillets, dont le dernier blanc. Le feuillet qui forme les pages 11 et 12 est également blanc. Rarissime. Un grand nombre d'exemplaires ont été détruits par le Clergé grec.

2566. — Ἀρχικαί τινες γνώσεις τῆς ἑλληνικῆς ἱστορίας συλλεγεῖσαι ὑπὸ Μπούα Κερκυραίου πρὸς χρῆσιν τῶν παιδίων. Πρῶτον ἀποστήθισμα αὐτῶν μετὰ τῶν προσευχῶν. Κερκύρᾳ, τυπογραφεῖον Κάδμος Νεοφύτου Καραγιάννη. 1867.

In-8° de 13 pages et 1 feuillet, qui est blanc au r° et a un ornement au v°.

2567. — A Son Altesse Royale le prince régent des Hellènes. (A la fin :) Imprimerie Ionia.

In-8 de 4 pages. Daté de Corcyre, 8 août 1867, et signé Étienne Padovan, représentant.

2568. — Ἀττικὸν ἡμερολόγιον τοῦ δισέκτου ἔτους 1868 ὑπὸ Εἰρηναίου Ἀσωπίου τῇ εὐνοϊκῇ συνεργασίᾳ φιλοκάλων λογίων. Ἔτος β'. Ἀθήνησι, τύποις Ἰω. Κασσανδρέως καὶ Σας (ἐν ὁδῷ Εὐριπίδου, ἀρ. 57). 1867.

In-8° de 328 pages + 8 pages de musique.

2569. — Βασίλειον τῆς Ἑλλάδος. Τὸ Ὑπουργεῖον τῶν Ἐσωτερικῶν πρὸς τοὺς νομάρχας τῆς Ἑπτανήσου. (A la fin :) Τυπογραφεῖον ἡ Ἰονία.

In-8° de 3 pages. Daté d'Athènes, 7 avril 1867.

2570. — Discorso detto nell' assemblea di Atene dal deputato di Leucade cav. Aristotele Valaoriti, e intorno ai benefizii recati dall' ingegno greco alle lettere ed alle arti, discorso del cav. Emilio de Tipaldo. *Venezia*, nel R. privilegiato stabilimento Antonelli. MDCCCLXVII.

In-8° de 40 pages dont les deux premières blanches. Sur la première page de la couverture, on lit : « Vendesi a benefizio degli sventurati Cefaleni al prezzo di lire ital. 2. »

2571. — Δύο λέξεις ἐπὶ τῆς ἐν Σμύρνῃ καθολικορωμαϊκῆς συνόδου. Ἐν Κερκύρᾳ, τυπογραφεῖον ἡ Ἰονία ἀδελφῶν Κάων. 1869.

In-8° de 14 pages et un feuillet blanc.

2572. — Δύω λέξεις εἰς τὸν θάνατον τῆς δεσποσύνης Ἀναστασίας κόμ. Κ. Μακρῆ. Ἐν Ζακύνθῳ, τυπογραφεῖον ὁ Παρνασσὸς Σεργίου Χ. Ῥαφτάνη. 1867.

In-8° de 6 pages et un feuillet. Signé : Εἷς πενθῶν συγγενής.

2573. — Ἐθνικὸν ἡμερολόγιον τοῦ ἔτους 1867 ἐκδοθὲν ὑπὸ Μαρίνου Π. Βρετοῦ. Τὸ μὲν ἑορτολόγιον ἀνεθεωρήθη παρὰ τοῦ ἀρχιμανδρίτου κ. Εὐσταθίου Κλεοβούλου · τὸ δὲ ἀστρονομικὸν μέρος συνετάχθη παρὰ τοῦ κυρίου Ἰ. Γ. Παπαδάκη, καθηγητοῦ τῆς ἀστρονομίας ἐν τῷ Ἀθήνησιν ἐθνικῷ πανεπιστημίῳ. Ἔτος ζ'. Τιμᾶται ἐν Παρισίοις φράγκων δεκαπέντε. Πωλεῖται ἐν Παρισίοις, rue des Saints-Pères, 19, καὶ παρὰ τῷ ἐκδότῃ, 8, rue Miroménil. Ἐν Ἀθήναις, παρὰ τῷ φωτογράφῳ κ. Δημητρίῳ Κωνσταντίνῳ. Ἐφιστῶμεν τὴν προσοχὴν τοῦ ἀναγνώστου ἐπὶ τοῦ ἐπιλόγου. (*Au v° du titre :*) *Paris*, typographie Ad. R. Laîné et J. Havard, rue des Saints-Pères, 19.

In-8° de 480 pages + les gravures indiquées à la table + 48 pages d'annonces sur papier jaune.

2574. — Εἰ ἐφαρμόζεται ἡ δημοτικὴ φορολογία ἐν Ἑπτανήσῳ.

In-8° de 13 pages et 1 feuillet blanc. Daté de Corfou, 28 août 1867, et signé Π. Ν. Πλέσκας (p. 8).

2575. — Ἑλληνικὰ ἀνέκδοτα περισυναχθέντα καὶ ἐκδιδόμενα κατ' ἔγκρισιν τῆς βουλῆς ἐθνικῇ δαπάνῃ ὑπὸ Κωνσταντίνου Ν. Σάθα. Τόμος πρῶτος : Τζάνε Κορωναίου Μπούα Ἀνδραγαθήματα. Σουμάκη Ῥεμπέλιον ποπολάρων. Μάτεση Ἡμερολόγιον. Ἀθήνῃσι, τύποις τοῦ Φωτός. 1867.

In-8° de ιέ (15) + ρλζ' (137) + 228 pages + deux planches en couleur, représentant l'une les armoiries, l'autre une enseigne de Mercure Bouas, le célèbre capitaine albanais.

Tzanès Coronæos, auteur des *Exploits de Mercure Bouas*, était de Zante. Ce poème est daté, à la fin, de Venise, le 11 octobre 1519.

La Relation d'Ange Soumakis porte cet intitulé : Διήγησις τοῦ ρεμπελιοῦ τῶν ποπολάρων, ἤγουν τοῦ νησίου τῆς Ζακύνθου, ὁποῦ ἔγινεν εἰς τοὺς 1628.

Le *Journal* ou *Chronique* de Matésis commence le 1er janvier 1684 et se termine le 5 juillet 1686.

Τόμος δεύτερος : Ἀθανασίου Σκληροῦ Κρητικὸς πόλεμος. Ἀθήνησι, τυπογραφεῖον Ἀγγέλου Καναριώτου (ὁδὸς Χρυσοσπηλαιωτίσσης, ἀριθ. 14). 1867.

In-8° de μ´ (40) et 310 pages.

2576. — Ἐπὶ τοῦ ζητήματος περὶ ἐξοφλήσεως χρεῶν τῆς νήσου Κερκύρας. Ἐν Κερκύρᾳ, τῇ 11 ἰανουαρίου 1867. Τυπογραφεῖον ἡ Ἰονία.

In-8° de 7 pages.

2577. — Ἐπὶ τῶν αἰσίων γάμων τοῦ μεγαλειοτάτου βασιλέως τῶν Ἑλλήνων Γεωργίου ά μετὰ τῆς ρωσσίδος ἡγεμονόπαιδος Ὄλγας.

Placard in-folio. Poésie signée: Χ. Στρατηγός.. Sans lieu ni date, mais certainement imprimé à Corfou, à l'occasion du mariage du roi Georges avec Olga, célébré le 15/27 octobre 1867.

2578. — Ἡ ἅλωσις τῆς Χαλκίδος ὑπὸ Μωάμεθ τοῦ β´, δρᾶμα εἰς πράξεις τρεῖς ὑπὸ Ἰωάννου Βεάκη δικηγόρου, ἐν Ἑρμουπόλει, τύποις Μ. Π. Περίδου. 1867.

In-8° de 96 pages.

2579. — Ἡ 25 μαρτίου, ἡ ἄνοιξι καὶ τὸ παλληκάρι τῆς Ἠπείρου, στίχοι Γερασίμου Μαρκορᾶ. Κερκύρᾳ, τυπογραφεῖον ἡ Ἰονία ἀδελφῶν Κάων. 1867.

In-8° de 14 pages et 1 feuillet blanc.

2580. — Ἡ κοινὴ γνώμη τῆς Ἑλλάδος περὶ τῆς δολοφονίας τοῦ Ἀντωνίου Γαήτα. Ἐν Ζακύνθῳ, ἐκ τοῦ τυπογραφείου ἡ Αὐγὴ διευθυνομένου ὑπὸ Ν. Κοντόγιωργα. 1867.

In-8° de 104 pages.

2581. — Ἡ φέροπλος Ἤπειρος, ποίημα ἐθνικὸν ἐνθουσιαστικὸν ὑπὸ ἑνὸς Ἠπειρώτου. Τιμᾶται δραχμῆς πρὸς ὄφελος τοῦ ἐθνικοῦ στόλου τῶν Ἑλλήνων. Ἐν Λελκάδι (*sic*, mais Λευκάδι sur la couverture), τυπογραφεῖον ὁ Πίνδος Γεωργίου Χριστοδουλοπούλου. 1867.

In-8° de 1 feuillet et 30 pages. Notons une singularité : Le feuillet liminaire est formé par les deux premières pages de la couverture, lesquelles ont pour pendant le feuillet formant les pages 29 et 30. L'auteur de ce « poème » est BASILE ZÔTOS MOLOSSOS.

2582. — Κλεὶς τῆς Μεθόδου τοῦ Ὀλλενδόρφου κατὰ τὴν ὑπὸ Ν. Γ. Ο. παράφρασιν ὑπὸ Α. Φατσέα καθηγητοῦ, ἐκδοθεῖσα δαπάνῃ τῶν τέκνων Ἀνδρέου Κορομηλᾶ. Ἀθήνησιν, ἐκ τοῦ τυπογρ. τῶν τέκν. Ἀνδρ. Κορομηλᾶ (παρὰ τῇ ὁδῷ Ἑρμοῦ, ἀριθ. 291). 1867.

In-8° de un feuillet et 177 pages. Peu commun. Le traducteur de la Méthode Ollendorf, dont il est question dans le titre ci-dessus, est N. G. OEconomidis.

2583. — La Bocca e la Moda, poemetti giocosi letti, il primo nel 1846, alla Società de' Filomatici in Corfù, il secondo, nel 1861, alla Società Jonia pel progresso delle Scienze, Lettere ed Arti. Ristampa con cambiamenti e giunte. *Corfù*, tipografia Ionia. 1867.

In-8° de 57 pages et 1 feuillet. L'auteur de ces deux poèmes est GEORGES MARCORAS. Cf. Ποιητικὸς ἀνθών, t. I (Zante, 1887, 8°), p. 351. La première édition de *la Moda* parut en 1861 ; voir ci-dessus, p. 492, n° 2174.

2584. — Les douze années du règne d'Alexandre II, empereur de Russie, par André Papadopoulo Vrétos, auteur des « Mémoires biographiques historiques sur le président de la Grèce, le comte Jean Capodistrias ». *Paris*, Amyot, éditeur, 8, rue de la Paix. 1867. (*A la page 55 :*) Imprimerie de F. A. Brockhaus à Leipzig.

In-8° de 55 pages. A la page 56, laquelle n'est pas chiffrée, on trouve un « Acrostiche en grec du nom de S. M. l'empereur Alexandre II, composé à l'occasion du neuvième anniversaire de son couronnement à Moscou, le 26 août (7 septembre) 1865, par ANDRÉ PAPADOPOULO VRÉTO, ancien interprète au Département asiatique. »

2585. — Les souffrances de Corfou. Article Ier et IIe. Τὰ παθήματα τῆς Κερκύρας. Ἄρθρα αʹ καὶ βʹ. Ἐν Κερκύρᾳ, τυπογραφεῖον ἡ Ἰονία. 1867.

In-8° de 32 pages. Français et grec. L'auteur de cette brochure est FRÉDÉRIC ALBANA.

2586. — Lettera di Nic. Tomaseo a P. Chioti. Ἐπιστολὴ Ν. Θωμασαίου πρὸς Π. Χιώτην.

In-8° de 4 pages à deux colonnes (italien avec traduction grecque). Daté de Florence, 29 mars 1867.

2587. — Λόγος εκφωνηθείς εν τη βουλή τη 18 ιανουαρίου 1867 υπό του βουλευτού Λευκάδος κυρίου 'Αριστοτέλους Βαλαωρίτου. Έκδοσις β', δαπάνη του λευκαδίου λαού. Έν Λευκάδι, τυπογραφεΐον ό Πίνδος Γεωργίου Χριστοδουλοπούλου. 1867.

In-8° de 18 pages plus, après le titre, un feuillet chiffré β-γ.

2588. — Λόγος εκφωνηθείς κατά την ήμέραν των εξετάσεων του δημοτικού σχολείου των θηλέων υπό της δημοδιδασκαλίσσης δεσποσύνης 'Ελίζης Πρεβετού. Έν Ζακύνθω, τυπογραφεΐον ό Παρνασσός διευθυνόμενον υπό Ν. Ί. Ταρουσσοπούλου. 1867.

In-8° de 8 pages.

2589. — Λόγος επιτάφιος εκφωνηθείς εν τω ναώ του αγίου 'Ανδρέου κατά την 7ην ιουνίου 1867, επί του νεκρικού φερέτρου του δρος Δημητρίου Πελεκάση, υπό του ελλογ^{ου} ιερέως Παναγιώτου Μ. Κλάδη. Έν Ζακύνθω, εκ του εθνικού τυπογραφείου ή Αυγή διευθυνομένου υπό Ν. Κοντόγιωργα. 1867.

In-8° de 7 pages. Vignette funéraire sur le titre.

2590. — Ναυτικόν και αστρονομικόν ήμερολόγιον και ναυτική εφημερίς διά το έτος 1867, συνταχθέν υπό Μ. Ε. Προχεράρη, εν Έρμουπόλει, τύποις Ν. Βαρβαρέσου. 1867.

In-8° de 57 pages.

2591. — Νομοσχέδιον προς λύσιν του αγροτικού ζητήματος καθ' όσον αφορά τάς αγροληψίας, τάς εμφυτεύσεις και τάς εδαφονομάς, υπό Ί. Τ. Κερκύρα, τυπογραφεΐον ή 'Ιονία αδελφών Κάων. 1867.

In-8° de 7 pages. L'auteur de cette brochurette est JEAN TOURLINOS.

2592. — Οι εν Κερκύρα λησταί. Έν 'Αθήναις, εκ του τυπογραφείου Σ. Κ. Βλαστού. Κατά την όδον Ερμού, άριθ. 212. 1867.

In-8° de 1 feuillet, 26 pages et 1 feuillet blanc (pour le φυλλάδιον πρώτον); et 8 pages pour le φυλλάδιον δεύτερον.

2593. — Οι τέσσαρες εν Ένετία ελληνικοί ίπποι, επιστολιμαία διατριβή συγγραφεΐσα μὲν ἰταλιστὶ ὑπὸ 'Ανδρέου Μουστοξύδου, εἰς τὴν καθ' ἡμᾶς δὲ μετενεχθεῖσα καὶ τῷ βίῳ τοῦ συγγραφέως σὺν πολλαῖς ἄλλαις σημειώσεσι πλουτισθεῖσα ὑπὸ Νικολάου Σ. Ζερβοῦ. Κερκύρᾳ, τυπογραφεῖον Κάδμος Νεοφύτου Καραγιάννη. 1867.

In-8° de x' (20), xxix et 3 pages, dont la seconde seule est chiffrée en grec.

2594. — Ὁ Ναπολέων γ' καὶ ἡ 'Ανατολή, ποίημα ἀπευθυνθὲν μετ' ἐπιστολῆς γαλλιστὶ συνταχθείσης καὶ πρὸ ἡμερῶν διαβιβασθείσης πρὸς τὸν ἐπὶ τῶν 'Εξωτερικῶν ὑπουργὸν τῆς Γαλλίας κύριον Μουτιέρον ὑπὸ 'Επαμινώνδου Γ. 'Αννίνου Κεφαλλῆνος. 'Εν 'Αθήναις, ἐκ τοῦ τυπογραφείου Π. Β. Μωραϊτίνη (ἐν ὁδῷ ἁγ. Μάρκου καὶ Μιλτιάδου). 1867.

In-8° de 22 pages et un feuillet blanc. Épître dédicatoire à Victor Hugo, datée de Céphalonie, 10 janvier 1867.

2595. — Orazione funebre in lode del signore Augusto Giuseppe Eymar detta nella chiesa cattedrale latina di Corfù, il giorno dei suoi solenni funerali, 1° dicembre 1867, dal sacerdote corcirese Teodoro Antonio Polito, dottore in filosofia e sacra teologia. *Corfù*, tipografia Jonia dei fratelli Caos. 1867.

In-8° de deux feuillets (dont le premier blanc), 27 pages et deux feuillets (dont le dernier blanc). Dédié au docteur Démétrius Lessi.

2596. — Ὁ σεισμὸς τῆς 23 Ἰανουαρίου 1867 ἐν Κεφαλληνίᾳ. (*A la fin :*) Τυπογραφεῖον ἡ Κεφαλληνία. 1867.

In-8° de 15 pages. Relation datée d'Argostoli, 9 février 1867, et signée P. Vergotis.

2597. — Ὁ ὑποψήφιος, μελόδραμα κωμικὸν εἰς πράξεις τρεῖς, στίχοι Ἰωάννου Ῥινοπούλου, μουσικὴ Σπυρίδωνος Ξύνδα Κερκυραίων. Κερκύρᾳ, τυπογραφεῖον ἡ Ἰονία ἀδελφῶν Κάων. 1867.

In-8° de 48 pages. Sur la couverture, on lit la mention: Πρῶτον ἑλληνικὸν μελόδραμα.

2598. — Παρατηρήσεις ἐπί τινων μερῶν τῶν τεσσάρων νομοσχεδίων περὶ τῶν ἐν Κερκύρᾳ ἀγροτικῶν σχέσεων. Κερκύρᾳ, τυπογραφεῖον ἡ Ἰονία ἀδελφῶν Κάων. 1867.

In-8° de 16 pages.

2599. — Παρατηρήσεις επί του αγροτικού ζητήματος της νήσου Κερκύρας υπό 'Ιωάννου Τουρλινοΰ. Κερκύρα, τυπογραφεΐον ή 'Ιονία αδελφών Κάων. 1867.

In-8° de 23 pages.

2600. — Παρατηρήσεις επί των άρτι δημοσιευθέντων νομοσχεδίων περί μεταρρυθμίσεως του εν Κερκύρα αγροτικού της ιδιοκτησίας συστήματος, αίς προσετέθη και νομοσχέδιον περί της εν Κερκύρα εκτιμήσεως του προϊόντος των αγροληπτικών ελαιών, συνταχθέν υπό του ενταύθα προέδρου των εφετών κυρίου 'Αθανασιάδου, μετά τινων προτεινομένων τροπολογήσεων. Έν Κερκύρα, τυπογραφεΐον ή 'Ιονία αδελφών Κάων. 1867.

In-8° de 21 pages et un feuillet blanc.

2601. — Περί γλαυκώματος και της θεραπείας αυτού υπό 'Ιωάννου Παδοβά. Κερκύρα, τυπογραφεΐον Κάδμος Νεοφύτου Καραγιάννη. 1867.

In-8° de 61 pages et 1 feuillet blanc.

2602. — Περί πολιτεύματος εν γένει, ιδίως δε και περί του κατά σύνταγμα μοναρχικού πολιτεύματος λόγοι δύο Διονυσίου Σιγούρου, καθηγητού του εμπορικού δικαίου εν τω εν Σιένη β. πανεπιστημίω, δικηγόρου εν ενεργεία παρά τω ανωτάτω ακυρωτικώ συμβουλίω εν Φλωρεντία, μέλους διαφόρων εν 'Ιταλία επιστημονικών και φιλολογικών ακαδημιών, πρώην δε εν Περουγία καθηγητού της ελληνικής φιλολογίας, της τε πολιτικής οικονομίας εν τω εν Σιένη β. γυμνασίω των Πτολεμαίων, του τε εμπορικού ναυτικού και διοικητικού εν τω εν Λιβόρνω εμποροναυτικώ καταστήματι κτλ. κτλ. κτλ. Έν Ζακύνθω, τυπογραφεΐον ό Ζάκυνθος. 1867.

In-8° de 51 pages. En tête de cet opuscule, on trouve une préface de l'éditeur, Constantin Rossolimos, où il est dit que ces Discours ont été traduits en grec par l'auteur lui-même.

2603. — Πλάτωνος, μητροπολίτου Μόσχας, ορθόδοξος διδασκαλία, ήτοι σύνοψις της χριστιανικής θεολογίας μεταφρασθεΐσα υπό Ά. Κοραή. Έκδοσις Σεργίου Χ. Ραφτάνη προς χρήσιν των απανταχού σχολείων και γυμνασίων, κατ' έγκρισιν της ιεράς συνόδου και του επί των εκκλησιαστικών και της δημοσίας εκπαιδεύσεως υπουργείου. Έν Ζακύνθω, τυπογραφεΐον ό Παρνασσός Σεργίου Χ. Ραφτάνη. αωξζ'.

In-8° de λά (31) + 248 pages.

2604. — Poésies diverses de M. George Terzetti, traduites du grec moderne par Mme Adélaïde Terzetti. *Pise*, imprimerie des frères Nistri, récompensés à l'Esposition (*sic*) universelle de Paris 1867. 1867.

In-8° de un feuillet + 34 pages + 22 pages et un feuillet blanc. Plaquette d'une très grande rareté.

2605. — Ποιήματα καὶ πεζὰ ὑπὸ ***. Φυλλάδιον πρῶτον. Κέρκυρα, τυπογραφεῖον ὁ Κάδμος Νεοφύτου Καραγιάννη. 1867.

In-8° de 32 pages. La couverture imprimée sert de titre. Nous ne croyons pas qu'il ait paru d'autres fascicules. L'auteur, d'après un renseignement fourni par Laurent Vrokinis, est Spiridion Albana Festa.

2606. — Πρὸς τὸ ἔντιμον κοινὸν Κερκύρας. (*A la fin :*) Τυπογραφεῖον ἡ 'Ιονία.

In-8° de 4 pages. Daté de Corfou, 14 janvier 1867, et dirigé, par un anonyme, contre Jean A. Paramythiotis.

2607. — Πρὸς τὸ ἐπὶ τῆς Δικαιοσύνης Ὑπουργεῖον. (*A la fin :*) Τυπογραφεῖον Κάδμος Νεοφύτου Καραγιάννη.

In-8° de 4 pages. Daté de Corfou, 22 août 1867, et signé Ath. Paramythiotis.

2608. — Πρὸς τὸν βουλευτὴν κύριον 'Ανδρέαν Παπαδάτον ὁ βουλευτὴς Θεόδωρος 'Ρωμαῖος.

In-8° de 16 pages. Sans lieu ni date, mais tous les documents datés qui figurent dans cette brochure portent le millésime 1867.

2609. — Πρὸς τὸν βουλευτὴν κύριον Δημήτριον Κουρκουμέλην ὁ βουλευτὴς Θεόδωρος 'Ρωμαῖος.

In-8° de seize pages. Imprimé à Corfou, en 1867.

2610. — Πρὸς τὸν πρωθυπουργὸν κ. 'Αλ. Κουμουνδοῦρον ἐπιστολὴ 'Αθανασίου Παραμυθιώτου Κερκυραίου. (*A la fin :*) Τυπογραφεῖον Κάδμος Νεοφύτου Καραγιάννη.

In-4° de 4 pages. Daté de Corfou, 12 septembre 1867.

2611. — Réflexions publiées par le baron Dr André Théotoky en suite de son Adresse apologétique aux Corcyréens et aux autres Hellènes, en date 14/26 mars 1866. *Corcyre*, imprimerie des frères Chaos. 1867.

In-8° de 16 pages.

2612. — Σκέψεις τινὲς ἐπὶ τῶν περὶ ἀγροτικῆς ἰδιοκτησίας νομοσχεδίων. Ἐν Κερκύρᾳ, τυπογραφεῖον ἡ Ἰονία. 1867.

In-8° de 16 pages. La couverture imprimée sert de titre. Daté de Corfou, 6 mars 1867, et signé A. Palatianos.

2613. — Una tribù errante in seno dell' Europa nel secolo decimonono, pensieri di Angiolo Calcani Leucadio. *Corfù*, tipografia Cadmo Neofito Caragianni. 1867.

In-8° de 14 pages et 1 feuillet blanc. Prose.

2614. — Χριστιανικὸν ἀλφαβητάριον ταχυμαθητικῇ μεθόδῳ συντεθὲν ὑπὸ Σεργίου Χ. Ῥαφτάνη πρὸς χρῆσιν τῶν ὀρθοδόξως διδασκομένων παίδων. Ἔκδοσις δ'. Ἐν Ζακύνθῳ, τυπογραφεῖον ὁ Παρνασσὸς Σεργίου Χ. Ῥαφτάνη. ϛωξϛ'.

In-8° de 16 pages.

2615. — Αἱ κατὰ τῆς μεταρρυθμίσεως τοῦ σμδ' νόμου ἀπόπειραι. (*A la fin :*) Τυπογραφεῖον ἡ Ἰονία ἀδελφῶν Κάων.

In-8° de 8 pages. Daté de Corfou, 3 septembre 1868. L'auteur paraît être Théodore Romæos.

2616. — Ἀνασκευὴ εἰς τὸ θρησκευτικὸν μέρος τοῦ παρὰ τοῦ κυρ. Ἀνδρέου Λασκαράτου ἀρτίως ἐκδοθέντος βιβλίου ἐπιγραφομένου Ἀπόκρισις εἰς τὸν ἀφορισμὸν τοῦ κλήρου Κεφαλληνίας ὑπὸ Ἀναστασίου Β. Τσιμάρα, οἰκοδιδασκάλου. Ἐν Κεφαλληνίᾳ, τυπογραφεῖον ἡ Κεφαλληνία. 1868.

In-8° de un feuillet, έ (5) et 73 pages.

2617. — Ἀττικὸν ἡμερολόγιον τοῦ ἔτους 1869 ὑπὸ Εἰρηναίου Ἀσωπίου τῇ εὐνοϊκῇ συνεργασίᾳ φιλοκάλων λογίων. Ἔτος γ'. Ἀθήνησι, τύποις Λ. Μηλιάδου καὶ Σ. Οἰκονόμου (ἐπὶ τῶν ὁδῶν Βουλῆς καὶ Λέκα). 1868.

In-8° de 368 pages et six gravures hors texte.

2618. — Βοὺκ Ζαργάλ, μυθιστόρημα Βίκτωρος Οὔγου μεταφρασθὲν ὑπὸ Γερασίμου Κ. Μουσούρη. Ἐν Κεφαλληνίᾳ, τυπογραφεῖον ἡ Πρόοδος. 1868.

In-8° de ή (8) et 174 pages. Dédié à Gérasime D. Countouris.

2619. — Γεώργιος Ζαλοκώστας ὑπὸ Σπυρίδωνος Π. Λάμπρου Ἠπειρώτου.

Ἀθήνησι, τύποις Σ. Οἰκονόμου καὶ Λ. Μηλιάδου (ἐπὶ τῆς γωνίας τῶν ὁδῶν Βουλῆς καὶ Λέκα). 1868.

In-8° de 116 pages + deux feuillets contenant un fac-similé de l'écriture de GEORGES ZALOCOSTAS + son portrait en tête du volume.

2620. — Ἐθνικὸν ἡμερολόγιον τοῦ δισέκτου ἔτους 1868 ἐκδοθὲν ὑπὸ Μαρίνου Π. Βρετοῦ. Τὸ μὲν ἑορτολόγιον ἀνεθεωρήθη παρὰ τοῦ ἀρχιμανδρίτου κ. Εὐσταθίου Κλεοβούλου· τὸ δὲ ἀστρονομικὸν μέρος συνετάχθη παρὰ τοῦ κυρίου Ἰ. Γ. Παπαδάκη, καθηγητοῦ τῆς ἀστρονομίας ἐν τῷ Ἀθήνησιν ἐθνικῷ πανεπιστημίῳ. Ἔτος ή. Πωλεῖται ἐν Παρισίοις παρὰ τῷ ἐκδότῃ, 8, rue Miroménil, ἐν Ἀθήναις, παρὰ τῷ φωτογράφῳ κ. Δημητρίῳ Κωνσταντίνῳ, ἐν ὁδῷ Αἰόλου, πλησίον τοῦ ξενοδοχείου τῆς Ἀνατολῆς. Ἐφιστῶμεν τὴν προσοχὴν τοῦ ἀναγνώστου ἐπὶ τοῦ ἐπιλόγου. (*A la fin :*) Ἐκ τοῦ τυπογραφείου τοῦ F. A. Brockhaus ἐν Λειψίᾳ.

In-8° de λβ' (32) + 472 + 32 (sur papier jaune) pages + les gravures dont la table figure aux pages 471-472.

2621. — Ἔκθεσις τῆς ἐπὶ τῶν οἰκονομικῶν τῆς ἐγχωρίου διαχειρίσεως διορισθείσης εἰδικῆς ἐπιτροπῆς, ὑποβληθεῖσα ἐν τῇ ἀπὸ 4 Ἰουλίου 1868 συνεδριάσει τῆς διαχειριστικῆς ἐπιτροπῆς καὶ διαταγῇ αὐτῇ τυπωθεῖσα.

In-8° de 11 pages. Sans indication de lieu, mais certainement imprimé à Corfou.

2622. — Ἐπιστολὴ Ἰ. Σκαλτσούνη πρὸς τοὺς ἐκλογεῖς Ληξουρίου. Ἔκδοσις δευτέρα. Ἐν Κεφαλληνίᾳ, 1868. Τυπογρ. ἡ Κεφαλληνία.

In-8° de 12 pages.

2623. — Essai de comparaison entre l'architecture ancienne et l'architecture moderne, et explication des courbes du Parthénon par César C. Roma. *Athènes*, imprimerie d'André Coromilas fils, rue d'Hermès, n° 291. 1868.

In-8° de 1 feuillet, 45 pages, un feuillet blanc et 3 planches. Dédié à Georges Ier, roi de Grèce.

2624. — Faculté de Droit de Paris. Droit romain : *De fide jussoribus*. Droit français : *Du cautionnement*. Thèse pour le doctorat. L'acte public sur les matières ci-après sera présenté et soutenu le jeudi 5 mars 1868, à 2 heures, par Georges N. Théotoky, né à Corfou (Iles Ioniennes), en présence de M. l'inspecteur général Ch. Giraud ; président : M. Demangeat, professeur; suffragants : MM. Rataud, Colmet de Santerre, professeurs; Gérardin, Glasson, agrégés. Le candidat répondra en outre aux questions qui lui seront faites sur les autres matières de l'enseignement. *Paris*, imprimé par Charles Noblet, rue Soufflot, 18. 1868.

In-8° de deux feuillets et 236 pages. Devenu rare.

2625. — Ἡ ἀρνησιδικία ἐπὶ τοῦ ὑπομνήματός μου καὶ ἡ μετ' αὐτὸ ἰδιαιτέρα καὶ ἐπίσημος ἀλληλογραφία μου, μετὰ συντόμων παρατηρήσεων, ὑπὸ Ἠλία Ζερβοῦ Ἰακωβάτου. Ἐν Κεφαλληνία, τυπογραφεῖον ἡ Κεφαλληνία. 1868.

In-8° de 4 feuillets, 76 pages et deux feuillets blancs.

2626. — Ἡ ἀρχαία Ἑλλὰς ἐν τῇ νέᾳ · ἔργον πονηθὲν ὑπὸ Κουρτίου Βαξμούθου (Ctrt. Wachsmuth), καθηγητοῦ τῆς φιλολογίας ἐν τῷ πανεπιστημίῳ Μαρβούργης, καὶ μεταφρασθὲν ὑπὸ Ἐμμ. Γαλανοῦ, δ. φ. Ἐν Κεφαλληνία, τυπογραφεῖον ἡ Κεφαλληνία. 1868.

In-8° de 1 feuillet et 33 pages.

2627. — Ἡ εὐρωπαϊκὴ δημοσιογραφία ἀντιπαρατεταγμένη στὲς ὑστερινώτερες θρησκευτικὲς καὶ πολιτικὲς καταδρομὲς τοῦ Λασκαράτου. Ἐν Κεφαλληνία, τυπογραφεῖον ἡ Κεφαλληνία. 1868.

In-8° de 28 pages. Rarissime.

2628. — Ἡ πρώτη τοῦ χρόνου. Νέον 1868 ἔτος.

Placard de 23 cent. sur 30. Poésie signée A. K. et adressée par P. Contogouris, distributeur de la Λευκὰς, aux abonnés de ce journal.

2629. — Ἰαματικὴ χάρις ἤτοι βιβλιαρίδιον περιέχον κδ' οἴκους κατ' ἀλφάβητον καὶ μίαν εὐχήν, ἱκετηρίως λεγόμενα ἔμπροσθεν τῆς θείας εἰκόνος τῆς μεγαλομάρτυρος Βαρβάρας, ἀρίστως συντεθέντα παρὰ τοῦ ἱερολογιοτάτου κυρίου Ῥαφαήλ, τοῦ ἐν τῇ ἱερᾷ σκήτῃ Καυσοκαλύβῃ ἀσκουμένου τῇ ὑπὸ τὴν μεγίστην καὶ ἁγίαν λαύραν, ἐπιμελείᾳ καὶ διορθώσει προηγουμένου Κυρίλλου Λαυριώτου, νῦν δὲ ἐκδοθέντα παρὰ τοῦ κυρίου Χριστοδούλου Μούτσου ἀναγνώστου τοῦ ἱερέως Δημητρίου. Ἐν Κερκύρᾳ, τυπογραφεῖον Ἀθηνᾶ Ἀρσενίου Κάου. 1868.

In-8° de 15 pages.

2630. — Ἰδέαι τινὲς περὶ ῥυμοτομίας τῶν ἑλληνικῶν πόλεων ὑπὸ Ν. Γ. Πινιατόρου, προλύτου τῶν φυσικῶν ἐπιστημῶν, ἀρχαίου μαθητοῦ τῆς ἐν Παρισίοις κεντρικῆς τῶν τεχνῶν σχολῆς, μέλους τῆς πρὸς ἐμψύχωσιν τῆς βιομηχανίας αὐτοκρ. γαλ. ἑταιρίας. Ἐν Κεφαλληνίᾳ, τυπογραφεῖον ἡ Κεφαλληνία. 1868.

In-8° de 34 pages. Se vendait à Céphalonie chez Georges Psaros et à Athènes chez Nakis.

2631. — Inni in lode di Maria Vergine, santissima madre di Dio, tradoti dal greco ad verbum dal divoto Filippo Stratigo Cretense. Edizione II. *Corfù*, tipografia Minerva. 1868.

In-16 de 22 pages et 1 feuillet blanc. La première édition (grec, en caractères latins, et italien) parut à Venise, en 1763, dans *Ode e inni in lode di Maria Vergine, santissima madre di Dio*, pages 32-79.

2632. — Κατάλογος τῶν ἀρχαίων νομισμάτων τῶν νήσων Κερκύρας, Λευκάδος, Ἰθάκης, Κεφαλληνίας, Ζακύνθου καὶ Κυθήρων, συλλεχθέντων μὲν ὑπὸ Παύλου Λάμπρου, δωρηθέντων δὲ τῷ ἐθνικῷ τῆς Ἑλλάδος πανεπιστημίῳ παρὰ τοῦ φιλογενεστάτου καὶ φιλομούσου Ἀλεξάνδρου Μουρούζη, καὶ περιγραφέντων ὑπὸ Ἀχιλλέως Ποστολάκα, νομισματογνώμονος τοῦ ἐν τῇ ἐθνικῇ βιβλιοθήκῃ ἐθνικοῦ νομισματικοῦ μουσείου καὶ μέλους ἀντεπιστέλλοντος τοῦ ἐν Ῥώμῃ ἀρχαιολογικοῦ καθιδρύματος. Ἐκδίδεται δαπάνῃ τοῦ ἐθνικοῦ πανεπιστημίου. Ἀθήνῃσι, ἐκ τοῦ ἐθνικοῦ τυπογραφείου. αωξή.

In-4° de ιβ' (12) + 138 pages + un feuillet + six planches. Titre tiré en rouge et noir. L'épître dédicatoire à Alexandre Mourouzis est signée de Théodore G. Orphanidis, alors recteur de l'Université.

2633. — Κατήχησις ἢ ὀρθόδοξος χριστιανικὴ διδασκαλία τῆς ἀνατολικῆς ἐκκλησίας μεταγλωττισθεῖσα ἐκ τοῦ ῥωσσικοῦ ὑπὸ Δημητρίου Ν. Δαρβάρεως. Ἔκδοσις Σεργίου Χ. Ῥαφτάνη πρὸς χρῆσιν τῶν ἑλληνικῶν σχολείων, ἐγκρίσει τῆς ἱερᾶς συνόδου. Ἐν Ζακύνθῳ, τυπογραφεῖον ὁ Παρνασσὸς Σεργίου Χ. Ῥαφτάνη, διευθύν. Ν. Ι. Ταρουσσοπούλου. αωξή.

In-8° de 64 pages.

2634. — Κωνσταντίνου Φρεαρίτου, πρώην ἐφόρου τῆς ἐθνικῆς βιβλιοθήκης τῆς Ἑλλάδος καὶ τοῦ ἐθνικοῦ νομισματικοῦ μουσείου, εὐθύναι πρὸς τὸ κοινόν. Ἐν Ἀθήναις, ἐκ τοῦ τυπογραφείου Ν. Γ. Πάσσαρη, ὁδὸς Νικία, ἀριθ. 6. 1868.

In-8° de ιδ' (14) pages, 1 feuillet et 435 pages. L'auteur de cet ouvrage est Constantin Phréaritis lui-même.

2635. — La séparation des deux éléments chrétien et musulman comme la solution la plus honnête et la plus praticable de la Question d'Orient. *Paris*, chez Amyot, rue de la Paix, 8. Athènes, chez M. Canélis, rue d'Éole. 1868. (A *la fin :*) 6071. Paris, imprimerie Jouaust, rue Saint-Honoré, 338.

In-18 jésus de deux feuillets non chiffrés et 76 pages. L'auteur de ce livre est feu Cyriaque Lambryllos de Cérigo. Ce fut moi-même qui, sur sa prière, en corrigeai les épreuves.

2636. — Lettre d'André Théotoky au docteur Angélos Cogévinas, datée de Corfou, le 31 juillet 1868.

In-8° de 2 feuillets. Grec et italien. Dans certains exemplaires, le grec et l'italien sont placés en regard, de sorte que les pp. 1 et 4 sont blanches; dans d'autres, l'imposition a été faite de telle façon que les pp. 2 et 4 sont blanches. Sans titre. Incipit grec : ἐνόμιζον οἱ ἀρχαῖοι. Incipit italien : Stimavano gli antichi.

2637. — Λόγοι πρὸς ὑποστήριξιν τοῦ προταθέντος μέτρου τῆς προσωποκρατήσεως, ἐν περιπτώσει μὴ ἀποτίσεως τῶν χρεωστουμένων ἀγροτικῶν προσόδων ἐν τῇ νήσῳ Κερκύρας. (*A la fin :*) Ἐν Ἐρκύρα (*sic*), τυπογραφεῖον Ἀθηνᾶ Ἀρσεν. Κάου.

In-8° de 3 pages. Daté de Corfou, 20 septembre 1868, et signé I. T.

2638. — Λόγος ἐκφωνηθεὶς εἰς τὴν κηδείαν τοῦ ἀοιδήμου Ἀντωνίου Καμπιέρα, τὴν 17 Ἰουνίου 1868, ὑπὸ τοῦ Κερκυραίου ποιητοῦ Σπυρίδωνος Κάλλου.

Placard in-folio. Prose et vers.

2639. — Λόγος ἐκφωνηθεὶς ὑπὸ τοῦ καθηγητοῦ τοῦ γυμνασίου Σύρου Δ. Μαρίνου, κατὰ τὴν 30 Ἰανουαρίου ἑορτὴν τῶν τριῶν Ἱεραρχῶν, ἐν Ἑρμουπόλει, τύποις Γ. Μελισταγοῦς (ὁδὸς Ἀγορᾶς, ἀρ. 1), 1868.

In-8° de 23 pages.

2640. — Λόγος ἐπικήδειος ἐκφωνηθεὶς ἐπὶ τῆς μακαρίτιδος Βασιλικῆς Κ. Ζώτου, τὴν 28 σεπτεμβρίου ἐν Ἀργυροκάστρῳ ὑπὸ τοῦ ἐν τῇ αὐτῇ πόλει ἑλληνοδιδασκάλου Ἀθανασίου Οἰκονομίδου. Ἐκδίδεται δαπάνῃ τοῦ **. Ἐν Κερκύρα, τυπογραφεῖον Ἀθηνᾶ Ἀρσενίου Κάου. 1868.

In-8° de 12 pages.

2641. — Λόγος τοῦ κυρίου Ροντίρη, βουλευτοῦ Ναυπακτίας καὶ μέλους τῆς ἐξελεγκτικῆς ἐπιτροπῆς ἐπὶ τῆς ἐκλογῆς Ζακύνθου. (Συνεδρ. 24η τῆς 19 ἰουνίου 1868). (*A la fin* :) Τυπογραφεῖον ἡ Αὐγή.

In-4° de 7 pages à deux colonnes.

2642. — Μία τῶν σπουδαιοτέρων ἰταλικῶν ἐφημερίδων, ἡ ἐν Φλωρεντίᾳ γαλλιστὶ ἐκδιδομένη Correspondance italienne, ἐν τῷ 169 ἀριθμῷ αὑτῆς, τῆς 22 ἰουνίου 1868, ἔ. ν., λέγει τὰ ἐξῆς περὶ τοῦ σμδ΄ νόμου. (*A la fin* :) Κερκύρᾳ, τυπογραφεῖον Ἀθηνᾶ.

In-8° de 3 pages. L'article est reproduit en français.

2643. — Μία φυλὴ περιπλανωμένη ἐν μέσῳ τῆς Εὐρώπης κατὰ τὸν 19. αἰῶνα. Σκέψεις Ἀγγ. Καλκάνη Λευκαδίου. Μετάφρασις ἐκ τῆς ἰταλικῆς ὑπὸ Α. Λιβαθηνοπούλου, λογίου τοῦ πεζικοῦ. Ἐν Λευκάδι, τυπογραφεῖον ὁ Πίνδος Γεωρ. Χριστοδουλοπούλου. 1868.

In-8° de seize pages. Voir ci-dessus, n° 2613, le titre de l'original italien, à l'année 1867.

2644. — Νεκρολογία [Ἀνδρέου Παπούλη Κερκυραίου]. (*Au bas* :) Τυπογρ. ὁ Παρνασσὸς Σ. Χ. Ῥαφτάνη.

Placard in-folio à 2 colonnes, daté de Zante, le 26 février 1868 et signé P. CHIOTIS.

2645. — Νεοελληνικὴ φιλολογία ἤτοι κατάλογος τῶν ἀπὸ πτώσεως τῆς βυζαντινῆς αὐτοκρατορίας μέχρι ἐγκαθιδρύσεως τῆς ἐν Ἑλλάδι βασιλείας τυπωθέντων βιβλίων παρ' Ἑλλήνων εἰς τὴν νεωτέραν ἢ εἰς τὴν ἀρχαίαν ἑλληνικὴν γλῶσσαν μετὰ βιβλιογραφικῶν καὶ κριτικῶν σημειώσεων περὶ τῶν ἀξίων λόγου συγγραμμάτων καὶ συντόμων βιογραφιῶν τῶν συγγραφέων καὶ ἐκδοτῶν αὐτῶν, ὑπὸ Ἀνδρέου Παπαδοπούλου Βρετοῦ. Ἔκδοσις δευτέρα ἐπιδιορθωθεῖσα ἐν πολλοῖς καὶ ἐπαυξηθεῖσα κατὰ τὸ ἓν τρίτον. (*A la fin* :) *Paris*. Imprimerie Laîné et Havard, rue des Saints-Pères, 19.

In-8° de 2 feuillets, dont le second blanc. Annonce d'une deuxième (en réalité une troisième) édition de la Νεοελληνικὴ Φιλολογία d'ANDRÉ P. VRÉTOS, laquelle n'a jamais paru ; cette annonce est datée de Paris, 1/13 février 1868 et signée Marinos P. Vrétos, 8, rue Miroménil.

2646. — Νόμος σξζ΄, περὶ ἐκτιμήσεως τοῦ ἐλαιοκάρπου Κερκύρας. (*A la fin* :) Ἐν Κερκύρᾳ, τυπογραφεῖον Ἀθηνᾶ.

In-8° de 6 pages et 1 feuillet blanc. Réimpression, d'après le *Journal officiel* hellénique, de la loi promulguée à Athènes, le 5 octobre 1868.

2647. — Νύξεις τινές περί των εν Κερκύρα συγκρατειών και κανισκευσιών. Έν Ἐκρκύρᾳ (sic), τυπογραφεῖον Ἀθηνᾶ Ἀρσενίου Κάου. 1868.

In-8° de 28 pages. La couverture imprimée sert de titre. Daté (p. 8) de Corfou, 22 août 1868, et signé MICHEL POLYLAS.

2648. — Οἱ Ἕλληνες καὶ οἱ Μουζῖκοι, τραγούδι τοῦ λαοῦ. Ἐρραψῴδησαν οἱ Ὁμηρίδαι Γασπαράτος, Λιοσᾶτος καὶ Γιακουμακᾶτος. Βουλευτική ἐκλογή τῶν Ἰακωβάτων τὸν ἰανουάριον τοῦ 1868. Πρώτη πρὸς Μουζίκους. Ἐν Ἀθήναις, ἐκ τοῦ τυπογραφείου Πέτρου Β. Μωραϊτίνη. 1868.

In-8° de 35 pages. La couverture imprimée sert de titre. Rarissime. L'auteur de ce poème est GEORGES JACOVATOS.

2649. — Ὀλίγα περὶ τοῦ ἐθνικοῦ καὶ πολιτικοῦ βίου τῶν Ἑλλήνων ὑπὸ Διονυσίου Θερειανοῦ. Τεργέστη, τύποις αὐστριακοῦ Λόυδ. 1868. (*Au v° du titre :*) Tipografia del Lloyd austriaco editrice.

In-8° de 89 pages. A la page 4 de la couverture, on lit cette mention: Διανέμεται δωρεάν. Dédié au baron Pascal Revoltella.

2650. — Ὀλίγα τινὰ περὶ τῶν ἐν Κερκύρᾳ κακῶς κειμένων. (*A la fin :*) Τυπογραφεῖον ἡ Ἰονία ἀδελφῶν Κάων.

In-8° de 20 pages. Daté de Corfou, 21 mai 1868, et signé K.

2651. — Ὁ συκοφάντης ἐξελεγχόμενος ὑπὸ Ἰ. Ἀ. Ἀραβαντινοῦ. Ἐν Κεφαλληνίᾳ, τυπογραφεῖον ἡ Κεφαλληνία. 1868.

In-8° de 20 pages.

2652. — Ὁ ὑβριστὴς ῥαπιζόμενος ὑπὸ Σ. Α. Ἀραβαντινοῦ, ποίημα κατὰ Γεωργίου Ἰακωβάτου, συγγραφέως τοῦ ποιήματος « οἱ Ἕλληνες καὶ οἱ Μουζίκοι ». Ἐν Κεφαλληνίᾳ, τυπογραφεῖον ἡ Κεφαλληνία. 1868.

In-8° de 21 pages. Voir ci-dessus le n° 2648.

2653. — Παιὰν εἰς τὸν τεχθέντα διάδοχον τοῦ ἑλληνικοῦ θρόνου. (*Au bas :*) Κερκύρᾳ, τῇ 24 ἰουλίου. 1868.

Placard in-folio. Poésie en grec ancien signée: Χ. Στρατηγός.

2654. — Πέτρος Τάσκας ἢ τὸ φουρναρόπουλο τῆς Βενετίας, δρᾶμα ἱστορικὸν εἰς πράξεις πέντε μεταγλωττισθὲν ἐκ τοῦ ἰταλικοῦ ὑπὸ Ἀ. Κουρνιάκτη καὶ ἐκδοθὲν ὑπὸ Ἀντωνίου Πεζάρου. Ἐν Σμύρνῃ, τύποις Νικολάου Ἀ. Δαμιανοῦ. 1868.

In-8° de 68 pages. Se vendait 7 piastres.

2655. — Ποιήματα Ἀριστοτέλους Βαλαωρίτου ἐκδιδόμενα ὑπὸ Παύλου Λάμπρου. Τόμος πρῶτος : μνημόσυνα καὶ ἕτερα ἀνέκδοτα. Ἀθήνησι, τύποις Λ. Μηλιάδου καὶ Σ. Οἰκονόμου (ἐν τῇ γωνίᾳ τῶν ὁδῶν Βουλῆς καὶ Λέκα). 1868.

In-8° de 8 feuillets non chiffrés, 214 pages et un feuillet.

Τόμος δεύτερος : Κυρὰ Φροσύνη καὶ τὸ Σήμαντρον.

In-8° de 232 + 16 pages. Ces dernières pages contiennent les noms des souscripteurs.

2656. — Ποιητική, ἠθική, ἱστορικὴ καὶ ἐνθουσιαστικὴ ἐξιστόρησις τοῦ τρίτου φυλλαδίου τοῦ χωρικοῦ Γεωργίου Ῥουβᾶ. (*A la fin :*) Ἐν Κερκύρᾳ, τυπογραφεῖον Ἀθηνᾶ. 1868.

In-8° de 32 pages.

2657. — Ἐξακολούθησις τῆς τοῦ ἰδίου χωρικοῦ ποιητικῆς ἐξιστορήσεως τῶν ὡς ἐκ τῆς ὀχλοκρατείας δεινοπαθημάτων τοῦ ἔθνους · ἡ ἀδελφικὴ συμφιλίωσις καὶ τὰ χαρᾶς εὐαγγέλια. (*A la fin :*) Τυπογραφεῖον Ἀθηνᾶ Ἀρσενίου Κάου.

In-8° de 20 pages. Fait suite au numéro précédent.

2658. — Προκήρυξις περὶ ἐγγραφῆς μαθητριῶν εἰς τὸ ἐν Κερκύρᾳ ἑλληνικὸν παρθεναγωγεῖον τῆς φιλεκπαιδευτικῆς ἑταιρίας.

Placard in-folio. Daté de Corfou, 26 septembre 1868, et signé Calliope Pétrocockinos.

2659. — Πρὸς τὸν λαὸν τῆς Κερκύρας. (*Au bas :*) Κερκύρᾳ, τῇ 21 μαρτίου 1868. Τυπ. ἡ Ἰονία ἀδελφῶν Κάων.

Placard de 18 cent. sur 26. Poésie écrite à l'occasion des élections. L'auteur engage les Corfiotes à voter pour des députés patriotes.

2660. — Πρὸς τοὺς βουλευτάς. Ἀλλοίμονον εἰς τοὺς ἀφώνους ! Ἐν Κεφαλληνίᾳ, τυπογραφεῖον ἡ Κεφαλληνία. 1868.

In-8° de 27 pages. Daté d'Argostoli, 25 mai 1868, et signé P. Vergotis.

2661. — Πρὸς τοὺς ἐκλογεῖς τῆς ἐπαρχίας Κερκύρας. (*Au bas :*) Τυπογραφεῖον 'Αθηνᾶ 'Α. Κάου.

Placard in-folio à 2 colonnes. Daté de Corfou, 8 mars 1868 (style grec) et signé Michel Rikkis, fils de feu le docteur Démétrius.

2662. — Quelques mots (en grec) sur la mort, arrivée le 11 septembre 1868, à 6 heures d'après-midi, d'Adamantine, fille de feu le comte Théodore Trivolis et femme de Constantin Képhalas.

Placard in-4° (il y a aussi des exemplaires tirés in-folio). Daté de Corfou, 12 septembre 1868, et signé A. Théotokis. Sans intitulé.

2663. — Studii e lettere di Giuseppe Veludo ne' suoi primi tre anni universitarii di medicina in Padova, colle testimonianze rese alla sua memoria. Per cura del padre suo. *Venezia*, tip. S. Giorgio. 1868.

In-8° de 4 feuillets (dont le premier blanc) et 184 pages dont les trois dernières non chiffrées.

Nous donnons place ici à ce rarissime petit volume, parce que l'on y trouve : 1°) Un compte-rendu par Giuseppe Veloudo de l'ouvrage du Dr C. Prétendéris Typaldos *Essai sur la pellagre observée à Corfou* (voir ci-dessus le n° 2537), p. 48 à 53 ; 2°) *Parole dette sul feretro di Giuseppe Veludo dal R. P. Spiridione Zervò, archimandrita e cappellano in S. Giorgio de Greci in Venezia*, en grec, avec traduction italienne, p. 161 à 167 ; 3°) Une *epigrafe* d'Émile Typaldos à Giuseppe Veloudo.

2664. — Συκοφαντία ἢ ἀλήθεια ; Τὰ περὶ τοῦ σμδ' νόμου. (*A la fin :*) Τυπογραφεῖον 'Αθηνᾶ 'Α. Κάου.

In-8° de 16 pages. Daté de Corfou, 24 mai 1868.

2665. — Συλλογὴ δημοτικῶν ᾀσμάτων ὑπὸ Σπυρίδωνος Σκορδίλη Κεφαλλῆνος. Ἐν Κεφαλληνίᾳ, τύποις Ποσειδῶνος. 1868.

In-8° de 29 pages. Rare.

2666. — Sullo svolgimento storico del primitivo Cristianesimo, memoria di Ermanno Lunzi. *Milano*, amministrazione del Politecnico. 1868.

In-8° de 22 pages et un feuillet blanc. Rarissime. Au v° du titre, on lit : « Estratto dal Giornale *Il Politecnico*. Parte letteraria. 1868. » Outre cette mention, on lit à la page 4 de la couverture : « Milano, tipografia di Zanetti Francesco, Via del Senato, N. 26. »

2667. — Συναξαριστής τῶν δώδεκα μηνῶν τοῦ ἐνιαυτοῦ, πάλαι μὲν ἑλληνιστὶ συγγραφεὶς ὑπὸ Μαυρικίου, διακόνου τῆς μεγάλης ἐκκλησίας, μεταφρασθεὶς δὲ ἀμέσως ἐκ τοῦ ἑλληνικοῦ χειρογράφου συναξαριστοῦ, καὶ μεθ' ὅσης πλείστης ἐπιμελείας ἀνακαθαρθείς, διορθωθείς, πλατυνθείς, ἀναπληρωθείς, σαφηνισθείς, ὑποσημειώσεσι διαφόροις καταγλαϊσθεὶς καὶ εἰς τρεῖς τόμους διαιρεθεὶς ὑπὸ τοῦ ἀοιδίμου μοναχοῦ Νικοδήμου τοῦ ἁγιορείτου, ἐξεδόθη τὸ πρῶτον διὰ σπουδῆς τοῦ πανιερωτάτου Θεσσαλονίκης Ἰωσὴφ καὶ συνεργείᾳ τῶν ἱερομονάχων Στεφάνου καὶ Νεοφύτου τῶν ἁγιορειτῶν, δεύτερον δὲ ὑπὸ τοῦ ἱερέως Σωφρονίου Χ. Ἀσλάνογλου, νῦν δὲ τὸ τρίτον ἐπεξεργασθεὶς καὶ μετὰ προσθηκῶν καὶ ἀνεκδότων πλουτισθεὶς ἐκδίδοται ὑπὸ Σεργίου Χ. Ῥαφτάνη Ἠπειρώτου. Τόμος πρῶτος περιέχων τοὺς τέσσαρας μῆνας σεπτέμβριον, ὀκτώβριον, νοέμβριον καὶ δεκέμβριον. Ἐν Ζακύνθῳ, ἐκ τοῦ τυπογραφείου ὁ Παρνασσὸς Σεργίου Χ. Ῥαφτάνη διευθυνομένου ὑπὸ Ν. Ι. Ταρουσσοπούλου. αωξή.

In-folio de 448 pages.

Τόμος δεύτερος περιέχων μῆνας ἰανουάριον, φεβρουάριον, μάρτιον καὶ ἀπρίλιον : 320 pages.

Τόμος τρίτος περιέχων τοὺς τέσσαρας μῆνας μάϊον, ἰούνιον, ἰούλιον καὶ αὔγουστον : 360 pages.

2668. — Σύντομος ἱστορικὴ περιγραφὴ τῆς ἱερᾶς μητροπόλεως Βελεγράδων καὶ τῆς ὑπὸ τὴν πνευματικὴν αὐτῆς δικαιοδοσίαν ὑπαγομένης χώρας νῦν πρῶτον συνταχθεῖσα καὶ ἰδίοις ἀναλώμασι τύποις ἐκδοθεῖσα ὑπὸ τοῦ μητροπολίτου Βελεγράδων Ἀνθίμου Δ. Ἀλεξούδη, τοῦ ἐκ Μαδύτων τῆς Θρακικῆς χερσονήσου. Ἐν Κερκύρᾳ, τυπογραφεῖον ἡ Ἰονία ἀδελφῶν Κάων. 1868.

In-8° de δ' (4) et 158 pages + 1 feuillet. Très rare et recherché.

2669. — Σύντομος πραγματεία περὶ ὁμηρικῆς ἢ ἐπικῆς διαλέκτου, περὶ εὐχρηστοτάτων δακτυλικῶν στίχων, περὶ τοῦ εἰς δισύλλαβον καταληκτικοῦ ἑξαμέτρου τραγικοῦ τε καὶ ἡρωϊκοῦ καὶ περὶ τομῶν ὑπὸ Π. Σ. Ἐν Κερκύρᾳ, τυπογραφεῖον Ἀθηνᾶ Ἀ. Κάου, ὁδὸς Ἁγίων Πατέρων νῦν Κορυνθίων, οἰκία Κ. Α. Βραχλιώτη, ἀριθ. 2638. 1868.

In-8° de 62 pages et 1 feuillet. L'auteur de cette étude est P. Stavrinidis (Cf. Κατάλογος τῶν βιβλίων τῆς ἐθνικῆς βιβλιοθήκης τῆς Ἑλλάδος, τμῆμα β', p. 146).

2670. — Τὰ ἐπειγόντως διορθωτέα. Ἐν Κερκύρᾳ, τυπογραφεῖον Ἀθηνᾶ Ἀ. Κάου, ὁδὸς Ἁγίων Πατέρων νῦν Κορυνθίων, οἰκία Κ. Α. Βραχλιώτη, ἀριθ. 2638. 1868.

In-8° de 34 pages et 1 feuillet blanc.

2671. — Τὸ πρὸς τὴν πατρίδα καθῆκον, ἱστορικὴ ἔκθεσις τῶν περὶ ἰδιοκτησίας Κερκύρας ζητημάτων κατὰ τὴν ἄρτι λήξασαν βουλευτικὴν περίοδον, ὑπὸ Σωκράτους Κουρῆ, πρώην βουλευτοῦ Κερκύρας. Κερκύρᾳ, τυπογραφεῖον 'Αθηνᾶ Α. Κάου, ὁδὸς Ἁγίων Πατέρων νῦν Κορυνθίων, οἰκία Α. Βραχλιώτη, ἀριθ. 2638. 1868.

In-8° de 54 pages et 1 feuillet blanc.

2672. — Φιλολογικὴ ἔποψις τῆς γαλλικῆς γλώσσης ὑπὸ Κ. Λευκαδίτου, καθηγητοῦ τῆς γλώσσης ταύτης ἐν τῇ Ῥιζαρείῳ σχολῇ. Ἐν Ἀθήναις, ἐκ τοῦ τυπογραφείου Δ. Ἀθ. Μαυρομμάτη. 1868.

In-8° de 14 pages et 1 feuillet. Rare.

2673. — Αἱ δύο βουλαὶ ἥ τε τοῦ Ἀρείου Πάγου καὶ ἡ τῶν 500, καὶ ἡ δημοτικὴ ἐκκλησία τῶν ἀρχαίων Ἀθηναίων, ὑπὸ Νικολάου Δ. Ζερβοῦ Κεφαλλῆνος. Ἐν Κεφαλληνίᾳ, τυπογραφεῖον ἡ Κεφαλληνία. 1869.

In-8°. de un feuillet, ή (8) et 42 pages.

2674. — Ἀνατύπωσις τῆς ἀγορεύσεως τοῦ βουλευτοῦ Μεσολογγίου κυρίου Ἐπαμινώνδα Δεληγεώργη κατὰ τὴν συζήτησιν τῆς ἐπὶ τοῦ βασιλικοῦ λόγου ἀπαντήσεως (25 ἰουλίου 1869), ὑπὸ τῶν ***** (Διανέμεται δωρεάν). Ἐν Ζακύνθῳ, τυπογραφεῖον ὁ Παρνασσὸς Σεργίου Χ. Ῥαφτάνη. 1869.

In-8° de 23 pages. La couverture imprimée sert de titre.

2675. — Βίος τοῦ ἁγίου καὶ θαυματουργοῦ Σπυρίδωνος, προστάτου Κερκύρας, μετὰ τῶν νεωτέρων θαυμάτων αὐτοῦ καὶ μετὰ προσθήκης τῶν εἰκοσιτεσσάρων οἴκων τοῦ ἁγίου, ἐκδίδεται ὑπὸ Ἰωάννου Ζερβοῦ πτ. ἱερέως Ἀναστασίου. Κερκύρᾳ, τυπογραφεῖον ὁ Κάδμος Νεοφύτου Καραγιάννη. 1869. Τιμᾶται δραχμὰς 2.

In-8° de 48 pages. En tête du livre, il y a une lithographie qui représente S. Spiridion dans sa châsse. Au-dessous de cette lithographie, on lit : *Lit. Claudiani. Corfù.*

2676. — Γρηγόριος ὁ ἕ ὁ οἰκουμενικὸς πατριάρχης, τραγῳδία πράξεως μιᾶς εἰς μέρη πέντε, ὑπὸ Σπυρίδωνος Ν. Ζαβιτσάνου. Τιμὴ δρ. 4. 50. Ἐν Ἀθήναις, ἐκ τοῦ τυπογραφείου Περρῆ-Βάμπα. 1869.

In-8° de 163 pages, plus un feuillet en papier rouge (intercalé entre les pages 4 et 5, au v° duquel on lit une lettre en français de Novicow, ministre plénipotentiaire de Russie à Athènes, datée de cette ville 10/22 octobre 1869, adressée à « S. N. Zavizian », et par laquelle il l'informe que le tsar a daigné agréer la dédicace de cette tragédie à la mémoire de ses aïeux).

NB. D. Coromilas (*Catalogue raisonné*, p. 35) et Perris (Είκοσαετηρίς, n° 8) attribuent à cet ouvrage une pagination erronée. D'après ce dernier (*ibid.*), il fut tiré à mille exemplaires.

2677. — Διάφορα ποιήματα Γεωργίου Αύλίχου. Ἐν Κεφαλληνία, ἐκ τοῦ τυπογραφείου ἡ Κεφαλληνία. 1869.

In-8° de 12 + 104 pages.

2678. — Δύο λέξεις ἐπὶ τῆς ἐν Σμύρνῃ καθολικορωμαϊκῆς συνόδου. Ἐν Κερκύρᾳ, τυπογραφεῖον ἡ Ἰονία ἀδελφῶν Κάων. 1869.

In-8° de 14 pages et 1 feuillet blanc.

2679. — Ἐθνικὸν ἡμερολόγιον τοῦ ἔτους 1869 ἐκδοθὲν ὑπὸ Μαρίνου Π. Βρετοῦ. Τὸ μὲν ἑορτολόγιον συνετάχθη παρὰ Ζώτου, προλύτου τῆς θεολογίας· τὸ δὲ ἀστρονομικὸν μέρος συνετάχθη παρὰ Ἰ. Γ. Παπαδάκη, καθηγητοῦ τῆς ἀστρονομίας ἐν τῷ Ἀθήνησιν ἐθνικῷ πανεπιστημίῳ. Ἔτος θ'. Πωλεῖται ἐν Λειψίᾳ παρὰ τῷ τυπογράφῳ F. A. Brockhaus, ἐν Παρισίοις παρὰ τῷ βιβλιοπώλῃ Reinwald, 15, rue des Saints-Pères, ἐν Ἀθήναις παρὰ τῷ φωτογράφῳ κ. Δημητρίῳ Κωνσταντίνῳ, ἐν ὁδῷ Αἰόλου, πλησίον τοῦ ξενοδοχείου τῆς Ἀνατολῆς. Ἐφιστῶμεν τὴν προσοχὴν τοῦ ἀναγνώστου ἐπὶ τοῦ ἐπιλόγου. (*A la fin :*) Ἐκ τοῦ τυπογραφείου τοῦ F. A. Brockhaus ἐν Λειψίᾳ.

In-8° de 750 pages + un feuillet + 32 pages sur papier jaune + les gravures, dont la table se trouve au r° du feuillet final.

2680. — Εἰς τὸν θάνατον τοῦ Γερασίμου Ξεδακτύλου. Ἐν Κεφαλληνίᾳ, τυπογραφεῖον ἡ Κεφαλληνία. 1869.

In-8° de sept pages. Signé H. A. T. c'est-à-dire Hélie A. Tsitsélis. Gérasime Xédactylos mourut le 30 septembre 1869.

2681. — Ἐπιστολιμαία διατριβὴ περὶ βαπτίσματος ἢ ἀπόδειξις τοῦ ὅτι ἡ ὀρθόδοξος ἀνατολικὴ ἐκκλησία βαπτίζουσα τοὺς ἐκ τῶν ἄλλων ἐκκλησιῶν προσερχομένους δὲν ἀναβαπτίζει ἀλλὰ βαπτίζει αὐτοὺς ἀβαπτίστους ὄντας, ὑπὸ Δ. Μαρίνου, διδάκτορος τῆς θεολογίας καὶ καθηγητοῦ τοῦ ἐνταῦθα γυμνασίου. Ἐν Ἑρμουπόλει, ἐκ τοῦ τυπογραφείου τῆς Πατρίδος. 1869.

In-16 de 70 pages.

2682. — Ἐποίκια Λοκρῶν γράμματά τὸ πρῶτον ὑπὸ Ἰ. Ν. Οἰκονομίδου ἐκδοθέντα και διαλευκαθέντα (sic). Patto colonario de' Locri per la prima volta pubblicato ed illustrato da G. N. Economides. Ἐν Ἀθήναις, ἐκ τοῦ τυπογραφείου Χ. Ν. Φιλαδελφέως, παρὰ τῇ Πύλῃ τῆς Ἀγορᾶς, ἀριθ. 4. 1869.

In-4° de 130 + δ' (4) + 6' (2) pages + 2 fac-similés. Grec et italien. Peu commun.

2683. — Ἡ αἱματωμένη λίμνη ὑπὸ Π. Δ. Ἡλιοπούλου. Ἔκδοσις δευτέρα. Ἐν Ἀθήναις, τύποις « φιλολογικοῦ μουσείου », παρὰ τὸν ναὸν τῶν ἁγίων Θεοδώρων. 1869.

In-8° de 80 pages. Le titre qui figure sur la couverture porte, en outre, après le nom de l'auteur, le mot Ποιήσεις.

2684. — Ἡ δίκη μου μὲ τὴ Σύνοδο, παρὰ τοῦ κυρίου Ἀνδρέου Λασκαράτου, συγγραφέως τῶν Μυστηρίων τῆς Κεφαλονιᾶς καὶ ἐγδότου εἰς 2αν ἔγδοσην τοῦ Ἀφορεσμοῦ τους. Ἐν Κεφαλληνίᾳ, τύποις Προόδου. 1869.

In-8° de un feuillet non chiffré, θ' (9) + 91 pages. Rarissime.

2685. — Ἱστορία τοῦ Ταγιαπιέρα | ποῦ τὴν σημερνὴν ἡμέρα | σὰν αὐτὸν οὐδὲν ἐφάνη | εἰς ὅσ' ὁρίζουν οἱ Χριστιάνοι. Ποίημα Ἰακώβου τοῦ Τριβώλη ἐπιμελείᾳ τε καὶ διορθώσει Αἰμυλίου Λεγρανδίου. Ἀθήνησιν, ἐν τῷ γραφείῳ τῆς Πανδώρας. 1869. (A la fin :) Paris. Imprimerie Adolphe Laîné, rue des Saints-Pères, 19.

In-12 de 24 pages. Forme le n° 3 de la *Collection de monuments pour servir à l'étude de la langue néo-hellénique* (Paris, chez Maisonneuve et Cie, 15, Quai Voltaire, 15. 1869).

2686. — Ithaka, der Peloponnes und Troja. Archäologische Forschungen von Heinrich Schliemann. Nebst 4 Lithographieen und 2 Karten. *Leipzig*, Commissions-Verlag von Giesecke und Devrient. 1869.

In-8° de xx + 214 pages + un feuillet contenant des annonces de librairie + 4 lithographies et deux cartes. Rare.

2687. — Ithaque, le Péloponnèse, Troie. Recherches archéologiques par Henri Schliemann. *Paris*, C. Reinwald, libraire-éditeur, rue des Saints-Pères, 15. 1869. (Paris, imprimerie de Adolphe Laîné, rue des Saints-Pères, 19.)

In-8° de xvi + 232 pages + six planches et cartes. Rare.

2688. — Κανονισμὸς περὶ συστάσεως ἐκπαιδευτηρίου τῶν κορασίων ἐν Ζακύνθῳ. Ἐν Ζακύνθῳ, τυπογραφεῖον ἡ Αὐγὴ Νικολάου Κοντόγιωργα. 1869.

In-8º de 31 pages. Rarissime.

2689. — Κηδεία καὶ χορός, μονόπρακτος κωμῳδία Φ. Καμερόνη. Μετάφρασις Γεωργίου Κ. Σφήκα. Ἐν Ζακύνθῳ, τυπογραφεῖον ἡ Αὐγὴ Νικολάου Κοντό-γιωργα. 1869.

In-8º de 38 pages et un feuillet blanc. Très rare.

2690. — La missione di Sua Signoria onorevolissima William Ewart Gladstone nelle Isole Jonie. Narrazione di Antonio Lefcochilo Dusmani. *Corfù*, tip. di G. Nacamulli. 1869.

In-8º de VIII et 519 pages. Le millésime de la couverture est 1869-71, parce que l'ouvrage a paru en six livraisons : la première en 1869, les 2ᵉ, 3ᵉ et 4ᵉ en 1870, les 5ᵉ et 6ᵉ en 1871.

2691. — Le progrès de Corfou après l'union et observation (*sic*) relatives et nécessaires à son développement. (*A la fin :*) Imprimerie Minerve.

In-8º de 15 pages. Daté de Corfou, 21 juillet 1869, et signé Spiridion Ziffra.

2692. — Λόγοι ἐκφωνηθέντες ἐν Ζακύνθῳ, τῇ 21 Ἰουλίου 1869, ἐπὶ τοῦ νεκροῦ τοῦ ἰατροῦ Δημητρίου Κ. Μπαχώμη. Ἐκδίδονται ὑπὸ Σεργίου Χ. Ῥαφτάνη. Ἐν Ζακύνθῳ, τυπογραφεῖον ὁ Παρνασσός. 1869.

In-8º de 23 pages. Vignettes funéraires sur le titre et à la fin de la brochure. Contient des discours par un anonyme, par le docteur Vouldos, Anastase P. Tavoularis, Georges Andricópoulos, Spyridion Choriatopoulos et Jean P. Coccalis.

2693. — Λόγοι ἐκφωνηθέντες ὑπὸ τῶν κ. κ. Παναγιώτου Χιώτου διδασκάλου καὶ Ἀναστασίου Βερυκίου ἰατροῦ κατὰ τὴν κηδείαν τοῦ νεκροῦ τοῦ Διονυσ. Βερέττα, ἐν τῷ ναῷ τοῦ εὐαγγελιστ. Μάρκου, τῇ 5ῃ σεπτεμβρίου 1869. Ἐν Ζακύνθῳ, τυπογραφεῖον ἡ Αὐγὴ Νικολάου Κοντόγιωργα. 1869.

In-8º de 13 pages + 1 page blanche + un feuillet. Rare.

2694. — Λόγος ἐκφωνηθεὶς ἐν τῷ ἀρτισυστάτῳ ἐν Ἀβραμίῳ πτωχοκομείῳ τὴν 28 σεπτεμβρίου 1869 κατὰ τὴν ἔναρξιν αὐτοῦ παρὰ Ἰωάννου Βράϊλα Ἀρμένη, προέδρου τῆς ἐπὶ τοῦ αὐτοῦ καταστήματος ἐπιτροπῆς. (*A la fin :*) Ἐν Κερκύρᾳ, τῇ 4 ὀκτωβρίου 1869. Τυπ. ἡ Ἰονία.

In-8º de huit pages.

2695. — Λόγος ἐπιτάφιος ἐκφωνηθεὶς ὑπὸ Ἀγγέλου Γ. Πεφάνη ἐπὶ τοῦ νεκροῦ τῆς κυρίας Ἄννης Γ. Πηνιατόρου. Κεφαλληνία, τύποις Προόδου. 1869.

In-8° de huit pages. On y lit (p. 4) que la défunte était née à Lixouri, en 1799, du comte Gérasime Cladas et de Régina, son épouse. Très rare.

2696. — Λόγος τῆς 25 μαρτίου 1869 ἐκφωνηθεὶς τῇ 25 σεπτμεβρίου (sic) ὑπὸ Γ. Τερτζέτη, βιβλιοφύλακος τῆς Βουλῆς. Ἐν Ἀθήναις, ἐκ τοῦ τυπογραφείου Χ. Ν. Φιλαδελφέως (παρὰ τῇ Πύλῃ τῆς Ἀγορᾶς, ἀριθ. 4). 1869.

In-8° de un feuillet, γ' (3) + 19 pages et un feuillet blanc.

2697. — Μελέτη περὶ τοῦ ὀνόματος τῆς σεπτῆς τῶν Ἑλλήνων ἀνάσσης ὑπὸ Ἀ. Θεοτόκου. Considérations concernant le nom de l'auguste reine des Hellènes par A. Théotoky. (*A la fin :*) Corfou, 25 juillet 1869. Impr. de J. Nacamulli, édit.

In-8° de 24 pages. En grec et en français. Voir dans l'*Osservatore Triestino* du 21 août 1869 l'article intitulé : *Il nome dell' augusta regina Olga*.

2698. — Nelle faustissime nozze Bianchi-Ninni. (*A la fin :*) Venezia, 1869. Stabilimento tipografico Antonelli.

In-8° de 13 pages (dont les 2 premières blanches) et 1 feuillet. Contient des « Pensieri sulle opere di Nicolò Ugo Foscolo » par ÉMILE de TYPALDOS.

2699. — Ὁ Λάμπρος. (*A la fin :*) Ἐν Κερκύρᾳ, τῇ 10 ὀκτωβρίου 1869. Τυπογραφεῖον Κάδμος.

In-8° de 6 pages et un feuillet blanc. Pièce de vers signée A. K., c'est-à-dire : Ἄγγελος Καλκάνης. L'exemplaire que nous avons eu sous les yeux portait d'ailleurs au verso du feuillet blanc : « Al pregiatissimo signor professore Romanò, l'autore, Angiolo Calcani, porge questo suo lavoro qual pegno di stima e di amicizia. »

2700. — Ὀλίγα ἄνθη ὑπὸ Ἀριστείδου Καψοκεφάλου. Ἐν Ζακύνθῳ, τυπογραφεῖον ἡ Αὐγὴ Νικολάου Κοντόγιωργα. 1869.

In-8° de 13 pages + 1 page blanche + 1 feuillet. Poésies.

2701. — Ὀλίγαι λέξεις περὶ τραπέζης δημοσιευόμεναι ἕνεκεν τῆς, ἐπιφορᾷ κενῶν συλλογισμῶν, εἰς ἑλληνικὰς, ὡς λέγουσι, καλένδας ἀναβλήσεως τῆς ἐπηγγελμένης θεραπείας. (*A la fin :*) Imprimerie Jonia.

In-8° de 8 pages. Daté de Corfou, 16/28 avril 1869, et signé A. THÉOTOKY. Grec suivi de la traduction française.

2702. — 'Ολίγα μαθήματα λογικῆς καὶ θεολογικῆς πρός τινα ἀνώνυμον καθολικὸν θεολόγον τῆς Άνω Σύρου. Δ. Μαρῖνος καθηγητὴς τοῦ γυμνασίου. 1869.

In-16 de 96 pages. Voir plus loin, à l'année 1871, n° 2803, la réponse à cet ouvrage.

2703. — Ὁ ὁδηγὸς τῆς προόδου ὑπὸ Σπυρίδωνος Γρηγοριάδου. Τόμος πρῶτος. Ἐν Κερκύρᾳ, τυπογραφεῖον ἡ Ἰονία ἀδελφῶν Κάων. 1869.

In-8° de 269 pages et 1 feuillet.

2704. — Orazione panegirica in onore di santo Spiridione vescovo protettore dell' isola di Corfù, recitata nel dì 9 maggio 1869 da Domizio Boldrini, canonico parroco della cattedrale di Matelica e dedicata ai meriti sublimi e zelo singolare di Sua Eccell. Rev.ma mons. Spiridione Maddalena, arcivescovo della chiesa latina corcirese. *Camerino*, 1869. Tip. Borgarelli.

In-8° de 22 pages et 1 feuillet blanc.

2705. — Περὶ τοῦ ἰσθμοῦ τοῦ Σουέζ, μονογραφία μετὰ τοπογραφικοῦ πίνακος ὑπὸ Μιλτιάδου Η. Πανᾶ, πρώην ὑποπροξένου τῆς Ἑλλάδος ἐν Πὸρτ-Σαΐδ. Ἐν Ἀθήναις, τυπογραφεῖον Σ. Κ. Βλαστοῦ (ὁδὸς Ἑρμοῦ, ἀριθ. 178). 1869.

In-8° de 40 pages et un plan topographique.

2706. — 1869. Poésie signée ὁ διανομεὺς τῆς Φωνῆς.

Placard de 18 centimètres sur 26.

2707. — Πρόγραμμα τῆς τελετῆς τοῦ ἁγίου βαπτίσματος τῆς αὐτοῦ ὑψηλότητος τοῦ βασιλικοῦ πρίγκιπος Γεωργίου.

Placard in-folio à deux colonnes. Daté de Corfou, le 19/31 juillet 1869.

2708. — Πρόοψις τοῦ δημοσίου βίου τοῦ Δημητρίου Ναράντση Ζακυνθίου. Ἐν Ζακύνθῳ, τυπογραφεῖον ὁ Παρνασσὸς Σεργίου Χ. Ῥαφτάνη διευθυνόμενον ὑπὸ Ν. Ἰ. Ταρουσσοπούλου. 1869.

In-8° de 59 pages.

2709. — Quelques remarques sur les fonctions de Grèce et de Rome dans la propagation et la préparation du christianisme, en forme d'avertissement contre certaines assertions qui vont peut-être se produire pendant le Concile convoqué pour le mois de novembre de cette année à Rome, par Cyriaque Lampryllos. *Athènes*, imprimerie internationale Perris et Vambas. 1869.

In-16 de 92 pages. Tiré à 500 exemplaires (Perris, Εἰκοσαετηρίς, n° 14).

2710. — Σκέψις εἰς τὸ περὶ ἑνώσεως τῶν ἐκκλησιῶν ζήτημα ὑπὸ Ἀρσενίου ἱερέως Πανδῆ. Κερκύρᾳ, τυπογραφεῖον Κάδμος Νεοφύτου Καραγιάννη. 1869.

In-8° de 32 pages. Brochure devenue rare.

2711. — Sopra una storia di Montenegro, lettera di Giovanni Veludo. *Venezia*, tip. S. Giorgio. MDCCCLXIX.

In-16 de 16 pages. Dédié au docteur Panagino Tipaldo-Foresti, vice-consul de Grèce.

2712. — Συζήτησις τῆς 15 νοεμβρίου περὶ τῶν ἐν Κερκύρᾳ ἐκπαιδευτηρίων τῆς ῥωμαϊκῆς Προπαγάνδας. Ἀθήνῃσι, τυπογραφεῖον Δ. Καρακατσάνη. 1869.

In-8° de 24 pages. La couverture imprimée sert de titre. L'auteur de cette brochure est JACQUES POLYLAS, député. Cf. Démétrius Coromilas, *Catalogue*, p. 37.

2713. — Sul tipo Arvano-ellenico, riflessioni di Costantino Zaviziano. *Napoli*, stamperia del Fibreno. 1869.

In-8° de 175 pages. Étude d'une très grande rareté.

2714. — Τὰ ἐγκαίνια τῆς διώρυγος τοῦ Σουεζικοῦ ἰσθμοῦ ὑπὸ Σ. Ε. Κοκόλλη Κερκυραίου. Δαπάναις Ἀ. Θεοδωρίδου, ἐκ τοῦ ἑλληνικοῦ τυπογραφείου Ἀλεξανδρείας Ἀρκάδιον. 1869.

In-8° de 43 pages.

2715. — Ὕμνος πρὸς τὴν Α. Μ. τὸν βασιλέα Γεώργιον, τοὺς ὑψηλοτάτους πρίγκηπας καὶ πρὸς τὴν ἔντιμον ἐθνοφυλακὴν Κερκύρας. (*A la fin :*) Τυπογραφεῖον Ἀθηνᾶ.

Placard de 33 cent. sur 50. Poésie datée de Corfou, 24 juillet 1869, et signée JEAN SCORDYLIS de Céphalonie.

2716. — Ὑπόμνημα περὶ ναυτικοῦ ἀπομαχικοῦ ταμείου τῆς παρούσης αὐτοῦ καταστάσεως καὶ τοῦ μέλλοντος ὑπὸ Γερασίμου Ζωχιοῦ προέδρου αὐτοῦ. Ἐν Ἀθήναις, τύποις ἐθνικοῦ τυπογραφείου. 1869.

In-8° de 32 pages.

2717. — Αἱ εὐχαὶ τῆς πρωτοχρονιᾶς τοῦ ἔτους 1870 ὑπὸ Ἀ. Φατσέα, καθηγητοῦ τῶν μαθηματικῶν καὶ τῆς φυσικῆς τοῦ ἐν Ναυπλίῳ γυμνασίου. Ἀθήνησι, τύποις Λαζ. Δ. Βιλλαρᾶ. 1870.

In-16 de λβ′ (32) et 32 pages. Poésie.

2718. — Ἀκολουθία τοῦ ὁσίου καὶ θεοφόρου πατρὸς ἡμῶν Γερασίμου τοῦ νέου ἀσκητοῦ, τοῦ ἐν τῇ νήσῳ Κεφαλληνίας, ψαλλομένη τῇ εἰκοστῇ ὀκτωβρίου, ἐρανισθεῖσα ἐπιμελῶς, βελτιωθεῖσα, ἐπαυξηθεῖσα καὶ ἀρτιωθεῖσα προσθήκαις καὶ διορθώσεσι, καὶ εἰς τὴν ἐνδεχομένην προσήκουσαν τελειότητα ἐξενεχθεῖσα, μετὰ προσθήκης τῆς ἀκολουθίας τοῦ αὐτοῦ ἁγίου ψαλλομένης τὴν ιϛ′ τοῦ αὐγούστου μηνὸς καί τινων ἀνεκδότων εἰς τὸν βίον αὐτοῦ καὶ μερικῶν θαυμάτων, ἐκδίδεται δαπάνῃ Δημητρίου Λυκούδη, ζωγράφου Κεφαλλῆνος, πρὸς ἀνακαίνισιν τοῦ παλαιοῦ ἀσκητηρίου τοῦ ἁγίου « Σπήλια ». Πάτραι, βιβλιοπωλεῖον ὁ Κάδμος Βασιλείου Π. Σεκοπούλου, ὁδὸς Μαιζῶνος. 1870.

In-8° de 216 pages + 1 feuilllet isolé après le titre + 2 gravures + 1 placard in-folio contenant une bulle du patriarche Jérémie, en date du mois de février 1582, avec le fac-similé des diverses signatures.

2719. — All' esimia cantatrice Enrichetta Bedetti, la quale riscuote singolari applausi nel teatro di Corfù.

Placard in-folió. Poésie datée de février 1870 et signée N. N. L'auteur est Louis Ignace Marzocchi.

2720. — Ἀντωνίου Ἐπάρχου τοῦ Κερκυραίου εἰς τὴν Ἑλλάδος καταστροφὴν θρῆνος κατὰ τὴν ἐν Βενετίᾳ ἔκδοσιν τοῦ 1544, ἐπιμελείᾳ καὶ διορθώσει Αἰμυλίου Λεγρανδίου. Ἐν Παρισίοις, ἀνθεστηριῶνος τετάρτῃ ἐπὶ εἰκάδι. 1870. (*Au verso du faux-titre :*) Paris, imprimerie Ad. Laîné, rue des Saints-Pères, 19.

In-16 de 15 pages. Fut tiré à cinquante exemplaires.

2721. — Ἀπομνημονεύματα περὶ τῆς πρώην Ἰονίου πολιτείας, κυρίως δὲ περὶ τοῦ ἐν ταύτῃ ἐπικρατήσαντος ῥιζοσπαστικοῦ φρονήματος ὑπὸ Γεωργίου Βερυκίου. Κεφαλληνία, τύποις Προόδου. 1870.

In-8° de 248 pages. Il y a des exemplaires qui portent la date de 1871.

2722. — Ἀπομνημονεύματα πρὸς καταρτισμὸν τῆς περὶ ἀπελευθερώσεως τῆς Ἑπτανήσου ἱστορίας ὑπὸ Κωνσταντίνου Λομβάρδου. Ἐν Ζακύνθῳ, τυπογραφεῖον ὁ Παρνασσὸς Σεργίου Χ. Ῥαφτάνη διευθυνόμενον ὑπὸ Ν. Ι. Ταρουσσοπούλου. 1870.

Tome premier (cette indication ne figure que sur la couverture. Nous ne connaissons que les six premières livraisons de ce volume, lesquelles forment ensemble un in-8° de 384 pages. Il existe, paraît-il, trois autres livraisons que nous n'avons pas vues. Il y a des exemplaires qui portent la date de 1871.

2723. — Ἀττικὸν ἡμερολόγιον τοῦ ἔτους 1871 ὑπὸ Εἰρηναίου Ἀσωπίου τῇ εὐνοϊκῇ συμπράξει φιλοκάλων λογίων. Ἔτος δ' καὶ έ. Ἀθήνησι, τύποις Α. Κτενᾶ καὶ Σ. Οἰκονόμου. 1870.

In-8° de ή (8) + 408 pages et 12 gravures hors texte.

2724. — Γεωργίου Κατσαήτου περὶ τοῦ πετριδείου κληροδοτήματος. Ἐν Κερκύρᾳ. 1870.

In-8° de 55 pages.

2725. — Γρατιανὸς Ζώρζης αὐθέντης Λευκάδος, ἱστορικὴ πραγματεία τοῦ καθ. Καρόλου Χόπφ, μετενεχθεῖσα μὲν ἐκ τῆς γερμανικῆς ὑπὸ Ἰωάννου Ἀ. Ῥωμανοῦ, προτάξαντος ἱστορικὴν μελέτην περὶ τῆς ἐν Ἑλλάδι Φραγκοκρατίας καὶ τῶν παλατίνων κομήτων Οὐρσίνων, αὐθεντῶν Κεφαλληνίας καὶ Ζακύνθου, ἐκδοθεῖσα δὲ ἀναλώμασι τοῦ φιλογενοῦς κυρίου Παύλου Λάμπρου. Ἐν Κερκύρᾳ, τυπογραφεῖον ἡ Ἰονία ἀδελφῶν Κάων. 1870.

In-8° de 2 feuillets, 320 pages et 1 feuillet. On doit trouver, en outre, à la fin du volume, un tableau généalogique, lequel manque quelquefois.

2726. — Discorso pronunziato da Alessandro M. Gironci in occasione del divino uffizio celebrato in memoria del conte Alberto di Boyl nella cattedrale latina di Corfù, il 12 maggio 1870. (*A la fin :*) Corfù, 1870. Tip. G. Nacamulli.

In-8° de 7 pages.

2727. — Ἐγχειρίδιον ὀφθαλμιολογίας ὑπὸ Ἰ. Παδοβᾶ, διδάκτορος τῆς ἰατρικῆς. Ἐν Κερκύρᾳ, ἐκ τοῦ τυπογραφείου ὁ Κάδμος Νεοφύτου Καραγιάννη. 1870.

In-8° de 690 pages et 1 feuillet. Dédié au professeur L. de Wecker. A la quatrième page de la couverture, on lit : Εὑρίσκεται παρὰ τῷ ἐν Κερκύρᾳ βιβλιοπώλῃ Γ. Δ. Παπανικόλᾳ. Τιμᾶται δραχμῶν δώδεκα.

2728. — Ἐθνικὸν ἡμερολόγιον τοῦ ἔτους 1870 ἐκδοθὲν ὑπὸ Μαρίνου Π. Βρετοῦ. Τὸ μὲν ἑορτολόγιον συνετάχθη παρὰ Ἀ. Κ. Δημητρακοπούλου · τὸ δὲ ἀστρονομικὸν μέρος συνετάχθη παρὰ Ἰ. Γ. Παπαδάκη, καθηγητοῦ τῆς ἀστρονομίας ἐν τῷ Ἀθήνησιν ἐθνικῷ πανεπιστημίῳ. Ἔτος ί. Πωλεῖται ἐν Λειψίᾳ παρὰ τῷ τυπογράφῳ F. A. Brockhaus, ἐν Παρισίοις παρὰ τῷ βιβλιοπώλῃ Reinwald, 15, rue des Saints-Pères, ἐν Ἀθήναις παρὰ τῷ φωτογράφῳ κ. Δημητρίῳ Κωνσταντίνῳ, ἐν ὁδῷ Αἰόλου, πλησίον τοῦ ξενοδοχείου τῆς Ἀνατολῆς. (*A la fin :*) Ἐκ τοῦ τυπογραφείου F. A. Brockhaus ἐν Λειψίᾳ.

In-8° de 500 pages + les gravures dont la table figure page 498 + 16 pages d'annonces sur papier jaune.

2729. — Εἰς τὸν μητροπολίτην Κερκύρας Ἀθανάσιον λόγος ἐπικήδιος ἐκφωνηθεὶς ὑπὸ Μιχαὴλ Σ. Ἰδρωμένου ἐν τῷ ναῷ τῆς ἁγίας Τριάδος τῇ 25 ἀπριλίου 1870. Ἐν Κερκύρᾳ, τυπογραφεῖον ἡ Ἰονία ἀδελφῶν Κάων.

In-8° de 7 pages.

2730. — Ἡ αἰχμαλωσία τοῦ Ὠρωποῦ καὶ ἡ σφαγὴ τεσσάρων περιηγητῶν εἰς Δήλεσι, δρᾶμα ἱστορικὸν εἰς τρεῖς πράξεις ὑπὸ Πολυδώρου Ε. Ἰατρίδου. Κεφαλληνία, τύποις Κεφαλληνίας. 1870.

In-8° de 98 pages.

2731. — Ἡ εἱμαρμένη, μυθιστόρημα μεταφρασθὲν ἐκ τοῦ ἰταλικοῦ ὑπὸ ***. Ἐν Κερκύρᾳ, τυπογραφεῖον ἡ Κέρκυρα. 1870.

In-8° de 2 feuillets (dont le premier blanc) et 140 pages.

2732. — Ἡ Κέρκυρα ἐν τῇ τῶν Ὀλυμπίων ἐκθέσει τοῦ ἔτους 1870 ὑπὸ Β. Π. Χ. Ἐν Κερκύρᾳ, ἐκ τοῦ τυπογραφείου ἡ Κέρκυρα. 1870.

In-8° de 24 pages.

2733. — Ἡ Κρητοφλη καὶ τὰ τρία λεμονάνθια, ὑπὸ Ἠλία Ζερβοῦ Ἰακωβάτου. Ἐν Κεφαλληνίᾳ, τυπογραφεῖον ἡ Κεφαλληνία. 1870.

In-8° de 80 pages.

2734. — Κανονισμὸς περὶ τῆς ἐσωτερικῆς ὑπηρεσίας ἐν τῷ δήμῳ Ζακυνθίων δημοτικοῦ νεκροταφείου καὶ περὶ τοῦ ἐν αὐτῷ ἐνταφιασμοῦ τῶν νεκρῶν. (*A la fin :*) Τυπογραφεῖον ὁ Παρνασσός.

In-8° de 7 pages. Daté de Zante, 31 décembre 1870, et signé: ὁ δήμαρχος Ζακυνθίων Φρ. Τζουλάτης.

On a joint à cette brochure un placard in-4° intitulé Κανονισμὸς β' τοῦ δημοτικοῦ κοιμητηρίου τοῦ δήμου Ζακυνθίων, au bas duquel on lit (à gauche) : Τυπογραφεῖον ὁ Παρνασσός (et à droite:) Ἐν Ζακύνθῳ, τῇ 19η φεβρουαρίου 1871, ὁ δήμαρχος Ζακυνθίων Φ. Τζουλάτης.

2735. — L'Église et les Empereurs à Constantinople, exposé par Georges Marcoran de Corfou. *A Corfou*, imprimerie Cadmos de Néophyte Carajannis. 1870.

In-8° de 203 pages.

2736. — L'imperatore Napoleone incontra nel deserto lo spettro dell' imperatore del Messico Massimiliano, di S. P. M. (*A la fin :*) *Corfù*, 7 settemb. 1870. Tipografia Minerva.

Placard mesurant 21 centimètres sur 28. Poésie.

2737. — Λόγος ἐκφωνηθεὶς εἰς τὸ ὑπὸ τῆς Λέσχης ἡ « Ἀδελφότης » τελεσθὲν μνημόσυνον ἐν τῷ ναῷ τῶν Ἁγίων Πάντων τὴν 25 μαρτίου ὑπὸ Δ. Πονηροπούλου δικηγόρου. Ἐν Ζακύνθῳ, τυπογραφεῖον ἡ Αὐγὴ Νικολάου Κοντόγιωργα. 1870.

In-8° de 8 pages.

2738. — Λόγος ἐκφωνηθεὶς κατὰ τὴν κηδείαν τοῦ Ξενοφῶντος Βασιλᾶ, τὴν 31 αὐγούστου 1870, ἐν τῇ ἐκκλησίᾳ τῆς Ὑ. Θ. Πλατυτέρας ὑπὸ Ἰωάννου Βράϊλα Ἀρμένη. Ἐν Κερκύρᾳ, τυπογραφεῖον ἡ Ἰονία ἀδελφῶν Κάων. 1870.

In-8° de 7 pages.

2739. — Λόγος ἐκφωνηθεὶς ὑπὸ τοῦ δικηγόρου κυρίου Ἀναστασίου Τρυφώνα π. ἱερέως Γεωργίου εἰς τὴν κηδείαν τοῦ σεβασμιωτάτου μητροπολίτου Κερκύρας Ἀθανασίου, τὴν 25 ἀπριλίου 1870. Ἐν Κερκύρᾳ, τυπογραφεῖον Ἀθηνᾶ Ἀρσενίου Κάου. 1870.

In-8° de 7 pages.

2740. — Λόγος περὶ ἐκπαιδεύσεως ἐκφωνηθεὶς ἐν Κερκύρᾳ τὴν ά καὶ β' κυριακὴν τῶν ἁγίων Νηστειῶν, ὑπὸ τοῦ ἐν τῷ νομῷ Κερκύρας ἱεροκήρυκος ἀρχ. Χριστοφόρου Ε. Ἰγγλέση, διδ. τῆς ὀρ. χριστιανικῆς θεολογίας ἐκ τῶν προφίμων τῆς ἐν Χάλκῃ ἱερᾶς θεολογικῆς σχολῆς. Ἐκδίδοντος Ν. Α. Πολλάνη. Ἐν Κεφαλληνίᾳ, τυπογραφεῖον ὁ Ποσειδῶν Κωνσταντίνου Π. Πολλάνη. 1870.

In-8° de 3 feuillets, 3 pages chiffrées en grec et 21 pages. Le feuillet qui forme les 2 premières pages de la couverture a pour pendant celui dont la page 21 forme le recto et, par conséquent, fait partie intégrante de cette brochure. Dédié à Constantin Typaldos, métropolitain de Stavropol, alors décédé.

2741. — Νεκρολογία ἐν εἴδει ἐπιταφίου λόγου μετὰ ἀκροστιχίδος ἐν τῷ τέλει εἰς τὸν θάνατον Ξενοφῶντος Βασιλᾶ ὑπὸ Σπυρίδωνος Π. Μαυρογιάννου. Ἐν Κερκύρᾳ, τυπογραφεῖον Ἀθηνᾶ Ἀρσενίου Κάου. 1870.

In-8° de 7 pages.

2742. — Νικόλαος Μοναστηριώτης. (*A la fin :*) Τυπογραφεῖον Ἀθηνᾶ.

Placard de 29 cent. sur 41. Nécrologie signée N. B. Manésis et datée de Corfou, 30 juin 1870.

2743. — Νομοσχέδιον περὶ ἐκτιμήσεως καὶ νέου τρόπου εἰσπράξεως, τῶν τε μεριδίων καὶ ἐδαφονομίων ἐλαίου, μετὰ διαφόρων σχετικῶν σκέψεων, συνταχθὲν ὑπὸ Σπυρίδωνος Ἀλβάνα Φέστα Κερκυραίου. Κερκύρᾳ, τυπογραφεῖον ὁ Κάδμος Νεοφύτου Καραγιάννη. 1870.

In-8° de 15 pages.

2744. — Ὁ γέρων κληρικὸς καὶ ὁ νέος ἀρματωλός, ἐθνικὸν ποίημα Ἀγγέλου Καλκάνη Λευκαδίου. Ἐν Ζακύνθῳ, τυπογραφεῖον ἡ Αὐγὴ Ν. Κοντόγιωργα. 1870.

In-8° de 14 pages et 1 feuillet blanc.

2745. — Ὁμήρου Ἰλιὰς μεταβληθεῖσα πάλαι εἰς κοινὴν γλῶσσαν παρὰ Νικολάου τοῦ Λουκάνου, ἐκδιδόντος Αἰμυλίου Λεγρανδίου. Ἀθήνησι, τυπογραφεῖον Α. Κτενᾶ καὶ Σ. Οἰκονόμου. 1870.

In-8° de un feuillet, ιέ (15) pages, un feuillet blanc et 112 pages. Forme le n° 5 de la *Collection de monuments pour servir à l'étude de la langue néo-hellénique* (Paris, Maisonneuve, 15, quai Voltaire. 1870). Tout ce qui a paru. La fin, qui avait été imprimée, fut détruite par un incendie pendant la Commune de Paris, en 1871. L'introduction est due à Constantin Sathas.

2746. — Ὁ τελευταῖος κόμης τῶν Σαλώνων, δρᾶμα εἰς μέρη πέντε, λαβὸν ἅ ἔπαινον ἐν τῷ Βουτσιναίῳ ἀγῶνι τοῦ αωό, ὑπὸ Σπυρίδωνος Π. Λάμπρου. Ἐν Ἀθήναις, ἐκ τοῦ τυπογραφείου Ἰλίσσου, 567, ὁδὸς Εὐριπίδου, 567. 1870.

In-8° de 192 pages. Drame en vers.

2747. — Pneumaticum circulandi sanguinis instrumentum, sive de motu et usu pulmonum, opusculum ob controversiam vehementer hactenus venatam curiosissimum, admirabilem pulmonum structuram, exindeque humano, caeterisque animantium sanguineorum corporibus, obvuenienti (sic) emolumenta, ponderatis autorum, et principum philosophicae medicaeque reipublicae utrinque rationum momentis, accurate expendens; assertoresque suos ab errorum tenebris, in veritatis splendorem vindicare aptissimum, authore Alexandro Maurocordato, Constantinopolitano, philosophiae et medicinae doctore. Προσετέθη ἐν τέλει τῆς παρούσης πραγματείας ὁ ὑπὸ Ἰωάννου Ἰακώβου Μαγκέτη βίος τοῦ Μαυροκορδάτου καὶ ἐπιστολὴ λατινιστὶ γεγραμμένη ὑπὸ Ἀλεξάνδρου Μαυροκορδάτου πρὸς τὸν Βεδέλιον, ἐν ᾗ ἀπαντᾷ εἰς τὴν ἐρώτησιν τοῦ Βεδελίου περὶ τοῦ maslach, rusma καὶ alcohol. Recudi fecit M. P. Vretos. *Lipsiae*, MDCCCLXX. F. A. Brockhaus. (*A la fin :*) Lipsiae : impressit F. A. Brockhaus.

In-8° de 130 pages et un feuillet. L'éditeur de cet ouvrage, Marinos P. Vrétos, l'a dédié au Dr Photinos Panas, l'oculiste bien connu, et a mis en tête une courte préface grecque, datée de Livourne, 1/13 septembre 1869.

2748. — Π. Χιώτου προσφώνημα ἐπικήδειον ἐπὶ τοῦ νεκροῦ τῆς κυρίας Εὐφροσύνης κομήσσης Ν. Λούντζη ἐκφωνηθὲν ἐν τῷ ναῷ τοῦ ἁγίου Ἐλευθερίου τῇ 29 μαΐου 1870. (*A la fin :*) Ζάκυνθος, τῇ 4 ἰουνίου 1870. Τυπογραφεῖον ἡ Αὐγή.

In-8° de 6 pages et 1 feuillet blanc.

2749. — Τὰ τραγούδια τοῦ βουνοῦ ὑπὸ Ἰωάννου Δ. Λοβέρδου. Ἐν Λονδίνῳ: F. T. Cartwright, 21, New Broad Street.

Petit in-8° de viii et 100 pages. La préface est ainsi datée : « Zante Lodge, Seven Sisters' Road, N. Σεπτεμβρίου, 14, 1870. »

2750. — The form of prayer used at the Consecration of the Church of the Holy Trinity, Corfù. October 2, 1870.

In-8° de 16 pages dont les 5 dernières blanches.

2751. — Τὸ παναθηναϊκὸν Στάδιον καὶ αἱ ἐν αὐτῷ ἀνασκαφαί · ἐκθέσεις ἀναγνωσθεῖσαι ἐν τῷ φιλολογικῷ συλλόγῳ ὁ Παρνασσὸς ὑπὸ Σπυρίδωνος Π. Λάμπρου. Ἐν Ἀθήναις, ἐκ τοῦ τυπογραφείου Ν. Γ. Πασσάρη (ὁδὸς Νικία καὶ Μιλτιάδου, ἀριθ. 6). 1870.

In-8° de 30 pages et un feuillet blanc.

2752. — Τὸ Πετρίδιον κληροδότημα καὶ ὁ δικηγόρος πληρεξούσιος αὐτοῦ Γ. Ν. Κατσαΐτης Κεφαλλήν. Κερκύρᾳ, τυπ. Ἰ. Ναχαμούλη. 1870.

In-8° de 55 pages. La couverture imprimée tient lieu de titre.

2753. — Τὸ Χαρτοφυλάκιον, δρᾶμα εἰς ἓξ πράξεις Ἀγγέλου Καλκάνη Λευκαδίου, μεταφρασθὲν ἐξ ἀνεκδότου ἰταλικοῦ χειρογράφου ὑπὸ Γεωργίου Κ. Σφήκα. Ἐν Ζακύνθῳ, τυπογραφεῖον ἡ Αὐγὴ Νικολάου Κοντόγιωργα. 1870.

In-8° de ιά (11) pages + 1 page non chiffrée + 74 pages + 1 feuillet blanc. Très rare.

2754. — Τρεῖς ἠθικαὶ διατριβαὶ μετὰ παραρτήματος ὑπὸ Πέτρου Μπούα Κερκυραίου. Ἐν Κερκύρᾳ, τυπογραφεῖον Ἀθηνᾶ Ἀ. Κάου. 1870.

In-8° de 64 pages.

2755. — Una protesta contro il trasporto della salma d'Ugo Foscolo in Italia. *Napoli*, tipografia dell' Unione, strada nuova Pizzofalcone, 14. 1870.

In-8° de 7 pages. Signé : Conte Spiridione de Romas.

2756. — Ἀνδρέας Ἰ. Ἰδρωμένος.

In-4° de 8 pages à deux colonnes. Sans lieu ni date, mais tirage à part de la Πανδώρα du mois de février 1871. Notice bio-bibliographique publiée par JEAN A. ROMANOS.

2757. — Ἅπαντα Ἰωάννου Βηλαρᾶ ἤτοι ποιήματα καὶ πεζά τινα ὑπὸ Σεργίου Χ. Ῥαφτάνη Ἠπειρώτου τὸ δεύτερον ἐκδιδόμενα μετὰ προσθήκης ἀνεκδότων. Ἐν Ζακύνθῳ, ἐκ τοῦ τυπογραφείου ὁ Παρνασσὸς Σεργίου Χ. Ῥαφτάνη διευθυνομένου ὑπὸ Ν. Ἰ. Ταρουσσοπούλου. 1871.

In-8° de 256 pages.

2758. — Article nécrologique sur Jacques Foscarini (en grec), extrait du n° 123 du journal ἡ Ἐλευθερία.

Placard in-8° daté de Corfou, le 25 juin 1871.

2759. — Ἀττικὸν ἡμερολόγιον τοῦ δισέκτου ἔτους 1872 ὑπὸ Εἰρηναίου Ἀσωπίου τῇ εὐνοϊκῇ συμπράξει φιλοκάλων λογίων. Ἔτος ς΄. Ἀθήνῃσιν, ἐκ τοῦ τυπογραφείου των αδελφών Περρή, κατά την διασταύρωσιν οδών Βουλής και Μητροπόλεως. 1871.

In-8° de κδ' (24) + 392 pages, dont les trois dernières non chiffrées, et dix gravures hors texte.

2760. — Δοκίμιον χαρακτήρων του τυπογραφείου ή Κέρκυρα. (*Au bas :*) Έν Κερκύρα, Ιούνιος 1871. Corfù, giugno 1871.

Placard in-folio à 2 colonnes.

2761. — Έθνικόν ήμερολόγιον του έτους 1871 εκδοθέν υπό Μαρίνου Π. Βρετού. Το μεν εορτολόγιον συνετάχθη παρά 'Α. Κ. Δημητρακοπούλου · το δε αστρονομικόν μέρος συνετάχθη παρά 'Ι. Γ. Παπαδάκη, καθηγητού της αστρονομίας εν τω 'Αθήνησιν εθνικώ πανεπιστημίω. Έτος ιά. Πωλείται εν Λειψία παρά τω τυπογράφω F. A. Brockhaus, εν Παρισίοις παρά τω βιβλιοπώλη Reinwald, 15, rue des Saints-Pères, εν 'Αθήναις παρά τω φωτογράφω κ. Δημητρίω Κωνσταντίνω, εν οδώ Αιόλου, πλησίον του ξενοδοχείου της 'Ανατολής. (*A la fin :*) Έκ του τυπογραφείου F. A. Brockhaus.

In-8° de LXXX + 544 pages + un feuillet + quatre pages d'annonces sur papier blanc + les gravures dont la table se trouve au r° du feuillet final.

——— 2762. — Εις τον πατριάρχην Γρηγόριον ωδή 'Ιουλίου Τυπάλδου. (*A la fin :*) Tip. Successori Le Monnier.

In-8° de sept pages. Imprimé à Florence.

——— 2763. — Έπί τη ανακομιδή των λειψάνων του πατριάρχου Γρηγορίου και τη τελέσει της πεντηκονταετηρίδος της ελληνικής παλιγγενεσίας ποίημα αναγνωσθέν εν τω φιλολογικώ συλλόγω Παρνασσώ, τη 24 απριλίου 1871, υπό Σπυρίδωνος Π. Λάμπρου. Έν 'Αθήναις, εκ του τυπογραφείου Α. Κτενά και Σ. Οικονόμου. 1871.

In-8° de 15 pages.

——— 2764. — Ή ανακομιδή του αγίου λειψάνου Γρηγορίου έ, πατριάρχου Κωνσταντινουπόλεως. Έν Ζακύνθω, τυπογραφείον ό Ζάκυνθος. 1871.

In-8° de 8 pages. Pièce de vers datée de Zante, 22 avril 1871, et signée Σ. Κ. Μέγγουλας.

2765. — Ή κυρία του Άγίου Τροπέζ, δράμα εις πράξεις πέντε. Μετάφρασις Μ. Π. Κερκύρα, τυπ. του εκδ. 'Ι. Ναχαμούλη. 1871.

In-16 de 140 pages et 2 feuillets, dont le dernier blanc. Le traducteur de cette pièce est M. POLYLAS.

2766. — Ἡμερολόγιον γελοιογραφικὸν τοῦ 1872 μετὰ εἰκονογραφιῶν. Ἔτος πρῶτον. Ἀθήνησι, τύποις Ἐφημερίδος τῶν Συζητήσεων, 10, ὁδὸς Βουλῆς-ὁδὸς Μουσῶν, 2. 1871.

In-8° de 112 pages. L'auteur de cet Almanach est TH. ANNINOS.

2767. — Θεόδωρος ὁ κωφάλαλος, δρᾶμα εἰς πράξεις πέντε· μετάφρασις ἐκ τοῦ ἰταλικοῦ ὑπὸ Σ. Β. Μ. Κερκύρᾳ, τυπ. τοῦ ἐκδ. Ι. Ναχαμούλη. 1871.

In-16 de 129 pages. Le traducteur de cette pièce est S. B. DE MORDO.

2768. — La seconda metà del 1870. (*Au bas :*) Gennaio 1871. Tip. G. Nacamulli.

Placard in-folio. Pièce de vers signée : GIORGIO MARCORAN.

2769. — Λόγος εἰς τὴν ἑορτὴν τῆς πεντηκονταετηρίδος τοῦ ὑπὲρ τῆς ἑλληνικῆς ἀνεξαρτησίας ἀγῶνος ἐκφωνηθεὶς τῇ 11/23 ἀπριλίου 1871 παρὰ τὸν τάφον τοῦ κυβερνήτου Ἰωάννου Καποδιστρίου ὑπὸ τοῦ ἐφέτου Μιχαὴλ Σ. Ἰδρωμένου. (*A la fin :*) Τυπογραφεῖον ἡ Ἰονία.

In-8° de 8 pages.

2770. — Λόγος εἰς τὴν ἑορτὴν τοῦ ἁγίου Σπυρίδωνος, συνταχθεὶς ὑπὸ Ἀντωνίου Λεκατσᾶ καὶ ὑπ' αὐτοῦ δημοσιευθεὶς πρὸς γνῶσιν τοῦ ὀρθοδόξου κοινοῦ ᾧ καὶ ἀφιεροῦται. Ἀθήνησιν, ἐκ τοῦ τυπογραφείου τῶν ἀδελφῶν Περρῆ, κατὰ τὴν διασταύρωσιν ὁδῶν Βουλῆς καὶ Μητροπόλεως. 1871.

In-8° de 16 pages. Tiré à cinq cents exemplaires.

2771. — Λόγος ἐκφωνηθεὶς κατὰ τὴν κηδείαν τοῦ Ἀγγέλου Κογεβίνα, καθηγητοῦ τῆς χειρουργικῆς παθολογίας καὶ τῆς κλινικῆς ἐν τῇ πρῴην ἰονίῳ ἀκαδημίᾳ καὶ ἱππότου τοῦ τάγματος τοῦ Σωτῆρος, τὴν 8 ἰουνίου 1871, ὑπὸ Ἰωάννου Βράϊλα Ἀρμένη. Ἐν Κερκύρᾳ, τυπογραφεῖον Ἀθηνᾶ. 1871.

In-8° de six pages et un feuillet blanc.

2772. — Λόγος ἐκφωνηθεὶς τῇ 21 μαΐου 1871 παρὰ τῇ πλατείᾳ τῆς Ἑνώσεως ὑπὸ Νικολάου Σ. Ζερβοῦ Κερκυραίου (τελειοφοίτου τῆς ἐν Ἀθήναις νομικῆς Σχολῆς). Ἐν Κερκύρᾳ, τυπογραφεῖον Ἀθηνᾶ Ἀρσενίου Κάου. 1871.

In-8° de 15 pages. Dédié à feu Platon Pétridis. Rare.

2773. — Λόγος εκφωνηθείς τη ις' αυγούστου 1871, προ της ενάρξεως των του κεντρικού δημοτικού σχολείου εξετάσεων, υπό Χ. Στρατηγού. (*A la fin :*) Τυπ. ή Ιονία.

In-8° de 14 pages (dont les 2 premières blanches) et 1 feuillet blanc.

2774. — Λόγος επικήδειος εκφωνηθείς εν τω της μητροπόλεως των Λατίνων ναώ κατά την εκφοράν του ιππότου Αγγέλου Κογεβίνα, ιατροχειρουργού και καθηγητού του πρώην Ιονίου Πανεπιστημίου, υπό του ιατρού Χ. Βρυάκου, εν Κερκύρα, τη 8 ιουνίου 1871. Εν Κερκύρα, τυπογραφείον Κάδμος Νεοφύτου Καραγιάννη. 1871.

In-8° de six pages et un feuillet blanc.

2775. — Λόγος επικήδειος επί του νεκρού του ιατρού Αγγέλου Κογεβίνα, ιππότου του τάγματος του Σωτήρος της α. ελλ. μ. πρώην καθηγητού της χειρουργικής παθολογίας και της κλινικής εν τη Ιονίω ακαδημία, κτλ. κτλ. κτλ. (*A la fin :*) Εν Κερκύρα, τη 10 ιουνίου 1871. Τυπ. Ιονία.

In-8° de 4 pages. Signé NICOLAS S. ZERVOS.

2776. — Λόγος επιτάφιος εις τον Γεώργιον Πετριτσόπουλον. Εν Κερκύρα, τυπογραφείον Κάδμος Νεοφύτου Καραγιάννη. 1871.

In-8° de 7 pages. Signé SPIRIDION C. PAPAGEORGIOS.

2777. — Λόγος κατά την πεντηκονταετηρίδα της ελληνικής ανεξαρτησίας υπό Π. Χιώτου, ιππότου παρασημοφόρου, ιστοριογράφου και μέλους επιτίμου αρχαιολογικών και φιλοϊστόρων εταιριών εν Ιταλία, Αυστρία και Γαλλία. Εν Ζακύνθω, τυπογραφείον ό Ζάκυνθος. 1871.

In-8° de 8 pages. Dédié à Antoine Chariatis, archevêque de Corfou. Sur le titre, un Ange tenant un ruban déployé où se lit, en petites capitales : Δόξα εν υψίστοις θεώ. Rarissime.

2778. — Λόγος των φρικτών και σωτηρίων του Σωτήρος παθών, εκφωνηθείς υπό Πέτρου Κατοπόδη, δημοδιδασκάλου εν τη εν Κυρυά της Λευκάδος εκκλησία ό άγιος Νικόλαος, την εσπέραν της Μεγάλης Πέμπτης, μετά την ακολουθίαν των εξ ευαγγελίων, εν ή και μόνη εκκλησία τελείται κατ' αρχαίαν παράδοσιν ή ιερά ακολουθία της εποχής ταύτης. (*A la fin :*) Εν Κερκύρα, τη 16 απριλίου 1871. Τυπογραφείον Αθηνά.

In-8° de 19 pages.

2779. — Νέος ἔμπειρος Ἰταλός, ἤτοι καινὴ πρακτικὴ μέθοδος πρὸς ἐκμάθησιν τῆς ἰταλικῆς γλώσσης εἰς δώδεκα μαθήματα καὶ ἄνευ διδασκάλου, μεταγλωττισθεῖσα ἐκ τῆς γερμανικῆς εἰς τὴν νεωτέραν ἑλληνικὴν μετὰ διαφόρων προσθηκῶν. Ἔκδοσις β΄ προσεπαυξηθεῖσα καὶ διορθωθεῖσα. Ἐν Ζακύνθῳ, τυπογραφεῖον ὁ Παρνασσὸς τοῦ ἐκδότου Σεργίου Χ. Ῥαφτάνη. 1871.

In-8° de 160 pages. La première édition est de 1866. Voir ci-dessus le n° 2549.

2780. — Νικηφόρου Θεοτόκη τοῦ Ἀστραχανίου καὶ Σταυρουπόλεως ἐπισκόπου Κυριακοδρόμιον ἤτοι ἑρμηνεία καὶ μετ' αὐτὴν ἠθικὴ ὁμιλία εἰς τὰς τῶν ἀποστόλων Πράξεις, τὰς ἐν ταῖς ἁγίαις τῶν ὀρθοδόξων χριστιανῶν ἐκκλησίαις ἀναγινωσκομένας κατὰ τὰς ἀπὸ τοῦ Πάσχα μέχρι τῆς Πεντηκοστῆς κυριακάς, καὶ εἰς τὰς τοῦ ἀποστόλου Παύλου ἐπιστολάς, τὰς ἀναγινωσκομένας κατὰ τὰς λοιπὰς κυριακὰς τοῦ ὅλου ἐνιαυτοῦ. Ἔκδοσις τετάρτη, ἐπιμελείᾳ καὶ δαπάνῃ τῶν ἐκ Τριπόλεως τῆς Πελοποννήσου Ἀθαν. Π. Πετροκόπη δικηγόρου καὶ Ἰωάν. Εὐστρ. Ἀθανασιάδου τυπογράφου καὶ βιβλιοπώλου. Τόμος πρῶτος. Ἐν Τριπόλει, τυπογραφεῖον καὶ βιβλιοπωλεῖον Ἰωάννου Ε. Ἀθανασιάδου, κατὰ τὴν ὁδὸν Σπάρτης. 1771.

In-4° de 4 feuillets + 216 pages dont la dernière blanche. Imprimé sur deux colonnes. Tome deuxième, 1872, 280 pages.

2781. — Nozze Paolucci-Dondi dall' Orologio. *Mestre*, 1871. Tipografia Gaetano Longo.

In-8° de 22 pages et 1 feuillet blanc. Contient un discours d'ÉMILE DE TYPALDOS sur l'état des lettres et de l'enseignement à Venise durant les dernières années de la Sérénissime République.

2782. — Ὁ Βερτόλδος, σειρὰ πολιτικῶν κωμῳδιῶν ὑπὸ Ἀ. Φατσέα καθηγητοῦ. Ἐν Ἀθήναις, ἐκ τοῦ τυπογραφείου Νικήτα Γ. Πασσάρη, ὁδὸς Εὐριπίδου, ἀριθ. 51. 1871.

In-8° de 96 pages. Comédie en vers de quinze syllabes rimés.

2783. — Ὁ διάλογος καὶ τὸ ὄνειρον. (*A la fin :*) Τυπογραφεῖον Ἀθηνᾶ.

In-8° de 23 pages. Daté de Corfou, août 1871, et signé GEORGES ROUVAS.

2784. — Ὁ ἱεροκῆρυξ Κερκύρας Χριστόφορος Ἰγγλέσης καὶ ὁ λόγος αὐτοῦ ἐν τῇ ά καὶ β΄ κυριακῇ τῶν Νηστειῶν. (*Au bas :*) Ἐν Κερκύρᾳ, τῇ 25 φεβρουαρίου 1871. Τυπογραφεῖον Ἀθηνᾶ.

Placard in-folio à 2 colonnes. Signé Εἷς φίλος τοῦ λόγου.

2785. — Οι Κρητικοί γάμοι, ανέκδοτον επεισόδιον της Κρητικής ιστορίας επί Βενετών (1570) υπό Σ. Ζαμπελίου. Έν Ταυρίνω, τύποις Ούϊκεντίου Βώνα. 1871. (Il y a des exemplaires sur la couverture desquels, au lieu de ces dernières mentions, on lit :) Έν Ρώμη, Ταυρίνω και Φλωρεντία, παρά τω βιβλιοπώλη Ερμάννω Λοέσχερ. 1871. (Sur d'autres :) Αθήνησι, παρά τω κυρίω Παύλω Λάμπρω. 1871.

In-8° de quatre feuillets, dont le premier blanc, 561 pages, trois feuillets, dont le dernier blanc, et deux lithographies, placées l'une en regard du titre et l'autre vis-à-vis de la page 352.

2786. — Ο φιλάργυρος, κωμωδία εις πράξεις πέντε · μετάφρασις εκ του γαλλικού υπό Δ. Κ. Κερκύρα, τυπ. του εκδ. Ι. Ναχαμούλη. 1871.

In-16 de 152 pages.

2787. — Παναγιώτου Δοξαρά περί ζωγραφίας, χειρόγραφον του αψκς' νυν το πρώτον μετά προλόγου εκδιδόμενον υπό Σπυρίδωνος Π. Λάμπρου. Έν Αθήναις, τύποις Α. Κτενά και Σ. Οικονόμου. 1871.

In-8 de μγ' (43) et 44 pages. Titre rouge et noir.

2788. — Πανηγυρικός εις την ά πεντηκονταετηρίδα της πολιτικής αναγεννήσεως της Ελλάδος, εκφωνηθείς κατά την ιά απρηλίου (sic) αωοά, εν τω μητροπολιτικώ ναώ της Υπεραγίας Θ. της Σπηλαιωτίσσης υπό του εν τω νομώ Κερκύρας ιεροκήρυκος αρχ. Χριστοφόρου Ε. Ιγγλέση, διδασκάλου της ορθοδόξου χριστιανικής θεολογίας εκ των τροφίμων της εν Χάλκη ιεράς θεολογικής σχολής. Εκδίδοντος ***. Εν Κερκύρα, τυπογραφείον ή Ιονία. 1871.

In-8° de 15 pages. Dédié à Théophile, métropolitain d'Athènes.

2789. — Παράρτημα των ελληνικών κωδίκων από του έτους 1860 μέχρι του 1866. Έν Κερκύρα, εκ του τυπογραφείου ή Κέρυρα (sic). 1871.

In-8° de 2 feuillets, 482 + ιθ' (19) + θ' (9) pages et 1 feuillet.

2790. — Παράρτημα των ελληνικών κωδίκων εν ω περιέχονται οι από του 1865 μέχρι της 1 ιουλίου 1871 εκδοθέντες νόμοι και βασιλικά διατάγματα. Έν Κερκύρα, εκ του τυπογραφείου ή Κέρκυρα. 1871.

In-8° de deux feuillets, 252 + θ' (9) + 18 pages.

2791. — Parigi. Maggio 1871. (*Au bas, en dehors de l'encadrement :*) Tip. G. Nacamulli.

Placard in-folio. Pièce de vers relative à la guerre civile qui ensanglanta Paris, en mai 1871.

2792. — Περιληπτικαὶ βιογραφίαι τῶν διασημοτέρων στρατηγῶν τῆς ά γαλλικῆς αὐτοκρατορίας μεταφρασθεῖσαι ἐκ τῆς ἰταλικῆς ὑπὸ Α. Σ. Λιβαθηνοπούλου, ἐπιλοχίου τοῦ πεζικοῦ. Ἐν Ἀθήναις, ἐκ τοῦ τυπογραφείου τοῦ Ἰλισσοῦ. 1871.

In-8° de 159 pages.

2793. — Ποίημα νέον πάνυ ὡραῖον καὶ ὠφέλιμον τοῖς ἀναγινωσκομένοις περὶ στρατιωτικῆς πραγματείας συνθεμένον παρὰ Λεονάρδου Φορτίου Ῥωμαίου, κόμητος παλατίνου· νῦν δὲ τὸ δεύτερον ἐκδοθὲν ἐπιμελείᾳ καὶ διορθώσει Αἰμυλίου Λεγρανδίου. Ἐνετίῃσιν, ἐκ τῆς τυπογραφίας τοῦ Tempo. 1871.

In-8° de 52 pages. Titre rouge et noir. Forme le n° 17 de la *Collection de monuments pour servir à l'étude de la langue néo-hellénique* (Paris, librairie Maisonneuve et Cie, 15, quai Voltaire, 15. 1871.) *NB.* A la date où nous publiâmes ce poème, nous ne savions presque rien de l'auteur, mais on trouvera sur lui une notice biographique dans notre *Bibliographie hellénique des XVe et XVIe siècles*, t. I, p. cxcix-ccix. Rappelons seulement ici que LÉONARD PHORTIOS était de Corfou.

2794. — Πρόσκλησις Παναγιώτου Χιώτου πρὸς τοὺς ἐπιφανεῖς τῶν λογίων τῆς Ἑλλάδος καὶ Ἰταλίας. Invito del cavaliere P. Chioti, istoriografo e membro di società archeologiche e storiche, ai chiarissimi letterati di Grecia e d'Italia. (*A la fin :*) Tipografia Parnasso.

In-4° de deux pages à deux colonnes (grec-italien), daté de Zante, 25 septembre 1871.

2795. — Σάρα καὶ Κάρολος ἢ παράπτωμα διὰ παραπτώματος ἐκδικούμενον, δρᾶμα εἰς πέντε πράξεις Π. Γιακομέττη, μεταφρασθὲν ἐκ τοῦ ἰταλικοῦ ὑπὸ Γεωργίου Κ. Σφήκα καὶ ἐκδοθὲν δαπάναις Γ. Σδρινιᾶ τυπογράφου. Ἐν Ζακύνθῳ, τυπογραφεῖον ὁ Παρνασσὸς Σεργίου Χ. Ῥαφτάνη. 1871.

In-8° de 96 pages. Dédié à D. P. Tavoularis.

2796. — Στειχουργικὸν (sic) ἐγκώμιον ἐπὶ τοῦ λειψάνου τοῦ πρωτομάρτυρος καὶ ἐθνάρχου Γρηγορίου τοῦ ἐ, οἰκουμενικοῦ πατριάρχου, ὑπὸ τοῦ χωρικοῦ Γεωργίου Ῥουβᾶ. (*A la fin :*) Ἐν Κερκύρᾳ, 14 μαΐου 1871. Τυπογραφεῖον Ἀθηνᾶ.

Feuille volante de 29 centimètres sur 42.

2797. — Sulla spoglia di Angelo Cogevina, tolto all' amore e alla riconoscenza di tutti nel sessantesimo anno di una vita ottima, esemplare, benefica, questo addio di lagrime tributava Giacomo Zancarol, il giorno 8/20 giugno 1871, nella cattedrale latina di Corfù. (*A la fin :*) *Corfù*, 14/26 giugno 1871. Tipografia Corcyra.

In-8° de 1 feuillet blanc, 11 pages et 1 feuillet blanc, en deux cahiers de quatre feuillets chacun.

2798. — Σύλλογος 'Ρήγας ὁ Φεραῖος. Παραδόσεις πρὸς τὸν λαόν. Ἀριθ. 1ος. Εἰσαγωγικὴ διατριβὴ ἀναγνωσθεῖσα ὑπὸ τοῦ συνεταίρου Ἰακώβου Πολυλᾶ, κατὰ τὴν ἑσπέραν τῆς 29 νοεμβρίου 1871 ἐν τῷ καταστήματι τοῦ συλλόγου. Ἐν Κερκύρᾳ, τυπογραφεῖον ἡ 'Ιονία. 1871.

In-8° de 22 pages et un feuillet blanc.

2799. — Supplément aux considérations concernant le nom de l'auguste reine des Hellènes publiées en 1869 par A. Théotoky.

In-8° de 2 pages et un feuillet blanc. Ce supplément consiste en quelques lignes de A. Théotoky datées de Corfou, 5 janvier 1871, lesquelles sont suivies d'une lettre à lui adressée par Louis Podhorsky et datée de Pest, 19 décembre 1870 (Voir le n° 2697).

2800. — Τὰ Θεσμοφόρια καὶ Ἐλευσίνια. Μετάφρασις (ἐκ τοῦ ἰταλικοῦ) Σ. Κ. Μέγγουλα. Ἐν Ζακύνθῳ, τυπογραφεῖον ὁ Ζάκυνθος. 1871.

In-8° de ιή (18) et 97 pages.

2801. — Τρία ἱστορικὰ διηγήματα ἐκ τοῦ γαλλικοῦ ὑπὸ Σ. Ε. Κοκόλλη. Ἐκδίδονται ὑπὸ Μ. Κ. Ν. Ἐν Ἀλεξανδρείᾳ, ἐκ τοῦ ἑλλ: τυπογραφείου Μιχαὴλ Κ. Νομικοῦ. Ὁδὸς Χρηματιστ. οἰκία Μάρκου Μαύρου, ἀριθ. 34. 1871.

In-8° de 97 pages et (dans quelques exemplaires) 1 feuillet blanc.

2802. — Tributo di caldissimo e sincero affetto alla cara memoria del nobile e costumato giovanetto Jacopo Vincenzo Trabaudi Foscarini salito alla sede degli angeli il primo luglio 1871. (*A la fin :*) Tip. G. Nacamulli.

In-8° de 7 pages. Daté de Corfou, 4 juillet 1871, et signé G. B. Scorpa.

2803. — Φιλικὴ ἀπάντησις τοῦ καθολικοῦ θεολόγου εἰς τὰ πρὸς αὐτὸν Ὀλίγα μαθήματα λογικῆς καὶ θεολογίας τοῦ κυρίου Δ. Μαρίνου. Ἐν Ἑρμουπόλει Σύρου, τυπογραφεῖον Ἑρμούπολις Μ. Φρέρη καὶ Ἰ. Καλομανιάτου. 1871.

In-16 de 288 pages. Voir ci-dessus, p. 577, n° 2702, le titre du livre auquel répond celui-ci.

2804. — Ἀπάντησις τοῦ κ. Ἀριστοτέλου (sic) Βαλαωρίτους (sic) εἰς τὴν ἐν τῇ « Ἡμέρᾳ » καταχωρηθεῖσαν ἐπίκρισιν ἐπὶ τοῦ ἀποκαλυπτηρίου τοῦ Ὕμνου. (A la fin :) Ἐν Κερκύρᾳ, τῇ 30 μαΐου 1872. Τύπ. Κάδμος.

In-folio de 4 pages à 2 colonnes.

2805. — Ἁπλῆ καὶ καθαρεύουσα, στίχοι Γερασίμου Μαρκορᾶ. Κερκύρᾳ, τυπ. Ἰ. Ναχαμούλη. 1872.

In-16 de 19 pages. La couverture imprimée sert de titre.

2806. — Ἀπολογία Κυριακοῦ Δραγισεύη. Κερκύρᾳ, τυπογραφεῖον ὁ Κάδμος. 1872.

In-8° de 17 pages et 1 feuillet blanc.

2807. — Ἀρχαῖα ἱστορικὰ γεγονότα τῆς οἰκογενείας τῶν κομήτων Κλαδαίων ἀπὸ τὰ 1330 μέχρι τὰ 1803. Ἀθήνησιν, τυπογραφεῖον Ἑκατόγχειρος, ὁδὸς Ἑρμοῦ, ἀριθμὸς 52. 1872.

In-8° de 13 pages + trois pages blanches + 8 pages + 8 pages. La couverture imprimée sert de titre. Sur ce titre, la date 1330 est corrigée à la plume en 1366. *NB*. Les 13 premières pages contiennent le texte grec ; les 8 suivantes la traduction italienne ; les 8 dernières la traduction anglaise. Cette brochure tout entière fourmille de fautes d'impression.

2808. — Ἀττικὸν ἡμερολόγιον τοῦ ἔτους 1873 ὑπὸ Εἰρηναίου Ἀσωπίου τῇ εὐνοϊκῇ συμπράξει φιλοκάλων λογίων. Ἔτος ζ΄. Ἀθήνησιν, ἐκ τοῦ τυπογραφείου τῶν ἀδελφῶν Περρῆ, κατὰ τὴν διασταύρωσιν ὁδῶν Βουλῆς καὶ Μητροπόλεως. 1872.

In-8° de 448 pages et quinze gravures hors texte.

2809. — Βασίλειον τῆς Ἑλλάδος. Ὁ μητροπολίτης Κεφαλληνίας Σπυρίδων πρὸς τοὺς ἀρχιερατικοὺς αὐτοῦ ἐπιτρόπους. (*Dans le coin supérieur gauche :*) Ἐγκύκλιος 493, 537. Ἀριθ. πρωτ. 117, 160.

Placard in-folio à 3 colonnes sur papier bleu. Daté du 4 décembre 1872.

2810. — Βιογραφία Μαρίνου Παπαδοπούλου Βρετοῦ συνταχθεῖσα ὑπὸ τοῦ ἀτυχοῦς πατρός του 'Ανδρέου Παπαδοπούλου Βρετοῦ, συγγραφέως τοῦ πονήματος ἡ νεοελληνικὴ Φιλολογία. 'Αθήνῃσι, τύποις Δ. 'Αθ. Μαυρομμάτη. 1872.

In-8° de ή (8) et 72 pages.

2811. — C^r Nicolò C. Manzaro. (*Au bas :*) Τυπογραφεῖον Κέρκυρα.

Placard in-folio sur 3 colonnes, signé Domenico Padovan. Supplément du Journal corfiote ἡ Φωνή du 6 avril 1872.

2812. — Cenni sul protettorato Britannico nelle Isole Jonie dall' anno 1817 che fù istallata una costituzione sino l'anno 1864 che furono cedute al regno Ellenico, con appendice relativa alla suddetta cessione ; si parla anche della pubblica carriera del C° Demetrio Caruso dall' anno 1850 sino al 1864. *Cefalonia*, stamperia Progresso. 1872.

In-8° de 200 pages. Dans certains exemplaires, par suite d'une erreur typographique, le premier mot du titre se lit « Genni » ; dans d'autres, on a collé sur le G un morceau de papier où est imprimé un C. L'erreur n'existe pas sur la couverture.

2813. — Delle lodi di santo Spiridione, vescovo protettore dell' isola e città di Corfù, discorso del sacerdote Pietro Pellegrini, canonico della cattedrale basilica Lauretana, recitato in Corfù il 5 maggio 1872. *Corfù*, tipografia Corcyra. 1872.

In-8° de 22 pages et 1 feuillet blanc. Dédié à Spiridion Maddalena, archevêque latin de Corfou.

2814. — Διπλωματικαὶ μελέται περὶ τοῦ ἀνατολικοῦ ζητήματος ἐξελληνισθεῖσαι ὑπὸ Θεαγένους Λιβαδᾶ (ἐκ τῆς Κλειοῦς). Τεργέστη, τύποις τοῦ αὐστριακοῦ Λόυδ. 1872.

In-8° de 131 pages.

2815. — Dithyrambus in simulacrum patriarchi Gregorii V, a poëta gentico Arist. Valaorite latine interpretatus a Jo. N. Stamatelo Leucadio. *Zacynthi*, typis Parnassi S. C. Rhaphtani. MDCCCLXXII.

In-8° de dix pages et 1 feuillet blanc. Dédié à Alexandre Rangabé. Cette traduction est en prose.

2816. — Ἐγχειρίδιον στοιχειωδῶν γνώσεων ἐκ τῶν ἐπιστημῶν, τῶν τεχνῶν καὶ τῆς βιομηχανίας, ἐκ τοῦ γαλλικοῦ διασκευασθὲν ἐν πολλοῖς μετὰ προσθηκῶν ὑπὸ

Μιχαὴλ Π. Λάμπρου, πρὸς χρῆσιν τῶν παρ' ἡμῖν προκαταρκτικῶν σχολείων (μεθ' 166 εἰκονογραφιῶν). Ἀθήνησι, τυπογραφεῖον ἀδελφῶν Περρῆ, διασταύρωσις ὁδῶν Βουλῆς καὶ Μητροπόλεως. 1872. (*Au v° du faux-titre :*) Ἐν Ἀθήναις, κατὰ μάρτιον τοῦ 1871.

In-8° de 668 pages, dont les trois dernières non chiffrées. Forme le n° 8 de la Βιβλιοθήκη τοῦ πρὸς διάδοσιν τῶν ἑλληνικῶν γραμμάτων Συλλόγου. C'est la traduction des *Simples lectures sur les sciences, les arts et l'industrie* de Garigues et Boutet de Monvel.

2817. — Ἐγχειρίδιον τῆς φυσιολογίας τοῦ ἀνθρώπου ὑπὸ Ἰω. Ζωχιοῦ, ὑφηγητοῦ ἐν τῷ ἐθνικῷ πανεπιστημίῳ. Φυλλάδιον ά καὶ β'. Ἐν Ἀθήναις, παρὰ τῷ ἐκδότῃ Σ. Κ. Βλαστῷ. 1872.

In-8° de 128 pages.

2818. — Ἐπίκρισις τῶν κατὰ τὴν 25 μαρτίου ἐν Ἀθήναις ὑπὸ τοῦ κ. Ἀρ. Βαλαωρίτου ἐκφωνηθέντων στίχων. (*A la fin :*) Ἐκ τῆς ἐν Τεργέστῃ ἑλληνικῆς ἐφημερίδος Ἡμέρα τῆς μαΐου 1872, ἀριθ. 870. Τυπογραφεῖον ἡ Ἰωνία.

In-folio de 4 pages à deux colonnes.

2819. — Εὐγενίου τοῦ Βουλγάρεως Θεολογικὸν νῦν τὸ πρῶτον ἐκδιδόμενον ὑπὸ τοῦ ἀρχιμανδρίτου Ἀγαθαγγέλου Λοντοπούλου, ἐφημερίου τῆς ἐν Βιέννῃ τῶν ὀρθοδόξων ὁμογενῶν Κοινότητος. Ἐν Βενετίᾳ, τύποις τοῦ Χρόνου. 1872.

In-8° de οδ' (74) pages + un feuillet blanc + 616 pages + un fac-similé photographique. Publié d'après un manuscrit appartenant au prince Georges Maurocordato, cet ouvrage est dédié par l'éditeur à Théophile, métropolitain d'Athènes.

2820. — Εὐριπίδου Κύκλωψ ἐκδίδοται ὑπὸ Παναγιώτου Μεταξᾶ καθ' ἣν παράφρασιν ἐδιδάχθη ὑπὸ τῶν διδαξάντων τὴν Ἀντιγόνην φοιτητῶν πρὸς τιμὴν τῆς βασιλίσσης Ὄλγας ἐν τῷ ἀρχαίῳ ἐπὶ Ῥηγίλλῃ θεάτρῳ Ἡρώδου τοῦ Ἀττικοῦ. Ἐν Ἀθήναις, τυπογραφεῖον Θέμιδος Ἰω. Σκλέπα, ὁδὸς Πραξιτέλους, 8. 1872.

In-8° de quatre feuillets et 48 pages.

2821. — Ἡ ἔκθετος τοῦ ὀρφανοτροφείου τῆς ἁγίας Μαρίας, δρᾶμα εἰς πράξεις τρεῖς, παράφρασις Σ. Λ. Κοσκινᾶ. Κέρκυρα, τυπογραφεῖον Κοραῆς Ἰ. Ναχαμούλη. 1872.

In-8° de 48 pages.

2822. — Ἡ ἐλαία τοῦ Ῥήγα. (*Au bas :*) Ἐν Κερκύρᾳ, τῇ 3 μαρτίου 1872. Τυπογραφεῖον Ἀθηνᾶ.

Placard in-folio sur deux colonnes. Cette poésie est signée : G. Rouvas.

2823. — Ἡ θεία καὶ ἱερὰ ἀκολουθία τοῦ ἐν ἁγίοις πατρὸς ἡμῶν Σπυρίδωνος, ἐπισκόπου Τριμυθοῦντος τοῦ θαυματουργοῦ πατρὸς καὶ προστάτου Κερκύρας, νεωστὶ μετατυπωθεῖσα καὶ αὐξηθεῖσα. Ἐν Κερκύρᾳ, ἐκ τῆς τυπογραφίας ὁ Κοραῆς. 1872.

In-8° de un feuillet, ή (8) + 158 pages et un feuillet blanc. Dédié à Antoine Chariatis, archevêque de Corfou, par l'éditeur, Georges Bulgaris, grand protosyncelle de Corfou.

2824. — Θησαυρὸς κεκρυμμένος ἤτοι ἀξιόλογος συλλογὴ συγκειμένη 1) ἀπὸ 48 ὠφελιμωτάτας συνταγὰς τῶν καλητέρων συγγραφέων ἀναγκαίας εἰς πάντα ἄνθρωπον. 2) ἀπὸ 25 νοστιμώτατα χημικὰ καὶ ταχυδακτυλουργικὰ παιγνίδια λίαν τερπνὰ καὶ διασκεδαστικὰ εἰς κάθε συναναστροφήν. 3) ἀπὸ ἓν ἀλάνθαστον στοίχημα· μεταφρασθεῖσα ἐκ τοῦ ἰταλικοῦ ὑπὸ Βασιλείου Παδοβᾶ. Ἐν Ἑρμουπόλει Σύρου, τύποις Ἑλληνικοῦ Μέλλοντος. 1872.

In-16 de 48 pages. Basile Padovas est de Leucade.

2825. — In morte di Giuseppe de' Semo, medico preclarissimo per chiarezza d'ingegno e profondità di dottrina, queste parole pronunziava sulla sua tomba, il giorno 2 febbrajo 1872, l'amico e confratello Giacomo Zancarol. (*A la fin :*) *Corfù*, 5 febbrajo 1872. Tipografia Corcyra.

In-8° de 8 pages et 2 feuillets blancs.

2826. — Ἱστορία τοῦ Ταγιαπιέρα | ποῦ, τὴν σημερνὴν ἡμέρα, | σὰν αὐτὸν οὐδὲν ἐφάνη | εἰς ὅσ' ὁρίζουν οἱ χριστιανοί. Ποίημα Ἰακώβου τοῦ Τριβώλη ἐκδοθὲν ὑπὸ Αἰμυλίου Λεγρανδίου. Ἐν Παρισίοις, κατὰ τὸν ἰανουάριον μῆνα 1872. (*A la fin :*) Paris, imp. Jules Bonaventure, quai des Grands-Augustins, 55.

In-8° de 48 pages. Forme le n° 3 (seconde édition) de *la Collection de monuments pour servir à l'étude de la langue néo-hellénique* (Paris, Maisonneuve, 15, quai Voltaire, 1872). *NB.* La traduction et les notes sont dues à Georges Wyndham.

2827. — Ἱστορικῶν καὶ φιλολογικῶν ἀναλέκτων ἐκδιδομένων ὑπὸ Μιχαὴλ Ἀ. Μουστοξύδου τόμος πρῶτος. Ἐν Κερκύρᾳ, ἐκ τοῦ τυπογραφείου ἡ Κέρκυρα. 1872.

In-8° de ς' (6) pages, un feuillet blanc, 206 pages et un feuillet. Le tome premier a seul été publié.

2828. — 'Ιωάς, δράμα του άββα Π. Μεταστασίου. Ὁ βίαιος γάμος, κωμωδία του Μολιέρου. Κερκύρα, τύπ. του έκδ. 'Ι. Ναχαμούλη. 1872.

In-16 de 68 pages. Le traducteur du drame de Métastase, est S. B. DE MORDO, celui de la comédie de Molière est S. L. COSKINAS.

2829. — Καλλιλογική ανάλυσις του διθυράμβου ὃν απήγγειλεν ὁ εθνικός ποιητής 'Αρ. Βαλαωρίτης εις τα αποκαλυπτήρια του ανδριάντος του αοιδίμου πατριάρχου Γρηγορίου έ, υπό 'Ιωάννου Ν. Σταματέλου σχολάρχου. 'Εν Λευκάδι, τυπογραφείον ή Σαπφώ Κωνσταντίνου Π. Χόρτη. 1872.

In-8° de 7 pages.

2830. — Κωμωδία εν κωμωδία, παράστασις εις πράξεις τρεις, μετάφρασις Α. Κ. Κερκύρα, τυπογρ. ὁ Κοραής του εκδότου 'Ι. Ναχαμούλη. 1872.

In-16 de 73 pages et 3 feuillets blancs. Le traducteur est probablement A. COGÉVINAS.

2831. — Λόγοι εκφωνηθέντες εις την κηδείαν του ιερομονάχου Παρθενίου Κόμη, ηγουμένου της μονής του αγίου 'Ιωάννου του Προδρόμου εις Λαγκάδα, τη 18η μαίου 1872. 'Εν Ζακύνθω, τυπογραφείον ὁ Παρνασσός Σεργίου Χ. 'Ραφτάνη. 1872.

In-8° de 16 pages. Cette brochure renferme trois discours qui ont pour auteurs : NICOLAS, archevêque de Zante; GEORGES VÉRYKIOS et A. TAVOULARIS. Rare.

2832. — Λόγος απαγγελθείς εν τω εν Κερκύρα παρθεναγωγείω Βαλάνου υπό του εκεί υποδιδασκάλου Σπυρίδωνος Π. Μαυρογιάννου, τη 9η ιουλίου έτους 1872, αρχομένων των εξετάσεων. 'Εν Κερκύρα, τυπογραφείον 'Αθηνά 'Αρσενίου Κάου. 1872.

In-8° de 8 pages.

2833. — Λόγος 3ρος Πέτρου Κουαρτάνου Καλογερά, αρχικού προέδρου της φιλαρμονικής Εταιρίας, επί του νεκρού του αοιδίμου ιππότου Νικολάου Χαλικιοπ. Μαντζάρου, ισοβίου της εταιρίας προέδρου, εκφωνηθείς υπό Περικλέους Πολίτη, μέλους της επιτροπής αυτής, τη 1 απριλίου 1872. (A la fin :) 'Εν Κερκύρα, τυπογραφείον 'Αθηνά.

In-8° de 4 pages.

2834. — Λόγος εισαγωγικός εις την διδασκαλίαν των ιερών μαθημάτων εν τοις γυμνασίοις Αθηνών περί της παρ' ήμΐν καταστάσεως του θρησκεύματος υπό Διονυσίου Λάτα, καθηγητού των ιερών μαθημάτων εν τοις εν Άθήναις γυμνασίοις και ίεροκήρυκος του κράτους. Ἐν Ἀθήναις, εκ του τυπογραφείου Ἰω. Ἀγγελοπούλου. 1872.

In-8° de 96 pages.

2835. — Λόγος εκφωνηθείς εν τέλει του μνημοσύνου του αοιδίμου Γεωργίου Κ. Τισαμενού υπό του καθηγητού Γ. Ζωχιοῦ. Ἐν Ἀθήναις, εκ του τυπογραφείου Σ. Κ. Βλαστού. 1872.

In-8° de 14 pages.

2836. — Λόγος εκφωνηθείς τη ιε΄ αυγούστου 1872 εις τον ναόν της υπεραγίας Θεοτόκου εις χωρίον αγίου Κυρικού. Ἐν Ζακύνθῳ, τυπογραφείον ὁ Ζάκυνθος. 1872.

In-8° de 4 pages. La couverture imprimée sert de titre.

2837. — Λόγος εκφωνηθείς τη 26 δεκεμβρίου του 1871 έτους κατά τα εγκαίνια του εν Μασσαλία ελληνικού συλλόγου υπό Γ. Ε. Μαυρογιάννη. Ἐξεδόθη δαπάνη του συλλόγου. Ἐν Μασσαλίᾳ, τυπογραφείον Καϋέρου καὶ σ¹ᵃ, εν οδώ αγίου Φερρεόλ. 57. 1872.

In-8° de 39 pages, dont les deux premières blanches.

2838. — Λόγος εκφωνηθείς την κυριακήν 27 αυγούστου 1872 παρά του κυρίου Γεωργίου Ν. Θεοτόκη, προέδρου του ενταύθα πολιτικού συλλόγου Κερκυραίος, κατά την έναρξιν των εργασιών του ιδίου συλλόγου. Δαπάναις των συνεταίρων. Ἐν Κερκύρᾳ, τυπογραφείον Ἀθηνᾶ Ἀρσενίου Κάου. 1872.

In-8° de 20 pages.

2839. — Λόγος επικήδειος εκφωνηθείς παρά του ελλογίμου ιεροδιδασκάλου Σπυρίδωνος Κομποθέκρα εν τω εν Βενετία ιερώ ναώ του αγίου Γεωργίου της ελληνικής Κοινότητος επί τω νεκρώ του αιδεσιμωτάτου ιερομονάχου Σπυρίδωνος Ζερβού, αρχιμανδρίτου του οικουμενικού θρόνου της μεγάλης του Χριστού εκκλησίας, αρχειοφύλακος της πρώην μητροπόλεως Κερκύρας και εφημερίου του ανωειρημένου ιερού ναού, τη 12 νοεμβρίου 1872. έ. σ. Ἐν Βενετίᾳ, εκ του ελληνικού τυπογραφείου του αγίου Γεωργίου. 1872.

In-8° de 32 pages. Dédié par l'auteur à sa mère Marie Diacato-Combothécra, morte, à l'âge de 57 ans, le 28 août 1872. Le texte grec est suivi d'une traduction italienne exécutée par l'auteur lui-même. Imprimé aux frais de la Colonie grecque de Venise.

2840. — Λόγος πανηγυρικὸς εἰς τὴν τριήμερον ἀνάστασιν τοῦ Ἰησοῦ Χριστοῦ καὶ εἰς τὸν θαυματουργὸν καὶ προστάτην Σπυρίδωνα, ἐκφωνηθεὶς ἐν τῷ ναῷ τοῦ ἁγίου Σπυρίδωνος ὑπὸ ἱερέως Νικολάου Αὐλωνίτου, τῇ 18 ἀπριλίου 1872. Κερκύρᾳ, τυπογραφεῖον ὁ Κάδμος Νεοφύτου Καραγιάννη. 1872.

In-8° de huit pages. Il y a des exemplaires en papier fort.

2841. — Λόγος τῆς 25 μαρτίου τοῦ ἔτους 1872 ὑπὸ Γ. Τερτσέτη, βιβλιοφύλακος τῆς Βουλῆς. (*A la fin :*) Τύποις Χ. Ν. Φιλαδελφέως.

In-8° de 16 pages.

2842. — Λυκαυγές, συλλογὴ λυρικῶν ποιήσεων ὑπὸ Χαραλάμπους Ἀννίνου. Ἐν Κεφαλληνίᾳ, τύποις ἡ Κεφαλληνία. 1872.

In-8° de 5 6 pages. Les 5 premières pages ne sont pas chiffrées ; les pages 6 et 7 sont chiffrées β', γ' ; la page 8 est blanche, la page 9 n'est pas chiffrée. La numération commence régulièrement à la page 10. Cette rarissime plaquette est dédiée à Jean Voutsinas.

2843. — Νεκρολογία ἐν εἴδει ἐπιταφίου λόγου εἰς τὸν θάνατον Γεωργίου Βασιλᾶ, ἀποβιώσαντος τῇ 25ῃ δεκεμβρίου 1872, ὑπὸ Σπυρίδωνος Π. Μαυρογιάννου. Ἐν Κερκύρᾳ, τυπογραφεῖον Ἀθηνᾶ Ἀ. Κάου. 1872.

In-8° de 8 pages.

2844. — Ὁ ἀνδριὰς τοῦ ἀοιδίμου Γρηγορίου τοῦ έ, πατριάρχου Κωνσταντινουπόλεως, προσφώνησις Ἀριστοτέλους Βαλαωρίτου. 1872. Λιθ. Ἑκατόγχειρ. (*A la deuxième page :*) Τυπογραφεῖον Ἑκατόγχειρος.

In-8° de 15 pages. La couverture lithographiée sert de titre. Au milieu de cette couverture, on voit le patriarche Grégoire sur le lieu du supplice et saisi par le bourreau.

2845. — Ὁ βασιλεὺς εὐθυμεῖ (Rigoletto), δρᾶμα Victor Hugo εἰς πράξεις πέντε ἐμμέτρως μεταφρασθὲν ὑπὸ Φωκίωνος Α. Βουτζινᾶ πρὸς ὄφελος τοῦ ἑλληνικοῦ ὀρφανοτροφείου Σμύρνης. Ἐν Σμύρνῃ, τύποις Νικολάου Α. Δαμιανοῦ. 1872.

In-8° de 165 pages.

2846. — Ode votiva in anniversario festo natalis clarissimi regis Graecorum Georgii I, in ante diem IX kal. januarias occurrenti, metro sapphico hendecasyllabo scripta a M. Bianchini, professore philologiae latinae in gymnasio Zacynthi. *Zacynthi*, typis Sergii Ch. Rhaphtani. MDCCCLXXII.

In-8° de 8 pages. Imprimé en bleu.

2847. — Ὁ ἐθελοντὴς τῆς Κρήτης, τραγῳδία ἔμμετρος εἰς πράξεις πέντε ὑπὸ Ἐπαμινώνδα Ἀννίνου. Κεφαλληνίᾳ, τύποις Προόδου. 1872.

In-8° de 64 pages, dont les trois dernières non chiffrées. Très rare.

2848. — Οἱ δύο κλέπται, κωμῳδία εἰς πράξεις δύο · μετάφρασις Α. Κ. Κερκύρα, τυπ. τοῦ ἐκδ. Ἰ. Ναχαμούλη. 1872.

In-16 de 52 pages. Le traducteur de cette pièce de Molière est A. Cogévinas.

2849. — Οἱ ἐκ μικρῶν τεχνιτῶν μεγάλοι ἄνδρες, σύγγραμμα Ἀντωνίου de Saint-Gervais μεταφρασθὲν καὶ διασκευασθὲν ὑπὸ Σπυρίδωνος Π. Λάμπρου. Ἀθήνησι, τύποις Ἀνδρέου Κορομηλᾶ. 1872. (*Au v° du faux-titre :*) Ἀθήνησι, κατ' Ἰούλιον τοῦ 1872.

In-8° de deux feuillets et 336 pages. Forme le n° 11 de la Βιβλιοθήκη τοῦ πρὸς διάδοσιν τῶν ἑλληνικῶν γραμμάτων Συλλόγου.

2850. — Οἱ τριάκοντα τύραννοι τῶν Ἀθηνῶν, μυθιστόρημα I. R. Telfy, καθηγητοῦ ἐν τῷ πανεπιστημίῳ Πέστης, μεταφρασθὲν ἐκ τοῦ γερμανικοῦ ὑπὸ Περικλέους Γρηγοριάδου, ἐξεδόθη ὑπὸ Π. Κανελλίδου. Ἐν Ἀθήναις, τύποις Ἑλληνικῆς Ἀνεξαρτησίας. 1872.

In-8° de 1 feuillet, ιϛ' (12) + 183 pages et 2 feuillets. Traduction de *Athens dreissig Tyrannen, Roman von J. R. Telfy* (Pest, 1871).

2851. — Ὁ κατὰ τῶν ἐραστῶν διωγμός, μυθιστορία διδακτικωτάτη C. de Bernard μεταφρασθεῖσα ἐκ τῆς ἰταλικῆς ὑπὸ Δ. Σ. Λιβαθηνοπούλου. Ἐκδίδεται δαπάνῃ Δ. Π. Ἀντωνοπούλου. Ἐν Ἀθήναις, ἐκ τοῦ τυπογραφείου Ἰλισσοῦ. 1872.

In-8° de 142 pages. (D. Coromilas, Βιβλιογραφικὸν δελτίον, n° 81.)

2852. — Ὁ Τζέμις μου. — Ἐν Κερκύρᾳ, τῇ 30 Ἰανουαρίου 1872. Τυπογραφεῖον ἡ Κέρκυρα.

Placard in-8°. Pièce de 22 vers.

2853. — Περὶ Βελισσαρίου Κορενσίου, ἕλληνος ζωγράφου ἐν Νεαπόλει (1558-1643), διατριβὴ ἀναγνωσθεῖσα ἐν τῷ φιλολογικῷ συλλόγῳ Παρνασσῷ, τῇ 5 δεκεμβρίου 1871, ὑπὸ Σπυρίδωνος Π. Λάμπρου. Ἐν Ἀθήναις, ἐκ τῆς τυπογραφίας Λαζ. Δ. Βιλλαρᾶ. 1872.

In-4º de un feuillet et 13 pages.

2854. — Περὶ τῆς ἀρχῆθεν κοινωνίας τῶν Ἑλλήνων πρὸς τοὺς Ἰταλοὺς καὶ Ῥωμαίους καὶ τῆς ἐντεῦθεν ἐπενεργείας αὐτῶν πρὸς ἐκπολιτισμὸν τούτων, ὑπὸ Εὐθυμίου Καστόρχη. — Ἐν τέλει προσετέθη ὁ τούτου λόγος καὶ ὁ τοῦ Ἀ. Βαλαωρίτου ὕμνος εἰς τὰ ἀποκαλυπτήρια τοῦ ἀνδριάντος τοῦ ἀοιδίμου πατριάρχου Γρηγορίου τοῦ έ. — Ἀθήνησι, τύποις Ἀνδρέου Κορομηλᾶ. 1872.

In-8º de 139 pages. (D. Coromilas, Βιβλιογραφικὸν δελτίον, nº 76.)

2855. — Περὶ τῆς ἱστορικῆς ἀποστολῆς τοῦ ἑλληνισμοῦ ὑπὸ Πέτρου Βράϊλα Ἀρμένη. Ἐν Κερκύρᾳ, τυπογραφεῖον ἡ Ἰονία. 1872.

In-8º de 51 pages.

2856. — Περὶ τοῦ ἁγίου Ἀρσενίου, μητροπολίτου Κερκύρας (876-953), διατριβὴ ἀναγνωσθεῖσα ἐν τῷ ἐν Ἀθήναις φιλολογικῷ συλλόγῳ Παρνασσῷ, τὸν ὀκτώβριον τοῦ ἔτους 1871, ὑπὸ Σπυρίδωνος Κ. Παπαγεωργίου. Ἐν Κερκύρᾳ, τυπογραφεῖον Ἀθηνᾶ Ἀρσενίου Κάου. 1872.

In-8º de 29 pages et un feuillet blanc. Dédié à la mémoire d'Athanase, métropolitain de Corfou.

2857. — Per le esequie del cavaliere Nicolò Calichiopulo Manzaro, discorso scritto dal Dr. P. Quartano di Calogerà, primitivo presidente della Società filarmonica, e pronunziato in lingua greca il 1/13 aprile dal Sr. Pericle Politi, membro del comitato della sudetta società. (*A la fin :*) A spese della Società filarmonica. *Corfù*, tipografia Cadmo di Neofito Carajanni. 1872.

In-8º de six pages et un feuillet non chiffré.

2858. — Πίναξ σταθμῶν διῃρημένος εἰς δύο μέρη, ὧν τὸ μὲν δηλοῖ τὴν σχέσιν τῆς λίτρας πρὸς τὴν ὀκάδα, τὸ δὲ τῆς ὀκάδος πρὸς τὴν λίτραν· ἐκδοθεὶς δαπάνῃ Α. Ν. Καραντζᾶ. Ἐν Ζακύνθῳ, τυπογραφεῖον Παρνασσὸς Σ. Χ. Ῥαφτάνη. 1872.

In-32 de 34 pages.

2859. — Poesie per gli Esami scolastici dell' anno 1872 nell' istituto Capodistria diretto dal sig. Leonida Vlacco. *Corfù*, tip. G. Nacamulli. 1872.

In-8° de 31 pages. L'éditeur de ces poésies est FRANCESCO DI MENTO, prêtre corfiote (Voir, page 3, l'épître dédicatoire à ses élèves).

2860. — Ποιήματα διάφορα ὑπὸ Ἀγγέλου Καλκάνη Λευκαδίου. Κερκύρᾳ, τυπογραφεῖον ὁ Κάδμος Νεοφύτου Καραγιάννη. 1872.

In-8° de 12 pages. Les poésies grecques sont dédiées par l'auteur à son neveu Georges Machæras, et la pièce de vers italiens au Dr. P. Péristianos.

2861. — Προσλαλιὰ Π. Χιώτου ἱππότου πρὸς τὸν πανιερώτατον ἀρχιεπίσκοπον Κερκύρας Ἀντώνιον Χαριάτην τελοῦντα μνημόσυνον τοῦ μακαρίτου ἀρχιεπισκόπου Ζακύνθου Νικολάου Κοκκίνη ἐν τῷ ναῷ τῆς ἐπισκοπῆς Ζακύνθου τῇ 4 μαΐου 1872. Ἐν Ζακύνθῳ, τυπογραφεῖον ἡ Αὐγὴ Ν. Κοντόγιωργα. 1872.

In-8° de 8 pages.

2862. — Πτωχοκομεῖον Κερκύρας. Ἔκθεσις τῆς διοικητικῆς ἐπιτροπῆς ἐπὶ τῆς διαχειρίσεως ἀπὸ 1 μαΐου 1869 μέχρι 5 φεβρουαρίου 1872, τυπογραφεῖον ὁ Κάδμος Νεοφύτου Καραγιάννη.

In-8° de 8 pages et 1 tableau plié.

2863. — Souvenirs de voyage. Céphalonie, Naxie et Terre Neuve par le comte de Gobineau. Le mouchoir rouge, Akrivie Phrangopoulo, la Chasse au caribou. *Paris*, Henri Plon, imprimeur éditeur, rue Garancière, 10. MDCCCLXXII. Tous droits réservés. (*Au v° du faux-titre :*) Paris, typographie Henri Plon, rue Garancière, 8.

In-18 jésus de deux feuillets + 222 pages + un feuillet.

2864. — Στιχουργήματα διάφορα Ἀνδ. Λασκαράτου ἐκδοθέντα ἐπιμελείᾳ καὶ ἐνεργείᾳ φιλομούσων τινῶν νέων. Ἐν Κεφαλληνίᾳ, τύποις ἡ Κεφαλληνία. 1872.

In-8° de deux feuillets non chiffrés, η' (8) pages, dont la plupart non chiffrées, et 232 pages. Dédié à Georges Tertsétis.

2865. — Τὰ ἐξαμήνια. (*Au bas :*) Τῇ 1 ἰανουαρίου 1872.

Placard in-4°. Signé Ἄγγελος Καλκάνης. Poésie.

2866. — Ὑπόμνημα ἐπὶ τῆς ἐνώπιον τοῦ Ἀρείου Πάγου δίκης τῶν Εὐγενίου Πολυλᾶ καὶ ὁμοδίκων κατὰ κυρίας Φανῆς Σκαραμαγκᾶ. Ἐν Κερκύρᾳ, τυπογραφεῖον ὁ Κάδμος Νεοφύτου Καραγιάννη. 1872.

In-8° de 120 pages. L'auteur de cette brochure paraît être MICHEL POLYLAS qui a signé l'avis au lecteur.

2867. — Ἀγόρευσις ἐπὶ τοῦ προϋπολογισμοῦ τοῦ κράτους Ο. Σ. Πυλαρινοῦ, βουλευτοῦ Πάλλης (Κεφαλληνίας). Ἐν Ἀθήναις, τύποις Ἐφημερίδος τῶν Συζητήσεων, 10, ὁδὸς Βουλῆς-Μουσῶν, 8. 1873.

In-8° de 32 pages.

2868. — A. Dumas fils. Ὁ ἀνδρόγυνος, ἀπάντησις πρὸς τὸν κύριον Ἐρρῖκον δὲ Ἰδεβίλ, ἐκ τοῦ γαλλικοῦ ὑπὸ Π. Καταιβάτη καὶ Μ. Μαρτζώκη. Ἐν Ζακύνθῳ, τυπογραφεῖον ἡ Αὐγὴ Νικολάου Κοντόγιωργα. 1873.

In-8° de un feuillet blanc, ιζ' (17) et 119 pages. Rarissime. En tête de ce volume, on trouve une épître dédicatoire en français adressée par les traducteurs à Alexandre Dumas fils, et une préface des mêmes en grec.

2869. — Αἱ δύο πρωτεύουσαι τῆς Ἀνατολῆς κατὰ τὸ 1858 καὶ 1860, καὶ ἡ διπλωματία τῆς Ἑλλάδος, ὑπὸ Ἠλία Ζερβοῦ Ἰακωβάτου. Ἐν Κεφαλληνίᾳ, τύποις ἡ Κεφαλληνία. 1873.

In-8° de deux feuillets, ιά (11) + 230 pages et un feuillet blanc.

2870. — Ἀκολουθία τοῦ ἁγίου ἐνδόξου μεγαλομάρτυρος Φανουρίου τοῦ νεοφανοῦς, ὅστις ἐγνώσθη περίπου τὸ αφ'. 1500. ἔτους ἀπὸ Χριστοῦ, ἀντιγραφεῖσα ἐκ τοῦ τετυπωμένου Νέου Λειμωναρίου (καὶ τύποις ἐκδοθεῖσα διὰ συνδρομῆς τῶν Χριστιανῶν), ἐν Ζακύνθῳ, τυπογραφεῖον ὁ Ζάκυνθος. 1873.

In-8° de 27 pages.

2871. — Ἀκολουθία τοῦ ἐν ἁγίοις πατρὸς ἡμῶν Ἀρσενίου ἀρχιεπισκόπου Κερκύρας. Ἐν Κερκύρᾳ, τυπογραφεῖον Ἀθηνᾶ Ἀρσενίου Κάου. 1873.

In-8° de 24 pages.

2872. — A Laura Dondini in occasione della sua beneficiata, sonetto. (*Au bas :*) *Corfù*, 26 febbrajo 1873. Tip. G. Nacamulli.

Placard de 21 centimètres sur 28. Signé : G.

2873. — A Laura Dondini in occasione della sua beneficiata. Sonetto. (*Au bas :*) Tip. G. Nacamulli.

Placard de 21 centimètres sur 28 daté de Corfou, 26 février 1873, et signé Z.

2874. — A Laura Dondini prima donna assoluta in occasione della sua beneficiata. Sonetto. (*Au bas :*) *Corfù*, 26 febbrajo 1873. Tip. G. Nacamulli.

Placard de 21 centimètres sur 28. Signé : Z.

2875. — A Laura Dondini, prima donna assoluta al teatro comunale di Corfù. (*A la fin :*) Tip. G. Nacamulli.

Placard de 22 centimètres sur 28. Sonnet.

2876. — All' esimia artista Laura Dondini ode. (*Au bas :*) *Corfù*, 26 febbrajo 1873. Tip. G. Nacamulli.

Placard de 21 centimètres sur 28. Signé : G.

2877. — All' esimia artista signorina Laura Dondini in occasione della sua beneficiata. Sonetto. (*Au bas :*) Tip. G. Nacamulli.

Placard de 21 centimètres sur 28. Daté de Corfou, 26 février 1873, et signé Z.

2878. — A Ricordano Marzocchi l'affettuoso zio C. Messala, grato della dedica fattagli della stupenda traduzione del Lambro e dell' Avvelenata dell' immortale D. Solomos. (*Au bas :*) *Zante*, 4 agosto 1873. Tipografia Parnaso.

Placard in-4°. Cette pièce de vers est un sonnet.

2879. — Ἃς μὴ παρασιωπηθῇ μικρὰ σκέψις ὡς πρὸς τὸ ἀνάθεμα κατὰ τὴν κυριακὴν τῆς ὀρθοδοξίας. (*A la fin :*) Τυπ. ὁ Παρνασσός.

In-8° de huit pages. Daté de Zante, 15 mars 1873.

2880. — Ἀττικὸν ἡμερολόγιον τοῦ ἔτους 1874 ὑπὸ Εἰρηναίου Ἀσωπίου τῇ εὐνοϊκῇ συμπράξει φιλοκάλων λογίων. Ἔτος ή. Ἀθήνησιν, ἐκ τοῦ τυπογραφείου τῶν ἀδελφῶν Περρῆ, κατὰ τὴν διασταύρωσιν ὁδῶν Βουλῆς καὶ Μητροπόλεως. 1873.

In-8° de 458 pages et seize gravures hors texte.

2881. — Διάλογος μεταξὺ ἐκλογέως χωραίτου καὶ χωριάτου διὰ τὰς ἐκλογὰς τῶν 1873. Ἔπειτα ἀπὸ τὰς ἐκλογάς. (*A la fin :*) Τυπ. ὁ Παρνασσός.

In-8° de 16 pages. Il n'y a qu'un titre d'entrée en matière. Daté de Zante, 16 février 1873.

2882. — Διηγήματα : Μὴ ἀπελπίζεσθε καὶ Μυθιστόρημα πλουσίου νέου, μεταφρασθέντα ἐκ τῆς ἰταλικῆς ὑπὸ Γεωργίου Κ. Σφήκα. Ἐν Ζακύνθῳ, τυπογραφεῖον ἡ Ἑπτάνησος. 1873.

In-8° de 24 pages.

2883. — Δύο λέξεις τοῖς μαθηταῖς τοῦ ἐκπαιδευτηρίου Καποδίστριας ἐπὶ τῷ λειψάνῳ τοῦ τῆς θεολογίας καθηγητοῦ αὐτῶν ἱερομονάχου Σπυρίδωνος Σκορδίλη ἐκφωνηθεῖσαι ὑπὸ τοῦ διευθυντοῦ Λεωνίδου Βλάχου ἐν τῷ ναῷ τῆς μητροπόλεως. (*Au bas :*) Τυπογραφεῖον ἡ Κέρκυρα.

Placard in-folio à 2 colonnes. Sans date, mais voir le numéro 2894.

2884. — Εἷς τελευταῖος φόρος δικαιοσύνης καὶ ἀληθείας πρὸς τὸν μακαρίτην Ν. Μερκάτην. (*A la fin :*) Τυπογραφεῖον ἡ Αὐγή.

In-8° de 12 pages + 2 feuillets, dont le pénultième blanc. Brochure datée (p. 12) de Zante, 20 mars 1873, et signée : Camille N. Mercati et Denys N. Mercati. Très rare.

2885. — Ἡ ὑπὸ πολλῶν περιμενομένη ἀπάντησις. (*A la fin :*) Τυπογρ. ὁ Παρνασσός.

In-8° de 13 pages + 3 pages blanches. Sans millésime, mais daté (p. 13) de Zante, 28 mars 1873. Réponse à une brochure des frères Camille et Denys Mercati relativement à certaine allégation concernant leur père, N. Mercati, et contenue dans le discours prononcé à ses funérailles par Nicolas Catramis, archevêque de Zante.

2886. — Ἡ φιλοσοφία τοῦ Πλάτωνος κατὰ A. Fouillée. Διατριβαὶ δύο ὑπὸ Π. Βράϊλα Ἀρμένη. Ἐν Κερκύρᾳ, τυπογραφεῖον ἡ Ἰονία. 1873.

In-8° de 102 pages et un feuillet. Rare.

2887. — Il 24 maggio del 1873.

Placard in-folio. Cette pièce de vers est signée : Giorgio Marcoran et adressée à Thiers.

2888. — La visione di Lambro e l'avvelenata del conte D. Solomos voltate in versi italiani. *Zante*, tipografia Zacinto diretta da D. A. Frangopulo. 1873.

In-8° de 15 pages. L'auteur de ces traductions est R. Marzochi, lequel a signé l'épître dédicatoire à Constantin Messala, son oncle.

2889. — Le Théâtre de Bayreuth et la réforme musicale de Richard Wagner, par Marguerite Albana Mignaty. *Florence*, imprimerie Galiléienne de M. Cellini et C. 1873.

In-8° de 46 pages et un feuillet blanc.

2890. — Λόγοι ἐκφωνηθέντες ἐν τῷ ναῷ τοῦ νεκροταφείου, τῇ 24 ἰουνίου 1873, ἐπὶ τοῦ νεκροῦ τοῦ Ῥιχάρδου Στίβενς, προξένου τῆς Α. Μ. τῆς ἀνάσσης τῆς μεγάλης Βρεττανίας ἐν Ζακύνθῳ. (*A la fin :*) Τύποις Ζακύνθου διευθ. ὑπὸ Ὀνουφρίου Δ. Ζαφειροπούλου.

In-8° de 7 pages. La couverture imprimée sert de titre. Renferme quatre discours, prononcés par A. Lampoudis, P. Chiotis, N. Minotos et D. Soméritis.

2891. — Λόγος ἐκφωνηθεὶς ἐν τῇ αἰθούσῃ τῆς Ἑταιρίας τῶν Φίλων τοῦ Λαοῦ, τῇ 26 δεκεμβρίου 1872, ὑπὸ Γ. Τερτζέτη. Ἐκδίδοται δαπάνῃ Ν. Β. Νάκη πρὸς ὄφελος τῆς Ἑταιρίας τῶν Φίλων τοῦ Λαοῦ. Ἀθῆναι, τύποις Χ. Ν. Φιλαδελφέως. 1873.

In-8° de 24 pages.

2892. — Λόγος ἐκφωνηθεὶς ἐν τῷ μνημοσύνῳ ὑπὲρ τοῦ ἀοιδίμου διδασκάλου τοῦ γένους Κωνστ. Ἀσωπίου τελεσθέντι δαπάνῃ τῶν ἐν Σπάρτῃ καθηγητῶν καὶ ἑλληνοδιδασκάλων τὴν 10 δεκεμβρίου 1872, ὑπὸ Π. Ἰ. Παπαναστασίου, δ. φ. Ἐν Σπάρτῃ, τύποις ἀδελφῶν Παπαγιαννοπούλων. [1873].

In-8° de 14 pages et 1 feuillet. La couverture imprimée sert de titre.

2893. — Λόγος ἐκφωνηθεὶς τῇ 25ῃ μαρτίου ἐν τῷ ναῷ τῶν Ἁγίων Πάντων ὑπὸ Ἀναστασίου Λούντζη. Ἐν Ζακύνθῳ, τυπ. ὁ Παρνασσός. 1873.

In-8° de treize pages et un feuillet blanc. Vignette pieuse sur le titre.

2894. — Λόγος ἐπικήδειος ἀπαγγελθεὶς ἐν τῇ μητροπόλει Κερκύρας, τῇ 21 ἀπριλίου 1873 ἕ. ἑ. ἐπὶ τοῦ νεκροῦ τοῦ ἱερέως Σπυρίδωνος Σκορδίλη ὑπὸ Σπυρίδωνος Π. Μαυρογιάννου. (*Au bas :*) Τυπογραφεῖον Ἀθηνᾶ.

Placard in-folio à 2 colonnes.

2895. — Ὁ ἀρχιμανδρίτης Διονύσιος Λάτας. (*A la fin :*) Ἐν Ἀθήναις, τῇ 3 δεκεμβρίου 1873. Νικόλαος Σ. Ζερβὸς ἐκ Κερκύρας.

In-8° de 8 pages.

2896. — Ὁ ἄρχων τοῦ Ὀλύμπου Ἰωάννης ὁ Καταλᾶνος, δρᾶμα εἰς μέρη πέντε, καὶ Ἀνθύλλια, συλλογὴ λυρικῶν ποιήσεων ὑπὸ Μαρίνου Κουτούβαλη. Ἐν Ἀθήναις, ἐκ τοῦ τυπογραφείου τῶν ἀδελφῶν Περρῇ. 1873.

In-8° de 227 pages.

2897. — Ὀβιδίου Μεταμορφώσεων μετάφρασις κατ' ἐκλογὴν μετὰ σημειώσεων, εἰσαγωγῆς καὶ διεξοδικῆς ὑποθέσεως τοῦ ὅλου ποιήματος ὑπὸ Π. Α. Καββαδία. Ἀθήνησι, ἐκ τοῦ τυπογραφείου Α. Κτενᾶ, παρὰ τῇ πλατείᾳ τοῦ ἀνεγειρομένου ναοῦ Ἁγίου Κωσταντίνου (*sic*). 1873.

In-8° de 144 pages et 1 feuillet isolé qui contient un catalogue de souscripteurs. On trouve des exemplaires où les modifications suivantes ont été introduites sur la couverture : Ἀθήνησιν εὑρίσκεται ἐν τῷ βιβλιοπωλείῳ Γ. Κατσουροπούλου. 1874. Dédié à Emmanuel Galanis.

2898. — Ὁ Βολταῖρος ἤτοι ὁ φιλοσοφικός, φιλολογικὸς καὶ ἰδιωτικὸς αὐτοῦ βίος μετὰ διαφόρων ἱστορικῶν καὶ φιλολογικῶν σημειώσεων ὑπὸ Παναγῆ Α. Καββαδία, φοιτητοῦ τῆς φιλοσοφικῆς σχολῆς τοῦ ἐθνικοῦ πανεπιστημείου. Ἀθήνησι, ἐκ τοῦ τυπογραφείου Α. Κτενᾶ, παρὰ τῇ πλατείᾳ τοῦ ἀνεγειρομένου ναοῦ ἁγίου Κωσταντίνου (*sic*). 1873..

In-8° de 224 pages. Rare.

2899. — 1873. Ὁ διανομεὺς τῆς ἐφημερίδος « Καποδίστριας » πρὸς τοὺς κυρίους συνδρομητάς του.

Placard de 17 cent. sur 24. Poésie, dont l'acrostiche forme les mots : ὁ πιστὸς διανομεύς.

2900. — Odi del cavaliere Angiolo Calcani Levcadio. *Atene*, typografia D. Caracazzani. 1873.

In-8° de 7 pages. La couverture imprimée tient lieu de titre.

2901. — Ὁ ἐν Βραΐλᾳ συλλογικός μου βίος, ἀναίρεσις τῶν ὑπὸ τοῦ Ἐπαμεινώνδα Γεωργαντοπούλου γραφέντων καὶ ἀναφερθέντων πρὸς τὸν ἐν Κωνσταντινουπόλει ελληνικόν φιλολογικόν σύλλογον ύπο Μ. Σβορώνου, αντιπροέδρου του ελληνικού φιλομούσου συλλόγου. Ἐν Βραΐλα, ἐκ τοῦ τυπογραφείου Χ. Δ. Πανισκώφ. 1873.

In-8° de 64 pages.

2902. — Περὶ Νικολάου Ἀρλιώτη (1731-1812) καὶ τῶν χειρογράφων χρονικῶν αὐτοῦ ὑπὸ Ν. Β. Μάνεση. Ἐν Κερκύρᾳ, τυπογραφεῖον Ἀθηνᾶ Ἀρσενίου Κάου. 1873.

In-8° de trois feuillets (dont le premier blanc), β' (2) + 109 pages et un feuillet blanc.

2903. — Putne Uspomene iz Hrvatske, Dalmacije, Arbanije, Krfa i Italije od Ivana Kukuljevića Sakcinskoga (Pretiskano iz *Hrvatskoga Sokola* i *Vienca*). *U Zagrebu*, tiskom dioničke tiskare. 1873.

(Traduction du titre ci-dessus :) Souvenirs d'un voyage en Croatie, Dalmatie, Albanie, à Corfou et en Italie, par Ivan Kukuljevič Sakcinski (*Extrait du* Faucon croate *et de la* Couronne). *Agram, imprimerie par actions. 1873.*

In-8° de 142 pages et un feuillet blanc.

2904. — Π. Χιώτου βλέμμα εἰς τὰ κατακρινόμενα περὶ τῶν ἀποκαλυπτηρίων τοῦ ἀνδριάντος τοῦ πατριάρχου Γρηγορίου καὶ τοῦ διθυράμβου τοῦ ποιητοῦ Ἀ. Βαλαωρίτου. Ἐν Ζακύνθῳ, τυπογραφεῖον ἡ Ἑπτάνησος Χρίστου Σ. Χιώτου. 1873.

In-8° de 37 pages. Dédié à Hélène Ghica (Dora d'Istria).

2905. — Σκέψεις ἐπὶ τοῦ θανάτου τοῦ Ἰωάννου Βαλερίου ὑπὸ Χ. Τσηριγώτου. Ἐν Κερκύρᾳ, τυπογραφεῖον ὁ Κάδμος. 1873.

In-8° de 14 pages et un feuillet blanc.

2906. — Σπυρίδωνος Π. Λάμπρου Τὰ κατὰ τοὺς οἰκιστὰς τῶν παρ' Ἕλλησιν ἀποικιῶν καὶ τὰς αὐτοῖς ἀπονεμομένας τιμὰς καὶ προνομίας. De conditorum coloniarum græcarum indole præmiisque et honoribus, Dissertatio inauguralis historica, quam consensu et auctoritate amplissimi philosophorum ordinis in Universitate Litterarum Georgia Augusta Lipsiensi pro summis in philosophia honoribus rite capessendis scripsit Spyridon P. Lampros Epirota. *Lipsiæ*, MDCCCLXXIII.

In-8° de 60 pages. Thèse rédigée en grec ancien. Devenue rare.

ANNÉE 1873

2907. — Συνοπτική ἐξιστόρησις τῆς τῶν Κηπουρίων μονῆς ἀπὸ τῆς ἰδρύσεως αὐτῆς μέχρι σήμερον, 1789-1873, συνταχθεῖσα μὲν ὑπὸ τοῦ πανοσιωτάτου ἀρχιμανδρίτου καὶ ἡγουμένου αὐτῆς Γερασίμου Καλοῦ, διασκευασθεῖσα δὲ ὑπό τινος τῶν αὐτοῦ φίλων. Ἐκδίδοται δαπάνῃ τῆς μονῆς χάριν ἠθικῆς ὠφελείας παντὸς ὀρθοδόξου. Ἐν Κεφαλληνίᾳ, τύποις ἡ Κεφαλληνία. 1873.

In-8° de 24 pages.

2908. — Τὰ κατὰ τὸν θάνατον τοῦ ἐκτάκτου ὑγειονομικοῦ φύλακος Ἰωάννου Βαλερίου πρὸς τὸ ἐν Ἀθήναις ἰατροσυνέδριον, ὑπόμνημα τοῦ ἰατροῦ Νικοδήμου Ζαβιτζιάνου. Ἐν Κερκύρᾳ, τυπογραφεῖον ἡ Κέρκυρα. 1873.

In-8° de 48 pages.

2909. — Τὸ ζήτημα τῆς γλώσσας ὑπὸ Νικολάου Κονεμένου. Δαπάνῃ τοῦ τυπογράφου. Κερκύρᾳ, τυπογραφεῖον ὁ Κάδμος Νεοφύτου Καραγιάννη. 1873.

In-8° de 75 pages.

2910. — 1873. Τὸ νέον ἔτος. Ὁ διανομέας Γιάκουμος πρὸς τοὺς συνδρομητὰς τοῦ Κώδωνος.

Placard de 23 centimètres sur 31. Poésie.

2911. — 1873 Τὸ νέον ἔτος. ὁ διανομεὺς τῆς ἐφημερίδος « Ῥήγας ὁ Φεραῖος » πρὸς κκ. συνδρομη-άς.

Placard de 16 centimètres sur 23. Poésie.

2912. — Τὸ νέον ἔτος 1873. (*Au bas :*) Κερκύρᾳ, τῇ 1 ἰανουαρίου 1873. ὁ διανομεὺς τῆς ἐφημερίδος « ἡ Φωνή ».

Placard de 24 centimètres sur 35. Poésie.

2913. — Τὸ νέον ἔτος 1873. (*Au bas :*) Κερκύρᾳ, 1 ἰανουαρίου 1873. ὁ διανομεὺς τοῦ Καθρέπτου.

Placard de 24 centimètres sur 35. Poésie.

2914. — Τὸ Ψέμμα, ποίημα δημοτικὸν ὑπὸ Σπυρίδωνος Καββαδᾶ, δικηγόρου παρὰ τοῖς ἐν Λευκάδι δικαστηρίοις, ἐκδίδεται δαπάνῃ τῶν συμπολιτῶν του ὑπὸ Γεωργίου Χριστοδουλοπούλου. Ἐν Λευκάδι, ἐκ τοῦ τυπογραφείου καὶ βιβλιοπωλείου Γ. Χριστοδουλοπούλου. 1873.

In-8° de 44 pages. Rare.

2915. — Tributo di reverenza e di affetto all' onorata e veneranda memoria di Alessandro Manzoni. [1873].

In-8° de 7 pages. Signé G. B. SCARPA.

2916. — Ὑμνολογίδιον περιέχον τὴν ἀκολουθίαν τοῦ ὑπερφυοῦς καὶ φρικτοῦ θαύματος γεγονότος διὰ τῆς ἁγίας καὶ σεβασμίου εἰκόνος τῆς ὑπεραγίας δεσποίνης ἡμῶν Θεοτόκου τῆς Κασσιοπίας ἐπὶ τῷ ἀδίκως τυφλωθέντι Στεφάνῳ καὶ παραδόξως ὀμματωθέντι, συντεθὲν καὶ τύποις ἐκδοθὲν ἐν ἔτει 1724 ὑπὸ Νικολάου Τρανταφύλλου Κερκυραίου, νῦν δὲ μετατυπωθὲν ὑπὸ Ἀναστασίου Ἰ. Ἀρβανιτάκη δημοδιδασκάλου. Τῷ πανιερωτάτῳ ἀρχιεπισκόπῳ Κερκύρας Ἀντωνίῳ πανευσεβάστως ἀφιερωθέν. Ἐν Κευκύρᾳ (sic), ἐκ τοῦ τυπογραφείου ἡ Κέρκυρα. 1873.

In-8° de 32 + ζ' (7) pages et une lithographie.

2917. — Un Grec très-dévoué à la Russie, victime du chancelier de cet empire le prince Gortchacoff. [Marseille, E. Camoin, libraire-éditeur, rue Cannebière, 1.] *Paris*, Amyot, éditeur, rue de la Paix, 8 ; Dentu, éditeur, Palais Royal. 1873. (*A la fin :*) Marseille. Impr. centr. E. Camoin, rue Chevalier-Rose, 29.

In-8° de XII + 48 pages. Ce qui a été placé entre crochets dans le titre ci-dessus se trouve seulement sur la couverture.

L'auteur de cette brochure est ANDRÉ PAPADOPOULOS VRÉTOS (il se nomme page VII), lequel a ainsi daté l'avant-propos : « Paris, le 1/13 novembre 1872, jour anniversaire de la mort de mon bien-aimé fils Marino, décédé à l'âge de 42 ans, tué physiquement et moralement par sa femme, Avrocome Pitzipio, Grecque de Constantinople et nièce du fameux apostat Jacob Pitzipio, qui s'est suicidé l'année dernière à Constantinople. »

2918. — Versi italiani di un Greco. *Imola*, tip. d'Ignazio Galeati e figlio, via del Corso, 35. 1873.

In-8° de VIII pages (dont les deux premières blanches) + 79 pages + un feuillet indépendant contenant la table. Rare. L'auteur de ce Recueil est CONSTANTIN MESSALA, de Zante, qui a signé la préface.

2919. — Ὠδὴ εὐκτήριος εἰς τὴν ἐπέτειον ἑορτὴν τῶν γενεθλίων τοῦ εὐκλεεστάτου βασιλέως τῶν Ἑλλήνων Γεωργίου αʹ, τῇ δʹ ἐπὶ εἰκάδι ποσειδεῶνος ἐπισυμβάντων, εἰς σαπφικὸν μέτρον ἑνδεκασύλλαβον ποιηθεῖσα ὑπὸ Μάρκου Βιαγκίνου, καθηγητοῦ τῆς λατινικῆς φιλολογ. ἐν τῷ γυμν. Ζακύνθου. Μετεφράσθη ἐκ τοῦ λατινικοῦ πρωτοτύπου ὑπὸ Ἰ. Ν. Σταματέλου, σχολάρχου. Ἐν Ζακύνθῳ, 1873.

In-8° de 7 pages. Voir ci-dessus, n° 2846, la description du texte original latin de cette Ode.

2920. — Alla memoria della imparreggiabile donna Maria Migliaressi nata Donà.

Placard in-4°, daté de Corfou, 21 juin 1874, et signé A. D.

2921. — Ἄν ὁ κύριος ἡμῶν Ἰησοῦς Χριστὸς ἐλάλει καὶ ἑλληνιστί (Ἐκ τοῦ Ἀττικοῦ Ἡμερολογίου τοῦ ἔτους 1874).

In-8° de 16 pages. Signé Κ. Λαμπρύλλος. Imprimé à Athènes, chez les frères Perris et tiré à cent exemplaires (Perris, Εἰκοσαετηρίς, n° 134).

2922. — Ἅπαντα Ἰωάννου Β. Ἀλευρᾶ. 1873. Ἐν Ζακύνθῳ, τυπογραφεῖον ὁ Ζάκυνθος, διευθυνόμενον ὑπὸ Δ. Α. Φραγγοπούλου. 1874.

In-8° de 15 pages + 2 feuillets + 10 pages. Rare. Poésie et prose.

2923. — Ἀπάντησις ἐπὶ γεγονότων ἐρειδομένη εἰς τὴν προσλαλιὰν τοῦ δημοδιδασκάλου κ. Καταπόδη κατὰ τὴν ἔναρξιν τῶν ἐνιαυσίων δοκιμασιῶν τοῦ 6′ δημοτικοῦ σχολείου τῶν Ἰσραηλιτῶν Κερκύρας τὰς 4-5 αὐγούστου 1874. Διεύθυνσις τοῦ κ. Καταπόδη ἀπὸ 14 μαρτίου 1874 μέχρι τῶν ἀνωτέρω ἐξετάσεων.

In-8° de 13 pages et 1 feuillet blanc.

2924. — Ἀττικὸν ἡμερολόγιον τοῦ ἔτους 1875 ὑπὸ Εἰρηναίου Ἀσωπίου τῇ εὐνοϊκῇ συμπράξει φιλοκάλων λογίων. Ἔτος θ′. Ἐν Ἀθήναις, τύποις ἑλληνικῆς Ἀνεξαρτησίας. 1874.

In-8° de 4β′ (92) + 345 pages et seize gravures hors texte.

2925. — Αὐλικοὶ καὶ κομματάρχαις. Σάτυρα Γεωργίου Μαρτινέλη. Ἀθήναις, 1874.

In-8° de 16 pages, dont les trois dernières blanches.

2926. — Considérations concernant les lois actuelles du royaume hellénique publiées par A. Théotoky. *Corfou*, imprimerie Ionia par S. Chaos. 1874.

In-8° de 62 pages et 1 feuillet.

2927. — Διαφωνίαι ἐπὶ τοῦ ἐν Ἑλλάδι ἰσχύοντος ἀστυκοῦ δικαίου τῶν ἐν τῷ ἐθνικῷ πανεπιστημίῳ καθηγητῶν Καλλιγᾶ καὶ Παπαρρηγοπούλου ὑπὸ Δ. Θ. Σωμερίτη, διδάκτορος τῆς νομικῆς. Φυλλάδιον πρῶτον περιέχον τὰς γενικὰς ἀρχὰς καὶ τὸ οἰκογενειακὸν δίκαιον. Ἐν Ζακύνθῳ, τυπ. ἡ Ἑπτάνησος Χρίστου Σ. Χιώτου. 1874.

In-8° de 88 pages et un feuillet isolé (épilogue, table et errata).

2928. — Die Insel Kephalonia und die Meermühlen von Argostoli. Versuch einer Lösung dieses geophysikalischen Räthsels von. K. W. M. Wiebel, Professor der Physik und Chemie an dem akadem. und Real-Gymnasium in Hamburg. Mit 1 Karte, 3 Skizzen und 5 Holzschnitten. *Hamburg*, L. Friederichsen und Co. Geographische und Nautische Verlagshandlung. 1874.

In-4° de quatre feuillets, ix + 160 pages et une carte de l'île de Céphalonie. Les plans annoncés dans le titre sont annexés à la carte et les bois figurent aux pages 132, 133, 139, 144 et 146.

2929. — Δοκίμιον ἰταλικῶν ποιημάτων ἐμμέτρως ἐξελληνισθέντων ὑπὸ Ἀνδ. Μαρτζώκη. Ἐν Ζακύνθῳ, τυπογραφεῖον Χ. Σ. Χιώτου. 1874.

In-8° de 20 pages. Dédié à Denys L. Margaris. Rare.

2930. — Θρῆνοι ἐπὶ τοῦ τάφου Ἰωάννου Νομικοῦ. Ἐν Ζακύνθῳ, τυπογραφεῖον ἡ Ἑπτάνησος. 1874.

In-8° de sept pages. Ces *Thrènes* (en prose) sont datés de Londres, 31 janvier 1874, et au-dessous (date d'impression) : Zante, 10 février 1874. Rare.

2931. — La Femme adultère. Ἡ Μοιχαλὶς ὑπὸ τοῦ δόκτορος Ζίφφου, ἱππότου τοῦ τάγματος τοῦ Σωτῆρος, μέλους ἀντεπιστέλλοντος τῆς Θεραπευτικῆς ἑταιρίας τῶν Παρισίων, καὶ τῆς Ἰατρικῆς ἑταιρίας τοῦ Λονδίνου, κτλ. κτλ. κτλ. μεταφρασθεῖσα μὲν ἐκ τῆς δευτέρας γαλλ. ἐκδόσεως ὑπὸ *⁎* ἐκδοθεῖσα δὲ ὑπὸ Ἰ. Τσακασιάνου. Ἐν Ζακύνθῳ, 1874. (*Au v° du titre :*) Ἐκ τοῦ τυπογραφείου ὁ Ζάκυνθος.

In-8° de 32 pages. La deuxième édition de l'original de cet ouvrage parut à Constantinople, en 1874.

2932. — Λόγος εἰσαγωγικὸς εἰς τὰ θρησκευτικὰ μαθήματα ἐκφωνηθεὶς τῇ 2 σεπτεμβρίου 1874 ὑπὸ Σπυρίδωνος Κ. Παπαγεωργίου Π. Θ. καθηγητοῦ ἐν τῷ ἑλληνικῷ ἐκπαιδευτηρίῳ Π. Ἀ. Οἰκονόμου. Ἐν Κερκύρᾳ, τυπογραφεῖον Ἀθηνᾶ Ἀρσενίου Κάου. 1874.

In-8° de 8 pages.

2933. — Λόγος ἐκφωνηθεὶς τὴν 21 μαΐου ἐν τῷ ναῷ τῶν Ἁγίων Πάντων ὑπὸ Ἀ. Ἐ. Λούντζη. Ἐν Ζακύνθῳ, τυπ. ὁ Παρνασσός. 1874.

In-8° de 14 pages, dont les deux premières blanches, et un feuillet blanc.

2934. — Λόγος τοῦ κ. Π. Βράϊλα Ἀρμένη κατὰ τὴν πρὸς ὑποστήριξιν τῆς ὑποψηφιότητος τοῦ κ. Ἀ. Μ. Καποδιστρίου συγκροτηθεῖσαν συνέλευσιν τῇ 30 δεκεμβρίου 1873. (*A la fin :*) Ἐν Κερκύρᾳ, τῇ 2 ἰανουαρίου 1874. Τυπογραφεῖον ἡ Ἰονία.

In-folio de 3 pages à 2 colonnes.

2935. — Νικόλαος ὁ Μάντζαρος, βιογραφικὸν σχεδίασμα ὑπὸ Φριδερίκου Ἀλβάνα Κερκυραίου. Ἀνατύπωσις ἐκ τοῦ Ἀττικοῦ Ἡμερολογίου τοῦ ἔτους 1874 μετὰ προσθήκης ἐγγράφων, δαπάνῃ Ἀρσενίου Κάου. Ἐν Κερκύρᾳ, τυπογραφεῖον Ἀθηνᾶ Ἀρσενίου Κάου. 1874.

In-8° de un feuillet (portrait de Nicolas Mantzaros), 26 pages et un feuillet blanc. Rare.

2936. — Nicolas Sophianos : Grammaire du grec vulgaire et traduction en grec vulgaire du traité de Plutarque *Sur l'éducation des enfants*, publiées par Émile Legrand. Deuxième édition. *Paris*, Maisonneuve et Cⁱᵉ, libraires-éditeurs, 15, quai Voltaire, 15. MDCCCLXXIV. (*A la fin :*) Paris. Typographie Georges Chamerot, rue des Saints-Pères, 19.

In-8° de 123 pages et deux feuillets. Titre rouge et noir. Forme le n° 2 de la *Collection de monuments pour servir à l'étude de la langue néo-hellénique*, nouvelle série (*Athènes*, André Coromilas, libraire, 291, rue d'Hermès, 291. 1874).

2937. — Ὁ ἀνδριὰς τοῦ ἀοιδίμου Γρηγορίου ε΄, πατριάρχου Κωνσταντινουπόλεως. Προσφώνησις Ἀριστοτέλους Βαλαωρίτου. Ἀθήνησι, τύποις Ἀνδρέου Κορομηλᾶ. 1874. Das Standbild Gregors V, Patriarchen von Constantinopel. Ein Zuruf von Aristoteles Valaoritis ins deutsche übersetzt vn (*sic*) Antonio Manaraki. *Athen*, Druck von Andreas Coromilas. 1874.

In-8° de 21 pages et un feuillet blanc. Traduction en vers rimés imprimée en regard du texte original. Préface du traducteur. Plaquette devenue rare.

2938. — Ὀλίγα ἄνθη ὑπὸ Σπυρίδωνος Ῥ. Τζανότη. Ἐν Ζακύνθῳ, τυπογραφεῖον ἡ Ἑπτάνησος. 1874.

In-8° de 32 pages, dont la dernière non chiffrée. Dédicace (page 3) à Memnon (*alias* Ricordano) Marzocchi. Très rare. Poésies.

2939. — 'Ολίγοι στίχοι υπό Δ. Σ. Α. 'Αφιερούνται εις το αξιέπαινον εκπαιδευτήριον διευθυνόμενον παρά Κ. Δ. Βέρρα. Ἐν Ζακύνθῳ, τυπογραφείον ἡ Ἑπτάνησος Χ. Σ. Χιώτου. 1874.

In-8° de 24 pages.

2940. — Παράρτημα τῶν ἑλληνικῶν κωδίκων ἐν ᾧ περιέχονται οἱ ἀπὸ τοῦ μηνὸς Ἰουλίου 1871 μέχρι τοῦ μηνὸς αὐγούστου 1873 ἐκδοθέντες νόμοι, βασιλικὰ διατάγματα καὶ αἱ συμβάσεις. Ἐν Κερκύρᾳ, ἐκ τοῦ τυπογραφείου ἡ Κέρκυρα. 1874.

In-8° de 1 feuillet (isolé), 248 + ί (10) + 9 pages.

2941. — Περὶ τῆς καθ' ἡμᾶς ἐκκλησιαστικῆς μουσικῆς μεταφρασθὲν ὑπὸ Εὐγενίου ἱερέως Περδικάρη ἐκ Λευκάδος, ἀρχιμανδρίτου καὶ ἐφημερίου ἐν τῷ ναῷ τοῦ Ἐνετίῃσι μεγαλομάρτυρος Γεωργίου. Ἐν Βενετίᾳ, τυπ. τοῦ Ἁγίου Γεωργίου. 1874.

In-8° de deux feuillets, 16 + 49 pages et un feuillet blanc. Extrait de la *Chrysallis* de Jean Veloudo (17e année, 1874), lequel a mis en tête une introduction. Le traducteur affirme avoir emprunté cette étude au tome XIV de la *Description de l'Égypte* (Paris, Panckoucke, 1826) et qu'elle a pour auteur M. Billot.

2942. — Προσευχὴ τῶν παίδων συνταχθεῖσα ὑπὸ Δ. Ν. Δρογγίτου. Ἐν Ζακύνθῳ, ἐκ τυπογραφείου ἡ Αὐγή, ὁδὸς ἀγίων Πάντων. 1874.

In-16 de seize pages. Les pages 11-15 sont entièrement blanches et la seizième ne contient que la mention : Τιμᾶται λεπτὰ 20. Rarissime.

2943. — Προσφωνητικὸς πρὸς Προκόπιον τὸν πανιερώτατον μητροπολίτην Ἀθηνῶν, τὸν ἀπὸ Μεσσηνίας, κατὰ τὸν ἐνθρονισμὸν αὐτοῦ, ὑπὸ τοῦ ἱεροκήρυκος ἀρχ. Χριστοφόρου Ε. Ἰγγλέση, διδ. τῆς ὀρ. χρ. θεολογίας, ἐκ τῶν τροφίμων τῆς ἐν Χάλκη ἱερᾶς θεολογικῆς σχολῆς, νῦν καθηγητοῦ ἐν τῷ γυμνασίῳ Ναυπλίου. Ἀθήνησι, τύποις Ἀνδρέου Κορομηλᾶ. 1874.

In-8° de un feuillet et treize pages. Très rare.

2944. — Σπυρίδων Βασιλειάδης ἐθνικὸς ποιητής. (*Au bas :*) Τυπογραφεῖον ὁ Ζάκυνθος.

Placard de 29 centimètres sur 40, daté de Zante, le 19 septembre 1874, et signé Nicolas S. Zervos. C'est une nécrologie en prose, imprimée sur deux colonnes.

2945. — Στιγμαὶ δακρύων ὑπὸ Διονυσίου Ἡλιακοπούλου. Ἐν Ζακύνθῳ, τυπογραφεῖον ἡ Ἑπτάνησος. 1874.

In-8° de 16 pages. La couverture imprimée tient lieu de titre. Poésies.

2946. — Τὰ ἀληθῆ αἴτια τῆς πτώσεως τοῦ κ. Λομβάρδου. Τυπογραφεῖον ἡ Αὐγὴ Ν. Κοντόγιωργα. 1874.

In-8° de 16 pages. Rare.

2947. — Τὸ νέον ἔτος 1874.

Placard de 24 centimètres sur 35. Poésie signée : ὁ διανομεὺς τῆς ἐφημ. « ἡ Φωνή ».

2948. — Τὸ νέον ἔτος 1874. ὁ διανομεὺς τοῦ Καποδιστρίου πρὸς τοὺς κκ. συνδρομητάς του.

Placard de 15 centimètres sur 22. Poésie datée de Corfou, premier janvier 1874.

2949. — Ὑπόμνημα Θ. Καρούσου τῷ ἀξιολόγῳ κ. Ν. Μαυροκορδάτῳ προέδρῳ τοῦ πρὸς διάδοσιν τῶν ἑλληνικῶν γραμμάτων συλλόγου. — Ἐν Ἀθήναις, τῇ 6 Ἰουνίου 1874.

In-8° de huit pages.

2950. — Ai meriti sublimi di Sua Eccellenza ill[ma] e rev[ma] monsignor Giuseppe Zaffino, già vicario generale della diocesi di Corfù e canonico decano parroco di questa metropolitana, nel fausto giorno che ritornava dall' alma città di Roma in Corcira sua patria consecrato arcivescovo di Naxos e metropolita del mare Egeo, i sacerdoti Francesco di Mento e Domenico Darmanïn, in argomento di stima profonda e a debito di cordiale amicizia offerivano, consacravano. (A la dernière page :) Tip. G. Nacamulli editore. 1875.

In-4° de 4 feuillets. Cette brochure contient une Élégie latine de D. Darmanin et une ode italienne de Fr. di Mento.

2951. — Ἀττικὸν ἡμερολόγιον τοῦ δισέκτου ἔτους 1876 ὑπὸ Εἰρηναίου Ἀσωπίου εύνοϊκη συμπράξει φιλοκάλων λογίων. Έτος ί. Έν Αθήναις, τύποις Ελληνικής 'Ανεξαρτησίας. 1875.

In-8° de ΛΖ' (97) + 430 pages.

2952. — Βούλευμα ύπ' αριθ. 176 των έν Πάτραις έφετών άφορων τάς έν τω δήμω Ζακυνθίων πέρυσι γενομένας έκλογικάς παραβάσεις. Έν Ζακύνθω. 1875.

In-8° de 1 feuillet et 30 pages. Rare.

2953. — Γιά τον άξιοδάκρυτον θάνατο του Σπυρίδωνος Χριστοδούλου Βούλγαρη ετών είκοστεσσάρων.

Placard in-8°, daté d'avril 1875 et signé G. Martinélis.

2954. — Ένστασις Μάρκου Θερμού, κατοίκου Έγκλουβής, δήμου Καρυάς της Λευκάδος, κατά της ενεργηθείσης βουλευτικής εκλογής της επαρχίας Λευκάδος. 1875.

In-8° de 14 pages.

2955. — Epistola al cav. Andrea Mustoxidi di Emilio de Tipaldo. *Mestre*, tipografia di G. Longo. 1875.

In-8° de 10 feuillets dont le premier blanc. Lettre en vers dédiée à Christos et Marie Ninni.

2956. — Επιτάφιος λόγος έκφωνηθείς τη 16 φεβρουαρίου 1875 υπό Νεοφύτου Καλογέρου έν τω ίερω ναώ έπ' ονόματι αγίου Ιωάννου του Θεολόγου κηδευομένου του άειμνήσ. ίερομονάχου Χρυσάνθου Ραζή, παρεστώτος του σ. άρχιερέως μετά του ιερού κλήρου, δαπάνη του άδελφιδού Ιωάννου Ραζή.

In-8° de 8 pages.

2957. — F. Dom. Guerrazzi. Η δούκισσα του αγίου Ιουλιανού ή τά φρικτά της ζηλοτυπίας αποτελέσματα· έλευθέρα έκ του ιταλικού μετάφρασις υπό Ιωάννου Σ. Μάνεσση, έκδοθείσα υπό Μεντζικώφ Βούλτσου. Έν Ζακύνθω, τυπογραφείον ό Ζάκυνθος. 1875.

In-8° de 45 pages.

2958. — Η βουλευτική έκλογή Κερκύρας υπό την κυβέρνησιν Τρικούπη Λομβάρδου. Έν Κερκύρα, τυπογραφείον ή Κέρκυρα. 1875.

In-8° de un feuillet blanc et 18 pages.

2959. — Ἡ ἐν ταῖς Ἰονίοις Νήσοις ἀποστολὴ τοῦ ἐντιμοτάτου Οὐΐλλιαμ Εὔαρτ Γλάδστων. Ἀφήγησις Ἀντωνίου Λευκοκοίλου Δούσμανη. Ἑλληνικὴ ἔκδοσις. Κερκύρᾳ, τυπ. Ἰ. Ναχαμούλη. 1875.

In-8º de 160 pages.

2960. — Ἡ ἐν 62 ὥραις ἐξελέγξασα τὴν ἐθνικὴν Βιβλιοθήκην ἐπιτροπὴ ὑπὸ Σ. Κόμνου πρώην ἐφόρου τῆς ἐθνικῆς Βιβλιοθήκης. Ἐν Ἀθήναις, ἐκ τοῦ τυπογραφείου Ἰω. Ἀγγελοπούλου, ἐπὶ τῆς ὁδοῦ Βορρᾶ, ἀρ. 72. 1875.

In-8º de 34 pages.

2961. — Ἡ φιλοσοφία τοῦ Σωκράτους κατὰ A. Fouillée ὑπὸ Π. Βράϊλα Ἀρμένη. Ἐν Κερκύρᾳ, τυπογραφεῖον ἡ Ἰονία. 1875.

In-8º de un feuillet blanc, ιδ´ (14) pages + 94 pages et un feuillet blanc. Rare.

2962. — Histoire de Tagiapiera, surcomite vénitien, poème grec en vers trochaïques rimés par Jacques Trivolis, publié avec une traduction française, une introduction et des notes par Émile Legrand. *Paris*, Maisonneuve et Cⁱᵉ, libraires éditeurs, 15, quai Voltaire, 15. MDCCCLXXV. (*A la fin :*) Paris, typographie Georges Chamerot, rue des Saints-Pères, 19.

In-8º de 63 pages. Forme le nº 4 (nouvelle série) de la *Collection de monuments pour servir à l'étude de la langue néo-hellénique.*

2963. — Inno alla Libertà scritto da Dionisio Salomos Zacintio nel mese di maggio dell' anno 1823, e trasportato in versi italiani da Domenico de Nobili. *Corfù*, tip. di G. Nacamulli edit. 1875.

In-8º de 22 pages et un feuillet blanc. Contient seulement la traduction en vers. Cette nouvelle édition fut publiée par les soins de Laurent Vrokinis, dont elle constitue le premier travail littéraire.

2964. — Κόλασι τοῦ Ντάντε. Ῥαψῳδία έ. Μετάφρασι Π. Βεργωτῇ. Ἔκδοσι 6´ διωρθωμένη. Ἀργοστόλι, τύποις Προόδου. 1875.

In-16 de un feuillet, ς´ (6) + 24 pages.

2965. — Λόγοι Ἰσοκράτους κατ' ἐκλογήν. Τεῦχος πρῶτον περιέχον τὸν Ἀρεοπαγιτικὸν μετὰ προλεγομένων, σχολίων, κειμένου καὶ ἐν τῷ τέλει μεταφράσεως ὑπὸ

Βασιλείου Γ. Βυθούλκα, φ. φ. 'Αδελφοί Βαρβαρρήγου. Έν Άθήναις, εκ του τυπογραφείου των αδελφών Βαρβαρρήγου, οδός Πραξιτέλους, αριθμός 8. 1875.

In-8° de 4 feuillets, 80 + 149 pages et un feuillet blanc. Dédié à Constantin Zappas.

2966. — Λόγος εκφωνηθείς κατά την διανομήν των βραβείων εν τω λυκείω Ροδοκανάκη υπό Αγγέλου Πεφάνη. Εν Όδησσω. 1875.

In-8° de 60 pages.

2967. — Λόγος επικήδειος εκφωνηθείς κατά την 20 αυγούστου 1875 εν τη κηδεία της νεάνιδος Ειρήνης Κοσμετάτω, εν τω ιερω ναω αγίας Τριάδος υπό Νεοφύτου Καλογέρου. Έν Κεφαλληνία, τύποις Προόδου.

In-8° de 8 pages.

2968. — Λόγος περί θείας λατρείας εκφωνηθείς υπό Ηλίου Ί. Τσενεμβίση αναγνώστου, εντολή της Α. Π. κατά την πρώτην κυριακήν των νηστειών. Εκδίδοται αιτήσει των φίλων και αναλώμασιν αυτών. Έν Κερκύρα, τυπογραφείον Άθηνά Άρσενίου Κάου. 1875.

In-8° de 13 pages et un feuillet blanc.

2969. — Νικολάου Κονεμένου και πάλε περί γλώσσας. Κερκύρα, τυπογραφείον ο Κάδμος. 1875.

In-8° de 62 pages et un feuillet blanc.

2970. — Ό αναμμένος δαυλός ή Πάρις ('Αλέξανδρος) και Οινώνη, δράμα εις πράξεις πέντε υπό Ι. Π. Κοκκάλη. Έν Ζακύνθω, εκ του τυπογραφείου ο Παρνασσός. 1875.

In-8° de 78 pages + un feuillet blanc. Drame en vers. Dédicace de l'auteur τοις εν Μαγχεστρία αδελφοίς Π. Άκεστορίδη, Γ. Μανδρικάρδη και Ί. Ψαραύτη. Rare.

2971. — Ό Άρσάκης και η Ισμηνία, διήγημα ανατολικόν μεταφρασθέν εκ του γαλλικού υπό Ασπασίας Π. Ζερβού Ιακωβάτου. Κεφαλληνία, τύποις η Κεφαλληνία. 1875.

In-8° de 56 pages.

2972. — Όδηγίαι προς τους σπουδαστάς της νομικής υπό Δ. Σωμερίτου δρος τῆς νομικῆς. Ἐκδίδοται ὑπὲρ τῆς ἐν Ζακύνθῳ σχολῆς τῶν ἀπόρων παίδων. Ἐν Ζακύνθῳ, τυπογραφεῖον ἡ Ἑπτάνησος Χρίστου Σ. Χιώτου. 1875.

In-8° de seize pages.

2973. — Ὁμήρου Ὀδύσσεια. Ἔμμετρος μετάφρασις Ἰακώβου Πολυλᾶ. Τεῦχος πρῶτον περιέχον τὰς ῥαψῳδίας α-ζ. Ἐν Ἀθήναις, τύποις ἐφημερίδος τῶν Συζητήσεων, 41, ὁδὸς ἁγίου Νικοδήμου-Νίκης, 18. 1875.

In-8° de 2 feuillets, 89 pages et un feuillet blanc.

Τεῦχος δεύτερον περιέχον τὰς ῥαψῳδίας η-μ. Ἐν Ἀθήναις, τύποις ἐφημερίδος τῶν Συζητήσεων, 10, ὁδὸς Βουλῆς-Μουσῶν, 2. 1877.

In-8° de un feuillet (isolé), 93 pages et un feuillet blanc.

Τεῦχος τρίτον περιέχον τὰς ῥαψῳδίας ν-ς. Ἐν Ἀθήναις, τύποις Ἑλληνικῆς Ἀνεξαρτησίας, ὁδὸς Πατησίων. 1880.

In-8° de un feuillet (isolé), 90 pages et un feuillet blanc.

Τεῦχος τέταρτον περιέχον τὰς ῥαψῳδίας τ-ω. Ἐν Ἀθήναις, τύποις Ἑλληνικῆς Ἀνεξαρτησίας. 1881.

In-8° de 85 pages et 1 feuillet blanc. La couverture imprimée sert de titre.

2974. — Ὁ ὅρκος, ποίημα Γερασίμου Μαρκορᾶ. Ἐν Κερκύρᾳ, τυπογραφεῖον ἡ Κέρκυρα. 1875.

In-8° de 64 pages.

2975. — Οὐϊργιλίου Αἰνειὰς μεταφρασθεῖσα ἐκ τοῦ λατινικοῦ ὑπὸ Εὐσταθίου Κ. Λιβιεράτου, φοιτητοῦ τῆς φιλολογίας. Ἐν Ἀθήναις, ἐκ τοῦ τυπογραφείου Μέντορος (ὁδὸς Μενάνδρου, ἀριθ. 3). 1875.

In-8° de ις' (16) + 244 pages. Traduction devenue rare.

2976. — Πάρις καὶ Οἰνώνη, δρᾶμα εἰς πράξεις πέντε ὑπὸ Ἰω. Π. Κοκκάλη. Ἐν Ζακύνθῳ. 1875.

In-8° de 134 pages.

2977. — Περὶ τῆς ἐγχειρήσεως τοῦ στραβισμοῦ. Διατριβὴ ἐπὶ ὑφηγεσίᾳ ἐν τῷ ἐθνικῷ πανεπιστημίῳ ὑπὸ Νικολάου Σ. Δελλαπόρτα. Ἐν Ἀθήναις, ἐκ τοῦ τυπογραφείου ἀδελφῶν Φορτούνα, κάτωθεν τοῦ Δημαρχείου. 1875.

In-8° de 52 pages.

2978. — Περὶ τῆς μουσικῆς τῶν Ἑλλήνων καὶ ἰδίως τῆς ἐκκλησιαστικῆς ὑπὸ Εὐσταθίου Θερειανοῦ ἀρχιμανδρίτου. Ἐν Τεργέστῃ, τύποις τοῦ αὐστροουγγρικοῦ Λόϋδ. 1875. (*Au vº du titre :*) Tipografia del Lloyd Austro-Ungarico editrice.

In-8º de 57 pages. Dédié à l'archimandrite Eustathe Voulismas.

2979. — Περὶ τοῦ ἰδιωτικοῦ βίου τῶν Ῥωμαίων πραγματεία συγγραφεῖσα μὲν γερμανιστὶ ὑπὸ τοῦ Δρος Γ. Κόππου, ἐκ δὲ τῆς δευτέρας ἐκδόσεως ἐξελληνισθεῖσα ὑπὸ Σ. Κ. Σακελλαροπούλου, δρ. φλ. Ἀθῆναι, τύποις Χ. Ν. Φιλαδελφέως. 1875.

In-8º de 123 pages.

2980. — Πρὸς τὸν ἀξιότιμον ἐπὶ τῶν οἰκονομικῶν ὑπουργόν, ὑπόμνημα ἐμπόρων Κεφαλληνίας.

In-8º de huit pages. Daté de Céphalonie, 3 novembre 1875.

2981. — Religione e Ragione. Sermone inaugurale pronunziato nel tempio israelitico dall' eccellentissimo professore G. E. Levi, rab. magg. degl' Israeliti di Corfù, il giorno di sabato 3 aprile 1875. *Corfù*, tip. di G. Nacamulli edit. 1875.

In-8º de 24 pages.

2982. — Φωναὶ ὑπὲρ τῆς δημοτικῆς. (*A la fin :*) Μετατύπωσις ἀπὸ τὸν ἀρ. 21 τῆς Ἐξεγέρσεως, μέ τινας προσθήκας.

In-8º de un feuillet et dix pages. L'auteur de cette étude est Panagiotis Vergotis, et, d'après un renseignement fourni par lui-même, elle fut imprimée à Argostoli, en 1875.

2983. — Χρηματίτης ἀγὼν τοῦ ἐν Μασσαλίᾳ κυρίου Σταύρου Ἰ. Μεταξᾶ. Διαγώνισμα βον γεωπονικόν.

In-8º de huit pages. Sur le titre, cachet de la Ἑταιρία τῶν φίλων τοῦ λαοῦ. Sans date, mais certainement imprimé en 1875, suivant ce qui se lit à la p. 3.

2984. — Χριστιανικῆς διδασκαλίας μάθημα τμήματος ά. Προσευχαὶ διά τ' ἀλληλοδιδασκόμενα παιδία διορισθεῖσαι ὑπὸ τῆς ἐπὶ τῆς προπαιδείας ἐπιτροπῆς. Ἔκδοσις πέμπτη Σεργίου Χ. Ῥαφτάνη. Ἐν Ζακύνθῳ, τυπογραφεῖον ὁ Παρνασσὸς Σεργίου Χ. Ῥαφτάνη. αωοέ.

In-8º de 16 pages.

2985. — Ὠδαὶ Κοΐντου Ὁρατίου Φλάκκου μετὰ βιογραφίας τοῦ ποιητοῦ μεταφρασθεῖσαι καὶ διὰ σημειώσεων διασαφηνισθεῖσαι ὑπὸ Π. Α. Καβαδία, διδάκτορος τῆς φιλοσοφίας. Βιβλ. ά καὶ β'. Ἐν Ἀθήναις, ἐκ τοῦ τυπογραφείου ἀδελφῶν Φουρτούνα, κάτωθεν τοῦ Δημαρχείου. 1875.

In-8° de 96 pages.

2986. — Αἱ μωραὶ κεφαλαὶ ἢ ὁ κάδος πυρίτιδος, κωμῳδία μονόπρακτος ὑπὸ Ἰ. Λουίνη, μεταφρασθεῖσα ἐκ τοῦ ἰταλικοῦ ὑπὸ Ι. Α. Κ. Ἐν Ζακύνθῳ, τυπογραφεῖον ὁ Παρνασσὸς Σεργίου Χ. Ῥαφτάνη. 1876.

In-8° de 24 pages.

2987. — Αἱ τέσσαρες ᾀσματικαὶ ἀκολουθίαι τοῦ ἐν ἁγίοις πατρὸς ἡμῶν Διονυσίου, ἀρχιεπισκόπου Αἰγίνης τοῦ θαυματουργοῦ, μετὰ νέου συναξαρίου εἰκοσιτεσσάρων οἴκων καί τινων ἐγγράφων ἐν παραρτήματι. Ἐν Ζακύνθῳ, ἐκ τοῦ τυπογραφείου ὁ Παρνασσὸς τοῦ ἐκδότου Σεργίου Χ. Ῥαφτάνη. 1876.

In-8° de ις' (16) et 224 pages. Titre rouge et noir. Ont collaboré à ce volume : GEORGES SYPANDROS, ANGE SYMMACHIOS, GEORGES JOANNOULIS, ANTOINE MARTÉLAOS de Zante, STYLIANOS CHALCOMATAS de Zante et ANGE CONIDARIS de Leucade.

2988. — Ἀκολουθία τοῦ ἁγίου ὁσιομάρτυρος Ἀναστασίου τοῦ Πέρσου, ἐκδοθεῖσα δαπάνῃ Ἰωάννου Δ. Κατραμῆ Ζακυνθίου. Ἐν Πάτραις, ἐκ τοῦ τυπογραφείου Δημ. Π. Μητροπούλου (ὁδὸς Μαιζῶνος ἀπέναντι τῆς Εὐαγγελιστρίας). 1876.

In-8° de 32 pages.

2989. — Al conte Giovanni Capodistria epistola del comm. Emilio de Tipaldo. (*Au verso du premier feuillet :*) Mestre, dalla tipo-litografia di Gaetano Longo. MDCCCLXXVI.

In-8° de 16 pages. En tête de cette plaquette, on lit une épître dédicatoire d'ÉMILE TIPALDO à Antonio Angeloni-Barbiani, datée de Mirano, le 12 février 1876. Elle renferme quelques curieuses particularités. La lettre à Capodistria est en vers italiens.

2990. — Ἅλωσις Κύπρου (1571), σύγχρονος διήγησις ὑπὸ Ἀ. Ῥικκοβόνη, ἐξελληνισθεῖσα μετὰ σημειώσεων ὑπὸ Ν. Β. Μάνεση καὶ ἐκδοθεῖσα δαπάνῃ Ἀ. Κάου. Ἐν Κερκύρᾳ, τυπογραφεῖον Ἀθηνᾶ Ἀρσενίου Κάου. 1876.

In-8° de 44 pages, dont les deux premières blanches. Peu commun. L'auteur de cette relation est ANTOINE RICCOBONI. Le texte latin, accompagné d'une version italienne, fut publié, en 1842, à Venise, par Thomas Locatelli, sous le titre de *Storia di Salamina presa*.

2991. — Αντωνίου Μανούσου ταγματάρχου [*(sur la couverture seulement:)* εν τω ιταλικώ στρατώ] λυρικά ποιήματα, αναμνήσεις. Έν Αθήναις, τύποις Ελληνικής Ανεξαρτησίας. 1876.

In-8° de 224 pages.

2992. — Αποφάσεις της διοικούσης την έπιχώριον περιουσίαν των δήμων Κεφαλληνίας επιτροπής επί της εκκαθαρίσεως του άλατος και διαφόρων λογαριασμών παρελθόντων ετών και προϋπολογισμός των εσόδων και εξόδων της επιχωρίου περιουσίας του έτους 1876. Αργοστόλι, τυπογραφείον ή Ηχώ. 1876.

In-folio de dix pages et quinze tableaux.

2993. — Άρσενίου ίερ. Πανδή απάντησις εις το εν τω ύπ' άριθ. 129 κύριον άρθρον της ενταύθα εκδιδομένης εφημερίδος ή Ευθύνη. Έν Κερκύρα, τυπογραφείον ο Κάδμος. 1876.

In-8° de 16 pages.

2994. — Αττικόν ήμερολόγιον του έτους 1877 υπό Ειρηναίου Ασωπίου εύνοϊκή συμπράξει φιλοκάλων λογίων. Έτος ιά. Έν Αθήναις, εκ του τυπογραφείου Παρνασσού διευθυνομένου υπό Σ. Οικονόμου. 1876.

In-8° de ϛ' (96) et 455 pages.

2995. — Δημητρίου Ν. Δαρβάρεως Χειραγωγία εις την καλοκαγαθίαν διασκευασθείσα υπό Ζήκου Ρώση, καθηγητού της θεολογίας, εκδιδομένη δε επιμελεία του προς διάδοσιν των ελληνικών γραμμάτων συλλόγου και δαπάνη του αοιδίμου Πέτρου Ν. Δαρβάρεως. Έν Αθήναις, εκ του τυπογραφείου Μέλλοντος, οδός Θησέως, άριθ. 4. 1876.

In-8° de ιδ' (14) et 138 pages. Forme le n° 21 de la Βιβλιοθήκη του προς διάδοσιν των ελληνικών γραμμάτων Συλλόγου.

2996. — Διασκέδασις, ήτοι συλλογή ανεκδότων, ποικίλων και μικρών τερπνών διηγημάτων, εκδοθείσα υπό ***. Έν Κερκύρα, τυπ. ο Κάδμος. 1876.

In-16 de 32 pages.

2997. — Δύο λέξεις επί του τάφου της δ°ς Δ. Παππαϊωάννου αποθανούσης τη

24 8βρίου 1876 υπό Ι. Σ. Μανέσση. Έν Ζακύνθω, τυπ. ή Επτάνησος Χ. Σ. Χιώτου. 1876.

In-8° de six pages + un feuillet blanc. Le titre de départ est ainsi libellé : Όλίγαι λέξεις έπι του τάφου της δ^{ος} Διονυσίας Παππαϊωάννου.

2998. — Δύο λέξεις ώς προς το μέγα άδικον της μητρός προς την θυγατέρα και τα τέκνα της ή της Ελλάδος προς την Επτάνησον και τους υποδικηγόρους υπό Νικολάου Δ. Μπονσινιόρ. Έν Ζακύνθω, τυπ. ή Επτάνησος Χ. Σ. Χιώτου. 1876.

In-8° de huit pages.

2999. — Εις τον θάνατον Ανδρέου Α. Δενδρινού, τέκνου τρυφερού της αδελφής Ιθάκης, έλεγεΐον Γεωργίου Μαρτινέλη. (*Au bas :*) Κέρκυρα, 25 νοεμβρίου 1876.

Placard in-4° sur deux colonnes.

3000. — Έκθεσις ητιολογημένη περί της νομιμότητος των κατά την 30 νοεμβρίου 1874 και 19 μαρτίου 1875 συμβάντων έν τη βουλή υπό Σ. Ι. Κασιμάτη, πρώην προέδρου αύτης. Έν Έρμουπόλει Σύρου τύποις Ρ. Πριντέζη. 1876.

In-8° de 64 pages. La couverture imprimée sert de titre.

3001. — Έλεγεΐον εις τον αείμνηστον φιλόλογον και ευεργέτην της Κεφαλληνιακής νεολαίας Θεόδωρον Καρούσον υπό Γερασίμου Ί. Κυπριώτου. Κεφαλληνία, έκ του τυπογραφείου ή Ηχώ. 1876.

In-8° de sept pages.

3002. — Έν δάκρυ έπι του τάφου του προσφιλούς ημών φίλου Φιλίππου Α. Βλαντή, θανόντος έν Λευκάδι τη 22 μαίου 1876.

Placard in-folio à deux colonnes, daté d'Athènes, le 27 mai 1876 et signé JEAN A. VALAORITIS.

3003. — Ή κατάστασις της έγχωρίου περιουσίας Κεφαλληνίας, ή διαχείρισις του μονοπωλίου του άλατος και ό υπόλογος τελώνης κυρ. Σπυρίδων Βάλβης. Έν Κεφαλληνία, έκ του τυπογραφείου ή Ηχώ. 1876.

In-8° de 25 pages.

3004. — Θεόδωρος Καρούσος υπό Παύλου Γρατσιάτου. Έν Κεφαλληνία, τυπογραφεΐον ή Ηχώ. 1876.

In-8° de 24 pages. La couverture imprimée sert de titre.

3005. — I dialetti greci ed il neo-ellenismo. Discorso letterario letto nella real accademia Peloritana, il dì 13 febbraio 1876, dal Corfiotto prof. Spiridione de' Medici Dilotti, socio della suddetta accademia, della R. Associazione dei Benemeriti Italiani e di altri sodalizi, premiato di medaglie onorifiche per vari lavori letterari greci ed italiani. Con l'aggiunta di note. *Palermo*, ufficio tipografico diretto da G. B. Gaudiano, Via Celso, num. 31. 1876.

In-8° de 36 pages.

3006. — Joseph Despuches ἐκ τῶν Γαλάτης ἡγεμόνων, græcis et latinis et italicis litteris excultissimo, virtutibus ingenioque atque studiis ornato, cive patritiato Italoque integerrimo Spiridion Mediceus Dilottius umiliter ac reverenter offert a. d. MDCCCLXXVI.

In-8° de quatre pages. La page 2 est blanche ; la page 3 est occupée par l'ode en grec ancien, datée de Messine, dernier jour de février 1874 ; la page 4 contient une « Parafrasi (en vers) dell'Ode pindarica par la signorina M. Cornelia Lopresti Dilotti », datée de Messine, 1876. Très probablement imprimé à Messine. Sur la couverture de l'exemplaire que j'ai sous les yeux, on lit : « All'esimio concittadino prof. Romano in segno di verace stima, l'autore. Corfù, 1882. »

3007. — Καταστατικὸν τῆς ἐν Κερκύρᾳ ἀνωνύμου βιομηχανικῆς ἑταιρίας τὰ Νατρουργεῖα Κερκύρας. Ἐν Ἀθήναις, ἐκ τοῦ τυπογραφείου Σ. Κ. Βλαστοῦ, 178, ὁδὸς Ἑρμοῦ, πλατεῖα Ῥόμβης, 9. 1876.

In-8° de 16 pages. Signé : ὁ διευθυντὴς Ν. Β. Νάκης.

3008. — Κύριε Ἀνδρέα Λασκαράτε. (*A la fin :*) Τύποις ἡ Κεφαλληνία.

In-8° de 24 pages. Signé Char. Képhalas. Réponse à un article d'André Lascaratos publié dans le journal Ἀδελφοποίησις, n° 14. Il s'agit d'une affaire pécuniaire portée devant les tribunaux en 1876.

3009. — Κωμῳδίαι διὰ τοὺς παῖδας γραφεῖσαι ὑπὸ τῆς κυρίας Μ. Ῥοζελίνης καὶ μεταφρασθεῖσαι ἐκ τοῦ ἰταλικοῦ πρωτοτύπου ὑπὸ ***. Ἐν Κερκύρᾳ, τύποις Ἰ. Ναχαμούλη ἐκδότου. 1876.

In-8° de 101 pages et un feuillet. Se vendait 1 drachme 50 lepta.

3010. — Λογικὴ ὑπὸ Δ. Ι. Βεκκίου ἐξελληνισθεῖσα καὶ ἐπεξεργασθεῖσα ὑπὸ

Θεαγένους Λιβαδᾶ, δ. φ., διευθυντοῦ τῆς ἐν Τεργέστῃ ἑλληνικῆς σχολῆς, πρὸς χρῆσιν τῶν παρ' αὐτῷ μαθητευόντων. Ἔκδοσις νέα. Ἀθήνησι, 1876.

In-8° de 76 + δ' (4) pages. Sans indication d'imprimeur. La première édition parut à Trieste, en 1861 ; voir ci-dessus le n° 2178.

3011. — Λόγοι ἐκφωνηθέντες ἐπὶ τοῦ νεκροῦ Ἰωάννου Κεφαλᾶ, ἱππότου τοῦ χαλκοῦ ἀριστείου τοῦ Ἀγῶνος καὶ τοῦ χρυσοῦ παρασήμου τοῦ Σωτῆρος. Ἐν Κερκύρᾳ, τυπογραφεῖον ἡ Ἰονία. 1876.

In-8° de 16 pages. La couverture imprimée sert de titre. Ont collaboré à cette brochure : ANDRÉ I. GALIATSAS, LÉONIDAS VLACHOS et DÉMÉTRIUS C. PAPPAGEORGIOS.

3012. — Λόγοι ἐπικήδειοι εἰς Ἀναστάσιον Βερύκιον ἰατρόν. Ἐν Ζακύνθῳ, τυπογραφεῖον ἡ Ἑπτάνησσος X. Χιώτου, ἐπαινεθὲν ἐν τῷ ἐν Ἀθήναις ὀλυμπιακῷ ἀγῶνι τῶν 1876. 1876.

In-8° de 8 pages. La couverture imprimée sert de titre. Contient les discours prononcés par JEAN MARGARIS, médecin, PANAGIOTIS CHIOTIS et SPIRIDION CH. RAPHTANIS.

3013. — Λόγοι ἐπικήδειοι εἰς Ἀνδρέαν Θ. Ζαΐμην ἐκφωνηθέντες ἐν τῷ ἱερῷ ναῷ τῆς Μητροπόλεως Ζακύνθου τῇ 8 νοεμβρίου 1876. Ἐν Ζακύνθῳ, ἐκ τοῦ τυπογραφείου ἡ Αὐγή. 1876.

In-8° de 18 pages (en réalité 16, car il n'y a pas de pages 1 et 2). La couverture imprimée sert de titre. Rarissime. Contient des discours de CH. MÉLÉTOPOULOS, nomarque de Zante ; JEAN JULES DOMENEGHINI, ancien député ; ANASTASE GAÏTAS, avocat ; et NICOLAS MINOTOS, avocat. Cette brochure fut publiée par les soins de la rédaction du Μοχλός.

3014. — Λόγοι παιδαγωγικοὶ πρὸς τοὺς μαθητὰς τοῦ γυμνασίου ὑπὸ Διονυσίου Λάτα ἀρχιμανδρίτου. Ἐν Ἀθήναις. 1876.

In-8° de 32 pages.

3015. — Λόγος ἐκφωνηθεὶς ἐν τῷ ἐκπαιδευτηρίῳ Καποδίστριας κατὰ τὴν ἔναρξιν τῶν δοκιμασιῶν τοῦ σχολικοῦ ἔτους 1875-76 ὑπὸ τοῦ διευθύνοντος Λεωνίδου Βλάχου.

In-8° de 8 pages.

3016. — Λόγος ἐκφωνηθεὶς ἐν τῷ κατὰ Ληξούρ. ἱερῷ ναῷ ἐπ' ὀνόματι ἁγίου

Νικολάου επί τη κηδεία του Γερασίμου Κατσαΐτου, δικηγόρου, αποβιώσαντος εν Κερκύρα τη 28 μαρτίου 1876, υπό Νεοφύτου Καλογέρου, εκδοθείς δαπάνη τινών φίλων της οικογενείας. Έν Κεφαλληνία, τύποις Προόδου.

In-8° de 8 pages.

3017. — Λόγος εκφωνηθείς τη κδ' ιουνίου 1876 κατά την ένδρξιν (sic) των ενιαυσίων εξετάσεων του ελληνικού εκπαιδευτηρίου Π. Ά. Οικονόμου, υπό του καθηγητού Σ. Κ. Παπαγεωργίου Π. Θ. Έν Κερκύρα, τυπογραφείον 'Αθηνά 'Αρσενίου Κάου. 1876.

In-8° de 13 pages et 1 feuillet blanc.

3018. — Λόγος επικήδειος εκφωνηθείς εν τω ναώ της μητροπόλεως Λευκάδος επί τω νεκρώ Φιλίππου 'Α. Βλαντή, τη 23 μαίου 1876, υπό Σπυρίδωνος Ί. Καριντάβα.

Placard in-folio à deux colonnes.

3019. — Λόγος επικήδειος εκφωνηθείς κατά την 3 νοεμβρίου 1876 εν τη κηδεία του ελλογίμου ανδρός Θεοδώρου Καρούσου εν τω ιερώ ναώ Σωτήρος υπό Νεοφύτου Καλογέρου. (Τυπούται δαπάνη της συζύγου του αποβιώσαντος.) Έν Κεφαλληνία, εκ του τυπογραφείου ή Ηχώ. 1876.

In-8° de 9 pages.

3020. — Λόγος επιτάφιος απαγγελθείς την 28 ιουνίου 1876 επί του νεκρού του Γερασίμου Λιβαδά υπό Χαραλάμπους 'Αννίνου (εκδίδεται δαπάνη του κοινού). Έν Κεφαλληνία, εκ του τυπογραφείου ή Ηχώ. 1876.

In-8° de douze pages. La couverture imprimée sert de titre.

3021. — Λόγος πανηγυρικός εις δόξαν του εν αγίοις πατρός ημών Σπυρίδωνος του θαυματουργού και προστάτου Κερκύρας, εκφωνηθείς εν τω φερωνύμω αυτού ναώ, κατά την 12 δεκεμβρίου 1876, παρά του ιεροκήρυκος του νομού Κερκύρας ιερέως Ιωάννου Γαρνέλη, και παρ' αυτού αισίως και πανευλαβώς αφιερωθείς τη σεβασμιωτάτη και ιερά της Ελλάδος συνόδω. Έν Κερκύρα, εκ του τυπογραφείου 'Αθηνά. 1876.

In-8° de seize pages, dont les trois dernières blanches.

3022. — Memorie biografiche intorno agli illustri Corciresi dalla caduta dell' impero Bizantino fino a' nostri giorni (1453-1876) raccolte, illustrate e pubblicate per cura di S. G. V. de Biasi Corcirese. *Corfù*, Tip. di G. Nacamulli editore. 1876-1877.

In-8° de 96 pages. Cet ouvrage a été publié par livraisons. Nous n'en connaissons que six, dont les trois premières ont paru en 1876, les trois suivantes en 1877. Chacune d'elles se vendait 40 centimes. La couverture imprimée sert de titre ; du moins je n'ai jamais vu d'exemplaire possédant un titre proprement dit. A partir de la quatrième livraison, on lit, sur le titre : (1453-1877) et le millésime 1877 (comme date de publication) a été substitué à 1876.

3023. — Μία μητέρα τοῦ ἑλληνικοῦ ἀγῶνος, ποίημα ὑπὸ Δ. Ἡλιακοπούλου. Ἐν Ζακύνθῳ, τυπογραφεῖον ἡ Ἑπτάνησος Χρήστου Σ. Χιώτου. 1876.

In-8° de un feuillet et six pages. Dédié à Panagiotis Chiotis. La couverture imprimée sert de titre.

3024. — Μυρολόγια Λευκάδος ἀνέκδοτα μετὰ γλωσσικῶν προλεγομένων ὑπὸ Ἰωάννου Ν. Σταματέλου σχολάρχου, τακτικοῦ μέλους τοῦ ἐν Κωνσταντινουπόλει ἑλλ. φιλολ. συλλόγου καὶ τοῦ ἐν Ἀθήναις διδασκαλικοῦ. Διανέμεται δωρεὰν ὑπὸ τοῦ ἐκδότου εἰς μνημόσυνον τοῦ τέκνου του Ἀναστασίου. Ἐν Ζακύνθῳ, τυπογραφεῖον ἡ Ἑπτάνησος Χρήστου Σ. Χιώτου. 1876.

In-8° de 23 pages.

3025. — Notizie sulla malattia sofferta dal canonico Serra. Tipografia Zante Menzicof Bulzo. 1876.

In-8° de 9 pages. La couverture imprimée sert de titre. Il s'agit du chanoine Georges Serra.

3026. — Ὁ Ἅδης τοῦ Δάντου ἐξελληνισθεὶς ὑπὸ Π. Ι. Μ. Ἐν Κεφαλληνίᾳ, τύποις Προόδου. 1876.

In-8° de ιέ (15) + 224 pages et un feuillet. Cette traduction, devenue rare, est en vers et a pour auteur Panagis Mauroképhalos.

3027. — Ὁ μικρὸς πολίτης Π. Βεργωτῆ. Ἀργοστόλι, τυπογραφεῖον ἡ Ἠχώ. 1876.

In-8° de 1 feuillet, ἡ (8) + 79 pages et 1 feuillet.

3028. — Ὀρθογραφικὸν τῆς κοινῆς τῶν Ἑλλήνων γλώσσης, ἔργον πρωτότυπον βραβευθὲν ἐν τῷ ζωγραφείῳ διαγωνίσματι, ὑπὸ Ἰωάννου Ν. Σταματέλου σχολάρχου, τακτικοῦ μέλους τοῦ ἐν Κωνστ/πόλει ἑλ. φιλ. συλλόγου καὶ τοῦ ἐν Ἀθήναις διδασκαλικοῦ. Ἐν Ζακύνθῳ, τυπογραφεῖον ἡ Ἑπτάνησος Χρήστου. Σ. Χιώτου. 1876.

In-8° de 65 pages et 1 feuillet. Dédié à Christakis Zographos. Il y a des exemplaires sur papier fort.

3029. — Πολιτική της Αγγλίας και ήρωϊσμός Χασάν. Έν Ζακύνθω (sic), τυπογραφείον ό Παρνασσός. 1876.

In-8° de huit pages. La couverture imprimée sert de titre. Poésie signée (page 8) : Μελίβοιος. Très rare. Dédicace (page 2) au docteur Denys Soméritis.

3030. — Προσλαλιά απαγγελθείσα υπό του προέδρου του φιλοπροόδου συλλόγου ή Ηώς II. Μ. Γκεντιλίνη, κατά την 21 μαίου 1876, ήμέραν της ενάρξεως της β' αύτού περιόδου. Έν Κεφαλληνία, εκ του τυπογραφείου ή Ηχώ. 1876.

In-8° de huit pages.

3031. — Πρόχειρος οχυρωτική πεδίου μάχης ανταποκρινομένη εις τον κανονισμόν των ασκήσεων του πεζικού της 9 απριλίου 1876 (τίτλος II και III), ως και εις την πρακτικήν διδασκαλίαν της εν εκστρατεία υπηρεσίας του πεζικού, προς χρήσιν των υπαξιωματικών του στρατού και της εθνοφρουράς, μεταφρασθείσα εκ του γαλλικού υπό Δημητρίου Βούρβαχη, λοχαγού του πεζικού. Αθήνησιν, εκ του τυπογραφείου Πέτρου Περρή, επί της πλατείας του πανεπιστημίου. 1876.

In-32 de η' (8) et 144 pages. Tiré à 2500 exemplaires. (Perris, Είκοσαετηρίς, n° 248.)

3032. — Sketches of the historical past of Italy : from the fall of the Roman empire to the earliest revival of Letters and Arts, by Margaret Albana Mignaty. *London* : Richard Bentley and Son, New Burlington St., publishers in ordinary to Her Majesty. MDCCCLXXVI. (*Au v° du titre :*) London : printed by J. Ogden and Co. 172, St John Street. E.C.

In-8° de xi et 547 pages. Dédié à William Ewart Gladstone.

3033. — Συλλογή παροιμιών, φράσεων κλπ. της νεοελληνικής γλώσσης υπό Γ. Καρχδία δικηγόρου. Έν Κερκύρα, τυπογραφείον ό Κάδμος. 1876.

In-8° de 104 pages.

3034. — Τα γελοία αποτελέσματα της ζηλοτυπίας, κωμωδία μονόπρακτος μετ' ασμάτων. Έν Ζακύνθω, τύποις Ζακύνθου. 1876.

In-8° de 40 pages.

3035. — Ὑπαλλήλου πάρεργα. Ἡ Μπουμπουλῖνα ἢ ἡ ἅλωσις τῆς Τριπολιτσᾶς ἐν ἔτει 1821, δραματικὸν δοκίμιον Γεωργίου Ἀνδρικοπούλου εἰς πράξεις τέσσαρας. Ἐν Ζακύνθῳ, ἐκ τοῦ τυπογραφείου ἡ Αὐγὴ Ν. Κοντόγιωργα (ὄπισθεν τοῦ ναοῦ τῶν Ἁγίων Πάντων). 1876.

In-8° de ις' (16) et 67 pages (mais en réalité 66, car il n'y a pas de page 1, la numération commençant par 2).

3036. — Vaudeville II. Ἡ ἐρωμένη τοῦ συρμοῦ, κωμειδύλλιον μονόπρακτον συντεθὲν ὑπὸ Ι. Γ. Τ. καὶ ἐκδοθὲν ὑπὸ Μ. Βούλτσου. Ἐν Ζακύνθῳ, τυπογραφεῖον ὁ Ζάκυνθος Μεντζικιὼφ Βούλτσου (ὁδὸς ἁγ. Νικολάου τῶν Γερόντων, ὄπισθεν τοῦ Γερμανικοῦ Προξενείου). 1876.

In-8° de 32 pages. Les pages 23-32 contiennent Στίχοι τῆς παραγγολῆς du même auteur, qui n'est autre que JEAN TSACASIANOS. Très rare.

3037. — Φυλλάδιον ὀνομαζώμενον δαφνηφόροι συμβουλαί, ἐκδοθὲν παρ' ἐμοῦ Νικολάου Γ. Δάφνου, διὰ τοῦ ὁποίου λύεται τὸ ζήτημα ἐκείνου τοῦ τόσον πολυκρότου καὶ δυσκόλου τῆς ἀνατολικῆς αὐτῆς αὐτοκρατορίας μὲ τὴν συμφιλίωσιν καὶ συγχόνευσιν τῶν δύο κυριωτέρων λαῶν τῆς αὐτοκρατορίας ὁποῦ εἶναι οἱ ἑλληνοορθόδοξοι χριστιανοὶ καὶ οἱ τουρκομωαμεθανοί, καὶ τοῦτο ὅτι τὸ ἓν ἔθνος νὰ συνχονευθῇ ὑπὲρ τοῦ ἄλλου. Ἐν Ζακύνθῳ, τυπογραφεῖον ἡ Αὐγὴ Ν. Κοντόγιωργα, ὁδὸς ὄπισθεν τοῦ ναοῦ ἁγίων Πάντων. 1876.

In-8° de 14 pages et 1 feuillet. Nous avons conservé les fautes d'impression qui déparent le titre ci-dessus. Se vendait 50 lepta.

3038. — Abrégé de la Grammaire française par M. Noël, inspecteur général de l'Université, et M. Chapsal, professeur de grammaire générale; ouvrage mis au rang des livres classiques, adopté pour les écoles primaires supérieures et pour les écoles militaires de la France. Traduit en grec par C. Leucaditis, professeur de français au Séminaire Rizari. Περίληψις τῆς γαλλικῆς γραμματικῆς ὑπὸ κ. Νοέλ, γενικοῦ ἐφόρου τοῦ Πανεπιστημίου, καὶ κ. Σαπσάλ, καθηγητοῦ τῆς γενικῆς γραμματικῆς· σύγγραμμα καταλογισθὲν ἐν τοῖς κλασσικοῖς βιβλίοις, παραδεχθὲν διὰ τὴν ἀνωτέραν προκαταρκτικὴν ἐκπαίδευσιν καὶ διὰ τὰ στρατιωτικὰ σχολεῖα τῆς Γαλλίας. Ἐξελληνισθὲν ἀπὸ τῆς 56 ἐκδόσεως ὑπὸ Κ. Λευκαδίτου, καθηγητοῦ τῆς γαλλικῆς γλώσσης ἐν τῇ Ῥιζαρείῳ Σχολῇ.

In-8° de un feuillet et 159 pages. Sans indication de lieu ni de date, mais imprimé à Athènes, en 1877, d'après le *Catalogue de la Bibliothèque nationale d'Athènes*, Linguistique, n° 1788.

3039. — Ad Olimpia Trebbi, distinta prima donna soprano, in occasione della sua beneficiata. Sonetto. (*Au bas :*) *Corfù*, 31 gennaio 1877.

Placard de 20 centimètres sur 29. Signé : K.

3040. — Αἰσθήματα καὶ ἐλπίδες. (*Au bas :*) Τυπογραφεῖον ὁ Φοῖνιξ.

Placard in-4°. Daté de Leucade, 12 juin 1877, et signé Ἄγγελος Καλκάνης. Pièce de vers.

3041. — All' egregia prima artista Ida Lambertini che, in occasione della sua beneficiata, rappresentava Messalina al teatro comunale di Corfù, la sera del 19 maggio 1877. Alla Musa sonetto.

Placard de 20 centimètres sur 27. Signé : S.

3042. — Ἀπόκρουσις συκοφαντίας ὑπὸ Π. Ε. Δ. Ἐν Ἀθήναις, τύποις ἐφημερίδος τῶν Συζητήσεων, 10, ὁδὸς Βουλῆς-Μουσῶν, 8. 1877.

In-8° de 12 pages. Daté d'Ithaque, 21 mai 1877 et signé : Πλάτων Ε. Δρακούλης.

3043. — Ἀττικὸν ἡμερολόγιον τοῦ ἔτους 1878 ὑπὸ Εἰρηναίου Ἀσωπίου εὐνοϊκῇ συμπράξει φιλοκάλων λογίων. Ἔτος ιβ΄. Ἀθήνησιν, ἐκ τοῦ τυπογραφείου Παρνασσοῦ διευθυνομένου ὑπὸ Σ. Οἰκονόμου. 1877.

In-8° de XXIV + μδ΄ (44) + 256 pages et une gravure.

3044. — Βίλμα, διήγημα τοῦ πραγματικοῦ βίου μεταφρασθὲν ἐκ τοῦ γαλλικοῦ περιοδικοῦ Revue des deux mondes ὑπὸ Σ. Λιοπούλου. Κερκύρᾳ, Τυπ. Κοραῆ Ἰ. Ναχαμούλη. 1877.

In-8° de 94 pages et 1 feuillet blanc.

3045. — Βιογραφία Γερασίμου Λειβαδᾶ ὑπὸ Παύλου Γρατσιάτου. Ἐν Κεφαλληνίᾳ, τυπογραφεῖον ἡ Ἠχώ. 1877.

In-8° de ή (8) + 57 pages + un feuillet. Rarissime.

3046. — Βιογραφικὰ σχεδάρια τῶν ἐν τοῖς γράμμασιν, ὡραίαις τέχναις καὶ ἄλλοις κλάδοις τοῦ κοινωνικοῦ βίου διαλαμψάντων Κερκυραίων ἀπὸ τῶν μέσων τῆς παρελθούσης ἑκατοντλετηρίδος (*sic*) μέχρι ἀρχῶν τῆς ἐνεστώσης, μετὰ προσθήκης πλείστων τε καὶ ποικίλων σημειώσεων καὶ ἄλλων εἰδήσεων περὶ τῆς καταγωγῆς τοῦ τε φιλολογικοῦ καὶ κοινωνικοῦ αὐτῶν βίου, ὑπὸ Λαυρεντίου Σ. Βροκίνη Κερκυραίου. Τεῦχος ά. Κέρκυρα, τυπογραφεῖον ὁ Κοραῆς Ἰωσὴφ Ναχαμούλη. 1877.

In-8° de 465 pages, 3 feuillets et 2 tableaux. Contient des notices biographiques sur les personnages dont voici les noms : Ἰσαβέλλα Θεοτόκη Ἀλβρίτζη. Μαρία Ἀναστασία Πετρεττίνη. Σπυρίδων Πετρεττίνης. Νικόλαος Βαπτιστιάδης Δελβινιώτης. Ἀντώνιος Τριβώλης Πιέρης. Μιχαὴλ Στεφ. Τριβώλης Πιέρης. Δημήτριος Τριβώλης Πιέρης. Στυλιανὸς Πέτρος Δ. Προσαλένδης. Πέτρος Ἀντώνιος Βονδιώλης.

Τεῦχος β΄. ἀφιερωθὲν τῷ Κερκυραίων δήμῳ. 1884.

In-8° de ί (10) pages, 1 feuillet, 230 pages et 1 feuillet blanc. La faute typographique ἑκατοντλετηρίδος qui figure dans le titre du tome premier, mais non pas sur la couverture, ne se trouve pas dans celui du tome second, et on y lit μέχρις au lieu de μέχρι. Il y a des exemplaires en grand papier. Ce second volume comprend la biographie de Nicéphore Théotokis.

3047. — Βραχεῖα διατριβὴ περὶ τῆς παρ' ἡμῖν φιλομουσίας καὶ ἰδίως τῆς τοῦ γυναικείου φύλου ἀγωγῆς, ἀναγνωσθεῖσα ἐν τῷ συλλόγῳ ἡ Ἠὼς ὑπὸ Νεοφύτου Καλογέρου (Ἐκδίδοται δαπάνῃ τοῦ συλλόγου). Ἐν Κεφαλληνίᾳ, τυπογραφεῖον ἡ Ἠχώ. 1877.

In-8° de huit pages.

3048. — Décret (n° 627) du Conseil municipal de Corfou relatif à la célébration d'un service funèbre pour le repos de l'âme de Constantin Canaris décédé à Athènes, le 3 septembre 1877.

Placard in-folio, daté de Corfou, 15 septembre 1877.

3049. — Die Elemente der lateinischen Prosodie und Metrik nebst dem etymologischen und syntactischen Theil in vervollständigter Fassung kurz dargestellt für die Studierenden an den kœniglich griechischen Gymnasien von Dr Gerasimos B. Pignatorre aus Cephallenia. *Argostolion*, Druck von N. P. Pollanes. 1877.

Λατινικῆς προσῳδίας καὶ μετρικῆς στοιχεῖα μετὰ τοῦ ἐτυμολογικοῦ καὶ συντακτικοῦ μέρους εἰς χρῆσιν τῶν ἐν τοῖς ἑλληνικοῖς γυμνασίοις διδασκομένων ὑπὸ Γερασίμου Β. Πινιατώρου Κεφαλλῆνος. Ἐν Ἀργοστολίῳ, Ἐκ τοῦ τυπογραφείου Ν. Π. Πολλάνη. 1877.

In-8° de xiv pages, 1 feuillet, 160 pages et un feuillet blanc. Cet ouvrage ayant paru en deux fascicules, on doit trouver, en outre, entre les pages 82 et 83, quatre feuillets (mal chiffrés) contenant un titre identique à celui ci dessus, une table des matières et un errata.

3050. — Documenti onorifici della famiglia dei conti Zancarol raccolti da Andrea Mustoxidi nel 1840. *Venezia*, tipografia Antonelli. 1877.

In-4° de 35 pages, dont les deux premières blanches. Armoiries sur le titre, lequel est tiré en rouge et noir. A la page 5 : « Al conte Giorgio cav. Zancarol, dottore in medicina... tuo zio Emilio de Tipaldo. Mirano, 6 febbraio 1877. » A la page 7 : « A Giorgio Zancarol mio nipote fanciullo d'anni due... Andrea Mustoxidi. »

3051. — Ἐκλογὴ ἀραβικῶν διηγημάτων λίαν τερπνῶν καὶ ἐνδιαφερόντων μεταφρασθέντων ἐκ τοῦ γαλλικοῦ ὑπὸ τοῦ καθηγητοῦ Ν. Φαρδούλη πρὸς κοινὴν τέρψιν καὶ ψυχαγωγίαν, ἐν Ἑρμουπόλει Σύρου, τύποις Πατρίδος. 1877.

In-8° de 359 pages.

3052. — Ἐπικήδειος ἐκφωνηθεὶς ἐπὶ τοῦ νεκροῦ τοῦ Τιμοθέου Τ. Φορέστη τὴν 2 ἰανουαρίου 1877 ὑπὸ Β. Δ. Μυλωνοπούλου. Ἐν Κερκύρᾳ, τυπογραφεῖον ἡ Κέρκυρα.

In-8° de 6 pages et un feuillet blanc.

3053. — Ἐπιστολὴ πρὸς Ἀγησίλαον βιογραφικὴ ἢ βίος Σωκράτους Κουρῆ ὑπὸ Ἠλία Ζερβοῦ Ἰακωβάτου. Φυλλ. γ' καὶ δ'. Ἐν Κεφαλληνίᾳ, τύποις ἡ Κεφαλληνία. 1877. (Le titre ci-dessus est celui qui se trouve sur la couverture. Voici celui qui figure à la première page du livre :) Ἐπιστολὴ πρὸς Ἀγησίλαον βιογραφική. Φύλλ. γ' καὶ δ'. Ἐν Κεφαλληνίᾳ, τύποις ἡ Κεφαλληνία. 1877.

In-8° de 1 feuillet, 5 + 98 pages et un feuillet. A la quatrième page de la couverture, on lit cet avis : Περιστάσεις ὅλως ἀνεξάρτητοι τῆς θελήσεώς μου μ' ἠνάγκασαν ν' ἀναβάλω ἐπὶ τοῦ παρόντος (ἐκτὸς ἂν ἐκλείψωσι) τὴν ἔναρξιν Ἐπιστολιμαίων τινῶν Διατριβῶν, ἃς προεθέμην νὰ ἐκδίδω κατὰ περιόδους εἰς ἰδιαίτερα φυλλάδια, ἐκ δύο μέχρι τριῶν περίπου τυπογραφικῶν φύλλων ἕκαστον, ὡς ἐκ τούτου δημοσιεύω ἤδη, κατὰ θερμὴν ἐκφρασθεῖσαν ἐπιθυμίαν, μόνην τὴν παροῦσαν, ἥτις ἔμελλε ν' ἀπαρτίσῃ, ἐν τῇ σειρᾷ τῶν Διατριβῶν αὐτῶν, τὸ γ' καὶ δ' φυλλάδιον. Cet essai biographique est dédié à Héloïse Votsis, veuve du docteur Socrate Couris.

3054. — Ἐπὶ τοῦ δημοσιευθέντος νομοσχεδίου περὶ διαχωρίσεως τῶν ἐγχωρίων κτημάτων τῶν Ἰονίων νήσων. (*A la fin :*) Τυπογραφεῖον ἡ Κέρκυρα.

In-8° de 8 pages. Daté de Corfou, 6 janvier 1877, et signé Jean Damaskinos.

3055. — Ἡ ἀπολογία Ἰωάννου Ἀρβανιτάκη Κόκκιαρη ἐνώπιον τοῦ ἀνεκκλήτου κριτηρίου τῆς κοινῆς γνώμης ἐπὶ τῆς ἀποφάσεως τοῦ δικαστηρίου τῶν ἐνταῦθα πλημμελειοδικῶν τῆς 21ης αὐγούστου 1876. Ἐν Ζακύνθῳ, τυπογραφεῖον ἡ Αὐγὴ Ν. Κοντόγιωργα. 1877.

In-8° de seize pages. La couverture imprimée sert de titre.

3056. — Ἡ ἐν ἔτει 1537 πολιορκία τῆς Κερκύρας καὶ τὰ περὶ τὴν Καρτανίδα Καλὴν κατὰ τὰς ἀνεκδότους ἐπιστολὰς νῦν τὸ πρῶτον μεταφρασθείσας ἐκ τῆς ἰταλικῆς εἰς τὴν ἑλληνικὴν γλῶσσαν καὶ μετὰ διασαφητικῶν σημειώσεων ἐκδιδομένας ὑπὸ Φ. Α. Ἐν Κερκύρᾳ, τύποις Ἰ. Ναχαμούλη ἐκδότου. 1877.

In-8° de 62 pages et 1 feuillet blanc. L'auteur de cet opuscule est Frédéric Albana.

3057. — Ἠθικοπολιτικὸν ἀνθολόγημα ὑπὸ Ἀναστασίου Στρούζα διδασκάλου. Ἐν Ζακύνθῳ, τυπογραφεῖον ὁ Ζάκυνθος Μεντζικὼφ Δ. Βούλτζου (ὁδὸς ἁγίου Νικολάου τῶν Γερόντων). 1877. (A la fin :) Ἐν Ζακύνθῳ, τῇ 12 νοεμβρίου 1877.

In-8° de 28 pages.

3058. — Ἡ μετάφρασις τῆς Ἠλευθερωμένης Ἱερουσαλὴμ ὑπὸ Ἰ. Τυπάλδου. Ἐν Ζακύνθῳ, ἐκ τοῦ τυπογραφείου ἡ Αὐγὴ Ν. Κοντόγιωργα (ὄπισθεν τοῦ ναοῦ τῶν Ἁγίων Πάντων). 1877.

In-8° de sept pages. La couverture imprimée sert de titre. Signé Μ(έμνων) Μαρτζώκης.

3059. — Inscrizione sepolcrale Corcirese edita e dilucidata dal prof. Giovanni Romanò, socio ordinario dell' Instituto archeologico dell' Imperio Germanico ecc. ecc. ecc. Traduzione di Federico Albana.

In-8° de huit pages. La couverture imprimée sert de titre. Le texte grec de cette Étude parut dans le n° du 24 septembre 1877 de l'Ὥρα, journal d'Athènes. La présente traduction fut publiée à Corfou, quelques semaines plus tard (renseignement fourni par Frédéric Albana).

3060. — Κανονισμὸς τοῦ ἐν Κεφαλληνίᾳ φιλοπροόδου Συλλόγου ἡ Ἐλπίς.

In-8° de huit pages. Daté d'Argostoli. 4 juin 1877. Signé : P. Vergotis, président ; Ant. G. Forestis Typaldos, secrétaire général.

3061. — Καταστατικὸν τῆς ἐν Ζακύνθῳ συντεχνίας τῶν κουρέων ὑπὸ τὸν τίτλον Πρόοδος. Ἐν Ζακύνθῳ, τυπογραφεῖον ὁ Ζάκυνθος Μεντζικὼφ Δ. Βούλτσου (ὁδὸς

Ἁγίου Νικολάου τῶν Γερόντων). 1877. (*A la fin :*) Ἐν Ζακύνθῳ, τὴν 23 Ἰουλίου 1877.

In-8° de 10 pages, dont la dernière blanche. Les deux dernières pages forment un feuillet isolé. Parmi les membres du Comité de cette Corporation des Barbiers on remarque : Denys Tsacasianos, président, et JEAN TSACASIANOS, secrétaire, le poète bien connu.

3062. — La Bubulina ovvero l'assedio di Tripoli nella guerra contro i Turchi, dramma storico in quatro (*sic*) atti di Giorgio Andricopulo, libera versione italiana dall' originale greco di Ettore Sicuro, maestro di lingue. *Zante*, tipografia Zacinto Menzicof D. Bulzo (strada S. Nicolò dei Vecchi). 1877.

In-8° de XIII + 81 pages et un feuillet blanc. Rare. Le texte grec a été publié en 1876. Voir ci-dessus, n° 3035.

3063. — Le glorie di santo Spiridione, vescovo di Trimitunte, protettore delle isole Ionie, sonetti di monsignore Evangelista Boni dei Minori Cappuccini, vescovo di Zante e Cefalonia. Con note. *Foligno*, tipografia Tomassini. 1877.

In-8° de 24 feuillets, dont le dernier blanc.

3064. — Λεξιλόγιον ἑβραϊκοελληνικὸν τῶν ἐν τῷ πρώτῳ βιβλίῳ τῆς Πεντατεύχου λέξεων, περιέχον καὶ πολλοὺς κανόνας γραμματικῆς καὶ φιλολογίαν πρὸς χρῆσιν τῶν ἰσραηλιτικῶν ἐκπαιδευτηρίων τῆς Ἑλλάδος ὑπὸ Μεναχαὶμ Βελέλη. Ἐν Κερκύρᾳ, τυπογραφεῖον Κοραῆς Ι. Ναχαμούλη. 1877.

In-8° de 76 pages et un feuillet. Rare. Ménachem Belléli est le même que LAZARE BELLÉLI.

3065. — Lettre d'invitation à assister au service funèbre pour le repos de l'âme de Constantin Canaris, lequel sera célébré dans l'église métropolitaine de Corfou, le mercredi 21 septembre 1877, à 9 heures du matin (en grec).

In-4° de 2 feuillets dont le second blanc. Daté de Corfou, 15 septembre 1877.

3066. — Λόγος ἐκφωνηθεὶς ἐν τῷ ἐκπαιδευτηρίῳ Καποδίστριας κατὰ τὴν ἔναρξιν τῶν δοκιμασιῶν τοῦ σχολικοῦ ἔτους 1876-77 ὑπὸ τοῦ διευθύνοντος Λεωνίδου Βλάχου. Ἐν Κερκύρᾳ, τυπογραφεῖον ἡ Ἰονία. 1877.

In-8° de 14 pages et 1 feuillet blanc.

3067. — Λόγος ἐκφωνηθεὶς ἐν τῷ μητροπολιτικῷ ναῷ τῇ 21 σεπτεμβρίου 1877 κατ' ἐντολὴν τοῦ δ. συμβουλίου Κερκυραίων ὑπὸ τοῦ βουλευτοῦ Κερκύρας Ἰακώβου Πολυλᾶ μετὰ τὸ τελεσθὲν δημοτελὲς ἀρχιερατικὸν μνημόσυνον ὑπὲρ τοῦ ἀοιδίμου ἀγωνιστοῦ Κωνσταντίνου Κανάρη.

In-4° de 4 pages à deux colonnes.

3068. — Λόγος ἐκφωνηθεὶς τῇ 23 Ἰουνίου 1877 κατὰ τὴν ἔναρξιν τῶν ἐνιαυσίων ἐξετάσεων τοῦ ἑλληνικοῦ ἐκπαιδευτηρίου Π. Ἀ. Οἰκονόμου ὑπὸ Ἀναστασίου Χαριάτου, καθηγητοῦ τοῦ ἐνταῦθα Β. Γυμνασίου καὶ τοῦ εἰρημένου ἐκπαιδευτηρίου ἐν Κερκύρᾳ. Ἐν Κερκύρᾳ, τυπογραφεῖον ἡ Ἰωνία. 1877.

In-8° de 16 pages.

3069. — Λόγος πανηγυρικὸς συνταχθεὶς καὶ ἐκφωνηθεὶς ὑπὸ Ν. Γ. Κωτσάκη, διδάκτορος τὰ νομικά, πρωτοδίκου ἐν Κερκύρᾳ, ἐπὶ τῇ ἐθνικῇ ἑορτῇ τῆς κέ μαρτίου ͵αωκά, ἐν Κερκύρᾳ, ἐν τῷ ναῷ τῆς μητροπόλεως, τὴν 31 μαρτίου 1877. Ἐν Ἀθήναις, τύποις Ἑλληνικῆς Ἀνεξαρτησίας. 1877.

In-8° de 15 pages.

3070. — Λόγος περὶ ἱερωσύνης ὑπὸ Χριστοδούλου ἱερέως Μούτσου ἐκφωνηθεὶς ἐν τῷ ἱερῷ ναῷ τῶν Ἁγίων Πατέρων καὶ Ἀρσενίου, τὴν 8 δεκεμβρίου ἡμέραν τῆς εἰς πρεσβύτερον χειροτονίας αὐτοῦ, ἀφιερωθεὶς δὲ τῷ κλεινῷ τε ἱεράρχῃ καὶ ἀρχιεπισκόπῳ Κερκύρας κυρίῳ κυρίῳ Ἀντωνίῳ κτλ. κτλ. κτλ. Ἐν Κερκύρᾳ, τυπογραφεῖον Ἀθηνᾶ Ἀρσενίου Κάου. 1877.

In-8° de 14 pages et un feuillet blanc.

3071. — Μαραμμένα φύλλα, συλλογὴ διαφόρων ποιημάτων ὑπὸ Διονυσίου Ἡλιακοπούλου. Ἐν Ζακύνθῳ, τυπ. ἡ Ἑπτάνησος Χ. Σ. Χιώτου. 1877.

In-8° de 56 pages.

3072. — Ὁ ἀσθενής. Ἀγόρευσις τοῦ αἰδεσιμοτάτου (sic) D' Stebbins ἐν Ἁγίῳ Φραγκίσκῳ τῆς Καλιφορνίας μεταφρασθεῖσα ἐκ τοῦ ἀγγλικοῦ ὑπὸ Α. Π. ὑπὲρ τῶν πτωχῶν ἀδελφῶν τῆς Ἐκκλησίας Υ. Θ. Φ. τῶν Ξένων. Κέρκυρα, τυπογραφεῖον ὁ Κάδμος Νεοφύτου Καραγιάννη. 1877.

In-8° de 12 pages. L'ἀσθενής est l'*Homme malade*, le Turc, et ce discours concerne les Chrétiens soumis au joug musulman. Le nom de l'auteur a été estropié dans le titre, il faut lire *Stebbings*.

3073. — Observations de P. Chiotis relatives à un article sur le tome II de son *Histoire de l'État ionien*, paru dans l''Εφημερὶς τῶν συζητήσεων du 16 décembre 1877.

Placard in-4° à deux colonnes. Sans titre. En grec.

3074. — Ὁ ἔρως τῆς ἰδέας Π. Βεργωτῆ. Ἀργοστόλι, τυπογρ. ἡ Ἠχώ. 1877.

In-8° de ζ' (7) et 60 pages.

3075. — Οἱ πόθοι τοῦ ἑλληνικοῦ ἔθνους, στίχοι Σ. Ἀ. Ζ. ἀφιερωμένοι εἰς τὸν πατριωτισμὸν τοῦ Πανελληνίου. (Διάφορα τεμάχια τοῦ ποιηματίου τούτου μελοποιοῦνται ὁλονὲν παρὰ τοῦ διασήμου μουσικοδιδασκάλου Σ. Ξύνδα.) Ἐν Κερκύρᾳ, τυπογραφεῖον Κάδμος Νεοφύτου Καραγιάννη. 1877.

In-8° de 8 pages. L'auteur de ces vers est S. A. Zancarolos.

3076. — Ὁ κὺρ Γερώλυμος εἰς τὰ δίκτυα, κωμῳδία μονόπρακτος συγγραφεῖσα ὑπὸ Ναπολέοντος Ι. Βαλλῆεν Κερκυραίου. Ἐν Κερκύρᾳ, τυπογραφεῖον ἡ Κέρκυρα. 1877.

In-8° de 28 pages. Rare. Comédie en prose.

3077. — Ὁ τραχὺς τοὺς τρόπους εὐεργετικός (Il burbero benefico), κωμῳδία Καρόλου Γολδώνη εἰς πράξεις τρεῖς, μεταφρασθεῖσα ὑπὸ Ε. Ι. Μακρῆ. Ἐν Κεφαλληνίᾳ, τυπογραφεῖον ἡ Ἠχώ. 1877.

In-8° de un feuillet, ς' (6) et 52 pages. Devenu rare. Il y a en tête du livre une notice biographique sur Carlo Goldoni.

3078. — Περὶ καθαριότητος ὑπὸ Γεωργίου Κ. Τυπάλδου.

In-16 de seize pages. Forme le n° 7 de la Βιβλιοθήκη τῆς Ἑστίας et ne possède qu'un titre d'entrée en matière.

3079. — Περὶ περιθάλψεως τῶν θυμάτων τοῦ πολέμου ὑπὸ Γεωργίου Κ. Τυπάλδου. Γραφεῖον τῆς Ἑστίας, 6, ὁδὸς Σταδίου, 6. 1877.

In-16 de 32 pages. Croix tirée en rouge sur le titre. Forme le n° 6 de la Βιβλιοθήκη τῆς Ἑστίας.

3080. — Poesie di Emilio de Tipaldo. (*A la p. 2 :*) *Mestrè*, dalla tipolitografia di Gaetano Longo. MDCCCLXXVII.

In-8° de 116 pages, dont la plupart non chiffrées. La couverture lithographiée sert de titre. Rarissime. Non mis dans le commerce.

3081. — Πρὸς τὴν ἐπιτροπὴν τὴν διαχειριζομένην τὴν τῶν δήμων Κερκύρας ἐπίκοινον περιουσίαν, ὑπόμνημα περὶ τῶν μετὰ τοῦ δημοσίου διαφορῶν τῆς ὑπὸ Β. Δ. Μυλωνοπούλου (Δημοσιεύεται ἀδείᾳ τῆς ἐπιτροπῆς). Ἐν Κερκύρᾳ, τυπογραφεῖον ἡ Κέρκυρα. 1877.

In-8° de 13 pages et un feuillet blanc.

3082. — Συλλογὴ ὀνοματοθεσιῶν τῆς νήσου Κεφαλληνίας μετὰ ἱστορικῶν, τοπογραφικῶν καὶ ἀρχαιολογικῶν σημειώσεων ὑπὸ Ἠλία Α. Τσιτσέλη Κεφαλλῆνος (Ἐξεδόθη τὸ πρῶτον ἐν τῷ περιοδικῷ Παρνασῷ). Ἐν Ἀθήναις, ἐκ τοῦ τυπογραφείου Παρνασοῦ, διευθυνομένου ὑπὸ Σ. Π. Οἰκονόμου. 1877.

In-8° de 36 pages et deux feuillets, dont le dernier blanc.

3083. — Σύλλογος ἡ Ἀδελφότης ἐν Σύρῳ, Λόγος εἰς Κωνσταντῖνον Κανάρην ἐκφωνηθεὶς τὴν 17 δεκεμβρίου 1877, ἐντολῇ τοῦ Συλλόγου τελοῦντος τὰ μνημόσυνα τοῦ ναυάρχου ὑπὸ Ἐμμανουὴλ Λυχούδη πρωτοδίκου. Ἐν Ἑρμουπόλει, ἐκ τοῦ τυπογραφείου τῆς Προόδου. 1877.

In-8° de 32 pages.

3084. — Ταρκουάτου (sic) Τάσσου Ἐλευθερωμένη Ἱερουσαλήμ. Ἆσμα γ'. Μετάφρασις Ἰουλίου Τυπάλδου. Ἐν Ἀθήναις, ἐκ τοῦ τυπογραφείου Παρνασσοῦ διευθυνομένου ὑπὸ Σ. Π. Οἰκονόμου. 1877.

In-8° de 16 pages.

3085. — Φειδίας καὶ ἡ ἐποχὴ αὐτοῦ, λόγος εἰσιτήριος ἐκφωνηθεὶς, τῇ 18ῃ ἀπριλίου 1877, ὑπὸ Κ. Δ. Μυλωνᾶ, κατὰ τὴν ἔναρξιν τῆς ὑφηγεσίας αὐτοῦ ἐν τῷ ἐν Ἀθήναις ἐθνικῷ πανεπιστημίῳ. Ἀθήνησιν, ἐκ τοῦ τυπογραφείου Ἑρμοῦ, παρὰ τὴν ὁδὸν Μουσῶν, ἀριθ. 2. 1877.

In-8° de 37 pages. Dédié à Ch. Prétentéris-Typaldos.

3086. — Φιλικὴ ἀγάπη, μυθιστόρημα μεταφρασθὲν ἐκ τοῦ ἀγγλικοῦ ὑπὸ Σπυρίδωνος Γ. Κεφαλᾶ. Ἐν Ζακύνθῳ, τύποις Ἑπτανήσου Χ. Σ. Χιώτου. 1877.

In-8° de 66 pages. Au lieu de φιλικὴ, le titre de la couverture porte νίκη.

3087. — Αἱ Ἀθῆναι περὶ τὰ τέλη τοῦ δωδεκάτου αἰῶνος κατὰ πηγὰς ἀνεκδότους, διατριβὴ ἐπὶ ὑφηγεσίᾳ τοῦ μαθήματος τῆς ἑλλ. Ἱστορίας ἐν τῷ ἐθν. Πανεπιστημίῳ ὑπὸ Σπυρ. Π. Λάμπρου, διδάκτορος τῆς φιλοσοφίας. Ἀθήνησι, ἐκ τοῦ τυπογραφείου τῆς Φιλοκαλίας, 26, ὁδὸς Σοφοκλέους, 26. 1878.

In-8° de 140 pages et une planche. Peu commun.

3088. — Alcuni documenti intorno l'accidentale catastrofe avvenuta nell' isola di Corfù nell' anno 1718 pubblicati per le faustissime nozze Cefallino-Stavro da S. G. V. de Biasi. *Corfù*, tip. G. Nacamulli edit. 1878.

In-8° de 14 pages et 1 feuillet. Dans la brochure décrite sous le numéro 3100, Arsène Pandis affirme (p. 5, note 1) que l'éditeur des *Alcuni documenti* n'est pas SPIRIDION DE BIASI de Corfou, Grec orthodoxe, mais un homonyme, ce en quoi il se trompe, car Spiridion de Biasi enregistre le titre de cet opuscule dans le catalogue de ses publications. Publié à l'occasion du mariage d'André Céphallinos et de Marie Stavros.

3089. — A Luigi da Conturbia Milanese, che, coperto di gloria nella battaglia di Caralimbei in Epiro, fu poi empiamente assassinato dai barbari, sonetto di Giorgio Martinélis, cittadino greco. (*Au bas :*) *Corfù*, 17/29 aprile 1878. Dal giornale Ἑλληνισμός, n° 36.

Placard in-4°. Texte encadré.

3090. — Ἀττικὸν ἡμερολόγιον τοῦ ἔτους 1879 ὑπὸ Εἰρηναίου Ἀσωπίου εὐνοϊκῇ συμπράξει φιλοκάλων λογίων. Ἔτος ιγ΄. Ἀθήνησιν, ἐκ τοῦ τυπογραφείου τῆς Κορίννης. 1878.

In-8° de x' (20) et 376 pages.

3091. — Βερονίκη Τζίμπο δούκησσα τοῦ ἁγίου Ἰουλιανοῦ ὑπὸ Φ. Δ. Γουεράτζη, μεταφρασθεῖσα ἐκ τοῦ ἰταλικοῦ ὑπὸ Σπυρίδωνος Δ. Πετσάλη. Κέρκυρα, τυπογραφεῖον ὁ Κάδμος Νεοφύτου Καραγιάννη. 1878.

In-8° de 46 pages et un feuillet blanc. Rare.

3092. — Biografia di Giorgio K. Tipaldo Cefaleno, con aggiunta : La Grecia negli ultimi 45 anni, per P. Tipaldo Foresti. *Venezia*, tipografia del Commercio di Marco Visentini. 1878.

In-8° de 77 pages (dont les deux premières blanches) et un feuillet.

3093. — Biografia di Giorgio K. (Kozachi) Tipaldo Cefaleno, con aggiunta : La Grecia negli ultimi 45 anni, per P. Tipaldo-Foresti. *Venezia*, tip. del Commercio, 1878, in-8°.

In-4° de 3 pages. Compte-rendu de l'ouvrage précédent, signé : G. VELUDO.

3094. — Βίος καὶ πολιτεία τοῦ ὁσίου πατρὸς ἡμῶν Σπυρίδωνος, ἐπισκόπου Τριμυθοῦντος τῆς ἐν Κύπρῳ τοῦ θαυματουργοῦ. Προσετέθη ἐν τέλει καὶ ὁ βίος τοῦ τὴν αὐτὴν ἡμέραν ἑορτάζοντος ἁγίου πατρὸς ἡμῶν Ἀλεξάνδρου, ἀρχιεπισκόπου Ἱεροσολύμων τοῦ ἱερομάρτυρος. Ἐκδίδεται ὑπὸ Ἀνέστη Κωνσταντινίδου. Ἀθήνησι, Καταστήματα ὁ Κοραῆς Ἀνέστη Κωνσταντινίδου. Βιβλιοπωλεῖον παρὰ τῇ Ῥόμβῃ, ἀριθ. 40. Τυπογραφεῖον, ὁδὸς Περικλέους, ἀριθ. 5. 1878.

In-8° de 14 pages et un feuillet.

3095. — Γενικὸν πρακτορεῖον παραγγελιῶν ἱδρυθὲν καὶ διευθυνόμενον ὑπὸ Εὐγενίου Μώρου καὶ Σας, μετὰ ὑποκαταστημάτων καὶ ἀντιπροσώπων ἔν τε τῇ πρωτευούσῃ καὶ ταῖς κυριωτέραις πόλεσι τοῦ βασιλείου καὶ ἀνταποκριτῶν ἐν τῷ ἐξωτερικῷ. Ὁδὸς Καποδιστρίου, ἀριθ. 1212 Α. Ἐν Κερκύρᾳ, τυπ. Κάδμος Νεοφύτου Καραγιάννη. 1878.

In-8° de 8 pages.

3096. — Γερασίμου Λιβαδᾶ ὑπόμνημα περὶ τῶν Ἰονίων Νήσων πρὸς τὸ ἀγγλικὸν Κοινοβούλιον διαβιβασθὲν ἐν ἔτει 1852. Ἐν Κεφαλληνίᾳ, τύποις Προόδου. 1878.

In-8° de 36 pages.

3097. — Chronik der Kriege der Franken in Romania und besonders in Morea nach den Handschriften in Bern, Paris und Kopenhagen kritisch zum ersten Mal bearbeitet, mit historischen, grammatischen, exegetischen und zu den Romanisch-Germanischen Sprachen vergleichenden Bemerkungen herausgegeben von Dr. Gerasimos B. Pignatorre.

Χρονικὰ τῶν ἐν Ῥωμανίᾳ καὶ μάλιστα ἐν τῷ Μορέᾳ πολέμων τῶν Φράγκων τῇ ἀντεξετάσει τῶν ἐν Βέρνῃ, Παρισίοις κεὶ (sic) Κοπενάγῃ χειρογράφων κριτικῶς τὸ πρῶτον ἐπεξεργασθέντα μετὰ ἱστορικῶν, γραμματικῶν, ἐξηγητικῶν καὶ πρὸς τὰς ῥωμαϊκογερμανικὰς λγώσσας (sic) συγκριτικῶν σημειώσεων ἐκδοθέντα ὑπὸ Γερασίμου Β. Πινιατώρου, διδάκτορος τῆς φιλοσοφίας.

In-8° de xii pages. Annonce d'une édition du *Livre de la Conquête*, laquelle n'a jamais paru ; elle est datée d'Argostoli de Céphalonie, février 1878. Il serait intéressant de savoir ce qu'est devenu le travail de l'érudit céphalonien.

3098. — Δύο τραγούδια, στίχοι Ἡρακλέους Σταύρου. Φυλλάδιον ά. Ἐν Κερκύρᾳ, τυπογραφεῖον ἡ Ἰονία. 1778.

In-8° de 16 pages. La couverture imprimée sert de titre.

3099. — Ἔκθεσις τοῦ ταμίου τῆς ἐν Ζακύνθῳ ἐπιτροπῆς τῶν κυριῶν τοῦ Ἐρυθροῦ Σταυροῦ. Ἐν Ζακύνθῳ, τύποις Παρνασσοῦ. 1878.

In-8° de 16 pages. La couverture imprimée tient lieu de titre. Daté de Zante, 28 janvier 1878, et signé de Robert C. Romas, trésorier du Comité.

3100. — Ἐπιστολιμαία ἀπάντησις πρὸς τὸν κύριον S. G. U. Δὲ-Βιάζην εἰς τὸ ὑπ' αὐτοῦ ἐκδοθὲν φυλλαδάκιον ἐπιγεγραμμένον Alcuni documenti intorno l'accidentale catastrofe avvenuta nell' isola di Corfù nell' anno 1718 κτλ. καὶ κδ' οἴκοι εἰς ἔπαινον τοῦ θαυματουργοῦ καὶ πολιούχου Κερκύρας ἁγίου Σπυρίδωνος, συντεθέντες ὑπὸ τοῦ ἀρχιμανδρίτου μοναχοῦ Νικοδήμου Κάππου, τοῦ ἐν ἔτει ᵪωϛ́ ὑπὸ τοῦ ἁγίου (sic) ἰαθέντος τὰ ὄμματα ἐν τῇ μονῇ Κερκύρας Ὑ. Θ. Πλατυτέρας ὑπὸ Ἀρσενίου ἱερ. Πανδῆ. Ἐν Κερκύρᾳ, τυπογραφεῖον ὁ Κάδμος Νεοφύτου Καραγιάννη. 1878.

In-8° de 38 pages et un feuillet. A la quatrième page de la couverture on lit: τιμᾶται ἀντὶ φρ. ἡμίσεως ἀρθ. 1/2 ἐπωφελείᾳ τῆς ἐκκλησίας ὑπεραγίας Θεοτόκου Φανερωμένης τῶν Ξένων. Dédié à Georges Bulgaris.

3101. — Ἐπιστολιμαία διατριβὴ ἐπὶ τῆς ἑρμηνείας τοῦ κυριακοῦ λογίου « πίετε ἐξ αὐτοῦ πάντες ». Κεφαλληνίᾳ, τύποις Προόδου. 1878.

In-8° de 15 pages. Signé : ὁ πρώην Κεφαλληνίας Σπυρίδων.

3102. — Ἡ ἀνθόπωλις τῶν Παρισίων ἢ Ἰουλία Φάβρυ μου, μυθιστορία πρωτότυπος ὑπὸ Δημητρ. Ἰωάνν. Βελιανίτου, τελειοφοίτου τοῦ ἐν Κερκύρᾳ γυμνασίου. Ἔκδοσις πρώτη. Ἐν Πάτραις, τυπογραφεῖον καὶ βιβλιοπωλεῖον ὁ Κάδμος Β. Π. Σεκοπούλου, ἐπὶ τῆς διασταυρώσεως ὁδοῦ Μαιζῶνος καὶ πλατείας Γεωργίου τοῦ ά. 1878.

In-8° de 13 et ... pages.

3103. — Ἡ Ἑπτάνησος ὑπὸ τὴν ξενοκρατίαν καὶ ὁ τελευταῖος πρόεδρος τῆς Ἰονίου πολιτείας κόμ. Δημ. Καροῦσος, ἱστορικὴ μελέτη ὑπὸ Παύλου Γρατσιάτου. Ἐν Κεφαλληνίᾳ, τυπογραφεῖον ἡ Ἠχώ. 1878.

In-8° de ιϛ' (16) + 107 pages (mais en réalité 105, car les pages 1 et 2 n'existent pas).

3104. — Il Rajà. Poesia di Giorgio Martinélis, cittadino di Grecia, recitata in Corfù, la sera del 25 marzo 1878, nella sala della nobile Società filarmonica; e pubblicata per la prima volta nel Supplemento Politico-Letterario della *Gazzetta d'Italia*. Nuova edizione corretta. *Corfù*, tipografia Corcyra. 1878.

In-8° de 14 pages et un feuillet blanc.

3105. — Κανονισμὸς τοῦ ἐν Ἀθήναις ἑλληνικοῦ παιδαγωγείου Β. Βούλγαρη. Ἐν Ἀθήναις, ἐκ τοῦ τυπογραφείου Πέτρου Περρῆ, ἐπὶ τῆς πλατείας τοῦ Πανεπιστημίου.

In-8° de huit pages. Tiré à 250 exemplaires. (Perris, Εἰκοσαετηρίς, n° 276.)

3106. — Κατήγκω, διήγημα μεταφρασθὲν ἐκ τοῦ γαλλικοῦ ὑπὸ *** καὶ ἐκδοθὲν ὑπὸ Ἐμμανουὴλ Γρέκη, ἐν Ἑρμουπόλει Σύρου, τύποις Ῥενιέρη Πρίντεζη. 1878.

In-8° de 48 pages.

3107. — La mano. (*A la fin :*) *Corfù*, 1 aprile 1878. Tip. Cadmos.

In-8° de 15 pages. Poésie.

3108. — Le ultime ore e l'apoteosi di S. R. M. V. Emanuele II, primo re d'Italia, scena in versi di Spiridione de' Medici Dilotti da Corfù, prof. di lettere greche e latine nel liceo Secusio di Caltagirone, socio della R. Accademia Peloritana di Messina, della R. Associazione dei benemeriti Italiani, dell' Accademia Pico della Mirandola, delle R. Accademia dei Pellegrini di Castro-Reale ecc. ecc. premiato di medaglie doro (*sic*), croci, roselle ecc. ecc. Musica del maestro B. C. G. *Palermo*, uff. tip. diretto da G. B. Gaudiano, via Celso, 31. 1878.

In-8° de 21 pages et un feuillet blanc.

3109. — Λόγοι ἐπικήδειοι ἐκφωνηθέντες ἐπὶ τοῦ νεκροῦ τοῦ ἱππότου Σπυρίδωνος Καρβελλᾶ. Ζακύνθῳ, τύποις Παρνασσοῦ. 1878.

In-8° de 8 pages. La couverture imprimée sert de titre. Deux discours, l'un de P. Chiotis et l'autre de I. L. Margaris.

3110. — Λόγος εἰς τὸν νεκρὸν τῆς Πηνελόπης Εὐσταθίου Δρακούλη ὑπὸ Βαρβαρίγου Ν. Πήλλικα, βουλευτοῦ.

Placard in-4°. Daté d'Ithaque, 28 mars 1878.

3111. — Λόγος ἐκφωνηθεὶς ἐν τῷ καταστήματι τῆς Φιλαρμονικῆς Ἑταιρίας, κατὰ τὴν ἑσπέραν τῆς 25 μαρτίου 1878, ὑπὸ Ἀ. Ἰ. Γαλιάτσα, μέλους τῆς ἐπιτροπῆς τῆς Φιλαρμονικῆς Ἑταιρίας. Ἐν Κερκύρᾳ, τυπογραφεῖον Ἀθηνᾶ Α. Κάου. 1878.

In-8° de 15 pages.

3112. — Λόγος ἐκφωνηθεὶς ἐν τῷ ναῷ τοῦ ἁγίου Διονυσίου, μετὰ τὴν ψαλεῖσαν δοξολογίαν ἐπὶ τῇ διασώσει τῆς ζωῆς τῆς Α. Μ. τοῦ βασιλέως τῆς Ἰταλίας Οὐμβέρτου, ὑπὸ Μ. Μαρτζώκη, καθηγητοῦ τῆς γαλλικῆς ἐν τῷ ἐνταῦθα γυμνασίῳ. Ἐκδίδεται δαπάνῃ τοῦ πολιτικοῦ συλλόγου Νέα Ἀδελφότης. Ἐν Ζακύνθῳ, τυπογραφεῖον ὁ Παρνασσός. 1878.

In-8° de six pages + un feuillet blanc.

3113. — Λόγος ἐκφωνηθεὶς κατὰ τὰ ἐγκαίνια τοῦ νέου καταστήματος τοῦ Ὀρφανοτροφείου Κερκύρας, τὴν 1 σεπτεμβρίου 1878, παρὰ Ἰωάννου Παδοβᾶ, ἰατροῦ καὶ διευθυντοῦ τοῦ αὐτοῦ καταστήματος. Ἐν Κερκύρᾳ, τυπογραφεῖον ἡ Ἰονία. 1878.

In-8° de 1 feuillet et 10 pages.

3114. — Λόγος ἐκφωνηθεὶς πρὸ τοῦ νεκροῦ τοῦ Ἰωάννου Τουρλινοῦ ὑπὸ Λεωνίδου Βλάχου, τῇ 13 ἰανουαρίου 1878. (Au bas :) Ἐν Κερκύρᾳ, τῇ 20 ἰανουαρίου 1878. Τυπογραφεῖον ἡ Ἰονία.

Placard in-folio à 2 colonnes.

3115. — Λόγος ἐκφωνηθεὶς πρὸ τοῦ νεκροῦ τοῦ Παναγιώτου Λαζαρᾶ ὑπὸ Χριστοδούλου Βρυάκου ἐν τῷ ἱερῷ ναῷ τῆς Ὑ. Θ. Φ. τῶν Ξένων, τῇ 5 μαρτίου 1878.

Placard in-folio à 2 colonnes.

3116. — Λυκόφως, ποιήσεις διάφοροι ὑπὸ Σπυρίδωνος Τζανοτῆ [ἐκδίδονται ὑπὸ Διονυσίου Κασσιμάτη]. Ἐν Ζακύνθῳ, ἐκ τοῦ τυπογραφείου ἡ Αὐγὴ Ν. Κοντόγιωργα, ὄπισθεν τοῦ Ναοῦ τῶν Ἁγίων Πάντων. 1878.

In-8° de 20 pages. Ce qui a été placé entre crochets dans le titre ci-dessus ne figure que sur la couverture.

3117. — Μαρία Ῥολάν, μυθιστόρημα μεταφρασθὲν ἐκ τῆς ἰταλικῆς ὑπὸ Ἰ. Σπηλιοπούλου καὶ Σ. Γουλῆ. Κερκύρᾳ, τυπογραφεῖον ὁ Κάδμος Νεοφύτου Καραγιάννη. 1878.

In-8° de seize pages.

3118. — Μαρτύριον μακράν μονοκείτου, μεγαπενθοῦντος συγγενοῦς ἀκρόστιχον τῇ μνήμῃ τῆς Ἄννης Βροκίνη Σαούλη.

Placard de 21 centimètres sur 29. Poésie datée de janvier 1878.

3119. — Μεθοδικὴ σειρὰ ζητημάτων πρὸς ἔγγραφον ἔκθεσιν ἰδεῶν χάριν τῶν στοιχειωδῶν σχολείων, συνταχθεῖσα ὑπὸ Γεωργίου Γεράκη. Βαθμὶς ά. Ἀθήνησιν, ἐκ τοῦ τυπογραφείου Χ. Ν. Φιλαδελφέως. 1878.

In-8° de ή (8) et 48 pages.

3120. — Μνημόσυνον. Ἰωάννης Ἀ. Σκιαδόπουλος. (*A la fin :*) Τυπογραφεῖον ἡ Αὐγή.

In-8° de 3 pages. Daté de Zante, 9 octobre 1878, et signé Διονύσιος Ἡλιακόπουλος. Pièce de vers.

3121. — Μ. Τυλλίου Κικέρωνος Λόγοι ὁ ὑπὲρ τοῦ Μανιλείου νόμου καὶ ὁ ὑπὲρ Ἀρχίου τοῦ ποιητοῦ, μετὰ σημειώσεων ὑπὸ Μ. Γκιόλμα (διδάκτορος τῆς φιλολογίας). Τεῦχος ά. Ἐν Κεφαλληνίᾳ, τυπογραφεῖον ἡ Ἠχώ. 1878.

In-8° de 122 pages et un feuillet.

3122. — Νεκρολογία.

Placard in-4°. Daté d'Ithaque, 31 mars 1878, et signé : AJAX N. CARAVIAS. C'est une nécrologie de Pénélope Tsoulatis, épouse d'Eustathe Dracoulis, décédée le mardi 28 mars 1878.

3123. — Νέον ἔτος 1878. ὁ διανομεὺς τῆς ἐφημερίδος « ἡ Φωνή » πρὸς τοὺς κκ. συνδρομητάδες αὐτῆς.

Placard de 23 centimètres sur 31. Poésie.

3124. — Νύξεις ἐπὶ τοῦ φιλολογικοῦ βίου Ἀνδρέου Μουστοξύδου, Κερκυραίου ἱστοριογράφου, μετά τινων σχετικῶν ἀνεκδότων εἰδήσεων ὑπὸ Νικολάου Σ. Ζερβοῦ Κερκυραίου. Ἐν Κερκύρᾳ, τυπογραφεῖον ὁ Κάδμος Νεοφύτου Καραγιάννη. 1878.

In-8° de 15 pages. A la quatrième page de la couverture : Τιμᾶται δραχμῆς νέας.

3125. — Νυχτολούλουδα, λυρικὰ ποιήματα ὑπὸ Ἀνδρέου Μαρτζώκη. Ἐν Ζακύνθῳ, τυπογραφεῖον ἡ Αὐγή, ὁδὸς Ἁγίων Πάντων. 1878. (*Sur la couverture :*) 1878, ἐν Ζακύνθῳ, τύποις Ν. Κοντόγιωργα.

In-8° de 80 pages, dont les deux premières blanches, + 2 feuillets, dont le dernier blanc.

3126. — Ὁ ἀπολωλὼς βίος ὑπὸ Ἑρμάννου Λούντζη, μεταφρασθεὶς ἐκ τοῦ ἰταλικοῦ ὑπὸ Διονυσίου Α. Τρικάρδου (ἐκδίδοται δαπάνῃ Δ. Χιώτη). Ἐν Ζακύνθῳ, τυπ. Ἑπτανήσου Διονυσίου Σ. Χιώτου. 1878.

In-8° de un feuillet + η̅ (8) pages + 116 pages. Cette traduction avait déjà paru dans le périodique Κορίννη. Les huit pages liminaires contiennent une préface du traducteur, DENYS TRICARDOS.

3127. — Ὁ διακονάρης, ποίησις Γεωργίου Μαρτινέλη, ἔκδοσις νεωτάτη. Κέρκυρα, τυπογραφεῖον Ἀθηνᾶ. 1878.

In-8° de 7 pages.

3128. — Οἱ εἰκοσιτέσσαρες οἶκοι τῆς ὑπεραγίας δεσποίνης ἡμῶν θεοτόκου καὶ ἀειπαρθένου Μαρίας εἰς τὴν ἁπλῆν γλῶσσαν παραφραστικῶς (sic) μετενεχθέντες παρὰ τοῦ ἐν ἱερομονάχοις Μελετίου Καλλονᾶ, ἀνατυπωθέντες δὲ δαπάνῃ Γ. Δ. Πολυλᾶ. Κέρκυρα, τυπογραφεῖον ὁ Κάδμος. 1878.

In-8° de 37 pages et un feuillet blanc. Se vendait 1 fr.

3129. — Οἱ ἥρωες τοῦ Μαυροβουνίου, ᾠδὴ Γεωργίου Μαρτινέλη. Κέρκυρα, τυπογραφεῖον ἡ Κέρκυρα. 1878. Les héros du Monténègre, ode par Georges Martinélis. *Corfou*, imprimerie Corcyra. 1878.

In-8° de 23 pages. Au verso du dernier feuillet, on lit : « ἐδημοσιεύθη τὸν Ἰούνιον 1878, publiée en juin 1878. » En tête de cette brochure, il y a une épître dédicatoire à Nicolas, prince de Monténégro. Grec avec traduction française en prose.

3130. — Ὁ νεόφυτος Ὀθωμανὸς καὶ περὶ τῆς ἑλληνικῆς ἐθνεγερσίας ὀπτασία αὐτοῦ. Διήγησις ψυχωφελεστάτη καὶ θαυμασία συγγραφεῖσα μὲν ὑπὸ τοῦ ἰδίου, ἐκδοθεῖσα δὲ κατὰ τὸ ἐν τῇ ἁγίᾳ μονῇ τῆς Μυρτιωτίσσης (sic) εὑρισκόμενον πρωτότυπον ὑπὸ Ἀνέστη Κωνσταντινίδου. Ἀθήνησι, καταστήματα ὁ Κοραῆς Ἀνέστη Κωνσταντινίδου, βιβλιοπωλεῖον παρὰ τῇ Ῥόμβῃ, ἀριθ. 40, τυπογραφεῖον, ὁδὸς Περικλέους, ἀριθ. 5. 1878.

In-16 de 47 pages.

3131. — Ὁ νεφελάγγελος, ποιημάτιον ἰνδικὸν μεταφρασθὲν ἐκ τοῦ πρωτοτύπου ὑπὸ Γ. Ν. Τσερεπῆ ἐξ Αἰτωλικοῦ. Ἐν Κερκύρᾳ, τυπογραφεῖον ὁ Κοραῆς Ἰ. Ναχαμούλη. 1878.

In-8° de 46 pages et 1 feuillet blanc.

3132. — Παράρτημα Ζακυνθίου Ἀνθῶνος. Γιορτὴ-Μνημόσυνο (ιζ' ἰουλίου). (*A la fin :*) Τύποις Παρνασσοῦ.

Feuille volante de 20 cent. sur 30. Poésie datée de Zante et écrite par ANDRÉ MARTZOKIS, le 17 juillet 1878, fête de sainte Marine, patronne de sa mère.

3133. — Parole nei funerali del commendatore Emilio de Tipaldo dette in S. Giorgio de' Greci, il dì III aprile MDCCCLXXVIII. *Venezia*, tipografia S. Giorgio.

In-8° de 11 pages dont les 2 premières blanches. Signé : GIO. VELUDO.

3134. — Περὶ δικαιοδοσίας τοῦ προέδρου τῶν πρωτοδίκων ὑπὸ Τρ. Μανταφούνη (διδάκτορος καὶ δικηγόρου κλ.). Ἀθήνησι, τύποις Ῥαδαμάνθυος. 1878.

In-8° de 54 pages et un feuillet blanc.

3135. — Περὶ τῆς λατινικῆς γλώσσης καὶ φιλολογίας παρὰ τοῖς ἀρχαίοις Ἕλλησι, διατριβὴ ἐπὶ ὑφηγεσίᾳ τοῦ μαθήματος τῆς ρωμαϊκῆς γραμματολογίας ἐν τῷ ἐθνικῷ πανεπιστημίῳ ὑπὸ Σ. Κ. Σακελλαροπούλου, διδάκτορος τῆς φιλοσοφίας, καθηγητοῦ τῆς λατινικῆς ἐν τῷ γ' Ἀθήνησι γυμνασίῳ. Ἀθήνησι, τυπογραφεῖον ὁ Παλαμήδης, 28, ὁδὸς Ἁγίου Μάρκου, 28. 1878.

In-8° de 47 pages.

3136. — Πίναξ δεικνύων τὰς ἀφίξεις καὶ ἀναχωρήσεις τῶν Ταχυδρομείων κατὰ τὸ ἔτος 1878.

Placard in-4° oblong.

3137. — Πρὸς σέ. Incipit : Ξύπνα μάννα μὴν ξυπνήσῃς.

Placard in-folio. Poésie datée de Leucade, 17 janvier 1878, et signée Ἀγγ. Καλκάνης.

3138. — Πρὸς τοὺς ἐκλογεῖς τῆς ἐπαρχίας Κερκύρας. (*Au bas :*) Τυπογραφεῖον Ἀθηνᾶ.

Placard in-8°. Daté de Corfou, 25 mai 1878, et signé ATHANASE PARAMYTHIOTIS.

3139. — 1 ιανουαρίου 1878. Ή λίμνη εκ των του Λαμαρτίνου, παράφρασις 'Αριστοτέλους Βαλαωρίτου. Γραφείον της Εστίας, 6, οδός Σταδίου, 6. 1878.

In-8° de six pages et un feuillet.

3140. — Σάλπισμα Πολεμιστήριον! Πανιγειρικον Εθνεγερτήριον! Της Ελληνικής Στρατιωτικής Εκστρατίας. (*A la fin :*) Τύποις Παρνασσού.

In-8° de 8 pages. En tête de la première page, un étendard avec les mots Έν τούτω νίκα. Daté de Zante, 10 janvier 1878, et signé NICOLAS B. CARANTSAS.

3141. — Solenni funerali alla cara e santa memoria del sommo pontefice Pio IX celebrati nella cattedrale cattolica di Corfù nei giorni 20, 21 e 22 febbraio dell' anno 1878. *Corfù*, tipografia Corcira. 1878.

In-8° de 30 pages et 1 feuillet blanc. L'auteur du discours contenu dans cette brochure est FRANCESCO DI MENTO; le récit des funérailles est dû au chanoine T. A. POLITO. En tête de la plaquette figure une épître dédicatoire de Francesco di Mento à Spiridion Maddalena, archevêque latin de Corfou.

3142. — Συλλογή ποιημάτων ληφθέντων εκ των δοκιμωτέρων ιταλικών ποιητών και μεταγλωττισθέντων εις τον καθ' ημάς πεζόν λόγον υπό Ν. Σ. Ζερβού Κερκυραίου. Έν Κερκύρα, τυπογραφείον Κάδμος. 1878.

In-8° de 39 pages. Dédié à Antoine, archevêque de Corfou.

3143. — Σύμμικτα ιατρικά παραγγέλματα υπό Λ. Καντακίτη, ιατρού. Έν Ζακύνθω, τυπογραφείον ό Παρνασσός Σεργίου Χ. Ραφτάνη. 1878.

In-8° de 180 pages.

3144. — Υπουργείον των Εσωτερικών. Στατιστική του εν Κερκύρα φρενοκομείου του έτους 1877 υποβληθείσα εις το Υπουργείον των Εσωτερικών υπό του διευθυντού του δημοσίου τούτου καταστήματος Χρ. Τσηριγώτου, ιατροχειρουργού. Έν Αθήναις, εκ του εθνικού τυπογραφείου. 1878.

In-8° de 1 feuillet blanc, 27 pages et 1 feuillet blanc.

3145. — Φθογγολογία της ελληνικής γλώσσης κατά τας αρχάς της νεωτέρας γλωσσολογίας υπό Ί. Ν. Σταματέλου σχολάρχου. Έν Ζακύνθω, τυπογραφείον ό Παρνασσός Σεργίου Χ. Ραφτάνη βραβευθέντος τω 1859 δι' όλυμπ. αργ. στεφάνου. 1878.

In-8° de 69 pages et 1 feuillet blanc.

3146. — Φόρος σεβασμού τῇ μνήμῃ τοῦ ἀποβιώσαντος ἱππ. Γεωργίου Μαρκορᾶ. Κερκύρᾳ, τυπογραφεῖον ὁ Κάδμος Νεοφύτου Καραγιάννη. 1878.

In-8° de 15 pages. Signé : Λαυρέντιος Σ. Βροχίνης. Poésie.

3147. — Ἀκολουθία τῆς ὑπεραγίας δεσποίνης ἡμῶν Θεοτόκου καὶ ἀειπαρθένου Μαρίας εἰς τὸ ὑπερφυὲς θαῦμα, ὅπερ ἐνήργησε διὰ τῆς πανσέπτου θείας εἰκόνος αὐτῆς, τῆς ἐπιλεγομένης Μυρτιδιοτίσσης ἐν τῇ νήσῳ Κυθήρων, ὅτε τὸν παράλυτον ἤγειρε μετὰ τεσσαράκοντα ἡμέρας τῆς ἁγίας αὐτῆς Κοιμήσεως · συντεθεῖσα μὲν παρὰ τοῦ θεοφιλεστάτου καὶ σοφωτάτου κ. Σωφρονίου ἐπισκόπου Κυθήρων τοῦ Παγκάλου, ἀντιγραφεῖσα δὲ παρὰ τοῦ ἐλαχίστου δούλου αὐτῆς μακαρίτου εὐγενοῦς Δομενίκου Βενερίου, πλείστοις καὶ ἐξαισίοις τερατουργήμασι εὐεργετηθέντος παρὰ τῆς αὐτῆς ἁγίας εἰκόνος. Ἐν Σμύρνῃ, τύποις Ν. Χέλμη (ὁδὸς Φραγγομαχαλᾶ Χιώτικο χάνι). 1879.

In-8° de 36 pages. Ce qui est placé entre parenthèses dans le titre ci-dessus figure seulement sur la couverture.

3148. — Ἀλεξάνδρου Μαυροκορδάτου τοῦ ἐξ ἀπορρήτων Ἐπιστολαὶ ρ΄, ἐκδέδονται ἐπιστασίᾳ Θ. Λιβαδᾶ. Τεργέστῃ, τύποις τοῦ αὐστροουγγρικοῦ Λόϋδ. 1879.

In-4° de un feuillet, ριδ΄ (114) pages, un feuillet, 192 pages, un feuillet et (en tête du volume) un portrait d'Alexandre Maurocordato, gravé par J. Levasseur. Les prolégomènes sont datés de Vienne, juillet 1878, et signés Théagène Livadas ; la biographie d'Alexandre Maurocordato, bien que non signée, est l'œuvre du prince Georges A. Maurocordato.

3149. — Ἀριστοτέλης Βαλαωρίτης ὑπὸ Ε. Δ. Ῥοΐδου. Γραφεῖον τῆς Ἑστίας, 6, ὁδὸς Σταδίου, 6. 1879.

In-16 de 32 pages. Forme le n° 9 de la *Bibliothèque de l'Hestia*. Les deux dernières pages, bien que non chiffrées et formant la seconde moitié de la couverture, font partie intégrante de cette brochurette.

3150. — Ἀττικὸν ἡμερολόγιον τοῦ δισέκτου ἔτους 1880 ὑπὸ Εἰρηναίου Ἀσωπίου εὐνοϊκῇ συμπράξει φιλοκάλων λογίων. Ἔτος ιδ΄. Ἀθήνησιν, ἐκ τοῦ τυπογραφείου Παρνασσοῦ, 1879.

In-8° de κς΄ (26) + 433 pages et quinze gravures hors texte.

3151. — Βιογραφία Γεωργίου Κ. Τυπάλδου Κεφαλλῆνος ὑπὸ Π. Τυπάλδου Φορέστη, μεταγλωττισθεῖσα ἐκ τοῦ ἰταλικοῦ ὑπὸ Ν. Καλογέρου μοναχοῦ. Ἐν Κεφαλληνίᾳ, τυπογραφεῖον ἡ Ἠχώ. 1879.

In-8° de 40 pages. Dédié à Émile Typaldos.

3152. — Biografia di Margherita Mignaty. Estratto dalla *Gazzetta di Firenze*. *Firenze*, tipografia della *Gazzetta d'Italia*, Via del Castellaccio, 6. 1879.

In-16 de 11 pages.

3153. — Βιογραφία του εθνικού ποιητού 'Αριστοτέλους Βαλαωρίτου υπό Ιωάννου Ν. Σταματέλου σχολάρχου. Ἐν Ζακύνθῳ, τυπογραφεῖον ὁ Παρνασσὸς Σεργίου Χ. Ῥαφτάνη. 1879.

In-8° de 19 pages.

3154. — Βίος καὶ ἔργα Ἀριστοτέλους Ι. Βαλαωρίτου ὑπὸ Βασιλείου Γ. Βυθούλκα. Ἀνατύπωσις ἐκ τῆς ἐπιφυλλίδος τῆς Μερίμνης. Ἀν (*sic*) Ἀθήναις, τυπογραφεῖον Μερίμνης. 1879.

In-8° de 76 pages et 2 feuillets blancs. La couverture imprimée sert de titre.

3155. — Γεωργίου Μαρτινέλη τὰ Ἐρωτικά. Ἔκδοσις πρώτη. Κέρκυρα, τυπογραφεῖον ὁ Κάδμος. 1879.

In-8° de 47 pages. Se vendait 2 francs. Poésies.

3156. — Γεωργίου Προσαλένδου ἀνέκδοτα χειρόγραφα ἀφορῶντα τὴν κατὰ τὸ δόγμα τῆς ὀρθοδόξου ἐκκλησίας βάπτισιν τοῦ ἄγγλου φιλέλληνος κόμητος Γυίλφορδ νῦν τὸ πρῶτον ἐκδιδόμενα ὑπὸ Λαυρεντίου Σ. Βροχίνη ταῦτα συναρμολογήσαντος καὶ προτάξαντος περὶ τοῦ συγγραφέως εἰδήσεις καὶ ἄλλας σημειώσεις. Ἐν Κερκύρᾳ, τυπ. ὁ Κοραῆς Ἰωσὴφ Ναχαμούλη. 1879.

In-8° de έ (5) pages, 1 feuillet et 168 pages.

3157. — Cenni storici e brevi considerazioni intorno a un caso di febbre tifoidea a forma atassica, susseguita da febbre miasmatica con caratteri perniciosi a forma algida del dott. A. Palatianò. *Corfù*, tip. di G. Nacamulli editore. 1879.

In-8° de 24 pages.

3158. — Δύο ἡρῷα ᾄσματα ἐν δακτυλικῷ ἑξαμέτρῳ καταληκτικῷ μετὰ παραφράσεων αὐτῶν εἰς δημοτικὴν γλῶσσαν ἐν ἰάμβῳ τετραμέτρῳ καταληκτικῷ ποιηθέντα καὶ προσφωνηθέντα τοῖς δύο ἐξόχοις πολιτικοῖς τῆς Γαλλικῆς Δημοκρατίας Βαδιγκτῶν καὶ Γαμβέττα, τῷ μὲν προέδρῳ τοῦ ὑπουργικοῦ συμβουλίου καὶ ὑπουργῷ τῶν ἐξωτερικῶν, τῷ δὲ προέδρῳ τῆς τῶν Γάλλων βουλῆς, ὑπὸ Χρ. Γ. Καλωταίου, πρώην διευθυντοῦ καὶ ἐκ τῶν ἱδρυτῶν τοῦ ἐν Κωνσταντινουπόλει ἑλληνικοῦ λυκείου, νῦν δὲ καθηγητοῦ τῶν ἑλληνικῶν ἐν τῷ διεθνεῖ ἐκπαιδευτηρίῳ Χ. Δημοπούλου, ἐπισυνημμένων ἅμα σχετικῶν ἐπιστολῶν καί τινων σημειώσεων. Ἐπὶ τούτοις καὶ ἓν θαλερὸν δάκρυ χυθὲν εἰς τὴν μνήμην Ἀριστοτέλους Βαλαωρίτου τοῦ πανελληνίου ποιητοῦ. Ἐν Βραΐλᾳ, ἐκ τοῦ τυπογραφείου Περικλέους Μ. Πεστεμαλτζιόγλου. 1879.

In-8° de 32 pages, dont les 13 premières et les deux dernières non chiffrées. La poésie concernant ARISTOTE VALAORITIS se compose de quatre distiques en grec ancien.

3159. — Ἐγκόλπιον ἰατρικὸν πρὸς χρῆσιν τῶν πρακτικῶν ἰατρῶν περιέχον α´ Φαρμακολογίαν, β´ Θεραπευτικὴν τῶν νόσων καὶ Συνταγολόγιον, γ´ Μαιευτικὴν καὶ Συφιλιδικὰς παθήσεις, δ´ ἰατρονομικὰ καὶ τοξικολογίαν, ε Χρῆσιν τῶν ἐν Ἑλλάδι καὶ ἀλλοδαπῇ αὐτοφυῶν ἰαματικῶν ὑδάτων καὶ ϛ´ ἀνάλυσιν τῶν οὔρων, ὑπὸ Νικοδήμου Κ. Ζαβιτσιάνου, διδάκτορος ἰατρικῆς καὶ χειρουργίας. Κέρκυρα, τύποις Ἰ. Ναχαμούλη ἐκδότου. 1879.

In-12 de 221 pages et un feuillet.

3160. — Ἐπὶ τῷ ἀώρῳ θανάτῳ ἐθνικοῦ ποιητοῦ Ἀριστοτέλους Βαλαωρίτου τελευτήσαντος τὴν 24 ἰουλίου 1879. Τύποις Γ. Χριστοδουλοπούλου.

In-8° de 20 pages et 2 feuillets, dont le dernier blanc. La couverture imprimée sert de titre. Ont collaboré à cette brochure : Georges Stéphanitsis, Xénophon Toumbas, Jean N. Stamatélos, Jean S. Cavvadias, Démosthène Carykis et André Vlandis.

3161. — Ἡ ἀπόφασις ἐπὶ τῆς δημοτικῆς ἐκλογῆς τοῦ δήμου Ζακυνθίων λαβούσης χώραν τὴν 8 ἀπριλίου 1879. Ἐν Ζακύνθῳ, 1879. (Au v° du feuillet final:) Τύποις Ζακύνθου.

In-8° de 22 pages + un feuillet.

3162. — Ἠθικὸς κόσμος, ἐποποιία ὑπὸ Σπυρίδωνος Μελισσινοῦ. Ἐν Κερκύρᾳ, τυπ. Κάδμος Νεοφύτου Καραγιάνη. 1879.

In-8° de 240 pages. Épopée en douze chants.

3163. — Ἡ Μέλισσα τῆς Ἑρμουπόλεως, μηνιαῖον περιοδικὸν ὑπὸ Μ. Ε. Πρεχεράρη. Ἔτος α´. ἰούλιος 1879. Ἐν Ἑρμουπόλει, τύποις τοῦ Ἀστέρος τῶν Κυκλάδων. 1879.

In-8° de 256 pages. Six numéros seulement ont paru.

3164. — Gli Albanesi e l'Epiro. *Roma*, tipografia del Senato di Forzani e compagno. 1879.

In-8° de 26 pages et un feuillet blanc. L'auteur de cette rarissime brochure est Constantin Aravantinos, à l'obligeance duquel nous en devons un exemplaire.

3165. — Κόσμου νεότης τουτέστιν οἱ θεοὶ καὶ οἱ ἄνθρωποι τῆς ἡρωϊκῆς ἐποχῆς, σύγγραμμα Γ. Ἐ. Γλάδστωνος ἐξελληνισθὲν ὑπὸ Ἀνδρέου Μ. Ἱδρωμένου. Ἐν Κερκύρᾳ, τύποις Ἰωσὴφ Ναχαμούλη. 1879.

In-8° de ή (8) + 539 pages et 2 feuillets. Il y a des exemplaires avec la date de 1882, mais, pour le reste, absolument identiques à ceux qui portent 1879. Cette différence provient de ce que le volume a paru en deux fascicules ((τεύχη); le premier, publié en 1879, comprenait, outre les 8 pages liminaires, les 220 premières pages de l'ouvrage proprement dit; le second, publié en 1882, a reçu un titre ainsi daté, et alors certaines personnes ont fait soit brocher, soit relier leur exemplaire, les unes avec le premier titre, les autres avec le second. Dans quelques exemplaires, on a même conservé les deux titres.

3166. — Λεπτομερὴς κατάστασις τῆς διαλογῆς τῶν ψήφων κατὰ τμήματα τῶν δημοτικῶν ἀρχῶν τοῦ δήμου Κερκυραίων τῆς ὀγδόης ἀπριλίου. 1879.

Placard in-folio de 2 pages imprimées en regard.

3167. — Λόγος ἐπικήδειος ἐπὶ τοῦ νεκροῦ Ἰουλίου Γ. Βερυκίου ἰατροῦ ἐκφωνηθεὶς ὑπὸ Σπυρίδωνος Χ. Ῥαφτάνη, ἐν τῷ ναῷ τῆς ἁγίας Τριάδος τῇ 12ῃ δεκεμβρίου 1879. Ἐν Ζακύνθῳ, τύποις Παρνασσοῦ.

In-8° de 4 pages. La couverture imprimée sert de titre.

3168. — Λόγος πανηγυρικὸς εἰς τὴν ἑλληνικὴν παλιγγενεσίαν αὐτοσχεδίως ἀπαγγελθεὶς πρὸς τὸν Κερκυραϊκὸν λαὸν τὴν 5 μ. μ. ὥραν τῆς 25 μαρτίου 1879 πρὸ τῆς πλατείας τοῦ θεάτρου ὑπὸ Γεωργίου Μαρτινέλη. Ἐν Κερκύρᾳ, τυπογραφεῖον ἡ Κέρκυρα. 1879.

In-8° de 9 pages et 1 feuillet blanc.

3169. — Μικρὰ διατριβὴ περὶ δημάρχου, παρέδρων καὶ συμβούλων δημοτικῆς κυβερνήσεως καὶ βουλευτῶν ἐπικρατείας. (*A la fin:*) Τυπογραφεῖον Ἀθηνᾶ Ἀρσενίου Κάου.

In-folio de 4 pages à deux colonnes. Daté de Corfou, 7 août 1879, et signé ὁ Κερκυραῖος Π. Μ.

3170. — Μιχαήλ Ἀκομινάτου τοῦ Χωνιάτου τὰ σωζόμενα, τὰ πλεῖστα ἐκδιδόμενα νῦν τὸ πρῶτον κατὰ τοὺς ἐν Φλωρεντίᾳ, Ὀξωνίῳ, Παρισίοις καὶ Βιέννῃ κώδικας, δαπάνῃ τοῦ δήμου Ἀθηναίων ὑπὸ Σπυρίδωνος Π. Λάμπρου, διδάκτορος τῆς φιλοσοφίας, ὑφηγητοῦ τῆς ἑλλ. ἱστορίας καὶ γραφογνωσίας ἐν τῷ ἐθνικῷ Πανεπιστημίῳ. Τόμος ά, περιέχων τὰς ὁμιλίας, τοὺς λόγους καὶ τὰ προσφωνήματα. Ἐν Ἀθήναις, ἐκ τοῦ τυπογραφείου Παρνασσοῦ διευθυνομένου ὑπὸ Σ. Π. Οἰκονόμου. 1879.

In-8° de οβ' (72) et 368 pages. Titre rouge et noir.

Τόμος β', περιέχων τὰς ἐπιστολὰς καὶ τὰ ποιήματα τοῦ Μιχαήλ, τὰς πρὸς αὐτὸν ἐπιστολὰς τοῦ Νέων Πατρῶν Εὐθυμίου τοῦ Τορνίκη, Γρηγορίου Ἀντιόχου καὶ Γεωργίου Τορνίκη, σημειώσεις ἱστορικὰς καὶ γραμματικὰς καὶ πίνακας, οἷς προσηρτήθησαν καὶ φωτοτυπικὰ πανομοιότυπα τῶν κωδίκων. 1880.

In-8° de un feuillet, 660 pages, κή (28) pages et trois fac-similés héliogravés par Paul Dujardin. Titre rouge et noir.

Cette publication a été violemment critiquée dans l'ouvrage dont voici le titre :

Μιχαὴλ Ἀκομινάτου τοῦ Χωνιάτου τὰ σωζόμενα ἐκδοθέντα ὑπὸ Σπυρίδωνος Π. Λάμπρου καὶ ὁ ἐν Φλωρεντίᾳ Λαυρεντιαχὸς κῶδιξ ὑπὸ Πέτρου Ν. Παπαγεωργίου, δ. φ. Ἐν Ἀθήναις, ἐκ τοῦ τυπογραφείου τῶν ἀδελφῶν Περρῆ. In Commission bei Carl Beck in Athen. 1883.

In-8° de 176 pages. L'Εἰκοσαετηρίς (ou *Catalogue des livres imprimés par les frères Perris de 1868 à 1887*) donne, sous le n° 436, un titre ainsi conçu : Ἐπίκρισις τῆς Σπυρίδωνος Π. Λάμπρου ἐκδόσεως τοῦ Μιχαὴλ Ἀκομινάτου ὑπὸ Πέτρου Ν. Παπαγεωργίου, δ. φ. Ἀθήνησιν, ἐκ τοῦ τυπογραφείου τῶν ἀδελφῶν Περρῆ. In Commission bei Carl Beck in Athen. 1883. (Tiré à 600 exemplaires).

3171. — Μνημόσυνον. Λόγος ἐκφωνηθεὶς ὑπὸ Α. Μαρτζώκη, ἐν τῷ ναῷ τοῦ ἁγίου Στεφάνου, τὴν 17 μαρτίου 1879, κατὰ τὴν ἐπέτειον τοῦ θανάτου τοῦ Σπυρίδωνος Μάργαρη. Ἐν Ζακύνθῳ, τύποις ἡ Αὐγή. 1879.

In-8° de 8 pages, dont les trois dernières blanches.

3172. — Νέον ἔτος 1879, ὁ διανομέας τῆς ἐφημερίδος « Ἡ Φωνή » πρὸς τοὺς κκ. συνδρομητάδες αὐτῆς.

Placard de 24 centimètres sur 31. Poésie.

3173. — Ὁ διδάσκαλος τοῦ νεανίσκου, κωμῳδία μονόπρακτος μεταφρασθεῖσα ἐκ τοῦ ἰταλικοῦ ὑπὸ Ἀ. Κογεβίνα. Ἐν Κερκύρᾳ, τύποις Ἰ. Ναχαμούλη. 1879.

In-8° de 34 pages et un feuillet blanc.

3174. — Ὀλυμπιακαὶ ἀνασκαφαί· ὁ Παιώνης καὶ τὰ ἔργα αὐτοῦ ὑπὸ H. Καββαδία, ὑφηγητοῦ ἐν τῷ ἐθνικῷ πανεπιστημίῳ. Ἀθήνησι, ἐκ τοῦ τυπογραφείου τῆς Παλιγγενεσίας, 72, ὁδὸς Βορρᾶ, 72. 1879.

In-8° de 52 pages.

3175. — Omaggio di amore e riverenza filiale (*Page 3 :*) alla Santità di Leone XIII felicemente regnante nel secondo anniversario della mirabile esaltazione di lui Michele Stagni, sacerdote di Corfù, O. D. C. (*A la fin :*) *Corfù*, tip. di G. Nacamulli [1879].

In-8° de 13 pages et 1 feuillet blanc. Contient trois pièces de vers italiens et une pièce de vers latins.

3176. — Ὁ νέος ἐκλογικὸς νόμος. Ἐν Ζακύνθῳ, τυπογ. ὁ Παρνασσὸς Σ. Χ. Ῥαφτάνη. 1879.

In-8° de 45 pages + 3 pages blanches. La couverture imprimée tient lieu de titre. Rarissime.

3177. — Ὁ νέος σύλλογος Καποδίστριας. (*Au bas :*) Τυπογραφεῖον Ἀθηνᾶ.

Placard in-folio à 3 colonnes, daté de Corfou, le 19 janvier 1879. Extrait du journal Εὐθύνη.

3178. — Περὶ καθαριότητος ὑπὸ Γεωργίου Κ. Τυπάλδου.

In-16 de seize pages. Forme le n° 7 de la *Bibliothèque de l'Hestia*.

3179. — Περὶ τῆς ἐν Ἑπτανήσῳ ἀφομοιώσεως πρὸς τοὺς νόμους τοῦ ἑλληνικοῦ βασιλείου καὶ περὶ τῶν πηγῶν τοῦ ἰονίου δικαίου ὑπὸ Ἀνδρέου Μ. Ἰδρωμένου δικηγόρου. Ἐν Κερκύρᾳ, τυπ. ὁ Κοραῆς Ἰωσὴφ Ναχαμούλη. 1879.

In-8° de 2 feuillets (dont le premier blanc et le second pour le faux-titre), 40 pages et deux feuillets, dont le dernier blanc.

3180. — Περὶ τῆς παμπρώτης ἀρχῆς ἢ γενέσεως τῆς ψυχῆς τοῦ ἀνθρώπου, τῆς διαδόσεως τοῦ προπατορικοῦ ἁμαρτήματος καὶ τῆς δι' Ἰησοῦ Χριστοῦ ἀπολυτρώσεως ἡμῶν, πραγματεία θεολογικὴ ἐκ φιλοσοφικῶν καὶ θεολογικῶν συγγραφῶν ἐρανισθεῖσα ὑπὸ Παφνουτίου Βασιλειάδου, διδάκτορος τῆς φιλοσοφίας. Ἐν Ἀθήναις, τύποις Ἰω. Κουβέλου καὶ Ἀ. Τρίμη, 11, ὁδὸς Πραξιτέλους, 11. 1879.

In-8° de δ' et 60 pages.

3181. — Περὶ ψυχῆς, θεοῦ καὶ ἠθικοῦ νόμου διατριβαὶ ὑπὸ Π. Βράϊλα Ἀρμένη. Ἐν Κωνσταντινουπόλει, ἐκ τοῦ τυπογραφείου Ἀ. Κορομηλᾶ (ὁδὸς Πεμπτοπαζάρου, ἀρ. 11). 1879.

In-8° de un feuillet blanc, ιγ' (13) et 193 pages. Rare.

3182. — Poche parole sulla bara funebre di Gulielmo Swann, il dì 16° marzo 1879 nel cimitero inglese pronunziate da Sp. Kallos.

Placard in-4° à 2 colonnes.

3183. — Ποιήματα Ν. Κ. δημοσιεύονται δεύτερη φορά, διορθωμένα. Ἐν Ἀθήναις, τυπογραφεῖον Δημητρίου Ἰασεμίδου, 10, ὁδὸς Βορρέως, οἰκία Πύρλα ἰατροῦ, 10. 1879.

In-8° de 77 pages et un feuillet.

3184. — Recherches archéologiques sur les Iles Ioniennes. I. *Corfou*, par Othon Riemann, ancien membre de l'École française d'Athènes, maître de conférences à la Faculté des Lettres de Nancy. *Paris*, Ernest Thorin, éditeur, libraire des Écoles françaises d'Athènes et de Rome, du Collège de France et de l'École normale supérieure, 7, rue de Médicis, 7. 1879. (*Au v° du faux-titre :*) Toulouse, imprimerie A. Chauvin et fils, rue des Salenques, 28.

In-8° de deux feuillets, 58 pages, un feuillet blanc et deux planches.
II. *Céphalonie*: deux feuillets, 70 pages, un feuillet blanc et une planche.
III. *Zante.* IV. *Cérigo.* V. Appendice. 1880: deux feuillets, 66 pages, un feuillet blanc et deux planches.
NB. Cet ouvrage forme les fascicules 8, 12 et 18 de la *Bibliothèque des Écoles françaises d'Athènes et de Rome*.

3185. — Τὰ διατρέξαντα, ἀφήγησις τῶν κατὰ τὴν ἁγίαν καὶ μεγάλην παρασκευὴν διατρεξάντων καθ' ἣν στιγμὴν ἐπρόκειτο νὰ ἐκφωνήσω τὸν ἐπιτάφιον λόγον, ὃν σήμερον δημοσιεύω. Ἐν Σύρῳ. 1879.

In-8° de 21 pages. L'auteur de cette brochure est B. Padovas.

3186. — Τὸ θρησκευτικὸν συναίσθημα καὶ τὸ κοινωνικὸν καθῆκον, ἀνάγνωσμα Ἰωάννου Σκαλτσούνη. Ἐν Κεφαλληνίᾳ, τύποις ἡ Κεφαλληνία. 1879.

In-8° de 34 pages.

3187. — Φαντασία και καρδία, συλλογή δευτέρα λυρικών ποιήσεων Η. Ματαράγκα. Ἐν Ἀθήναις, ἐκ τοῦ τυπογραφείου Νικολάου Ῥουσοπούλου. 1879.

In-8° de 269 pages.

3188. — Φιλία και κλαύματα, δημοτικά τραγούδια ὑπὸ Ἰωάννου Γ. Τσακασιάνου. Ἐν Ζακύνθῳ, τύποις « Ζακύνθου ». 1879.

In-8° de 60 + Δ' (4) pages. Ces 4 dernières pages contiennent la liste des souscripteurs. Page 6, dédicace de l'auteur à son oncle, Anastase D. Tsacasianos. Rare et recherché.

3189. — Ἀληθὴς ἔκθεσις περὶ τοῦ ἐν Κερκύρᾳ θαυματουργοῦ λειψάνου τοῦ ἁγίου Σπυρίδωνος, ἐν ᾗ δεικνύεται πῶς ἀπὸ Κωνσταντινουπόλεως μετηνέχθη εἰς Κέρκυραν, καὶ πῶς ἡ οἰκογένεια τῶν Βουλγάρεων ἔχει τὸ ἐπ' αὐτοῦ πατρωνικὸν δικαίωμα, παρὰ Νικολάου τοῦ Βουλγάρεως, ἰατροῦ καὶ φιλοσόφου Κερκυραίου· νῦν δὲ ἐξελληνισθεῖσα μετὰ σημειώσεων καὶ προσθηκῶν ὑπὸ Ν. Τ. Βουλγάρεως καὶ Ν. Β. Μάνεση, ἐκδίδεται δαπάνῃ τῆς ἐν Βενετίᾳ ἑλληνικῆς κοινότητος. Βενετία, ἐκ τοῦ ἑλληνικ. τυπογ. ὁ Φοῖνιξ. 1880.

In-8° de 80 pages et 1 feuillet. Dédié à la mémoire d'André Mavrommatis.

3190. — Alterthümer von der Insel Kephalenia. Inaugural-Dissertation zur Erlangung der Doctorwürde bei der hochlöblichen philosophischen Facultät der Universität Erlangen eingereicht von Eustathios Libieratos aus Kephalenia. *Erlangen*, 1880. Druck der Universitäts-Buchdruckerei von E. Th. Jacob.

In-8° de 2 feuillets, 38 pages et 1 feuillet blanc.

Dédié par l'auteur τοῖς φιλοπάτρισι καὶ φιλομούσοις καὶ ἐπ' ἀρετῇ διαπρέπουσιν ἀδελφοῖς Λιβιεράτοις Γρηγορίῳ, Ἀναστασίῳ καὶ Νικολάῳ. Malgré son titre allemand, cette dissertation est rédigée en grec ancien.

3191. — Ἀνακρέοντος ᾠδαί, δοκίμιον μεταφράσεως ἐκ τῆς ἀρχαίας ὑπὸ Δ. Σ. Ἀραβαντινοῦ· β' ἔκδοσις ἐπιμελῶς διορθωθεῖσα. Ἐν Ζακύνθῳ, ἐκ τοῦ τυπογραφείου ὁ Ζάκυνθος Μεντζικώφ Δ. Βούλτσου (ὁδὸς ἁγίου Νικολάου τῶν Γερόντων). 1880.

In-8° de ή (8) et 16 pages. La première édition est de 1865.

3192. — Ἅπαντα Διονυσίου Σολωμοῦ ἤτοι τὰ μέχρι σήμερον ἐκδοθέντα, μετὰ προσθήκης πλείστων ἀνεκδότων, προλεγομένων καὶ σημειώσεων, ἐκδιδόμενα ὑπὸ Σεργίου Χ. Ῥαφτάνη. 1880.

In-8º de 64 et 428 pages. Se vendait 6 francs. L'éditeur littéraire de ce livre est SPIRIDION DE BIASI, qui a mis une introduction en tête des poésies grecques et une autre en tête des poésies italiennes.

3193. — Ἀρσένιος Πανδῆς. (*Au bas :*) Τύποις Σπ. Καψοκεφάλου.

Grand placard in-folio à deux colonnes, entouré d'un encadrement funéraire. Notice nécrologique datée de Zante, 1880, et signé SPIRIDION DE BIASI.

3194. — Ἀττικὸν ἡμερολόγιον τοῦ ἔτους 1881 ὑπὸ Εἰρηναίου Ἀσωπίου εὐνοϊκῇ συμπράξει φιλοκάλων λογίων. Ἔτος δέκατον πέμπτον. Ἀθήνησιν, ἐκ τοῦ τυπογραφείου τῆς Κορίννης, παρὰ τῇ πλατείᾳ τῆς Ὁμονοίας. 1880.

In-8º de κδ' (24) + 464 pages et huit gravures hors texte.

3195. — Collection de Romans grecs en langue vulgaire et en vers publiés pour la première fois d'après les manuscrits de Leyde et d'Oxford par Spyridion P. Lambros, docteur ès-lettres, professeur agrégé d'histoire grecque et de paléographie à l'Université d'Athènes. *Paris*, Maisonneuve et Cⁱᵉ, libraires-éditeurs, 25, quai Voltaire, 25. 1880. (*Au vº du faux-titre :*) Paris, typographie Georges Chamerot, 19, rue des Saints-Pères, 19.

In-8º de 4 feuillets (dont le premier blanc), cxxv pages, un feuillet, 372 pages et six feuillets, dont le dernier blanc. Il y a des exemplaires tirés sur papier vergé d'Arches.

3196. — Del contrabbando di guerra. Tesi di laurea del dott. Spiridione Vlandi (Si studia la questione se insieme alle merci di contrabbando, sia confiscabile anche la nave). *In Pisa* dalla tipografia Mariotti e Soci. 1880.

In-8º de 41 pages. Sur la première page de la couverture on lit cette mention : « Approvata dalla Facoltà di giurisprudenza della R. Università di Pisa a pieni voti legali ».

3197. — Ἔκθεσις Σπυρίδωνος Π. Λάμπρου, δ. φ., ὑφηγητοῦ, πρὸς τὴν Βουλὴν τῶν Ἑλλήνων περὶ τῆς εἰς τὸ Ἅγιον Ὄρος ἀποστολῆς αὐτοῦ, κατὰ τὸ θέρος τοῦ 1880. Ἀθήνησιν, ἐκ τοῦ τυπογραφείου τοῦ Αἰῶνος. 1880.

In-8º de 32 pages. Une critique de ce Rapport a été publiée dans le Νεολόγος du vendredi 9/21 janvier 1881.

3198. — Ἐλεγεῖον εἰς Φίλιππον Ἰωάννου ὑπὸ τοῦ διὰ παντὸς εὐγνωμόνως ἀνεψιοῦ αὐτοῦ, τοῦ βαρυπενθοῦς Φιλίππου Ἀ. Οἰκονομίδου. Δευτέρα ἔκδοσις. Ἐν Κεφαλληνίᾳ, τυπογραφεῖον ἡ Ἠχώ. 1880.

In-8° de 4 pages. La couverture imprimée sert de titre.

3199. — Ἐμπορικῆς βιβλιοθήκης τόμος ε΄. Ἐγχειρίδιον καταστιχογραφίας συνταχθὲν κατὰ πρωτότυπον μέθοδον εὐχερῆ πρὸς ἐκμάθησιν καὶ ἐφαρμογὴν χάριν τῶν μαθητευόντων καὶ τῶν ἐμπορευομένων ὑπὸ Ξενοφῶντος Δ. Ζύγουρα, εἰδικοῦ καθηγητοῦ τῶν ἐμπορικῶν καὶ οἰκονομικῶν. Ἐν Ἀθήναις, τύποις Ἰω. Κουβέλου καὶ Ἀ. Τρίμη, 11, ὁδὸς Πραξιτέλους, 11. 1880.

In-8° de ή (8) et 120 pages.

3200. — Ἡ ἀναγνώρισις τοῦ Ἰωσὴφ καὶ ὁ Ἡρακλῆς ἡρὸ (sic) τῶν δύο ὁδῶν, δράματα Πέτρου Μεταστασίου μεταφρασθέντα ἐκ τοῦ ἰταλικοῦ τὸ μὲν ἐμμέτρως, τὸ δὲ πεζῶς καὶ ἐμμέτρως ὑπὸ Π. Ματαράγκα. Ἐν Ἀθήναις, ἐκ τοῦ τυπογραφείου Νικολάου Ῥουσοπούλου, ὁδὸς Περικλέους, ἀριθ. 29. 1880.

In-8° de deux feuillets, 32 + 32 pages. Dédié à Étienne E. Baltatzis.

3201. — Hymne à la Liberté par Dionysios Salomos traduit en vers français par Gustave Laffon, secrétaire-interprète de la République à Smyrne. *Paris*, typographie A. Hennuyer, rue d'Arcet, 7. 1880.

In-8° de xx + 53 pages et 1 feuillet blanc. Dédié par le traducteur à Juliette Lamber. La préface est signée G. d'Orcet et la Notice bibliographique des initiales G. D. (sans doute celles de l'auteur de la préface). Traduction en vers.

3202. — In morte dell' adorabile giovane contessina Angelica Anino Corafa, sonetto di Nicolo Panuri di Zante.

Placard in-4°. Daté de Céphalonie, 5/17 avril 1880.

3203. — In morte dell' angelico giovinetto Costantino Zannini.

Placard in-4° à 2 colonnes, daté de Corfou, le 15 mars 1880, et signé T. A. Polito (aujourd'hui évêque catholique de Syra).

3204. — Inscrizione Corcirese. (*A la fin :*) *Corfù*, tip. G. Nacamulli.

In-8° de 4 pages. Daté de Corfou, 12 février 1880, et signé F. Albana.

3205. — Καταδίκη δικαστοῦ ὑπὸ δικαστῶν παρὰ δικαιωθέντος δικηγόρου δημοσιευθεῖσα. Ἐν Ζακύνθῳ, τυπογραφεῖον ὁ Παρνασσὸς Σεργίου Χ. Ῥαφτάνη. 1880.

ANNÉE 1880   657

In-8° de 48 pages. L'auteur de cette brochure est l'avocat D. SOMÉRITIS. Il s'agit de l'affaire Nicolas Stavracas et C. G. Maccas. Rare.

3206. — Κωνσταντινούπολις κατὰ τὴν ἑλληνικὴν ἀνθολογίαν ἤτοι κατὰ τὰ ἐν τῇ ἑλληνικῇ ἀνθολογίᾳ ἐπιγράμματα, μετάφρασις ἐκ τοῦ ἀγγλικοῦ πονήματος τοῦ γραφέντος παρὰ τοῦ αἰδεσιμωτάτου κ. Κ. Γ. Κόρτης ὑπὸ Π. Κοντογεώργη, διδάκτορος τῆς φιλολογίας καὶ θεολογίας καὶ πρώην διευθυντοῦ τοῦ λυκείου Λευκάδος. Ἐν Κωνσταντινουπόλει, τύποις Ἀ. Κορομηλᾶ, ὁδὸς Πεμπτοπαζάρου, ἀρ. 11. 1880.

In-8° de 70 pages et 1 feuillet blanc.

3207. — Λόγος ἐπιτάφιος ἐκφωνηθεὶς ἐν τῷ κοιμητηρίῳ τῆς πόλεως Ζακύνθου τῇ 23 αὐγούστου 1880, ἡμέρᾳ τῆς κηδείας τοῦ σεβαστοῦ καὶ ἀξιοτίμου μεγαλεμπόρου Σαμουὴλ Βάρῤ, ὑπὸ τοῦ ἀρχιμανδρίτου Διονυσίου Μαρκοπούλου, ἱεροκήρυκος τοῦ νομοῦ. Ἐν Ζακύνθῳ, τυπογραφεῖον ὁ Παρνασσὸς Σεργίου Χ. Ῥαφτάνη βραβευθέντος δι' ὀλυμπιακοῦ ἀργ. στεφάνου. 1880.

In-8° de 8 pages.

3208. — Λόγος περὶ γυμναστικῆς ἐκφωνηθεὶς τῇ 26 ἰουνίου 1880, ἡμέρᾳ ἐνάρξεως τῶν ἐνιαυσίων ἐξετάσεων, ἐν τῷ ἑλληνικῷ ἐκπαιδευτηρίῳ Π. Α. Οἰκονόμου ὑπὸ Σπυρίδωνος Θ. Ἀνδρουτσέλλη. Ἐν Κερκύρᾳ, τυπογραφεῖον Ἀθηνᾶ Ἀ. Κάου. 1880.

In-8° de 8 pages.

3209. — Ὁ ἐλευθέριος, διήγημα παιδαγωγικὸν μετὰ ποιηματίων πρὸς χρῆσιν τῶν παίδων καὶ τῶν γονέων ἑρμηνευθὲν κατὰ τὸ ἀγγλικὸν τῆς κυρίας Μαρίας Ἔδξουορθ, ὑπὸ Ξενοφῶντος Δ. Ζύγουρα καθηγητοῦ. Ἐν Ἀθήναις, τύποις Ἰω. Κουβέλου καὶ Ἀ. Τρίμη, 11, ὁδὸς Πραξιτέλους, 11. 1880.

In-8° de 192 pages. L'auteur est Marie Edgeworth.

3210. — Ὀσσιὰν δοκίμιον μεταφράσεως. Ὀϊναμόρουλ. Ὀϊθόνα. ὑπὸ Ἀ. Ν. Κεφαλληνοῦ. 1880. Stamperia reale di Torino di G. B. Paravia e Comp. librai-editori. Roma, Torino, Milano, Firenze.

In-8° de 16 pages.

3211. — Παρνασσὸς ἤτοι ἀπάνθισμα τῶν ἐκλεκτοτέρων ποιημάτων τῆς νεωτέρας Ἑλλάδος ὑπὸ Π. Ματαράγκα, δαπάναις Σπυρίδωνος Κουσουλίνου βιβλιοπώλου.

Ἐν Ἀθήναις, ἐκ τοῦ τυπογραφείου Νικολάου Ῥουσοπούλου, ὁδὸς Περικλέους, ἀριθ. 29. 1880.

In-8° de ιδ' (14) pages, un feuillet et 1040 pages.

3212. — Περὶ τῆς γαλλικῆς στοιχουργίας (*sic*), πραγματεία συνταχθεῖσα πρὸς χρῆσιν τῶν ἑλληνικῶν γυμνασίων, συμφώνως πρὸς τὸ ἐπίσημον πρόγραμμα τοῦ ὑπουργείου τῶν ἐκκλησιαστικῶν καὶ τῆς δημοσίας ἐκπαιδεύσεως, ὑπὸ Ἰωάννου Ε. Σωμερίτου, πτυχιούχου τῆς γαλλικῆς Ἀκαδημίας, τελειοφοίτου τῆς Ὀρυκτολογικῆς τῶν Παρισίων Σχολῆς, καθηγητοῦ ἑλληνικῶν γυμνασίων. Ἐν Ἀθήναις, ἐκ τοῦ τυπογραφείου τῆς « ἑλλ. ἀνεξαρτησίας ». 1880.

In-8° de 34 pages. Aux pages 33-34, on trouve une traduction française en vers de la Φαρμακωμένη de Denys Solomos, laquelle est signée : J. E. Soméritis.

3213. — Per le nozze di madamigella Laura Melissino col signor Ottone D. Caruso celebrate la sera del 14/26 febbraio 1880. Sonetto. (*Au bas :*) Tipografia Parnaso di Sergio C. Raftani. 1880.

Placard in-folio. Signé N. P., c'est-à-dire Niccolò Panuri.

3214. — Ποιήματα Ἀθανασίου Χρηστοπούλου ἐκδιδόμενα ὑπὸ Ἡρακλέους Σ. Ῥαφτάνη. Ἐν Ζακύνθῳ, τυπογραφεῖον ὁ Παρνασσὸς Σεργίου Χ. Ῥαφτάνη, βραβευθέντος δι' ὀλυμπιακοῦ ἀργ. στεφάνου. 1880.

In-8° de 272 pages. Dédié par l'éditeur à M. Gladstone. En tête du volume, il y a une biographie d'Athanase Christopoulos par Spiridion de Biasi.

3215. — Ποικίλη Στοά, ἐτήσιον ἡμερολόγιον. Ἔτος ά. 1881. ὑπὸ Ἰωάννου Α. Ἀρσένη, τῇ εὐνοϊκῇ συμπράξει πολλῶν λογίων. Ἐν Ἀθήναις, τυπογραφεῖον Ἑλληνικῆς Ἀνεξαρτησίας. 1880.

In-8° de 264 pages, un feuillet entre les pages 2 et 3, plus 18 feuillets contenant des portraits et gravures. Dédié aux frères Romaïdis.

3216. — Πραγματεία περὶ τῶν κατὰ τοὺς χρόνους ἡμῶν ἀθεϊστικῶν ἰδεῶν ἐρανισθεῖσα καὶ ἐκδοθεῖσα ὑπὸ Διονυσίου Λάτα ἀρχιμανδρίτου. Ἐν Ἀθήναις, ἐκ τοῦ τυπογραφείου Ἰω. Ἀγγελοπούλου (ἐπὶ τῆς ὁδοῦ Βορρᾶ). 1880.

In-8° de 216 pages.

3217. — Πρώτη πρᾶξις τοῦ δράματος ἐπιγραφομένου « ἡ ἐν Ἑπτανήσῳ πολιτική περιοδεία τοῦ υἱοῦ τῆς Καλογραίας ». (*A la fin :*) Ἐν Κερκύρᾳ, τῇ 20 μαίου 1880. Τυπογραφεῖον Ἀθηνᾶ.

In-4° de 2 pages à 2 colonnes.

3218. — Ῥιζοσπάσται καὶ βελτιώσεις ἐν Ἑπτανήσῳ. Ἀνατύπωσις ἄρθρων Παναγιώτου Πανᾶ καταχωρισθέντων ἐν τῷ Τηλεγράφῳ Ἀθηνῶν τοῦ μηνὸς μαρτίου 1879. Ἐν Κεφαλληνίᾳ, τύποις ἡ Κεφαλληνία. 1880.

In-8° de un feuillet, β' (2) et 64 pages.

3219. — Sp. Zambélios. Parlers grecs et romans, leur point de contact préhistorique. Tome premier. *Paris*, Maisonneuve & C. Libraire-éditeur. 25, Quai Voltaire, 25. 1880. (*Au verso du titre :*) Turin, Vincent Bona, imprimeur de S. M. le Roi d'Italie.

In-4° de x pages + 1 feuillet + 250 pages et 1 feuillet blanc. Le tome premier a seul paru.

3220. — Συλλογὴ δημωδῶν ᾀσμάτων τῆς Ἠπείρου ὑπὸ Π. Ἀραβαντινοῦ, ἐκδιδομένη ὑπὸ τῶν υἱῶν αὐτοῦ. Ἐν Ἀθήναις, ἐκ τοῦ τυπογραφείου Πέτρου Περρῆ, ἐπὶ τῆς Πλατείας τοῦ Πανεπιστημίου. 1880.

In-8° de λβ' (32) et 384 pages.

3221. — Τὰ δακρύβρεκτα ἄνθη, συλλογὴ λυρικῶν ποιημάτων ὑπὸ Ἀγγέλου Καλκάνη. Λευκάδι, τυπογραφεῖον ὁ Φοῖνιξ Σπυρίδωνος Μούρμουρα. 1880.

In-8° de 43 pages. Dédié par l'auteur à sa sœur, Mme Agathe Gentilini.

3222. — Τὰ σύνθετα τῆς ἑλληνικῆς γλώσσης ὑπὸ Γ. Ν. Τσερέπη. Τεῦχος ά. Τὸ ὀνομαστικὸν πρῶτον συνθετικόν. Ἐν Κεφαλληνίᾳ, τυπογραφεῖον ἡ Ἠχώ. 1880.

In-8° de ή (8) et 658 pages.

3223. — Τὸ ἀρχειοφυλακεῖον Κερκύρας ὑπὸ Ν. Τ. Βουλγάρεως (Ἀπόσπασμα ἐκ τοῦ δ' τόμου τοῦ Παρνασσοῦ). Ἐν Ἀθήναις, ἐκ τοῦ τυπογραφείου Παρνασσοῦ. 1880.

In-8° de 2 feuillets dont le premier blanc et 59 pages.

3224. — Τὸ ὄνειρον τοῦ Γλάδστωνος. Ἀρχὴ ἄνδρα δείκνυσιν. Ἔκδοσις δευτέρα. Ἐν Κεφαλληνίᾳ, τυπογραφεῖον ἡ Ἠχώ. 1880.

In-8° de 7 pages dont les 2 premières blanches. La couverture imprimée sert de titre. A la quatrième page de cette couverture, on lit : Τιμᾶται 1/2 φράγκου ὑπὲρ τοῦ ἀνδριάντος τοῦ Βύρωνος. Ces vers sont signés Φ. Ο. c'est-à-dire Φίλιππος Οἰκονομίδης.

3225. — Über den Aristeasbrief von D^r Sp. C. Papageorgios aus Griechenland. *München*, 1880. Kgl. Hof. und Universitätsbuchdruckerei von Dr. C. Wolf und Sohn.

In-8° de 48 pages.

3226. — Una lacrima alla memoria di Giov. Draco Melissino, morto nell' isola di Zante, addi 18 luglio 1880.

Placard in-4°. Daté de Céphalonie, 26 juillet 1880, et signé Niccolo Panuri. Sonnet.

3227. — Φιλολογικὰ ἀνάλεκτα Ζακύνθου ὑπὸ Νικολάου Κατραμῆ, ἀρχιεπισκόπου Ζακύνθου. Ἐν Ζακύνθῳ, ἐκ τοῦ τυπογρ. ἡ Αὐγὴ Ν. Κοντόγιωργα, ὄπισθεν τοῦ ναοῦ τῶν ἁγίων πάντων. 1880.

In-8° de ιθ' (19) et 488 pages.

3228. — Φιλοπατρία καὶ μητρικὴ ἀγάπη, διήγημα ἱστορικὸν ὑπὸ Αἰμυλίας Θ. Βελιανίτου. Ἐν Κερκύρᾳ, τυπ. ὁ Κοραῆς Ἰωσὴφ Ναχαμούλη. 1880.

In-8° de 77 pages et 1 feuillet. Dédié à Spiridion Valaoritis.

3229. — Φλοῖσβοι, ποιήματα ὑπὸ Ἀνδρέου Μαρτζώκη. Ἐν Ζακύνθῳ. 1880. (*Sur la couverture seulement :*) Βιβλιοπωλεῖον Ν. Καραντσᾶ. (*Au verso du titre :*) Ἐν Ζακύνθῳ, τύποις Σ. Καψοκεφάλου.

In-8° de 80 pages. Dédié à Panagis Scaltsounis.

3230. — Χαρτοφυλάκιον τῶν παιδικῶν μου χρόνων ἢ ἀναμνήσεις τῆς παιδικῆς μου ἡλικίας ὑπὸ Νικολάου Δοσίου δ. φ. Ἰωαννίτου. Ὑπὲρ τῶν ἐν Κερκύρᾳ προσφύγων Ἠπειρωτῶν. Ἐν Κερκύρᾳ, τυπογραφεῖον ὁ Κοραῆς Ἰ. Ναχαμούλη. 1880.

In-8° de ιά (11) et 58 pages + un feuillet.

3231. — Ἀθηνᾶ ἡ παρὰ τὸ Βαρβάκειον εὑρεθεῖσα ἐν σχέσει πρὸς τὴν Ἀθηνᾶν τοῦ Παρθενῶνος ὑπὸ Π. Καββαδία, δ. φ., ὑφηγητοῦ τῆς ἀρχαιολογίας ἐν τῷ ἐθν.

Πανεπιστημίῳ καὶ ἐφόρου τῶν ἀρχαιοτήτων. Ἐν Ἀθήναις, ἐκ τοῦ τυπογραφείου τῆς Ἑνώσεως. 1881.

In-8° de 39 pages et une gravure.

3232. — Αἰωνία σου ἡ μνήμη, μακάριε πάτερ. (*A la p. 3 :*) Φώτιος Κάντας. (*A la fin :*) Ἐν Ζακύνθῳ, τῇ 13 φεβρουαρίου 1881. Τύποις Σ. Χ. Ῥαφτάνη.

In-8° de 7 pages. Signé : SPIRIDION DE BIASI.

3233. — Alcune lagrime alla memoria di Spiridione conte de Roma, decesso in Atene addi 29 giugno 1881 s. v., vigesimoquinto giorno del suo innalzamento al posto di ministro sull' istruzione pubblica.

Placard in-folio. Daté de Céphalonie, 5 juillet 1881, vieux style, et signé NICOLO PANURI di Zante. Sonnet.

3234. — Alla chiara memoria dell' illustre letterato Dr. Pietro Quartano di Calogerà da diuturno e penoso morbo alle aure vitali sottratto il dì 9 luglio 1881, lasciando caro desiderio di sè, questo tenue tributo di affezione e riconoscenza Francesco di Mento consacrava. (*A la fin :*) Tipografia Corcira.

In-8° de 8 pages.

3235. — Ἀναγνωσματάριον νέας μεθόδου συνταχθὲν ὑπὸ Γεωργίου Σ. Κονιδάρη καὶ ἐκδοθὲν ὑπὸ Γεωργίου Κανέλλου. Ἔτος σχολικὸν ά. Ἐν Ἑρμουπόλει, τύποις Γρ. Κανέλλου. 1881.

In-8° de 112 pages.

3236. — Ἀνάμνησις τοῦ Ἀντωνίου Πιέρρη Χαλικιοπούλου Κερκυραίου, ἀποβιώσαντος ἐν Πίζῃ τῇ 28ῃ φεβρουαρίου τοῦ 1881 ἔτους. Βενετία, ἐκ τοῦ ἑλληνικ. τυπογρ. ὁ Φοῖνιξ. 1881.

In-8° de 7 pages. A la fin, on lit cette signature et cette note:

Ἐν Λούκκῃ, τῇ 28 μαρτίου 1881. Δρ. Οὐϊκέντιος Γρόττας, δικηγόρος.

Σημείωσις. Ἡ ἀνάμνησις αὕτη ἐτυπώθη κατὰ πρῶτον ἐν Λούκκῃ ἰταλιστὶ ὑπὸ τῆς τυπογραφείας Canovetti, νῦν δὲ ἐκδίδω αὐτὴν καὶ ἑλληνιστί, ἵνα ἔτι μᾶλλον ἀποδείξω οἵαν πρὸς τὸν πολύκλαυστον Ἀντώνιον Πιέρρην Χ. ἔτρεφον ἀδελφικὴν ἀγάπην καὶ ἔνθερμον φιλίαν. Δ. Ο. Γ.

3237. — Ἅπαντα Ἀντωνίου Μάτεσι μετὰ ἱστορικῶν προλεγομένων, σημειώσεων καὶ γλωσσαρίου. Ἐν Ζακύνθῳ, ἐκ τοῦ τυπογραφείου ὁ Παρνασσὸς τοῦ ἐκδότου Σεργίου Χ. Ῥαφτάνη. 1881.

In-8° de 322 pages et 1 feuillet blanc. Il y a des exemplaires en grand papier. Les prolégomènes ont pour auteur SPIRIDION DE BIASI. Dédié par l'éditeur à Constantin S. Messala, vice-consul d'Italie à Zante.

3238. — Ἀττικὸν ἡμερολόγιον τοῦ ἔτους 1882 ὑπὸ Εἰρηναίου Ἀσωπίου εὐνοϊκῇ συμπράξει φιλοκάλων λογίων. Ἔτος δέκατον ἕκτον. Ἀθήνησιν, ἐκ τοῦ τυπογραφείου Παρνασσοῦ. 1881.

In-8° de μ΄ (40) + 470 pages, un feuillet et onze gravures hors texte.

3239. — Γαΐου Κρίσπου Σαλουστίου Κατιλίνας καὶ Ἰουγούρθας. Μετάφρασις ἐκ τοῦ λατινικοῦ ὑπὸ Α. Φατσέα, καθηγητοῦ. Ἐκδίδοται νῦν τὸ δεύτερον ὑπὸ Σπ. Κουσουλίνου βιβλιοπώλου. Ἐν Ἀθήναις, ἐκ τοῦ τυπογραφείου τῆς Ἑνώσεως. 1881.

In-8° de ιϛ΄ (16) + 173 pages et un feuillet blanc.

3240. — Carlo Gemelli. Della vita e delle opere di Ugo Foscolo. Seconda edizione corretta e migliorata. *Bologna*, Nicola Zanichelli, libraio-editore-tipografo. 1881.

In-8° de 4 feuillets non chiffrés, 325 pages et un feuillet non chiffré.

3241. — Δάκρυα ἐπὶ τοῦ νεκροῦ τοῦ πολυτίμου καὶ πολυκλαύστου συμπολίτου ἡμῶν Σπυρίδωνος Κ. Ῥώμα. (*Au bas :*) Ἐν Ζακύνθῳ, τῇ 5 Ἰουλίου 1881. Τύποις Σ. Καψοκεφάλου.

Placard in-8°. Poésie signée ARISTIDE CAPSOKÉPHALOS.

3242. — Dei Sepolcri, carme di Ugo Foscolo, con discorso critico e commento del professore Francesco Trevisan. *Verona*, C. Kayser succ. H. F. Münster. 1881.

In-8° de vii + 193 pages et un feuillet non chiffré.

3243. — Εἰδήσεις τινὲς ἱστορικαὶ περὶ Βάρνης πόλεως ἐμπορικῆς καὶ ὀχυρᾶς παρὰ τὸν Εὔξεινον Πόντον καὶ τῆς ἐκεῖ ἀνευρεθείσης διγλώττου ἐπιγραφῆς ἐρανισθεῖσαι ὑπὸ Π. Κοντογεώργη. Κωνστάντσα, τύποις Περικλέους Μ. Πεστεμαλτζίογλου. 1881.

In-8° de 24 pages.

3244. — Έκθεσις περί των ιαματικών πηγών Κυλλήνης συνταχθείσα υπό του ιατρού Σ. Γ. Γεντιλίνη, εν Άσσω Κεφαλληνίας, τη 13 αυγούστου 1881. Έν Κεφαλληνία, τύποις ή Κεφαλληνία. 1881.

In-8° de 19 pages.

3245. — Εκκλησιαστικός κανονισμός της 18 σεπτεμβρίου 1811. (A la fin :) Τυπογρ. Σ. Καψοκεφάλου κειμένου παρά την όδον της Άμμου.

In-8° de 16 pages. Sans millésime, mais la préface est datée de Zante, 16 février 1881.

3246. — Επιθεώρησις, μηνιαίον περιοδικόν σύγγραμμα υπό Δ. Ηλιακοπούλου εκδιδόμενον. Συντάκται εν Ζακύνθω : Χιώτης (Παναγιώτης), Καντακίτης (Λεωνίδας), Καρρέρ (Φρειδερίκος), Μαρτζώκης (Μέμνων), Σωμερίτης (Διονύσιος), Σφήκας (Γεώργιος), Μεσσάλας (Κωνσταντίνος), Μάργαρης (Ιωάννης), Σιγούρος (Δημήτριος), Δέ Βιάζης (Σπυρίδων), Τρίκαρδος (Διονύσιος), Μαρτζώκης (Ανδρέας), Ηλιακόπουλος (Διονύσιος). 1881. Έν Ζακύνθω, τύποις Σ. Ν. Καψοκεφάλου.

In-8° de 200 pages. Cette Revue n'a eu que six numéros, dont le premier parut en octobre 1881 et le sixième en mars 1882. Il est difficile de trouver les six numéros réunis.

3247. — Επίκρισις επί τινων ασμάτων της Κολάσεως του Δάντου εξελινισθέντων (sic) υπό του κυρίου Π. Βεργωτή και Παναγή Μαυροκεφάλου υπό Ιωάννου Ραζή. Έν Κεφαλληνία, τυπογραφείον ή Ηχώ. 1881.

In-8° de 35 pages.

3248. — Ή ανθρωπότης, τραγικοκωμωδία εις πράξεις πέντε υπό Αντωνίου Κ. Μάνεση, οικονομ. αξιωμ. του πολεμικού ναυτικού. Έν Κερκύρα, τυπογραφείον ο Κοραής Ι. Ναχαμούλη. 1881.

In-8° de ζ' (7) et 72 pages. Drame en prose. Le titre de la couverture donne πρωτότυπος après τραγικοκωμωδία.

3249. — Ή δίκη των πιθήκων υπό Ζησίμου Τυπάλδου, καθηγητού του εν Χίω γυμνασίου. Έν Ερμουπόλει Σύρου, τύποις Πατρίδος. 1881.

In-8° de 16 pages.

3250. — Ή Ελλάς και τα τέκνα της, ποίημα εθνικόν απαγγελθέν εν τη αίθούση του Φιλολογικού Συλλόγου Ελικώνος, κατά την συνεδρίασιν της 21ης δεκεμβρίου 1880, υπό Ευσταθίου Θ. Βερροιώτου, μαθητού της γ΄. τάξεως του εν Σύρω γυμνασίου. Έν Ερμουπόλει Σύρου, τύποις Ρενιέρη Πρίντεζη. 1881.

In-8° de seize pages. EUSTATHE TH. VERRIOTIS est de Leucade, où il exerce aujourd'hui la médecine.

3251. — Ή ηθική των Ιησουϊτών εκδοθείσα μεν γαλλιστί υπό Γεωργίου Φαβέρου, μεταφρασθείσα δε εις την καθ' ημάς διάλεκτον υπό Ζησίμου Γ. Τυπάλδου. Αθήνησιν, εκ του τυπογραφείου Ερμού (παρά την οδόν Μουσών, αριθ. 2). 1881.

In-8° de 48 pages, dont les trois dernières blanches.

3252. — Ή λύρα Ανδρέου Κάλβου και ανέκδοτος ύμνος Αντωνίου Μαρτελάου. Έν Ζακύνθω, εκ του τυπογραφείου ο Παρνασσός του εκδότου Σεργίου Χ. Ραφτάνη. 1881.

In-8° de 144 pages. Les biographies d'ANDRÉ CALVOS et d'ANTOINE MARTÉLAOS, qui figurent dans ce volume, sont dues à SPIRIDION DE BIASI.

3253. — Ή μήτηρ μου, αυτοβιογραφία της κυρίας Ελισάβετ Μουτζάν Μαρτινέγκου, εκδιδομένη υπό του υιού αυτής Ελισαβετίου Μαρτινέγκου μετά διαφόρων αυτού ποιήσεων. Έν Αθήναις, εκ του τυπογραφείου της Κορίννης. 1881.

In-8° de 270 pages et 1 feuillet.

3254. — Ιερεμίου του β΄ και των διαμαρτυρομένων θεολόγων της Βυρτεμβέργης τα γράμματα περί της Αυγουσταίας Ομολογίας (1576-1581), διατριβή επί υφηγεσία υπό Ι. Ε. Μεσολωρά, δ. φ. και καθηγητού. Αθήνησι, τυπογραφείον ο Παλαμήδης, 28, οδός αγίου Μάρκου, 28. 1881.

In-8° de 60 pages.

3255. — Ignazio Guidi. Iscrizione greca medievale Corcirese. Estratto dal *Bulletino della Commissione archeologica comunale di Roma*, anno 1881. Roma, coi tipi del Salviucci. 1881.

In-8° de 1 feuillet, 8 pages (chiffrées 189 à 196), 1 feuilllet blanc et 1 planche.

3256. — Ίω. Σταματέλος. Βιογραφική αφήγησις και λόγοι εκφωνηθέντες εις την κηδείαν και εις το μνημόσυνον αυτού. Έν Ζακύνθω, τύποις Σπ. Ν. Καψοκεφάλου. 1881.

In-8° de 19 pages. Ont collaboré à cette brochure: P. CHIOTIS, SPIRIDION DE BIASI, PANAGIOTIS COMNÈNE, JEAN VARDOUCAS et SPIRIDION J. CARINTAVAS.

3257. — Κανανὸς Λάσκαρις καὶ Βασίλειος Βατάτζης, δύο ἕλληνες περιηγηταὶ τοῦ ιέ καὶ ιή αἰῶνος, ὑπὸ Σπυρ. Π. Λάμπρου, δ. φ., ὑφηγητοῦ τοῦ ἐθνικοῦ Πανεπιστημίου. Ἀπόσπασμα ἐκ τοῦ έ τόμου τοῦ Παρνασσοῦ. Ἐν Ἀθήναις, ἐκ τοῦ τυπογραφείου Παρνασσοῦ. 1881.

In-8° de quinze pages.

3258. — Κανονισμὸς τοῦ ἐν Κερκύρᾳ δραματικοῦ Συλλόγου. Κερκύρᾳ, τυπ. ὁ Κοραῆς Ἰ. Ναχαμούλη.

In-8° de 14 pages et un feuillet blanc. Daté de Corfou, le 3 février 1881. Signé : M. Théotokis, président ; Sp. Th. Androutzellis, secrétaire.

3259. — Κρῖμα 'ς τὰ ταλλαράκια σας ! καὶ ἐχύσατε καὶ αἷμα ! Ἐξαγόμενον τῆς ψηφοφορίας λαβούσης χώραν κατὰ τὴν 20 δεκεμβρίου 1881, κατὰ τὰ πρακτικὰ τοῦ Δικαστηρίου. (Au bas :) Ἐν Ζακύνθῳ, τῇ 23 δεκεμβρίου 1881. Τύποις Σ. Ν. Καψοκεφάλου.

Placard mesurant 29 cent. sur 40. Caricature dans le coin supérieur gauche.

3260. — Letteratura greca moderna. Aristotele Valaoritis. Nota del S. C. prof. Giovanni Canna letta al R. Istituto Lombardo nell' adunanza del 2 dicembre 1880. *Milano*, tip. Bernardoni di C. Rebeschini. 1881

In-8° de seize pages. Extrait des Compte-rendus de l'Institut lombard, 2ᵉ série, t. XIII, fasc. XIX et XX.

3261. — Λόγος ἐκφωνηθεὶς ἐντολῇ τῆς ἐφορίας τοῦ συλλόγου « Νέα Ἀδελφότης » ὑπὸ Ἰωάννου Μάργαρη ἰατροῦ, ἐν τῷ ἱερῷ ναῷ τῶν ἁγίων Πάντων, κατὰ τὴν ἐθνικὴν ἑορτὴν τῆς 25 μαρτίου καὶ μετὰ τὸ ὑπὸ τοῦ ἄνω συλλόγου τελεσθὲν μνημόσυνον. Ἐν Ζακύνθῳ, τύποις Ῥαφτάνη. 1881.

In-8° de 16 pages, dont les 3 dernières blanches.

3262. — Λόγος ἐκφωνηθεὶς τῇ κέ μαρτίου 1881 ἐν τῷ ἐν Λευκάδι ἱερῷ ναῷ τοῦ ἁγίου Σπυρίδωνος, μετὰ τὴν συνήθη δοξολογίαν, ὑπὸ Ἰωάννου Βαρδούκα καθηγητοῦ. Ἐν Λευκάδι, τυπογραφεῖον ὁ Φοῖνιξ Σπ. Μούρμουρα. 1881.

In-8° de huit pages. La couverture imprimée sert de titre.

3263. — Λόγος ἐπικήδειος εἰς τὸν πανοσιώτατον ἀρχιμανδρίτην Φώτιον Κάντα*, ἐκφωνηθεὶς τῇ 7 μαρίτου (sic) 1881 ὑπὸ τοῦ πανοσιωτάτου ἀρχιμανδρίτου Παρθενίου Ἀκύλα, διευθυντοῦ τῆς ἐν Κερκύρᾳ ἱερατικῆς σχολῆς. Ἐν Κερκύρᾳ, τυπογραφεῖον Ἀθηνᾶ. 1881.

In-8° de 15 pages.

3264. — Μαθητοῦ ἐντυπώσεις, ποιημάτιον ὑπὸ Ἰωάννου Ῥινοπούλου ἀπαγγελθὲν ἐν τῷ ἐκπαιδευτηρίῳ Καποδίστριας ὑπὸ τοῦ μαθητοῦ Κωνσταντίνου Ἀσπιώτου, μηνὶ σεπτεμβρίῳ 1881. Ἐν Κερκύρᾳ, τυπογραφεῖον ἡ Κέρκυρα. 1881.

In-32 de 10 feuillets. Il y a des exemplaires sur papiers rouge, bleu, vert, violet, etc. etc.

3265. — Memorie ossia carme a Zacinto di Nicolò Panuri. *Zante*, stamperia l'Aurora di N. Condogiorga. 1881.

In-8° de 32 pages. Dédié à Ignace Marzocchi.

3266. — Μία μεγάλη θυσία. (*Au bas :*) Ζακύνθῳ, 26 δεκεμβρίου 1881. Τύποις Σ. Καψοκεφάλου.

Placard in-4°, en tête duquel un bois représentant une voiture. Pièce de vers par laquelle Georges Callos annonce son intention de brûler sa voiture sur une place publique de Zante:

Στοῦ Γεωργίου τὸ πλάτωμα, ἀγνάντια στὸ καζῖνο,
θὰ κάψῃ ὁ Γιώργης ὁ Καλλὸς τὸ ὡραῖο του καροντζῖνο.

3267. — Ὁ Ἀλῆ Πασσᾶς τῶν Ἰωαννίνων ὑπὸ Εὐσταθίου Θ. Βερροιώτου, μαθητοῦ τῆς γ΄ τάξεως τοῦ ἐν Σύρῳ γυμνασίου. Ἐν Ἑρμουπόλει Σύρου, τύποις Ῥενιέρη Πρίντεζη (ἀπέναντι τοῦ Β. ταχυδρομείου). 1881.

In-8° de 40 pages.

3268. — Ὁ Δῆμος, ποίημα κλέφτικον Σπυρίδωνος Τρικούπη, ἐκδίδοται δαπάνῃ Θ. Π. Πισιμίση. Ἐν Ζακύνθῳ, βιβλιοπωλεῖον αἱ Μοῦσαι Θ. Π. Πισιμίση. 1881.

In-8° de 16 pages. En tête de la brochure, on lit une notice biographique sur Spiridion Tricoupis par S. de Biasi.

3269. — Ὁ θάνατος τοῦ Μάρκου Βότσαρη. Βίος τοῦ λόρδου Βύρωνος καὶ θάνατος αὐτοῦ· μετάφρασις ἐκ τῆς ἰταλικῆς ὑπὸ Σπυρίδωνος Γούλη Κερκυραίου. Κέρκυρα, τυπογραφεῖον ὁ Κάδμος Νεοφύτου Καραγιάννη. 1881. (1882 sur la couverture.)

In-8° de 42 pages et 1 feuillet.

3270. — Ὁ Θεόφιλος ἢ ὁ ἐρημίτης νέος, διήγημα Χριστοφόρου Σμιδίου ἱερέως, πονημάτιον ἐγκριθὲν ὑπὸ τοῦ πανεπιστημίου τῶν Παρισίων πρὸς χρῆσιν τῆς νεολαίας καὶ μεταφρασθὲν ὑπὸ Ξενοφῶντος Δ. Ζύγουρα καθηγητοῦ, πρὸς χρῆσιν τῶν παίδων τοῦ ἑλληνικοῦ ἔθνους. Ἔκδοσις τρίτη μετ' εἰκόνων. Ἐν Ἀθήναις, τύποις Ἰω. Κουβέλου καὶ Α. Τρίμη, 11, ὁδὸς Πραξιτέλους, 11. 1881.

In-8° de 144 pages.

3271. — Ὁ Ἰησοῦς τοῦ Πανσελήνου μετὰ μιᾶς χρωματολιθογραφίας ὑπὸ Σπυρ. Π. Λάμπρου, δ. φ., ὑφηγητοῦ. Ἀπόσπασμα ἐκ τοῦ έ τόμου τοῦ Παρνασσοῦ. Ἐν Ἀθήναις, ἐκ τοῦ τυπογραφείου Παρνασσοῦ. 1881.

In-8° de huit pages et une chromolithographie (exécutée à Venise, dans l'établissement de Kirchmayr et Scozzi, d'après un dessin d'Émile Gilliéron). La couverture imprimée sert de titre.

3272. — Οἱ κύαμοι, διήγημα γερμανικὸν μεταφρασθὲν ἐκ τοῦ ἰταλικοῦ ὑπὸ ** ἐν Ἑρμουπόλει Σύρου, τύποις Ρ. Πρίντεζη. 1881.

In-8° de 40 pages. Le traducteur est Zisimos Typaldos.

3273. — Ὁ Τιμόθεος καὶ ὁ Φιλήμων, διήγημα Χριστοφόρου Σμιδίου ἱερέως, μεταφρασθὲν ὑπὸ Ξενοφῶντος Δ. Ζύγουρα καθηγητοῦ, πρὸς χρῆσιν τῶν παίδων τοῦ ἑλληνικοῦ ἔθνους. Ἐν Ἀθήναις, τύποις Ἰω. Κουβέλου καὶ Α. Τρίμη, 11, ὁδὸς Πραξιτέλους, 11. 1881.

In-8° de 174 pages et un feuillet.

3274. — Περὶ τῆς ἐνταῦθα μετακομιδῆς τῶν λειψάνων Ζακυνθίου ποιητοῦ. Ἐν Ζακύνθῳ, ἰούνιος 1881.

In-8° de 24 pages. Sur la première page de la couverture, on lit, au bas du titre : Τύποις Σ. Καψοκεφάλου. Le poète dont il s'agit dans le titre ci-dessus est Démétrius Gouzélis. Ont collaboré à cette brochure : André Marzocchi et Spiridion de Biasi.

3275. — Περὶ τῶν ἀντιχριστιανικῶν τάσεων τῆς σημερινῆς ἐποχῆς, λόγος ἱερ. Κωνσταντίνου Βουλγάρεως. Ἐν Κερκύρᾳ, τυπογραφεῖον ἡ Κέρκυρα. 1881.

In-8° de 1 feuillet, 18 pages et deux feuillets blancs.

3276. — Per le nozze dell' egregio giovane signor Alessandro Caranza colla graziosissima madamigella Maria Buduri celebrate addi 28 febbrajo 1881. Sonetto.

Placard in-folio. Daté de Céphalonie, 4 mars 1881, et signé Nicolo Panuri di Zante.

3277. — Πέτρος 'Ριβέλης. (*A la fin :*) Έν Κερκύρα, τῇ 6 άπριλίου 1881. In-4° de 2 pages et 1 feuillet blanc. Signé M.

3278. — Ποικίλη Στοά, ετήσιον ημερολόγιον. Έτος β'. 1882. ύπό 'Ιωάννου Α. Αρσένη, τῇ ευνοϊκῇ συμπράξει πολλών λογίων. Έν Αθήναις, τυπογραφεῖον Ελληνικῆς Ανεξαρτησίας. 1881.

In-8° de 314 pages, deux feuillets après le titre, un feuillet entre les pages 294 et 295, sept pages de musique, et dix feuillets contenant des portraits et gravures. Dédié à la Reine de Grèce.

3279. — Ποϊος φταίει ; Δέν θά τό 'πῶ ! ποιημάτιον ύπό 'Ιωάννου 'Ρινοπούλου. Έν Κερκύρα, έκ τοῦ τυπ. ὁ Κοραῆς 'Ι. Ναχαμούλη. 1881.

In-32 de 4 feuillets formant une bande repliée sur elle-même. On y lit les indications suivantes : Άπαγγελθέν τό πρώτον έν τῷ Άρσακείῳ παρθεναγωγείῳ Κερκύρας ύπό τής πενταετούς μαθητρίας Όλγας Γ. Άσπιώτη κατά τάς ένιαυσίους έξετάσεις 1881, έπί Χρυσάνθη Περβέλη διευθυντρίᾳ.

3280. — Πρός τό ύπουργικόν συμβούλιον έκθεσις Πολυχρονίου Κωνσταντᾶ, βουλευτοῦ Όρους, περί τής εὐφλογίας έν Κερκύρα κατά 1881. (*A la fin :*) Έν Κερκύρα, έκ τοῦ τυπ. ὁ Κοραῆς. 1881.

In-8° de 8 pages. La couverture imprimée sert de titre.

3281. — Π. Χιώτου Ζακυνθίου προσφώνησις κατά τά άποκαλυπτήρια τοῦ άνδριάντος τοῦ Βύρωνος έν Μεσολογγίῳ. Έν Άθήναις, έκ τοῦ τυπογραφείου τής Κορίννης. 1881.

In-8° de 1 feuillet et 5 pages.

3282. — Στροφαί είς τήν Χίον τοῦ 1881, ύπό 'Ηλία 'I. Ζενεμβίση. Έν Άθήναις τῇ 3 άπριλίου 1881. Έν Άθήναις, έκ τοῦ τυπογραφείου τής Ένώσεως, παρά τῇ πλατείᾳ τής Όμονοίας. 1881.

In-8° de 8 pages.

3283. — Τά κατά τήν έν Ζακύνθῳ κηδείαν καί ταφήν τοῦ έν Άθήναις άποβιώσαντος Σπυρίδωνος 'Ρώμα, βουλευτοῦ Ζακύνθου καί υπουργού τών έκκλησιαστικών καὶ τῆς δημοσίας ἐκπαιδεύσεως. Ἐν Ζακύνθῳ, ἐκ τοῦ τυπογραφείου Ν. Κοντόγιωργα. 1881.

In-8° de η' (8) + 26 pages. Contient, outre le récit des funérailles, des discours prononcés par NICOLAS MINOTOS, JEAN THÉODORACOPOULOS, PANAGIOTIS CHIOTIS, DENYS SOMÉRITIS et GEORGES S. GÉGLÈS.

3284. — Τὸ ἑλληνοτουρκικὸν ζήτημα καὶ ἡ Εὐρώπη ὑπὸ Γ. Ν. Ἀραβαντινοῦ. Ἐν Κερκύρᾳ, τυπογραφεῖον Κάδμος Νεοφύτου Καραγιάννη. 1881.

In-8° de 26 pages. La couverture imprimée sert de titre.

3285. — Ὕμνος εἰς τὴν ἑλληνικὴν σημαίαν ἀπαγγελθεὶς μετὰ τὴν δοξολογίαν τῆς 25ης μαρτίου 1881 ἐν τῇ ἐκκλησίᾳ τοῦ ἁγίου Σπυρίδωνος ὑπὸ τοῦ ποιητοῦ Ἀγγέλου Καλκάνη. Λευκάδι, τυπογραφεῖον ὁ Φοῖνιξ Σπ. Μούρμουρα. 1881.

In-8° de 8 pages. A la quatrième page de la couverture : Δωρηθὲν πρὸς ἐκτύπωσιν παρὰ τοῦ ποιητοῦ πρὸς τὸν Ἰ. Κ. Ῥάμφον. La couverture imprimée sert de titre. Dédié à S. Soutsos.

3286. — Una lacrima sulla tomba di Rubina Dimitriadi nata Naranzi decessa addi 23 febbrajo 1881.

Placard in-4°. Daté de Céphalonie, 27 février 1881, et signé NICOLO PANURI di Zante. Sonnet.

3287. — Φραγκίσκη ἐξ Ἀριμίνου, τραγῳδία Σιλβίου Πελίκου εἰς πράξεις πέντε, μετάφρασις ὑπὸ Ἀνδρέου Ν. Καλύβα. Ἀθήνησι. 1881.

In-8° de 70 pages et un feuillet blanc. Traduction en vers. Le traducteur est un Zantiote.

3288. — Ἀριθ. (blanc) Ἔτος (blanc). Μηνιαῖος ἔλεγχος διαγωγῆς καὶ προόδου τοῦ μαθητοῦ τοῦ μηνός (blanc) ἔτους (blanc), ἐπὶ ἀδείᾳ τῆς Κυβερνήσεως, ἐκ τοῦ σχολείου ἡ Ἀθηνᾶ Δημητρίου Α. Μωρέττη. (A la fin :) 1882. Τύποις Μ. Δ. Βούλτσου.

In-8° de 8 feuillets non chiffrés, dont l'avant-dernier blanc. Rarissime.

3289. — Ἀττικὸν ἡμερολόγιον τοῦ ἔτους 1883 ὑπὸ Εἰρηναίου Ἀσωπίου συνεργίᾳ συμπράξει φιλοκάλων λογίων. Ἔτος δέκατον ἕβδομον. Ἀθήνησιν, ἐκ τοῦ τυπογραφείου Βρετοῦ Κ. Βαλέττα. 1882.

In-8° de 24 pages (dont quelques-unes chiffrées en grec) et 479 pages + quatorze gravures hors texte.

3290. — Βιβλιοθήκη τοῦ γυναικείου φύλου. Ἡ ραπτική, κοπτική, πλεκτική καὶ ποικιλτική μετὰ 40 σχημάτων ὑπὸ Ξενοφῶντος Δ. Ζύγουρα, καθηγητοῦ τῶν οἰκονομικῶν καὶ ἐμπορικῶν, πρὸς χρῆσιν τῶν παρθεναγωγείων καὶ τῶν δημοτικῶν σχολῶν τῶν κορασίων, δαπάναις Ἀνέστη Κωνσταντινίδου. Ἐν Ἀθήναις, τύποις Ἀναστασίου Τρίμη. 1882.

In-8° de deux feuillets et 184 pages. Dédié à Mme Terpsichore Mélas.

3291. — Γεωργίου Κανδιάνου Ῥώμα "Ἄνθη καί τινα ποιήματα μετὰ βιογραφίας· ἐκδίδονται δαπάναις τυπογραφείου ἡ Αὐγή. 1882. Ἐν Ζακύνθῳ. (*A la quatrième page de la couverture:*) Τιμᾶται λεπτ. 25. Τύπ. Κοντόγιωργα.

In-8° de 16 pages. La biographie de Georges Candianos Romas a pour auteur Spiridion de Biasi.

3292. — Cornelii Nepotis Vitae excellentium imperatorum. Κορνηλίου Νέπωτος βίοι ἐκδοθέντες ὑπὸ Σ. Κ. Σακελλαροπούλου. Ἐν Ἀθήναις, ἐκ τῶν καταστημάτων Ἀνδρέου Κορομηλᾶ. 1882.

In-8° de un feuillet, ζ′ (7) pages et 85 pages.

3293. — Δέσπω ἡ ἡρωὶς τοῦ Σουλίου, πρῶτον ἑλληνικὸν τραγικὸν μελόδραμα μονόπρακτον, ποίησις Ἀντωνίου Μανούσου Κερκυραίου, μουσικὴ Παύλου Καρρέρη Ζακυνθίου, κατὰ πρῶτον παρασταθησόμενον ἐν τῷ δημοτικῷ θεάτρῳ τῶν Πατρῶν. Despo l'eroina di Suli, primo greco melodrama tragico in un atto, poesia di Antonio Manusso Corcirese, musica del m° Paolo Carrer di Zante, da rappresentarsi per la prima volta al teatro Apollo di Patrasso. 1882. (*A la fin :*) Ἐν Ζακύνθῳ, τυπ. Ν. Κοντόγιωργα.

In-8° de seize pages. Grec et italien en regard, l'un et l'autre en vers. Libretto devenu rare.

3294. — Δημοσία κερκυραϊκὴ πρᾶξις λατινιστὶ συντεταγμένη περὶ ἀποδόσεως ἐθελοδούλων ἐκ Βαγενετίας τῆς Ἠπείρου, δυναστεύοντος ἐν Κερκύρᾳ τοῦ Ταραντίνου ἡγεμόνος Φιλίππου τοῦ β′, νῦν τὸ πρῶτον ἐκδοθεῖσα μετὰ βραχείας εἰσαγωγῆς· ἀναλώμασι τοῦ δήμου Κερκυραίων, ὑπὸ Ἰωάννου Α. Ῥωμανοῦ. Ἐν Κερκύρᾳ, ἐκ τοῦ τυπογραφείου ὁ Κοραῆς. Ι. Ναχαμούλη. 1882.

In-8° de 14 pages et un feuillet blanc. Texte encadré.

3295. — Δοκίμιον περὶ ἐφαρμογῆς εἰς τὴν ἑλληνικὴν γλῶσσαν τῆς ἀναγλυπτογραφίας Βράϊλ πρὸς ἐκπαίδευσιν τῶν τυφλῶν ὑπὸ Ἀ. Παλατιανοῦ. Ἐν Κερκύρᾳ, ἐκ τοῦ τυπογραφείου ὁ Κοραῆς Ἰ. Ναχαμούλη. 1882.

In-8° de 17 pages, 5 feuillets et 2 spécimens anaglyptographiques d'après la méthode Braille.

3296. — Ἔκθεσις τοῦ διοικητικοῦ συμβουλίου τοῦ ἐν Κερκύρᾳ δραματικοῦ Συλλόγου τῶν κατὰ τὸ ἔτος 1881 πεπραγμένων. Ἐν Κερκύρᾳ, ἐκ τοῦ τυπογραφείου ὁ Κοραῆς Ἰ. Ναχαμούλη. 1882.

In-8° de huit pages. La couverture imprimée sert de titre.

3297. — Elementi di grammatica greca odierna ad uso degl' Italiani in XXXIV lezioni seguite dai relativi esercizi e da collezioni di vocaboli e frasi greco-italiani; con tavole sinottiche per facilitare lo studio dei nomi, dei verbi, delle preposizioni, ecc. con alcuni confronti colla lingua antica e con cenni biografici sopra classici autori greci in aggiunta ai temi di traduzioni di G. Nacamulli Corcirese. III edizione migliorata ed accresciuta. *Corfù*, premiato stabilimento tipografico dell' autore. 1882.

In-8° de 2 feuillets, 256 pages et 2 feuillets.

3298. — Ἑλένη, δρᾶμα ἔμμετρον εἰς πράξεις τέσσαρας ὑπὸ Ἰ. Γ. Σπηλιοπούλου. Ἐν Κερκύρᾳ, ἐκ τοῦ τυπογραφείου ὁ Κάδμος Νεοφύτου Καραγιάννη. 1882.

In-8° de 46 pages et 1 feuillet blanc.

3299. — Ἐν ἐπικήδειον δάκρυ ἐπὶ τοῦ νεκροῦ τοῦ ἱππότου Σπυρίδωνος Θ. Ζερβοῦ, βουλευτοῦ Μέσης ὑπὸ Δ. Ἰ. Βελιανίτη, τελειοφοίτου τὰ νομικά. Κερκύρᾳ, τυπογραφεῖον ἡ Κέρκυρα. 1882.

In-8° de 6 pages et 1 feuillet blanc.

3300. — Ἐν τοῖς ἀγροῖς, πρωτότυπον Δ. Ν. Κ. Ἐν Ἑρμουπόλει Σύρου, ἐκ τῆς τυπογραφίας Ῥ. Πρίντεζη. 1882.

In-8° de 85 pages. L'auteur est D. N. Cladis.

3301. — Ἐπιφώνησις πρὸ τοῦ νεκροῦ τοῦ Νικολάου Λούζη μεταστάντος τὴν 26 μαρτίου 1882.

Placard in-folio à 2 colonnes, daté de Corfou, 27 mars 1882, et signé P. Scaltsounis.

3302. — Εὐχὴ εἰς τοὺς γάμους τοῦ φίλου Ἀντωνίου Πρόντζα μετὰ τῆς δεσποινίδος Οὐβερτίνης Γεούρτς. (*A la fin :*) Ἐν Ζακύνθῳ, τῇ 21 μαίου 1882.

In-8° de deux feuillets dont le second blanc. Poésie signée : COMTE ARISTIDE CAPSOKÉPHALOS. Impression en or.

3303. — Ζήτω τὸ Καρναβάλι. (*Au bas :*) Τύποις Σ. Καψοκεφάλου.

Placard in-4°. Gravure en tête. Pièce de vers datée de Zante, 4 février 1882, et signée : Δ. Κ.

3304. — Ἡ Λίμνη τοῦ Λαμαρτίνου, ποίημα μεταφρασθὲν ὑπὸ Ἀγγέλου Βλάχου 1864, Σπυρίδωνος Βασιλειάδη 1870, Ἰωάννου Καρασούσσα 1872 καὶ Ἀριστοτέλους Βαλαωρίτου 1878. Ἐν Ἀθήναις, ἐκ τοῦ τυπογραφείου ἀδελφῶν Περρῆ, ἐπὶ τῆς πλατείας τοῦ Πανεπιστημίου. 1882.

In-8° de 17 pages. Tiré à 150 exemplaires (Perris, Εἰκοσαετηρίς, n° 388).

3305. — Ἡ Ὑπνοβάτις, μελόδραμα ὑπὸ Εὐτυχίου Ῥωμάνη, ἐμμέτρως ἐξελληνισθὲν ἐκ τοῦ ἰταλικοῦ ὑπὸ Μ. Βιαγκίνη, καθηγητοῦ τῆς λατινικῆς φιλολ. τοῦ ά ἐν Ἀθήναις γυμνασίου, μελοποιηθὲν ὑπὸ Β. Βελλίνη. Ἐν Ἀθήναις, τυπογραφεῖον ὁ Παλαμήδης. 1882.

In-16 de 38 pages et un feuillet.

3306. — Ἡ κυρὰ Βασιλικιά, ποίημα ὑπὸ ἱππ. Ἀγγέλου Καλκάνη. Ἐν Λευκάδι, τύποις Φοίνικος. 1882.

In-8° de 34 pages et 1 feuillet blanc. Dédié à Georges Sphicas.

3307. — Ἡ Νόρμα, τραγῳδία λυρικὴ εἰς 2 πράξεις ὑπὸ Εὐτυχίου Ῥωμάνη, μουσικὴ Βικεντίου Βελλίνη, ἐμμέτρως ἐξελληνισθεῖσα ὑπὸ Μ. Β. Ἐν Ἀθήναις, τυπογραφεῖον ὁ Παλαμήδης. 1882.

In-8° de 48 pages. Le traducteur est MARC BIANCHINI de Zante.

3308. — Flore de l'île de Céphalonie ou catalogue des plantes qui croissent naturellement et se cultivent le plus fréquemment dans cette île, rédigé d'après les indications des auteurs et ses propres observations par Th. de Heldreich. *Lausanne*, Georges Bridel éditeur. 1882. (Lausanne, imprimerie Georges Bridel).

In-8° de 90 pages et un feuillet blanc. Le millésime qui figure sur la couverture est 1883. Excellente étude.

3309. — Gelehrtenschule des Johanneums. Nicandri Nucii fragmentum Franciscus Eyssenhardt ex codice Ambrosiano exscripsit. *Hamburg*, 1882. Gedruckt bei Th. G. Meissner, Eines Hohen Senates, wie auch des Gymnasiums und Johanneums Buchdrucker.

In-4° de 12 pages.

3310. — In morte del generale Giuseppe Garibaldi. (*A la fin :*) *Corfù*, tip. di G. Nacamulli.

In-8° de 22 pages et 1 feuillet. La dédicace au professeur Léonidas Vlachos est datée de Corfou, 24 juin 1882, et signée G. F.

3311. — Κανονισμὸς τοῦ ἐν Κερκύρᾳ δραματικοῦ Συλλόγου. Ἐν Κερκύρᾳ, τυπογραφεῖον ἡ Κέρκυρα. 1882.

In-8° de quinze pages. Daté de Corfou, 28 février 1882. Signé : M. Théotokis, président ; Sp. Th. Androutzellis, secrétaire.

3312. — Κάρολος Τζαννίνης. Βιογραφικὸν σχεδίασμα ὑπὸ Γ. Μαρτινέλη. (*A la fin :*) Ἐν Κερκύρᾳ, τῇ 28 σεπτεμβρίου 1882.

In-8° de 7 pages.

3313. — Κερκυραϊκὰ ἀνέκδοτα ἐκ χειρογράφων Ἁγίου Ὄρους, Κανταβριγίας, Μονάχου καὶ Κερκύρας νῦν τὸ πρῶτον δημοσιευόμενα ὑπὸ Σπυρ. Π. Λάμπρου, δ. φ., ὑφηγητοῦ τῆς ἑλληνικῆς ἱστορίας καὶ γραφογνωσίας ἐν τῷ ἐθνικῷ Πανεπιστημίῳ. Ἐν Ἀθήναις, ἐκ τοῦ τυπογραφείου Παρνασσοῦ. 1882.

In-8° de deux feuillets et 84 pages. Dédié à Ferdinand Grégorovius.

3314. — Korfu. Eine ionische Idylle von Ferdinand Gregorovius. *Leipzig :* F. A. Brockhaus. 1882.

In-16 de trois feuillets non chiffrés et 104 pages.

3315. — La Dalmatie, les Iles Ioniennes, Athènes et le Mont Athos par Stanislas de Nolhac. *Paris*, E. Plon et Cie, imprimeurs éditeurs, rue Garancière, 10. 1882. Tous droits réservés. (*A la fin :*) Paris, typographie de E. Plon et Cie, 8, rue Garancière.

In-18 jésus de quatre feuillets (dont le premier blanc), 314 pages et un feuillet. Ouvrage devenu assez rare.

3316. — La disperazione, poesia di Alfonso Lamartine, voltata in versi italiani per Nicolo Panuri. *Zante*, stamperia l'Aurora di N. Condogiorga. 1882.

In-8° de 19 pages. Dédié à Giuseppe Regaldi.

3317. — Leopoldo Marenco (*sic*). Οὐρανία, ἀγροτικὸν εἰδύλλιον εἰς τέσσαρας πράξεις μεταφρασθὲν ὑπὸ Γεωργίου Κ. Σφῆκα καὶ ἐκδιδόμενον ὑπὸ Σπυρίδωνος Καψοκεφάλου. Ζακύνθῳ, τυπογραφεῖον τοῦ ἐκδότου. 1882.

In-8° de 79 pages. Dédié par le traducteur à Michel Arniotakis. Brochure devenue rare.

3318. — Λόγος ἀπαγγελθεὶς ἐν τῷ ἱερῷ ναῷ τῶν Ἁγ. Πάντων ὑπὸ τοῦ ἰατροῦ κ.ου Ἰωάννου Μάργαρη, ἐντολῇ τοῦ Συλλόγου Νέα Ἀδελφότης κατὰ τὸ ὑπὸ τοῦ αὐτοῦ Συλλόγου τελεσθὲν μνημόσυνον, τῇ 30 μαρτίου 1882, καθ' ἣν ἑωρτάσθη ἡ ἐπέτειος τῆς ἐθνικῆς ἡμῶν παλιγγενεσίας ἡμέρα. (*A la fin :*) Τύποις Σ. Καψοκεφάλου.

In-8° de huit pages. Imprimé à Zante.

3319. — Λόγος εἰς τὴν κέ μαρτίου ἐκφωνηθεὶς ἐν τῇ Φιλαρμονικῇ Ἑταιρίᾳ Κερκύρας ὑπὸ Σπυρίδωνος Παπαγεωργίου καθηγητοῦ. Ἐν Κερκύρᾳ, τυπογραφεῖον ἡ Ἰονία. 1882.

In-8° de 20 pages. La couverture imprimée tient lieu de titre.

3320. — Λόγος ἐκφωνηθεὶς ἐν τῷ ναῷ τῆς Ὑ. Θ. τῶν Ξένων ἐν τῷ μνημοσύνῳ Πέτρου Οἰκονόμου ὑπὸ Λεωνίδου Βλάχου, τῇ 6 μαρτίου 1882. Ἐν Κερκύρᾳ, τυπογραφεῖον ἡ Κέρκυρα. 1882.

In-8° de 7 pages.

3321. — Λόγος ἐναρκτήριος εἰς τὰς ἐνιαυσίους ἐξετάσεις τοῦ ἑλληνικοῦ ἐκπαιδευτηρίου Π. Ἀ. Οἰκονόμου, ἐκφωνηθεὶς ὑπὸ Σπ. Κ. Παπαγεωργίου καθηγητοῦ. Ἐν Κερκύρᾳ, τυπογραφεῖον Ἀθηνᾶ. 1882.

In-8° de 12 pages.

3322. — Λόγος ἐπικήδειος εἰς Σπυρίδωνα Κατσαΐτην, ἀρχαῖον καθηγητήν, ἐκφωνηθεὶς ἐν τῷ ἱερῷ ναῷ τοῦ ἁγίου Σπυρίδωνος ὑπὸ Μιχαὴλ Βαμβακεροῦ γυμνασιάρχου τοῦ ἐν Κερκύρᾳ 6' γυμνασίου. Ἐν Κερκύρᾳ, ἐκ τοῦ τυπογραφείου ὁ Κοραῆς Ἰ. Ναχαμούλη. 1882.

In-8° de 9 pages et 1 feuillet blanc.

3323. — Λόγος ἐπὶ τῇ ἐθνικῇ ἑορτῇ τῆς 25 μαρτίου ἐκφωνηθεὶς ἐν τῷ ναῷ τῶν ἁγίων πάντων ὑπὸ Ναθαναὴλ Ἰωάννου Δομενεγίνη, φοιτητοῦ τῆς νομικῆς. Ἐν Ζακύνθῳ, τύποις Σ. Καψοκεφάλου. 1882.

In-8° de 6 pages et un feuillet. Sur le titre, une Renommée.

3324. — Λόγος πανηγυρικὸς ἐκφωνηθεὶς ἐν τῷ συλλόγῳ Ὁμονοίᾳ κατὰ τὴν ἑορτὴν τῆς ἐθνικῆς παλιγγενεσίας ὑπὸ Μ. Βελέλη. Ἐν Κερκύρᾳ, ἐκ τοῦ τυπογραφείου ὁ Κοραῆς Ἰ. Ναχαμούλη. 1882.

In-8° de 16 pages.

3325. — Memorie storiche sulla Rivoluzione ellenica di Costantino Metaxàs, tradotte dal greco dall' avv. Vincenzo Grotta. *Lucca*, tipografia del Serchio. 1882.

In-8° de xxii + 248 pages et un feuillet.

3326. — Merkwürdige in den Synagogen von Corfu im Gebrauch befindliche Hymnen von Sp. Papageorgios.

In-8° de 8 pages (chiffrées 225 à 232). Tirage à part des *Abhandlungen des fünften internationalen Orientalisten-Congresses gehalten zu Berlin im September 1881* (Berlin, A. Asher et Co. Weidmannsche Buchhandlung. 1882).

3327. — Ὁ ἐθνικὸς κόσμος καὶ ὁ χριστιανισμός, ἐναίσιμος διατριβὴ ἐπὶ διδακτορ. ἀναγορεύσει ὑπὸ Ἀντωνίου Παράσχη. Ἐν Ἀθήναις. 1882.

In-8° de 24 pages.

3328. — Ὄσσιαν δοκίμιον μεταφράσεως. Τὰ τραγούδια τῆς Σέλμας, ὑπὸ Ἀ. Ν. Κεφαλληνοῦ. Ἐν Κερκύρᾳ, τυπογραφεῖον ἡ Ἰονία. 1882.

In-8° de 16 pages.

3329. — Περὶ διαρκείας τοῦ δυνατοῦ τῆς ἀναβιώσεως ἀπὸ τῆς νεκροφανείας μετὰ ὀκτὼ ἑτέρων περιπτώσεων ἀναβιώσεως διὰ τῆς ἐμῆς μεθόδου τῆς τεχνητῆς ἀναπνοῆς. Ὑπόμνημα τοῦ καθηγ. Φιλίππου Παχίνη μεταφρασθὲν ἀπὸ τοῦ ἰταλικοῦ ὑπὸ Δημ. Ε. Σιγούρου ἰατροῦ. Ἐν Ζακύνθῳ, τυπ. Ν. Κοντόγιωργα. 1882.

In-8° de 19 pages et 1 feuillet isolé. Le traducteur donne ainsi (p. 3, note 1) le titre de l'original : Sulla durata della possibilità della resurrezione dallo stato di morte apparente, con altri otto casi di resurrezione per mezzo del miò metodo di respirazione artificiale. Memoria del prof. Filippo Pacini. Firenze, 1877.

3330. — Περί ρήματος και περί της πρώτης μορφής αύτοΰ, εναίσιμος διατριβή επί διδακτορική αναγορεύσει υπό. Νικολάου Σπ. Φαραντάτου (Κεφαλλήνος). Έν Άθήναις, τυπογραφεΐον ό Παλαμήδης. 1882.

In-8° de seize pages.

3331. — Περί του νυν δή προσήκοντος ήμΐν τοις Έλλησι διδασκαλείου λόγος εκφωνηθείς κατά τά εγκαίνια του εν Έπτανήσω διδασκαλείου υπό του διευθυντού αύτου Χαρισίου Παπαμάρκου. Έκδίδοται δαπάνη του δήμου Κερκυραίων. Έν Κερκύρα, εκ του τυπογραφείου ό Κοραής 'Ι. Ναχαμούλη. 1882.

In-8° de 42 pages.

3332. — Ποικίλη Στοά, έτήσιον ήμερολόγιον. Έτος γ'. 1883. Υπό Ιωάννου Α. Αρσένη τή εύνοικεΐ (sic) συμμετοχεΐ (sic) εγκρίτων λογίων. Έν Άθήναις, εκ του τυπογραφείου της Ενώσεως, 10, οδός Όμήρου, 10. 1882.

In-8° de 416 pages, un feuillet après le titre, un feuillet, quatre pages et un feuillet (musique), 19 portraits et gravures. Dédié à Georges Zariphis.

3333. — Πραγματογνωμοσύνη, υπό Πολυβίου Σ. Μυρτίλου, τελειοφοίτου της φιλοσοφ. σχολής και έλληνοδιδασκάλου, κατά τον Jules Paroz, directeur de l'École normale. Έκδοσις ά. Έν Κεφαλληνία, τυπογραφεΐον ή Ηχώ. 1882.

In-8° de 91 pages.

3334. — Πρόοψις της διαχειρίσεως της εν Κερκύρα φιλελεήμονος εταιρίας «ό άγιος Σπυρίδων» από πρώτης ιουλίου μέχρι 31 δεκεμβρίου 1882.

Placard in-4° oblong.

3335. — Ricordo del conte Cesare Bernardini. *Lucca*, tipografia di B. Canovetti. 1882.

In-8° de 13 pages et 1 feuillet blanc. Parmi les personnes qui ont collaboré à cette brochure, on trouve Vincent Grotta.

3336. — Σπυρίδων Α. Κατσαΐτης.

Placard in-folio à 2 colonnes, daté de Corfou, 25 mai 1882, et signé Nicolas Coutzoucopoulos.

3337. — Τα Βελεντζικά εν σχέσει προς τήν ένοχήν των υπουργών και κατ' εξοχήν προς την του υπουργού των οικονομικών Σωτηρίου Σωτηροπούλου, υπό Ιωάννου Άρα-

ΑΝΝÉΕ 1882

6αντινοῦ, διδάκτορος τῆς νομικῆς καὶ δικηγόρου ἐν Ἀθήναις. Ἐν Ἀθήναις, ἐκ τοῦ τυπογραφείου τῆς Αὐγῆς (29, ὁδὸς Πραξιτέλους, 29). 1882.

In-8° de δ′ (4)+125 pages et un feuillet blanc. Brochure relative au déficit de la Recette de Thèbes et à la gestion de son directeur, Th. Vélentzas. Rare.

3338. — Τὰ παραδείσια τῆς κολάσεως Π. Βεργωτῆ. Ἀργοστόλι, τυπογραφεῖον ἡ Ἠχώ. 1882.

In-8° de 1 feuillet et 148 pages.

3339. — Τὰ Παραδείπνια τοῦ κυρ. Π. Βεργωτῆ ὑπὸ Ἰωάννου Ῥαζῆ. Ἐν Κεφαλληνίᾳ, τυπογραφεῖον ἡ Ἠχώ. 1882.

In-8° de 48 pages.

3340. — Τῇ 6ῃ δεκεμβρίου 1882. Ὠδὴ διὰ τὴν ἐπέτειον ἡμέραν τῶν γενεθλίων τῆς ἀξιοτίμου διευθυντρίας τοῦ Ἀρσακείου Χρυσάνθης Πέρβελη, τονισθεῖσα ὑπὸ τοῦ μουσικοδιδασκάλου Σπυρίδωνος Ξύνδα.

Placard de 17 centimètres sur 27.

3341. — Un tributo di grata memoria sulla tomba della marchesa Vittoria Malvezzi Campeggi, gennaio MDCCCLXXXII. (*A la fin :*) *Bologna*, tipografia e libreria arcivescovile. 1882.

In-8° de 13 pages et 1 feuillet. L'auteur de cette brochure est Lodovico Leporatti, qui a signé l'épître dédicatoire.

3342. — Un veu (*sic*) aux noces de l'ami Antoine Bronza avec la mademoiselle Hubertine Geurts. (*A la fin :*) *Zante*, le 21 mai 1882.

In-8° de deux feuillets dont le second blanc. Traduction française en prose de la poésie décrite sous le n° 3303. Signé : Comte Aristide Capsoképhalos. Impression en or.

3343. — 1879 σεπτεμβρίου 23. Ἐκλογὴ βουλευτῶν εἰς ἐπαρχίαν Σάμης Κεφαλληνίας. Ἰω. Σ. Ἄννινος. Ἐν Κεφαλληνίᾳ, τύποις ἡ Κεφαλληνία. 1882.

In-8° de 188 pages.

3344. — Vittorio Malamani. Isabella Teotochi Albrizzi, à suoi amici, il suo tempo. Estratto della *Nuova Rivista*, pubblicazione settimanale politica-artistica-letteraria. *Torino*, tip. A. Locatelli, via Maria Vittoria, 28. 1882.

In-8° de 225 pages et 1 feuillet blanc. On doit trouver en regard du titre un portrait d'Isabella] Théotokis. *NB*. La couverture porte le millésime 1883.

3345. — Φερδινάνδου Γρηγοροβίου 'Αθηναίς, ιστορικόν διήγημα. Μετάφρασις Σπυρίδωνος Π. Λάμπρου. 'Ανατύπωσις έκ της « Εστίας ». Έν 'Αθήναις, γραφείον « Εστίας », οδός Σταδίου, άρ. 6. 1882.

In-8° de ϛ' (6) + 248 pages et un feuillet blanc.

3346. — Αίγυπτος υπό γεωγραφικήν, ιστορικήν και αρχαιολογικήν έποψιν, μελέτημα Ν. Σ. Ζερβού Κερκυραίου. Έν Κερκύρα, τυπογραφείον ό Κάδμος. 1883.

In-8° de 24 pages. Dédié à Léonidas Vlachos.

3347. — Aida, opera in quattro atti di Antonio Ghilanzoni, musica del maestro Giuseppe Verdi, colla traduzione greca nello stesso verso di Marco Bianchini. *Atene*, stamperia Il Palamede. 1883. — 'Αϊδά, μελόδραμα εις 4 πράξεις υπό 'Αντων. Γκισλανζώνη, μουσική του διδασκάλου 'Ιωσήφ Βέρδη, τω αυτώ μέτρω εξελληνισθέν έκ του ιταλικού υπό Μάρκου Βιαγκίνη. Έν 'Αθήναις, τυπογραφείον ό Παλαμήδης. 1883.

In-16 de 88 pages, dont les trois dernières non chiffrées. La première page est occupée par un portrait de Verdi. Couverture illustrée.

3348. — 'Αποφάσεις τινές του εμποροδικείου και του πρωτοδικείου Σύρου εκδοθείσαι τη εισηγήσει του προέδρου των εν Σύρω πρωτοδικών Κ. Μανιάκη. Έν Ερμουπόλει, τύποις αδελφών Καμπάνη. 1883.

In-8° de 32 pages. C. Maniakis est de Zante.

3349. — Aristote Valaoritis. Poèmes patriotiques traduits pour la première fois en français par J. Blancard, professeur de grec moderne à la Faculté de Marseille, chevalier de l'ordre royal du Sauveur de Grèce, avec une notice sur la vie et les œuvres d'A. Valaoritis par le Mis de Queux de Saint-Hilaire. *Paris*, Ernest Leroux, éditeur, 28, rue Bonaparte, 28. 1883. (*A la fin :*) Le Puy, imprimerie de Marchessou fils.

In-18 de 4 f. non chiffrés, dont le premier blanc, xci pages et 204 pages.

3350. — 'Ασματικαί ακολουθίαι του αγίου μάρτυρος Θεοφίλου του Ζακυνθίου μαρτυρήσαντος εν Χίω συντεθείσαι ή μεν υπό του θεολογικωτάτου Γεωργίου Κορεσσίου, ή δε υπό Νικηφόρου ιερομονάχου των Χίων. Έν 'Αθήναις, αωπγ', τυπογραφείον ή Ήπειρος του εκδότου Σεργίου Χ. Ραφτάνη.

In-8° de 62 pages et 1 feuillet blanc.

3351. — 'Αττικόν ήμερολόγιον του δισέκτου έτους 1884 υπό Ειρηναίου 'Ασωπίου εύνοϊκη συμπράξει φιλοκάλων λογίων. Έτος δέκατον όγδοον. Έν 'Αθήναις, εκ του τυπογραφείου της Κορίννης. 1883.

In-8° de νς' (56) et 496 pages + un feuillet + dix-sept gravures hors texte.

3352. — Camillo Antona-Traversi. Di un amore di Ugo Foscolo, con tre bigliettini amorosi inediti. *Milano*, Fratelli Dumolard. 1883.

In-8° de 46 pages et 1 feuillet blanc.

3353. — Δάκρυα εις τον άωρον θάνατον της Ουρανίας Τ. Φορέστη θανούσης εν Ληξουρίω τη 5 δεκεμβρίου 1883. Έν Κεφαλληνία, τύποις ή Κεφαλληνία. 1883.

In-8° de huit pages. Signé T, c'est-à-dire HÉLIE A. TSITSÉLIS.

3354. — Διηγήματα Ηροδότου κατά την νέαν μέθοδον προς χρήσιν των δημοτικών σχολείων υπό Γ. Κονιδάρη και Α. Καμπάνη. Τάξις δ'. Έν Ερμουπόλει, τύποις Γρηγ. Κανέλλου. 1883.

In-8° de 171 pages.

3355. — Διόρθωσις ιστορικού αμαρτήματος. (*Au bas:*) Τύποις Σπ. Καψοκεφάλου.

Placard in-4°. Daté de Zante, 19 octobre 1883, et signé D. MARTÉLAOS, avocat.

3356. — Έγκόλπιον ιατρικόν προς χρήσιν των πρακτικών ιατρών περιέχον ά Φαρμακολογίαν, β' Διαγνωστικόν, Θεραπευτικήν των νόσων και Συνταγολόγιον, γ' Μαιευτικήν και Συφιλιδικάς παθήσεις, δ' Ιατρονομικά και Τοξικολογίαν, έ 'Ανάλυσιν των ούρων και ς' Χρήσιν των εν Ελλάδι και τη αλλοδαπή αυτοφυών ιαματικών υδάτων, υπό Νικοδήμου Κ. Ζαβιτσιάνου, διδάκτορος ιατρικής και χειρουργίας (Έκδοσις δευτέρα). Κέρκυρα, τύποις 'Ι. Ναχαμούλη εκδότου 1883.

In-12 de ις' (12) + 285 pages et 1 feuillet.

3357. — Έθνικόν πανεπιστήμιον. Νομική σχολή. Περί αιρέσεων ενδίσιμος διατριβή επί διδακτορική αναγορεύσει υπό Δημητρίου Σ. Λομβάρδου. Ἐν Ἀθήναις, ἐκ τοῦ τυπογραφείου τῆς Ἑνώσεως, 10, ὁδὸς Ὁμήρου, 10. 1883.

In-8° de seize pages.

3358. — Ἐθνικὸν πανεπιστήμιον. Νομική σχολή. Περὶ δωρεᾶς, ἐναίσιμος διατριβὴ ἐπὶ διδακτορικῇ ἀναγορεύσει ὑπὸ Γεωργίου Μ. Καφφάτου, διδάκτορος τὰ νομικά. Ἐν Ἀθήναις, ἐκ τοῦ τυπογραφείου ὁ Ἀσμοδαῖος Γ. Σταυριανοῦ, 54, ὄπισθεν τῆς Βουλῆς, 54. 1883.

In-8° de seize pages.

3359. — Ἓν ἄνθος ἐπὶ τῇ τελετῇ τῶν γάμων τῆς δεσποινίδος Ἀδελίνας Ἰ. Πιέρρη μετὰ τοῦ ἀξιοτίμου Σπ. Κ. Παπαγεωργίου. (*A la fin :*) Ἐν Κερκύρᾳ, τῇ 31ῃ Ἰουλίου 1883. Κ.

In-8° de 2 feuillets. Poésie.

3360. — Ἐπικήδειος ἀνθοδέσμη ἐπὶ τῶν τάφων τῶν συζύγων ἱππ. Δημ. Φραγκοπούλου καὶ Ἑλένης Βολτέρρα. Ἐν Ζακύνθῳ, 1883. (*Au v° du titre :*) Τύποις Σπ. Καψοκεφάλου.

In-8° de 26 pages + un feuillet. Contient un article nécrologique sur les défunts extrait du journal Ἐλπὶς du 23 janvier 1883 ; des discours prononcés par Ch. Rousselatos, grand sacellaire, D. Martélaos, Panagiotis Chiotis, Denys Soméritis ; un article nécrologique par Memnon Martzokis ; (*ce qui précède concerne l'époux et ce qui suit concerne l'épouse :*) des discours de Jean Margaris et Denys Soméritis ; enfin un sonnet italien du comte C. Messala, consul d'Italie, à la louange des deux défunts. Au verso du dernier feuillet, on lit cette mention : Ἐκτυποῦται δαπάνῃ τῶν πενθούντων υἱῶν τῶν τεθνεώτων.

3361. — Ζήτω ὁ βασιλεὺς τῶν Ἑλλήνων Γεώργιος ά. (*A la fin :*) Τύποις Σ. Καψοκεφάλου.

Placard de 20 cent. sur 29, daté de Zante, 23 mai 1883, et signé : οἱ Ζακύνθιοι ἀοιδοί. Poésie.

3362. — Ἡ δακρύβρεκτος δάφνη, δρᾶμα εἰς τρεῖς πράξεις ὑπὸ ἱππ. Ἀγγέλου Καλκάνη. Ἐν Ἀθήναις, ἐκ τοῦ τυπογραφείου τῆς Κορίννης. 1883.

In-8° de 41 + γ' (3) pages et un feuillet. Dédié à Humbert Ier, roi d'Italie.

3363. — Ἡ δίκη τῶν ἐν Ἀργινούσαις στρατηγῶν ὑπὸ Ἀνδρέου Μ. Ἰδρωμένου δικηγόρου. Ἐν Κερκύρᾳ, τυπογραφεῖον Κοραῆς Ἰ. Ναχαμούλη. 1883.

In-8° de 15 pages.

3364. — Ἡ 25 μαρτίου, λόγος πανηγυρικὸς ἐκφωνηθεὶς ἐν τῇ αἰθούσῃ τοῦ ἐν Κερκύρᾳ δραματικοῦ συλλόγου, τὴν 25 μαρτίου 1883, ὑπὸ Δ. Ἰ. Βελιανίτη. Δαπάναις τοῦ δραματικοῦ συλλόγου. Ἐν Κερκύρᾳ, ἐκ τοῦ τυπογραφείου ὁ Κοραῆς Ἰ. Ναχαμούλη. 1883.

In-8° de 22 pages et 1 feuillet blanc.

3365. — Ἡ ἐν Ἑλλάδι βιομηχανία καὶ αἱ ἀπεργίαι ὑπὸ τὴν ἔποψιν τῆς νομοθεσίας καὶ τῆς πολιτικῆς οἰκονομίας ὑπὸ Ἐμμανουὴλ Σ. Λυκούδη πρωτοδίκου. Ἐν Ἑρμουπόλει Σύρου, τύποις Πατρίδος. 1883.

In-8° de 230 pages. EMMANUEL LYCOUDIS est de Céphalonie.

3366. — Ἡ καταστροφὴ τῶν Ψαρῶν, δρᾶμα εἰς πράξεις πέντε ὑπὸ Γεωργίου Γ. Ἀθλίχου. Ἐν Κεφαλληνίᾳ, τυπογραφεῖον ἡ Ἠχώ. 1883.

In-8° de 146 pages et un feuillet. Drame en vers.

3367. — Il Guarany, opera-ballo in quattro atti posta in musica dal m. cav. A. Carlos Gomes, colla traduzione greca nello stesso verso di Marco Bianchini. *Atene*, stamperia Il Palamede. 1883. — Ὁ Γουαρανύ, μελόδραμα-χορὸς εἰς 4 πράξεις, μοσικὴ (sic) τοῦ ἱππότου Α. Καρόλου Γομές, τῷ αὐτῷ μέτρῳ ἐξελληνισθὲν ἐκ τοῦ ἰταλικοῦ ὑπὸ Μάρκου Βιαγχίνη. Ἐν Ἀθήναις, τυπογραφεῖον ὁ Παλαμήδης. 1883.

In-16 de 112 pages. La première page est occupée par le portrait de A. Carlos Gomes. Couverture illustrée. Texte et traduction en regard.

3368. — Ἰούλιος Τυπάλδος καὶ Ἀναστάσιος Λαζαράτης. Ἐν Κερκύρᾳ, τυπογραφεῖον Ἀθηνᾶ. 1883.

In-8° de 7 pages. Signé ATHANASE PARAMYTHIOTIS.

3369. — I patemi di Giobbe, canti di Nicolo Panuri. *Zante*, stamperia l'Aurora di N. Condogiorga. 1883.

In-8° de 36 pages. Dédié à Giuseppe de Spuches.

3370. — Κανονισμὸς τῆς δημοσίας βιβλιοθήκης Ζακύνθου. 1883. Τύποις Σ. Ν. Καψοκεφάλου.

In-8° de huit pages. L'auteur de ce règlement est PANAGIOTIS CHIOTIS.

3371. — Κανονισμὸς τοῦ ἐν Κερκύρᾳ διδακτικοῦ Συλλόγου Ἀρετή. Ἐν Κερκύρᾳ, τυπογραφεῖον Ἀθηνᾶ. 1883.

In-8° de huit pages. Daté de Corfou, premier décembre 1883. Signé : Sp. Lascaris, président; N. S. Trivolis, secrétaire.

3372. — Λαὸς καὶ νόμος, νομικὴ διατριβὴ ὑπὸ Γερασίμου Π. Σκαλτσούνη δικηγόρου. Ἐν Κερκύρᾳ, ἐκ τοῦ τυπογραφείου ὁ Κοραῆς Ἰ. Ναχαμούλη. 1883.

In-8° de 1 feuillet, 26 pages et 1 feuillet blanc.

3373. — La Traviata, opera in tre atti di F. M. Piave, musica del maestro Giuseppe Verdi, colla traduzione greca nello stesso verso di Marco Bianchini. *Atene*, stamperia Il Palamede. 1883. — Ἡ Παρεκτραπεῖσα, Τραβιάτα, μελόδραμα εἰς 3 πράξεις ὑπὸ Φ. Μ. Πιάβου, μουσικὴ τοῦ διδασκάλου Ἰωσὴφ Βέρδη, τῷ αὐτῷ μέτρῳ ἐξελληνισθὲν ἐκ τοῦ ἰταλικοῦ ὑπὸ Μάρκου Βιαγκίνη. Ἐν Ἀθήναις, τυπογραφεῖον ὁ Παλαμήδης. 1883.

In-16 de 96 pages, dont les trois dernières non chiffrées. Couverture illustrée. Texte et traduction en regard.

3374. — Λόγος ἐκφωνηθεὶς κατὰ τὴν τελετὴν τοῦ ἁγιασμοῦ τῆς φιλελεήμονος ἑταιρίας ὑπὸ τοῦ ἐλεγκτοῦ αὐτῆς Λεωνίδου Βλάχου τῇ 16ῃ ἰανουαρίου 1883.

Placard in-folio à 3 colonnes.

3375. — Λόγος ἐκφωνηθεὶς τῇ 30 ἰουλίου 1883 ἐν τῷ μητροπολ. τῆς Κερκύρας ναῷ ὑπὸ Φριδερίκου Ἀλβάνα δικηγόρου μετὰ τὴν ἱεροτελεστίαν τοῦ μνημοσύνου ὑπὲρ ἀναπαύσεως τῆς ψυχῆς τοῦ νομοδιδασκάλου Ἀναστασίου Λαζαράτη.

Placard in-folio à 4 colonnes.

3376. — Λουΐζα καὶ Ῥαούλ, δρᾶμα εἰς πέντε πράξεις μεταποιηθὲν ἐκ τοῦ μυθιστορήματος τοῦ Ἀλεξάνδρου Δουμᾶ « ὁ ὑποκόμης τῆς Βραζελόνης », ὑπὸ Ἀγγέλου Α. Ἀντωνέλλου. Ἐν Ζακύνθῳ, τύποις Σπ. Καψοκεφάλου. 1883.

In-8° de 90 pages et un feuillet blanc.

3377. — Marco Botzari, poema drammatico di Riccardo Bonicioli. *Corfù*, tipografia Minerva. 1883.

In-8° de 14 pages et 1 feuillet blanc.

3378. — Maria Antoinetta, melodramma storico tragico in quattro quadri, poesia del conte Georgio Roma, posto in musica del maestro Paolo Carrer. *Zante*, tipografia Zacinto Menzicof D. Bulzo. 1883. (*Sur la cou-*

verture:) Maria Antoinetta rappresentata sulle scene del teatro Foscolo di Zante, nel carnovale del 1884. 1884. Tipografia Zacinto Menzicof D. Bulzo.

In-8° de 40 pages. Rare.

3379. — Νικολάου Ἰω. Σταματέλου στιχουργήματα. Ἐν Ἀθήναις, τυπογραφεῖον ὁ Παλαμήδης, 28, ὁδὸς ἁγίου Μάρκου, 28. 1883.

In-8° de 64 pages, dont les trois dernières non chiffrées.

3380. — Notice sur Aristote Valaoritis, sa vie et ses œuvres par le Mis de Queux de Saint-Hilaire. Tirage à cinquante exemplaires non mis dans le commerce. 1883. (*Au verso du premier f.* :). *Le Puy*. Imprimerie de Marchessou fils.

In-18 de 2 feuillets et xci pages. C'est un tirage à part de la notice qui figure en tête du volume décrit sous le numéro 3349.

3381. — Ὁ Γουαρανύ, χορο-μελόδραμα εἰς τέσσαρας πράξεις μελοποιηθὲν ὑπὸ Α. Καρόλου Γομές. Μετάφρασις Γεωργίου Κ. Σφήκα ἐκδιδομένη ὑπὸ Σπυρίδωνος Ι. Παπαδάτου. Ἐν Ζακύνθῳ, τυπογραφεῖον ἡ Αὐγὴ Ν. Κοντόγιωργα. 1883.

In-8° de 40 pages.

3382. — Οἱ ἀπολογηταὶ τοῦ δευτέρου καὶ τρίτου αἰῶνος, ἐναίσιμος διατριβὴ ἐπὶ διδακτορικῇ ἀναγορεύσει ὑπὸ Ἀλοϊζίου Λευθεριώτου ἱεροδιακόνου. Ἐν Ἀθήναις, τυπογραφεῖον τοῦ Κάλλους. 1883.

In-8° de 40 pages.

3383. — Οἱ κατὰ τὸν Σέϋφφερτ κεφαλαιώδεις κανόνες τῆς ἑλληνικῆς συντάξεως ἐν συγκρίσει πρὸς τὴν λατινικὴν ὑπὸ Στεφάνου Δ. Ῥώση, καθηγητοῦ τοῦ ἐν Ἑπτανήσῳ διδασκαλείου. Ἐν Κερκύρᾳ, ἐκ τοῦ τυπογραφείου ὁ Κοραῆς Ἰ. Ναχαμούλη. 1883.

In-8° de 73 pages, plus 1 feuillet isolé contenant une courte préface et inséré entre les pages 4 et 5. Dédié à l'archimandrite Socrate Coliatsos.

3384. — Οἱ τρεῖς καλλιτέχναι ἤτοι τὸ ἰδανικὸν ὑπὸ Ἐλισαβετίου Μαρτινέγκου. Ἔκδοσις δευτέρα ἐπιθεωρηθεῖσα καὶ διορθωθεῖσα. Ἐν Ζακύνθῳ, τύποις Σπ. Καψοκεφάλου. 1883.

In-8° de 39 pages. Dédié par l'auteur à sa mère, Élisabeth Martinengo, née Moutzan. Voir ci-dessus, à l'année 1854, la première édition. Poésie.

3385. — Ὁ Ὅμηρος καὶ ἡ ἀληθὴς Ἰθάκη ὑπὸ R. Hercher ἐξελληνίσθη ὑπὸ Σπ. Κ. Παπαγεωργίου καθηγητοῦ. Ἐν Κερκύρᾳ, ἐκ τοῦ τυπογραφείου ὁ Κοραῆς Ἰ. Ναχαμούλη. 1883.

In-8° de 30 pages et 1 feuillet blanc.

3386. — Παρατηρήσεις εἰς τὴν νέαν ἑλληνικὴν γλῶσσαν κατ' ἐπιτομὴν ἐκ τῶν φιλολογικῶν διατριβῶν τοῦ καθηγητοῦ Κ. Κόντου, ληφθεῖσαι μὲν καὶ ταχθεῖσαι κατ' ἀλφαβητικὴν τάξιν ὑπὸ Κοσμᾶ Π. Κασιμάτη, διδάκτορος τῆς φιλοσοφίας, ἐκδοθεῖσαι δὲ ὑπὸ Περικλέους Π. Ἰασεμίδου. Ἐν Ἀθήναις, ἐκ τοῦ τυπογραφείου Θ. Παππαλεξανδρῆ. 1883.

In-8° de 88 pages. Dédié à Aristomène M. Valettas.

3387. — Περὶ ὄγκων τῆς γλώσσης διατριβὴ ἐπὶ ὑφηγεσίᾳ ὑπὸ Σ. Ε. Κοντολέοντος, διδάκτορος τῆς ἐν Ἀθήναις καὶ τῆς ἐν Παρισίοις ἰατρικῆς Σχολῆς. Ἐν Ἀθήναις, ἐκ τοῦ τυπογραφείου Κορίννης. 1883.

In-8° de 144 pages.

3388. — Περὶ τοῦ ἀληθινοῦ τῆς ἑλληνίδος νεολαίας διδασκάλου λόγος ἐκφωνηθεὶς κατὰ τὰς δημοσίας ἐξετάσεις τοῦ ἐν Ἑπτανήσῳ διδασκαλείου ὑπὸ τοῦ διευθυντοῦ αὐτοῦ Χαρισίου Παπαμάρκου. Ἐν Κερκύρᾳ, ἐκ τοῦ τυπογραφείου ὁ Κοραῆς Ἰ. Ναχαμούλη. 1883.

In-8° de 36 pages.

3389. — P. Luigi Pasquali. I miei ricordi di Corfù. *Roma*, dalla tipografia della Pace, piazza della Pace, num. 35. 1883.

In-8° de 69 pages et 1 feuillet. En tête du volume on trouve une épître dédicatoire « ai miei cari cittadini di Corfù », laquelle est signée « Luigi Pascali, C. R. d. M. d. D. Miss° apostolico ». Les pages 7 à 38 sont consacrées à S. Spiridion.

3390. — Poesie greche moderne voltate in versi italiani da R. Marzocchi. *Zante*, tipografia S. Capsochefalo. 1883.

In-8° de seize pages. La couverture imprimée sert de titre. Il n'a paru, à notre connaissance, que deux livraisons.

3391. — Ποικίλη Στοά, ἐτήσιον ἡμερολόγιον, ἔτος δ'. 1884. Ἐν Ἀθήναις, ἐκ τοῦ τυπογραφείου τῆς Ἑνώσεως. 10, ὁδὸς Ὁμήρου, 10. 1883.

In-8° de 464 pages et quatre feuillets de musique, plus 28 feuillets contenant des portraits et des gravures. Dédié à Sotirios Chatzopoulos.

3392. — Πρακτική ἀριθμητική πρὸς χρῆσιν τῶν δημοτικῶν καὶ ἀστικῶν σχολείων κλιμακηδὸν προχωροῦσα, ἐπεξεργασθεῖσα κατὰ τὸ σύστημα τῆς ἀριθμητικῆς Ι. Λοιζεροῦ ὑπὸ Γεωργίου Γεράκη, βραβευθεῖσα ἐν τῷ Καραπανείῳ ἀγῶνι. Τεῦχος πρῶτον. Αἱ τέσσαρες πράξεις ἐπὶ τῶν ἀριθμῶν 1 ἕως 100. Δευτέρα ἔκδοσις ἐπιδιωρθωμένη. Ἐν Ἀθήναις, ἐκ τοῦ τυπογραφείου Γ. Σταυριανοῦ. 1883.

In-8° de 73 pages. *NB.* La page 73 est imprimée sur la troisième page de la couverture, de sorte que, privé de sa couverture, ce petit volume serait incomplet.

3393. — Πρόοψις τῆς διαχειρίσεως τῆς ἐν Κερκύρᾳ φιλελεήμονος ἑταιρίας « ὁ ἅγιος Σπυρίδων » τοῦ ἔτους 1883.

In-folio de 2 pages.

3394. — Πρωτοχρονιᾶς δῶρο εἰς τὸν ἀπόντα καὶ προσφιλῆ ἀδελφὸν Καίσαρα.

Placard in-8°. Pièce de vers datée de Zante, premier janvier 1883, et signée André Martzokis.

3395. — Spiridione de Biasi. Dei parenti di Ugo Foscolo. Lettera al prof. Bartolomeo Mitrovic, autore dell' opuscolo *Ugo Foscolo a Spalato.* 1883. *Zante,* tipi N. Condogiorga.

In-8° de 16 pages.

3396. — Συλλογὴ τῶν ἀσματικῶν ἀκολουθιῶν καὶ τῶν συναξαρίων τοῦ ἐν ἁγίοις πατρὸς ἡμῶν Σπυρίδωνος, ἐπισκόπου Τριμυθοῦντος τῆς Κύπρου, τοῦ θαυματουργοῦ, προστάτου καὶ πάτρωνος Κερκύρας, μετὰ προλεγομένων Σπυρίδωνος Κ. Παπαγεωργίου καθηγητοῦ. Ἐν Ἀθήναις, ἐκ τοῦ τυπογραφείου ἡ Ἤπειρος τοῦ ἐκδότου Σεργίου Χ. Ῥαφτάνη. αωπγ'.

In-8° de 16 et 247 pages. En tête du volume et sur un feuillet indépendant, il y a un bois représentant S. Spiridion dans sa châsse.

3397. — Συμβολικὴ τῆς ὀρθοδόξου ἀνατολικῆς ἐκκλησίας ὑπὸ Ι. Ε. Μεσολωρᾶ, δ. φ. ὑφηγητοῦ τοῦ πανεπιστημίου. Τὰ συμβολικὰ βιβλία, τόμος ά. Ἐν Ἀθήναις, τυπογραφεῖον ὁ Παλαμήδης. 1883.

In-8° de 494 pages.

3398. — Σύντομος πραγματεία περὶ τῶν αἰτίων ὧν ἕνεκεν δὲν εὐδοκίμησε μέχρι τοῦδε ἐν Ἑλλάδι τὸ συνταγματικὸν πολίτευμα καὶ περὶ τῶν δεομένων γενέσθαι πρὸς ἐξουδετέρωσιν αὐτῶν, ὑπὸ Θεμιστ. Β. Κορομάντζου ἐν Πύργῳ. Ἐν Ζακύνθῳ, 1883, τύποις Σ. Ν. Καψοκεφάλου.

In-8° de 18 pages, dont la dernière blanche. Rare.

3399. — Τὰ κατ' Ἔρωτα καὶ Ψυχὴν κατ' Ἀπουλήϊον, μυθολόγημα ὑπὸ Δ.Σ. Ἀραβαντινοῦ. Ἐν Ζακύνθῳ, τυπογραφεῖον ἡ Αὐγὴ Ν. Κοντόγιωργα. 1883.

In-8° de 53 pages. La page 53 contient une addition à l'errata.

3400. — Τὸ μαῦρον κυνάριον, διήγημα συγγραφὲν μὲν ἀγγλιστὶ ὑπὸ Φ. Ἀνστεύου (F. Anstey), μεταφρασθὲν δὲ εἰς τὴν γαλλικὴν ὑπὸ Ἐφέλλου (Hephell) καὶ ἐκ ταύτης εἰς τὴν καθωμιλημένην ἑλληνικὴν ὑπὸ Δ. Ἰ. Μ. Ἐν Κερκύρᾳ, ἐκ τοῦ τυπογραφείου ὁ Κοραῆς Ἰ. Ναχαμούλη. 1883.

In-8° de 46 pages et 1 feuillet.

3401. — Τοῦ θεσμοῦ τῆς προσωπικῆς κρατήσεως ὡς μέσου ἐκτελέσεως ἀπολογία ὑπὸ Ἐμμανουὴλ Σ. Λυκούδη, διδάκτορος τὰ νομικὰ καὶ πρωτοδίκου ἐν Σύρῳ. Ἐν Ἑρμουπόλει Σύρου, τύποις Πατρίδος. 1883.

In-8° de 35 pages.

3402. — Traduzione dei temi della grammatica greca odierna ad uso degl' Italiani di G. Nacamulli. III Edizione migliorata ed accresciuta. *Corfù*, premiato stabilimento tipografico dell' autore. 1883.

In-8° de 41 pages et 1 feuillet blanc.

3403. — Φύλλα μυρτιᾶς, στιχουργήματα ὑπὸ Νικολάου Δ. Μάνεση. Ἐν Ζακύνθῳ. 1883. (*Au v° du titre:*) Ἐν Ζακύνθῳ, τύποις Σπ. Ε. Καψοκεφάλου.

In-8° de 39 pages. Très rare.

3404. — Alla sacra e venerata memoria di S. E. rev[ma] monsignore Spiridione Maddalena, arcivescovo cattolico di Corfù, qual meschino tributo di affetto figliale e riconoscenza quest' elogio funebre, recitato nel duomo latino, il dì 5 agosto 1884, il sacerdote Corcirese Francesco di Mento dedicava.

In-8° de 15 pages.

3405. — 'Αντωνίου Γ. Μομφερράτου, δικηγόρου, Πραγματεία περὶ προγαμιαίας δωρεᾶς κατὰ τὸ ῥωμαϊκὸν καὶ ἰδίως κατὰ τὸ βυζαντιακὸν δίκαιον, βραβευθεῖσα ὑπὸ τῆς νομικῆς σχολῆς τοῦ ἐθνικοῦ Πανεπιστημίου, κατὰ τὸν Σγούτειον διαγωνισμόν. Ἐν Ἀθήναις, εὑρίσκεται παρὰ τῷ βιβλιοπώλῃ Κ. Μπέκ, τύποις ἀδελφῶν Περρῆ. 1884.

In-8° de 4 feuillets, 54 pages, un feuillet et 224 pages. Dédié par l'auteur à l'ombre de son père, Georges Mompherratos. Tiré à 800 exemplaires. Perris (Εἰκοσαετηρίς, n° 468) indique une pagination incomplète.

3406. — Ἀρχαιολογία. Ἱστορία τῆς ἑλληνικῆς καλλιτεχνίας ὑπὸ Π. Καββαδία, ὑφηγητοῦ τῆς ἀρχαιολογίας ἐν τῷ ἐθν. Πανεπιστημίῳ καὶ ἐφόρου τῶν ἀρχαιοτήτων, μετὰ 63 εἰκόνων. Ἐν Ἀθήναις, ἐκ τοῦ τυπογραφείου τῆς Ἑνώσεως, 10, ὁδὸς Ὁμήρου, 10. 1884.

In-8° de ζ' (7) et 351 pages.

3407. — A Sua Maestà il re Umberto I, che intrepido visitava i colerosi in Napoli, nel settembre 1884, sonetto.

A Sua Eminenza il cardinale Sanfelice, prodigo di annegazione, durante il cholera in Napoli, nel settembre 1884, sonetto.

In-4° de deux feuillets. Le premier sonnet est imprimé au r° du premier feuillet, le second au r° du second. Les deux versos sont blancs. Texte encadré. L'un et l'autre sonnet sont datés de Corfou, septembre 1884, et signés Prof. FRANCESCO DI MENTO.

3408. — Ἀττικὸν ἡμερολόγιον τοῦ ἔτους 1885 ὑπὸ Εἰρηναίου Ἀσωπίου εὐνοϊκῇ συμπράξει φιλοκάλων λογίων. Ἔτος δέκατον ἔννατον. Ἐν Ἀθήναις, ἐκ τοῦ τυπογραφείου Γ. Σ. Σταυριανοῦ. 1884.

In-8° de οβ' (72) + 479 pages et vingt gravures hors texte.

3409. — Βιβλιοθήκη τοῦ πρὸς διάδοσιν τῶν ἑλληνικῶν γραμμάτων συλλόγου (ἀριθ. 56). Φιλοθέου καὶ Εὐγενίου ἐπιστολαὶ ἤτοι σύντομος περὶ ψυχῆς καὶ θεοῦ διδασκαλία ὑπὸ Π. Βράϊλα Ἀρμένη, χορηγοῦντος Κωνσταντίνου Ζάππα. Ἐν Ἀθήναις, ἐκ τοῦ τυπογραφείου Ἀνδρέου Κορομηλᾶ. 1884.

In-8° de λβ' (32) pages, un feuillet isolé, 295 pages, plus, en tête du volume, le portrait de Constantin Zappas, avec un fac-similé de sa signature.

3410. — Βίοι Κορνηλίου Νέπωτος μεταφρασθέντες μὲν ἐκ τοῦ λατινικοῦ ὑπὸ

Β. Γ. Βυθούλκα, ἐκδοθέντες δὲ δαπάνῃ 'Ανέστη Κωνσταντινίδου. Περιεχόμενα. Θεμιστοκλῆς, 'Επαμεινώνδας, Μιλτιάδης, Κίμων, Δατάμης, Πελοπίδας, Εὐμένης. Ἐν Ἀθήναις, καταστήματα ὁ Κοραῆς 'Ανέστη Κωνσταντινίδου, τυπογραφεῖον, βιβλιοπωλεῖον. 1884.

In-8° de 56 pages.

3411. — Camillo Antona-Traversi, professore di lettere italiane e latine nel Collegio militare di Roma, Studj su Ugo Foscolo con documenti inediti (Documenti inediti della vita militare di Ugo Foscolo. Documenti inediti di polizia e passaporti di Ugo Foscolo. Ugo Foscolo a Milano, con documenti inediti. Di un ingiusto rimprovero mosso ad Ugo Foscolo, con documenti inediti. Una lettera inedita di Giulio Foscolo. Ode agl' Ionii, canzone inedita di Andrea Calbo, con una lettera inedita di Ugo Foscolo e altri documenti. *Milano*, Alfredo Brigola e C. editori. (*Au v° du titre :*) Vorese, tip. Macchi e Brusa. 1884.

In-8° de 380 pages et un feuillet non chiffré.

3412. — Camillo Antona-Traversi. Ugo Foscolo nella famiglia con lettere e documenti inediti e un appendice di cose inedite o rare a cura di Domenico Bianchini. Ulrico Hoepli, libraio-editore. *Milano*, Napoli, Pisa. 1884.

In-8° de xviii pages, un feuillet non chiffré, 506 pages et un f. non chiffré.

3413. — Codicis Ciceroniani bibliothecae Laurentianae ab Hieronymo Lagomarsinio n. 32 designati in primo *de Oratore* libro nova collatio. Accedunt adnotationes. Διατριβὴ ἐπὶ ὑφηγεσίᾳ τῶν λατινικῶν γραμμάτων ἐν τῷ ἐθνικῷ Πανεπιστημίῳ Σπυρίδωνος Βάση, διδάκτορος τῆς φιλοσοφίας. Ἐν Ἀθήναις, ἐκ τοῦ τυπογραφείου 'Ανδρέου Κορομηλᾶ. 1884.

In-8° de 2 feuillets (dont le premier blanc), 55 pages et 2 feuillets. Voir le n° suivant.

3414. — Codicis Ciceroniani bibliothecae Laurentianae ab Hieronymo Lagomarsinio n. 32 designati, in primo *de Oratore* libro nova collatio, edidit, adnotationes subiecit Sp. Vassis. *Athenis*, ex officina libraria 'Ανδρέου Κορομηλᾶ. MDCCCLXXXIV.

In-8° de deux feuillets (dont le premier blanc), 55 pages et deux feuillets. Au r° du dernier de ces feuillets, on lit : Ἐν Ἀθήναις, ἐκ τοῦ τυπογραφείου 'Ανδρέου

Κορομηλᾶ, κατὰ μῆνα ἰανουάριον 1884. Même ouvrage que le précédent, mais avec un titre différent.

3415. — Διοργανισμὸς τῆς λέσχης ὁ Ζάκυνθος. Ἔκδοσις δευτέρα μετὰ τῶν ὑπὸ τοῦ σώματος ἐπενεχθεισῶν προσθηκῶν. Ἐν Ζακύνθῳ, τυπογραφεῖον ἡ Αὐγὴ Ν. Κοντόγιωργα. 1884.

In-8° de 1 feuillet + 17 pages + 1 page blanche. La couverture constitue le premier feuillet et les deux dernières pages.

3416. — Δοκίμιον ἑλληνικῆς θεματογραφίας ὑπὸ Κοσμᾶ Π. Κασιμάτη, διδάκτορος τῆς φιλοσοφίας. Ἐκδότης Σπυρίδων Κουσουλῖνος. Ἐν Ἀθήναις, Σπυρίδωνος Κουσουλίνου τυπογραφεῖον καὶ βιβλιοπωλεῖον, ὁδὸς Σταδίου, πλατεῖα Βουλῆς. 1884.

In-8° de 60 pages.

3417. — Ἕλμεν, διήγημα πρωτότυπον ὑπὸ Δ. Ν. Κ. Ἐν Ἑρμουπόλει, ἐκ τῆς τυπογραφίας Ρ. Πρίντεζη. 1884.

In-8° de 51 pages. L'auteur est D. N. Cladis.

3418. — Εὐαγγ. Κ. Κοφινιώτου ἔλεγχος τῶν περὶ τῆς λατινικῆς αὐτοῦ γραμματικῆς γραφέντων ὑπὸ τοῦ Σπυρ. Βάση ὡς κριτοῦ ἐν τῷ διαγωνισμῷ τῶν διδακτικῶν βιβλίων.

In-8° de quinze pages. Daté d'Athènes, 6 décembre 1884.

3419. — Ἡμερολόγιον τῶν Κυκλάδων 1885. Ἔτος πρῶτον ἐν Ἑρμουπόλει Σύρου, τύποις Ἀνατολῆς. 1884.

In-8° de 80 pages. Publié par G. Politis de Zante.

3420. — Ἡ Φροσύνη, δρᾶμα εἰς πράξεις τέσσαρας ὑπὸ Ἰωάννου Σ. Φαραντάτου. Ἐν Ἀθήναις, ἐκ τοῦ τυπογραφείου ὁ Παλαμήδης, ὁδὸς ἁγίου Μάρκου, ἀριθ. 28. 1884.

In-8° de 68 pages. Drame en prose. Rarissime.

3421. — Θρησκεῖαι καὶ γλῶσσαι τῆς Ἰνδίας ὑπὸ R. Cust, μετάφρασις Σπυρίδωνος Κ. Παπαγεωργίου. Ἐν Κερκύρᾳ, ἐκ τοῦ τυπογραφείου ὁ Κοραῆς Ἰ. Ναχαμούλη. 1884.

In-8° de 125 pages et 1 feuillet blanc.

3422. — Ἱερὰ κατήχησις ἤτοι ἐξήγησις τῆς θείας καὶ ἱερᾶς λειτουργίας καὶ ἐξέτασις τῶν χειροτονουμένων, τὸ πρῶτον συγγραφεῖσα παρὰ Νικολάου τοῦ Βούλγαρι· νῦν δὲ ἀνατυπουμένη δαπάνῃ τοῦ ἱερατικοῦ ταμείου τῆς ἀρχιεπισκοπῆς Σύρου, Τήνου καὶ Μήλου. Ἐν Ἑρμουπόλει, τυπογραφεῖον ἡ Πρόοδος. 1884.

In-8° de 281 pages.

3423. — Il Bello.

In-8° de 3 feuillets (dont le premier blanc), 8 pages et 1 feuillet blanc. Réimpression du chapitre sur *le Beau* de la traduction italienne par Vincenzo Grotta du Μικρὸς πολίτης de P. VERGOTIS.

3424. — Ἱστορία Γεωργίου Καστριώτου τοῦ μετωνομασθέντος (*sic*) Σκεντέρμπεη, ἡγεμόνος τῆς Ἀλβανίας. Ἔκδοσις νέα. Ἐν Ἀθήναις, παρὰ τῷ ἐκδότῃ Ν. Μιχαλοπούλῳ· βιβλιοπωλεῖον ὑπὸ τὴν μεγάλην οἰκίαν Μελᾶ. 1884.

In-8° de 184 pages. Réimpression, sans la préface et l'appendice, de l'édition donnée, en 1848, par ANDRÉ PAPADOPOULOS VRÉTOS. Voir, ci-dessus, le n° 1552.

3425. — Ἱστορικὰ μελετήματα ὑπὸ Σπυρίδωνος Π. Λάμπρου. Ἐν Ἀθήναις, ἐκ τοῦ τυπογραφείου ὁ Παλαμήδης. 1884.

In-8° de ή (8) + 222 pages et un feuillet.

3426. — Κέρκυρα, ἰόνιον εἰδύλλιον ὑπὸ Φερδινάνδου Γρηγοροβίου μεταφρασθὲν ὑπὸ*** καὶ Σπ. Παπαγεωργίου. Ἐν Κερκύρᾳ, ἐκ τοῦ τυπογραφείου ὁ Κοραῆς Ἰ. Ναχαμούλη ἐκδότου. 1884. (1885 sur la couverture).

In-8° de 85 pages et un feuillet.

3427. — Korfu. Eine ionische Idylle von Ferdinand Gregorovius. Zweite Auflage. *Leipzig:* F. A. Brockhaus. 1884.

In-16 de 3 feuillets et 104 pages.

3428. — Κρίσις τῆς νομικῆς Σχολῆς ἐπὶ τοῦ Σγουτείου διαγωνίσματος περὶ προγαμιαίας δωρεᾶς παρὰ Ῥωμαίοις καὶ Βυζαντινοῖς, ἀναγνωσθεῖσα τῇ 28 μαΐου 1884 ἐν τῷ ἐθνικῷ Πανεπιστημίῳ ὑπὸ τοῦ κοσμήτορος τῆς σχολῆς Ἀλκιβιάδου Κρασσᾶ. Ἐν Ἀθήναις, ἐκ τοῦ τυπογραφείου ἀδελφῶν Περρῆ, ἐπὶ τῆς πλατείας τοῦ Πανεπιστημίου. 1884.

In-8° de 54 pages. Tiré à 250 exemplaires (Perris, Εἰκοσαετηρίς, n° 463).

3429. — La Grèce ancienne et moderne considérée sous l'aspect religieux par Mme Ad. Terzetti. *Paris*, Ernest Leroux, éditeur, libraire de la Société asiatique de Paris, de l'École des langues orientales vivantes, etc. 28, rue Bonaparte, 28. 1884. (*Au verso du faux-titre :*) Le Puy. Imprimerie de Marchessou fils.

In-18 de 2 feuillets, 165 pages et 1 feuillet.

3430. — La Grecia dall' anno 1821 all' anno 1883 e suoi progressi nelle scienze, arti, industrie, nel commercio, nell' agricoltura, nella marineria, ecc. desunti da statistiche ufficiali da Guglielmo Finotti, socio corrispondente della Società internazionale d'incoraggiamento per le scienze, lettere ed arti di Napoli, della Società « l'Italia scientifica » di Genova, della Società scientifica ed umanitaria « El Chark » di Costantinopoli, ecc. *Torino*, tipografia G. Derossi, via Rossini, n. 12 bis. 1884.

In-8°. Nous ne connaissons de cet ouvrage que le premier fascicule, lequel comprend 24 pages.

3431. — Λεξικὸν λατινοελληνικὸν τὸ μὲν πρῶτον συνταχθὲν ἐκδοθὲν ὑπὸ τοῦ ἐκ Βρέμης τῆς Γερμανίας Ἑρρίκου Οὐλερίχου, εἶτα δὲ τὸ δεύτερον, τρίτον καὶ τέταρτον ἐπεξεργασθὲν καὶ πλουτισθὲν λέξεσι καὶ σημαινομένοις ὑπὸ Στεφ. Α. Κουμανούδη Ἀδριανοπολίτου, νῦν δὲ τὸ πέμπτον ἐπεξεργασθὲν καὶ πλουτισθὲν λέξεσι καὶ σημαινομένοις ὑπὸ Ι. Πρωτοδίκου καὶ Μ. Ι. Βιαγκίνη καθηγητῶν. Ἐν Ἀθήναις, παρὰ τοῖς ἐκδόταις Κ. Ἀντωνιάδῃ, ὁδὸς Περικλέους, 23. Σ. Κ. Βλαστῷ, ὁδὸς Ἑρμοῦ. 1884.

In-4° de ιέ (15) et 498 pages (Μέρος πρῶτον) + 564 pages, dont les trois dernières non chiffrées (Μέρος δεύτερον).

3432. — Lettres de Chrysanthe, métropolitain de Corfou, et documents le concernant. (*A la fin :*) Κερκύρᾳ, τυπογραφεῖον Ἰ. Ναχαμούλη.

In-8° de 18 pages et 1 feuillet blanc. Tout en grec. Cet opuscule a été publié sans titre. Sur la couverture, de même que sur la première page de la brochure, on lit cette dédicace : Τῷ θεοπροβλήτῳ ἀρχιεπισκόπῳ Κερκύρας κυρίῳ κυρίῳ Εὐσταθίῳ πάνυ ἀξίῳ διαδόχῳ μητροπολίτου Χρυσάνθου τὸ εὐτελὲς τοῦτο ἔργον ταπεινῶς ἀφιεροῖ Σπυρίδων Κυριάκης Βουσολῖνος, βιβλιοφύλαξ τῆς ἐν Κερκύρᾳ δημ. βιβλιοθήκης. L'épître dédicatoire est datée de Corfou, 1884.

3433. — Λογιστικὴ ἤτοι ἀριθμητικὴ τοῦ βίου μετὰ πολλῶν προβλημάτων κατὰ τὸ ψυχολογικὸν σύστημα, πρὸς χρῆσιν τοῦ δημοτικοῦ σχολείου, ὑπὸ Γερ. Π. Βανδώρου, νομαρχιακού δημοδιδασκάλου Κεφαλληνίας. Μέρος δεύτερον. Ἐν Ἀθήναις, ἐκ τοῦ τυπογραφείου ὁ Παλαμήδης. 1884.

In-8° de 72 pages.

3434. — Λόγος ἐκφωνηθεὶς ἐν τῷ καταστήματι τῆς ἐν Κερκύρᾳ φιλελεήμονος ἑταιρίας ὁ "Ἅγιος Σπυρίδων" ὑπὸ τοῦ ἐλεγκτοῦ αὐτῆς Λεωνίδου Βλάχου ἐν τῇ συνεδριάσει τῆς 26ης φεβρουαρίου 1884.

Placard in-folio à 3 colonnes.

3435. — Λόγος πανηγυρικὸς ἀπαγγελθεὶς ἐν τῷ καταστήματι τοῦ ἐν Γαρίτζῃ Κερκύρας διδακτικοῦ καὶ ἀλληλοβοηθητικοῦ συλλόγου Ἀδελφότης, τῇ 25ῃ μαρτίου 1884 ἐπετείῳ ἡμέρᾳ τῆς ἐθνικῆς ἡμῶν ἀνεξαρτησίας ὑπὸ Νικολάου Σ. Ζερβοῦ, τελειοδιδάκτου τὰ νομικά. Ἐν Κερκύρᾳ, ἐκ τοῦ τυπογραφείου ὁ Κοραῆς Ἰ. Ναχαμούλη. 1884.

In-8° de 20 pages.

3436. — Marco Antonio Canini. Conferenza sul poeta greco Dionisio Solomos, tenuta in Venezia, il 20 dicembre 1883, e versione dell' *Inno alla Libertà* del medesimo, aggiunta una versione della *Marsigliese*. Venezia, tip. di C. Ferrari alla Posta. 1884.

In-8° de 48 pages. Brochure intéressante.

3437. — Μητροφάνης Κριτόπουλος πατριάρχης Ἀλεξανδρείας κατὰ τοὺς κώδικας τοῦ πατριαρχείου Ἀλεξανδρείας καὶ ἄλλας πηγὰς ὑπὸ Γερασίμου Γ. Μαζαράκη Κεφαλλῆνος, μετὰ εἰκόνος τοῦ Κριτοπούλου. Ἐν Καΐρῳ, τύποις Μιχαὴλ Κ. Νομικοῦ. 1884.

In-8° de ί (10) et 82 pages, plus un portrait de Métrophane Critopoulos.

3438. — Νομίσματα καὶ μετάλλια τῆς ἑπτανήσου πολιτείας καὶ τῆς προσωρινῆς τῶν Ἰονίων νήσων παρὰ τῶν Ἄγγλων κατοχῆς ὑπὸ Παύλου Λάμπρου. Ἀθήνησιν, ἐκ τοῦ τυπογραφείου τῶν ἀδελφῶν Περρῆ. In Commission bei Carl Beck in Athen. 1884.

In-8° de deux feuillets + 31 pages + six planches. Lion symbolique sur le titre, qui est tiré en rouge et noir. C'est la réimpression de l'étude parue dans le tome premier (fascicule d'octobre 1883) du Δελτίον de la Société historique de Grèce, p. 185 à 208. Tiré à 350 exemplaires.

3439. — Περὶ τῆς ἐπιδράσεως τῆς τε μουσικῆς καὶ τῆς ποιήσεως ἐπὶ τοῦ ἀνθρωπίνου πνεύματος μελέτημα Νικολάου Σ. Ζερβού Κερκυραίου. Ἐν Κερκύρᾳ, ἐκ τοῦ τυπογραφείου ὁ Κοραῆς Ἰ. Ναχαμούλη. 1884.

In-8° de 19 pages. Dédié à Nicolas Calentzotis.

3440. — Περὶ τῶν ἐπιδημιῶν τῆς χολέρας καὶ τῶν κατ' αὐτῆς προφυλακτικῶν μέτρων ὑπὸ Γερασίμου Φωκᾶ ἰατροῦ. Ἐν Ἀθήναις, ἐκ τοῦ τυπογραφείου τῶν ἀδελφῶν Περρῆ, ἐπὶ τῆς πλατείας τοῦ Πανεπιστημίου. 1884.

In-8° de 63 pages.

3441. — Πέτρῳ Βράϊλα Ἀρμένῃ † γ' σεπτεμβρίου 1884 ἱερόν. Ἡ διεύθυνσις τῆς Κυψέλης. (*A la page 2 :*) Τύποις Σ. Καψοκεφάλου.

In-folio de onze pages à 2 colonnes. Notice nécrologique datée de Zante, 8 septembre 1884, et signée SPIRIDION DE BIASI.

3442. — Ποίημα κατ' ἀκροστιχίδα εἰς πάτριον γλῶσσαν ἐκπονηθὲν καὶ ἐκδοθὲν ὑπὸ τοῦ ἀρχιμανδρίτου Νικολάου Μαντζαβίνου Κεφαλλῆνος. Ἐν Κωνσταντινουπόλει. 1884.

In-8° de douze pages.

3443. — Ποικίλη Στοά, ἐθνικὸν ἡμερολόγιον, ἔτος ε, 1885. Ὑπὸ Ἰωάννου Ἀ. Ἀρσένη εὐνοϊκῇ συμμετοχῇ ἐγκρίτων λογίων. Ἐν Ἀθήναις, ἐκ τοῦ τυπογραφείου ἀττικοῦ Μουσείου. 1884.

In-8° de 536 + 8 pages + 31 feuillets contenant des portraits et des gravures. Dédié à « l'ombre sacrée » de Georges Zariphis.

3444. — Spiridione de Biasi. Gaetano Grassetti Romano. A Felice Caivano-Schipani. Estratto dal periodico *Il Pittagora* di Napoli. Fasc. 123. 3 marzo 1884.

In-4° de 4 pages à deux colonnes.

3445. — Στροφαί τινες ἐκ τοῦ « Ἠθικοῦ κόσμου » Σ. Μελησινοῦ, ἀπαγγελθεῖσαι παρὰ τούτου ἐν τῷ Καταστήματι τῆς Φιλαρμονικῆς Ἑταιρίας, τὸ ἑσπέρας τῆς 25 μαρτίου 1884 καὶ προεισαγωγικὸν λογίδιον παρ' αὐτοῦ ἐπίσης ἐκφωνηθέν. (Ἐκδίδεται δαπάνῃ τῆς Φιλαρμονικῆς Ἑταιρίας.) Ἐν Κερκύρᾳ, 1884.

In-8° de 1 feuillet et 6 pages.

3446. — Συντακτικὸν τῆς λατινικῆς γλώσσης πρὸς χρῆσιν τῶν γυμνασίων ὑπὸ

Σ. Κ. Σακελλαροπούλου, εγκριθέν υπό του Υπουργείου κατά τον αμβ' νόμον. Εκδίδοται δαπάνη Ανέστη Κωνσταντινίδου. Έν Αθήναις, καταστήματα Κοραή Α. Κωνσταντινίδου. 1884.

In-8° de un feuillet, β' (2) et 108 pages.

3447. — Τραγωδίαι Σοφοκλέους μετενεχθεΐσαι εις την καθωμιλημένην υπό Βασ. Γ. Βυθούλκα. Τεύχος ά περιέχον τον Οιδίποδα τύραννον και τον Φιλοκτήτην. Έν Αθήναις, 1884, τύποις Βλαστού Βαρβαρρήγου.

In-8° de 158 pages et 1 feuillet. Dédié « à l'ombre sacrée » de Spiridion C. Romas.

3448. — Χαραλάμπους Αννίνου Εδώ κ' εκεί: Ο πολιτικός βίος του κυρίου Αναπόδου, Κάδμος, Η πρώτη απάτη, Τις εκ των δύο, Αναμνήσεις Νεαπόλεως (Vico Campane), Ο δημόσιος γραφεύς, Η οικογένεια διασκεδάζει, Καλολογία, Επί του εξώστου, Ημέρα ευχάριστος, Ο γάτος της γειτόνισσας, Το έτος 1000 μ. Χ. Έν Αθήναις, εκ του τυπογραφείου Ανδρέου Κορομηλά. 1884.

In-8° de trois feuillets, 248 pages et un feuillet. Couverture illustrée en couleurs.

3449. — Αί θεμελιώδεις διδασκαλίαι της παιδαγωγικής επιστήμης υπό Στεφάνου Δ. Ρώση, διδάκτορος της φιλοσοφίας και καθηγητού. Έν Κερκύρα, εκ του τυπογραφείου ό Κοραής Ι. Ναχαμούλη. 1885.

In-8° de trois feuillets, 67 pages et un feuillet d'errata, lequel a été tiré avec les 3 feuillets liminaires. Dédié par l'auteur à son frère Zikos Rossi, professeur à l'Université d'Athènes.

3450. — Αναλυτικαί έρευναι επί του εν Κεφαλληνία ύδατος της Αγίας Ελεούσης υπό Ν. Γ. Πινιατόρου Κεφαλλήνος. Έκδοσις δευτέρα. Έν Κεφαλληνία, τύποις Ηχούς. 1885.

In-8° de huit pages. Il y a des exemplaires qui portent la date de 1886. La première édition de cette étude parut, en 1858, à Athènes, dans la Πανδώρα, t. IX, p. 235 et suivantes.

3451. — Άρδην, μηνιαίον φύλλον των συμφερόντων του ανθρώπου, ιδρυθέν τη 6 αυγούστου 1885. Τόμος πρώτος (1885-1887). Ιδρυτής Πλάτων Ε. Δρακούλης. (*A la fin du dernier n°:*) Τύποις Ενώσεως, οδός Λέκα, στοά Σιμοπούλου.

In-8° de 88 pages à deux colonnes. Ce périodique a eu douze numéros et paraissait à Athènes. Les nos d'août, septembre et octobre 1885 ont été réimprimés en juillet 1887, date à laquelle parut aussi le douzième et dernier numéro.

3452. — Ἀττικὸν ἡμερολόγιον τοῦ ἔτους 1886 ὑπὸ Εἰρηναίου Ἀσωπίου εὐνοϊκῇ συμπράξει φιλοκάλων λογίων. Ἔτος εἰκοστόν. Ἐν Ἀθήναις, τύποις Λαζαρίδου καὶ Κουβελάνου.

In-8° de 24 pages (dont deux seulement sont chiffrées), 552 pages et 13 gravures hors texte.

3453. — Γρηγορίου Δ. Ξενοπούλου Ἑλληνικοῦ ἀγῶνος τὸ τριακοσιάδραχμον ἔπαθλον, διήγημα. Ἐν Ἀθήναις, Διονύσιος Σ. Χιώτης, ἐκδότης, 3, ὁδὸς Πατησίων, 3. (*Au v° du titre :*) Ἐν Ἀθήναις, ἐκ τοῦ τυπογραφείου τῆς Κορίννης, 3, ὁδὸς Πατησίων, 3. 1885.

In-8° de ις΄ (16) et 88 pages. Épître dédicatoire à Irénée Asopios.

3454. — Das Schöne, aus dem *Kleinen Bürger* des Prof. P. Vergotis in Cephalonia 1876, ins deutsche übertragen von M. Geiger, Philologen in Stuttgart. *Stuttgart*, Druck der J. B. Metzlerschen Buchdruckerei. 1885.

In-8° de dix pages et un feuillet blanc. Très rare.

3455. — Διηγήματα ἐκ τοῦ Ἡροδότου κατὰ τὴν νέαν μέθοδον πρὸς χρῆσιν τῶν μαθητῶν τῶν δημοτικῶν σχολείων ὑπὸ Γεωργίου Σ. Κονιδάρη. Τεῦχος ά. Ἔκδοσις τρίτη διωρθωμένη· ἔτος σχολικὸν τέταρτον. Ἐν Ἑρμουπόλει Σύρου παρὰ τῷ ἐκδότῃ Π. Γ. Μαίμῳ, τύποις Πατρίδος. 1885.

In-8° de 96 pages.

3456. — Διονυσίου Θερειανοῦ Φιλολογικαὶ ὑποτυπώσεις. Ἐν Τεργέστῃ, παρὰ τῷ βιβλιοπωλείῳ F. H. Schimpff. 1885. (*Au v° du titre :*) Τύποις τοῦ αὐστριακοῦ Λόυδ.

In-8° de trois feuillets et 387 pages.

3457. — Ein Ausflug nach Athen und Corfu von Rosa v. Gerold, mit Zeichnungen von Ludw. H. Fischer. *Wien*, Druck und Verlag von Carl Gerold's Sohn. 1885.

In-8° de vi (en réalité iv) pages + un feuillet + 223 pages + un demi-feuillet pour l'errata inséré après le feuillet liminaire. Les dessins sont dans le texte. Couverture illustrée.

3458. — Ἔκδοσις δευτέρα τοῦ Μικροῦ πολίτου.

In-8° de 20 pages. Cette brochure ne contient en réalité qu'une annonce de quinze lignes, où PANAGIOTIS VERGOTIS promet une seconde édition de son Μικρὸς πολίτης. Cette annonce est suivie des jugements portés sur ce livre par divers savants. Daté, à la fin, d'Argostoli, 18 août 1885, et signé P. Vergotis.

3459. — Ἐν τῇ ἱερᾷ εὐλογίᾳ τῶν νεονύμφων εὐγενοῦς κυρ. κυρ. Δημητρίου Ἀρβανιτάκη τοῦ εὐγενοῦς κυρ. κυρ. Ἰωάννου καὶ εὐγενοῦς κυρ. κυρ. Ἐλοϊσίας Σάργεντ ποτὲ εὐγενοῦς Ῥοβέρτου, τῇ 11 σεπτεμβρίου 1885. ἔ. π. Ἀφιεροῦται πρὸς τὸν εὐγενῆ κύρ. κύρ. Ἰωάννην Ἀρβανιτάκην.

Placard in-4°. Poésie signée PANAGIOTIS VORREUS.

3460. — Ἐπικρίσεις ἐπὶ περιόδων τινῶν τοῦ συγγράμματος τοῦ κ. Παύλου Λάμπρου «Νομίσματα καὶ μετάλλια τῆς ἑπτανήσου Πολιτείας» ὑπὸ Μάρκου Θεοτόκη. Ἐν Κερκύρᾳ, ἐκ τοῦ τυπογραφείου ὁ Κοραῆς Ἰ. Ναχαμούλη. 1885.

In-8° de 230 pages et un feuillet non chiffré.

3461. — Excerptorum Constantini de natura animalium libri duo, Aristophanis historiae animalium epitome, subiunctis Æliani, Timothei aliorumque eclogis, consilio et auctoritate Academiae Litterarum regiae Borussicae, edidit Spyridon P. Lambros. *Berolini*, typis et impensis Georgii Reimer. MDCCCLXXXV.

In-8° de xx pages, un feuillet (isolé) et 282 pages. Fait partie du *Supplementum aristotelicum*.

3462. — Inno alla Libertà, poesia del conte Dionisio Solomos trasportata in versi italiani da N. Gonemi Corcirese. *Corfù*, tipografia Luce di A. Lanza. 1885.

In-8° de 57 pages et 1 feuillet. Texte et traduction.

3463. — Ἰσοκράτους πανηγυρικὸς μετὰ ποικίλων ἑρμηνευτικῶν σημειώσεων πρὸς χρῆσιν τῶν μαθητῶν τῆς ϛ' τάξεως τῶν γυμνασίων ὑπὸ Β. Γ. Βυθούλκα. Ἐκδότης Σπυρίδ. Κουσουλίνος. Ἐν Ἀθήναις, Σπυρίδωνος Κουσουλίνου τυπογραφεῖον καὶ βιβλιοπωλεῖον, ὁδὸς Σταδίου (ἐν τῷ περιβόλῳ τῆς Βουλῆς). 1885.

In-8° de ιέ (15) et 103 pages.

3464. — Ἱστορία τῆς Σωσάννης νεωστὶ ἀνατυπωθεῖσα. Βενετία, ἐκ τοῦ ἑλληνικ. Τυπογρ. ὁ Φοῖνιξ. 1885.

In-8° de quinze pages. Rappelons que l'auteur de ce petit poème, si souvent réimprimé, est Marc Dépharanas de Zante.

3465. — Καθημεριναὶ προσευχαὶ μετὰ τῶν τῶν νεομηνιῶν καὶ ἄλλων ἡμιεορτῶν μεταφρασθεῖσαι μὲν ὑπὸ Ἰ. Ναχαμούλη, ἐκδοθεῖσαι δὲ μετὰ τοῦ ἑβραϊκοῦ κειμένου δαπάνῃ τοῦ τε μεταφραστοῦ καὶ τοῦ Ἀ. Ἰσχάκη. Ἐν Κερκύρᾳ, ἐκ τοῦ τυπογραφείου ὁ Κοραῆς Ἰ. Ναχαμούλη. 1885.

In-8° de 4 feuillets et 427 pages. Nous ne reproduisons pas le titre hébreu de ce volume. Dédié au prince Constantin, héritier du trône de Grèce.

3466. — Κυψέλη, ἡμερολόγιον τοῦ ἔτους 1886 ὑπὲρ τῶν δεινοπαθούντων ἕνεκα τῆς ἐπιστρατείας. ἔτος πρῶτον. ἐν Ἑρμουπόλει Σύρου, ἐκ τοῦ τυπογραφείου Πανόπης ἀδελφῶν Φρέρη, πλησίον τῆς δυτικῆς ἐκκλησίας. 1885.

In-8° de 218 pages. Publié par G. Politis.

3467. — L'Eco Italiano. Ἡ ἠχὼ τῆς Ἰταλίας ἤτοι πρακτικὴ ἄσκησις εἰς τὴν ἐκλεκτοτέραν οἰκιακὴν ὁμιλίαν καὶ τὴν καθαρὰν ἐν Ἰταλίᾳ συνδιάλεξιν, κατὰ τὸ κείμενον τοῦ Εὐγενείου (sic) Καμερίνη, καθηγητοῦ τῆς ἰταλικῆς γλώσσης καὶ φιλολογίας ἐν Τουρίνῳ, μετὰ τῆς ἑλληνικῆς ἑρμηνείας τῶν ἐν τῷ κειμένῳ λέξεων καὶ φράσεων, ὑπὸ Μάρκου Βιαγκίνη, καθηγητοῦ τῆς ἰταλικῆς καὶ λατινικῆς φιλολογίας. Ἐν Ἀθήναις, παρὰ τῷ ἐκδότῃ Σ. Κ. Βλαστῷ, τυπογραφεῖον, 14, ὁδὸς Νίκης, 14, βιβλιοπωλεῖον, 63, ὁδὸς Ἑρμοῦ, 63. 1885.

In-8° de ή (8) et 111 pages.

3468. — Le Corrège, sa vie et son œuvre, précédé d'une introduction sur le développement de la culture italienne et sur le génie de la Renaissance, par Marguerite Albana Mignati. Avec deux photographies. Deuxième édition. *Paris*, librairie Fischbacher, Société anonyme, 33, rue de Seine, 33. 1885. Tous droits réservés. (*Au v° du faux-titre :*) Paris, imp. Vve P. Larousse et Cie, rue Montparnasse, 19. (*A la fin :*) Paris, imprimerie Émile Martinet, rue Mignon, 2.

3469. — Lettera pastorale al clero e al popolo della chiesa latina di Corfù. *Zante*, tipografia N. Condogiorga. 1885.

Grand in-8° de 7 pages. L'auteur de cette lettre pastorale est Évangelista Boni, archevêque latin de Corfou. Ses armoiries occupent la première page de la couverture.

3470. — Λόγοι εκφωνηθέντες επί του νεκρού του 'Αλεξάνδρου Δ. Καραμπίνη αποβιώσαντος τη 7 αυγούστου 1885. Έν Ζακύνθω, εκ του τυπογραφείου Μ. Κοντόγιωργα. 1885.

In-8° de 14 pages et un feuillet blanc. Le titre forme couverture et fait partie intégrante de la brochure. Ont collaboré à ce Recueil : Constantin Lombardos, F. Carrer et Denys Soméritis.

3471. — Λόγος 'Αθανασίου Παραμυθιώτου εν τω μνημοσύνω Πέτρου Βράϊλα 'Αρμένη. Έν Κερκύρα, τυπογραφείον 'Αθηνά, 1885.

In-8° de 10 pages et 1 feuillet blanc.

3472. — Λόγος εκφωνηθείς εν τω ναώ του αγίου Σπυρίδωνος τη 9η ιανουαρίου 1885, υπό Λεωνίδου Βλάχου, προέδρου του δ. συμβουλίου Κερκυυαίων (sic) μετά το τελεσθέν δημοτελές μνημόσυνον υπέρ του σοφού Κερκυραίου πέτρου Βράϊλα 'Αρμένη.

Placard in-folio sur 3 colonnes.

3473. — Λόγος επικήδειος εις Σπυρίδωνα Ι. Βούλγαριν, φοιτητήν της νομικής, υπό 'Ιπποκράτους Σ. Καραβία. — 'Επιτάφιος αποχαιρετισμός τω Σπ. Ι. Βούλγαρη υπό Πλάτωνος Σ. Δρακούλη. — Λόγος επί του νεκρού του Σπυρίδωνος Ι. Βούλγαρη υπό Γεωργίου Ν. Καψοκαββάδη, τεταρτοετούς της ιατρικής. — Δύο λέξεις επί του νεκρού του Σπ. Ι. Βούλγαρη υπό Α. Δ. Κονιδάρη. Έν 'Αθήναις, τύποις των αδελφών Περρή. 1885.

In-8° de seize pages. Tiré à 150 exemplaires (Perris, Εικοσαετηρίς, n° 487).

3474. — Mentre Corcira in duolo deplora la perdita del suo illustre cittadino Pietro Braila Armeni con solenni esequie alla memoria di lui il presente sonetto Francesco di Mento consacrava. *(Au bas :) Corfù*, gennaio 1885.

Placard in-4° bordé de noir.

3475. — Νικηφόρου Θεοτόκη του 'Αστραχανίου και Σταυρουπόλεως αρχιεπισκόπου Κυριακοδρόμιον ήτοι ερμηνεία και μετ' αυτήν ηθική ομιλία εις τας των αποστόλων πράξεις, τας εν ταις αγίαις των ορθοδόξων χριστιανών εκκλησίαις αναγινωσκομένας κατά τας από του Πάσχα μέχρι της Πεντηκοστής κυριακάς, και εις τας του αποστόλου Παύλου επιστολάς, τας αναγινωσκομένας κατά τας λοιπάς κυριακάς του όλου ενιαυτού. Έκδοσις πέμπτη. Εκδίδοται δαπάνη 'Αντωνίου Ν. Καστριώτου.

Τόμος πρῶτος. 'Εν 'Αθήναις, ἐκ τοῦ τυπογραφείου A. N. Καστριώτου, 11, ὁδὸς Ἁγίου Μάρκου, 11. 1885.

In-4° de 194 pages et un feuillet contenant la table. Tome deuxième : 262 pages et un feuillet. Imprimé sur deux colonnes.

3476. — Notice nécrologique (en italien) sur Giuseppe Zanini, datée de Corfou, le 12/24 février 1885, et signée T. A. Polito.

Placard in-folio à 2 colonnes.

3477. — Ὁ ἐπιτάφιος τοῦ Περικλέους καὶ ὁ διάλογος τῶν Μηλίων μετὰ σημειώσεων καὶ παραφράσεως πρὸς χρῆσιν τῶν μαθητῶν τῆς δ' τάξεως τῶν γυμνασίων ὑπὸ Β. Γ. Βυθούλκα. Ἐκδότης Σπυρίδ. Κουσουλίνος. Ἐν Ἀθήναις, Σπυρίδωνος Κουσουλίνου τυπογραφεῖον καὶ βιβλιοπωλεῖον, ὁδὸς Σταδίου καὶ ἐν τῷ περιβόλῳ τῆς Βουλῆς. 1885.

In-8° de 80 pages. Dédié à Nicolas M. Damalas.

3478. — Οἱ κυβερνῆται τῆς Ἑλλάδος ἐζουρλαθήκανε.

In-8° de trois pages. Adresse d'ANDRÉ LASCARATOS aux princes de l'Europe, parue en novembre 1885, date à laquelle un exemplaire nous en fut envoyé par l'auteur.

3479. — Οἱ Παδοβᾶνοι ὑπὸ Σ. δὲ Βιάζη. (*A la fin :*) Ἐν Ζακύνθῳ, τύποις Σ. Καψοκεφάλου.

In-4° de trois pages. Extrait du n° 13 de la Revue Κυψέλη.

3480. — Παραλληλισμοί τινες τῆς ἑλληνικῆς πολιτείας πρὸς τὴν ῥωμουνικὴν ὑπὸ Ν. Γ. Πινιατόρου Κεφαλλῆνος, προλύτου τῆς ἐν Παρισίοις σχολῆς τῶν φυσικῶν ἐπιστημῶν, μέλους διαφόρων εὐρωπαϊκῶν ἐπιστημονικῶν ἑταιριῶν. Ἐν Κεφαλληνίᾳ, τύποις Ἠχοῦς. 1885.

In-8° de 16 pages.

3481. — Περὶ τοῦ ἀπ' ἄμβωνος ἐπαγγέλματος παρὰ Ἀνδ. Λασκαράτου. Ἐν Κεφαλληνίᾳ, τυπογραφεῖον ὁ Λέων. 1885. Τυποῦται δαπάνῃ τοῦ τυπογράφου.

In-8° de 8 pages.

3482. — Phædri Fabulæ æsopiæ μετὰ ποικίλων σχολίων πρὸς χρῆσιν τῆς β' τάξεως τοῦ γυμνασίου ὑπὸ B. Βυθούλκα. Ἐν Ἀθήναις, ἐκ τοῦ τυπογραφείου ὁ Παλαμήδης. 1885.

In-8° de 79 pages.

3483. — Poesie di Stefano Marzocchi. *Zante*, tipografia S. Capsochefalo. 1885.

In-8° de 23 pages.

3484. — Σεβηριανὸς Φογάτσης, Severiano Fogacci, ὑπὸ Σπυρ. δὲ Βιάζη. Ἐν Ζακύνθῳ, τύποις Σπ. Καψοκεφάλου. 1885.

In-8° de 16 pages. Extrait des n°s 15 et 16 de la Κυψέλη.

3485. — Sul valore della moneta Veneziana, Saggio del conte Nicolò Papadopoli, S. C. del R. Istituto Veneto di Scienze, Lettere ed Arti. (*A la fin :*) *Venezia*, 1885. Tip. Antonelli.

In-8° de 39 pages. Extrait des *Atti del R. Istituto Veneto di Scienze, Lettere ed Arti*, tome III, série VI.

3486. — Τὸ πεπρωμένον τοῦ ἐγκλήματος, μυθιστορία ὑπὸ Λεωνίδου Χ. Ζώη. Ἐν Ζακύνθῳ, τυπογρ. Ν. Κοντόγιωργα. 1885.

In-8° de 44 pages.

3487. — Χωρὶς μάνα, ὑπὸ Ἠλία Ἰ. Ζενεμβίση. *Genève*, imprimerie Charles Schuchardt. 1885.

In-8° de 21 pages et un feuillet blanc. Recueil de poésies dédié par l'auteur à la mémoire de sa mère Photine.

3488. — Ἀκολουθία καὶ βίος τοῦ ὁσίου πατρὸς ἡμῶν Βαρβάρου τοῦ Πενταπολίτου ψαλλομένη τῇ ιέ μαίου, νῦν τὸ δεύτερον ἐκδιδομένη, μετὰ τῆς εἰκόνος τοῦ ἁγίου, ὑπὸ Ἰωάννου Α. Ἀλεξάκη, ἀδείᾳ τοῦ προϊσταμένου τῆς ἐκκλησίας. Ἐν Κερκύρᾳ, ἐκ τοῦ τυπογραφείου ὁ Κοραῆς Ἰ. Ναχαμούλη. 1886.

In-8° de 2 feuillets, 28 pages et 2 feuillets. La gravure est comprise dans les 2 feuillets liminaires.

3489. — Al grande diplomatico sig. conte Giovanni Capodistria, secretario di Stato del Senato della repubblica Settinsulare, ministro e cancelliere intimo dell' imperatore Alessandro, ministro plenipotenziario presso la confederazione Elvetica, cittadino di Genevra, cavaliere grancroce dei principali ordini dell' Europa, presidente della Grecia, che l'Europa chiamò il più saggio dei Greci, nel giorno che Corcira sua patria innalzavagli pubblico monumento, il canonico Dr Darmanin questo umile omaggio consacrava. (*A la fin:*) *Corfù*, tip. A. Lanza. 1886.

In-4° de 7 pages à deux colonnes. Ode en vers italiens.

3490. — Ἀποφθέγματα τῶν πατέρων ἀναγινωσκόμενα κατὰ τὰ σάββατα ἀπὸ τοῦ Πάσχα μέχρι τῆς ἑορτῆς τῶν ἑβδομάδων μεταφρασθέντα καὶ ἐκδοθέντα μετὰ τοῦ ἑβραϊκοῦ κειμένου ὑπὸ Ἰ. Ναχαμούλη. Ἐν Κερκύρᾳ, ἐκ τοῦ τυπογραφείου ὁ Κοραῆς Ἰ. Ναχαμούλη. 1886.

In-8° de 107 pages. Nous ne reproduisons pas le titre hébreu de ce volume.

3491. — Aristote Valaoritis. Athanase Diakos, poème en six chants ; Dame Phrosyne, poème dramatique en quatre chants, traduits pour la première fois en français par J. Blancard, professeur de grec moderne à la Faculté de Marseille, chevalier de l'ordre royal du Sauveur de Grèce, officier d'Académie. *Paris*, Ernest Leroux, éditeur, 28, rue Bonaparte, 28. 1886. (*Au v° du faux-titre:*) Le Puy, imprimerie de Marchessou fils.

In-8° de deux feuillets non chiffrés, LXXI + 398 pages + un feuillet non chiffré ayant seulement, au recto, le nom et l'adresse de l'imprimeur, comme au verso du faux-titre.

3492. — Ἄσματα εἰς τὸν ἅγιον Ἀθανάσιον ἐπίσκοπον Χριστιανουπόλεως καὶ πραγματεία περὶ ἁγίων ὑπὸ Ἰωάννου Μαρτίνου πρεσβυτέρου. Ἐν Ἀθήναις, ἐκ τοῦ τυπογραφείου Ἀναστασίου Ν. Τρίμη. 1886.

In-8° de 48 pages. Cette brochure est un Office (ἀκολουθία) de S. Athanase, archevêque de Christianoupolis.

3493. — Ἀττικὸν ἡμερολόγιον τοῦ ἔτους 1887 ὑπὸ Εἰρηναίου Ἀσωπίου εὐνοϊκῇ συμπράξει φιλοκάλων λογίων. Ἔτος πρῶτον καὶ εἰκοστόν. Ἀθήνησι, ἐκ τοῦ τυπογραφείου τῆς Κορίννης. 1886.

In-8° de 24 pages (dont quatre seulement sont chiffrées), 612 pages et 16 gravures hors texte.

3494. — Βιβλιοθήκη Π. Ἀνθῶνος, ἀριθ. 1. Ἰωάννου Καμπούρογλου Ἔρωτος ἡμέραι μετὰ βιογραφικῶν σημειώσεων ὑπὸ Σ. δὲ Βιάζη. 1886. Τυπογραφεῖον ὁ Φώσκολος Σ. Καψοκεφάλου.

In-8° de seize pages.

3495. — Βίος τοῦ ἁγίου καὶ θαυματουργοῦ Σπυρίδωνος προστάτου Κερκύρας μετὰ τῶν νεωτέρων θαυμάτων αὐτοῦ ἐκδίδεται ὑπὸ Ἰωάννου Ζερβοῦ π. ἱερ. Ἀναστασίου. Ἐν Κερκύρᾳ ἐκ τοῦ τυπογραφείου ὁ Κοραῆς Ἰ. Ναχαμούλη. 1886.

In-8° de 59 pages.

3496. — Γεωγραφία πολιτικὴ νέα καὶ ἀρχαία τοῦ νομοῦ Ἀργολίδος καὶ Κορινθίας, μετὰ γεωγραφικοῦ πίνακος τοῦ νομοῦ, ὑπὸ Ἀντωνίου Μηλιαράκη. Ἐν Ἀθήναις, βιβλιοπωλεῖον Ἑστίας, ὁδὸς Σταδίου, ἀριθ. 32. τυπογραφεῖον Κορίννης, ὁδὸς Πατησίων, ἀριθ. 3. 1886.

In-8° de ις' (16) pages, dont les deux premières blanches, 302 pages, un feuillet blanc et une carte géographique.

On trouve dans cet ouvrage (pp. 259-282) un chapitre consacré à l'éparchie de Cythère (Cérigo) formée par l'île de ce nom et Anticythère (Cérigotto).

3497. — Camillo Antona-Traversi, professore di lettere italiane nel R. Collegio militare di Roma. De' natali, de' parenti, della famiglia di Ugo Foscolo con lettere e documenti inediti e un' appendice di cose inedite o rare. *Milano*, Fratelli Dumolard, editori, corso Vittorio Emanuele, 21. 1886.

In-8° de xii + 516 pages + 3 vignettes et deux tableaux généalogiques.

3498. — Catherine de Sienne. Sa vie et son rôle dans l'Italie du quatorzième siècle par Marguerite Albana Mignaty. *Paris*, librairie Fischbacher (Société anonyme), 33, rue de Seine, 33. 1886. Tous droits réservés, (*Au v° du titre :*) Imprimerie G. Fischbacher. Strasbourg.

In-8° de deux feuillets et 144 pages. Marque de librairie sur le titre.

3499. — Cenni critici sopra le traduzioni Ebreo-Greche del signor Giuseppe Nacamulli.

In-8° de 8 pages. Daté de Corfou, 18 mai 1886, et signéMénachem Belléli (le même que Lazare Belléli).

3500. — Διονύσιος Γρυπάρης ὑπὸ Σ. δὲ Βιάζη. Ἐν Ζακύνθῳ, τύποις Σ. Καψοκεφάλου. 1886.

In-8° de 32 pages. La couverture imprimée tient lieu de titre. Forme le premier numéro de la Βιβλιοθήκη Κυψέλης.

3501. — Ἐλισαβέτιος Μαρτινέγκος † 3 δεκεμβρίου 1885. Ἐν Ζακύνθῳ, τύποις Σ. Καψοκεφάλου. 1886.

In-8° de 39 pages. Ont collaboré à ce recueil nécrologique : P. Chiotis, Spiridion de Biasi, D. Héliacopoulos et Petrus Agius (ce dernier, sans doute un pseudonyme, pour une Élégie latine).

3502. — Ἐμπορικῆς βιβλιοθήκης τόμος εἰσαγωγικός. Ὁ πρακτικὸς βίος τοῦ ἐμπόρου καὶ τοῦ διαχειριστοῦ, συγγραφὴ πρωτότυπος Ξενοφῶντος Δ. Ζύγουρα, καθηγητοῦ τῶν ἐμπορικῶν καὶ οἰκονομικῶν ἐν πλείστοις τῶν ἐν Ἀθήναις ἐκπαιδευτηρίων. Ἔκδοσις δευτέρα. Ἐν Ἀθήναις, ἐκ τοῦ τυπογραφείου Ἀναστασίου Ν. Τρίμη. 1886.

In-8° de 308 pages.

3503. — Ἑρμηνεία εἰς τὸν ν΄ ψαλμὸν καὶ τὸν ἑξάψαλμον ὑπὸ Ζησίμου Γ. Π. Τυπάλδου καθηγητοῦ. Κεφαλληνία, τύποις ἡ Κεφαλληνία. 1886.

In-8° de 108 pages.

3504. — Ἡ διαγωγὴ τῶν δυνάμεων πρὸς τὴν Ἑλλάδα. Ἐν Ζακύνθῳ, τύποις Σ. Καψοκεφάλου. 1886.

In-8° de huit pages. Daté de Zante, 19 mai 1886, et signé : Ναθαναὴλ Ἰωάννου Δομενεγίνης.

3505. — Ἡ θεία λειτουργία τοῦ ἁγίου ἐνδόξου ἀποστόλου Ἰακώβου, τοῦ ἀδελφοθέου καὶ πρώτου ἱεράρχου τῶν Ἱεροσολύμων, ἐκδοθεῖσα μετὰ διατάξεως καὶ σημειώσεων ὑπὸ Διονυσίου Λάτα, ἀρχιεπισκόπου Ζακύνθου. Ἐν Ζακύνθῳ, τύποις Σ. Καψοκεφάλου. 1886.

In-4° de 72 pages. Préface au lecteur, datée de Zante, 3 mars 1886. La dernière page est occupée par l'errata.

3506. — Giovanni Capodistria. Inno patriotico del cav. avv. Giuseppe Ramelli. *Corfù*, premiato stabilimento di G. Nacamulli. 1886.

In-4° de 7 pages.

3507. — Θ. Δ. Φραγκοπούλου ἐφέτου ἡ ἐν ταῖς Ἰονίοις νήσοις ἀστικὴ νομοθεσία κατά τε τοὺς ἑνετικοὺς νόμους καὶ τὰς ἐν ἰσχύι διατάξεις τοῦ Ἰονίου πολιτικοῦ κώδικος. Μέρος ά. Ἑρμηνεία τῶν ἐνετικῶν ἀστυκῶν νόμων καὶ τῶν σχετικῶν νομοθετημάτων τοῦ Ἰονίου κοινοβουλίου ἀπὸ τοῦ 1817 μέχρι τοῦ 1841 ἔτους ἐκδοθέντων. Ἀθήνησι, τύποις Βλαστοῦ Βαρβαρρήγου, 56, ὁδὸς Κολοκοτρώνη, 56. 1886.

In-8° de 72 pages. Dédié par l'auteur à son père, Démétrius Francopoulos.

3508. — Ἰ. Γ. Τσακασιάνου Ζακυθινὸς Σπουργίτης, ὁ Σπουργίτης 'ς τῆ Νάπολι, Γεροντοπαραξενάδαις τοῦ Σπουργίτη, 'ς τὴν εὐεργετικὴ τῆς Μπόνεϋς, 'ς τὸ Σπιτάλιο τοῦ Μαρτινέγγου· ἐκδίδονται ὑπὸ Δ. Π. Ζακύνθῳ, τύποις Σ. Καψοκεφάλου. 1886.

In-8° de seize pages. Rarissime recueil de poésies.

3509. — Ἰδοὺ ὁ ἄνθρωπος παρὰ τοῦ Ἀνδ. Λασκαράτου. Ἐν Κεφαλληνίᾳ, τύποις Προόδου. 1886.

In-8° de 222 pages et un feuillet non chiffré. Il y a des exemplaires tirés sur beau papier.

3510. — Λόγος ἐκφωνηθεὶς τὴν 25ην μαρτίου ἐν τῷ ναῷ τῶν ἁγίων Πάντων, κατ' ἐντολὴν τοῦ πολιτικοῦ Συλλόγου « Νέα ἀδελφότης » τελοῦντος μνημόσυνον ὑπὲρ τῶν ἐκ τῷ ἱερῷ ἀγῶνι πεσόντων, ὑπὸ Γεωργίου Δ. Μανέση. Ἐν Ζακύνθῳ, τύποις Σ. Καψοκεφάλου. 1886.

In-8° de 8 pages. La couverture imprimée sert de titre.

3511. — Λόγος ἐπικήδειος εἰς τὸν ἀρχιεπίσκοπον Νικόλαον Κατραμῆν, συντεθεὶς καὶ ἐκφωνηθεὶς ὑπὸ τοῦ καθηγητοῦ Ἀθανασίου Δ. Μπονσινιόρ. Ἐν Ζακύνθῳ, ἐκ τοῦ τυπογραφείου ὁ Φώσκολος Σ. Καψοκεφάλου. 1886.

In-8° de 8 pages.

3512. — Mer Méditerranée. Instructions nautiques sur les Iles Ioniennes, les côtes de Grèce et de Turquie, l'Archipel, le détroit des Dardanelles, la mer de Marmara et le Bosphore, collationnées et complétées d'après les documents les plus récents par M. A. François, lieutenant de vaisseau. *Paris*, imprimerie nationale. MDCCCLXXXVI.

In-8° de xx pages, dont les deux premières blanches (mais en réalité dix-huit, car les pages ix et x n'existent pas) + deux pages + 582 pages + quatre feuillets, dont le premier blanc + 14 pages et un feuillet blanc, qui forment une addition portant la date de *août 1892*. Enfin, dans tout l'ouvrage, on trouve de nombreuses additions ou corrections imprimées sur de petits morceaux de papier collés par une extrémité sur la marge intérieure du volume.

3513. — Nella solenne inaugurazione del monumento in Corcira al grande cittadino conte Giovanni Capodistria, primo governatore della Grecia rigenerata, cantica di Francesco di Mento Corcirese. *Corfù*, premiato stabilimento tipografico di G. Nacamulli. 1886.

In-8° de 32 pages et 2 feuillets dont le dernier blanc.

3514. — Νικόλαος ὁ Κατραμῆς ἀρχιεπίσκοπος Ζακύνθου. Ἐν Ζακύνθῳ, ἐκ τοῦ τυπογραφείου ὁ Σολωμός (διευθυν. ὑπὸ Ε. Ν. Φινομένου). 1886.

In-8° de 32 pages.

3515. — Νύξεις περὶ τοῦ βίου Ἰωάννου Καποδιστρίου, κυβερνήτου τῆς Ἑλλάδος ἀφιερούμεναι εἰς τὰ ἀποκαλυπτήρια τοῦ ἀνδριάντος αὐτοῦ ὑπὸ Ἀλεξάνδρου Τόμπρου. Ἐν Κερκύρᾳ, τυπογραφεῖον Ἑρμῆς. 1886.

In-8° de 23 pages.

3516. — Ore di tormento ed epigrammi di Stefano Marzocchi. *Zante*, tipog. S. Capsochefalo. 1886.

In-8° de 14 pages et 1 feuillet blanc.

3517. — Παράδοξο πολιτικὸ ὄνειρο ὑπὸ Βασιλείου Παπαγεωργοπούλου Γερακαριώτη. Ἐν Ζακύνθῳ, 1886, τύποις Σ. Καψοκεφάλου.

In-8° de 25 pages.

3518. — Ποικίλη Στοά, ἐθνικὸν ἡμερολόγιον, ἔτος ς' 1886, ὑπὸ Ἰωάννου Α. Ἀρσένη, εὐνοϊκῇ συμμετοχῇ ἐγκρίτων λογίων. Ἐν Ἀθήναις, ἐκ τοῦ τυπογραφείου τῶν καταστημάτων Ἀνέστη Κωνσταντινίδου. 1886.

In-8° de 480 pages, quatre feuillets de musique et dix-huit portraits.

3519. — Pretenderi Tipaldo. Estratto dalla *Gazzetta di Venezia* dell' 8 febbraio 1886, n° 37.

Placard in-4° à 2 colonnes. Signé : P. Tipaldo Foresti.

3520. — Π. Χιώτου ἱστοριογράφου προσφώνησις εἰς τὰ ἐν Κερκύρᾳ ἀποκαλυπτήρια τοῦ ἀνδριάντος Ἰωάννου κόμ(η)τος Καποδιστρίου, κυβερνήτου τῆς Ἑλλάδος, κατὰ πρόσκλησιν τοῦ δημάρχου Κερκυραίων καὶ τῆς ἐπιτροπῆς. Ἐν Ζακύνθῳ, τύποις « Φώσκολος » Σ. Καψοκεφάλου. 1886.

In-8° de 7 pages.

3521. — Σειρά των ποιητικών έργων Γεωργίου Μαρτινέλη. Τεύχος 1. Ἐκδίδοται δαπάνη Ἀνέστη Κωνσταντινίδου. Ἐν Ἀθήναις, ἐκ τοῦ τυπογραφείου τῶν καταστημάτων Ἀνέστη Κωνσταντινίδου. 1886.

In-8° de 45 pages et 1 feuillet.

3522. — Σ. Κ. Σακελλαροπούλου Στοιχεῖα ἑλληνικῆς γραμματολογίας πρὸς χρῆσιν τῶν γυμνασίων κατὰ τὸ ἐπίσημον πρόγραμμα τοῦ Ὑπουργείου τῆς δημ. Ἐκπαιδεύσεως. Ἐκδότης Ἀνέστης Κωνσταντινίδης. Ἐν Ἀθήναις, ἐκ τοῦ τυπογραφείου τῶν καταστημάτων Ἀνέστη Κωνσταντινίδου. 1886.

In-8° de ζ' (7) et 256 pages.

3523. — Σύντομος ἀφήγησις τοῦ βίου τοῦ Ἰωάννου Καποδιστρίου ὑπὸ Λ. Σ. Βροχίνη. Ἐν Κερκύρᾳ, τυπογραφεῖον Ἑρμῆς. 1886.

In-8° de 30 pages et un feuillet. Sur la première page de la couverture, on lit cette mention : Ἐκδίδεται δαπάνη Νικολάου Πετσάλη.

3524. — Τῇ ἱερᾷ καὶ ἀθανάτῳ μνήμῃ Νικολάου τοῦ Κατραμῆ, ἀρχιεπισκόπου Ζακύνθου, φόρος σεβασμοῦ. (*A la fin :*) Τύποις Φώσκολος Σ. Καψοκεφάλου.

In-folio de 3 pages à 2 colonnes. Notice nécrologique datée de Zante, le 10 décembre 1886, et signée : S. DE BIASI.

3525. — Τῇ μακαρίᾳ μνήμῃ τοῦ σεβασμιωτάτου ἱερομονάχου πρωτοσυγκέλλου τῆς ἐν Κερκύρᾳ ἐκκλησίας Γεωργίου Βουλγάρεως. (*A la fin :*) Τυπ. Α. Λάντζα.

In-8° de 6 pages et 1 feuillet blanc. Daté de Corfou, 20 avril 1886 et signé Χ. Σ.

3526. — Ὠδὴ εἰς Ἰωάννην Καποδίστριαν κυβερνήτην τῆς Ἑλλάδος διὰ τὴν ἐν Κερκύρᾳ τελετὴν τῶν ἀποκαλυπτηρίων τοῦ ἀνδριάντος αὐτοῦ ποιηθεῖσα ὑπὸ τοῦ δρος Νικολάου Γονέμη Κερκυραίου. Κερκύρᾳ, τύπ. Α. Λάντζα. 1886.

In-8° de 14 pages et 1 feuillet blanc.

3527. — Αἱ ἑλληνίδες ἑταῖραι ἐν τῷ ἰνδικῷ δράματι, διατριβὴ ἐπὶ ὑφηγεσίᾳ ὑπὸ Α. Ν. Κεφαλληνοῦ, δ. φ. τακτικοῦ μέλους τῆς ἰταλικῆς ἀσιατικῆς ἑταιρίας. Ἐν Ἀθήναις, ἐκ τοῦ τυπογραφείου Π. Δ. Σακελλαρίου. 1887.

In-8° de 46 pages et 1 feuillet blanc.

3528. — Al conte Giovanni Capodistria, in occasione che s'inaugura il suo monumento in Corfù il 12/24 aprile 1887, Lodovico Bolognesi Italiano dedica.

In-4º de 2 feuillets. Adresse en style lapidaire.

3529. — 'Αττικὸν ἡμερολόγιον καὶ ἡμερολόγιον τῶν κυριῶν τοῦ δισέκτου ἔτους 1888 ὑπὸ Εἰρηναίου Κ. Ἀσωπίου εὐγενεῖ συμπράξει φιλοκάλων λογίων καὶ εὐπαιδεύτων δεσποινῶν καὶ δεσποινίδων. Ἔτος κβ΄. Ἐν Ἀθήναις, ἐκ τοῦ τυπογραφείου Γ. Σ. Σταυριανοῦ. 1887.

In-8º de 24 pages (dont quelques-unes seulement sont chiffrées), 358 pages, un feuillet, 246 pages et douze gravures hors texte.

3530. — Βιβλιοθήκη τοῦ γυναικείου φύλου τόμ.. β'. Ἐγχειρίδιον οἰκιακῆς οἰκονομίας Ξενοφῶντος Δ. Ζύγουρα, καθηγητοῦ τῆς οἰκιακῆς οἰκονομίας ἐν τῷ Ἀρσακείῳ παρθεναγωγείῳ καὶ τῶν ἐμπορικῶν μαθημάτων ἐν τοῖς πλείστοις τῶν ἐν Ἀθήναις ἐκπαιδευτηρίων, συσταθὲν ὑπὸ τοῦ ὑπουργείου τῆς Παιδείας καὶ τῶν Ἀθηναίων, Πειραιέων καὶ Κρανίων κτλ. πρὸς χρῆσιν τῶν δημοτικῶν σχολῶν τῶν θηλέων. Ἐν Ἀθήναις, τύποις Ἰω. Κουβέλου καὶ Μ. Δελῆ (1, ὁδὸς Πραξιτέλους, 1). 1887.

In-8º de ιϛ' (16) et 136 pages.

3531. — Die Insel Cephallenia im Altertum von Georg Biedermann kgl. Studienlehrer, mit 1 Kärtchen, 22 Originalzeichnungen und 2 Planskizzen. Programm des königlichen Maximilians-Gymnasiums für das Schuljahr 1886/87. *München*, akademische Buchdruckerei von F. Straub. 1887.

In-8º de 2 feuillets, 84 pages, 1 carte et 4 planches.

3532. — Die Insel Corfu. Eine geographische Monographie von Dr. Joseph Partsch, Professor der Erdkunde an der Universität Breslau. Mit einer Karte der Insel Korfu und 3 Nebenkarten. (Ergänzungsheft nº 88 zu « Petermanns Mitteilungen ».) *Gotha* : Justus Perthes. 1887. (*A la fin:*) Druck der Engelhard-Reyherschen Hofbuchdruckerei in Gotha.

In-4º de 3 feuillets et 97 pages. Dédié à Heinrich Kiepert et à Jean Romanos.

3533. — Διηγήματα ἐκ τοῦ Ἡροδότου μετὰ εἰκόνων πρὸς χρῆσιν τῶν μαθητῶν τῶν δημοτικῶν σχολείων ἀμφοτέρων τῶν φύλων κατὰ τὸ ἐπίσημον πρόγραμμα τοῦ ύπουργείου υπό Γεωργίου Σ. Κονιδάρη. Έκδοσις τετάρτη· εκδότης Π. Γ. Μαΐμος, εν Έρμουπόλει Σύρου, τύποις αδελφών Φρέρη. 1887.

In-8° de 192 pages.

3534. — Έγχειρίδιον γεωργικής υπό Ξενοφώντος Δ. Ζύγουρα καθηγητού, συνταχθέν επί τη βάσει της γεωργικής κατηχήσεως του καθηγητού Πουήλ της βραβευθείσης δια χρυσού παρασήμου και εγκριθείσης προς διδασκαλίαν εν τοις δημοτικοίς σχολείοις των γεωργικών δήμων της Γαλλίας, εις την οποίαν προσετέθησαν και γεωργικά παραγγέλματα εκ του βραβευθέντος εν Ιταλία συγγράμματος εκ του καθητού (sic) Γαρέλλη μετά των αναγκαίων σχημάτων. Έν Αθήναις, τύποις Ίω. Κουβέλου και Μ. Δελή (1, οδός Πραξιτέλους, 1). 1887.

In-8° de 128 pages.

3535. — Ελληνική γραμματική κατά την νέαν παιδαγωγικήν μέθοδον προς χρήσιν των μαθητών των δημοτικών σχολείων υπό Γ. Κονιδάρη, πρωτοβαθμίου διδασκάλου του εν Αθήναις διδασκαλείου. Έκδοσις δευτέρα. Έν Ερμουπόλει Σύρου, παρά τω εκδότη Π. Γ. Μαΐμω βιβλιοπώλη, εκ του τυπογραφείου και βιβλιοπωλείου Γρηγορ. Κανέλλου. Οδός Ερμού, αρ. 3. 1887.

In-8° de 98 pages.

3536. — Ερμηνεία εις την επί του όρους ομιλίαν του Κυρίου ημών μετά συνοπτικής εισαγωγής εις την παλαιάν και καινήν Διαθήκην, προς χρήσιν των γυμνασίων, υπό Γεωργίου Κ. Γέγλε, καθηγητού των θρησκευτικών μαθημάτων εις τά εν Πάτραις γυμνάσια. Εκδίδεται δια δαπάνης Α. Σ. Αγαπητού. Έν Πάτραις, τυπογραφείον Α. Σ. Αγαπητού (οδός Μαιζώνος), βιβλιοπωλείον Α. Σ. Αγαπητού (οδός Μαιζώνος), πλησίον της δυτικής εκκλησίας. 1887.

In-8° de 73 pages chiffrées, deux pages non chiffrées et une page blanche.

3537. — Ερμηνεία της εν Γόρτυνι της Κρήτης τω 1884 ανακαλυφθείσης επιγραφής υπό Ι. Α. Τυπάλδου, δικηγόρου και πρώην εισαγγελέως παρ' εφέταις. Έν Αθήναις, εκ του τυπογραφείου της Ενώσεως, οδός Λέκα, στοά Σιμοπούλου. 1887.

In-8° de un feuillet, 148 pages et deux planches.

3538. — Η θανατική ποινή, φιλοσοφική πραγματεία υπό Αυγούστου Βέρα εξελληνισθείσα υπό Γ. Γρατσιάτου, φοιτητού της φιλολογίας. Έν Αθήναις, τυπογραφείον ο Παλαμήδης. 1887.

In-8° de 68 pages. Dédié à Panagiotis Vergotis.

3539. — Ἡ μύτη μου ἢ ἡ μύτη τοῦ βουκινιστοῦ, στιχούργημα Ν. Γ. Μαυρόχη. 1887. Τιμᾶται δραχμῆς. Ἐν Κερκύρᾳ, τυπογραφεῖον Κάδμος.

In-8° de 15 pages.

3540. — Faculté de Médecine de Paris. Année 1887. n° 350. Thèse pour le doctorat en médecine, présentée et soutenue le vendredi 29 juillet 1887 à 1 heure, par J. E. Caravias (Hellène), né à Galatz (Roumanie), le 6 avril 1858. *Étude sur les vaselines liquides comme véhicule dans la méthode hypodermique.* Président: M. Potain, professeur. Juges : MM. Guyon, professeur, Kirmisson, Landouzy, agrégés. Le candidat répondra aux questions qui lui seront faites sur les diverses parties de l'enseignement médical. *Paris*, imprimerie des Écoles, Henri Jouve, 23, rue Racine, 23. 1887.

In-4° de 38 pages et un feuillet. A la page 3, on lit cette dédicace : Τοῖς σεβαστοῖς αὐτοῦ γονεῦσιν ἐν βαθυτάτῃ εὐγνωμοσύνῃ ὁ συγγράψας. Τῇ ἱερᾷ μνήμῃ Γαβριὴλ Καραβία, ἐπισκόπου Ἰθάκης, ὁ ἀνεψιὸς Ι. Ε. Καραβίας.

3541. — In morte di Margherita Albana Mignaty, parole di Enrico dal Pozzo di Mombello, proferite in una sala della stazione ferroviaria di Firenze, nel pomeriggio del 30 settembre 1887, sopra la salma. *Firenze*, tipografia Galetti e Cocci. 1887.

In-8° de 12 pages.

3542. — Ithaka von Alexander Freiherr von Warsberg, mit 5 Aquarellfarbendrucken, 1 Karte nnd 40 Phototypien, nach Originalen von Ludwig Hans Fischer. *Wien*, Verlag von Carl Gerold's Sohn. 1887. (*Au v° du titre :*) Druck von Adolf Holzhausen in Wien k. k. Hof-und Universitäts-Buchdrucker.

In-4° de v + 144 pages + cinq aquarelles + une carte. Les phototypies sont dans le texte, qui est encadré.

3543. — Λεωνίδα Καντακίτη ἰατροῦ λόγος πανηγυρικὸς εἰς τὴν ἐπέτειον τῶν ἐλευθέρων τεκτόνων ἑορτὴν ἁγίου Ἰωάννου τοῦ Προδρόμου, προστάτου τοῦ τάγματος, τελουμένην τῇ 7 ἰανουαρίου. Ἐν Ζακύνθῳ, 1887.

In-8° de 24 pages.

3544. — Λόγος ἐπικήδειος ἀπαγγελθεὶς ἐπὶ τοῦ νεκροῦ τῆς Πηνελόπης Βουλγάρεως ἐν τῷ ἱερῷ ναῷ τοῦ ἁγίου Σπυρίδωνος, τῇ 14 αὐγούστου 1887, ὑπὸ Ἰωάννου Β. Τριδιζᾶ.

Placard in-4° bordé de noir.

3545. — Λόγος ἐπιτάφιος ἐκφωνηθεὶς ἐν τῇ εἰς Κεραμιαῖς ἱερᾷ ἐκκλησίᾳ τοῦ ἁγίου Βασιλείου παρὰ τοῦ σ. ἀρχιεπισκόπου Κεφαλληνίας Γερμανοῦ ἐν τῷ τελεσθέντι μνημοσύνῳ τῇ 17 μαΐου ὑπὲρ τοῦ μεγάλου τῆς πατρίδος εὐεργέτου Ἀνδρέου Βαλιάνου. Ἐν Κεφαλληνίᾳ, τύποις Προόδου. 1887.

In-8° de 18 pages et un feuillet. Le titre porte bien Βαλιάνου au lieu de Βαλλιάνου, qui serait l'orthographe correcte de ce patronymique, celle d'ailleurs que l'on rencontre partout dans la brochure.

3546. — Μελετήματα ἰατροδικαστικὰ ὑπὸ Α. Δ. Καλλιβωκᾶ, ὑφηγητοῦ τῆς ἰατροδικαστικῆς ἐν τῷ ἐθνικῷ Πανεπιστημίῳ. αʹ περὶ τῶν ἐξ αἵματος κηλίδων μετὰ εἰκόνων. Ἐν Ἀθήναις, ἐκ τοῦ τυπογραφείου τῆς Κορίννης, ὁδὸς Πατησίων, ἀριθ. 3. 1887.

In-8° de 62 pages et un feuillet.

3547. — Memorie storiche e critiche dell' isola di Cefalonia dai tempi eroici alla caduta della Repubblica Veneta, compilata (sic) da Marino e Nicolò Pignatore. Libri due. Tomo I. Corfù, premiato stabilimento tipografico di G. Nacamulli. 1887.

In-4° de un feuillet et 220 pages.
Tomo II (1889) : un feuillet, 346 pages et trois feuillets dont l'antépénultième blanc.
Nous devons un exemplaire de cet ouvrage devenu rare à la parfaite obligeance de Panagiotis Vergotis de Céphalonie.

3548. — Ν. Δελακοβία ἡ νῆσος Κύθηρα. Ἐν Ἀθήναις, τυπογραφεῖον Στ. Γούναρη παρὰ τὴν μητρόπολιν. 1887.

In-8° de 32 pages.

3549. — Neue Korfu = Geschichten von Hans Hoffmann. *Berlin*, Verlag von Gebrüder Paetel. 1887. (*A la fin :*) Pierer'sche Hofbuchdruckerei. Stephan Geibel & Co. Altenburg.

In-8° de 4 feuillets et 279 pages. Dédié à Friedrich Theodor Vischer.

3550. — Ὁ γάμος τοῦ διδασκάλου, κωμῳδία εἰς πράξεις τρεῖς (ὑπόθεσις ἱστορική) ύπο Ιωάννου Ε. Ρίσδη τηλεγραφητοΰ. Ἐν Ἑρμουπόλει, τύποις ἀδελφῶν Καρπάνη. 1887.

In-8° de 88 pages.

3551. — Ὁδηγὸς τοῦ ἐμπόρου ἤτοι Ἐγχειρίδιον ἐμπορικῶν γνώσεων πραγματευόμενον περὶ ἐμπορίου καὶ τῆς ἀρχῆς αὐτοῦ παρὰ τοῖς ἀρχαίοις ἔθνεσιν, περὶ ἐμπορικῶν πράξεων καὶ συναλλαγῶν, περὶ συναλλαγματικῆς, περὶ ὀπισθογραφήσεως, περὶ γραμματίου εἰς διαταγήν, περὶ τιμολογίων ἀγορᾶς καὶ πωλήσεως, περὶ τοκοφόρων ἀλληλοχρέων λογαριασμῶν, περὶ ἐμπορικῶν ἑταιριῶν, περὶ διπλογραφίας, περὶ ἐμπορικῶν βιβλίων καὶ περὶ ἄλλων τινῶν εἰς τὸ ἐμπόριον σχετικῶν, ὑπὸ Δ. Α. Στραβοπόδη. Ἐν Ζακύνθῳ, ἐκ τοῦ τυπογραφείου Σ. Καψοκεφάλου. 1887.

In-8° de θ' (9) + 131 pages et un feuillet blanc. Dédié par l'auteur à son père Antoine Stravopodis.

3552. — Ὁ ἕλλην Ῥοβινσῶν, διήγημα διδακτικὸν μετὰ εἰκόνων ὑπὸ Γ. Κονιδάρη δημοδιδασκάλου. Ἐν Ἑρμουπόλει, παρὰ τῷ ἐκδότῃ καὶ βιβλιοπώλῃ Π. Γ. Μαίμῳ. 1887.

In-8° de 112 pages.

3553. — Οἱ ἐκφωνηθέντες λόγοι κατὰ τὰ ἀποκαλυπτήρια τοῦ ἀνδριάντος τοῦ ἀειμνήστου κυβερνήτου τῆς Ἑλλάδος Ἰ. Καποδιστρίου ἐν Κερκύρᾳ τῇ 12ῃ ἀπριλίου 1887. Ἐν Κερκύρᾳ, τυπογραφεῖον Ἑρμῆς Νικολάου Πετσάλη. 1887.

In-8° de 14 pages et 1 feuillet blanc.

3554. — Οἱ ἠλεκτροχημικοὶ τηλέγραφοι Βονέλλη καὶ Κασσέλλη. Φυλλάδιον ά. Ὁ τυποτηλέγραφος τοῦ Βονέλλη. Ἐν Κερκύρᾳ, ἐκ τοῦ τυπογραφείου ὁ Κοραῆς. 1887.

In-8° de 14 pages, un feuillet blanc et deux feuillets lithographiés contenant des dessins. L'auteur de cette brochure a signé la préface de ses initiales seulement : K. Θ.

3555. — 1887. Ὁ Σπουργίτης καὶ ἡ γρῃά του τ' ἁγίου Βασιλείου ξημερόνωντας· μποναμᾶς γιὰ τὸν μποναμᾶ τοῦ καλοῦ μας Κοντούτση, διανομέως τοῦ Ποιητικοῦ Ἀνθῶνος κτλ. Ἐν Ζακύνθῳ, ἐκ τοῦ τυπογραφείου ὁ Φώσκολος Σ. Καψοκεφάλου. 1887.

In-8° de huit pages. L'auteur de cette poésie est Jean G. Tsacasianos.

3556. — Πατριδογραφία τῆς νήσου Κεφαλληνίας πρὸς χρῆσιν τῶν μαθητῶν τῆς ς' και γ' τάξεως του δημοτικού σχολείου, υπό Γεωργίου Ν. Καλλινίκου δημοδιδασκάλου. Έν Κεφαλληνία, τύποις Προόδου. 1887.

In-8° de 81 pages.

3557. — Πλήρες διδακτικόν έπιστολάριον προς βαθμιαίαν έκμάθησιν της έπιστολογραφίας κατά τους γραμματικούς κανόνας και την έθιμοταξίαν, περιέχον ειδικάς επιστολάς, κοινάς και εμπορικάς αλληλογραφίας, αναφορογραφίαν, συμβολαιογραφίαν και παν χρήσιμον έγγραφον, υπό Θεμιστοκλέους Ξ. Ζύγουρα, δ. ν., προς χρήσιν των έλληνικών σχολείων και γυμνασίων. Έν Αθήναις, τύποις Ίω. Κουβέλου και Μ. Δελη (1, οδός Πραξιτέλους, 1). 1887.

In-8° de 287 pages.

3558. — Ποιητικός άνθων κατά κυριακήν εκδιδόμενος διευθύνοντος Ιωάννου Γ. Τσακασιάνου. Τόμος πρώτος. 14 σεπτεμβρίου 1885-8[1] μαρτίου 1887. Ή συνδρομή προπληρωτέα και υποχρεωτική δι' έν έτος, διά τους έν Ελλάδι ετησία δρ. 8, διά δέ τους έν τη αλλοδαπή φρ. χρυσά 10. Έν Ζακύνθω, έκ του τυπογραφείου ό Φώσκολος Σ. Καψοκεφάλου. 1887.

In-8° de quatre feuillets non chiffrés et 416 pages.

Ποιητικός άνθων κατά κυριακήν εκδιδόμενος διευθύνοντος Ιωάννου Γ. Τσακασιάνου. Έτος ά, τόμος β'. 14 μαρτίου-13 σεπτεμβρίου 1887. Έν Ζακύνθω, τύποις « Φώσκολος » Σ. Καψοκεφάλου. 1887.

In-8° de six feuillets non chiffrés et pages chiffrées de 417 à 832.

3559. — Ποικίλη Στοά, έθνικόν ήμερολόγιον, έτος ζ' 1887, υπό Ιωάννου Α. Αρσένη, εύνοϊκή συμμετοχή επιφανών λογίων. Έν Αθήναις, έκ της τυπογραφίας της β. Αύλης Ν. Ίγγλέση και Κορίννης. 1887.

In-8° de 302 pages, un feuillet, quatre feuillets de musique et 14 feuillets contenant des portraits.

3560. — Προς τους άξιοτίμους κυρ. κυρ. συνδαιτημόνας (sic) του άρίστου παρά τω έν Κερκύρα ξενοδοχείω άγίου Γεωργίου της 12 άπριλίου έ. έ. κυριακή του Θωμά, ήμέραν των άποκαλυπτηρίων του άνδριάντος του άειμνήστου κυβερνήτου της Ελλάδος Καποδιστρίου, τελευτήσαντος έν Ναυπλίω κατά την άποφράδα ήμέραν του σεπτεμβρίου 29 κυριακήν του Θλιβερού 1831. Κεφαλληνία, άπρίλιος 1887.

1. Il faut lire 1886, correction qui a été faite à la plume dans certains exemplaires.

In-8° de seize pages et un feuillet pour l'errata. Le feuillet qui constitue les p. 3 et 4 est blanc. Cette brochure est signée à la fin : JEAN SABBAS ANNINOS.

3561. — Souvenirs de la guerre de l'Indépendance de la Grèce par Constantin Métaxas traduit (sic, mais corrigé sur la couverture) du grec par Jules Blancard, [(sur la couverture seulement :) professeur de grec moderne à la Faculté de Marseille]. *Paris*, Ernest Leroux, éditeur, 28, rue Bonaparte, 28. 1887. (Sur la couverture, on lit 1888).

In-18 de XXIII et 442 pages + 1 feuillet ayant un fleuron au recto et blanc au verso.

3562. — Σπυρίδωνος Π. Λάμπρου Λόγος εἰσιτήριος εἰς τὴν διδασκαλίαν τῆς γενικῆς ἱστορίας ἐν τῷ ἐθνικῷ Πανεπιστημίῳ ἐκφωνηθεὶς τῇ 18 μαρτίου 1887. Ἐν Ἀθήναις, ἐκ τοῦ τυπογραφείου Ἀλεξ. Παπαγεωργίου. 1887.

In-8° de 23 pages.

3563. — Τὰ συμβάντα κατὰ τὴν ἐκλογὴν τοῦ ἡγουμενοσυμβουλίου τῆς μονῆς Στροφάδων. Ἐν Ζακύνθῳ, τυπογραφεῖον Νικολάου Κοντόγιωργα. 1887.

In-8° de 13 pages chiffrées + 2 pages non chiffrées et une page blanche. Brochure curieuse et rare.

3564. — Τῇ μακαρίᾳ μνήμῃ Πηνελόπης Βούλγαρη.

In-8° de 2 feuillets. Signé X. Σ.

3565. — Χωρὶς μάνα, ὑπὸ Ἠλία Ἰ. Ζενεμβίση. *Genève*, imprimerie Charles Schuchardt. 1887.

Sem mãi, por Elias J. Zenemvissis. Traducção do grego em verso portuguez pelo Dr Francisco Ferraz de Macedo (primeira série). *Genève*, imprimerie Charles Schuchardt. 1887.

In-8° de 41 pages et un feuillet blanc. Recueil de poésies, dédié par l'auteur à la mémoire de sa mère Photine, et par le traducteur à ses propres enfants : Irène et Carmalio.

3566. — Ὠδή, ἡ εἰκοστὴ πέμπτη μαρτίου, ποιηθεῖσα καὶ ἀπαγγελθεῖσα ἐν τῇ φιλαρμονικῇ ἑταιρίᾳ Κερκύρας ὑπὸ τοῦ δρος Νικολάου Γονέμη, τῇ ἑσπέρᾳ τῆς 25ης μαρτίου 1887. Ἐκδίδοται δαπάναις τῆς Φιλαρμονικῆς. Ἐν Κερκύρᾳ, τυπογραφεῖον Ἑρμῆς Νικολάου Πετσάλη. 1887.

In-8° de 15 pages. La couverture imprimée sert de titre.

3567. — A collation of the Athos codex of the Shephard of the Hermas together with an introduction by Spyr. P. Lambros, ph. d., professor of history in the University of Athens, translated and edited with a preface and appendices by J. Armitage Robinson, m. a., fellow and dean of Christ's College Cambridge. *Cambridge*, at the University Press. 1888. (All rights reserved).

In-8° de xii et 36 pages.

3568. — Ἀνδηγαυϊκὸν δίπλωμα τοῦ Ταραντίνου ἡγεμόνος Φιλίππου τοῦ β΄ περιέχον μετάφρασιν χρυσοβούλλου Μιχαὴλ τοῦ β΄, δεσπότου τῆς Ἠπείρου, ὑπὸ Ἰωάννου Ἀ. Ῥωμανοῦ. Ἀπόσπασμα ἐκ τοῦ Δελτίου τῆς ἱστορικῆς καὶ ἐθνολογικῆς ἑταιρίας τῆς Ἑλλάδος. Ἀθήνησιν, ἐκ τοῦ τυπογραφείου τῶν ἀδελφῶν Περρῆ. 1888.

In-8° de 24 pages, plus une bande de papier pour l'errata.

3569. — Ἀττικὸν ἡμερολόγιον καὶ ἡμερολόγιον τῶν κυριῶν τοῦ ἔτους 1889 ὑπὸ Εἰρηναίου Κ. Ἀσωπίου εὐγενεῖ συμπράξει φιλοκάλων λογίων καὶ εὐπαιδεύτων δεσποινῶν καὶ δεσποινίδων. Ἔτος κγ΄. Ἐν Ἀθήναις, τύποις Παρασκευᾶ Λεώνη. 1888.

In-8° de 24 pages (dont quelques-unes seulement sont chiffrées), 348 + 270 pages et dix gravures hors texte.

3570. — Βιογραφία Ἰωσὴφ Μομφερράτου συνταχθεῖσα ὑπὸ Παναγιώτου Πανᾶ. Ἐκδίδοται δι' εἰσφορῶν πρὸς ἀνέγερσιν μνημείου. Ἐν Ἀθήναις, ἐκ τοῦ τυπογραφείου ἀδελφῶν Περρῆ. 1888.

In-8° de 62 pages et un feuillet blanc. Portrait de Joseph Mompherratos en tête du volume.

3571. — Γ. Γ. Μαζαράκη σημείωσις περὶ τῶν ἐν τῇ κατὰ τὸ παλαιὸν Κάϊρον ἱερᾷ μονῇ τοῦ ἁγίου Γεωργίου εὑρεθεισῶν ἀρχαίων ἱερῶν εἰκόνων. Ἐν Καίρῳ, ἑλληνικὸν τυπογραφεῖον Γερ. Γ. Μαζαράκη καὶ Σας, ὁδὸς Ἀβδ-ἐλ-Ἀζίζ, ὄπισθεν τῆς οἰκίας Βαρούτη. 1888.

In-8° de 40 pages.

3572. — Γερμανοῦ, ἀρχιεπισκόπου Κεφαλληνίας, λογοδοσία ἐπὶ τοῦ ὑπ' αὐτοῦ ἱδρυθέντος νοσοκομείου ἐν Κεφαλληνίᾳ διὰ συνδρομῶν τῶν ἐν τῇ ξένῃ Κεφαλλήνων. Ἐν Κεφαλληνίᾳ, τύποις Προόδου. 1888.

In-8° de quinze pages.

3573. — Δοκίμιον τῆς ἱστορίας τῆς ἀρχαίας παρ' Ἕλλησι φιλοσοφίας ὑπὸ Θεοδώρου Καρούσου ἐκδίδοται κατ' ἐντολὴν τοῦ συγγραφέως ὑπὸ Διονυσίου Λιναρδάτου ἑλληνοδιδασκάλου. Ἐν Ἀθήναις, δαπάνῃ τῶν καταστημάτων Ἀνέστη Κωνσταντινίδου. 1888.

In-8° de 269 pages et un feuillet blanc.

3574. — Δῶρο πρωτοχρονιάτικο 1889, συλλογὴ ποιημάτων Ἰωάννου Γ. Τσακασιάνου. Ἐν Ἀθήναις, ἐκ τοῦ τυπογραφείου τῆς Κορίννης. 1888.

In-16 de 311 pages. Couverture illustrée.

3575. — Eugène Labiche καὶ E. Martin. Τὸ ταξείδι τοῦ κυρίου Περρισῶν, κωμῳδία εἰς πράξεις τέσσαρας, ἐκ τοῦ γαλλικοῦ ὑπὸ Ν. Γ. Μαντζαβίνου. Ἐν Ἀθήναις, ἐκ τοῦ τυπογραφείου Ἀλεξ. Παπαγεωργίου, ὁδὸς Ὀφθαλμιατρείου, ἀριθμὸς 3. 1888.

In-8° de 64 pages. Dédié à Georges Souris.

3576. — Ἡ πολιτικὴ νίκη τοῦ Ζακυνθίου λαοῦ. (Au bas :) Ζάκυνθος, τὴν 24 ὀκτωβρίου 1888. Τύποις Σπ. Καψοκεφάλου.

Placard in-4°. Poésie anonyme, mais dont l'auteur est Aristide Capsoképhalos, comme en fait foi un exemplaire signé de lui, que nous devons à son obligeance.

3577. — G. Bourdon-Viane καὶ H. Magron. Ἐγχειρίδιον διεθνοῦς ἰδιωτικοῦ δικαίου μεταγλωττισθὲν ἐκ τοῦ γαλλικοῦ ὑπὸ Ν. Γ. Μαντζαβίνου δικηγόρου, διπλωματούχου τῆς ἐν Παρισίοις σχολῆς τῶν πολιτικῶν ἐπιστημῶν. Ἀθήνησι, τύποις ἀδελφῶν Περρῆ. 1887 (1888 à la fin du volume et sur la couverture).

In-8° de 356 pages.

3578. — Ἱστορία τῆς νήσου Κεφαλληνίας, δοκίμιον συγγραφὲν ἰταλιστὶ ὑπὸ Ἰωάννου Π. Λοβέρδου Κωστῆ, ἐξελληνισθὲν ὑπὸ Παύλου Κωνσταντίνου Γρατσιάτου καὶ διὰ πολλῶν σημειώσεων πλουτισθὲν ἐκδίδοται ἐπιμελείᾳ Γερασίμου Ἀ. Λοβέρδου Κωστῆ. Ἐν Κεφαλληνίᾳ, τύποις Προόδου. 1888.

In-8° de 3 feuillets, 251 pages et 2 feuillets, dont le dernier blanc. La pagination des feuillets liminaires de ce volume est assez arbitraire ; on trouve 1°) 2 feuillets non chiffrés ; 2°) 3 pages chiffrées en grec et 1 page blanche ; 3°) 3 autres pages chiffrées en grec et 1 page blanche. Vient ensuite l'ouvrage proprement dit, qui commence page 7. En d'autres termes, le volume se compose de seize feuilles et demie typographiques.

3579. — 'Ιωάννου Α. 'Αρσένη Ποικίλη Στοά, έθνικὸν ήμερολόγιον 1889 εὐνοϊκῇ συμμετοχῇ ἐπιφανῶν λογίων. "Ἔτος ὄγδοον. Ἐν Ἀθήναις, ἐκ τοῦ τυπογραφείου Ἀλεξάνδρου Παπαγεωργίου, ὁδὸς Ὀφθαλμιατρείου, ἀριθ. 3. 1888.

In-8° de 432 pages + un feuillet après le titre + deux feuillets de musique +18 feuillets contenant des portraits. Dédié à Charilaos Tricoupis.

3580. — 'Ιωάννου Γ. Τσακασιάνου ὁ Κόντε-Σπουργίτης ἢ λειποθυμίαις καὶ νευρικά, μελοδραμάτιον μονόπρακτον εἰς μέρη δύο. Μουσική : Π. Καρρέρ. Προλεγόμενα : Γ. Ξενοπούλου. Ἐν Ἀθήναις, γραφεῖον ἐκλεκτῶν μυθιστορημάτων. 1888.

In-8° de 46 pages et un feuillet contenant des annonces de librairie. Sur la première page de la couverture illustrée, on lit : Τιμᾶται δραχμῆς. Τύποις Κορίννης. Épître dédicatoire à Ange N. Verrykios.

3581. — 'Ιωάννου Ε. Σωμερίτου, καθηγητοῦ τοῦ ἐν Πύργῳ γυμνασίου, Γραμματική τῆς γαλλικῆς γλώσσης, ἡ μόνη ἐγκεκριμένη διὰ τοὺς μαθητὰς τῶν γυμνασίων, κατὰ τὸν αμβ' νόμον. Ἐκδότης Ἀνέστης Κωνσταντινίδης. Ἐν Ἀθήναις, ἐκ τοῦ τυπογραφείου τῶν Καταστημάτων Ἀνέστη Κωνσταντινίδου. 1888.

In-8° de 176 pages et deux feuillets.

3582. — Joseph Tardy : De Corfou à Dresde par Vienne et la Bohême. *Paris*, Albert Savine, éditeur, 18, rue Drouot, 18. 1888. (*A la fin :*) Mâcon, imprimerie Protat frères.

In-8° de deux feuillets + 285 pages + un feuillet blanc. Titre imprimé en rouge et noir.

3583. — Κατάλογος τῶν ἐν ταῖς βιβλιοθήκαις τοῦ Ἁγίου Ὄρους ἑλληνικῶν κωδίκων ὑπὸ Σπυρίδωνος Π. Λάμπρου, καθηγητοῦ τοῦ πανεπιστημίου. Τόμος ά, μέρος ά. Βιβλιοθῆκαι Πρωτάτου, Ἁγίας Ἄννης, Ἁγίου Παύλου, Χιλιανταρίου, Ζωγράφου, Κωνσταμονίτου, Γρηγορίου, Ξενοφῶντος. Ἐν Ἀθήναις, τυπογραφεῖον Ἀλεξάνδρου Παπαγεωργίου. 1888.

In-8° de ή (8) + 192 pages et un feuillet.

NB. Les exemplaires mis dans le commerce ont tous la pagination qui vient d'être indiquée. Toutefois, nous en possédons un (don de Henri Weil) qui compte 208 pages et se termine avec le n° 34 des manuscrits du Pantocrator. Ces pages 193 à 208 constituent une feuille typographique dont il n'a été probablement tiré que quelques épreuves.

3584. — Καταστατικὸν τῆς ἐν Κερκύρᾳ Φιλαρμονικῆς Ἑταιρίας. Ἐν Κερκύρᾳ, τυπ. Α. Λάντζα. 1888.

In-8° de 32 pages.

3585. — Κωνσταντῖνος ὁ Βουλγαρίας καὶ Κωνσταντῖνος ὁ τοῦ Νικαίας μητροπολῖται Κερκύρας κατὰ τὴν ις' ἑκατονταετηρίδα ὑπὸ τοῦ ἀρχιεπισκόπου Κερκύρας Εὐσταθίου τοῦ Βουλισμᾶ. Ἐν Κερκύρᾳ, τυπογραφεῖον ἡ Κέρκυρα. αωπή.

In-8° de 16 pages et 1 feuillet blanc, mais il n'y a en réalité que 14 pages et 1 feuillet blanc, car les pages 1 et 2 n'existent pas. La couverture imprimée sert de titre.

3586. — Leonida R. Zoi. Casa del Foscolo e suo imprigionamento. *Zante*, tipografia Sp. Capsochefalo. 1888.

In-16 de 13 pages et un feuillet blanc.

3587. — Le ventiquattro Salutazioni di Maria Vergine, traduzione dal testo greco di una fedele. *Zante*, tipog. S. Capsochefalo. 1888.

In-8° de seize pages. Au lieu des mots *di una fidele*, la couverture porte *di Adriana Episcopopulo Sicuro*.

3588. — *L'Hymne à la Liberté* et les deux chansons *L'empoisonnée* et *La bergerette* du comte Denis Solomon, traduits en vers français par l'avocat Pierre Mélissinos, ancien élève du collège de Ste Barbe et de l'École de Droit de Paris. *Zante*, imprimerie Le Zante. 1880.

In-8° de 29 pages et un feuillet blanc. Rare.

3589. — Λόγος ἐκφωνηθεὶς ἐν τῷ ναῷ τῆς Μεταμορφώσεως ἐπὶ τῇ ἑορτῇ τῶν τριῶν ἱεραρχῶν ὑπὸ τοῦ καθηγητοῦ τοῦ γυμνασίου Δ. Μαρίνου. Ἐν Ἑρμουπόλει, τύποις Πατρίδος. 1888.

In-8° de seize pages.

3590. — Μελέτη περὶ τῆς θέσεως τοῦ Ἰονίου πελάγους ἐν τῇ ἀρχαίᾳ καὶ νέᾳ γεωγραφίᾳ ὑπὸ Ἀντωνίου Μηλιαράκη. Ἐν Ἀθήναις, ἐκ τοῦ τυπογραφείου τῶν ἀδελφῶν Περρῆ. Βιβλιοπωλεῖον τῆς Ἑστίας. 1888.

In-8° de 86 pages et un feuillet non chiffré.

3591. — Μ. Τ. Κικέρωνος ὁ πρῶτος κατὰ Ἀντωνίου εἴτε Φιλιππικὸς Λόγος πρὸς χρῆσιν τῶν ἀνωτέρων γυμνασιακῶν τάξεων, μετὰ συντομωτάτου βίου τοῦ συγγραφέως, εἰσαγωγῆς εἰς τοὺς Φιλιππικούς, γενικῶν παρατηρήσεων εἰς τὸν α΄ Φιλιππικόν, συντόμου ὑποθέσεως καὶ μεταφράσεως ὑπὸ Μάρκου Βιαγκίνη δ. φ., καθηγητ τοῦ ἐν τῷ Βαρβακείῳ γυμνασίῳ. Ἐν Ἀθήναις, παρὰ τῷ ἐκδότῃ Σπυρίδωνι Κουσουλίνῳ, τυπογραφεῖον, βιβλιοπωλεῖον, παρὰ τῷ ναῷ τῶν Ἁγίων Θεοδώρων. 1888.

In-8° de 76 pages.

3592. — Ὁ διανομεὺς τῆς Κυψέλης Σ. Κασσάνος εὔχεται τοῖς συνδρομηταῖς αὐτῆς εὐτυχὲς τὸ νέον ἔτος 1888. Ἐν Ζακύνθῳ, τύποις Σ. Κλψοκεφάλου (sic).

In-8° de six pages et un feuillet blanc. Contient des poésies d'ÉTIENNE MARTZOKIS, ARISTIDE CAPSOKÉPHALOS et DENYS HÉLIACOPOULOS.

3593. — Οἱ νέοι Μυλωνάδες, κωμῳδία εἰς πράξεις πέντε παραρρασθεῖσα κατὰ τὸ 1870 ὑπὸ Σπυρίδωνος Καλύβα, διασκευασθεῖσα δὲ νῦν ὑπὸ τοῦ αὐτοῦ καὶ διατυπωθεῖσα κατὰ τὰ καθ' ἡμᾶς ἤθη, ἔθιμα καὶ γλωσσικοὺς ἰδιωτισμοὺς ἐμφανίζεται ἐντελῶς ὡς νέον ἔργον. Ἐκδίδοται ὑπὸ Α. Κολλαράκη καὶ Ν. Τριανταφύλλου. Ἐν Ἀθήναις, ἐκ τοῦ τυπογραφείου τῶν ἐκδοτῶν, κάτωθι τοῦ Δημαρχείου. 1888.

In-8° de 100 pages. Volume d'une insigne rareté.

3594. — Οἱ Τάφοι τοῦ Φωσκόλου, μετάφρασις ὑπὸ Ναθαναὴλ Ἰωάννου Δομενεγίνη (Ἐκ τῶν φυλλαδίων 1 καὶ 2 τῆς Νέας Κυψέλης). Ἐν Ζακύνθῳ, τυπογραφεῖον ὁ Φώσκολος Σ. Καψοκεφάλου. 1888.

In-8° de un feuillet, δ' (4) + 12 pages et un feuillet blanc.

3595. — Ὁ Παπᾶ Μπασιᾶς ἤτοι τὰ κατὰ τὸν βίον καὶ τὸν θάνατον τοῦ ἀοιδίμου καὶ ἐναρέτου ἱερέως Παναγῆ Τυπάλδου Μπασιᾶ Κεφαλλῆνος ὑπὸ Ζησίμου Γ. Π. Τυπάλδου καθηγητοῦ. Ἐν Ἀθήναις, ἐκ τῆς τυπογραφίας τῆς β. Αὐλῆς Ν. Γ. Ἰγγλέση. 1888.

In-8° de 48 pages, dont les trois dernières blanches. La page 3 est occupée par un portrait de PANAGIS TYPALDOS BASIAS (né en 1801, mort le 7 juin 1888).

3596. — Ore di tormento ed epigrammi di Stefano Marzocchi. Zante, tipog. S. Capsochefalo. 1888.

In-8° de 14 pages et un feuillet blanc. Cette édition n'est en réalité que celle de 1886, dont on s'est borné à changer la date.

3597. — Ὁ φυσικὸς κόσμος ἤτοι καθημερινὰ φυσικὰ καὶ χημικὰ φαινόμενα, ἀναγνώσματα ψυχαγωγικὰ καὶ ὠφελιμώτατα πρὸς χρῆσιν τῶν σχολείων ὑπὸ Γερασίμου Π. Βανδώρου. Ἐν Ἀθήναις, ἐκδότης τυπογραφεῖον ὁ Παλαμήδης. 1888.

In-8° de 72 pages. Vignette sur le titre.

3598. — Περὶ τοῦ θεσμοῦ τῆς προσωπικῆς κρατήσεως ὑπὸ Ἀντωνίου Γ. Μομφερράτου, δικηγόρου. Ἐκδότης Ἀνέστης Κωνσταντινίδης. Ἐν Ἀθήναις, ἐκ τοῦ τυπογραφείου τῶν καταστημάτων Ἀνέστη Κωνσταντινίδου. 1888.

In-8° de 62 pages (la dernière chiffrée par erreur 63) et un feuillet, au recto duquel, après les indications de lieu et d'imprimeur, on lit : κατὰ μῆνα φεβρουάριον τοῦ 1888. ἀριθ. 1195.

3599. — Περὶ τῶν ἐτησίως τελουμένων ἐν Κερκύρᾳ λιτανειῶν τοῦ θ. λειψάνου τοῦ ἁγίου Σπυρίδωνος καὶ τῆς ἐν ἔτει 1716 πολιορκίας τῆς Κερκύρας ἱστορικὴ ἐπιτομὴ ἐξ ἐκδεδομένων καὶ ἀνεκδότων ἐγγράφων ἐρανισθεῖσα ὑπὸ Λαυρεντίου Σ. Βροκίνη. Ἐν Κερκύρᾳ, τυπογραφεῖον Ἑρμῆς. 1888.

In-8° de 96 pages. En tête du volume, une lithographie représente S. Spiridion dans sa châsse; elle est signée : Λιθ. Ἰ. Λούπη, Κέρκυρα. Dédié à l'archimandrite Constantin Bulgaris.

3600. — Περὶ τῶν παλιμψήστων κωδίκων τῶν ἁγιορειτικῶν βιβλιοθηκῶν ὑπὸ Σπυρ. Π. Λάμπρου, καθηγητοῦ τοῦ Πανεπιστημίου. Ἀθήνησι, τυπογραφεῖον Παλιγγενεσία Ἰω. Ἀγγελοπούλου, 14, ὁδὸς Βορρᾶ, 14. 1888.

In-8° de vingt pages.

3601. — Πλουτάρχεια ἀπανθίσματα ἐν ἁγιορειτικῷ κώδικι τῆς μονῆς Διονυσίου ὑπὸ Σπυρ. Π. Λάμπρου, καθηγητοῦ τοῦ Πανεπιστημίου. Ἀθήνησι, τυπογραφεῖον Παλιγγενεσία Ἰω. Ἀγγελοπούλου, 14, ὁδὸς Βορρᾶ, 14. 1888.

In-8° de 25 pages.

3602. — Π. Χιώτου ἱστοριογράφου προσφώνησις ἐπὶ τοῦ νεκροῦ Κωνσταντίνου Λομβάρδου, ἀποβιώσαντος ἐν Ἀθήναις, τῇ 26 αὐγούστου 1888 καὶ ἐνταφιαζομένου ἐν Ζακύνθῳ τῇ 30 τοῦ αὐτοῦ. (Ὁ λόγος ἐγένετο κατ' ἐντολὴν τοῦ συλλόγου καθηγητῶν καὶ διδασκάλων.) (*A la fin :*) Τύποις Σ. Καψοκεφάλου.

In-8° de 6 pages et un feuillet.

3603. — 1888! Σπουργίτη ἀποχαιρετισμὸς τοῦ Κοντούτση νέος δασμός. Ἐν Ζακύνθῳ, ἐκ τοῦ τυπογραφείου ὁ Φώσκολος Σ. Καψοκεφάλου. (*A la fin :*) Ἐν Ζακύνθῳ, τῇ 1ῃ ἰανουαρίου 1888.

In-8° de 7 pages. Pièce de vers.

3604. — Σύντομος ἑλληνικὴ ἱστορία διὰ τὰ δημοτικὰ σχολεῖα κατὰ τὴν νέαν μέθοδον ὑπὸ Γ. Σ. Κονιδάρη, πρωτοβαθμίου διδασκάλου τοῦ ἐν Ἀθήναις διδασκαλείου παρά τῷ ἐκδότῃ καὶ βιβλιοπώλῃ Π. Γ. Μαίμῳ. "Εκδοσις β' βελτιωθεῖσα. Τεῦχος ά. Ἐν Ἑρμουπόλει Σύρου, ἐκ τοῦ τυπογραφείου Γρηγορίου Κανέλλου. 1888. In-8° de 96 pages.

3605. — Τὰ θύματα τῆς δικαστικῆς πλάνης, διατριβὴ συνταχθεῖσα κατὰ δεκέμβριον 1887 ὑπὸ Σ. Κ. Βρυάκου. Ἐν Κερκύρᾳ, ἐκ τοῦ τυπογραφείου ὁ Κορκῆς. 1888.

In-8° de 1 feuillet et 77 pages. Il s'agit dans cette brochure de l'assassinat de Spiridion Moraïtis par Jean Bonatis et de l'exécution de ce dernier. Ce petit livre est des plus intéressants.

3606. — Tempo perdido, por Elias João Zenemvissis, com traducção em verso portuguez do Dr Francisco Ferraz de Macedo (segunda série). Edição segunda, destinada á Grecia. Genève, imprimerie Charles Schuchardt. 1888. Καιρὸς χαμένος, ὑπὸ Ἠλία Ἰ. Ζενεμβίση, μετὰ μεταφράσεως τῶν ἀνεκδότων ἑλληνικῶν ποιήσεων εἰς στίχους πορτογαλλικοὺς ὑπὸ δόκτορος Φραγκίσκου Φερράζ δὲ Μασέδο (δεύτερον μέρος). "Εκδοσις δευτέρα, προωρισμένη διὰ τὴν Ἑλλάδα. Genève, imprimerie Charles Schuchardt. 1888.

In-8° de 73 pages et un feuillet. Recueil de poésies, dédié par l'auteur à son frère Denys, et par le traducteur à Sebastião Philippes Martins Estacio da Veiga.

3607. — V. G. Marshall. Φωνὴ ὑπὲρ τῆς Ἑλλάδος. Αἱ δοκιμασίαι, αἱ πρόοδοι καὶ αἱ ἀξιώσεις αὐτῆς. Ἐξ ἀφετηρίας τῆς ἐνηλικιώσεως τοῦ διαδόχου τοῦ ἑλληνικοῦ θρόνου Κωνσταντίνου. Μετάφρασις ἐκ τοῦ ἀγγλικοῦ ὑπὸ Πλάτωνος Δρακούλη. Ἐν Πάτραις, τύποις Π. Εὐμορφοπο[ύ]λου. 1888.

In-16 de 112 pages et un tableau. Sur la couverture, après le nom du traducteur, on lit : Δημοσιευθεῖσα διὰ τῆς Ἐφημερίδος Πατρῶν.

3608. — XX settembre MDCCCLXXXVIII. Per l'anniversario della morte di Margherita Albana Mignaty Ricordo offerto dal marito e dalla figlia agli amici.

In-8° de 60 pages et deux feuillets blancs, plus cinq gravures, dont trois portraits de MARGUERITE ALBANA MIGNATY.

3609. — Ἀγωγή. Παιδεία. Βιβλιοθήκη τοῦ ἑλληνικοῦ λαοῦ ἐκδιδομένη κατὰ μῆνα ὑπὸ Ξενοφῶντος Δ. Ζύγουρα καθηγητοῦ. Τόμος πρῶτος ἰανουαρίου 1889.

Ἀντωνίου Ἰω. Ἀντωνιάδου πρώην γυμνασιάρχου, Φίλιππος καὶ Ὀλυμπιάς, τραγῳδία εἰς πέντε μέρη. Ἐν Ἀθήναις, τύποις Ἰωάννου Κουβέλου καὶ Μ. Δελῆ (ὁδὸς Πραξιτέλους, ἀριθ. 60). 1889.

In-8° de 64 pages.

Τόμος δεύτερος φεβρουαρίου 1889. Οἱ Ζάππαι καὶ τὸ Ζάππειον μετὰ εἰκόνων : 64 pages. Ce tome contient, en outre, la fin de la tragédie *Philippe et Olympias*.

Τόμος τρίτος μαρτίου 1889. Ἡ προαγωγή, ἤτοι περὶ τῶν μέσων διὰ τῶν ὁποίων πᾶς ἄνθρωπος προάγεται : 64 pages.

Τόμος τέταρτος ἀπριλίου 1889. Ἡ τελειότης τοῦ χριστιανοῦ διὰ τῆς μετανοίας ὑπὸ τοῦ ἀρχιεπισκόπου πρώην Κεφαλληνίας Σπ. Κομποθέκρα : 64 pages.

Τόμος πέμπτος μαΐου. Ὁ κώδηξ τοῦ τιμίου ἀνθρώπου : 64 pages.

Τόμος ἕκτος ἰουνίου 1889. Ὁ πρακτικὸς βίος : 64 pages.

Τόμος ἕβδομος ἰουλίου 1889. Ἡ γεωργικὴ διὰ πάντα ἄνθρωπον : 60 pages.

Comprend les 56 premières pages de l'Ἐγχειρίδιον γεωργικῆς, publié en 1887 et décrit ci-dessus, sous le n° 3534. Le feuillet de titre est ici remplacé par le titre ordinaire de la *Bibliothèque* et le feuillet suivant (dédicace aux agriculteurs grecs) par une épître dédicatoire aux abonnés de ladite *Bibliothèque*. Le reste est identique jusqu'à la page 56 inclusivement. Les quatre pages suivantes comprennent : Ἡ κατάστασις τῆς γεωργίας ἐν τῇ ἀνατολῇ, une table des matières et des annonces de librairie.

Τόμος ὄγδοος αὐγούστου 1889. Φυτοτεχνία καὶ ζωοτεχνία διὰ τὸν λαόν : 4 pages + pp. chiffrées de 57 à 132. Les 4 p. liminaires comprennent la couverture-titre et une préface ; les p. 57 à 128 la fin du susdit Ἐγχειρίδιον γεωργικῆς, et les p. 129 à 132 des conseils aux agriculteurs.

Τόμος ἔννατος σεπτεμβρίου 1889. Ἠθικὰ διηγήματα : 64 pages (1° Ἡ ἐλεημοσύνη de Jules Lemaître ; 2° Ὑψηλὴ ἀγάπη du chanoine Schmidt ; 3° Αἱ δεισιδαιμονίαι du même auteur ; 4° Ἡ νέα Νιόβη de Henri Conscience).

Τόμος δέκατος ὀκτωμβρίου 1889. Μετρολογία καὶ νομισματολογία : 80 pages.

Τόμος ἑνδέκατος νοεμβρίου 1889. Περὶ φυσικῶν προϊόντων : 64 pages.

Τόμος δωδέκατος δεκεμβρίου 1889. Οἰκιακὴ οἰκονομία : un feuillet, ις' (16) et 48 pages. Ce douzième et dernier volume est constitué par les 16 et 48 pages de l'Ἐγχειρίδιον οἰκιακῆς οἰκονομίας paru en 1887 et décrit ci-dessus, sous le n° 3530. La p. 48 contient des annonces de librairie. Le feuillet liminaire est constitué par la couverture-titre de la *Bibliothèque*.

3610. — Ἀδαμάντιος Κοραῆς ὑπὸ Δ. Θερειανοῦ. Ἐκτυποῦται ἀναλώμασι τοῦ Οἰκονομείου κληροδοτήματος. Τόμος πρῶτος. Ἐν Τεργέστῃ, τύποις τοῦ Αὐστροουγγρικοῦ Λόϋδ. 1889. (*Au v° du titre :*) Fondazione Demetrio A. Economo editrice.

In-8° de deux feuillets, 413 pages et un feuillet. Τόμος δεύτερος : deux feuillets, 354 pages et un feuillet blanc. Τόμος τρίτος : trois feuillets, 168 pages, ρλή (138) pages et un feuillet.

3611. — Alla cara e benedetta memoria della madre Maria Camilla, superiora delle religiose di N. S. della Compassione di Corfù, volata al cielo, il 9 novembre. 1889.

In-8° de 10 pages et 1 feuillet blanc. Daté de Corfou, 11 novembre 1889, et signé : Il sacerdote T. A. POLITO.

3612. — All' esimio maestro Corcirese Spiro Samarà, in occasione dell' entusiastico successo artistico della sua *Flora mirabilis*, tardo mà sincero omaggio del suo concittadino Francesco di Mento. (*Au verso du dernier feuillet :*) *Corfù*, tip. di G. Nacamulli.

In-8° de 4 feuillets. Le second des deux sonnets à Spiro Samarà est daté de février 1889.

3613. — A. Lutaud, μέλους τῆς γαλλικῆς ἑταιρίας τῆς ἰατροδικαστικῆς, πρώην ἰατροῦ τοῦ γαλλικοῦ νοσοκομείου τοῦ Λονδίνου κ. λ. Ἐγχειρίδιον τοξικολογίας κατὰ μετάφρασιν Ἀντωνίου Δ. Καλλιβωκᾶ, ὑφηγητοῦ τῆς ἰατροδικαστικῆς ἐν τῷ ἐ. Πανεπιστημίῳ. Ἐν Ἀθήναις, ἐκ τοῦ τυπογραφείου τῆς Κορίννης, ὁδὸς Πατησίων, ἀρ. 9. 1889.

In-8° de 169 pages et 3 feuillets, dont les deux derniers blancs.

3614. — Ἀμλέτος, τραγῳδία Σαικσπείρου, ἔμμετρος μετάφρασις Ἰακώβου Πολυλᾶ, μὲ προλεγόμενα καὶ κριτικὰς σημειώσεις. Ἐν Ἀθήναις, ἐκ τοῦ τυπογραφείου ἀδελφῶν Περρῆ. 1889.

In-8° de ν'(50) et 244 pages.

3615. — Ἀναγνωσματάριον περιέχον ἑλληνικὰ παραμύθια καὶ διηγήματα μετὰ ὡραίων εἰκόνων κατὰ τὴν νέαν παιδαγωγικὴν μέθοδον πρὸς χρῆσιν τῶν μαθητῶν τῶν δημοτικῶν σχολείων ἀμφοτέρων τῶν φύλων ὑπὸ Γεωργίου Σ. Κονιδάρη. Τάξις πρώτη. Τμῆμα β'. Ἐκδότης Π. Γ. Μαΐμος. Ἐν Ἑρμουπόλει Σύρου, ἐκ τοῦ τυπογραφείου ἀδελφῶν Φρέρη. 1889.

In-8° de 64 pages.

3616. — Ἀνδρέας Θεοτόκης ὑπὸ Φραγκίσκου δὲ Μέντου. Ἀπόσπασμα ἐκ τοῦ Παρνασσοῦ. Ἐν Ἀθήναις, ἐκ τοῦ τυπογραφείου Ἀλεξάνδρου Παπαγεωργίου, ὁδὸς Ὀφθαλμιατρείου, ἀριθ. 3. 1889.

In-8° de 16 pages. Traduction grecque de la notice mentionnée sous le numéro 3636.

3617. — 'Ανδρέου Μαρτζώκη Ὁ γούμενος τῆς 'Αναφωνήτρας, ποίημα. 'Εν 'Αθήναις, ἐκ τοῦ τυπογραφείου τῶν καταστημάτων 'Ανέστη Κωνσταντινίδου. 1889.

In-8° de 28 pages et 2 feuillets.

3618. — Ballades, ποιήματα ὑπὸ Στεφάνου Μαρτζώκη. 'Εν Ζακύνθῳ, τύποις Σ. Καψοκεφάλου. 1889.

In-8° de 39 pages.

3619. — Γεωγραφία τῆς ἐλευθέρας Ἑλλάδος μετὰ γεωγραφικοῦ χάρτου κατὰ τὴν νέαν μέθοδον πρὸς χρῆσιν τῶν δημοτικῶν σχολείων ἀμφοτέρων τῶν φύλων ὑπὸ Γεωργίου Κονιδάρη. Ἔκδοσις τρίτη βελτίων. Τεῦχος πρῶτον. Ἐκδότης Π. Γ. Μαῖμος, ἐν Ἑρμουπόλει Σύρου, τύποις Πατρίδος. 1889.

In-8° de 122 pages et une carte géographique.

3620. — Γεωγραφία τῆς Εὐρώπης καὶ τῶν ἄλλων ἠπείρων, κατὰ τὴν νέαν μέθοδον, μετὰ εἰκόνων, διὰ τοὺς μαθητὰς τῶν δημοτικῶν σχολείων ἀμφοτέρων τῶν φύλων, ὑπὸ Γεωργίου Σ. Κονιδάρη. Τεῦχος δεύτερον. Τάξις τετάρτη. Ἐκδότης Π. Γ. Μαῖμος. 'Εν Ἑρμουπόλει Σύρου, ἐκ τοῦ τυπογραφείου ἀδελφῶν Φρέρη. 1889.

In-8° de 90 pages.

3621. — Γεωργίου Βερυκίου Ἔγγραφα ἀναφερόμενα εἰς τὸν Ῥιζοσπαστισμόν. 'Εν Ζακύνθῳ, τυπογραφεῖον ὁ Φώσκολος Σ. Καψοκεφάλου. 1889.

In-8° de 51 pages.

3622. — Διάφοροι συνθέσεις Δημητρίου Πιέρη. Κέρκυρα, μάρτιος 1889. Miscellanea di versi e di prose di Demetrio Pierry. *Corfù*, marzo 1889.

In-8° de 27 pages. La couverture imprimée sert de titre.

3623. — Die Insel Leukas. Eine geographische Monographie von Dr. Joseph Partsch, Professor der Erdkunde an der Universität Breslau. Mit einer Karte der Insel Leukas. (Ergänzungsheft n° 95 zu *Petermanns Mitteilungen.*) *Gotha* : Justus Perthes. 1889.

In-4° de un feuillet + 29 pages + une carte.

3624. — Δύο λέξεις εἰς τὴν μνήμην τοῦ διαπρεποῦς ἰατροῦ καὶ βουλευτοῦ Κερκύρας ἱπ. Ἰωάννου Παδοβᾶ ὑπὸ X. Στρατηγοῦ. (*A la fin :*) Ἐν Κερκύρᾳ, τῇ 16 σεπτεμβρίου 1889. Τυπ. Α. Λάντζα.

In-8° de 7 pages.

3625. — Ecloga Leonis et Constantini cum appendice edidit Antonius G. Monferratus. *Athenis*, typis·fratrum Perri. 1889.

In-8° de ιέ (15) + 108 pages + 2 feuillets, dont le dernier blanc.

3626. — Ἐμπορικῆς βιβλιοθήκης τόμος β'. Πλήρης ἐμπορικὴ ἐπιστολογραφία θεωρητικὴ καὶ πρακτικὴ περιέχουσα ἐπιστολὰς καὶ ἀλληλογραφίας μετὰ Λεξικοῦ τῶν ὅρων καὶ τῆς ὕλης τοῦ ἐμπορίου, ἐν οἷς προσετέθη καὶ ἡ παγκόσμιος νομισματολογία καὶ μετρολογία, ὑπὸ Ξενοφῶντος Δ. Ζύγουρα, εἰδικοῦ καθηγητοῦ τῶν ἐμπορικῶν καὶ οἰκονομικῶν. Ἔκδοσις δευτέρα. Ἐν Ἀθήναις, τύποις Ἰωάννου Κουβέλου καὶ Μ. Δελῆ (ὁδὸς Πραξιτέλους, ἀριθ. 60). 1889.

In-8° de 412 pages, 2 feuillets et 80 pages.

3627. — Ἐπὶ τῷ ἐπετείῳ τοῦ θανάτου τοῦ ἀοιδίμου Κ. Λομβάρδου. (*A la fin :*) Τύποις Καψοκεφάλου.

In-4° de sept pages. Sous ce titre fut publié un numéro spécial du journal zantiote hebdomadaire ὁ Λομβάρδος. Ce numéro, qui parut le 25 août 1889, premier anniversaire du décès de Constantin Lombardos, est entièrement consacré à sa mémoire. On y trouve notamment une pièce de vers d'Aristide Capsoképhalos.

3628. — Ἑρμηνεία τῆς κυριακῆς προσευχῆς μετὰ εἰσαγωγῆς περὶ τῆς ἐννοίας τοῦ χριστιανικοῦ ὀνόματος, περὶ τοῦ σημείου τοῦ Τιμίου Σταυροῦ, περὶ προσευχῆς ἐν γένει ὑπὸ Α. Ἰ. Λευθεριώτου, καθηγητοῦ τῶν ἱερῶν. Κερκύρᾳ, τύποις Ν. Πετσάλη. 1889.

In-8° de 125 pages et 1 feuillet blanc.

3629. — Ἐρωτικὴ ἀποπλάνησις ἢ ἡ νόθος θυγάτηρ, δρᾶμα εἰς πράξεις πέντε ὑπὸ Πέτρου Κ. Βιώτου. Ἐν Κερκύρᾳ, τυπογραφεῖον Ἰ. Ναχαμούλη. 1889 (1890 sur la couverture).

In-8° de 100 pages. Dédié à Jean Romanos.

3630. — Ἡ δίκη τῶν πιθήκων ὑπὸ Ζησίμου Τυπάλδου καθηγητοῦ. Ἔκδοσις δευτέρα. Ἐν Λευκάδι, τύποις Ἀνεξαρτήτου. 1889.

In-8° de 15 pages. Daté, à la fin, de Chio, 1ᵉʳ mars 1881. La première édition parut à Syra, en 1881 (voir ci-dessus le n° 3249).

3631. — Ἡ ἱερά μας μουσική, Π. Βεργωτῇ (Ἀνατύπωσις). Ἀργοστόλι, τύποις Προόδου. 1889.

In-8° de 16 pages.

3632. — Ἡ κλοπὴ τοῦ ἐν Ἀθήναις ἐθνικοῦ νομισματικοῦ Μουσείου. Ἔκθεσις Ἰωάννου Ν. Σβορώνου, πρῴην βοηθοῦ τοῦ Μουσείου καὶ νῦν ὑπαλλήλου τῆς αὐτοκρατορικῆς πρωσσικῆς Ἀκαδημίας τῶν Ἐπιστημῶν. Ἐν Ἀθήναις, ἐκ τοῦ τυπογραφείου τῶν ἀδελφῶν Περρῆ. 1889.

In-8° de 28 pages et deux feuillets blancs.

3633. — Ἡ ὑπόθεσις τῶν ἀδελφῶν Μπονάτη ὑπὸ Νικολάου Κονεμένου. Ἐν Κερκύρᾳ, τυπογραφεῖον ἡ Ἰονία. 1889.

In-8° de 80 pages et 1 feuillet.

3634. — Ἠθικὰ διηγήματα μεταφρασθέντα ὑπὸ Ξενοφῶντος Δ. Ζύγουρα καὶ περιέχοντα : Τὴν κόρην τοῦ παντοπώλου Ε. Κονσιάνς, Τὴν ἐλεημοσύνην, διήγημα Ἰ. Λεμαίτρου, Τὴν υἱϊκὴν ἀγάπην, διήγημα Χρ. Σμιδίου, Τὴν δεισιδαιμονίαν τοῦ αὐτοῦ, Τὴν Νιόβην, διήγημα τοῦ Ε. Κονσιάνς. Τιμῶνται ἀντὶ 60 λεπτῶν. Ἐν Ἀθήναις, τύποις Ἰωάννου Κουβέλου καὶ Μ. Δελῆ (ὁδὸς Πραξιτέλους, ἀριθ. 60). 1889.

In-8° de 64 + 64 pages. La couverture imprimée sert de titre.

3635. — Francesco di Mento. Cenni biografici intorno alla giovane letterata Maria Theochari inesorabilmente rapita ai parenti, alla patria, alle lettere, all' arte, in Meran, il 14 ottobre 1889. *Corfù*, premiato tip. G. Nacamulli. 1889.

In-8° de 11 pages.

3636. — Il barone Dʳ Andrea Theotochi di Corfù.

In-12 de 26 pages et 1 feuillet blanc. Extrait du journal *la Riscossa* de Rome des 18 et 19 janvier 1889. L'auteur de cette notice est Francesco di Mento. NB. On trouve dans l'Ἐφημερὶς τῶν εἰδήσεων de Corfou du 7 juin 1889 un excellent article de L. S. Vrokinis concernant la biographie d'André Théotoky.

3637. — Importanza dell' igiene, considerazioni del dottor Giovanni

Pandin. *Napoli*, Società in accomandita A. Belisario e C. R. stabilimento tipografico comm. G. de Angelis e figlio, Portamedina allà Pignasecca, 44. 1889.

In-8° de 16 pages. Dédié à Ferdinando Massei.

3638. — Ἱστορία τῶν Ἰονίων Νήσων ἀρχομένη τῷ 1797 καὶ λήγουσα τῷ 1815 μετὰ προεισαγωγῆς ἐν ᾗ ἐκτίθενται αἱ προηγούμεναι τύχαι αὐτῶν ὑπὸ Γερασίμου Ε. Μαυρογιάννη. Τόμος πρῶτος. Ἐν Ἀθήναις, τυπογραφεῖον Παλιγγενεσία Ἰω. Ἀγγελοπούλου. 14, ὁδὸς Βορρᾶ, 14. 1889.

In-8° de δ' (4) + 474 pages + 1 feuillet et 1 carte. Τόμος δεύτερος. In-8° de 321 pages et 1 feuillet blanc (lequel n'est pas dans tous les exemplaires).

3639. — Καλλιόπη, ποιήσεις Ἰωάννου Ἀ. Γκίκα. Ἐν Κερκύρᾳ, τύποις Νικολάου Πετσάλη. 1889.

In-8° de 78 pages et 1 feuillet blanc. La couverture imprimée sert de titre.

3640. — Λιμὴν Κερκύρας. Κατασκευὴ λιμένος ἐν Μανδουκίῳ καὶ καταφυγίου ἐν Σπηλαίᾳ, ἔκθεσις τοῦ ἀρχιμηχανικοῦ τῆς γαλλικῆς ἀποστολῆς (Μετάφρασις ἐκ τοῦ γαλλικοῦ). Ἐν Κερκύρᾳ, τυπ. Ἀ. Λάντζα. 1889.

In-4° de 14 pages, 1 feuillet blanc et 1 plan photographié.

3641. — Λόγος ἐπὶ τῇ ἀμφιετηρίδι τῆς παλιγγενεσίας τῆς Ἑλλάδος ἐκφωνηθεὶς ὑπὸ Ἰωάννου Μ. Σαμοίλη ἐν τῷ καταστήματι τῆς ἐν Κερκύρᾳ διδακτικῆς ἀδελφότητος Προόδου, τῇ 25 μαρτίου 1889 (Ἐκδίδοται ἀναλώμασι τῆς ἀδελφότητος). Ἐν Κερκύρᾳ, τυπογραφεῖον Ἑρμῆς Νικολάου Πετσάλη. 1889.

In-8° de 20 pages.

3642. — Μαθήματα φυσικῆς ἱστορίας μετὰ πολλῶν εἰκόνων πρὸς χρῆσιν τῶν δημοτικῶν σχολείων καὶ παρθεναγωγείων ὑπὸ Γεωργίου Σ. Κονιδάρη. Τεῦχος πρῶτον. Ἐκδότης Γ. Π. Μέμος. Ἐν Ἑρμουπόλει, ἐκ τοῦ τυπογραφείου ἀδελφῶν Φρέρη. 1889.

In-8° de 112 pages. Τεῦχος δεύτερον : 144 pages.

3643. — Μετεωρολογικὴ ἔποψις τῆς πόλεως Κερκύρας κατὰ τὰ ἔτη 1887 καὶ 1888 ὑπὸ Σπ. Ἡ. Μαρίνου καθηγητοῦ. Ἐν Κερκύρᾳ, τυπογραφεῖον Ἀθηνᾶ. 1889.

In-8° de 31 pages. Sur la couverture, on lit cette mention : Ἐκδίδοται δαπάνῃ τοῦ Πετριδείου κληροδοτήματος.

3644. — Νουθεσίαι προς τους εις ξένην γην έμμένοντας και όντας έν τρυφερα παιδική ηλικία υπό Γεωργίου Πρωτοπαπά έκ Κοντοβαζαίνης, έμμένοντος εις Ζάκυνθον δεκαεπταετής τυγχάνοντος τότε. Έν Ζακύνθω, τύποις Σ. Καψοκεφάλου. 1889.

In-8° de 14 pages + un feuillet blanc. Poésies. Rare. Page 3 : Préface, datée de Contovazæna, 24 janvier 1889, et signée: Γεώργ. ιερεύς Πρωτόπαπας.

Les Νουθεσίαι ont été composées à Zante, au mois de juillet 1842.

3645. — Ὁ έλλην Ῥοβινσών, διήγημα διδακτικώτατον μετά εικόνων προς χρησιν των μαθητών των δημοτικών σχολείων αμφοτέρων των φύλων υπό Γεωργίου Κονιδάρη. Έκδοσις τρίτη· έτος σχολικόν δεύτερον. Έκδότης Π. Γ. Μαΐμος, έν Ἐρμουπόλει, έκ του τυπογραφείου αδελφών Φρέρη. 1889.

In-8° de 96 pages.

3646. — Ὁ Ἰωάννης Καποδίστριας έν Κεφαλληνία και αι στάσεις αυτής έν έτεσι 1800, 1801, 1802. Ίστορικαί σημειώσεις έξαχθείσαι έκ των εγγράφων του αρχείου της έπτανησίου Πολιτείας υπό Μάρκου Θεοτόκη. Έν Κερκύρα, τυπογραφείον Ί. Ναχαμούλη. 1889.

In-8° de un feuillet non chiffré, 272 pages et un feuillet non chiffré. Compte rendu, signé Σ, dans le Δελτίον της Έστίας du 26 novembre 1889.

3647. — Ὁ υπέρ της εθνικής αποκαταστάσεως αγών των Έπτανησίων, 1815-1864, πολιτική ιστορία της Έπτανήσου έπι της αγγλικής προστασίας υπό Άνδρέου Μ. Ίδρωμένου δικηγόρου. Έν Κερκύρα, τυπογραφείον Ί. Ναχαμούλη. 1889.

In-8° de 162 pages et 1 feuillet.

3648. — Ὁ φωσκολισμός έν Ίταλία. (*A la fin :*) Έν Ζακύνθω, τυπογραφείον ή Αυγή.

In-8° de 12 pages. Signé Μέμνων Μαρτζώκης. Sur la première page de la couverture, on lit cette mention : Άναδημοσιεύεται έκ του Άττικού Ήμερολογίου του 1889.

3649. — Παγκόσμιος εμπορική μετρολογία και νομισματολία (sic) θεωρητική και πρακτική υπό Ξενοφώντος Δ. Ζύγουρα, ειδικού καθηγητού των έμπορικών και οικονομικών. Έν Άθήναις, τύποις Ίωάννου Κουδέλου και Μ. Δελή (οδός Πραξιτέλους, άριθ. 60). 1889.

In-8° de 80 pages. La couverture imprimée sert de titre. Ce petit volume est constitué par les 80 dernières pages (ou seconde partie) de la Πλήρης έμπορική έπιστολογραφία, décrite sous le n° 3626.

3650. — Παλιγγενεσία τῆς Ἑλλάδος μετὰ πολλῶν ὡραίων εἰκόνων, κατὰ τὴν νέαν μέθοδον, διὰ τοὺς μαθητὰς τῶν δημοτικῶν σχολείων ἀμφοτέρων τῶν φύλων, ὑπὸ Γεωργίου Σ. Κονιδάρη. Ἐκδότης Π. Γ. Μαῖμος. Ἐν Ἑρμουπόλει Σύρου, ἐκ τοῦ τυπογραφείου ἀδελφῶν Φρέρη. 1889.

In-8° de 88 pages.

3651. — Paxos und Antipaxos. II Auflage (Volksausgabe). *Würzburg und Wien.* Verlag von Leo Woerl. 1889. (*Au verso du titre :*) Königl. Univers. Druckerei von H. Stürtz. Würzburg.

In-4° de xv pages, un feuillet non chiffré et 480 pages. Dans le texte et hors texte, nombreuses gravures et cartes, dont la table figure en tête du volume. Titre rouge et noir. L'auteur de cet ouvrage est l'archiduc Ludwig Salvator.

3652. — Περὶ ἀνακοπῆς ὑπὸ Μιχαὴλ Γ. Λιβαδᾶ. Ἐν Ἀθήναις, ἐκ τοῦ τυπογραφείου ἀδελφῶν Περρῆ. 1889.

In-8° de deux feuillets et 144 pages.

3653. — Περὶ ἐθνικῆς γλώσσης καὶ ἐθνικῆς ἱστορίας δημοτικὴ διδασκαλία Γεωργίου Καλοσγούρου (ἀνεγνώσθη εἰς τὸ Κατάστημα τῆς Διδακτικῆς ἀδελφότητος Πρόοδου, τὴν 23 ἀπριλίου 1889). Κερκύρᾳ, τυπογραφεῖον Ἑρμῆς Νικολάου Πετσάλη. 1889.

In-8° de 29 pages et 1 feuillet blanc.

3654. — Περὶ τῆς ἀστικῆς, ἐμπορικῆς καὶ ποινικῆς τῶν Ἑνετῶν νομοθεσίας ὑπὸ Δανιὴλ Μανίν · μετάφρασις ἐκ τοῦ ἰταλικοῦ μετὰ σημειώσεων καὶ παραπομπῶν ὑπὸ Μιχαὴλ Στεφ. Ἰδρωμένου, διδάκτορος τῆς νομικῆς. Ἐν Κερκύρᾳ, τύποις Ν. Πετσάλη. 1889.

In-8° de 104 pages.

3655. — Per la premiazione degli allievi della R. scuola italiana di Corfù nel genetliaco di S. M. la regina Margherita, 20 novembre 1889, discorsi del R. console generale e del direttore delle scuole. *Corfù*, premiato stabilimento tipografico di G. Nacamulli. 1889.

In-8° de 22 pages et 1 feuillet blanc. Le consul général d'Italie à Corfou était alors B. Berio et le directeur de l'École italienne N. Forte.

3656. — Ricordo del mio soggiorno in Liezen della Stiria nella deliziosa villa della ospitale ed amata famiglia Dumba. *Brindisi*, tipografia Mealli e C. 1889.

In-8° de quatre feuillets non chiffrés. Rare. L'auteur de ce livre est FRANCESCO DI MENTO, de Corfou, lequel a signé l'épître dédicatoire à mademoiselle Irène Dumba. Contient quatre sonnets en italien.

3657. — Σκηνογραφίαι ἐκ τῆς ἑλληνικῆς ἐπαναστάσεως μετὰ εἰκόνων πρὸς χρῆσιν τῶν μαθητῶν τῆς δ' τάξεως τῶν δημοτικῶν σχολείων ἀμφοτέρων τῶν φύλων, κατὰ τὸ νέον πρόγραμμα τοῦ ὑπουργείου τῆς Παιδείας, ὑπὸ Γεωργίου Σ. Κονιδάρη. Ἐκδότης Π. Γ. Μαΐμος. Ἐν Ἑρμουπόλει Σύρου, ἐκ τοῦ τυπογραφείου ἀδελφῶν Φρέρη. 1889.

In-8° de 128 pages.

3658. — Φόροι δακρύων ἐπὶ τῶν τάφων τῶν ἀδελφῶν Δημητρίου καὶ Διονυσίου Λεονταρίτη θανόντων τῇ 16 δεκεμβρίου 1888 καὶ 20 ἰανουαρ. 1889. Ἐν Ζακύνθῳ, τύποις Σ. Καψοκεφάλου. 1889.

In-8° de 16 pages. La couverture imprimée sert de titre. Les discours consacrés à Démétrius ont pour auteurs F. CARRER, ANDRÉ D. BABACOS et MEMNON MARTZOKIS; ceux consacrés à Denys ont pour auteurs SPIRIDION CARAMALIKIS, CONSTANTIN SYGOUROS et G. PHROUDAKIS. La brochure se termine par une pièce de vers intitulée Παράπονο πολυπικραμμένης μάνας, et signée ANDRÉ MARTZOKIS.

3659. — Ψυχολογικαὶ μελέται Ἰ. Σκαλτσούνη. Ἐν Ἀθήναις, τύποις Α. Κολλαράκη καὶ Ν. Τριανταφύλλου. Κάτωθι τοῦ Δημαρχείου. 1889.

In-16 de 500 pages et un portrait de l'auteur. Fait partie de la Βιβλιοθήκη ἀναπλάσεως.

3660. — Αἱ περιστεραὶ ὡς ἀγγελιαφόροι ἐν τῷ στρατῷ, ἐρανισθὲν ἐκ τοῦ γαλλικοῦ ὑπὸ Σπ. Δ. Κλαυδιανοῦ, ὑπολοχαγοῦ τοῦ μηχανικοῦ. Ἐν Ἀθήναις, ἐκ τοῦ τυπογραφείου Σ. Κ. Βλαστοῦ, 14, ὁδὸς Νίκης, 14-63, ὁδὸς Ἑρμοῦ, 63. 1890.

In-8° de 62 pages et un feuillet.

3661. — Alla chiara e pia memoria dell' illustre Bolognese Luigi Ignazio Marzocchi, cittadino ottimo desideratissimo, apostolo di civiltà nel Jonio, morto il di IX di novembre MDCCCXC, lasciando perenne memoria di sè, queste brevi parole funebri come un tenue tributo di affezione Spiridione de Biasi consacrava. (*A la fin :*) *Zante*, tipografia Foscolo di S. Capsochefalo. 1890.

In-8° de 14 pages et 1 feuillet.

3662. — 'Αντωνίου Γ. Μομφερράτου Κληρονομικὸν δίκαιον τῶν κληρικῶν καὶ μοναχῶν ἐν Ἑλλάδι καὶ Τουρκίᾳ· μελέτη ἱστορικὴ καὶ πρακτικὴ πρωτεύσασα κατὰ τὸν β' Σγούτειον διαγωνισμόν. Ἀθήνησιν, ἐκ τοῦ τυπογραφείου τῶν ἀδελφῶν Περρῆ. 1890.

In-8° de ιδ' (14) pages, un feuillet, 300 pages et deux feuillets, dont le dernier blanc. Dédié par l'auteur à « l'ombre vénérée » de son oncle, André Mompherratos.

3663. — Γερασίμου Μαρκορᾶ ποιητικὰ ἔργα. Ἐν Κερκύρᾳ, τυπογραφεῖον Ἰ. Ναχαμούλη. 1890.

In-8° de 395 pages et 4 feuillets dont le dernier blanc. Au recto du pénultième feuillet, on lit : Ἐν Ἀθήναις, βιβλιοπωλεῖον τῆς Ἑστίας Γ. Κασδόνη· ἐν Κερκύρᾳ, βιβλιοπωλεῖον Σ. Γουλῆ.

3664. — Γερασίμου Π. Βανδώρου Ἀναγνωσματάριον περιέχον παιδαγωγικὰ παραμύθια καὶ παιδικοὺς διαλόγους κατὰ τὸ πρόγραμμα τοῦ Ὑπουργείου τῆς Παιδείας, πρὸς χρῆσιν τῆς ά τάξεως τῶν δημοτικῶν σχολείων ἀμφοτέρων τῶν φύλων. Ἐν Ἀθήναις, τυπογραφεῖον ὁ Παλαμήδης. 1890.

In-8° de 62 pages et un feuillet blanc. Vignette sur le titre.

3665. — Γεωγραφία πολιτικὴ νέα καὶ ἀρχαία τοῦ νομοῦ Κεφαλληνίας (Κεφαλληνία, Ἰθάκη, Ἄτοκος, Ἀρκοῦδι, Κάλαμος, Καστὸς καὶ Ἐχινάδες) μετὰ γεωγραφικοῦ πίνακος, ὑπὸ Ἀντωνίου Μηλιαράκη. Ἀθήνησιν, ἐκ τοῦ τυπογραφείου τῶν ἀδελφῶν Περρῆ. 1890.

In-8° de 272 pages et une carte géographique. Il y a des exemplaires sur papier fort.

3666. — Γραμματικὴ τῆς ἰταλικῆς γλώσσης συνταχθεῖσα πρὸς χρῆσιν τῶν σπουδαστῶν τῆς γλώσσης ταύτης ὑπὸ Φιλίππου Στ. Κρασσᾶ, καθηγητοῦ τῆς ἰταλικῆς καὶ γαλλικῆς γλώσσης. Ἀθήνησιν, ἐκ τοῦ τυπογραφείου ἀδελφῶν Περρῆ. 1890.

In-8° de deux feuillets, 110 pages et un feuillet.

3667. — Cesare Vitaliani. Ἀκταίων ὁ παιδοκτόνος ἢ ὁ ἀφελὴς σύζυγος, κωμῳδία μονόπρακτος Καίσαρος Βιταλιάνη, μεταφρασθεῖσα ἐκ τοῦ ἰταλικοῦ ὑπὸ Γεωργίου Κ. Σφήκα. Ἐν Ζακύνθῳ, τύποις Σ. Καψοκεφάλου. 1890.

In-8° de 22 pages + un feuillet blanc au r° et ayant une rose au v°. Dédié par le traducteur à Chariclée Athanasopoulos.

3668. — Congedo dalla diocesi di Zante e Cefalonia. *Zante*, tipografia l'Aurora N. Contogiorga. 1890.

In-8° de six pages et un feuillet blanc. Armoiries sur le titre. L'auteur de cette lettre est monseigneur DIONISIO NICOLOSI, évêque de Zante et Céphalonie, nommé évêque de Chio. Voir le numéro 3684.

3669. — Deux versions peu connues du Pentateuque faites à Constantinople au seizième siècle, par Lazare Belléli. *Paris*, à la librairie A. Durlacher, 83 *bis*, rue Lafayette. 1890. (*A la fin :*) Versailles, imprimerie Cerf et fils, rue Duplessis, 59.

In-8° de 16 pages.

3670. — Discorso necrologico recitato dal can^{co} Nicola Trentadue nella Chiesa cattedrale di Zante in memoria dell' augusto principe di casa Savoja Amedeo, nel dì 17 febrajo 1890. *Zante*, Tipografia Foscolo di S. Capsochefalo. 1890.

In-8° de 10 pages + 1 feuillet. A la quatrième page de la couverture, on lit : *Publicato per cura dell' agente consolare di S. M. il Re d'Italia Cav^e Costantantino conte Messalà e dei signori Francesco Giustozzi e Pietro Bardelli.*

3671. — Ἐγχειρίδιον περὶ γενικῶν καὶ μερικῶν ἀβαριῶν ἐπὶ τῇ βάσει ἀγγλικῶν κειμένων ὑπὸ Π. Μ. Βλάϊκου. Ἐν Κερκύρᾳ, τύποις Ν. Πετσάλη. 1890.

In-8° de 44 pages.

3672. — Ἔκθεσις τοῦ ἀδελφάτου τῶν ἀγαθοεργῶν καταστημάτων Ζακύνθου νοσοκομείου καὶ ὀρφανοτροφείου ἐπὶ τοῦ προϋπολογισμοῦ τῶν ἄνω καταστημάτων τῆς χρήσεως τοῦ 1890. (*A la page 14 :*) Τύποις Σ. Καψοκεφάλου.

In-4° de 14 pages + un feuillet. Daté, à la fin, du 21 avril 1890. Rarissime.

3673. — Ἐκ τῆς νεωτέρας φιλολογίας μας. Γεράσιμος Μαρκορᾶς, μελέτη ἀναγνωσθεῖσα ἐν τῷ φιλολογικῷ συλλόγῳ Παρνασσῷ ὑπὸ Θεοδ. Βελλιανίτου. Ἐν Ἀθήναις, τύποις Ἀλεξάνδρου Παπαγεωργίου, ὁδὸς Ὀφθαλμιατρείου, ἀριθ. 3. 1890.

In-8° de 67 pages.

3674. — Ἡ ἐκκλησία τοῦ Ὑψηλοῦ Παντοκράτορος καὶ τῆς Κασσιώπης ὑπὸ Εὐσταθίου Μεταλληνοῦ, ἀρχιμανδρίτου τῆς ἐν Μαγχεστρίᾳ ἑλληνικῆς ἐκκλησίας. Φυλλάδιον ά. Ἐν Κεκύρᾳ (sic), τυπογραφεῖον ἡ Κέρκυρα. 1890.

In-8° de 43 pages et 1 feuillet.

3675. — Ἡ ὀπτικὴ τηλεγραφία καὶ αἱ ἐφαρμογαί αὐτῆς, ἀρχαὶ ἐφ' ὧν στηρίζεται, καὶ περιγραφὴ τῶν γαλλικῶν καὶ ἡμετέρων ἐν χρήσει ὀπτικῶν μηχανημάτων, μετὰ εἰκόνων ὑπὸ Σπ. Δ. Κλαυδιανοῦ, ὑπολοχαγοῦ τοῦ μηχανικοῦ, πρώην ἀξιωματικοῦ ἐν τῷ λόχῳ τῶν τηλεγραφητῶν. Ἐν Ἀθήναις, ἐκ τοῦ τυπογραφείου Σ. Κ. Βλαστοῦ, 14, ὁδὸς Νίκης, 14-63, ὁδὸς Ἑρμοῦ, 63. 1890.

In-8° de 128 pages.

3676. — Ἡ πρώτη ἐν Κερκύρᾳ δημοσία σχολή, 1805-1824, ὑπὸ Ἀνδρέου Μ. Ἱδρωμένου. Ἀνατύπωσις ἐκ τοῦ ιγ' τόμου τοῦ Παρνασσοῦ, φυλλαδίου τοῦ μηνὸς μαΐου. Ἐν Ἀθήναις, ἐκ τοῦ τυπογραφείου Ἀλεξ. Παπαγεωργίου, ὁδὸς Ὀφθαλμιατρείου, ἀριθ. 3. 1890.

In-8° de 12 pages.

3677. — Ἱερὰ ἱστορία τῆς παλαιᾶς καὶ καινῆς Διαθήκης κατὰ τοὺς κανόνας τῆς παιδαγωγικῆς συντεταγμένη μετὰ πολλῶν ὡραίων εἰκόνων πρὸς χρῆσιν τῆς μαθητευούσης ἑλληνικῆς νεολαίας ἀμφοτέρων τῶν φύλων ὑπὸ Γεωργίου Σ. Κονιδάρη. Ἐκδότης Π. Γ. Μαΐμος, ἐν Ἑρμουπόλει, ἐκ τοῦ τυπογραφείου Πανόπης ἀδελφῶν Φρέρη. 1890.

In-8° de 128 pages (Ancien Testament) et 110 pages (Nouveau Testament).

3678. — Ἰλιάδος ραψῳδία ζ' ἐξ ἀνεκδότου μεταφράσεως Ἰακώβου Πολυλᾶ. Ἀνατύπωσις ἐκ τοῦ ιγ' τόμου τοῦ Παρνασσοῦ, φυλλαδίου τοῦ μηνὸς ἰουνίου. Ἐν Ἀθήναις, ἐκ τοῦ τυπογραφείου Ἀλεξ. Παπαγεωργίου, ὁδὸς Ὀφθαλμιατρείου, ἀριθ. 3. 1890.

In-8° de 16 pages.

3679. — Ἰωάννου Βουλγάρεως, μεγάλου πρωτοπαπᾶ Κερκύρας, γράμματα προτρεπτικὰ εἰς συνδρομὴν ὑπὲρ ὀρθοδόξων χριστιανῶν προσφευγόντων εἰς Κέρκυραν ἐκ τῆς δούλης Ἑλλάδος 1738-1746. Ἀνατύπωσις ἐκ τοῦ ιγ' τόμου τοῦ Παρνασσοῦ, φυλλαδίου τοῦ μηνὸς ἰουνίου. Ἐν Ἀθήναις, ἐκ τοῦ τυπογραφείου Ἀλεξ. Παπαγεωργίου, ὁδὸς Ὀφθαλμιατρείου, ἀριθ. 3. 1890.

In-8° de 1 feuillet et 19 pages. Publié par N. T. BULGARIS, qui a signé à la plume quelques exemplaires.

3680. — Κανονισμὸς τῆς δημοτικῆς Φωσκολιανῆς βιβλιοθήκης μετὰ προοιμίου καὶ παραρτήματος ὑπὸ Σπυρίδωνος δὲ Βιάζη ἐφόρου αὐτῆς. Ἐν Ζακύνθῳ, τυπογραφεῖον ὁ Φώσκολος Σ. Καψοκεφάλου. 1890.

In-8° de 20 pages. L'Appendice, qui occupe les pages 17 à 20 de cette brochure, contient des poésies adressées soit à Ugo Foscolo, soit à la maison dans laquelle il naquit ; elles sont respectivement signées : N. TRENTADUE (en italien), C. MESSALA (en italien), STEFANO MARZOCCHI (en italien), D. ELIACOPOULO (traduit en italien par F. DI MENTO), Δ. Ἰ. Μάργαρης (en grec) et Ἀριστείδης Καψοκέφαλος (en grec).

3681. — Kephallenia und Ithaka. Eine geographische Monographie von Dr. Joseph Partsch, Professor der Erdkunde an der Universität Breslau. Mit einer Karte, zwei Plänen und fünf Skizzen im Text. (Ergänzungsheft n° 98 zu *Petermanns Mitteilungen.*) *Gotha* : Justus Perthes. 1890.

In-4° de deux feuillets + 108 pages + une carte + deux plans sur une même feuille. Les dessins sont dans le texte.

3682. — Korkyraeische Studien. Beiträge zur Topographie Korkyras und zur Erklärung des Thukydides, Xenophon und Diodoros von Bernhard Schmidt. Mit zwei Karten. *Leipzig*, Druck und Verlag von B. G. Teubner. 1890.

In-8° de deux feuillets + 102 pages + un feuillet contenant des annonces de librairie + deux cartes.

3683. — La divina liturgia di S. Giovanni Grisostomo tradotta dal greco in lingua italiana, coll' originale greco, con aggiunte, note e spiegazioni da Sebastiano Nicocavura archimandrita. *Venezia*, tipografia greca la Fenice. 1890.

In-16 de 230 pages et 1 feuillet.

3684. — Lettera pastorale al clero e al popolo della Chiesa cattolica di Scio. *Zante*, tipografia l'Aurora N. Contogiorga. 1890.

In-8° de huit pages. Armoiries sur le titre. L'auteur de cette lettre est monseigneur DIONISIO NICOLOSI.

3685. — Λόγοι εκφωνηθέντες πρὸ τοῦ νεκροῦ τοῦ Λεωνίδου Κανταχίτου ἰατροῦ. Ἐν Ζακύνθῳ, τυπογραφ. Φώσκολος Σπυρ. Καψοκεφάλου. 1890.

In-8° de onze pages. Contient des discours de F. CARRER, SPIRIDION TH. CARAMALIKIS et CONSTANTIN SYGOUROS.

3686. — † Λόγος επικήδειος ἀπαγγελθείς ἐν τῷ ἱερῷ ναῷ τῆς Ὀδηγητρίας, τῇ 15 αυγούστου 1890, ἐπὶ τοῦ νεκροῦ τοῦ Δημητρίου Καλλινίκου, ἀρχαίου ῥιζοσπάστου, ὑπὸ Ναθαναὴλ Ἰωάν. Δομενεγίνη, διδάκτορος τὰ νομικά. (A la fin :) Τυπ. ἡ Αὐγὴ Ν. Κοντόγιωργα.

In-8° de huit pages.

3687. — † Λόγος επιτάφιος ἐκφωνηθεὶς πρὸ τοῦ νεκροῦ τοῦ Ἰγνατίου Μαρτζώκη, καθηγητοῦ καὶ ἱππότου τοῦ στέμματος τῆς Ἰταλίας, τὴν 29 ὀκτωβρίου 1890, ὑπὸ Ναθαναὴλ Ἰ. Δομενεγίνη, διδάκτορος τὰ νομικά. (Au v° du dernier feuillet :) Τυπογραφεῖον Ν. Κοντόγιωργα.

In-8° de dix pages et un feuillet.

3688. — Μητρυιά, διήγημα ὑπὸ Γρηγορίου Ξενοπούλου. Ἐν Ἀθήναις, βιβλιοπωλεῖον τῆς Ἑστίας. 1890. (A la page 4 de la couverture :) Τύποις Ἀνέστη Κωνσταντινίδου. 1890.

In-16 de 112 pages.

3689. — Μία σελὶς δακρύων, δρᾶμα εἰς πράξεις πέντε μετὰ προλόγου ὑπὸ *** ἐκδοθὲν ὑπὸ Μιχαὴλ Π. Κλάδη. Ἐν Ζακύνθῳ, τύποις Σ. Καψοκεφάλου. 1890.

In-8° de 64 pages. Les pages 59 à 64 contiennent la liste des souscripteurs. Drame en prose.

3690. — Νικ. Δ. Ἐπισκοποπούλου Ἡμερολόγιον τοῦ 1890. Ἐν Ζακύνθῳ, ἐκ τοῦ τυπογραφείου ἡ Αὐγὴ Νικολάου Θ. Κοντόγιωργα.

In-8° de 72 pages.

3691. — Notice nécrologique (sans intitulé) sur Angelos Cantounis. (A la fin :) Τυπογραφεῖον ὁ Φώσκολος.

Placard in-folio à deux colonnes. Daté du 3 septembre 1890 et signé : S. DE BIASI.

3692. — Ὁ ἀδελφός μου. Γιατί ἡ οἰκογένεια Μαρτζώκη, σκυθρωπὴ καὶ περίλύπη, κατεβαίνει 'ς τήν εκκλησιά; Δέν το ξέρεις; Σήμερα κλεῖ χρόνος ποῦ ἔχασεν ή άτυχη τὸν Τσέτσε της. (*A la page 4 de la couverture :*) Ἐν Ζακύνθῳ. Τύπ. Ν. Κοντόγιωργα, ὁδὸς Φωσκόλου.

In-8° de seize pages, La couverture imprimée sert de titre. Publié à l'occasion du premier anniversaire de la mort de César Marzocchi, décédé à Patras, le 25 mars 1889. Ont collaboré à ce Recueil : Étienne, André et Ricordano, frères du défunt, et C. Messala, son oncle maternel.

3693. — Ὀβιδίου Μεταμορφώσεις μεταφρασθεῖσαι εἰς τὴν ἑλληνικὴν ὑπὸ Βασιλείου Γ. Βυθούλκα, προλύτου τῆς θεολογίας. Τεῦχος πρῶτον περιέχον βιβλία πέντε (1-5). Ἐν Ἀθήναις, ἐκδότης τυπογραφεῖον ὁ Παλαμήδης. 1890.

In-8° de 135 pages.

3694. — Ὀλίγαι λέξεις ἐπὶ τῷ θανάτῳ τοῦ Εὐαγγέλου Λαγουνάρη. (*Au bas :*) Τύπ. Καψοκεφάλου.

Placard in-folio. Signé Λ. Χ. Ζ. (Léonidas Ch. Zoïs) et daté de Zante, 9 avril [1890].

3695. — Ὁ Οὖγος Φώσκολος καὶ ἡ ἑλληνικὴ ἐπανάστασις, σημειώσεις Σ. δὲ Βιάζη. Ἐν Ζακύνθῳ, τυπογραφεῖον ὁ Φώσκολος. 1890.

In-16 de 48 pages.

3696. — Τὰ προνόμια τῆς ὀρθοδόξου τοῦ Χριστοῦ ἐκκλησίας ὑπὸ Σπυρίδωνος Ἀντιόχου, δικηγόρου παρ' ἅπασι τοῖς ἐν Ἀθήναις δικαστηρίοις. Ἐν Ἀθήναις, ἐκ τοῦ τυπογραφείου « ὁ Παλαμήδης ». 1890.

In-8° de 28 pages. Spiridion Antiochos est de Paxos.

3697. — Τῇ ἱερᾷ μνήμῃ Λουδοβίκου Ἰγνατίου Μαρτζώκη, καθηγητοῦ καὶ ἱππότου τοῦ στέμματος τῆς Ἰταλίας. (*A la fin :*) Τυπογρ. Ν. Κοντόγιωργα. Συνοικία ἑβραϊκῇ.

In-8° de 34 pages. La couverture imprimée sert de titre.

En tête, il y a une préface, datée de Zante, 5 novembre 1890, et signée Τὰ πενθοῦντα τέκνα. Ont collaboré à ce Recueil : B. Gravaris, F. Carrer, Nathanaël Domeneghini, Jules Mercati, D. A. Stravopodis, N. Léontaritis, D. Gounélidis, G. Chousos, C. Messala, D. Margaris, Grégoire Xénopoulos, Denys Tricardos et Léonidas Zoïs.

3698. — Τοῦ μακαρίου Νικηφόρου τοῦ Θεοτόκη πονήματα ἱερὰ ἀνέκδοτα ἐκ χειρογράφου τεύχους τῆς ἐθνικῆς βιβλιοθήκης, ἐκδίδοντος Ἰωάννου Σακκελίωνος, τοῦ καὶ ἐπιμελητοῦ τῶν ἐν αὐτῇ χειρογράφων. Ἀθήνησιν, τύποις Ἀλεξάνδρου Παπαγεωργίου, ὁδὸς Ὀφθαλμιατρείου, ἀριθ. 3. ᾳωϟ´.

In-8º de θ´ (9) pages, 1 feuillet et 65 pages. Dédié à Eustathe Voulismas, archevêque de Corfou.

3699. — Χριστοδούλου Γ. Πεταλᾶ Κυμάνσεις, συλλογὴ λυρικῶν ποιήσεων. Ἐν Θήρᾳ, ἐκ τοῦ τυπογραφείου Θήρας. 1890.

In-8º de 136 pages.

3700. — Ἀκτὶς φωτός. Ὁ καταδιωγμὸς τῶν Ἑβραίων ἐν τῇ ἱστορίᾳ. Σκέψεις Γεωργίου Α. Ζαβιτζιάνου. Ἐν Κερκύρᾳ, τύποις Ν. Πετσάλη. 1891.

In-4º de ιδ´ (14) pages, un feuillet et 376 pages.

3701. — Ἀνδρέου Μαρτζώκη Οἱ μικροὶ μαθηταί μου. (*A la 4ᵉ page de la couverture :*) Τυποῦται δαπάνῃ τοῦ λυκείου ἡ Πρόοδος. Ἔκδοσις δευτέρα. Ἐν Ζακύνθῳ, ἰούλιος (*corrigé à la plume en* ἰούνιος) 1891. Τύποις Σ. Καψοκεφάλου.

In-8º de 15 pages. La couverture imprimée tient lieu de titre.

3702. — Ἀνέκδοτα ἔγγραφα περὶ Ῥήγα Βελεστινλῆ καὶ τῶν σὺν αὐτῷ μαρτυρησάντων ἐκ τῶν ἐν Βιέννῃ ἀρχείων ἐξαχθέντα καὶ δημοσιευθέντα ὑπὸ Αἰμιλίου Λεγράνδ, μετὰ μεταφράσεως ἑλληνικῆς ὑπὸ Σπυρίδωνος Π. Λάμπρου, δαπάναις τῆς ἱστορικῆς καὶ ἐθνολογικῆς Ἑταιρίας τῆς Ἑλλάδος. Ἀθήνησιν, ἐκ τοῦ τυπογραφείου τῶν ἀδελφῶν Περρῆ. 1891.

In-8º de deux feuillets, ζ´ (7) + 182 pages et un feuillet blanc.

3703. — Ἀριστοτέλους Βαλαωρίτου Ποιήματα. Τόμος πρῶτος : Στιχουργήματα, μνημόσυνα, ἕτερα ποιήματα. Ἀθήνησι, βιβλιοπωλεῖον τῆς Ἑστίας, τύποις ἀδελφῶν Περρῆ. 1891.

In-8º de λβ´ (32) + 390 pages et un feuillet non chiffré. On doit trouver, en outre, après le f. du titre un portrait d'Aristote Valaoritis et un fac-similé de son écriture. Les pages liminaires contiennent une courte préface des éditeurs, J. A. VALAORITIS (fils du poète) et MICHEL P. LAMBROS ; elle est suivie de l'étude du marquis de Saint-Hilaire sur Valaoritis (voir ci-dessus nº 3349 et nº 3380), traduite en grec par Démétrius Bikélas.

Τόμος δεύτερος : Κυρὰ Φροσύνη, Ἀθανάσης Διάκος, Φωτεινός.

In-8° de un feuillet non chiffré (titre), 542 pages et un feuillet non chiffré. On doit, en outre, trouver après le titre une lithographie représentant l'îlot de Madouri, avec la maison qu'y habitait Valaoritis (Λιθ. Κ. Γροῦνδμαν).

3704. — Γενικῆς λογιστικῆς μέρος πέμπτον. Ἡ λογισμογραφία, νεωτάτη καταστιχογραφικὴ μέθοδος πρὸς ἐγγραφὴν τῶν πράξεων πάσης διαχειρίσεως ὑπὸ Θεμιστοκλέους Ε. Ζύγουρα, διδάκτορος τὰ νομικὰ καὶ δικηγόρου. Ἐν Ἀθήναις, τύποις Ἰω. Κουβέλου καί Μιλ. Δελῆ (60, ὁδὸς Πραξιτέλους, 60). 1891.

In-8° de 56 pages et une feuille de planches.

3705. — Γερασίμου Π. Βανδώρου δ. φ. Ἀλφαβητάριον κατὰ τὰς ἀρχὰς τῆς παιδαγωγικῆς μετὰ πολλῶν εἰκόνων καὶ παιδικῶν διαλόγων. Ἔκδοσις τρίτη βελτίων. Ἐν Ἀθήναις, τυπογραφεῖον ὁ Παλαμήδης. 1891.

In-8° de 64 pages. Vignette sur le titre.

3706. — Γεώργιος Βερύκιος. (*A la fin :*) Ἐν Ζακύνθῳ, τῇ 27 σεπτεμβρίου 1891. Τυπογραφεῖον ὁ Φώσκολος Σ. Καψοκεφάλου.

In-8° de 16 pages. Contient des discours funèbres de PANAGIÓTIS CHIOTIS et de NICOLAS MINOTOS, suivis d'une nécrologie par SPIRIDION DE BIASI.

3707. — Δὲν ἔχεις δίκηο, βασιλιᾶ. (*Au bas :*) Ἐν Κερκύρᾳ, τῇ 23 σεπτεμβρίου 1891.

Placard in-folio. Pièce de vers sans titre, commençant par les mots ci-dessus, adressée au roi de Grèce, à l'occasion de la mort d'Alexandra sa fille, et signée : A. B. Βερίκιος.

3708. — Die Insel Zante von Prof. Dr. J. Partsch.

In-4° de 14 pages (chiffrées 161-174) et 1 carte géographique. En tête de la première page, on lit : *Abdruck aus Dr. A. Petermanns Mitteilungen.* 1891. Heft 7.

3709. — Διονύσιος Μάνεσης. (*A la page 3 :*) Ὀλίγαι λέξεις κατὰ τὴν ἐπιμνημόσυνον τελετὴν τοῦ Διονυσίου Μάνεση. (*A la page 8 :*) Τύποις Σ. Καψοκεφάλου.

In-8° de huit pages. Signé LÉONIDAS CH. Zoïs et daté de Zante, 9 novembre 1891.

3710. — Ἐλεγεῖον εἰς τὸν ἄωρον θάνατον τῆς ὡραίας ἑλληνοπούλας μεγάλης δουκίσσης Ἀλεξάνδρας. (*Au bas :*) Ἐν Ζακύνθῳ, τῇ 20 σεπτεμβρίου 1891. Ἀριστείδης Καψοκέφαλος.

Placard in-folio imprimé en or.

3711. — Ἐμπορικῆς βιβλιοθήκης τόμ. έ καὶ ϛ'. Γενικὴ λογιστικὴ περιέχουσα τὰ στοιχεῖα τοῦ ἐμπορίου καὶ τῆς διαχειριστικῆς, τὴν ἐμπορικὴν λογιστικὴν καὶ τὴν καταστιχογραφίαν μετὰ τῆς λογισμογραφίας, ἐφηρμοσμένας εἰς τὰς τραπέζας, εἰς τὴν βιομηχανίαν καὶ πᾶσαν διαχείρισιν ὑπὸ Ξενοφῶντος Δ. Ζύγουρα, καθηγητοῦ τῶν ἐμπορικῶν καὶ οἰκονομικῶν. Ἔκδοσις δευτέρα. Ἐν Ἀθήναις, τύποις Ἰωάννου Κουβέλου καὶ Μιλτιάδου Δελῆ (ἀριθ. 60, ὁδὸς Πραξιτέλους, ἀριθ. 60). 1891.

In-8° de 254 pages et un feuillet + 146 pages + 56 pages et une planche entre les pages 32 et 33.

3712. — Ἐπίσημα ἔγγραφα ἀφορῶντα εἰς τὸν ἐν Ζακύνθῳ ναὸν τῆς Μητροπόλεως καὶ τὴν αὐτῷ παρακειμένην γυναικείαν μονήν, ἐκδοθέντα ὑπὸ Διονυσίου Λάτα, ἀρχιεπισκόπου Ζακύνθου, πρὸς διαλεύκανσιν τῆς ἀρχῆς καὶ τοῦ τέλους τοῦ ἐπὶ 24 ἔτη ὑφισταμένου ἐν τῇ νήσῳ ζητήματος. Ἐν Ἀθήναις, ἐκ τοῦ τυπογραφείου Παρασκευᾶ Λεώνη. 1891.

In-8° de 176 pages. La couverture imprimée sert de titre.

3713. — Ἡ Ἀφρικανίς, μελόδραμα εἰς πράξεις πέντε πονηθὲν ὑπὸ Εὐγενίου Σκρὶβ καὶ μουσουργηθὲν ὑπὸ Ἰακώβου Μαγερμπέρ. Μετάφρασις Γ. Α. Π. Ἐν Ἑρμουπόλει, τύποις Πατρίδος. 1891.

In-8° de 68 pages. Le traducteur est Georges A. Politis de Leucade.

3714. — Ἡ δίκη τῆς Ἑλένης Φωκᾶ χήρας Δ. Πινιατόρου κατὰ τοῦ Εὐαγγελινοῦ Τ. Μπασιᾶ ἐνώπιον τοῦ Ἀρείου Πάγου δικάζοντος ὡς Ἐφετείου. Ἐν Ἀθήναις, ἐκ τοῦ τυπογραφείου τῶν Καταστημάτων Ἀνέστη Κωνσταντινίδου. 1891.

In-8° de 168 pages.

3715. — Ἡ ὡραία Γαρίτσα, ποιήματα φιλικά, ἐρωτικὰ καὶ ἄλλα, ποιηθέντα ὑπὸ Κωνσταντίνου Φ. Τζίφρα. Κερκύρᾳ, τυπογραφεῖον Ἀ. Λάντζα. 1891.

In-8° de 92 pages.

3716. — G. Antonio Martinetti. La Laura di Niccolò Ugo Foscolo 1891. L. Roux e C. editori. *Torino-Roma*.

In-8° de 63 pages. Tiré à 200 exemplaires.

3717. — Ἱερὰ ἀκολουθία τοῦ ἐν ἁγίοις πατρὸς ἡμῶν καὶ ἰσαποστόλου Φωτίου, πατριάρχου Κωνσταντινουπόλεως τοῦ ὁμολογητοῦ, συνερανισθεῖσα ἐξ ἀρχαιοτέρων τῆς ἐκκλησίας ὕμνων καὶ συνταχθεῖσα ὑπὸ τοῦ μητροπολίτου Σταυρουπόλεως Κωνσταντίνου τοῦ Τυπάλδου, ἐξεδόθη μὲν τὸ πρῶτον κατὰ τὸ 1848, δαπάναις τοῦ ἀοιδίμου οἰκουμενικοῦ πατριάρχου κυροῦ Ἀνθίμου, τοῦ ἀπὸ Ἐφέσου, ἤδη δὲ τὸ δεύτερον δαπάναις τοῦ νῦν εὐκλεῶς πατριαρχεύοντος οἰκουμενικοῦ πατριάρχου κυρίου κυρίου Διονυσίου έ, τοῦ ἀπὸ Ἀδριανουπόλεως, καὶ διανέμεται δωρεὰν ταῖς ἁγίαις τοῦ Χριστοῦ ἐκκλησίαις. Ἐν Κωνσταντινουπόλει. 1891. Ἐκ τοῦ πατριαρχικοῦ τυπογραφείου.

In-8° de ζ' (7) + 14 pages et un feuillet blanc. Voir ci-dessus, n° 1537, la description de la première édition.

3718. — In morte di Sua Altezza Imperiale la granduchessa Alessandra, figlia dei Reali di Grecia. (*A la p. 3 :*) Corfù, settembre 1891. (*A la p. 4 :*) Tip. di G. Nacamulli.

In-8° de 4 pages. Sonnet signé F. DI MENTO.

3719. — Ἰουδαϊσμὸς καὶ Χριστιανισμὸς καὶ τὰ ἐν Ζακύνθῳ συμβάντα κατὰ τὴν μεγάλην Παρασκευὴν ὑπὸ Φ. Καρρέρ. Ἐν Ζακύνθῳ, τυπογραφεῖον ὁ Φώσκολος Σ. Καψοκεφάλου. 1891 (1892 sur la couverture).

In-8° de 312 pages et deux feuillets.

3720. — Ἰωάννου Α. Ἀρσένη Ποικίλη Στοά, ἐθνικὸν ἡμερολόγιον 1891 εὐνοϊκῇ συμμετοχῇ ἐπιφανῶν λογίων. Ἔτος ἔννατον. Ἐν Ἀθήναις, ἐκ τοῦ τυπογραφείου τῶν καταστημάτων Ἀνέστη Κωνσταντινίδου. 1891.

In-8° de 416 pages + 20 feuillets contenant des portraits. Dédié à Démétrius Tomaropoulos et Stylianos Philippidès.

3721. — Ἰωάννου Ε. Σωμερίτου καθηγητοῦ Συλλογὴ προβλημάτων, λύσεις τῶν χρησιμωτέρων ἐκ τῶν ἐν τῇ Γεωμετρίᾳ Χατζιδάκη πρὸς ἄσκησιν ζητημάτων, μετ' ἐνδιαφερουσῶν σημειώσεων γεωμετρικῶν τε καὶ τριγωνομετρικῶν, πρὸς χρῆσιν τῶν μαθητῶν τῶν γυμνασίων, τῶν λοιπῶν τοῦ κράτους σχολῶν καὶ τῶν περὶ τὰ μαθηματικὰ εἰδικῶς ἀσχολουμένων. Ἐν Ἀθήναις, ἐκ τῶν καταστημάτων Σ. Κουσουλίνου καὶ Ε. Ἀθανασιάδου, παρὰ τῷ ναῷ τῶν ἁγίων Θεοδώρων. 1891.

In-8° de 132 + β' (2) pages.

3722. — Κανονισμὸς τῆς νέας φιλαρμονικῆς σχολῆς « Ὀρφεύς ». Ἐν Ζακύνθῳ, ἐκ τοῦ τυπογ. Ν. Κοντόγιωργα. 1891.

In-8° de 8 pages. Daté de Zante, 17 janvier 1891.

3723. — Κερκυραϊκά απομνημονεύματα υπό Φριδερίκου 'Αλβάνα. Έν Κερκύρα, τυπογραφεΐον ή Κέρκυρα. 1891.

In-8° de 101 pages et un feuillet blanc.

(Seconde partie) 1893 : ζ' (7) pages + pages chiffrées de 102 à 420 + 3 pages non chiffrées + une carte et une planche.

(Appendice) Έν Κερκύρα, εκ του τυπογραφείου Α. Λάντσα. 1893 : 27 pages.

3724. — Κερκυραϊκαί μελέται. Συμβολαί εις την τυπογραφίαν της Κερκύρας και εις ερμηνείαν του Θουκυδίδου, Ξενοφώντος και Διοδώρου υπό Bernhard Schmidt, εξελληνισθεΐσαι υπό Σπυρ. Κ. Παπαγεωργίου. Έν Κερκύρα, τυπογραφεΐον Ί. Ναχαμούλη. 1891.

In-8° de 1 feuillet, 114 pages et 1 feuillet. Sur la couverture, après le nom du traducteur, on lit cette mention : Δαπάνη του Πετριδείου κληροδοτήματος. Dédié « à l'âme bienheureuse » de Ferdinand Gregorovius.

3725. — Κικέρωνος οι τέσσαρες κατά Κατιλίνα λόγοι μεταφρασθέντες μετά σημειώσεων υπό Π. Ματαράγκα. Αθήνησι, εκδότης Γεώργιος Δ. Φέξης. Βιβλιοπωλεΐον, οδός Αιόλου, έναντι μεγάλης οικίας Μελά. 1891.

In-8° de 132 pages + δ' (4) pages intercalées après le titre.

3726. — Κριτικαί παρατηρήσεις Γεωργίου Καλοσγούρου περί της μεταφράσεως του 'Αμλέτου Ί. Πολυλά. Άνατύπωσις εκ του ιγ' τόμου του Παρνασσού. Έν Άθήναις, εκ του τυπογραφείου Αλεξάνδρου Παπαγεωργίου, οδός Όφθαλμιατρείου, αριθ. 3. 1891.

In-8° de 59 pages.

3727. — Λόγος επικήδειος εις τον αρχιμανδρίτην Γεράσιμον Σιμάτον συντεθείς και εκφωνηθείς υπό του καθηγητού Ζησίμου Γ. Π. Τυπάλδου, εν τω ιερώ ναώ (sic) αγίου Σπυρίδωνος τη 21 μαρτίου 1891. Έν Κεφαλληνία, τύποις ή Κεφαλληνία. 1891.

In-8° de huit pages.

3728. — Λόγος επιμνημόσυνος εις Γεράσιμον Γιαννουλάτον Πολυζώην συντεθείς και εκφωνηθείς εντολή του αδελφάτου εν τω ναώ του εν 'Αργοστολίω νοσοκομείου, τη 10 μαρτίου 1891, υπό του καθηγητού του γυμνασίου Ζησίμου Γ. Π. Τυπάλδου, μνημοσύνου τελουμένου. Έν Κεφαλληνία, εκ του τυπογραφείου ή Πρόοδος Σταύρου Ν. Μενεγάτου. 1891.

In-8° de huit pages. La couverture imprimée sert de titre.

3729. — Λόγος περὶ Σταυροῦ εἰς τὴν γ΄ κυριακὴν τῶν Νηστειῶν συντεθεὶς καὶ ἐκφωνηθεὶς ὑπὸ Ζησίμου Γ. Π. Τυπάλδου καθηγητοῦ, ἐν τῷ ἐν Δρεπάνῳ Ἀργοστολίου ἱερῷ ναῷ τῆς Θεοτόκου, τῇ 14 μαρτίου 1891 (τυποῦται δαπάνῃ τῶν ἐπιτρόπων τοῦ ἀνωτέρω ναοῦ), ἐκ τοῦ τυπογραφείου ἡ Ῥομφαία. 1891.

In-8° de onze pages. La couverture imprimée sert de titre.

3730. — Λουδοβίκος Ἰγνάτιος Μαρτζώκης. Βιογραφία ὑπὸ Σπυρίδωνος δὲ Βιάζη, μεταφρασθεῖσα ἐκ τῆς ἰταλικῆς ὑπὸ Λεωνίδα Χ. Ζώη. Ἐν Ζακύνθῳ. Τυπ. Νικολάου Κοντόγιωργα.

In-8° de seize pages. Sans date, mais a dû être imprimé au commencement de l'année 1891. Louis Ignace Marzocchi mourut le 28 octobre/9 novembre 1890, et l'original italien de la présente notice parut en 1890. Voir ci-dessus le n° 3661.

3731. — [Νεκρολογία Γεωργίου Βερυκίου.] (Au bas :) Ἐν Ζακύνθῳ, τῇ 24 σεπτεμβρίου 1891. Τυπογραφεῖον ὁ Φώσκολος Σ. Καψοκεφάλου.

Placard in-folio à 3 colonnes, signé S. DE BIASI.

3732. — Ὁ Ἕλλην πρεσβευτὴς περὶ τῶν ἐν Ἑλλάδι Ἰουδαίων. (A la fin :) Τυπογραφεῖον ἡ Ἰωνία.

Placard in-folio sur quatre colonnes, publié par le Ῥήγας ὁ Φεραῖος.
L'article ainsi intitulé est la traduction d'un article de titre identique publié dans le *Daily News* du 13 mai 1891, par J. GENNADIUS, ministre plénipotentiaire de Grèce à Londres. Il est précédé d'une courte préface du traducteur signée Ἰ. Π. et accompagné de notes par le même, datées de Corfou, 25 mai 1891, et dans lesquelles sont vivement combattues certaines assertions du diplomate grec.

3733. — Ὁμιλία ῥηθεῖσα κατὰ τὴν ἔναρξιν τῶν ἐξετάσεων τοῦ ἀνωτέρου δημοτικοῦ παρθεναγωγείου Ἑρμουπόλεως ὑπὸ τοῦ διευθυντοῦ αὐτοῦ Διονυσίου Μαρίνου καθηγητοῦ, τῇ 10 ἰουλίου 1891, ἐν Ἑρμουπόλει, τύποις Πατρίδος. 1891.

In-8° de 18 pages.

3734. — Παϊσίου Ἁγιαποστολίτου, μητροπολίτου Ῥόδου, ἱστορία τοῦ ἁγίου ὄρους Σινᾶ καὶ τῶν περιχώρων αὐτοῦ, ἔμμετρον σύγγραμμα συνταχθὲν μεταξὺ τῶν ἐτῶν 1577-1592, ἐκδιδόμενον νῦν τὸ πρῶτον μετὰ προλόγου ὑπὸ Α. Παπαδοπούλου Κεραμέως, καὶ συνοδευόμενον μετὰ ῥωσσικῆς μεταφράσεως τοῦ κ. Γαβριὴλ Σ. Δεστούνη.

In-8° de trois feuillets, xx et 205 pages + un feuillet. Il y a aussi un titre russe que je néglige de reproduire. Forme le n° 35 (tome XII) des publications de la Société russe de Palestine. Le titre collectif russe porte la date de Saint-Pétersbourg, 1891.

L'auteur de cette histoire se fait ainsi connaître (vers 2275-2278) :

> Εἰ δὲ βούλει καὶ τὴν ἐμὴν γνῶναι ἐπωνυμίαν,
> τὴν ἐνεγκοῦσαν πόλιν τε, πρὸς δὲ καὶ συγγενείαν,
> Παΐσιος Ζακύνθιος Ἁγιαποστολίτης
> ἱερωμένων μοναστῶν πέλω ὄντως ἀλήτης.

3735. — Per Laurea. [Al signor Marco D. Zervos, cavaliere dell' ordine del Salvatore di Grecia e dell' ordine di Danilo I del Montenegro, nel fausto dì nel quale il nipote Spiridione Zervos viene proclamato ingegnere civile nella R. Università di Padova.] (*A la fin :*) *Venezia*, 1891. Tip. Longhi e Montanari.

In-8° de 14 pages et 1 feuillet. L'épître dédicatoire est signée Francesco Vlandi. Les pages 11 à 14 contiennent des *Cenni statistici sull' isola di Córfu* de l'année 1576, ayant pour auteur Lunardo Donato, qui fut doge de Venise. Ce qui a été placé entre crochets dans le titre ci-dessus se trouve à la page 5.

3736. — Πέτρου Α. Κασσιμάτη Αἶμα, Ἑβραῖοι, Ταλμούδ, ἤτοι ἀποδείξεις θρησκευτικαί, ἱστορικαὶ καὶ δικαστικαὶ περὶ τῆς ὑπάρξεως τῶν ἀνθρωποθυσιῶν παρ' Ἑβραίοις, ἐπὶ τῇ βάσει τῶν ἔργων πλείστων συγγραφέων ἀρχαίων καὶ νεωτέρων καὶ ἰδίᾳ τοῦ συγγράμματος τοῦ Henri Desportes *Le Mystère du Sang*, ἐκδίδοται δαπάναις Ἀντωνίου Μελισσηνοῦ ὡρολογοποιοῦ. Τεῦχος α΄ καὶ β΄. Βιβλίον πρῶτον. Ἐν Ἀθήναις, ἐκ τοῦ τυπογραφείου Α. Κολλαράκη καὶ Ν. Τριανταφύλλου, κάτωθι τοῦ Δημαρχείου. 1891.

In-8° de 206 pages et un feuillet blanc. Tout ce qui a paru. Dédié à l'archimandrite Jean P. Martinos. On lit, à la page 4 de la couverture, que cet ouvrage était en vente chez l'éditeur, Antoine Mélissène, horloger et bijoutier, 103, rue d'Éole, à Athènes.

3737. — Ποίημα ἐπὶ τῷ θανάτῳ τῆς μεγάλης δουκίσσης Ἀλεξάνδρας ὑπὸ Διονυσίου Κ. Κλαυδιανοῦ. Ἐν Ζακύνθῳ, τυπογραφεῖον ὁ Φώσκολος Σ. Καψοκεφάλου. 1891.

In-8° de 16 pages, dont les trois dernières blanches.

3738. — IV anniversario della morte di Giuseppe Emanuele Levi, rabbino maggiore di Corfù (30 scevat 5651). *Corfù*, tip. di G. Nacamulli. 1891.

In-8° de 13 pages et un feuillet blanc. Contient une préface signée X, et deux allocutions, dont l'une signée Lazare Belléli et l'autre M. Caimi.

3739. — Συλλογὴ ἀριθμητικῶν προβλημάτων ἐπὶ τῇ βάσει τῆς τε βραβευθείσης στοιχ. ἀριθμητ. τοῦ κ. Ι. Ν. Χατζιδάκη καὶ τῆς τοῦ κ. Β. Λάκωνος, πρὸς χρῆσιν τῶν ἑλληνικῶν σχολείων καὶ παρθεναγωγείων, ὑπὸ Γ. Δ. Δημητριάδου, καθηγητοῦ τῶν μαθηματικῶν. Ἐκδότης Ἰωάννης Νοτάρης. Ἐν Ἀθήναις, βιβλιοπωλεῖον Ἰωάννου Νοτάρη, 12, ὁδὸς Ἑρμοῦ, 12. 1891.

In-8° de 176 pages.

3740. — Terres cuites de Corcyre (collection de M. Constantin Carapanos) par M. Henri Lechat, ancien membre de l'École française d'Athènes. Extrait du *Bulletin de correspondance hellénique*, tome XV. Athènes, typographie de Perris frères. 1891.

In-8° de un feuillet, 112 pages et sept planches héliogravées.

3741. — Τεσσαράκοντα πέντε ἐτῶν διαχειριστικὴ ὑπηρεσία Σπυρίδωνος Ῥίκη.

In-8° de 12 pages. La couverture imprimée sert de titre. Daté (page 7) de Corfou, 22 novembre 1891.

3742. — Una greca interpretazione ai versi 121-123 del c. V dell' *Inferno*. Alla Società Dantesca Italiana residente in Firenze dedica questa recensione Francesco di Mento. (*A la fin :*) *Corfù*, gennaio 1891. Tip. di G. Nacamulli.

In-8° de quinze pages.

3743. — Un fiore a Maria nel mese di maggio, sonetti di mons. Evangelista Boni, dei Minori Cappuccini, arcivescovo della Chiesa latina di Corfù. Tipografia Corcira. 1891.

In-8° de six feuillets, dont le dernier blanc.

3744. — Un raggio di luce. La persecuzione degli Ebrei nella storia, riflessioni di Giorgio A. Zaviziano. *Corfù*, tipografia Corai. 1891.

In-4° de deux feuillets, x pages, un feuillet et 356 pages.

3745. — Φραγκίσκου δὲ Μέντου δεκατετράστιχος ᾠδὴ ἐπὶ τῷ θανάτῳ τῆς μεγάλης δουκίσσης Ἀλεξάνδρας μεταφρασθεῖσα ἐμμέτρως ὑπὸ Ἀ. Β. Βερικίου δικηγόρου. (*Page 3 :*) Ἐν Κερκύρᾳ, τῇ 1 ὀκτωβρίου 1891. (*Page 4 :*) Τύπ. Ἰ. Ναχαμούλη.

In-8° de 4 pages. Texte et traduction.

3746. — Ἄγγελος Δερματίνης, μυθιστορία πρωτότυπος, περίοδος δευτέρα. Σωκράτης Α. Ζερβός. Ἐν Ζακύνθῳ, ἐκ τοῦ τυπογραφείου ἡ Αὐγή Νικ. Θ. Κοντόγιωργα, ὁδὸς Ἑβραϊκῆς. 1892.

In-16 de 289 pages et un feuillet.

3747. — Βιβλιοπωλεῖον τῆς Ἑστίας. Γρηγορίου Ξενοπούλου Στρατιωτικὰ διηγήματα. Ἐν Ἀθήναις, ἐκδότης Γεώργιος Κασδόνης, 44, ὁδὸς Σταδίου, 44. 1892. (*Au v° du titre :*) Ἐν Ἀθήναις, τυπογραφεῖον Κορίννης, 10, ὁδὸς Προαστείου, 10.

In-8° de ιγ' (13) et 117 pages. Couverture illustrée. Dédié à Constantin Scocos.

3748. — Γεράσιμος Βανδῶρος. Γεωγραφία τῆς Ἑλλάδος καὶ Τουρκίας μετὰ τοπογραφικῶν πινάκων, εἰκόνων καὶ χάρτου πρὸς χρῆσιν τῶν σχολείων. Ἔκδοσις τετάρτη ὅλως διεσκευασμένη. Ἐν Ἀθήναις, ἐκδότης τυπογραφεῖον ὁ Παλαμήδης. 1892.

In-8° de 96 pages. Couverture illustrée.

3749. — Γερασίμου Π. Βανδώρου δ. φ. σχολάρχου Γεωγραφία πρὸς χρῆσιν τῶν ἑλληνικῶν σχολείων εἰς τρία τεύχη διὰ τὰς τρεῖς τάξεις κατὰ τὸ πρόγραμμα τοῦ 1886. Τεῦχος ά. Ἑλλὰς μετ' εἰκόνων διὰ τὴν πρώτην τάξιν. Ἐν Ἀθήναις, ἐκ τοῦ τυπογραφείου ὁ Παλαμήδης. 1892.

In-8° de 104 pages.

3750. — Condition juridique et économique de l'ouvrier romain. Thèse pour le doctorat (première partie) par A. Typaldo-Bassia, avocat attaché au Parquet, membre de la Société de législation comparée, lauréat de la Faculté de Droit d'Aix, Concours de Doctorat 1890, premier prix, médaille d'or; lauréat de l'Académie de législation de Toulouse, concours général, prix de l'Académie. *Paris*, librairie Marescq aîné, Chevalier Marescq et C*ie* éditeurs, 20, rue Soufflot, 20. 1892. (*A la fin :*) Poitiers, imprimerie Blais, Roy et C*ie*, 7, rue Victor Hugo.

In-8° de deux feuillets + 150 pages et un feuillet blanc.

3751. — De la loi du 26 mars 1891 relative à l'atténuation et à l'aggravation des peines, par A. Typaldo-Bassia, avocat, docteur en droit, membre de la Société de législation comparée, chevalier de la légion d'honneur. Extrait de la *Revue critique de législation et de jurisprudence.* Prix : 2 francs. *Paris,* librairie Cotillon, F. Pichon successeur, imprimeur éditeur, 24, rue Soufflot, 24. Librairie Marescq aîné, Chevalier Marescq et Cie éditeurs, 20, rue Soufflot, 20. 1892. (*A la fin :*) Paris, imp. F. Pichon, 282, rue Saint-Jacques, et 24, rue Soufflot.

In-8° de 44 pages.

3752. — Des classes ouvrières à Rome (ouvrage couronné par l'Académie de législation de Toulouse). Concours général 1891-1892, prix de l'Académie ; par A. Typaldo-Bassia, docteur en droit, avocat attaché au Parquet, président du Conseil municipal de Katoë (Grèce). *Paris,* librairie Marescq aîné, Chevalier Marescq et Cie, éditeurs, 20, rue Soufflot, 20. 1892. (*A la fin :*) Poitiers, imprimerie Blais, Roy et Cie, 7, rue Victor Hugo.

In-8° de deux feuillets, 150 pages et un feuillet blanc.

3753. — Διατριβὴ πρὸς τὸν φιλολογικὸν Σύλλογον « ὁ Παρνασσός » περὶ τῆς ἰθαγενείας τοῦ Χριστοφόρου Κολόμβου ὡς Ἕλληνος, ἐρανισθεῖσα ἐκ τῆς πραγματείας τοῦ ἐν Νέᾳ Ὑόρκῃ σοφοῦ λογίου κυρίου Εὐγενίου Λώρενς, καὶ αὐξηθεῖσα διὰ προσθηκῶν καὶ νύξεων περὶ ἐθνογονίας καὶ περὶ τῆς πορείας τοῦ πολιτισμοῦ ὑπὸ Σ. Ι. Κασσιμάτη, πρώην προέδρου τῆς βουλῆς κτλ. Ἐν Ἀθήναις, ἐκ τοῦ τυπογραφείου τῆς Ἑστίας. 1892.

In-8° de 30 pages.

3754. — Εἰς τὴν εἰκόνα τῆς μακαρίᾳ τῇ μνήμῃ δεσποίνης Ἑλένης Μ. Συγούρου γραφεῖσαν ἐξ ἔτη ἀπὸ τοῦ θανάτου αὐτῆς. (*A la page 4 :*) Τύποις Ν. Κοντογιώργα.

In-4° de quatre pages non chiffrées. Nous avons reproduit l'intitulé qui figure à la deuxième page, comme étant plus complet que celui de la première. Poésie d'André Martzokis, datée de Zante, octobre 1892, et écrite à la louange du portrait d'Hélène Sigouros, peint à l'huile par mademoiselle Marie-Julie D. Xénos.

3755. — Ernest Seillère. Une excursion à Ithaque. Dessins de Pierre

Vignal d'après les photographies de l'auteur et carte de l'île d'Ithaque. Paris, librairie de l'art L. Allison et Cie, 29, cité d'Antin, 29. 1892. (*Au v° du faux-titre :*) Cet ouvrage a été tiré à 200 exemplaires numérotés à la presse. (*Au r° de l'avant-dernier feuillet :*) Cette édition de *Une excursion à Ithaque* a été imprimée par l'imprimerie de l'art (E. Ménard et Cie), les planches ont été gravées par P. Dujardin et tirées par Ch. Wittmann à Paris, en l'année 1892.

In-4° de 72 pages + 4 feuillets, dont le dernier blanc + 8 gravures hors texte et une carte d'Ithaque, collée sur la marge extérieure du dernier feuillet. Gravures dans le texte.

3756. — Ἡ νῆσος Κέρκυρα, γεωγραφικὴ μονογραφὴ ὑπὸ Ἰωσὴφ Πάρτς, καθηγητοῦ τῆς γεωγραφίας ἐν τῷ πανεπιστημίῳ τῆς Βρεσλαυίας, ἐξελληνισθεῖσα ὑπὸ Περικλέους Βέγια ἰατροῦ. Ἐκδίδοται δαπάνῃ τοῦ Πετριδείου κληροδοτήματος. Ἐν Κερκύρᾳ, τυπογραφεῖον Ἰ. Ναχαμούλη. 1892.

In-8° de ϛ′ (6) et 299 pages. L'original a paru en 1887. Voir ci-dessus le n° 3532.

3757. — Histoire de la Communauté israélite de Corfou par J. A. Romanos. Extrait de la *Revue des études juives*. *Paris*, librairie A. Durlacher, 83 bis, rue de Lafayette. 1892. (*A la fin :*) Versailles, imprimerie Cerf et fils, rue Duplessis, 59.

In-8° de 14 pages et un feuillet blanc. Traduction de l'Étude parue dans l'*Hestia*, périodique grec d'Athènes (n^{os} des 16, 23 et 30 juin 1891).

3758. — Ἱστορία τῶν Ἰσραηλιτῶν ἀπὸ τῆς διασπορᾶς αὐτῶν μέχρι τῶν καθ' ἡμᾶς χρόνων ὑπὸ Θεοδώρου Ρεϊνὰχ, ἐκ τοῦ γαλλικοῦ μεταφρασθεῖσα ὑπὸ Λ. Βελέλη. Ἐν Κερκύρᾳ, τυπογραφεῖον Ἰ. Ναχαμούλη. 1892.

(*Titre de la couverture :*) Θεοδώρου Ρεϊνὰχ Ἱστορία τῶν Ἰσραηλιτῶν ἀπὸ τῆς διασπορᾶς αὐτῶν μέχρι τῶν καθ' ἡμᾶς χρόνων ἐκ τοῦ γαλλικοῦ ἐξελληνισθεῖσα ὑπὸ Λαζάρου Βελέλη, δ. φ. Ἐν Κερκύρᾳ, τύποις τοῦ ἐκδότου Ἰ. Ναχαμούλη. 1895.

In-8° de 291 pages, ις′ (16) pages, un feuillet et trois tableaux hors texte. Ainsi qu'il ressort de l'épilogue, ce livre n'a réellement paru qu'en 1895.

3759. — Καῖσαρ Κ. Ῥώμας. (*A la fin :*) Τυπ. Αὐγή.

In-8° de huit pages. Notice nécrologique datée de Zante, 19 juin 1892, et signée : Démétrius Ampélorravdis, avocat.

3760. — Καρολίδειοι ἀνεπιστασίαι ὑπὸ Σπυρ. Π. Λάμπρου. Ἐν Ἀθήναις, ἐκ τοῦ τυπογραφείου τῆς Ἑστίας, ἐν τῷ περιβόλῳ τοῦ Βουλευτηρίου. 1892.

In-8° de 112 pages. Brochure dirigée contre Paul Carolidès.

3761. — Κεφαλληνία καὶ Ἰθάκη, γεωγραφικὴ μονογραφία συγγραφεῖσα μὲν ὑπὸ δρος Ἰωσὴφ Πάρτς, καθηγητοῦ τῆς γεωγραφίας ἐν τῷ πανεπιστημίῳ τῆς Βρεσλαυίας, ἐξελληνισθεῖσα δὲ ὑπὸ Λ. Γ. Παπανδρέου, δ. φ. καὶ καθηγητοῦ τοῦ ἐν Ἀθήναις β΄ βαρβακείου γυμνασίου, μεθ' ἑνὸς χάρτου, δύο διαγραμμάτων, ἑνὸς λιθ. πίνακος καὶ τεσσάρων σχεδιογραφημάτων ἐν τῷ κειμένῳ. Ἐν Ἀθήναις, ἐκ τοῦ τυπογραφείου Ἀλεξ. Παπαγεωργίου, ὁδὸς Ὀφθαλμιατρείου, ἀριθ. 3. 1892.

In-8° de έ (5) pages, un feuillet, 276 pages et deux feuillets, dont le dernier blanc + 2 cartes et deux plans hors texte, lesquels manquent dans beaucoup d'exemplaires.

3762. — Les Assurances sur la Vie au point de vue théorique et pratique. Ouvrage couronné par la Faculté de Droit d'Aix. Concours de doctorat — premier prix : médaille d'or, par A. Typaldo Bassia, docteur en droit, avocat à la cour d'appel d'Aix. *Paris*, librairie Marescq aîné, Chevalier Marescq et Cie éditeurs, 20, rue Soufflot, 20. 1892. (*A la page 279 :*) Poitiers, imprimerie Blais, Roy et Cie, 7, rue Victor Hugo.

In-8° de deux feuillets, xv + 284 pages. Les p. 281 à 284 sont occupées par des annonces de librairie, mais font partie intégrante du volume et doivent être conservées.

3763. — Λόγοι καὶ προσφωνήσεις κατὰ τὴν κηδείαν τοῦ Ἰωάννου Ῥωμανοῦ γυμνασιάρχου. Ἐκδίδονται δαπάνῃ τῶν βαρυαλγούντων μαθητῶν τοῦ ἐν Κερκύρᾳ γυμνασίου. Κερκύρᾳ, τυπογραφεῖον ἡ Κέρκυρα. 1892.

In-8° de 25 pages.

Pages 3 à 4 : Note biographique sur Jean Romanos (né le 2 mars 1836, mort le 24 mars 1892), signée les élèves du Gymnase.

Pages 5 à 6 : Récit des funérailles.

Pages 7 à 10 : Discours funèbre par le professeur A. Leuthériotis.

Pages 11 à 15 : Discours funèbre par le professeur Georges Papandréou.

Page 16 blanche.

Pages 17 à 21 : Allocutions du professeur A. Pophantis ; de M. C. Sakellaropoulos, directeur de l'École normale septinsulaire ; de G. Spérantsas, directeur de lycée ; de Timoléon Ampélas, au nom du syllogue le Parnasse ; de P. A. OEconomos, au nom de l'Arsakion ; de Léonidas Vlachos, directeur de l'institution Capodistria.

Pages 22 à 24 : Ode funèbre (en italien) de FRANCESCO DI MENTO.
Pages 24 à 25 : Una lacrima (allocution en italien) de GIOVANNI PAPADOPULO.

3764. — Nei solenni funerali del compianto cav^r Domenico Padovani, insigne e benemerito maestro compositore ed organista della cattedrale cattolica di Corfù. Elogio funebre letto dopo le esequie da Francesco di Mento, canonico della metropolitana, il giorno 10/22 marzo 1892. *Corfù*, tipografia Corcira. 1892.

In-8° de 6 pages et 1 feuillet blanc.

3765. — Ὁ ἐπὶ Ἐνετοκρατίας τειχισμὸς τοῦ Κερκυραϊκοῦ ἄστεος (1576-1588) καὶ ἡ « Βασιλικὴ Πύλη » ὑπὸ Λαυρεντίου Σ. Βροκίνη. Κερκύρᾳ, τύποις Ν. Πετσάλη. 1892.

In-8° de 28 pages.

3766. — Οἱ ζακύνθιοι εὐγενεῖς ἐν τῇ ἱστορίᾳ, ἱστορικαὶ σημειώσεις ὑπὸ Σπυρίδωνος δὲ Βιάζη. ά. Οἱ Μινῶτοι. Ἐν Ζακύνθῳ, τυπογραφεῖον ὁ Φώσκολος Σ. Καψοκεφάλου. 1892.

In-8° de 20 pages.

3767. — Ὁ μητροπολίτης Ἀθηνῶν Γερμανὸς τοῖς κυρίοις βουλευταῖς τῆς ιγ' περιόδου. Ἐν Ἀθήναις, ἐκ τοῦ τυπογραφείου Ἀλεξ. Παπαγεωργίου, 3, ὁδὸς Ὀφθαλμιατρείου, 3. 1892.

In-8° de 38 pages et 1 feuillet blanc. Le métropolitain d'Athènes, Germanos, s'appelait, avant sa promotion à l'épiscopat, GÉRASIME CALLIGAS, de Céphalonie.

3768. — Paolo Ferrari. Ἡ αὐτοκτονία, δρᾶμα εἰς πέντε πράξεις κατὰ μετάφρασιν Γεωργίου Κ. Σφήκα, μετὰ βιογραφίας τοῦ συγγραφέως ὑπὸ Σπυρίδωνος δὲ Βιάζη, ἐκδίδοντος Γεωργίου Δ. Λογοθέτου. Ἐν Ζακύνθῳ, τυπογραφεῖον ἡ Αὐγὴ Νικ. Θ. Κοντόγιωργα. Συνοικία ἑβραϊκῆς. 1892.

In-8° de 84 pages. Dédié par le traducteur à son frère Spiridion.

3769. — Πατριδογραφία τῆς νήσου Ζακύνθου πρὸς χρῆσιν τῶν ἐν τοῖς δημοτικοῖς σχολείοις μαθητῶν ὑπὸ Λ. Χ. Ζ. Ἐν Ζακύνθῳ, τύποις Σ. Καψοκεφάλου. 1892.

In-8° de 16 pages. *NB*. La couverture fait partie de la feuille typographique qui constitue cette brochure et doit par conséquent être conservée. Le premier feuillet de cette couverture forme d'ailleurs les pages 1 et 2. L'auteur est Léonidas Zoïs.

3770. — Περὶ ἐμπορικῶν σχολῶν καὶ τεχνικῆς ἐκπαιδεύσεως ὑπὸ Θεμιστοκλέους Σ. Ζύγουρα, διδάκτορος τὰ νομικὰ καὶ δικηγόρου. Ἐν Ἀθήναις, τύποις Ἰω. Κουβέλου καὶ Μ. Δελῆ (ὁδὸς Πραξιτέλους, ἀριθ. 60). 1892.

In-8° de 96 pages.

3771. — Περὶ παλιρροίας ἐν γένει καὶ εἰδικῶς τῆς τοῦ πορθμοῦ τοῦ Εὐρίπου ὑπὸ Διονυσίου Α. Καλύβα, πολιτικοῦ μηχανικοῦ, πτυχιούχου τῆς ἐν Ζυρίχῃ πολυτεχνικῆς Σχολῆς. Ἐν Ἀθήναις, ἐκ τοῦ τυπογραφείου Γεωργίου Σ. Σταυριανοῦ, 10, ὁδὸς Πατησίων, 10. 1892.

In-8° de 26 pages et un feuillet blanc.

3772. — Περὶ τῆς παρ' Ἱπποκράτει ἐπιδημικῆς γρίππης (influenza) ὑπὸ Γερασίμου Φωκᾶ ἰατροῦ. Πραγματεία βραβευθεῖσα ἐν τῷ Κοττιγγείῳ διαγωνίσματι. Ἐν Ἀθήναις, Μπάρτ καὶ Χίρστ ἐκδόται, 53, ὁδὸς Πανεπιστημίου, 53. 1892.

In-8° de ή (8) et 52 pages, dont les trois dernières, non chiffrées, contiennent des annonces de librairie. Voir le numéro suivant.

3773. — Rapport lu à l'Académie de Médecine de Paris par M. le professeur A. Laboulbène (Rapporteur de la Commission qui a examiné le mémoire) sur la grippe épidémique (*influenza*) dans les écrits Hippocratiques, par le Dr G. Phocas, membre honoraire de la Société de médecine de Boston, membre de diverses sociétés savantes, etc. Ouvrage couronné par la Société de médecine d'Athènes. (Extrait du Bulletin de l'Académie de Médecine de Paris, tom (*sic*) XXVIII, n° 29. 1892).

In-8° de douze pages. Voir le numéro précédent.

3774. — Σπυρίδωνος Π. Λάμπρου Ἀποκαλύψεις περὶ τοῦ μαρτυρίου τοῦ Ῥήγα μετὰ εἰκόνων καὶ πανομοιοτύπων. Ἔκδοσις Ἑστίας. Ἐν Ἀθήναις, ἐκ τοῦ τυπογραφείου τῆς Ἑστίας. 1892.

In-8° de 156 pages, deux fac-similés d'écriture et un plan de Vélestino. Les portraits se trouvent compris dans la pagination.

3775. — Στεφάνου Μαρτζώκη Ὕμνος 'ς τὸ Φοῖβο Ἀπόλλωνα, ποίημα. Ἐν Πάτραις, ἐκ τοῦ τυπογραφείου τῶν καταστημάτων Π. Εὐμορφοπούλου. 1892.

In-8° de 8 pages. La couverture imprimée sert de titre.

3776. — Τα αποκαλυπτήρια της αναθηματικής πλακός επί της γενεθλίου οικίας Ούγου Φωσκόλου. Έν Ζακύνθω, έκ του τυπογραφείου ο Φώσκολος Σ. Καψοκεφάλου. 1892.

In-8° de 24 pages. Ont collaboré à cette brochure : ANASTASE LOUNTZIS, PANAGIOTIS CHIOTIS, ANDRÉ MARTZOKIS et SPIRIDION DE BIASI.

3777. — Τέσσαρα τερπνά διηγήματα μεταφρασθέντα έκ του ιταλικού υπό Αναστασίας Κασιμάτη. Έν Ζακύνθω, τύποις Σπ. Καψοκεφάλου. 1892.

In-8° de 30 pages et un feuillet blanc.

3778. — Το οθωμανικόν δίκαιον και η εφαρμογή αυτού υπό των χριστιανικών αρχών. Διάλεξις γενομένη έν τη Εταιρία των αποικιακών και ναυτικών σπουδών, την 28 ιανουαρίου 1892, υπό της Α. Ε. Σάββα πασσά, πρώην υπουργού των Εξωτερικών της οθωμανικής αυτοκρατορίας. Τη Εταιρία των αποικιακών και ναυτικών σπουδών. Μετάφρασις υπό Γ. Α. Ζαβιτσιάνου. Κερκύρα, τύποις Ν. Πετσάλη. 1892.

In-4° de 20 pages.

3779. — Υακίνθου ένας από τους είκοσι ή Ζακυθινός μνηστήρας θρόνου. Έν Πάτραις, έκ του τυπογραφείου των καταστημάτων Π. Ευμορφοπούλου. 1892.

In-8° de onze pages. Cette poésie est dédiée à PAUL TH. MERCATI. Hyacinthe est le pseudonyme d'ANDRÉ MARTZOKIS.

3780. — Αι Βουλαί της Ελλάδος επί της βασιλείας Γεωργίου του ά, υπό Διονυσίου Θ. Σωμερίτου, διδάκτορος τα νομικά, μέλους της έν Παρισίοις διεθνούς εταιρίας των επιστημών (Société internationale des Sciences), δικηγόρου παρά τω Αρείω Πάγω και τοις λοιποίς έν Αθήναις δικαστηρίοις. Τόμος πρώτος. Φυλλάδιον ά και β'. Έν Αθήναις, τύποις Κορίννης, οδός Προαστείου, αριθ. 10. 1893.

In-8° de 96 pages (tout ce qui a paru). Dédié à Charilaos Tricoupis.

3781. — Ανδρέου Βρανά η καταστροφή της Ζακύνθου. Έν Κερκύρα, έκ του τυπογραφείου Ν. Πετσάλη. 1893.

In-8° de seize pages. Poésie.

3782. — Ανδρέου Μαρτζώκη Πατρός καρδία, ποιήματα αναφερόμενα εις το βρέφος μου. Έν Ζακύνθω. 1893. (*A la fin :*) Τύποις Σ. Καψοκεφάλου.

In-8° de quatorze pages et un feuillet. Le fils d'ANDRÉ MARTZOKIS à qui ces vers sont consacrés s'appelle Louis-César.

3783. — Ἀπομνημονεύματα τῆς ὑπουργίας Σπυρίδωνος Πήλικα, καθηγητοῦ τοῦ ποινικοῦ δικαίου ἐν τῷ Ὀθωνείῳ πανεπιστημίῳ, ἐκδιδόμενα ὑπὸ Ἰωάννου Ν. Πήλικα, δ. ν. δικηγόρου. Ἐν Ἀθήναις, ἐκ τοῦ τυπογραφείου Ἀλεξ. Παπαγεωργίου, 3, ὁδὸς Ὀφθαλμιατρείου, 3. 1893.

In-8° de 238 pages + le portrait de SPIRIDION PILICAS.

3784. — Βυζαντινὴ τέχνη καὶ βυζαντινοὶ καλλιτέχναι μετὰ εἰκόνων τῶν σπουδαιοτέρων ἀρχιτεκτονικῶν καὶ γραφικῶν μνημείων ἀναγκαίων πρὸς διαφώτισιν τῶν διαφόρων τῆς τέχνης ἐποχῶν ὑπὸ Γ. Ε. Μαυρογιάννη. Ἐν Ἀθήναις, ἐκ τοῦ τυπογραφείου τῶν καταστημάτων Ἀνέστη Κωνσταντινίδου. 1893.

In-8° de λ' (30) pages, un feuillet et 280 pages, dont les trois dernières non chiffrées.

3785. — Δικαστικαὶ πλάναι ὑπὸ Ν. Γ. Μαντζαβίνου δικηγόρου. Ἀνεγνώσθη ἐν τῷ Φιλολογικῷ Συλλόγῳ Παρνασσῷ τὴν 18ην δεκεμβρίου 1892, καὶ ἐδημοσιεύθη ἐν τῷ περιοδικῷ « Πειθώ » καὶ ἐκδίδεται δαπάναις αὐτῆς. Ἐν Ἀθήναις, τυπογραφεῖον Βικεντίου Ἀδαμαντίδου. 1893.

In-8° de 40 pages. La couverture imprimée sert de titre. Dédié à Constantin Cossonakos, ministre de l'Instruction publique et des cultes.

3786. — Γρηγορίου Ξενοπούλου Εὐάγγελος Παντόπουλος. Ἐν Ἀθήναις, ἐκ τοῦ τυπογραφείου τῆς Ἑστίας. 1893.

In-8° de seize pages. La couverture imprimée sert de titre.

3787. — Il natale del Redentore, versi di monsignore Evangelista Boni, dei Minori Cappuccini, arcivescovo della Chiesa latina di Corfù. *Corfù*, tipografia Corcira. 1893.

In-8° de huit pages. La couverture imprimée sert de titre.

3788. — Ἱστορία τῆς οἰκογενείας Μεταξᾶ ἀπὸ τοῦ 1081 μέχρι τοῦ 1864 ἔτους ὑπὸ Ἐπαμεινώνδα Κ. Μεταξᾶ ἰατροῦ. Ἐν Ἀθήναις, ἐκ τοῦ τυπογραφείου Ἀλεξ. Παπαγεωργίου, ὁδὸς Ὀφθαλμιατρείου, 3. 1893.

In-8° de 276 pages.

3789. — Ἱστορία τῶν Ἑβραίων ἀπὸ τῶν ἀρχαιοτάτων χρόνων μέχρι τῶν ἡμερῶν μας, περιέχουσα τὴν ἐμφάνησιν (sic) καὶ ἀνάπτυξιν αὐτῶν, τὴν καταστροφὴν καὶ διασποράν των, τὴν θρησκείαν καὶ φιλοσοφίαν των, καὶ τὴν ἐν ταῖς σημεριναῖς κοινωνίαις θέσεις των · συγγραφεῖσα, ἐπὶ τῇ βάσει τῶν Γραφῶν, τοῦ Ἰωσήπου καὶ τῶν νεωτέρων ἱστορικῶν αὐτῶν, ὑπὸ Νικολάου Ι. Σολωμοῦ τοῦ ἐκ Ζακύνθου. Ἐν Ἀθήναις, ἐκδότης Ἀργ. Δρακόπουλος. 1893.

In-8° de 262 pages et un feuillet blanc.

3790. — Ἱστορικαὶ σελίδες Ζακύνθου. Αἱ ἐν Ζακύνθῳ συντεχνίαι ὑπὸ Λεωνίδα Χ. Ζώη. Ἐν Ζακύνθῳ, τύποις ὁ Φώσκολος Σ. Καψοκεφάλου. 1893.

In-8° de 191 pages. Le titre de la couverture est ainsi libellé : Λεωνίδα Χ. Ζώη αἱ ἐν Ζακύνθῳ συντεχνίαι, ἱστορικαὶ σελίδες Ζακύνθου. Ἐν Ζακύνθῳ (τυπογραφεῖον Σπυρ. Καψοκεφάλου). 1893.

3791. — La protection industrielle et le nouveau régime douanier. Thèse pour le doctorat (deuxième partie) par A. Typaldo-Bassia, chevalier de la légion d'honneur, président du Conseil municipal de Katoè (Grèce), ancien secrétaire particulier de la présidence de la Chambre hellénique, membre correspondant de la Société de médecine légale de Paris. *Paris*, librairie Marescq aîné, Chevalier-Marescq et Cie éditeurs, 20, rue Soufflot, 20. 1893. (*A la fin :*) Poitiers, imp. Blais, Roy et Cie, rue Victor Hugo, 7.

In-8° de deux feuillets, iii + 251 pages.

3792. — Léon Dorez. Antoine Éparque. Recherches sur le commerce des manuscrits grecs en Italie au xvie siècle. Extrait des *Mélanges d'archéologie et d'histoire* publiés par l'École française de Rome, t. XIII. *Rome*, imprimerie de la Paix, Philippe Cuggiani, Place della Pace, num. 35. 1893.

In-8° de 88 pages, dont les deux premières blanches.

3793. — Le pétrole de Zante (Grèce) par Auguste Clavier, avec une carte et deux plans. *Marseille*, typographie et lithographie Barlatier et Barthelet. Rue Venture, 19. 1893.

In-4° de 24 pages et deux plans. Brochure très rare.

3794. — Luigi C. Ippaviz Kerkyra, Bozzetti storico-idilliaci. *Roma*, tip. dell' Unione cooperativa editrice, Via di Porta Salaria, 23 A. 1893.

In-8° de viii + 116 pages et un feuillet blanc + un feuillet non chiffré entre les pages 114 et 115.

3795. — Omaggio all' augusto e glorioso pontefice Leone XIII, nel faustissimo giorno del suo giubileo episcopale, 10 febbraio 1893. (*A la fin :*) *Roma*, 1893. Tip. di Propaganda.

In-4° de deux feuillets. Deux sonnets à saint Spiridion par monseigneur EVANGELISTA BONI, archevêque latin de Corfou.

3796. — Παγκόσμιος ἱστορία τῶν σεισμῶν συνταχθεῖσα ἀπὸ τὴν ἀγγλικὴν ἑταιρίαν τῆς γενικῆς φιλολογίας, μεταφρασθεῖσα ἐκ τοῦ Saturday Magazine 1833, ὑπὸ Ν. Λαγούση, ἐκδίδεται ὑπὸ Ν. Κοντόγιωργα. Ἐν Ζακύνθῳ, ἐκ τοῦ τυπογραφείου ἡ Αὐγὴ Νικολάου Κοντόγιωργα. 1893.

In-8° de 23 pages. La couverture imprimée sert de titre.

3797. — Περὶ ἀντισεισμικῶν οἰκοδομῶν ἤτοι ὁδηγίαι πρὸς τελειοτέραν ἀνέγερσιν οἰκοδομῶν ἀσφαλιζομένων κατὰ τῶν ἐκ σεισμῶν κλονισμῶν, ὑπὸ Νικολάου Ι. Σολωμοῦ τοῦ ἐκ Ζακύνθου, ταγματάρχου ἐφέδρου τοῦ μηχανικοῦ κλπ. Πωλεῖται ὑπὲρ τῶν ἐκ τοῦ σεισμοῦ παθόντων Ζακυνθίων ἐν ἔτει 1893. Ἐν Ἀθήναις, ἐκ τοῦ τυπογραφίου (*sic*) Παρασκευᾶ Λεώνη. 1893.

In-8° de quatorze pages et un feuillet.

3798. — Περὶ γενέσεως τοῦ ἀνθρώπου ἁρμονίαι χριστιανισμοῦ καὶ ἐπιστήμης ὑπὸ Ι. Σκαλτσούνη, διδάκτορος τῶν πανεπιστημίων Κερκύρας καὶ Πίζης, ἐπιτίμου διδάκτορος τοῦ πανεπιστημίου Ἀθηνῶν. Ἐν Ἀθήναις, ἐκ τοῦ τυπογραφείου τῶν καταστημάτων Ἀνέστη Κωνσταντινίδου. 1893.

In-8° de quatre feuillets et 536 pages. Dédié par l'auteur à la mémoire de sa femme, Aspasie.

3799. — Περὶ τελωνιακῶν δασμολογιῶν ὑπὸ Ἀ. Τυπάλδου Μπασιᾶ, διδάκτορος τοῦ δικαίου. Ἐν Ἀθήναις, ἐκ τοῦ τυπογραφείου τῶν καταστημάτων Ἀνέστη Κωνσταντινίδου. 1893.

In-8° de 63 pages.

3800. — Περὶ τοῦ ἀποτελέσματος τῆς μέμψεως τῆς ἀστόργου δωρεᾶς. De effectu querellae inofficiosae donationis, ὑπὸ Νικολάου Σπ. Φαραντάτου, διδ. φιλ. καὶ νομ. δικηγόρου. Ἐν Ἀθήναις, ἐκ τοῦ τυπογραφείου Παρασκευᾶ Λεώνη. 1893.

In-8° de 64 pages et un feuillet isolé pour l'errata. Sur la couverture, la mention qui suit le nom de l'auteur est ainsi modifiée : Ὑφηγητοῦ τοῦ ῥωμ. δικαίου ἐν τῷ ἐθνικῷ Πανεπιστημίῳ. Et la date y est 1894.

3801. — Περὶ τῶν ἐτησίως τελουμένων ἐν Κερκύρᾳ λιτανειῶν τοῦ θ. λειψάνου τοῦ ἁγίου Σπυρίδωνος καὶ τῆς ἐν ἔτει 1716 πολιορκίας τῆς Κερκύρας ἱστορικὴ ἐπιτομὴ ἐξ ἐκδεδομένων καὶ ἀνεκδότων ἐγγράφων ἐρανισθεῖσα ὑπὸ Λαυρεντίου Σ. Βροκίνη. Ἔκδοσις δευτέρα μετὰ προσθηκῶν. Ἐν Κερκύρᾳ, τυπογραφεῖον Ἑρμῆς. 1893.

In-8° de 110 pages et un feuillet, lequel contient la liste des ouvrages de Laurent Vrokinis.

3802. — Per la promozione alla sacra porpora di monsignore Ignazio Persico, dei Minori Cappuccini, nel giorno beneaugurato 16 gennaio 1893, sonetto di monsignore Evangelista Boni, del medesimo ordine, arcivescovo della Chiesa latina di Corfù. (*A la fin :*) *Roma*, 1893. Tip: della S. C. di Propaganda Fide.

In-4° de deux feuillets.

3803. — Πῶς πρέπει νὰ συμπεριφερώμεθα πρὸς τὰ ζῶα.

Placard de 20 centimètres sur 25. Extrait de l' Ἐφημερὶς τῶν Κυριῶν du 28 novembre 1893, et signé : Ἰωάννα Κ. Βασιλείου ταγματάρχου. Cette dame est *née Dracoulis*.

3804. — Ricordo di Firenze di monsignore Evangelista Boni, dei Minori Cappuccini, arcivescovo della Chiesa latina di Corfù. *Corfù*, tipografia Corcira, 1893.

In-8° de huit pages. Hymne à « la Santissima Annunziata venerata in Firenze ».

3805. — Συμβολικὴ τῆς ὀρθοδόξου ἀνατολικῆς ἐκκλησίας ὑπὸ Ι. Ε. Μεσολωρᾶ, δ. φ. ὑφηγητοῦ τοῦ Πανεπιστημίου καὶ καθηγητοῦ τῆς ῥιζαρείου ἐκκλησιαστικῆς σχολῆς. Τὰ συμβολικὰ βιβλία (παράρτημα τοῦ α΄ τόμου). Ἐν Ἀθήναις, ἐκ τοῦ τυπογραφείου Ἀλεξ. Παπαγεωργίου, ὁδὸς Ὀφθαλμιατρείου, ἀριθ. 3. 1893.

In-8° de 162 pages.

3806. — Σχίσμα ἐκκλησίας πρὸς τὸν χριστιανικὸν πολιτισμόν, κοινωνικὴ μελέτη ὑπὸ Παύλου Κ. Γρατσιάτου. Ἐν Ἀθήναις, ἐκ τοῦ τυπογραφείου Παρασκευᾶ Λεώνη. 1893.

In-8° de 120 pages.

3807. — Τεχνική βιβλιοθήκη Γεωργίου Δ. Φέξη. Πρακτική γαλβανοπλαστική, ήτοι ἐπιχρύσωσις, ἐπαργύρωσις, ἐπινικέλλωσις, κ. τ. λ. κατὰ τὰς νεωτέρας προόδους τῆς ἠλεκτρολογικῆς ἐπιστήμης καὶ συμφώνως πρὸς τὰς τελειοτέρας μεθόδους καὶ συνταγὰς τῆς τέχνης ταύτης γραφεῖσα ὑπὸ Γεωργίου Σιμάτου, ἐπιθεωρηθεῖσα δὲ ὑπὸ Λαμπροπούλου Α. Ἐν Ἀθήναις, ἐκδότης Γεώργιος Δ. Φέξης. 1893.

In-8° de 112 pages.

3808. — Τεχνική βιβλιοθήκη Γεωργίου Δ. Φέξη. Πρακτική οἰκοδομικὴ ὑπὸ Ν. Ι. Σολωμοῦ, ἀρχαίου μαθητοῦ ἐν τῇ στρατ. Σχολῇ τῶν Εὐελπίδων, ταγματάρχου ἐφέδρου Μηχανικοῦ κτλ. πρὸς χρῆσιν τῶν τεχνιτῶν ἐν γένει καὶ παντὸς οἰκοδομοῦντος. Ἐν Ἀθήναις, ἐκδότης Γεώργιος Δ. Φέξης. 1893.

In-8° de 128 + 4 pages.

3809. — Τεχνική βιβλιοθήκη Γεωργίου Δ. Φέξη. Σιδηρουργικὴ ὑπὸ Ν. Ι. Σολωμοῦ, ἀρχαίου μαθητοῦ τε καὶ καθηγητοῦ ἐν τῇ στρατ. Σχολῇ τῶν Εὐελπίδων, ταγματάρχου ἐφέδρου Μηχανικοῦ κτλ. πρὸς χρῆσιν τῶν τεχνιτῶν ἐν γένει καὶ παντὸς οἰκοδομοῦντος. Ἐν Ἀθήναις, ἐκδότης Γεώργιος Δ. Φέξης. 1893.

In-8° de 116 + 4 pages.

3810. — Τὸ ἐγχειρίδιον τοῦ ἐργάτου ἤτοι αἱ βάσεις τοῦ σωσιαλισμοῦ ὑπὸ Πλάτ. Ε. Δρακούλη. Ἀθῆναι, τύποις Παρασκευᾶ Λεώνη. 1893.

In-16 de ή (8) et 63 pages.

3811. — Φιλαρμονικὴ ἑταιρεία Κερκύρας. Λογοδοσία τῶν κατὰ τὰ ἔτη νά καὶ νβ' γεγομένων (1891-1892) ὑπὸ Ἰωάννου Παλίου προέδρου. Ἐν Κερκύρᾳ, ἐκ τοῦ τυπογραφείου ὁ Κοραῆς. 1893.

In-8° de 27 pages.

3812. — Ὧραι ἀργίας, δημοτικὰ ποιήματα ὑπὸ Μαρίας Τρικάρδου. Τυπογραφεῖον ὁ Φανός, ἐν Πάτραις. 1883.

In-8° de 48 pages. La couverture imprimée sert de titre. Le millésime du titre, 1883, est erroné ; il faut lire 1893.

3813. — Ἀκολουθία τῆς ὑπεραγίας δεσποίνης ἡμῶν Θεοτόκου καὶ ἀειπαρθένου Μαρίας εἰς τὸ ὑπερφυὲς θαῦμα, ὅπερ ἐνήργησε διὰ τῆς πανσέπτου θείας εἰκόνος αὐτῆς τῆς ἐπιλεγομένης Μυρτιδιοτίσσης ἐν τῇ νήσῳ Κυθήρων, ὅτε τὸν παράλυτον ἤγειρε μετὰ τεσσαράκοντα ἡμέρας τῆς ἁγίας αὐτῆς κοιμήσεως · συντεθεῖσα μὲν παρὰ τοῦ θεοφιλεστάτου καὶ σοφωτάτου κυρίου κυρίου Σωφρονίου ἐπισκόπου Κυθήρων τοῦ Παγκάλου, ἀντιγραφεῖσα δὲ παρὰ τοῦ ἐλαχίστου δούλου αὐτῆς μακαρίτου εὐγενοῦς Δομενιχοῦ Βενερίου, πλείστοις καὶ ἐξαισίοις τερατουργήμασιν εὐεργετηθέντος παρὰ τῆς αὐτῆς ἁγίας εἰκόνος· νῦν τὸ πέμπτον ἐκδοθεῖσα ὑπὸ τοῦ ἐν Ἀθήναις Κυθηρίου Ἰωάννου Δ. Κουμεσοπούλου. Ἐν Ἀθήναις, ἐκ τοῦ τυπογραφείου τῶν καταστημάτων Ἰωάννου Νικολαΐδου. 1894.

In-8° de 40 pages. Titre rouge et noir, au dos duquel une image de Notre-Dame des Myrtes.

3814. — Alla cara e santa memoria del cardinale Guglielmo Massaia, cappuccino, vicario apostolico de' Galla, Ode con notizie biografiche di Mons. Evangelista Boni, del medesimo ordine, arcivescovo della Chiesa latina di Corfù. *Corfù*, tipografia Corcira. 1894.

In-8° de seize pages. La couverture imprimée sert de titre.

3815. — Ἀνδρέου Μαρτζώκη ἡ Νεγρονιά, διήγημα. Ἐν Ζακύνθῳ, 1894. Τυπογραφεῖον ὁ Φώσκολος Σ. Καψοκεφάλου.

In-8° de seize pages. Extrait de la Ποικίλη στοά de 1894. Dédié à Jules Mercati. *NB*. On appelle, à Zante, νεγρονιά une espèce d'œillet dont la fleur (νεγρόνι) est plus grande que celle de l'œillet commun.

3816. — Augustin Galopin, professeur de physiologie générale, etc. etc. Ὑγιεινὴ τῆς γυναικὸς ἐν τῷ ἀρώματι καὶ ἡ ὀσφρητικὴ αἴσθησις ἐν τῷ ἔρωτι, ψυχοφυσιολογικὴ μελέτη. Μετάφρασις Ἰωάννου Σ. Σταματέλου, $3^{ους}$ φοιτητοῦ τῆς ἰατρικῆς. Ἐκδοτικὸν κατάστημα Γεωργίου Δ. Φέξη ἐν Ἀθήναις. 1894.

In-8° de 155 pages + un feuillet blanc + un feuillet isolé intercalé après le titre et contenant une dédicace au Dr Spiridion Mercouris.

3817. — Ἐποχὴ τῶν Ἰγγλέζων. Ἕνας καυγᾶς καὶ δύο γάμοι, κωμῳδία μονόπρακτη, ἡ ὁποία συνέβη εἰς τὴ Ζάκυθο κατὰ τὸν μῆνα νοέμβριον εἰς τὰ 1862, καὶ ἐγράφη μὲ τὴ ζακυθινὴ γλῶσσα ἀπὸ τὸ Σωκράτη Α. Ζερβό. 1894. Ἐν Ζακύνθῳ, τυπογραφεῖον ἡ Αὐγὴ Ν. Κοντόγιωργα.

In-8° de 44 pages. Comédie en prose.

3818. — Ἔτος έ. Ζακύνθιον Ἡμερολόγιον τοῦ ἔτους 1895, ἐκδιδόμενον ὑπὸ Γεωργίου Δ. Λογοθέτου, τῇ συμπράξει τῶν παρ' ἡμῖν διαπρεπῶν λογίων. Ἐν Ζακύνθῳ, τύποις Σ. Καψοκεφάλου. 1894.

In-8° de deux feuillets et 102 pages.

3819. — Ἡ δύναμις τῶν ἰδεῶν, λόγος ἐκφωνηθεὶς ἐνώπιον τῶν μαθητῶν καὶ τῶν καθηγητῶν τοῦ ἐν Τριπόλει διδασκαλείου, μηνὶ δεκεμβρίῳ τοῦ 1893, ὑπὸ Πλάτωνος Ε. Δρακούλη. Ἐν Ἀθήναις, ἐκ τοῦ τυπογραφείου τῆς Ἑστίας. 1894. Λεπτὰ 50.

In-16 de 24 pages. La couverture imprimée sert de titre.

3820. — Ἠλίας Ζερδὸς Ἰακωβᾶτος. Ἐν Κεφαλληνίᾳ, τύποις Λέοντος Ν. Π. Κουρβισιάνου.

In-8° de quatre pages. La couverture imprimée sert de titre. Pièce de vers lue, le 15 novembre 1894, sur la tombe de Hélie Zervos Jacovatos, datée d'Argostoli et signée : Georges G. Avlichos.

3821. — Fede ed amore. Sonetti del sacerdote Corcirese Teodoro Antonio Polito, dottore in filosofia e sacra teologia. Tipografia Corcira. 1894.

In-8° de 46 pages et un feuillet blanc. Dédié à Mgr Evangelista Boni, archevêque de Corfou.

3822. — Il santissimo Rosario. Panegirico recitato nella chiesa della B. V. Annunziata di Corfù, la prima domenica d'ottobre 1894, dal sacerdote Dr Teodoro Antonio Polito, arcidiacono della metropolitana e vicario generale dell'arcidiocesi latina Corcirese.

In-8° de 32 pages. Imprimé à Corfou.

3823. — Κανονισμὸς τοῦ ἐν Ζακύνθῳ συλλόγου τῶν Φιλομαθῶν. Ἐν Ζακύνθῳ, τυπογραφεῖον ὁ Φώσκολος Σ. Καψοκεφάλου. 1894.

In-8° de 14 pages et un feuillet blanc.

3824. — Κοΐντου Ὁρατίου Φλάκκου γραμματολογικὴ βιογραφία συγγραφεῖσα μὲν ὑπὸ Λουκιανοῦ Μυλλέρου, μετὰ δέ τινων προσθηκῶν καὶ διασκευῶν ἐξελληνισθεῖσα ὑπὸ Σ. Κ. Σακελλαροπούλου. Ἐν Ἀθήναις, ἐκ τοῦ τυπογραφείου τῆς Ἑστίας. 1894.

In-8° de 180 pages. Buste d'Horace sur le titre.

3825. — Π. Γιακομέττη. Σάρα καὶ Κάρολος ἢ παράπτωμα διὰ παραπτώματος ἐκδικούμενον, δρᾶμα εἰς πέντε πράξεις, μεταφρασθὲν ἐκ τοῦ ἰταλικοῦ ὑπὸ Γεωργίου Κ. Σφήκα. Ἔκδοσις τρίτη. 1894. Ἐν Ζακύνθῳ, τυπογραφεῖον ἡ Αὐγὴ Νικολάου Θ. Κοντόγιωργα.

In-8° de 61 pages et un feuillet. Dédié par le traducteur à Memnon Marzocchi.

3826. — Περὶ τῶν γυναικῶν αἵτινες ἤλειψαν τὸν Κύριον μύρῳ ὑπὸ Ε. Α. Κ. (*A la fin :*) Ἐν Κερκύρᾳ, μηνὶ σεπτεμβρίῳ αωϟδ'. Ἔρρωσο. † Ε. Α. Κ.

In-8° de huit pages. L'auteur de cet opuscule est EUSTACHE VOULISMAS, archevêque de Corfou.

3827. — Περὶ τῶν ἐν Κερκύρᾳ τίτλων εὐγενείας καὶ περὶ τῶν τιμαρίων ὑπὸ Φριδερίκου Ἀλβάνα. Ἐν Κερκύρᾳ, τυπογραφεῖον Ἑρμῆς Ν. Πετσάλη. 1894.

In-8° de 52 pages.

3828. — Ποικίλη Στοά, ἐθνικὸν εἰκονογραφ. ἡμερολόγιον διευθυνόμενον ὑπὸ Ἰωάννου Α. Ἀρσένη τῇ πολυτίμῳ συμμετοχῇ ἐγκρίτων λογίων. Ἔτος δέκατον 1894. Ἐν Ἀθήναις, τύποις Ἀλεξάνδρου Παπαγεωργίου, ὁδὸς Ὀφθαλμιατρείου, ἀριθμὸς 3. 1894.

In-8° de 432 + 8 pages + 18 feuillets contenant des portraits. Dédié à Étienne Zaphiropoulos.

3829. — Πραγματεία ἐπὶ ὑφηγεσίᾳ. Περὶ ἐξανθηματικοῦ τύφου ὑπὸ Γερασίμου Φωκᾶ ἰατροῦ. Ἐν Ἀθήναις, ἐκ τοῦ τυπογραφείου τῶν καταστημάτων Ἰωάννου Νικολαΐδου. 1894.

In-8° de 70 pages et un feuillet.

3830. — Προτάσεις τοῦ Κοινοῦ τοῦ Παναγίου Τάφου (προσεπικαλουμένου καὶ παρεμβαίνοντος) κατὰ τῆς Ἐθνικῆς Τραπέζης τῆς Ἑλλάδος (προσεπικαλούσης), Λυμπερίου καὶ Δημητρίου Σακελλαροπούλου (ἐναγόντων), Παναγιώτας χήρας Π. Νικηταράκου καὶ Μαριγὼς Γιαννακάκη (προσεπικαλουμένων καὶ μὴ παρασταθεισῶν).

In-8° de quatorze pages et un feuillet blanc. Daté d'Athènes, 18 février 1894, et signé S. Antiochos, avocat ayant plein pouvoir.

3831. — Συλλογὴ καὶ ἑρμηνεία τῶν προσευχῶν, τῶν ῥητῶν, τῶν τροπαρίων καὶ τῶν ἐκκλησιαστικῶν ᾀσμάτων τῶν ἐν τῷ ἀναλυτικῷ προγράμματι περιεχομένων τῆς ά, β', γ' καὶ δ' τάξεως τοῦ πλήρους δημοτικοῦ σχολείου κτλ. ὑπὸ Ι. Ε. Μεσσολωρᾶ καθηγητοῦ, ἐγκριθεῖσα ἐν τῷ διαγωνισμῷ τῶν διδακτικῶν βιβλίων κατὰ τὸν βρλ´ νόμον. Ἐν Ἀθήναις, βιβλιοπωλεῖον τῆς Ἑστίας Γ. Κασδόνη. 1894. (*Au v° du titre :*) Τύποις Παρασκευᾶ Λεώνη.

In-8° de 80 pages.

3832. — Τὰ ἀφορῶντα εἰς τὸ κληροδότημα τῆς Ἀθηναΐδος Ψημάρη ὑπὸ Διονυσίου Λάτα, ἀρχιεπισκόπου Ζακύνθου.

In-8° de 36 pages. Sans indication de lieu ni de date. Il n'y a qu'un titre d'entrée en matière.

3833. — Τὰ Εἴδωλα τοῦ κ. Ῥοΐδου σεσωματωμένα ὑπὸ Γεωργίου Γ. Ῥαζῆ. Ἐν Ἀθήναις. 1894. (*A la fin :*) Ἐν Ἀθήναις, ἐκ τοῦ τυπογραφείου τῆς Ἑστίας. 1894.

In-8° de 94 pages et un feuillet.

3834. — Ὑγιεινὴ καὶ ἠθικὴ ὑπὸ Πλάτωνος Ε. Δρακούλη. Ἔκδοσις τρίτη. Ἐν Ἀθήναις, [τυπογραφεῖον Παλιγγενεσίας Ι. Ἀγγελοπούλου]. 1894.

In-16 de 36 pages. Ce que nous avons placé entre crochets dans le titre ci-dessus figure seulement sur la couverture, laquelle est ornée du portrait de l'auteur.

3835. — Un serto a Maria nel mese di maggio, sonetti di monsignore Evangelista Boni, dei Minori Cappuccini, arcivescovo della Chiesa latina di Corfù. Tipografia Corcira. 1894.

In-8° de huit feuillets, dont le dernier blanc.

3836. — Φύλλα ῥόδου ἐπὶ τοῦ νεκροῦ τοῦ πολυκλαύστου Ἀλεξάνδρου Κ. Τυπ. Πρετεντέρη θανόντος ἐν Ληξουρίῳ τῇ 10 μαΐου 1894. Κεφαλληνία, τύποις Προόδου. 1894.

In-8° de six pages, dont la première non chiffrée, les suivantes chiffrées 4, 5, 6, 7, 8 + un feuillet blanc. La couverture imprimée sert de titre. C'est un discours funèbre en prose, à la fin duquel on lit : Ἐξεφωνήθη ἐν τῷ ναῷ τοῦ Ἁγίου Νικολάου τῶν Λειβαθινάδων ὑπὸ Ἠλία Α. Τσιτσέλη.

3837. — Φῶς ἐκ τῶν ἔνδον ἤτοι στοιχεῖα τῆς ἐσωτερικῆς φιλοσοφίας ὑπὸ Πλάτωνος Ε. Δρακούλη. Ἐν Ἀθήναις. 1894. (*Au v° du titre :*) Τυπογραφεῖον Παρασκευᾶ Λεώνη.

In-8° de 234 pages et trois feuillets, dont le dernier contient l'errata. Couverture illustrée, avec figure allégorique.

3838. — Χαραλάμπους 'Αννίνου 'Αττικαί ήμέραι. Ἐν Ἀθήναις, ἔκδοσις Ἑστίας. 1894. (*A la fin :*) Ἐν Ἀθήναις, ἐκ τοῦ τυπογραφείου τῆς Ἑστίας. 1893.

In-8° de deux feuillets et 264 pages. Couverture illustrée et en couleur. Portrait de l'auteur au verso du faux-titre.

3839. — Ἀλφρέδος καὶ Ἰωάννα, δρᾶμα πρωτότυπον εἰς πράξεις πέντε ὑπὸ Φιλίππου Δ. Μωρέττη. Ἐν Ζακύνθῳ, τύποις Σ. Καψοκεφάλου. 1895.

In-8° de 48 pages. *NB*. Le feuillet d'errata, placé à la fin du volume dans la plupart des exemplaires, doit suivre le feuillet du titre, avec lequel il a été tiré; autrement, il n'y aurait pas de pages 3 et 4.

3840. — Ἀπάντησις εἰς τὴν ὑπὸ τοῦ ἐπισκόπου Ῥώμης Λέοντος τοῦ ιγ' ἐγκύκλιον περὶ ἑνώσεως τῶν ἐν ἀνατολῇ ἐκκλησιῶν. Ἐν Ἀθήναις, ἐκ τοῦ τυπογραφείου Παρασκευᾶ Λεώνη. 1895.

In-8° de 60 pages et deux feuillets dont le dernier blanc. L'auteur de cette brochure est Germanos, métropolitain d'Athènes, mort le 17 janvier 1896, qui s'appelait, avant sa promotion à l'épiscopat, Gérasime Calligas, de Céphalonie.

3841. — Ἀπομνημονεύματα ἐπὶ τῆς συγχρόνου ἱστορίας ἢ ἱστορικὸν ἐπεισόδιον ἐπὶ τῶν ἐνεργειῶν δρασάντων τινῶν προσώπων πρὸς ἐπίτευξιν τῆς μεγάλης ἰδέας ὑπὸ Σπυρίδωνος Γ. Μαλάκη, Κεφαλλῆνος, συγγραφέντα κατὰ τὰ ἔτη 1889-1892. Ἐν Ἀθήναις, ἐκ τοῦ τυπογραφείου Βεργιανίτου. 1895.

In-8° de 554 pages, dont les trois dernières blanches, plus un feuillet intercalé entre les pages 2 et 3. Ce feuillet contient une dédicace aux radicaux de Céphalonie et nommément à Gérasime André Livadas, Joseph Nicolas Mompherratos et Hélie Anastase Zervos. La page 3 contient une autre dédicace aux trois enfants orphelins de Spiridion Apostolatos, et l'on y apprend que cet ouvrage a été publié aux frais de leur oncle paternel, Alexandre Apostolatos.

3842. — Ἀττικὸν ἡμερολόγιον τοῦ δισέκτου ἔτους 1896 ὑπὸ Εἰρηναίου Ἀσωπίου εὐγενεῖ συνεργασίᾳ ἐλλογίμων δεσποινῶν καὶ δεσποινίδων καὶ φιλόφρονι συμπράξει διαπρεπῶν λογίων. Ἔτος πέμπτον καὶ εἰκοστόν. Ἐν Ἀθήναις, ἐκ τοῦ τυπογραφείου τῆς Κορίννης. 1895.

In-8° de 40 pages (dont la plupart non chiffrées), 594 pages et dix gravures hors texte.

3843. — Beitrag zur Flora von Albanien, Korfu und Epirus von Dr. Ed. Formánek (Sonderabdruck aus dem XXXIII Bande der Verhandlungen des naturforschenden Vereines in Brünn). *Brünn.* Druck von W. Burkart. Verlag des Verfassers. 1895.

In-8° de 53 pages.

3844. — Γεωργίου Δ. Μάνεση τὰ κατὰ τὴν ἀπόλυσίν μου. Ἕτοιμος εἰς ἀπολογίαν. (*Au v° du feuillet final :*) Τύποις Σ. Καψοκεφάλου.

In-8° de quatorze pages et un feuillet. Daté de Zante, le 27 mai 1895, et signé GEORGES D. MANÉSIS. La couverture imprimée tient lieu de titre.

3845. — Catalogue of the greek manuscripts on Mount Athos edited for the syndics of the University press by Spyr. P. Lambros, professor of history in the University of Athens. Volume I. Cambridge : at the University press. 1895 (All rights reserved). Κατάλογος τῶν ἐν ταῖς βιβλιοθήκαις τοῦ Ἁγίου Ὄρους ἑλληνικῶν κωδίκων ὑπὸ Σπυρίδωνος Π. Λάμπρου, καθηγητοῦ τῆς ἱστορίας ἐν τῷ Ἀθήνησι Πανεπιστημίῳ. Τόμος πρῶτος. Ἐν Κανταβριγίᾳ τῆς Ἀγγλίας. 1895. (*A la fin :*) Cambridge : printed by J. and C. Clay at the University press.

In-4° de un feuillet blanc, VIII pages, un feuillet, 438 pages et un feuillet blanc.

3846. — Congedo dalla diocesi di Corfù. (*Page 3 :*) Due parole di cordiale saluto del novello vescovo di Sira, Mons. T. A. Polito, ai suoi amati Corciresi, dette nel duomo latino di Corfù, la domenica 30 giugno 1895. (*A la fin :*) *Corfù*, tipografia Corcira. 1895.

In-8° de un feuillet blanc et quatorze pages.

3847. — Deux cas d'acromégalie par M. Galvani, professeur de chirurgie à l'Université d'Athènes.

In-8° de cinq pages. Extrait de la *Revue d'orthopédie* du premier mai 1895 (p. 161 à 165). Paris, Masson et Cie éditeurs.

3848. — Ἐγχειρίδιον λειτουργικῆς τῆς ὀρθοδόξου ἀνατολικῆς ἐκκλησίας ὑπὸ Ι. Ε. Μεσολωρᾶ. Ἐγκρίσει τῆς ἱερᾶς συνόδου. ἀριθ. πρωτ. 8531. διεκπ. 7452. Ἐν Ἀθήναις, ἐκ τοῦ τυπογραφείου τῆς Κορίννης, ὁδὸς Φωκίωνος, ἀριθ. 5. 1895.

In-8° de 240 pages.

3849. — E. Mezzabotta. Ἡ πάπισσα Ἰωάννα μετάφρασις Παναγιώτου Πανᾶ. Ἐν Ἀθήναις, ἐκδοτικὸν κατάστημα Γεωργίου Δ. Φέξη. 1895. (*Au v° du titre :*) Ἀθῆναι, τύπ. Δεληγιάννη καὶ ἀδελφῶν Καλέργη, ἐπὶ τῶν ὁδῶν Πειραιῶς-Ζήνωνος, ἀριθ. 2.

In-8° de 720 pages. Toutes les illustrations sont comprises dans la pagination. Les deux dernières pages sont occupées par des annonces de librairie.

3850. — Ἐπιτομὴ θεραπευτικῆς τῶν ἐσωτερικῶν νοσημάτων ὑπὸ Ι. Ε. Τυπάλδου ἰατροῦ. Μέρος πρῶτον. Νόσοι τῶν ἀναπνευστικῶν ὀργάνων. Νόσοι λοιμώδεις. Νόσοι τῶν κινητικῶν ὀργάνων. Δηλητηριάσεις. Ἐν Ἀθήναις, ἐκ τοῦ τυπογραφείου Π. Δ. Σακελλαρίου. 1895.

In-8° de ή (8) et 430 pages.

Ἐπιτομὴ θεραπευτικῆς τῶν ἐσωτερικῶν νοσημάτων ὑπὸ Ι. Ε. Τυπάλδου ἐπιάτρου. Μέρος δεύτερον. Νόσοι τῆς καταλλαγῆς τῆς ὕλης. Νόσοι τοῦ λεμφικοῦ συστήματος. Νόσοι τῶν πεπτικῶν ὀργάνων. Τμῆμα ά. Ἐν Ἀθήναις, ἐκ τοῦ τυπογραφείου Ν. Ταρουσοπούλου, 16, ὁδὸς Κάνιγγος, 16. 1896.

In-8° de ή (8) + 171 + 302 pages.

3851. — Ἠλίας Ζερβὸς Ἰακωβᾶτος, τελευτήσας ἐν Κεφαλληνίᾳ τῇ 14 νοεμβρίου 1894. Ἐξεδόθη κατὰ μῆνα ἰούλιον τοῦ 1895.

In-8° de 80 pages.

3852. — Ἡ παλληκαριαῖς τοῦ Κυλαϊδώνη ἢ τὸ Σαρακοστιανὸ Καρναβάλι, κωμῳδία γελοιωδεστάτη γραμμένη ζακυθινὰ ἀπὸ τὸν Σωκράτην Α. Ζερβόν. Ἐν Ζακύνθῳ, ἐκ τοῦ τυπογραφείου ἡ Αὐγὴ Νικολάου Κοντόγιωργα. 1895.

In-8° de 45 pages. En prose et en dialecte zantiote.

3853. — Gli emigrati Italiani in America, canto di monsignor Evangelista Boni, dei Minori Cappuccini, arcivescovo della Chiesa latina di Corfù. *Corfù*, tipografia Corcira. 1895.

In-8° de dix pages et un feuillet.

3854. — La domenica IX giugno MDCCCXCV sacra alla Triade augusta, quando quindici alunni del pontificio Collegio Urbano de Propaganda Fide la prima volta immolavano l'ostia eucaristica e un antico allievo del medesimo seminario veniva sacrato vescovo, questi plaude al grande pontefice Leone XIII esalta la benemerita istituzione di Propaganda ed offre un attestato di sincero affetto al Rettore del Collegio D. Filippo Camassei e ai carissimi alunni i novelli sacerdoti coi seguenti Sonetti. (*A la fin :*) Roma, tipografia poliglotta della S. C. de Propaganda Fide. 1895.

In-8° de quatre feuillets. Ces quatres sonnets sont signés : T. A. Polito, novello vescovo di Sira.

3855. — Λαζάρου Βελέλη, διδάκτορος τῆς φιλολογίας, οἱ μνηστῆρες τῆς ἐν τῷ ἐθνικῷ Πανεπιστημίῳ ἕδρας τῆς ἑβραϊκῆς, Ἔλεγχος τῶν ὑποβληθεισῶν διατριβῶν μετὰ πολλῶν νέων σημειώσεων ἐπὶ τῆς ᾠδῆς τοῦ Ἀββακοὺμ καὶ τῶν κατὰ Φαρισαίους καὶ Σαδδουκαίους. Ἐν Κερκύρᾳ, τύποις Ἰ. Ναχαμούλη. 1895.

Titre de la couverture :

Lazare Belléli, ancien directeur des écoles israëlites de Livourne. Mélanges hébraïques : un essai de commentaire critique et exégétique sur l'ode de Habacuc ; quelques notes originales sur les Pharisiens et les Sadducéens ; une poésie hébréo-grecque du rituel de Corfou. En vente chez A. Durlacher, Paris, 83 *bis*, rue Lafayette ; J. Kaufmann, Francfort s. M.

In-8° de un feuillet non chiffré et 81 pages.

3856. — Lettera pastorale al Clero e al popolo della Chiesa cattolica di Sira. *Roma*, tipografia poliglotta della S. C. de Propaganda Fide. 1895.

In-8° de 14 pages et un feuillet blanc. Armes épiscopales sur le titre. L'auteur de cette lettre pastorale est Mgr. Théodore Antoine Polito, évêque de Syra.

3857. — Λεωνίδα Χ. Ζώη ὁ ἅγιος Διονύσιος προστάτης Ζακύνθου. Ἐν Ζακύνθῳ, τύποις Σ. Καψοκεφάλου. 1895.

In-8° de 70 pages. Le dernier feuillet est collé, par la marge intérieure, sur la page 68, qui est blanche.

3858. — L'Immacolata. Panegirico detto nella metropolitana cattolica di Corfù, l'8 dicembre 1894, dall' arcidiacono Dr Teodoro Antonio Polito, vicario generale dell' arcidiocesi latina corcirese, ora vescovo di Sira. *Sira*, tipografia dell' Oriente. 1895.

In-8° de 46 pages et un feuillet blanc.

3859. — Luigi Gualtieri. Ἡ αὐταπάρνησις, δρᾶμα εἰς τρεῖς πράξεις, μεταφρασθέν έκ του ιταλικού υπό Γεωργίου Κ. Σφήκα. Έν Ζακύνθω, τύποις Σ. Καψοκεφάλου. 1895.

In-8° de 74 pages et un feuillet.

3860. — Μαγειρική άνευ κρέατος. Εκδότης Σπυρίδων Ναγός. 1895. (*Au v°
du titre* :) Τυπογραφείον Παρασκευά Λεώνη.

In-16 de 88 pages. Imprimé à Athènes. L'auteur des 132 recettes culinaires
que contient cet ouvrage est PLATON E. DRACOULIS (renseignement fourni par
lui-même), à qui sont également dus les 24 Λόγοι κατά της κρεοφαγίας placés en
tête du volume.

3861. — Μεθοδική επιστολογραφία διά τα παιδία άρρενα και θηλέα των δημο
τικών σχολείων, περιέχουσα οδηγίας μεθ' υποδειγμάτων επί παντοίων υποθέσεων και
μετά κανόνων καλλιγραφίας καί τινων διατάξεων ταχυδρομικών και τηλεγραφικών
υπό Ξενοφώντος Δ. Ζύγουρα καθηγητού. Έν Αθήναις, τύποις Ι. Κουβέλου και
Μ. Δελή (οδός Πραξιτέλους, αριθ. 58). 1895.

In-8° de 64 pages. La couverture est à conserver, car la page 3 contient la
table des matières.

3862. — Νικ. Σπ. Φαραντάτου, διδ. φιλ. δικηγόρου και υφηγητού του εθνικού
Πανεπιστημίου, Σύστημα ορθογραφικών ασκήσεων προς χρήσιν των σχολείων αμφο
τέρων των φύλων. Τεύχος ά. Έκδοσις δευτέρα επηυξημένη. Έν Αθήναις, εκδο
τικόν κατάστημα Π. Ε. Ζαννουδάκη. 1895. (*Au verso du titre* :) Τυπογραφείον
Παρασκευά Λεώνη.

Après le nom et les qualités de l'auteur, le titre de la couverture est
ainsi conçu : Σύστημα πρωτότυπον ορθογραφικών ασκήσεων μετά γλωσσικών
παρατηρήσεων του καθηγητού Κ. Κόντου, προς χρήσιν των σχολείων και παντός
σπουδάζοντος την ελληνικήν γλώσσαν. Τεύχος ά. Έκδοσις β' επηυξημένη. Έν
Αθήναις, τυπογραφείον νέων Ιδεών. 1896.

In-8° de 240 pages.

3863. — Ο θάνατος του Ιαγναδάττα, ποίημα ινδικόν· μετάφρασις Α. Ν. Κεφαλ
ληνού. Έν Αθήναις, εκ του τυπογραφείου της Εστίας. 1895.

In-16 de 45 pages et un feuillet.

3864. — Ολίγαι λέξεις επί του νεκρού του σεβασμ. ιερέως Παναγή Βλάχου
κατά την εν τω ναώ του αγίου Γερασίμου εις Ληξούριον ψαλείσαν νεκρώσιμον ακο
λουθίαν τη 23 ιανουαρίου 1895. Έν Κεφαλληνία, τύποις Προόδου. 1895.

In-8° de six pages et un feuillet. Signé H. A. T. c'est-à-dire Hélie A. Tsitsélis.

3865. — Pacomio Rusano, grammatico greco del secolo XVI e i manoscritti autografi delle sue opere. Ricerche storiche di C. Castellani, prefetto della Biblioteca di S. Marco in Venezia. *Venezia*, Tip. Ferrari, 1895.

In-8° de un feuillet, huit pages et un f. blanc. Extrait des *Atti del R. Istituto Veneto di Scienze, Lettere ed Arti*, t. VI, série VII, 1894-95. Rappelons que Pachôme Rousanos était de Zante.

3866. — Π. Α. Λευκαδίτου Ἀνακρέοντος ποιήματα, παράφρασις ἔμμετρος καὶ μικρὰ συλλογὴ λυρικῶν ποιημάτων. Ἐν Ἀθήναις, ἐκ τοῦ τυπογραφείου τῶν καταστημάτων Σπυρίδ. Κουσουλίνου, πλατεῖα ἁγίων Θεοδώρων. 1895.

In-8° de 155 pages.

3867. — Περὶ τοῦ δεσποτάτου τῆς Ἠπείρου, ἱστορικὴ πραγματεία Ἰωάννου Α. Ῥωμανοῦ νῦν τὸ πρῶτον ἐκδιδομένη ἐπιμελείᾳ τῆς ἑαυτοῦ οἰκογενείας. Ἐν Κερκύρᾳ, τυπογραφεῖον Ἑρμῆς Ν. Πετσάλη. 1895.

In-8° de νϛ' (52) et 175 pages.
L'introduction de ce volume est l'œuvre de Laurent S. Vrokinis, l'érudit Corfiote bien connu ; elle contient une excellente notice biographique sur Jean Romanos.
La signature qui se lit au verso du titre est celle de Paul Tzortzis (Παῦλος Τζωρτζῆς), neveu de Jean Romanos.

3868. — Περὶ ὑποδορίων ἐνέσεων καθ' ὅλου καὶ τοῦ διέποντος αὐτὰς νόμου. Ἐναρκτήριον μάθημα I. Ε. Καραβία, ἰατροῦ καὶ ὑφηγητοῦ τῆς φαρμακολογίας καὶ θεραπευτικῆς. Ἐν Ἀθήναις, ἐκ τοῦ τυπογραφείου Πασσάρη καὶ Βεργιανίτου. 1895.

In-8° de 15 pages.

3869. — Ποικίλη Στοά, ἐθνικὸν εἰκονογραφημένον ἡμερολόγιον διευθυνόμενον ὑπὸ Ἰωάννου Α. Ἀρσένη τῇ πολυτίμῳ συμμετοχῇ ἐγκρίτων λογίων. Ἔτος ἑνδέκατον 1895. Ἐν Ἀθήναις, τύποις Ἀλεξάνδρου Παπαγεωργίου, ὁδὸς Ὀφθαλμιατρείου, ἀριθ. 3. 1895.

In-8° de 8 feuillets, 400 pages, 4 feuillets de musique et 21 feuillets contenant des portraits.

3870. — Risposta della Chiesa di Costantinopoli alla enciclica papale sull' unione delle chiese, pubblicata nel luglio dell' anno 1894, tradotta in italiano da Sebastiano Nicocavura archimandrita. Seconda edizione, approvata e benedetta da S. S. il patriarca ecumenico di Costantinopoli. *Venezia,* tipografia greca la Fenice. 1895.

In-8° de 31 pages. Dédié à l'archimandrite Séraphin Comi.

3871. — Santo Spiridione, vescovo di Trimitunte, protettore dell' isola di Corfù, Inno di monsignor Evangelista Boni, di Minori Cappuccini, arcivescovo della Chiesa latina di Corfù, amministratore apostolico di Zante e Cefalonia, con note biografiche. *Corfù,* tipografia Corcira. 1895.

In-8° de dix-huit pages et un feuillet blanc.

3872. — Σπ. Π. Ἀραβαντινοῦ ἱστορία Ἀλῆ Πασᾶ τοῦ Τεπελενλῆ, συγγραφεῖσα ἐπὶ τῇ βάσει ἀνεκδότου ἔργου τοῦ Παναγιώτου Ἀραβαντινοῦ. Ἐν Ἀθήναις, ἐκ τοῦ τυπογραφείου τῶν καταστημάτων Σπυρίδωνος Κουσουλινοῦ. 1895.

In-8° de ξδ' (64) et 616 pages + 13 gravures et 3 cartes. Douze gravures seulement sont indiquées à la table, on y a omis le portrait de PANAGIOTIS ARAVANTINOS. Il y a des exemplaires sur papier fort.

3873. — Συνοπτικὴ ἱστορία τῆς Κερκύρας ὑπὸ Ἀνδρέου Μ. Ἱδρωμένου δικηγόρου. Δαπάνη τοῦ Πετριδείου κληροδοτήματος. Ἐν Κερκύρᾳ, τυπογραφεῖον Ἰ. Ναχαμούλη. 1895.

In-8° de 133 pages et un feuillet blanc.

3874. — Σύντομος ἑλληνικὴ ἱστορία μετὰ πολλῶν εἰκόνων πρὸς χρῆσιν τῶν δημοτικῶν σχολείων καὶ παρθεναγωγείων, κατὰ τὴν νέαν μέθοδον, ὑπὸ Γεωργίου Σ. Κονιδάρη. Ἔκδοσις πέμπτη. Τεῦχος ά. Ἐκδότης Γ. Π. Μέμος. Ἐν Ἑρμουπόλει Σύρου, ἐκ τοῦ τυπογραφείου ἀδελφῶν Φρέρη.

In-8° de 104 pages.

3875. — Τοῦ ὁσίου πατρὸς ἡμῶν Ἰσαάκ, ἐπισκόπου Νινευῒ τοῦ Σύρου, τὰ εὑρεθέντα Ἀσκητικά, ἀξιώσει μὲν τοῦ μακαριωτλτου (*sic*), θειοτάτου καὶ σοφωτάτου πατριάρχου τῆς ἁγίας πόλεως Ἱερουσαλὴμ καὶ πάσης Παλαιστίνης κυρίου κυρίου Ἐφραίμ, ἐπιμελείᾳ δὲ Νικηφόρου ἱερομονάχου τοῦ Θεοτόκου ἤδη πρῶτον τύποις ἐκδοθέντα Λειψίᾳ τῆς Σαξονίας, ἐν τῇ τυπογραφίᾳ τοῦ Βρεϊτκόπφ, ἔτει αψό, ἀνατυπούμενα δὲ ἐπιμελείᾳ Ἰωακείμ. Σπετσιέρη ἱερομονάχου. Ἐν Ἀθήναις, ἐκ τοῦ τυπογραφείου Παρασκευᾶ Λεώνη, ὁδὸς Λέκα, στοὰ Σιμοπούλου. 1895.

In-8° de μς' (46) et 434 pages.

3876. — Φαίδου (sic) αἰσώπειοι μῦθοι μεταφρασθέντες εἰς τὴν ἑλληνικὴν ὑπὸ Β. Βυθούλκα. Ἐν Ἀθήναις, ἐκ τοῦ τυπογραφείου ὁ Παλαμήδης. 1895.

In-8° de 48 pages. Traduction en prose.

3877. — Ἀγγέλου Καντούνη "Ἅπαντα ποιητικὰ καὶ πεζὰ μετὰ προλόγου καὶ σημειώσεων ἐκδίδονται ὑπὸ Ἀγγέλου Ν. Βερυκίου, συντάκτου τοῦ Πατριώτου. Ἐν Ζακύνθῳ, ἐκ τοῦ τυπογραφείου ἡ Αὐγὴ Νικολάου Θ. Κοντόγιωργα. 1896.

In-8° de 144 pages.

3878. — A monsignore Antonio Agliardi, arcivescovo di Cesarea, già delegato apostolico nelle Indie orientali, nunzio in Baviera ed ora in Austria-Ungheria, ambasciatore straordinario del Sommo Pontefice a Niccolò secondo, imperator delle Russie, nella solennità della sua incoronazione, il giorno bene augurato XXII giugno MDCCCXVI, in che dal sapientissimo e glorioso Leone XIII veniva insignito della porpora cardinalizia, monsignor Evangelista Boni, dei Minori Cappuccini, arcivescovo della Chiesa latina di Corfù, amministratore apostolico di Zante e Cefalonia, in segno di profondo ossequio e di sentito affetto offriva questi umili versi, che ricordano le splendide geste del santo patrono di lui, il Taumaturgo di Padova. (A la fin :) Foligno, prem. tip. Artigianelli di S. Carlo.

In-folio de deux feuillets. Impression rouge et noire. Hymne à saint Antoine de Padoue.

3879. — Ἀνδρέου Α. Ἀβούρη Κληρονομία, ἱστορικὸν διήγημα. Ἐν Πάτραις, τυπογραφεῖον Ἀνδρέου Β. Πάσχα. 1896.

In-8° de 29 pages.

Ὁ Ἀνδρέας Ἀβούρης ἐγεννήθηκε εἰς τὴ Ζάκυνθο τὸ 1867. Ἐσπούδασε εἰς τὰ σχολεῖα τῆς Ζακύνθου καὶ εἰς τὸ γυμνάσιο· ἀλλά, ἕνεκα τοῦ θανάτου τοῦ πατέρα του, ἀνδρὸς ἐντιμοτάτου, δὲν ἠμπόρεσε νὰ τελειώσῃ τὰς σπουδάς του εἰς τὸ πανεπιστήμιο. Ἀπὸ μικρὸς ἔδειξε μεγάλη κλίση εἰς τὰ γράμματα, τὰ ὁποῖα μόνος του ἐκαλλιέργησε μὲ ἐκεῖνο τὸ ζῆλο ποῦ αἰσθάνεται κανεὶς ποῦ ἀκούει μέσα του τὴ φωτιὰ τῆς ποιήσεως, ἡ ὁποία τὸν ἐπιβάλλει νὰ ἐξωτερικεύσῃ τὸν κλεισμένο κόσμο ποῦ κινεῖται στὰ σπλάχνα. Ἄρχισε νὰ δημοσιεύῃ διηγήματα εἰς τὸ 1890 εἰς τὰ περιοδικὰ τῆς Ζακύνθου, εἰς τὸν Ἀνθῶνα,

Ἡμερολόγιο Λογοθέτη, Μούσας, Ἐποχή καὶ Πατριώτη, εἰς ὅλας δὲ τὰς ἐφημερίδας τοῦ τόπου μας. Εἰς τὸ 1893, μὲ τοὺς καταστρεπτικοὺς σεισμοὺς ἀναγκάστηκε οἰκογενειακῶς νὰ ἐγκατασταθῇ εἰς τὸν Πύργον, ὅπου διεύθυνε τὸ λαμπρὸ περιοδικὸ Ἀνθῶν καὶ πολιτικὴ ἐφημερίδα Κῆρυξ. Εἰς τὸ 1898, ἦλθεν εἰς Ἀθήνας καὶ ἐγνωρίσθη μὲ ὅλους τοὺς λογίους καὶ ἐκτιμήθηκε περισσότερον, ὄχι βέβαια ὅσο ἀξίζει. Γράφει εἰς τὰ καλλίτερα φύλλα, καθὼς εἰς τὴν Ἀττικὴ Ἴριδα, Ἴριδα Ἀθηνῶν, Κοσμόπολι, ἡμερολόγια Ἀρσένη, Σκόκου, Σερουίου, καὶ εἶναι ὁ μόνος συντάκτης μιᾶς ἐφημερίδος, Κρήτη (Note communiquée par Étienne Martzokis).

3880. — Ἀντωνίου Μανούσου Λυρικά. Τόμος πρῶτος. Ἐν Τεργέστῃ, τύποις Μορτέρρα καὶ Σ. 1896.

In-8° de 112 pages. Τόμος δεύτερος : p. 113 à 208.

3881. — Γεωργίου Σ. Κονιδάρη Ἀριθμητικαὶ ἀσκήσεις διὰ τὴν β΄ τάξιν τῶν δημοτικῶν σχολείων, ἐγκριθεῖσα ἐν τῷ τελευταίῳ διαγωνισμῷ τῶν διδακτικῶν βιβλίων κατὰ τὸν βτγ΄ νόμον. Ἐκδότης Γ. Π. Μέμος. Ἐν Ἑρμουπόλει Σύρου, ἐκ τοῦ τυπογραφείου ἀδελφῶν Φρέρη.

In-8° de 80 pages.

3882. — Γεωργίου Σ. Κονιδάρη Ἀριθμητικαὶ ἀσκήσεις διὰ τὴν γ΄ τάξιν τῶν δημοτικῶν σχολείων ἀμφοτέρων τῶν φύλων, ἐγκριθεῖσαι ἐν τῷ τελευταίῳ διαγωνισμῷ τῶν διδακτικῶν βιβλίων κατὰ τὸν βτγ΄ νόμον. Ἐκδότης Γ. Π. Μέμος. Ἐν Ἑρμουπόλει Σύρου, ἐκ τοῦ τυπογραφείου ἀδελφῶν Φρέρη.

In-8° de 48 pages.

3883. — Γεωργίου Σ. Κονιδάρη Ὀδύσσεια, μετὰ παραρτήματος ᾀσμάτων καὶ ποιημάτων, ἐγκριθεῖσα ὑπὸ τοῦ Ὑπουργείου τῆς Παιδείας ἐν τῷ τελευταίῳ διαγωνισμῷ τῶν διδακτικῶν βιβλίων κατὰ τὸν βτγ΄ νόμον, πρὸς χρῆσιν τῶν δημοτικῶν σχολείων ἀμφοτέρων τῶν φύλων ἐπὶ πενταετίαν ἀπὸ τοῦ ἔτους 1896 μέχρι 1901. Ἐκδότης Γ. Π. Μέμος. Ἐν Ἑρμουπόλει Σύρου, ἐκ τοῦ τυπογραφείου ἀδελφῶν Φρέρη.

In-8° de 188 pages.

3884. — Γεωργίου Σπ. Μακρῆ ἡ Κυριακὴ ἀργία καὶ ὁ ἁγιασμὸς αὐτῆς. Ἐν Ἀθήναις, τύποις Ἀποστόλου Καλαράκη. 1896.

In-8° de 102 pages et un feuillet blanc. Le titre ci-dessus reproduit est celui de la couverture, car l'exemplaire que nous avons eu sous les yeux était incomplet des six premières pages.

3885. — Γεωργίου τοῦ Αἰτωλοῦ Μῦθοι καὶ ἀποσπάσματα τοῦ Σπανέα ἐξ ἁγιορειτικῶν κωδίκων νῦν τὸ πρῶτον ἐκδιδόμενα ὑπὸ Σπυρ. Π. Λάμπρου. Ἀπόσπασμα ἐκ τοῦ Δελτίου τῆς ἱστορικῆς καὶ ἐθνολογικῆς Ἑταιρίας τῆς Ἑλλάδος ἐκ τοῦ πέμπτου τόμου. Ἀθήνησιν, ἐκ τοῦ τυπογραφείου τῶν ἀδελφῶν Περρῆ. 1896.

In-8° de un feuillet et 122 pages.

3886. — Γ. Ι. Χοϊδᾶ γυμνασιάρχου λόγος ἐκφωνηθεὶς τῇ 23 ἰουνίου 1896 ἡμέρᾳ τῶν ἐπὶ προβιβασμῷ προφορορικῶν ἐξετάσεων τῶν μαθητῶν τοῦ γυμνασίου Ἀργοστολίου. Ἐν Κεφαλληνίᾳ, τύποις Λέοντος Ν. Π. Κουρϐισιάνου.

In-8° de 25 pages.

3887. — Γρηγορίου Ξενοπούλου Παιδικὸν θέατρον ἤτοι μονόλογοι, διάλογοι καὶ δραμάτια δι' ἑορτὰς σχολείων καὶ οἰκογενειῶν. Α'. Ἐν Ἀθήναις, ἐκδότης: Νικόλαος Π. Παπαδόπουλος, διευθυντῆς τῆς « Διαπλάσεως τῶν παίδων ». (*Au v° du titre :*) Ἐν Ἀθήναις, ἐκ τοῦ τυπογραφείου τῶν καταστημάτων Ἀνέστη Κωνσταντινίδου.

In-8° de 128 pages. Sans date, mais (d'après un renseignement fourni par l'auteur) paru en 1896.

3888. — Εἰκὼν τοῦ ἐν Ἑλλάδι ἐπιστημονικοῦ βίου ὑπὸ Ἰωάννου Ν. Σϐορώνου, διευθυντοῦ τοῦ ἐθνικοῦ νομισματικοῦ Μουσείου. Ἐν Ἀθήναις, ἐκ τοῦ τυπογραφείου τῶν καταστημάτων Σπυρίδωνος Κουσουλίνου, παρὰ τῷ ναῷ τῶν ἁγίων Θεοδώρων. 1896.

In-8° de 66 pages. Réimpression d'articles parus dans le journal *Asty* des 3 et 7 décembre 1896.

3889. — Ἑλληνικὴ γραμματικὴ ἐγκριθεῖσα κατὰ τὸν νόμον βτγ' τοῦ 1895 διὰ μίαν πενταετίαν, πρὸς χρῆσιν τῶν πλήρων σχολείων, ὑπὸ Γερ. Βανδώρου, καθηγητοῦ. Ἐν Ἀθήναις, ἐκ τοῦ τυπογραφείου ὁ Παλαμήδης. 1896.

In-8° de 60 pages.

3890. — Ἑλληνικὴ γραμματικὴ ἐγκριθεῖσα κατὰ τὸν νόμον βτγ' τοῦ 1895, πρὸς χρῆσιν μαθητῶν ἑλληνικῶν σχολείων, ὑπὸ Εὐαγγ. Κ. Κοφινιώτου, δ. φ. καὶ πρ. καθηγητοῦ, καὶ Γερ. Βανδώρου, δ. φ. καὶ καθηγητοῦ. Ἐν Ἀθήναις, ἐκ τοῦ τυπογραφείου ὁ Παλαμήδης. 1896.

In-8° de 288 pages.

3891. — Ἡ ἐπανάστασις τῆς Κρήτης κατὰ τὸ 1896, ἐπεισόδιον ἱστορικόν, πατριωτικὸν καὶ στρατιωτικὸν εἰς πρᾶξιν μίαν ὑπὸ Εὐγενείου Ῥώσση Μαρίου, παρασταθὲν τὸ πρῶτον ἐν Ζακύνθῳ, τῇ 25 Ἰουλίου 1896. Μετάφρασις ἐλευθέρα Γεωργ. Κ. Σφήκα. Ἐν Ζακύνθῳ, τύποις Σ. Καψοκεφάλου. 1896.

In-8° de douze pages.

3892. — Ἡ Κασσωπίτρα. Ἱστορικαὶ σημειώσεις περὶ τοῦ ἐν Κασσώπι (sic) ἱεροῦ ναοῦ τῆς ὑπεραγίας Θεοτόκου τῆς Κασσωπαίας, μετὰ τοῦ τελεσθέντος ὑπ' αὐτῆς θαύματος, κατὰ τὴν 8 μαΐου 1530, ὑπὸ Μιχαὴλ Β. Λάνδου, δημοσιογράφου. Ἐν Κερκύρᾳ, τυπογραφείῳ « Κλειώ ». 1896.

In-8° de 19 pages.

3893. — Ἡ ὀνοματολογία τῆς Ἀττικῆς καὶ ἡ εἰς τὴν χώραν ἐποίκησις τῶν Ἀλβανῶν ὑπὸ Σπυρ. Π. Λάμπρου. (Ἀπόσπασμα ἐκ τῆς Ἐπετηρίδος τοῦ Φιλολογικοῦ Συλλόγου Παρνασσοῦ). Ἐν Ἀθήναις, ἐκ τοῦ τυπογραφείου τῆς Ἑστίας. 1896.

In-8° de 39 pages.

3894. — Ἱερὰ ἱστορία τῆς καινῆς Διαθήκης πρὸς χρῆσιν τῶν δημοτικῶν σχολείων ἀρρένων τε καὶ θηλέων, ἐγκριθεῖσα εἰς τὸν νέον διαγωνισμὸν κατὰ τὸν βτγ' νόμον, ἐγκρίσει καὶ τῆς ἱερᾶς συνόδου, ὑπὸ Γεωργίου Σ. Κονιδάρη. Ἐκδότης Γ. Π. Μέμος. Ἐν Ἑρμουπόλει Σύρου, ἐκ τοῦ τυπολιθογραφείου ἀδελφῶν Φρέρη.

In-8° de 88 pages.

3895. — Ἱερὰ ἱστορία τῆς παλαιᾶς Διαθήκης πρὸς χρῆσιν τῶν ἑλληνικῶν σχολείων καὶ παρθεναγωγείων, ὑπὸ Ι. Ε. Μεσολωρᾶ δ. φ. ὑφηγητοῦ τοῦ Πανεπιστημίου καὶ καθηγητοῦ τῆς ῥιζαρείου Σχολῆς. Ἐγκεκριμένη ὑπὸ τοῦ ὑπουργείου τῆς Παιδείας καὶ τῆς ἱερᾶς Συνόδου. Ἔκδοσις ἐνάτη. Ἐν Ἀθήναις, ἐκ τοῦ τυπογραφείου Α. Σ. Γεωργίου. 1896.

In-8° de 95 pages.

3896. — Ἱστορικαὶ σελίδες Ζακύνθου. Στατιστικὴ τῆς νήσου Ζακύνθου ὑπὸ Λεωνίδου Χ. Ζώη. Ἐν Ζακύνθῳ. 1896. Τύποις Σ. Καψοκεφάλου.

In-8° de 24 pages.

3897. — Ἰωάννου Βηλαρᾶ ἀνέκδοτον Ὀνομαστικόν.

In-8° de un feuillet blanc et treize pages chiffrées de [35] à 47. Extrait de Δωδώνη, almanach épirote illustré pour l'année 1896, publié à Athènes par Georges C. Gagaris. Signé : Spyr. P. Lambros.

3898. — Κείμενον καὶ ἑρμηνεία περικοπῶν ἐκ τοῦ ἱεροῦ εὐαγγελίου ὑπὸ Ι. Ε. Μεσολωρᾶ καθηγητοῦ, ἐγκρίσει τῆς ἱερᾶς Συνόδου ἀριθ. $\frac{πρωτ. 648}{διεκ. 304}$, πρὸς χρῆσιν τῶν δημοτικῶν σχολείων ἀρρένων τε καὶ θηλέων. Ἐνεκρίθη κατὰ τὸν διαγωνισμὸν τοῦ 1896 ἐπὶ πενταετίαν, $\frac{ἀριθ. πρῶτ. 11172}{διεκπ. 6619}$. Ἐν Ἀθήναις, ἐκ τοῦ τυπογραφείου Α. Καλαράκη, κάτωθι τοῦ Δημαρχείου. 1896.

In-8° de 56 pages.

3899. — Κείμενον καὶ πρακτικὴ ἑρμηνεία εὐαγγελίων τινῶν ἐκ τῶν κατὰ κυριακὴν ἀναγινωσκομένων ὑπὸ Ι. Ε. Μεσολωρᾶ καθηγητοῦ. Ἐγκεκριμένη ὑπὸ τῆς ἱερᾶς Συνόδου καὶ τοῦ ὑπουργείου κατὰ τὸν διαγωνισμὸν τοῦ 1896 ἐπὶ πενταετίαν. Ἀριθ. πρωτ. 112346. διεκπ. 7760. Ἐν Ἀθήναις, ἐκ τοῦ τυπογραφείου Α. Καλαράκη, κάτωθι τοῦ Δημαρχείου. 1896.

In-8° de 104 pages.

3900. — Κυπάρισσος εἰς τὸν θάνατον τοῦ Ἀλεξάνδρου Σ. Κατσαΐτου θανόντος ἐν Ληξουρίῳ τῇ 22 δεκεμβρίου 1896 (Ἀφιεροῦται πρὸς τοὺς δεινῶς τρωθέντας γονεῖς Σπυρίδωνα καὶ Εὐανθίαν ἐπὶ τῷ θανάτῳ τόσον πολυπαθοῦς τέκνου).

Placard de 29 centimètres sur 40. Daté de Lixouri, 24 décembre 1896, et signé T, c'est-à-dire Hélie A. Tsitsélis. Poésie.

3901. — Κώστα Ν. Καιροφύλα Διαπρεπεῖς γυναῖκες. Ἐν Ζακύνθῳ, τύποις Σ. Καψοκεφάλου. 1896. (Τεῦχος ά.)

In-8° de 18 pages. Les pages 3-4 forment un feuillet isolé. Ce premier fascicule est consacré à la belle Hélène, femme de Ménélas.

3902. — Λασσάνειος δραματικὸς ἀγών. Κρίσις ἀναγνωσθεῖσα ἐν τῇ μεγάλῃ αἰθούσῃ τοῦ ἐθνικοῦ Πανεπιστημίου, τῇ 21 ἀπριλίου 1896, ὑπὸ τοῦ εἰσηγητοῦ Σπυρ. Π. Λάμπρου. Ἐν Ἀθήναις, ἐκ τοῦ τυπογραφείου τῆς Ἑστίας. 1896.

In-8° de 123 pages.

3903. — L'hellénisme, les jeux olympiques et la langue grecque par

Cosmo Leucaditis, professeur. Dédié à S. M. le roi George Ier. Deuxième édition. *Athènes*, imprimerie de la Cour royale N. G. Inglessis. 1896.

In-8° de 112 pages. La première édition est de 1865.

3904. — Λόγος ἐπικήδειος εἰς Ἰωάννην Ν. Δελλαπόρταν, δήμαρχον Ληξουρίου, θανόντα τῇ 16 Ἰουλίου 1896, ἐκφωνηθεὶς ἐν τῷ ναῷ τοῦ ἁγίου Νικολάου ἐν Ληξουρίῳ ὑπὸ Ἡλία Α. Τσιτσέλη. Κεφαλληνία. 1396 (*sic*).

In-8° de 7 pages. La couverture imprimée sert de titre.

3905. — Λόγος πανηγυρικὸς τῶν ὁσίων ἱερομαρτύρων Ῥοδόλφου Acquaviva τῆς ἑταιρείας τοῦ Ἰησοῦ καὶ τῶν τεσσάρων αὐτοῦ συναδέλφων τῶν ἐν Ἰνδίαις μαρτυρησάντων ἐκφωνηθεὶς τῇ 27 σεπτεμβρίου 1896, ἐν τῷ ἱερῷ ναῷ τῶν ἐν Τήνῳ πατέρων Ἰησουϊτῶν, ὑπὸ τοῦ ἐπισκόπου Σύρου Θεοδώρου Ἀντωνίου Πόλιτο. Ἐν Σύρῳ, (τύποις P. Πριντέζη). 1896.

In-8° de seize pages. Ce qui figure entre parenthèses dans le titre ci-dessus ne se trouve que sur la couverture. Dédié au T. R. Père G. Romano, supérieur des Jésuites de Syra et de Tinos.

3906. — Μίλτωνος ὁ ἀπολεσθεὶς Παράδεισος κατὰ μετάφρασιν ἐκ τοῦ ἀγγλικοῦ ὑπὸ Παύλου Γρατσιάτου, καθηγητοῦ τῆς ἀγγλικῆς. Ἔκδοσις πολυτελὴς μετὰ 50 καλλιτεχνικῶν εἰκόνων τοῦ Doré. Ἐν Ἀθήναις, ἐκδότης Ἀναστάσιος ὁ Φέξης. 1896. (*Au v° du titre :*) Τυπογραφ. Δεληγιάννη καὶ ἀδελφ. Ἡ. Καλλέργη, διαστ. ὁδ. Πειραιῶς-Ζήνωνος.

In-4° de deux feuillets, 314 pages, δ' (4) pages et un feuillet contenant des annonces de librairie. Toutes les gravures sont comprises dans la pagination.

3907. — Μνημόσυνον ὑπὲρ ἀναπαύσεως τῆς ψυχῆς τοῦ μεγάλου πολίτου Χαριλάου Τρικούπη καὶ ἐπιμνημόσυνος λόγος ὑπὸ Φρ. Καρρέρ. Ἐν Ζακύνθῳ, τύποις Σ. Καψοκεφάλου. 1896.

In-8° de 1 feuillet + γ' (3) pages + 10 pages + 1 page contenant seulement une vignette funèbre.

3908. — Νέος φιλαρμονικὸς σύλλογος Ζακύνθου πρὸς τὸ εὐγενὲς τῆς πόλεως ἡμῶν κοινόν.

Placard in-4°. Daté de Zante, 20 décembre 1896 et signé : ὁ πρόεδρος : Ι. Λ. Μάργαρης. ὁ ἀντιπρόεδρος : Γεώργιος Δομενεγίνης. ἡ ἐπιτροπή, τὰ μέλη : Ἰωάννης Καρβελλᾶς, Γεώργιος Σαρακίνης, Διονύσιος Ε. Μαρτινέγκος, Παναγιώτης Ν. Φιλιώτης. ὁ γραμματεύς : Λ. Χ. Ζώης.

3909. — Νικ. Σπ. Φαραντάτου, διδ. φιλ. δικηγόρου και υφηγητού έθν. Πανεπιστημίου, Γραμματική της ελληνικής γλώσσης περιέχουσα τους ομαλούς τύπους της αττικής διαλέκτου μετά των απολύτως αναγκαίων κανόνων, εγκριθείσα εν τω διαγωνισμώ του 1896 διά πενταετίαν, προς χρήσιν των δημοτικών σχολείων αμφοτέρων των φύλων. Έκδοσις πρώτη. Έν Άθήναις, έκδό-ης Μιχ. Σαλιβέρος. Βιβλιοπωλείον ό Ερμής, 38, οδός Σταδίου, 38. 1896.

In-8° de 55 pages.

3910. — Νικολάου Σπ. Φαραντάτου, διδ. φιλολογίας, δικηγόρου και υφηγητού εθνικού Πανεπιστημίου, Ιστορία της αρχαίας Ελλάδος συνταχθείσα επί τη βάσει και της Αριστοτέλους Πολιτείας των Αθηναίων και των νεωτέρων ερευνών, εγκριθείσα εν τω διαγωνισμώ του 1896, προς χρήσιν των δημοτικών σχολείων αμφοτέρων των φύλων. Έν Άθήναις, εκ τυπογραφείου Δεληγιάννη και αδελφ. Καλέργη. 1896.

In-8° de 64 pages.

3911. — Νικολάου Σπ. Φαραντάτου, διδάκτ. φιλολογίας, δικηγόρου και υφηθητού έθν. Πανεπιστημίου, Ιστορία της αρχαίας Ελλάδος συνταχθείσα επί τη βάσει και της Αριστοτέλους πολιτείας των Αθηναίων και των νεωτέρων ερευνών, εγκριθείσα εν τω διαγωνισμώ του 1896, προς χρήσιν των δημοτ. σχολείων αμφοτέρων των φύλων. Έκδοσις δευτέρα. Έν Άθήναις, τύποις Ιωάννου Νικολαΐδου. 1896.

In-8° de 56 pages.

3912. — Ό Θεόδωρος Φλογαΐτης και το Κόμμα των ανεξαρτήτων υπό Α. Ι. Μανούσου, δικηγόρου και δημοσιογράφου. Έν Άθήναις, εκ του τυπογραφείου Σ. Κ. Βλαστού, 14, οδός Νίκης, 14-100, οδός Ερμού, 100. 1896.

In-8° de treize pages et un feuillet blanc.

3913. — Ποικίλη Στοά, εθνικόν εικονογραφημένον ημερολόγιον διευθυνόμενον υπό Ιωάννου Α. Αρσένη, τη πολυτίμω συμμετοχή εγκρίτων λογίων. Έτος δωδέκατον. 1896. Έν Άθήναις, εκ του τυπογραφείου της Εστίας. 1896.

In-8° de 418 pages, 4 feuillets de musique et 18 gravures hors texte.

3914. — Σεσίλ Γ. Κρώββ. (*A la fin :*) Τύποις Σ. Καψοκεφάλου.

In-8° de 8 pages. Daté de Zante, 23 novembre 1896. Le titre de départ est ainsi conçu : Ειλικρινούς πόνου έκφρασις επί τω θανάτω της πολυκλαύστου Σεσίλ Γεωργίου Κρώββ, εμπόρου και υποπροξένου της Μεγάλης Βρεττανίας εν Πάτραις.

3915. — Σπύρου Δ. Κοντόγιωργα Φύλλα φθινοπώρου, διηγήματα, ποιήσεις. Ἐν Ζακύνθῳ, τύποις Σ. Καψοκεφάλου. 1896.

In-16 de 54 pages. Dédié à Georges D. Sarakinis.

3916. — Σπυρ. Π. Λάμπρου Οἱ εὐεργέται καὶ καθηγηταὶ τοῦ ἐθνικοῦ Πανεπιστημίου · λόγος ἐκφωνηθεὶς ἐν τῇ μεγάλῃ αἰθούσῃ τοῦ ἐθνικοῦ Πανεπιστημίου, τῇ 30 Ἰανουαρίου 1896. Ἐν Ἀθήναις, ἐκ τοῦ τυπογραφείου τῆς Ἑστίας. 1896.

In-8° de 24 pages.

3917. — Uno studente dell' università di Pavia negli anni 1815-1818. Discorso inaugurale dell' anno accademico 1896-97 letto nella R. università di Pavia il 16 novembre dal professore di letteratura greca Giovanni Canna. *Pavia*, premiato stabilimento tipografico successori Bizzoni. Dicembre 1896. (*Au faux-titre :*) DIONISIO SOLOMOS.

In-8° de 63 pages. La couverture porte : *Dionisio Solomos, discorso di Giovanni Canna.* C'est un extrait de l'Annuaire de l'Université de Pavie pour 1896-97.

3918. — Φωκίωνος Ξ. Πανᾶ Ῥεμβασμοὶ καὶ τὸ Πρόβλημα τῆς ζωῆς (Λυρικοὶ στίχοι). Ἐν Σάμῳ, ἐκ τοῦ ἡγεμ. τυπογραφείου. 1896.

In-8° de 78 pages et un feuillet blanc. Les pages 67 à 78 contiennent les noms des souscripteurs.

3919. — Φῶς ἐπὶ τῶν ἀρχαιολογικῶν σκανδάλων ὑπὸ Ἰωάννου Ν. Σβορώνου, διευθυντοῦ τοῦ ἐθνικοῦ νομισματικοῦ Μουσείου. Ἀθήνησιν, ἐκ τοῦ τυπογραφείου τῶν ἀδελφῶν Περρῆ. 1896.

In-8° de νβ' (52) et 164 pages.

3920. — Αἰμυλίου Ζολᾶ ἡ Γῆ (la Terre), μετάφρασις Μπάμπη. Ἐν Ἀθήναις, ἐκδοτικὸν κατάστημα Γεωργίου Δ. Φέξη. 1897.

In-8° de 602 pages + un feuillet blanc + un feuillet intercalé après le titre et contenant la préface du traducteur, BABIS ANNINOS (Voir le Τιμολόγιον Βιβλίων de la librairie Georges Phéxis, Athènes, janvier 1899, 8°, p. 18). Toutes les gravures sont comprises dans la pagination.

3921. — Al Padre del mondo cattolico Leone XIII, pontefice di magnanime intenzioni, di vigorosi propositi, ammirato, venerato dai popoli per la potenza della parola, per la grandezza delle opere, sollecito, bene merito dell' Oriente, che richiama alle glorie di secoli memorandi ; speranza, conforto d'Italia, vanto della Religione bella per lui di nuovi trionfi, il 20 febbraio 1897, anniversario solenne faustissimo della sua esaltazione al trono di Pietro, monsignor Evangelista Boni, dei Minori Cappuccini, arcivescovo della Chiesa latina di Corfù, amministratore apostolico di Zante e Cefalonia, augura per lunghi anni pari alla virtù, alla sapienza, imprese degne dell' immortalità. (*A la fin :*) *Corfù*, tip. di A. Lanza. 1897.

In-folio de deux feuillets. Sonnet intitulé *Sul mare ellenico*.

3922. — Bucarest par J. Loverdo.

In-8° de 14 pages et un feuillet blanc. La couverture imprimée sert de titre. Extrait du *Monde moderne*, 1897.

3923. — Γεωργίου Σ. Κονιδάρη Διηγήματα καθ' Ἡρόδοτον μετὰ πολλῶν εἰκόνων καὶ χαρτῶν πρὸς χρῆσιν τῶν μαθητῶν τῆς δ' τάξεως τῶν δημοτικῶν σχολείων ἀμφοτέρων τῶν φύλων, βραβευθέντα διὰ πενταετίαν ἐν τῷ διαγωνισμῷ τῶν διδακτικῶν βιβλίων κατὰ τὸν βτγ' νόμον. Ἐκδότης Γ. Π. Μέρος. Ἐν Ἑρμουπόλει Σύρου, ἐκ τοῦ τυπογραφείου ἀδελφῶν Φρέρη.

In-8° de 200 pages, trois cartes et quatre gravures (hors texte).

3924. — Γυμνάσματα περὶ τὸ συντακτικὸν τῆς ἑλληνικῆς ἤτοι συλλογὴ παραδειγμάτων πρὸς ἐφαρμογὴν τῶν κυριωτέρων συντακτικῶν κανόνων ὑπὸ Λ. Γ. Παπανδρέου, κατὰ τὰς ὁδηγίας τοῦ Ὑπουργείου τῆς Παιδείας. Μέρος γ'. Ἐν Ἀθήναις, ἐκ τοῦ τυπογραφείου Παρασκευᾶ Λεώνη. 1897.

In-8° de 64 pages.

3925. — Γυμνάσματα περὶ τὸ τυπικὸν τῆς ἑλληνικῆς ὑπὸ Λ. Γ. Παπανδρέου, πρώην γυμνασιάρχου, ἐγκριθέντα κατὰ τὸν διαγωνισμὸν τοῦ 1895. Μέρος ά. Ἔκδοσις τρίτη. Ἐν Ἀθήναις, ἐκ τοῦ τυπογραφείου Παρασκευᾶ Λεώνη. 1897.

In-8° de 80 pages.

3926. — Διδαχαὶ τοῦ ἐν ἁγίοις πατρὸς ἡμῶν διδασκάλου καὶ ἱεροκήρυκος Κοσμᾶ τοῦ ἱερομάρτυρος κηρυχθεῖσαι κατὰ τὸ 1777 μετὰ τῆς ἀκολουθίας καὶ τοῦ βίου αὐτοῦ, ἐκδίδεται ἐπιμελείᾳ Γεωργίου Ἀποστολιᾶ. Ἐν Πύργῳ (τυπογραφεῖον ὁ Φώσκολος Σ. Καψοκεφάλου ἐν Ζακύνθῳ). 1897.

In-8° de 110 pages et un feuillet blanc.

3927. — Δοκίμιον εμπορευματολογίας υπό Ξενοφώντος Δ. Ζύγουρα, καθηγητοῦ τῶν ἐμπορικῶν ἐν τῇ βιομηχανικῇ καὶ ἐμπορικῇ Ἀκαδημίᾳ τῶν Ἀθηνῶν. Ἐν Ἀθήναις, τυπογραφεῖον Δεληγιάννη καὶ ἀδελφῶν Καλέργη. 1897.

In-8° de 48 + 127 pages.

3928. — Ἐνεκρίθη κατὰ τὸν διαγωνισμὸν τοῦ 1896 ἐπὶ πενταετίαν. Ὀρθόδοξος χριστιανικὴ κατήχησις ὑπὸ Ι. Ε. Μεσολωρᾶ, δ. φ. ὑφηγητοῦ τοῦ Πανεπιστημίου καὶ καθηγητοῦ ἐν τῇ ἐκκλησιαστικῇ ῥιζαρείῳ σχολῇ, πρὸς χρῆσιν τῶν δημοτικῶν σχολείων ἀμφοτέρων τῶν φύλων. Ἐγκρίσει τῆς ἱερᾶς Συνόδου, ἀριθ. πρωτ. 2291, διεκπ. 1065. Ἐν Ἀθήναις, ἐκ τοῦ τυπογραφείου Α. Καλαράκη, κάτωθι τοῦ Δημαρχείου. 1897.

In-8° de 64 pages.

3929. — Ζαμπελίου καὶ Κριτοβουλίδου Ἱστορία τῶν ἐπαναστάσεων τῆς Κρήτης συμπληρωθεῖσα ὑπὸ Ἰωάννου Δ. Κονδυλάκη. Ἐν Ἀθήναις, ἐκδοτικὸν κατάστημα Γεωργίου Δ. Φέξη. 1897. (*A la fin :*) Τύποις Ἀναστασίου Τρίμη.

In-8° de 849 pages. *NB*. Les pages 843 à 849 sont occupées par un catalogue de livres en vente à la librairie de Georges Phéxis et complètent la dernière feuille typographique. Illustrations sur le titre et dans le texte.

Les ouvrages complétés par Jean Condylakis sont les Ἱστορικὰ σκηνογραφήματα de Spiridion Zambélios et les Ἀπομνημονεύματα de Critoboulidis.

3930. — Ἱερὰ ἱστορία τῆς παλαιᾶς Διαθήκης ὑπὸ Γεωργίου Σ. Κονιδάρη πρὸς χρῆσιν τῶν δημοτικῶν σχολείων ἀρρένων τε καὶ θηλέων, ἐγκριθεῖσα ἐν τῷ διαγωνισμῷ τῶν διδακτικῶν βιβλίων διὰ τὴν πενταετίαν 1897-1902. Ἐγκρίσει καὶ τῆς ἱερᾶς συνόδου. Ἐκδότης Γ. Π. Μέμος. Ἐν Ἑρμουπόλει Σύρου, ἐκ τοῦ τυπολιθογραφείου ἀδελφῶν Φρέρη.

In-8° de 72 pages.

3931. — Il mio giubileo episcopale, 23 luglio 1897, ricordo di monsignor Evangelista Boni, dei Minori Cappuccini, arcivescovo della Chiesa latina di Corfù, amministratore apostolico di Zante e Cefalonia. *Corfù*, tip. di A. Lanza, 1897.

In-folio de deux feuillets. Ode à « la madre del bell' amore ».

3932. — Ἰωάννου Ε. Σωμερίτου, καθηγητοῦ ἐν τῷ ά βαρβακείῳ γυμνασίῳ, Γαλλικὸν ἀλφαβητάριον καὶ ἀναγνωσματάριον πρὸς χρῆσιν τῶν ἑλληνικῶν σχολείων ἀριστεῦσαν κατὰ τὸν τέταρτον περὶ διδακτικῶν βιβλίων ἐπίσημον διαγωνισμὸν καὶ ἐγκριθὲν ὑπὸ τοῦ ὑπουργείου τῆς δημοσίας ἐκπαιδεύσεως. Ἐκδότης Ἀνέστης Κωνσταντινίδης. Ἐν Ἀθήναις, ἐκ τοῦ τυπογραφείου τῶν καταστημάτων Ἀνέστη Κωνσταντινίδου. 1897.

In-8° de 118 pages et un feuillet.

3933. — Ἰωάννου Ε, Σωμερίτου, καθηγητοῦ ἐν τῷ ἁ βαρβακείῳ γυμνασίῳ, Νέα γραμματικὴ τῆς γαλλικῆς γλώσσης πρὸς χρῆσιν τῶν ἑλληνικῶν σχολείων ἀριστεύσασα κατὰ τὸν τέταρτον περὶ διδακτικῶν βιβλίων ἐπίσημον διαγωνισμὸν καὶ ἐγκριθεῖσα ὑπὸ τοῦ ὑπουργείου τῆς δημοσίας ἐκπαιδεύσεως. Ἐκδότης Ἀνέστης Κωνσταντινίδης. Ἐν Ἀθήναις, ἐκ τοῦ τυπογραφείου τῶν καταστημάτων Ἀνέστη Κωνσταντινίδου. 1897. (*A la fin :*) Τύποις Παρασκευᾶ Λεωνῆ.

In-8° de 87 pages.

3934. — La version néo-grecque du Pentateuque polyglotte imprimé à Constantinople en 1547, remarques du Dr. Lazare Belléli (à propos de la réédition du texte). Extrait de la *Revue des études juives*. Tome XXXV. Année 1897. *Paris*, à la librairie A. Durlacher, 83 bis, rue Lafayette. 1897. (*A la fin :*) Versailles, imprimeries Cerf, rue Duplessis, 59.

In-8° de 28 pages. Dédié par l'auteur à la mémoire de sa sœur Marianna.

3935. — Neohellenic language and literature. Three lectures delivered at Oxford in june 1897, by Platon E. Drakoules. Oxford, B. H. Blackwell, 50 and 51 Broad Street. *London*, Simpkin, Marshall, Hamilton, Kent and Co. Ldt. MDCCC.XCVII. — Περὶ τῆς νεοελληνικῆς γλώσσης καὶ φιλολογίας· τρεῖς διαλέξεις ἐκφωνηθεῖσαι ἐν τῷ πανεπιστημίῳ τῆς Ὀξφόρδης, μηνὶ Ἰουνίῳ 1897, ὑπὸ Πλάτωνος Ε. Δρακούλη, Ἐν Ὀξφόρδῃ, B. H. Blackwell, 50 and 51 Broad Street. Ἐν Λονδίνῳ, Simpkin, Marshall, Hamilton, Kent and Co. Ltd. 1897. (*A la page 70:*) Spottiswoode and Co. printers, New-Street Square. London.

In-8° de VIII + 70 pages et un feuillet, lequel contient des annonces de librairie.

3936. — Νέος φιλαρμονικὸς σύλλογος Ζακύνθου πρὸς τὸ εὐγενὲς καὶ φιλόμουσον τῆς πόλεώς μας κοινόν. (*Au bas:*) Τύποις νέου τυπογραφείου.

Placard in-4°. Daté de Zante, 28 décembre 1897, et signé comme le document analogue de l'année précédente. Voir le n° 3908.

3937. — Νικ. Σπυρ. Φαραντάτου, διδ. φιλ. δικηγόρου καὶ ὑφηγητοῦ τοῦ ἐθνικοῦ Πανεπιστημίου, Σύστημα ὀρθογραφικῶν ἀσκήσεων καὶ γραμματικῶν πρὸς χρῆσιν τῶν σχολείων ἀμφοτέρων τῶν φύλων καὶ παντὸς σπουδάζοντος τὴν ἑλληνικὴν γλῶσσαν. Τεῦχος γ'. Κανόνες ῥημάτων, ἀνώμαλα ῥήματα, ἐτυμολογικόν, συνθετικόν, μόρια. Ἐν Ἀθήναις, Μιχαὴλ Ι. Σαλιβέρος ἐκδότης. Βιβλιοπωλεῖον, 38, ὁδὸς Σταδίου · τυπογραφεῖον, ὁδὸς ἁγ. Μάρκου, 36. 1897.

In-8° de 139 pages. Sur la couverture, le titre est ainsi modifié : Σύστημα πρωτότυπον ὀρθογραφικῶν ἀσκήσεων καὶ γραμματικῶν, μετὰ γλωσσικῶν παρατηρήσεων τοῦ καθηγητοῦ κ. Κ. Κόντου, πρὸς χρῆσιν τῶν ἀμφοτέρων φύλων. Μέρος γ'. Κανόνες ῥημάτων. Ἀνώμαλα ῥήματα. Le millésime de la couverture est 1898.

3938. — Νομικὸς ὁδηγὸς ὅλων τῶν Ἑλλήνων καὶ Ἑλληνίδων, βιβλίον ἀπαραίτητον εἰς πᾶσαν ἑλληνικὴν οἰκογένειαν ὑπὸ Διονυσίου Θ. Σωμερίτου δ. ν. δικηγόρου παρά τε τῷ Ἀρείῳ Πάγῳ καὶ πᾶσι τοῖς λοιποῖς ἐν Ἀθήναις δικαστηρίοις. Τόμος πρῶτος. Ἐκδότης Ν. Ταρουσόπουλος, Ἐν Ἀθήναις, ἐκ τοῦ τυπογραφείου Ν. Ταρουσοπούλου. 16, Πλατεῖα Κάνιγγος, 16. 1897.

In-8° de 96 pages + ε (5) pages + un feuillet. Dédié par l'auteur à la mémoire de Théophile son père et de Basiliki sa mère.

3939. — Οἱ Ἐλεεινοί, δραματοκωμικὴ μυθιστορία πρωτοφανής, νεανικαὶ ἀναμνήσεις. Σωκράτης Α. Ζερβός. Ἐν Ζακύνθῳ, τύποις Ν. Κοντόγιωργα. 1897.

In-4° de un feuillet et 37 pages à deux colonnes.

3940. — Prof. Francesco di Mento, canonico della cattedrale di Corfù, Il funerale greco. *Roma*. SS. Apostoli, 51. Tipografia S. Bernardino, Siena. 1897.

In-8° de deux feuillets, dont le premier blanc, 22 pages et un feuillet blanc. Extrait de la revue *Bessarione*.

3941. — Πρῶται γνώσεις φυσικῆς καὶ πολιτικῆς γεωγραφίας μετὰ πατριδογραφίας Ζακύνθου πρὸς χρῆσιν τῶν ἐν Ζακύνθῳ δημοτικῶν σχολείων ὑπὸ Ἀ. Σ. Μπισκήνη. Ἐν Ζακύνθῳ, τύποις νέου τυπογραφείου Εὐστ. Φινομένου. 1897.

In-8° de 120 pages + 10 plans tirés en bleu.

3942. — Quelques considérations sur la péritonite tuberculeuse chronique, basées sur cinquante laparotomies personnelles par J. Galvani, professeur à la faculté de médecine d'Athènes.

, In-8° de huit pages. Extrait de la *Revue de gynécologie et de chirurgie abdominale*, n° 6, décembre 1897 (p. 1021 à 1028), Paris, Masson et C¹ᵉ, éditeurs.

3943. — The stepmother, a tale of modern Athens, by Gregory Xenopoulos, done into english by Mrs. Edmonds. John Lane : The Bodley Head. *London and New-York.* MDCCCXCVII. (*A la fin :*) Printed by Ballantyne, Hanson and Co. London and Edinburgh.

In-8° de 143 pages. Les pages 5 à 10 sont occupées par une préface de la traductrice, Elizabeth Mayhew Edmonds.

3944. — Versi eroici sulla guerra greco-turca. Poesie varie di Amalia P. Rivelli. *Corfù*, tip. di A. Lanza. 1897.

In-8° de 80 pages.

3945. — Α. Β. Πανᾶ, ἰατροῦ καὶ ὑποψηφίου διὰ τὴν κενὴν καθηγητικὴν ἕδραν τῶν συφιλιδοδερματικῶν νόσων, πρὸς τὴν σ. τῶν Ἀθηνῶν ἰατρικὴν σχολήν, Περὶ δύο περιπτώσεων ἰδιοπαθοῦς συφιλιδικῆς ὑδροκήλης. Ἐν Ἀθήναις, τύποις καταστημάτων Παλιγγενεσίας. 1898.

In-8° de 22 pages et un feuillet blanc.

3946. — Ἀποσπάσματα ἐκ τοῦ Ἀπολωλότος Παραδείσου τοῦ Ἰωάννου Μίλτωνος, κατὰ καιροὺς μεταφρασθέντα εἰς τὴν ἑλληνικὴν ἐμμέτρως ὑπὸ Σπυρίδωνος Κ. Ἀραβαντινοῦ. Τύποις Λέοντος Ν. Π. Κουρβισιάνου. 1898.

In-8° de douze pages. Épître dédicatoire du traducteur à Jean Pétaloudis, datée d'Argostoli, 16 septembre 1898.

3947. — Ἀρ. Β. Πανᾶ, ἰατροῦ τῶν μεταδοτικῶν νοσημάτων, ἡ Ἀφροδίτη ἐκπορθοῦσα τὸν οἶκόν μας καὶ τὰ θύματά της, μελέτη καθαρῶς ἰατροκοινωνική. Ἐν Ἀθήναις, ἐκ τοῦ τυπογραφείου τῶν καταστημάτων Παλιγγενεσίας. 1898.

In-8° de 37 pages.

3948. — Ἀρ. Β. Πανᾶ, ἰατροῦ τῶν μεταδοτικῶν νοσημάτων, ὁ αὐνανισμὸς καὶ τὰ θύματά του. Ἐν Ἀθήναις, ἐκ τοῦ τυπογραφείου τῶν καταστημάτων Παλιγγενεσίας. 1898.

In-8° de 48 pages.

3949. — Ἀρραβὼν Κρήτης-Γεωργίου. Θούριον Ἰ. Καίσαρη, ἀρχιμουσικοῦ τῆς ἀνακτορικῆς φρουρᾶς. Ἐκδότης Ἀ. Καβάδης. Ἀθῆναι, ὁδὸς Σταδίου. Λιθ. Μ. Ἐργίνου, Ἀθῆναι.

Morceau de musique, in-4° de quatre feuillets, y compris la couverture en plusieurs couleurs, dessinée par S. Christidis. Les paroles sont de JEAN TSACASIANOS, le poète zantiote.

3950. — Ἀττικὴ Μέλισσα ἤτοι γραμματικαὶ ἀσκήσεις πρὸς ἐμπέδωσιν τῆς γραμματικῆς καὶ τοῦ συντακτικοῦ, κατὰ τὸ πρόγραμμα τοῦ Ὑπουργείου, ὑπὸ Εὐαγ. Κ. Κοφινιώτου, πρ. καθηγητοῦ, καὶ Γερ. Βανδώρου, καθηγητοῦ. Τεῦχος α΄. διὰ τὴν πρώτην τάξιν. Ἐν Ἀθήναις, βιβλιοπωλεῖον ὁ Παλαμήδης, ὁδὸς ἁγίου Μάρκου. 1898.

In-8° de 112 pages.

Ἀττικὴ Μέλισσα ἤτοι γραμματικαὶ ἀσκήσεις πρὸς ἐμπέδωσιν τῶν μεμαθημένων, συμφώνως πρὸς τὸ πρόγραμμα τοῦ Ὑπουργείου τῆς 23 αὐγούστου 1896, ὑπὸ Εὐαγγ. Κ. Κοφινιώτου, πρ. καθηγητοῦ, καὶ Γερασ. Βανδώρου, καθηγητοῦ. Ἐν Ἀθήναις, ἐκ τοῦ τυπογραφείου ὁ Παλαμήδης. 1897 (1898 sur la couverture).

In-8° de ή (8) et 212 pages. La couverture seule porte Τεῦχος β΄.

3951. — Βιβλιοπωλεῖον τῆς Ἑστίας. Ὀρθόδοξος χριστιανικὴ κατήχησις ὑπὸ Ι. Ε. Μεσολωρᾶ, καθηγητοῦ τοῦ Πανεπιστημίου. Ἐγκρίσει τῆς ἱερᾶς συνόδου. Πρὸς χρῆσιν τῶν μαθητῶν τῶν γυμνασίων. Ἐν Ἀθήναις, ἐκδότης Γεώργιος Κασδόνης. 1898.

In-8° de 112 pages.

3952. — Γεωργίου Κ. Σταυροπούλου, φ. φ. καὶ σχολάρχου, τὰ Πάρεργα. Ἐν Ἀθήναις, βιβλιοπωλεῖον Ι. Ν. Σιδερῆ, 15, ὁδὸς Ἑρμοῦ, 15. 1898. (*Au dos du titre:*) Τυπογραφεῖον ἡ Ὁμόνοια Δ. Γ. Εὐστρατίου, 5, ὁδὸς Πραξιτέλους, 5.

In-16 de 29 pages et un feuillet blanc au recto et ayant seulement au verso l'indication du prix de l'opuscule.

3953. — Γυμνάσματα περὶ τὸ συντακτικὸν τῆς ἑλληνικῆς, κατὰ τὸ πρόγραμμα καὶ τὰς νεωτάτας ὁδηγίας τοῦ Ὑπουργείου τῆς Παιδείας. Μέρος β΄, τεῦχος β΄. Πρὸς χρῆσιν τῶν μαθητῶν τῆς γ΄ τάξεως τῶν ἑλληνικῶν σχολείων. Ἔκδοσις β΄, ὑπὸ Λ. Γ. Παπανδρέου γυμνασιάρχου. Ἐν Ἀθήναις, ἐκ τοῦ τυπογραφείου Μιχ. Ι. Σαλιβέρου, 30, ὁδὸς Ἁγίου Μάρκου, 30. 1898.

In-8° de 80 pages.

3954. — Γυμνάσματα περὶ τὸ τυπικὸν τῆς ἑλληνικῆς ὑπὸ Λ. Γ. Πανανδρέου, καθηγητοῦ τοῦ ἐν 'Αθήναις β' γυμνασίου. Μέρος β', τεῦχος ά. Ἔκδοσις β'· Ἐν Ἀθήναις, ἐκ τοῦ τυπογραφείου Μιχαὴλ Ι. Σαλιβέρου, 36, ὁδὸς Ἁγίου Μάρκου, 36. 1898.

In-8° de 88 pages.

3955. — Deux cas d'hypertrophie congénitale des membres par le Dr Galvani.

In-8° de quatre pages. Extrait de la *Revue d'orthopédie* du premier novembre 1898 (p. 421 à 424), Paris, Masson et Cie, éditeurs.

3956. — Dr F. Ahn. Νεωτάτη μέθοδος πρὸς ταχεῖαν ἐκμάθησιν τῆς ἀγγλικῆς γλώσσης καταλλήλως διασκευασθεῖσα καὶ ἐπαυξηθεῖσα πρὸς χρῆσιν τῶν Ἑλλήνων ὑπὸ Π. Γρατσιάτου. Ἐκδότης Γρηγόριος Λάμπρου. Ἔκδοσις β' βελτιωμένη καὶ ἐπηυξημένη. Ἐν Ἀθήναις, βιβλιοπωλεῖον Γρηγορίου Λάμπρου. 1898. (*Au v° du titre:*) Τύποις Παρασκευᾶ Λεώνη.

In-8° de 244 pages.

3957. — Ἐγκεκριμένη ἱερὰ ἱστορία τῆς καινῆς Διαθήκης χάριν τῶν σχολείων καὶ παρθεναγωγείων ἐγκρίσει τοῦ ὑπουργείου τῆς Παιδείας καὶ τῆς ἱερᾶς Συνόδου ὑπ' ἀριθ. $\frac{3146}{1396}$, ὑπὸ Ι. Ε. Μεσολωρᾶ, καθηγητοῦ τῆς θεολογίας ἐν τῷ ἐθν. Πανεπιστημίῳ. Ἔκδοσις δεκάτη. Ἐν Ἀθήναις, ἐκ τοῦ τυπογραφείου Α. Καλαράκη. 1898.

In-8° de 100 pages.

3958. — Ἑκατονταετηρὶς τοῦ Σολωμοῦ. 1798-1898.

In-8°. Occupe intégralement le n° 4 de l''Εθνικὴ ἀγωγή du 8 avril 1898 (centième anniversaire de la naissance du poète) avec une grande partie de son Δελτίον. On y trouve des articles de COSTIS PALAMAS, GRÉGOIRE XÉNOPOULOS, SPIRIDION DE BIASI, une poésie de GÉRASIME MARCORAS, etc. Parmi les gravures, on remarque le portrait de DENYS SOLOMOS.

3959. — Ἡ νίκη τοῦ Λεωνίδα, κωμῳδία εἰς πράξεις τέσσαρας ὑπὸ Χαραλάμπους Ἀννίνου. Ἐν Ἀθήναις, ἐκδότης Γεώργιος Κασδόνης, ἐκ τοῦ τυπογραφείου τῆς Ἑστίας. 1898. (*A la fin:*) Ἐν Ἀθήναις, ἐκ τοῦ τυπογραφείου τῆς Ἑστίας Κ. Μάϊσνερ καὶ Ν. Καργαδούρη. 1898.

In-8° de 174 pages et un feuillet.

3960. — Il mondo, poesia di Amalia P. Rivelli. *Corfù*, tip. A. Lanza. 1898.

In-8° de 36 pages.

3961. — Ἰουστινιανοῦ Νεαραὶ μετὰ παραπομπῶν εἰς τὰ σχετικὰ χωρία τῶν Βασιλικῶν καὶ τῆς Ἑξαβίβλου τοῦ Ἁρμενοπούλου ἐπιμελείᾳ Ἀντωνίου Σ. Μάτεσι δικηγόρου. Ἀθήνῃσι, τύποις ἐκδοτικῆς ἑταιρείας. 1898.

In-8° de 446 pages et un feuillet.

3962. — Ἰωάννας Δ. Λιβαθινοῦ Ἀναστεναγμοί, ποιήματα. Ἐν Πάτραις, τυπογραφεῖον Ἀνδρέου Β. Πάσχα. 1898.

In-16 de 64 pages.

3963. — Ἰωάννου Ε. Μεσολωρᾶ, καθηγητοῦ τοῦ Πανεπιστημίου, Λόγος εἰσιτήριος εἰς τὴν πρακτικὴν θεολογίαν. Ἐν Ἀθήναις, 1898, τύποις Ἀποστολοπούλου.

In-8° de 54 pages.

3964. — Ἰωάννου Ζαμπελίου Κωνσταντῖνος Παλαιολόγος, τραγῳδία εἰς πράξεις πέντε. Ἐν Ἀθήναις, ἐκ τοῦ βιβλιεκδοτικοῦ καταστήματος Ἀναστασίου Δ. Φέξη. 1898.

In-16 de 88 pages.

3965. — Κανονισμὸς νομικοῦ φροντιστηρίου Νικολάου Λ. Τζάντα, ἀριστούχου διδάκτορος τὰ νομικά. Ἐν Ἀθήναις, ἐκ τοῦ τυπογραφείου τῆς Ἀναπλάσεως, ὁδὸς Μενάνδρου καὶ Ἀναξαγόρα παρὰ τὸ φαρμ. Καζιλάρη. 1898.

In-16 de un feuillet, huit pages et un feuillet.

3966 — Κατάλογος τῶν ἐν τῇ κατὰ τὴν Ἄνδρον μονῇ τῆς Ἁγίας κωδίκων. ὑπὸ Σπυρίδωνος Π. Λάμπρου (Ἀπόσπασμα ἐκ τῆς Ἐπετηρίδος τοῦ Παρνασσοῦ). Ἐν Ἀθήναις, ἐκ τοῦ τυπογραφείου τῆς Ἑστίας Κ. Μάϊσνερ καὶ Ν. Καργαδούρη. 1898.

In-8° de 112 pages. Sur la p. 112, qui est blanche, on doit trouver collé un morceau de papier contenant une *Addition* de trois lignes et demie.

3967. — Κ. Δ. Καρούσου Μελέτη περὶ κτηματολογίου. Μέρος πρῶτον. Ἐν Ἀθήναις, βιβλιοπωλεῖον τῆς Ἑστίας, 44, ὁδὸς Σταδίου, 44. 1898.

In-8° de δ' (4) et 243 pages. Les deuxième et troisième parties comprennent ensemble : ή (8) pages + pages chiffrées de 244 à 604. Cet ouvrage n'a été tiré qu'à 150 exemplaires et se vend 25 drachmes.

3968. — Κ. Δ. Καρούσου τὸ Ζήτημα τοῦ κτηματολογίου ἐν Ἑλλάδι κατὰ τὴν δεκαετίαν 1888-1898. Ἐν Ἀθήναις, βιβλιοπωλεῖον τῆς Ἑστίας, 44, ὁδὸς Σταδίου, 44. 1898. (*A la p. 4 de la couverture :*) Ἐκ τοῦ τυπογραφείου τῆς Ἑστίας, Κ. Μάϊσνερ καὶ Ν. Καργαδούρη. 1898.

In-8° de 65 pages. La page 66 est blanche.

3969. — Λεύκωμα ἐπὶ τῇ ἑκατονταετηρίδι τοῦ ἐθνικοῦ ποιητοῦ Διονυσίου Σολωμοῦ.

In-4° de 20 pages. Cet album est formé des numéros 5 et 6 (mars et avril 1898) de la première année de la revue mensuelle Ἡώς, paraissant à Zante, sous la direction de GEORGES MANTINÉIOS. Y ont collaboré : DENYS, archevêque de Zante ; DENYS MARTÉLAOS, N. MINOTOS, SPIRIDION PAPAGEORGIS, MEMNON MARTZOKIS, FRÉDÉRIC CARRER, GIANNIS ÉPACHTITIS, GIANNIS CAMBYSIS, ÉTIENNE MARTZOKIS, J. TSOULATIS, COSTAS KÆROPHYLAS, SPIRIDION DE BIASI, ARISTIDE CAPSOKÉPHALCS, ÉLIE TSITSÉLIS, NATHANAËL DOMENEGHINI, AN. VÉRYKIOS, LÉONIDAS ZOÏS, GÉRASIME MARCORAS, D. CALOGÉROPOULOS, MICHEL LANDOS et JEAN COLONIAS.

3970. — Μικρὰ ταξείδια, στίχοι Γερασίμου Μαρκορᾶ. Ἐν Ἀθήναις, ἐκ τοῦ τυπογραφείου τῆς Ἑστίας Κ. Μάϊσνερ καὶ Ν. Καργαδούρη. 1898 (et 1899 sur la couverture).

In-8° de 244 pages. Titre rouge et noir.

3971. — Νέος φιλαρμονικὸς σύλλογος Ζακύνθου πρὸς τὸ εὐγενὲς καὶ φιλόμουσον τῆς πόλεώς μας κοινόν.

Placard in-4°. Daté de Zante, 31 décembre 1898. Signé comme le document analogue de l'année précédente (voir le n° 3936), sauf que les membres du Comité, Georges Sarakinis et Panagiotis N. Philiotis, sont remplacés par N. Doménéginis et A. Antonellos.

3972. — Ὀλίγοι στίχοι ἐπὶ τῆς εἰκοσιπενταετηρίδος τοῦ ἐν Κερκύρᾳ ἐκπαιδευτηρίου « Καποδίστριας ». (*Au bas :*) Ἐν Ζακύνθῳ, τῇ 22 Ἰουνίου 1898. Ἀριστείδης Καψοκέφαλος.

Placard in-folio.

3973. — Ὁ Μοῦτσος, νέα δραματοκωμικὴ μυθιστορία. Σωκράτης Α. Ζερβός. Ἐν Ζακύνθῳ, ἐκ τοῦ τυπογραφείου ἡ Αὐγὴ Ν. Κοντόγιωργα. 1898.

In-4° de un feuillet et 30 pages à deux colonnes.

3974. — Ορέστης, δράμα εις πράξεις τέσσαρας υπό Σπυρίδωνος Κ. Στάθη. Ἐν Ἀθήναις, ἐκ τοῦ τυπογραφείου Μιχ. Σαλιβέρου, 36, ὁδὸς Ἁγίου Μάρκου, 36. 1898.

In-8° de 86 pages. Le second cahier ne comprend que 14 pages. Dédié par l'auteur à son père Cyriaque Th. Stathis. SPIRIDION STATHIS est de Cérigo.

3975. — Περὶ τοῦ ἡμετέρου κατὰ γῆν στρατοῦ ὑπὸ Ἰωάννου Σέχου, ἀρχαίου συνταγματάρχου τοῦ Μηχανικοῦ καὶ νῦν ἀποστρατήγου. Ἐν Ζακύνθῳ, Νέον τυπογραφεῖον Ε. Φινομένου. 1898.

In-8° de 40 pages. Un errata occupe la troisième page de la couverture, laquelle par conséquent doit être conservée.

3976. — Περὶ τοῦ ὑδραργύρου ὡς ἀντισυφιλιδικοῦ φαρμάκου ἐν ὥρᾳ κυήσεως ὑπὸ Α. Β. Πανᾶ, ἰατροῦ τῶν μεταδοτικῶν νοσημάτων. Ἐν Ἀθήναις, ἐκ τοῦ τυπογραφείου τῶν καταστημάτων Παλιγγενεσίας. 1898.

In-8° de seize pages. La couverture imprimée tient lieu de titre.

3977. — Πλάτωνος Φαίδων μετενεχθεὶς εἰς τὴν νέαν ἑλληνικὴν ὑπὸ Νικ. Σπ. Φαραντάτου, δ. φ. καὶ ὑφηγητοῦ ρ. δ. Ἐν Ἀθήναις, Μιχαὴλ Ι. Σαλιβέρος ἐκδότης, βιβλιοπωλεῖον, 38, ὁδὸς Σταδίου · τυπογραφεῖον, ὁδὸς ἁγ. Μάρκου, 30. 1898.

In-8° de 110 pages et un feuillet.

3978. — Ποικίλη Στοά, ἐθνικὸν εἰκονογραφημένον ἡμερολόγιον διευθυνόμενον ὑπὸ Ἰωάννου Α. Ἀρσένη, τῇ φιλόφρονι συνεργασίᾳ ἐγκρίτων λογίων, ἔτος δέκατον τρίτον. Ἐν Ἀθήναις, ἐκ τοῦ τυπογραφείου τῆς Ἑστίας Κ. Μάϊσνερ καὶ Ν. Καργαδούρη. 1898.

In-8° de 472 pages et 4 pages de musique.

3979. — Στρατιωτικαὶ ἀποκαλύψεις. Α΄. τὸ μυστήριον τῶν ἀνακριτ. συμβουλίων. Β΄. αἱ ἐνεργηθεῖσαι στρατ. ἐπιθεωρήσεις, ὑπὸ Διονυσίου Σ. Ἀλβανάκη δημοσιογράφου. Ἐν Ἀθήναις. 1898.

In-8° de seize pages.

3980. — Συντακτικὸν τῆς λατινικῆς γλώσσης πρὸς χρῆσιν τῶν γυμνασίων ὑπὸ Σ. Κ. Σακελλαροπούλου, βραβευθὲν εἰς τρεῖς διαγωνισμοὺς τῶν διδακτικῶν βιβλίων. Ἀνατύπωσις τῆς τρίτης ἐκδόσεως. Ἐκδότης Ἀνέστης Κωνσταντινίδης. Ἐκ τοῦ τυπογραφείου τῶν καταστημάτων Ἀνέστη Κωνσταντινίδου. 1898.

In-8° de 88 pages.

3981. — Surprises du ventre par M. J. Galvani, professeur de clinique chirurgicale à l'Université d'Athènes.

In-8° de quatorze pages. *Extrait de la Revue de gynécologie et de chirurgie abdominale*, n° 6, novembre-décembre 1898 (p. 1019 à 1032). Paris, Masson et Cie éditeurs.

3982. — Σχόλια εἰς τὰ Ξενοφῶντος Ἑλληνικὰ πρὸς χρῆσιν τῶν μαθητῶν ὑπὸ Λ. Γ. Παπανδρέου, πρώην γυμνασιάρχου (κατὰ τὰς ὁδηγίας τοῦ Ὑπουργείου τῆς Παιδείας). Βιβλίον ϛ'. Ἐν Ἀθήναις, ἐκ τοῦ τυπογραφείου τῆς Νομικῆς, ὁδὸς Μιλτιάδου-Λεωχάρους, 27. 1898.

In-8° de 24 pages. La couverture imprimée sert de titre.

3983. — Σχόλια εἰς τὴν Ξενοφῶντος Κύρου ἀνάβασιν ὑπὸ Λ. Γ. Παπανδρέου, καθηγητοῦ τοῦ ἐν Ἀθήναις β' γυμνασίου (κατὰ τὰς ὁδηγίας τοῦ Ὑπουργείου τῆς Παιδείας). Τεῦχος ά, βιβλίον ά καὶ β'. Ἐν Ἀθήναις, ἐκ τοῦ τυπογραφείου Παρασκευᾶ Λεώνη. 1898.

In-8° de 68 pages.

3984. — Ἀνδρέου Μαρτζώκη ὁ Κεφαλλονίτης, ποίημα εἰς τοὺς σεβαστοὺς φίλους, διαπρεπεῖς δὲ Κεφαλλῆνας κκ. Ἰωάννην καὶ Παναγῆν ἀδελφοὺς Σκαλτσούνη (ἀπηγγέλθη ἐν τῇ αἰθούσῃ τοῦ ἐκπαιδευτηρίου Γ. Σφήκα, τὴν 20ην ὀκτωβρίου 1899, ἡμέραν καθ' ἣν οἱ ἐνταῦθα ἀδελφοὶ Κεφαλλῆνες ἑορτάζουσι τὴν μνήμην τοῦ ἑαυτῶν πολιούχου). (*A la fin :*) Τύποις Ν. Κοντόγιωργα.

In-8° de huit pages.

3985. — A Sua Eccellenza Illma e R^{ma} Monsignore Francesco di Mento, in occasione della sua partenza da Corfù per la sua diocesi di Tinos. Sonetto.

Placard in-4°. Daté de Corfou, 12 août 1899, et signé : AMALIA P. RIVELLI.

3986. — Bonaparte et les Iles Ioniennes. Un épisode des Conquêtes de la République et du Premier Empire (1797-1816), par E. Rodocanachi. *Paris*, ancienne librairie Germer Baillière et Cie, Félix Alcan, éditeur, 108, boulevard Saint-Germain, 108. 1899. Tous droits réservés. (*A la fin :*) Coulommiers. Imp. Paul Brodard.

In-8° de xi + 316 pages + une carte.

3987. — Βυζαντιακά νομισματικά ζητήματα υπό Ἰω. Ν. Σβορώνου, μετά 70 εἰκόνων. Ἀπόσπασμα ἐκ τῆς διεθνοῦς Ἐφημερίδος τῆς νομισματικῆς ἀρχαιολογίας, τόμος β', τεῦχος δ'. Ἀθῆναι, Barth καὶ von Hirst ἐκδόται. 1899.

In-8° de trois feuillets et 62 pages. Voici, à titre de curiosité, comment cette intéressante brochure fut annoncée par Georges Souris, dans le *Romios* du 4 mars 1900 :

> Τοῦ νομισματολόγου μας τοῦ θαυμαστοῦ καὶ μόνου,
> τοῦ Γιάγκου τοῦ Σβορώνου,
> βιβλίον περισπούδαστον ἀπό τὰ κλασικά,
> ποῦ γράφει τὰ νομίσματα τὰ Βυζαντιακά,
> κι ὁ Φασουλῆς ὁ παραλῆς κι ὁ νομισματογνώμων
> ἀπ' ὅλα τὰ νομίσματα, ποῦ λάμπουν εἰς τὸν τόμον,
> κι ἀπὸ τὰ Μανωλᾶτα του κι Ἡλιοσεληνᾶτα
> ποθεῖ τῆς νέας χρήσεως τὰ Ναπολεονᾶτα.

3988. — Γεράσιμος Τυπάλδος Σκαφιδᾶς ἱερεύς.

In-8° de deux feuillets. Daté d'Athènes, 3 janvier 1899, et signé Zisimos G. Typaldos. Note nécrologique sur Gérasime Typaldos Scaphidas, archimandrite de Lixouri, à Céphalonie.

3989. — Διονυσίου Σ. Ἀλβανάκη δημοσιογράφου Πολεμικαὶ σελίδες. Ἐντυπώσεις, εἰκόνες, διηγήματα. Ἐν Ἀθήναις. 1899.

In-8° de 48 pages. La couverture imprimée tient lieu de titre. Portraits dans le texte. Denys S. Albanakis est de Cérigo.

3990. — Ἐγκεκριμένη ὀρθόδοξος χριστιανικὴ κατήχησις ὑπὸ Ι. Ε. Μεσολωρᾶ, καθηγητοῦ τοῦ Πανεπιστημίου πρὸς χρῆσιν τῶν ἑλληνικῶν σχολείων καὶ παρθεναγωγείων. Ἔκδοσις τετάρτη ἐγκεκριμένη ὑπὸ τοῦ Ὑπουργείου τῆς Παιδείας καὶ τῆς ἱερᾶς Συνόδου. Ἐν Ἀθήναις, ἐκ τοῦ τυπογραφείου Α. Καλαράκη, 11β, ὁδὸς Ἀριστείδου, 11β. 1899.

In-8° de 88 pages.

3991. — Ἐγχειρίδιον περὶ νομισμάτων, μέτρων καὶ σταθμῶν τῶν διαφόρων ἐπικρατειῶν τοῦ κόσμου (περὶ ἐδαφικῆς ἐκτάσεως, πληθυσμοῦ καὶ τῶν κατὰ καιροὺς αὐξομειώσεων αὐτῶν, περὶ μεταλλικοῦ καὶ πιστωτικοῦ νομίσματος, δημοσίου χρέους καὶ τραπεζῶν, πρὸς δὲ ὡς συμπληρωματικὸν παράρτημα περὶ τῆς καταμετρήσεως τοῦ χρόνου, τῆς θερμοκρασίας, τῆς θερμότητος τοῦ ἀτμοῦ, τοῦ ἠλεκτρισμοῦ, τοῦ ὕδατος), ὑπὸ Διονυσίου Α. Καλύβα, πολιτικοῦ μηχανικοῦ καὶ πτυχιούχου τῆς ἐν Ζυρίχῃ πολυτεχνικῆς Σχολῆς. Ἀθήνησι, τύποις Α. Καλαράκη, 11β, ὁδὸς Ἀριστείδου, 11β. 1899.

In-8° de 116 pages. Ce qui se trouve entre parenthèses dans le titre ci-dessus ne figure que sur la couverture de la brochure.

3992. — Ἑλληνικὴ χρηστομάθεια πρὸς χρῆσιν τῶν ἐν τῇ ά τάξει τοῦ ἑλληνικοῦ σχολείου μαθητευόντων μετὰ σημειώσεων καὶ λεξιλογίου, κατὰ τὸ πρόγραμμα τοῦ Ὑπουργείου τῆς Παιδείας, ὑπὸ Λ. Γ. Παπανδρέου γυμνασιάρχου. Ἔκδοσις β'. Ἐν Ἀθήναις, βιβλιοπωλεῖον Γρηγορίου Λάμπρου. 1899. (*Au v° du titre :*) Ἐκ τοῦ τυπογραφείου Παρασκευᾶ Λεώνη.

In-8° de δ' (4) + 69 pages et un feuillet.

3993. — Ἑλληνικὸν ἀλφαβητάριον μετὰ πολλῶν εἰκόνων ὑπὸ Γεωργίου Κονιδάρη ἐγκριθὲν ἐν τῷ διαγωνισμῷ τῶν διδακτικῶν βιβλίων διὰ τὴν πενταετίαν 1899-1904. Μέρος πρῶτον προπαρασκευαστικὸν τῆς πρώτης ἀναγνώσεως. Ἐκδότης Γεώργιος Μέμος. Ἐν Ἑρμουπόλει, τυπολιθογραφεῖον Ρενιέρη Πριντέζη.

In-8° de 56 pages.

3994. — Ἐπὶ τῶν ἐπειγουσῶν νομοθετικῶν μεταρρυθμίσεων ἔκθεσις τῆς ἀπὸ 21 ἀπριλίου 1899 Κερκυραϊκῆς ἐπιτροπῆς. Ἐν Κερκύρᾳ, τυπογραφεῖον Ἑρμῆς. 1899.

In-8° de deux feuillets, 56 pages et un feuillet.

Les membres de cette Commission étaient : Frédéric Albana, président; Marc Polylas, G. Palatianos, Albert Rivelli, G. Chiesari, secrétaire. L'auteur du Rapport est Frédéric Albana, qui nous l'a lui-même déclaré dans une lettre en date du 21 janvier 1900.

3995. — Étienne Martzokis de Zante, Sonnets publiés par Émile Legrand et Hubert Pernot. *Paris*, imprimerie Firmin Didot et Cie, 56, rue Jacob, 56. 1899.

In-16 de 52 pages, y compris le portrait du poète reproduit en héliogravure. Le titre est entièrement gravé au burin. Les frais de cette édition, tirée à 160 exemplaires non mis dans le commerce, ont été supportés par Émile Legrand, professeur, Hubert Pernot, répétiteur, et leurs élèves du Cours de grec moderne à l'École nationale des Langues orientales, au nombre de cinquante-deux.

3996. — Ἡ ἀποκάλυψις τῆς ἐν τῷ ὀφθαλμιατρικῷ ζητήματι σκευωρίας ὑπὸ Νικολάου Δελλαπόρτα, τέως καθηγητοῦ τῆς ὀφθαλμιατρικῆς κλινικῆς. Ἐν Ἀθήναις, ἐκ τοῦ τυπογραφείου Παρασκευᾶ Λεώνη, ὁδὸς Λέκα, στοὰ Σιμοπούλου. 1899.

In-8° de 30 pages et un feuillet blanc.

3997. — Ἡρακλῆς Β. Οἰκονόμου. Ἐν Ζακύνθῳ, ἐκ τοῦ τυπογραφείου Ν. Κοντόγιωργα. 1899.

In-8° de 16 pages, dont les trois dernières blanches. Contient une notice biographique par Spiridion de Biasi, des discours funèbres par Frédéric Carrer et Rodolphe C. Moretti; des extraits des journaux : Τόπος du 27 août 1899, Πατριώτης du 29 août 1899, Ἐλπίς du 29 août 1899 ; Αἱ Μοῦσαι du 1er sept. 1899.

3998. — Θέματα ἐκ τῆς νεωτέρας ἑλληνικῆς εἰς τὴν ἀρχαίαν, κατὰ τὸ τελευταῖον πρόγραμμα καὶ τὰς ὁδηγίας τοῦ Ὑπουργείου, πρὸς χρῆσιν τῶν μαθητῶν τῆς ά τάξεως τῶν γυμνασίων, ὑπὸ Λ. Γ. Παπανδρέου, πρ. γυμνασιάρχου. Ἔκδοσις δευτέρα ἐπηυξημένη. Ἐν Ἀθήναις, ἐκ τοῦ τυπογραφείου Νομικῆς. 1899.

In-8° de δ' (4) et 108 pages.

3999. — Il Giuramento, poema in greco volgare di Gerasimo Marcoras recato in prosa italiana. *Firenze*, ufficio della *Rassegna nazionale*, 2, via della Pace, 2. 1899. Pistoia, tip. Giuseppe Flori.

In-8° de un feuillet blanc et 42 pages. L'auteur de cette excellente traduction (extraite de la *Rassegna nazionale*, n° du 1er octobre 1899) est Giovanni Canna, professeur à l'Université de Pavie. On lit, en tête, une courte préface signée : Luigi d'Isengard.

4000. — Ἰωάννου Α. Τέτση, καθηγητοῦ τῆς γαλλικῆς ἐν Ἀθήναις, νέα γραμματικὴ τῆς γαλλικῆς γλώσσης πρὸς χρῆσιν τῶν ἑλλην. σχολείων καὶ παρθεναγωγείων, ἐγκριθεῖσα ἐν τῷ διαγωνισμῷ τῶν διδακτικῶν βιβλίων κατὰ τὸν νόμον βτγ' ἐπὶ πέντε σχολικὰ ἔτη 1899-1904. Ἐκδότης Ἰωάννης Ν. Σιδέρης. Ἐν Ἀθήναις, βιβλιοπωλεῖον Ἰωάννου Ν. Σιδέρη, 15, ὁδὸς Ἑρμοῦ, 15. 1899. (*Au verso du titre:*) Ἐκ τοῦ τυπογραφείου Παρασκευᾶ Λεώνη.

In-8° de 88 pages.

4001. — Ἰωάννου Α. Τέτση, καθηγητοῦ τῆς γαλλικῆς ἐν Ἀθήναις, νέον γαλλικὸν ἀναγνωσματάριον πρὸς χρῆσιν τῶν ἑλληνικῶν σχολείων καὶ παρθεναγωγείων, ἐγκριθὲν ἐν τῷ διαγωνισμῷ τῶν διδακτικῶν βιβλίων κατὰ τὸν νόμον βτγ' ἐπὶ πέντε σχολικὰ ἔτη 1899-1904. Ἐκδότης Ἰωάννης Ν. Σιδέρης. Ἐν Ἀθήναις, βιβλιοπωλεῖον Ἰωάννου Ν. Σιδέρη, 15, ὁδὸς Ἑρμοῦ, 15. 1899. (*Page 4 :*) Ἐκ τοῦ τυπογραφείου Ἀνέστη Κωνσταντινίδου.

In-8° de 104 pages.

4002. — Κ. Δ. Καρούσου τὸ Ζήτημα τοῦ κτηματολογίου καὶ ἡ ὑπὲρ τῆς γεωργίας πολιτικὴ ἐν Ἑλλάδι. Βιβλιοπωλεῖον τῆς Ἑστίας. Ἐν Ἀθήναις, ὁδὸς Σταδίου, 44. 1899. Τιμᾶται λεπτῶν δέκα. (*Au verso du premier feuillet:*) Τυπογραφεῖον Ἑστίας Κ. Μάϊσνερ καὶ Ν. Καργαδούρη.

In-8° de deux feuillets et 47 pages. Le premier feuillet est blanc au recto et ne contient au verso que l'indication reproduite ci-dessus. *NB.* Ces deux feuillets liminaires manquent dans beaucoup d'exemplaires.

4003. — Κείμενον καὶ πρακτικὴ ἑρμηνεία τῶν ἀναγινωσκομένων κατὰ κυριακὴν εὐαγγελίων ὑπὸ Ι. Ε. Μεσολωρᾶ, καθηγητοῦ τοῦ Πανεπιστημίου. Ἔκδοσις ἑβδόμη. Ἐν Ἀθήναις, ἐκ τοῦ τυπογραφείου Α. Καλαράκη, 11β΄, ὁδὸς Ἀριστείδου, 11ϑ΄. 1899.

In-8° de 207 pages.

4004. — Κωνσταντίνου Μεταξᾶ Βοσπορίτου Σκηναὶ τῆς Ἐρήμου, ἤθη Βεδουίνων, μετὰ προλόγου τοῦ κ^ου Ἐμμ. Δ. Ῥοΐδου. Ἡ Μόχρα. Τὸ δικαίωμα τοῦ Ἐξαδέλφου. Τὰ Λεοντάρια τοῦ Γέρο Χάμζα. Μουβαρὲκ-ἐλ-Χαρράν. Κυνήγιον Δορκάδος. Σέμης καὶ Κάμμαρ. Ἡ Φιλοξενία. Ἐν Ἀθήναις, καταστήματα « Ἀκροπόλεως » Β. Γαβριηλίδου. 1899. (*Au v° du titre:*) Ἐν Ἀθήναις, ἐκ τοῦ τυπογραφείου τῆς Ἑστίας Κ. Μάϊσνερ καὶ Ν. Καργαδούρη.

In-8° de 246 pages et un feuillet. Couverture imprimée en rouge et noir. Dédicace à madame Euphrosyne L. Zariphis.

4005. — Λεωνίδου Χ. Ζώη Ἡ δημοσία βιβλιοθήκη Ζακύνθου. Ἐν Ζακύνθῳ, τυπογραφεῖον Ν. Κοντόγιωργα. 1899.

In-8° de 19 pages. Dédié à Émile Legrand.

4006. — Λόγοι ἐπικήδειοι ἐκφωνηθέντες πρὸ τοῦ νεκροῦ τοῦ βαθυσεβάστου ἰατροῦ Σπυρίδωνος Α. Μαρκοπούλου. Ἐν Ζακύνθῳ, τύποις Νέου τυπογραφείου. 1899.

In-8° de 14 pages + un feuillet blanc. Contient des discours prononcés par Costas Tsalas, médecin militaire, André Babacos, Nathanaël Domeneghini et Ange Moretti.

4007. — Λόγος ἐκφωνηθεὶς ἐν τῷ ἱερῷ ναῷ τῆς Μητροπόλεως, τῇ 30 Ἰανουαρίου 1899, ὑπὸ Ι. Ε. Μεσολωρᾶ, τακτικοῦ καθηγητοῦ τοῦ Πανεπιστημίου, ἐντολῇ τῆς ἀκαδημαϊκῆς συγκλήτου. Ἐν Ἀθήναις, ἐκ τοῦ τυπογραφείου τῶν καταστημάτων Ἀνέστη Κωνσταντινίδου. 1899.

In-8° de 32 pages.

4008. — Λόγος ἐκφωνηθεὶς κατὰ τὴν τεσσαρακοστὴν τοῦ ἔτους 1896, ἐν τῷ ἐν Ἑρμουπόλει ἱερῷ ναῷ τοῦ Εὐαγγελισμοῦ ὑπὸ τοῦ σεβ. ἐπισκόπου Σύρου κυρίου Θεοδώρου Ἀντωνίου Πολίτου. Δῶρον τῆς «Χριστιανικῆς Ἀνατολῆς» πρὸς τοὺς ἀξιοτίμους κυρίους συνδρομητὰς αὐτῆς. Ἐν Ἑρμουπόλει Σύρου, ἐκ τοῦ τυπολιθογραφείου Ῥενιέρη Πριντέζη. 1899.

In-8° de seize pages.

4009. — Λόγος ἐκφωνηθεὶς κατὰ τὴν ἑορτὴν τοῦ Εὐαγγελισμοῦ τοῦ τρέχοντος ἔτους 1899, ἐν τῷ ἐν Ἑρμουπόλει φερωνύμῳ ναῷ ὑπὸ τοῦ σεβ. ἐπισκόπου Σύρου κυρίου Θεοδώρου Ἀντωνίου Πολίτου. Ἐν Ἑρμουπόλει Σύρου, τύποις Ῥενιέρη Πριντέζη. 1899.

In-8° de 15 pages. Sur la couverture, après le nom de l'auteur, on lit : Δῶρον τῆς «Χριστιανικῆς Ἀνατολῆς» πρὸς τοὺς ἀξιοτίμους συνδρομητὰς αὐτῆς.

4010. — Λόγος ἐκφωνηθεὶς τὴν 3ην μαΐου 1899, ἐν τῷ ἐν Σύρῳ ἱερῷ ναῷ τῆς Παναγίας τοῦ Καρμήλου ὑπὸ τοῦ σεβασμιωτάτου ἐπισκόπου Σύρου Θεοδώρου Ἀντωνίου Πόλιτο. Ἐν Ἑρμουπόλει Σύρου, ἐκ τοῦ τυπολιθογραφείου ἀδελφῶν Φρέρη. 1899.

In-8° de dix pages.

4011. — Λ. Στεκκέττη Τραγούδια, μετάφραση ἀπὸ τὸ ἰταλικὸ Κώστα Ν. Καιροφύλα. Ἀθῆνα, τυπογραφεῖον Νομικῆς, 1899.

In-16 de 45 pages et un feuillet, plus un portrait de Laurent Stecchetti. Traduction en vers.

4012. — Ν. Ἐπισκοπoπούλου Ἀνατὸλ Φράνς. Ἀθῆναι, ἀνατύπωσις ἐκ τῆς «Τέχνης».

In-8° de 23 pages.

4013. — Ν. Ἐπισκοποπούλου τὰ Διηγήματα τοῦ δειλινοῦ. Ἀθῆναι, τύποις Ἀνέστη Κωνσταντινίδου. (A la fin :) Ἐν Ἀθήναις, τύποις Ἀνέστη Κωνσταντινίδου. 1899.

In-16 de 122 pages (dont les deux premières blanches) et trois feuillets, dont le dernier blanc. A la page 4, on lit : ἔκδοσις δευτέρα, et, en outre, la justification du tirage sur différents papiers, en tout 200 exemplaires. Dédié à Démétrius Caclamanos.

4014. — Ὁ πειρατὴς ἤτοι Μαρία καὶ Λάμπης, ποίημα ἐπικολυρικὸν εἰς μέρη τρία υπό Σπυρίδωνος Γ. Δαλλαπόρτα. Ἐν Ἀθήναις, βιβλιοπωλεῖον, 38, ὁδὸς Σταδίου· τυπογραφεῖον ὁδ. ἁγ. Μάρκου, 30. 1899. (*Sur la couverture:*) Ἐν Ἀθήναις, ἐκ τοῦ τυπογραφείου Μιχαὴλ Ι. Σαλιβέρου, 30, ὁδὸς ἁγίου Μάρκου, 30. 1899.

In-16 de 67 pages. Au v° du titre, dans une note signée André G. Dallaporta, on lit : ὁ ποιήσας τὸν Πειρατὴν ἤτοι τὴν Μαρίαν καὶ Λάμπην ἀπεβίωσε πρὸ ἑπταετίας ἐν Κεφαλληνίᾳ τῇ πατρίδι του· ἦτο φαρμακοποιός.

4015. — Ὀρθόδοξος χριστιανικὴ κατήχησις πρὸς χρῆσιν τῆς ἐν τοῖς γυμνασίοις καὶ διδασκαλείοις μαθητιώσης νεότητος ὑπὸ Γεωργίου Σ. Γέγλε, ἐγκρίσει τῆς ἱερᾶς συνόδου. Ἔκδοσις πρώτη. Ἐν Πάτραις, ἐκ τοῦ τυπογραφείου Ἀνδρέου Πάσχα. 1899.

In-8° de ϛ' (6) pages, un feuillet blanc et 152 pages.

4016. — Πατριδογραφία τῆς νήσου Ζακύνθου πρὸς χρῆσιν τῶν ἐν τοῖς δημοτικοῖς σχολείοις μαθητῶν ὑπὸ Λεωνίδα Χ. Ζώη (ἔκδοσις β'). Ἐν Ζακύνθῳ, τυπογραφεῖον Ν. Κοντόγιωργα (συνοικία Ἑβραϊκῆς). 1899.

In-8° de seize pages. La première édition est de 1892.

4017. — Per le solennità centenarie da celebrarsi nella città di Zante in onore dell' insigne poeta greco Dionisio Solomos, che fù alunno del Liceo di Cremona e dell' Università di Pavia, nota del S. C. prof. Giovanni Canna, letta nell' adunanza del 9 marzo 1899 al R. Istituto Lombardo di scienze e lettere. *Milano*, tipografia Bernardoni di C. Rebeschini e C. 1899.

In-8° de 12 pages. Extrait des *Rendiconti* de l'Institut lombard des sciences et lettres, deuxième série, t. XXXII, 1899.

4018. — Ποικίλη Στοά, ἐθνικὴ εἰκονογραφημένη ἐπετηρὶς ἐκδιδομένη κατὰ τὰ τέλη τοῦ μηνὸς μαΐου ἑκάστου ἔτους καὶ διευθυνομένη ὑπὸ Ἰωάννου Α. Ἀρσένη, τῇ ψιλόφρονι συνεργασίᾳ τῶν ἐγκριτωτέρων ἐν Ἑλλάδι καὶ ἀλλαχοῦ λογίων. Περίοδος β'. Ἔτος δέκατον τέταρτον. 1899. Ἐν Ἀθήναις, ἐκ τοῦ τυπογραφείου τῆς Ἑστίας Κ. Μάϊσνερ καὶ Ν. Καργαδούρη. 1899.

In-8° de 576 pages, 8 pages de musique lithographiée (*Lith. M. Erghinos, Athènes*) et un portrait hors texte entre les pages 80 et 81.

4019. — Σολωμὸς εἰκονογραφημένος.

Petit journal paraissant à Zante, trois fois par mois, dirigé par P. D. Avouris et dont le premier numéro vit le jour, le 10 juillet 1899.

4020. — Storia e poesia greca recente. Zante e Dionisio Solomos. Nota del S. C. prof. Giovanni Canna. (*A la fin :*) *Milano.* 1899. Tip. Bernardoni di G. Rebeschini e C.

In-8° de un feuillet blanc et dix pages. C'est, avec un titre différent, un autre tirage à part de la notice décrite sous le numéro 4017.

4021. — Συλλογή ἀπολυτικίων καὶ περικοπαὶ Εὐαγγελίου μεθ' ἑρμηνευτικῶν σημειώσεων πρὸς χρῆσιν τῶν μαθητῶν τῆς ά, β΄ καὶ γ΄ τάξεως τῶν ἑλλην. σχολείων, κατὰ τὸ πρόγραμμα τοῦ ὑπουργείου, ὑπὸ I. E. Μεσολωρᾶ, καθηγητοῦ τοῦ Πανεπιστημίου. Ἐν Ἀθήναις, ἐκ τοῦ τυπογραφείου A. Καλαράκη, 11β, ὁδὸς Ἀριστείδου, 11β. 1899.

In-8° de 80 pages.

4022. — Τελευταῖαι στιγμαί, θάνατος καὶ διαθήκη τοῦ μεγάλου Ναπολέοντος ὑπὸ τοῦ ἰατροῦ αὐτοῦ Ἀντωμάρχου, μετάφρασις ἐκ τοῦ γαλλικοῦ ὑπὸ Ἰάσονος A. Δρακούλη. Ἐν Ἀθήναις, Μιχαὴλ I. Σαλιβέρος ἐκδότης. Βιβλιοπωλεῖον, ὁδὸς Σταδίου· τυπογραφεῖον, ὁδὸς Σταδίου. 1899.

In-8° de 96 pages.

4023. — Τοῦ Κουτούζη Καζαμίας | μ' ἑορτὰς καὶ προφητείας | τοῦ χίλια ὀκτακόσια κ.' ἐννενῆντα ἐννέα | ποῦ θὰ μᾶς τρελλάνη μ.' ὑπουργεῖα νέα. | Ἐν Ζακύνθῳ καὶ διὰ τύπων Εὐσταθίου Φινομένου, | τυπογράφου καθὼς πρέπει καὶ εἰς ὅλα προκομμένου.

In-8° de 32 pages. Almanach rédigé tout en vers.

4024. — Versi di Amalia P. Rivelli In memoria della Santa Messa celebrata dal Rev^mo monsignore Michiele Rivelli, il 7 agosto 1899, giorno della sua partenza d'Alimatades. *Corfù*, tipografia A. Lanza. 1899.

In-8° de 8 pages.

4025. — Φωκίωνος Ξ. Πανᾶ Τρικυμίαι, λυρικαὶ ποιήσεις. Τόμος πρῶτος. Ἐν Σάμῳ, ἐκ τοῦ ἡγεμ. τυπογραφείου. 1899.

In-8° de 160 pages, dont la dernière non chiffrée, + deux portraits, l'un de l'auteur, l'autre de son oncle Photinos Panas, l'oculiste parisien bien connu, auquel ce volume est dédié.

Φωκίωνος Ξ. Πανᾶ Ἔρως, λυρικαὶ ποιήσεις. Τόμος δεύτερος. Ἐν Σάμῳ, ἐκ τοῦ ἡγεμ. τυπογραφείου. 1899.

In-8° de 119 pages chiffrées + 3 pages non chiffrées, dont la dernière blanche.

4026. — Βιβλιοθήκη τῆς ἐν Ἀθήναις ἀρχαιολογικῆς ἑταιρείας. II. Τὸ ἱερὸν τοῦ Ἀσκληπιοῦ ἐν Ἐπιδαύρῳ καὶ ἡ θεραπεία τῶν ἀσθενῶν, ὑπὸ Π. Καββαδία, μετὰ τοπογραφικοῦ πίνακος τοῦ ἱεροῦ κατὰ τὰς μέχρι τοῦ 1898 ἀνασκαφάς, μετὰ ὀκτὼ φωτοτυπικῶν πινάκων καὶ ἐννέα σχεδιογραφημάτων ἐν τῷ κειμένῳ. Ἀθήνησιν, ἐκ τοῦ τυπογραφείου τῶν ἀδελφῶν Περρῆ. 1900.

In-8° de 302 pages, un feuillet, et neuf planches.

4027. — Βίος καὶ πολιτεία τῶν ἁγίων Σπυρίδωνος καὶ Διονυσίου θαυματουργῶν.

In-8° de 16 pages. Sans indication de lieu, ni de date, ni d'imprimeur. Récits versifiés, à la fin de chacun desquels on lit ces deux vers, où l'auteur nous apprend son nom :

> Ὡς κλόπιμαῖον κατάσχεται μὴ φέρον τ' ὄνομά του
> στὸ ποίημα τὸ συνταχθὲν παρὰ Δ. Λιγάτου.

4028. — Corfou et les Corfiotes par Arthur de Claparède, docteur en droit, président de la Société de géographie de Genève, membre d'honneur ou correspondant des Sociétés de géographie de Marseille, de Berne, de Californie, de Lima et de la Société de géographie commerciale de Paris. *Genève*, H. Kündig, éditeur, 11, Corraterie, 11. *Paris*, librairie Fischbacher, 33, rue de Seine, 33. 1900. (*Au v° du titre :*) Genève, imprimerie W. Kündig & fils.

In-8° de un feuillet blanc, x + 180 pages, dont les trois dernières blanches. La préface est datée de la Boisserette, près Genève, novembre 1899.

4029. — Δημητρίου Γουζέλη Χάσης, κωμῳδία εἰς πράξεις τέσσαρας. Ἔκδοσις νεωτάτη ἐπιδιορθωμένη. Ἐν Ζακύνθῳ, τυπογραφεῖον Φώσκολος Νικ. Σ. Καψοκεφάλου. 1900. (*Titre de la couverture:*) Δημητρίου Γουζέλη ὁ Χάσης, ζακυθινὴ κωμῳδία. Ἔκδοσις νεωτάτη μετὰ βιογραφίας ὑπὸ Παναγιώτου Δ. Ἀβούρη. Ἐν Ζακύνθῳ, ἐκ τοῦ τυπογραφείου τοῦ ἐκδότου ὁ Φώσκολος Νικολάου Σπ. Καψοκεφάλου, ὁδὸς ἁγίου Διονυσίου. 1900.

In-8° de 53 pages.

4030. — Ἑρμηνεία ἐκλεκτῶν περικοπῶν τῆς καινῆς Διαθήκης μετ' εἰσαγωγῆς πρός χρήσιν τῶν μαθητῶν τῆς ά. καί β'. τάξεως τῶν γυμνασίων ὑπὸ Γεωργίου Σ. Γέγλε, καθηγητοῦ ἐν τοῖς Βαρβακείοις Γυμνασίοις, ἐγκρίσει τῆς ἱερᾶς συνόδου. Ἐκδότης Μιχαὴλ Ι. Σαλίβερος. Ἐν Ἀθήναις, ἐκ τοῦ τυπογραφείου τῶν καταστημάτων Μιχαὴλ Ι. Σαλιβέρου. 1900.

In-8° de δ' (4) et 224 pages.

4031. — Η. Κουλουβάτου ἡ Ῥινάλδα. Ἐν Ἀθήναις, τυπογραφεῖον « Ἑστία » Κ. Μάϊσνερ καὶ Ν. Καργαδούρη. 1900.

In-8° de 78 pages et un feuillet. La page 4 est occupée par un portrait de l'auteur. Poésies.

4032. — Ἡ πρώτη ἀγάπη, στίχοι Ἰουλίου Τυπάλδου ἐφαρμοσθέντες ἐπὶ δημώδους ἰταλικῆς μελῳδίας. (*Au bas de la page 1:*) Τυπογραφεῖον Ἑστία Κ. Μάϊσνερ καὶ Ν. Καργαδούρη. (*A la page 4:*) Πωλεῖται διὰ τοῦ κεντρικοῦ Πρακτορείου τῶν Ἐφημερίδων, διὰ τῶν πωλητῶν παίδων. Εὕρηται δ' εἰς τὰ κιόσκια Ἀθηνῶν καὶ τοὺς πράκτορας τῶν ἐπαρχιῶν. Εὕρηται ἔτι καὶ πωλεῖται εἰς τὸ Βιβλιοπωλεῖον τῆς Ἑστίας καὶ εἰς τὰ μουσικὰ καταστήματα τῶν κ. κ. Βελουδίου καὶ Ἀλ. Καββάδη. Τιμᾶται λεπτῶν 10.

In-8° de quatre pages non chiffrées. Les pages 2 et 3, contenant la musique, sont lithographiées. Forme le n° 1 des Λαϊκὰ ᾄσματα publiés par le syllogue littéraire le *Parnasse*, d'Athènes. Sans date, mais a paru en 1900.

4033. — Ἰωάννου Ἐπ. Καραβία, ὑφηγητοῦ τῆς φαρμακολογίας καὶ θεραπευτικῆς ἐν τῷ ἐθ. Πανεπιστημίῳ, διδάκτορος τῆς ἐν Παρισίοις ἰατρικῆς σχολῆς, πρώην ὑποβοηθοῦ τῶν νοσοκομείων τῶν Παρισίων, περὶ Ὀρροθεραπείας ἐπὶ τῇ βάσει διαφόρων εἰδικῶν ξένων συγγραφῶν. Ἐν Ἀθήναις, ἐκδοτικὸν κατάστημα Γεωργίου Δ. Φέξη, πλατεῖα Λουδοβίκου, ἔναντι τοῦ Νέου Δημ. Θεάτρου. 1900.

In-8° de quatre feuillets et 112 pages.

4034. — Λεύκωμα ἐπὶ τῇ συμπληρώσει τῆς τριακονταετηρίδος τοῦ φιλολογικοῦ σταδίου τοῦ Χαραλάμπους Ἀννίνου. 1869-1899. Ἐν Ἀθήναις, ἐκδότης Γεώργιος Κασδόνης, ἐκ τοῦ τυπογραφείου τῆς Ἑστίας. 1900.

In-8° de 116 pages. Contient deux portraits de Charalampe Anninos, compris dans la pagination.

4035. — Λεωνίδου Χ. Ζώη Ζακύνθιον Ἡμερολόγιον τοῦ ἔτους 1900, τῇ συνεργασία τῶν ζακυνθίων λογίων καὶ ποιητῶν. Ἐν Ζακύνθῳ, τυπογραφεῖον ἡ Αὐγὴ Ν. Κοντόγιωργα. 1900 (sur la couverture seulement).

In-8° de 72 pages et un feuillet.

4036. — Λόγοι ἐπικήδειοι ἐκφωνηθέντες κατὰ τὴν κηδείαν τοῦ πολυκλαύστου νεκροῦ Παναγῆ Ν. Στίβα γενομένην τῇ 12 σεπτεμβρίου 1900. Ἐν Κεφαλληνίᾳ, τύποις ἡ Κεφαλληνία. 1900.

In-8° de 15 pages. De ces deux discours le premier fut prononcé par le prêtre Stavros Potamianos, le second par G. Rhazis.

4037. — Ὄθων Σ. Πυλαρινός. 1833-1899. Ἐν Κεφαλληνίᾳ, τύποις ἡ Κεφαλληνία. 1900.

In-8° de 12 pages. La couverture imprimée sert de titre. Contient l'oraison funèbre d'Othon Pylarinos, prononcée dans l'église du Pantocrator, à Lixouri, le 19 novembre 1899, par Hélie A. Tsitsélis.

4038. — Παρατηρήσεις ἐπὶ τοῦ προσδιορισμοῦ τοῦ πεδίου μάχης μεταξὺ Πομπηΐου καὶ Καίσαρος ἐν Θεσσαλίᾳ ὑπὸ Βίκτωρος Δούσμανη, λοχαγοῦ τοῦ Μηχανικοῦ. Ἀθῆναι. 1900.

In-16 de 30 pages et un feuillet blanc. La couverture imprimée sert de titre.

4039. — Ποιητικὴ ἱστορία τοῦ πολέμου τοῦ ἔτους 1897 ὑπὸ Ἰωάννου Πατρικίου, στρατιώτου τραυματίου μάχης Γριμπόβου. 1900.

In-8° de 16 pages. Paraît imprimé à Athènes. Portrait de l'auteur sur le titre.

4040. — Προστάτου νοσήματα ὑπὸ Ἰωάννου Σπ. Φαραντάτου, ὑφηγητοῦ τῶν συφιλιδικῶν καὶ δερματικῶν νοσημάτων ἐν τῷ ἐθνικῷ Πανεπιστημίῳ. Ἐν Ἀθήναις, ἐκ τοῦ τυπογραφείου Παρασκευᾶ Λεώνη, ὁδὸς Λέκκα, Στοὰ Σιμοπούλου. 1900.

In-8° de 66 pages et un feuillet blanc.

4041. — Un mesto ricordo d'affetto all' adorata memoria di Enrico M. Teotokj.

Placard de 21 centimètres sur 31. Daté de Corfou, 13/25 janvier 1900, et signé : Amalia P. Rivelli. En prose.

4042. — Φιλανθρωπικὸν ποίημα ἱεροῦ Εὐαγγελίου.

In-8° de 8 feuillets imprimés d'un seul côté. Sans indication de lieu, ni de date, ni d'imprimeur. A la fin, on lit ces deux vers, dans lesquels l'auteur nous révèle son nom :

> Ὡς κλοπιμαῖον κατάσχεται μὴ φέρων (sic) τ' ὄνομά του
> τὸ ποίημά ποιηθὲν (sic) παρὰ Δ. Λιγάτου.

4043. — Φώτιος ἐν τῷ σχίσματι, διατριβὴ ἐπὶ ὑφηγεσίᾳ ὑπὸ Γεωργίου Σ. Γέγλε, προλύτου τῆς θεολογικῆς σχολῆς τοῦ ἐθνικοῦ Πανεπιστημίου καὶ καθηγητοῦ ἐν τοῖς Βαρβακείοις γυμνασίοις. Ἐν Ἀθήναις, ἐκ τοῦ τυπογραφείου τῶν καταστημάτων Μιχαὴλ Ἰ. Σαλιβέρου. 1900.

In-8° de 64 pages.

INDEX ONOMASTIQUE

(LES CHIFFRES RENVOIENT AUX NUMÉROS).

A

A, 2424.
A*** (Léon), 1018.
Aa (Janssonii van der), 296.
ABBATIOS (Hiérothée), 154, 181.
Abdul-Aziz, 2274.
Abercromby (Jean), 1513.
Aboaf, seniore, 791, page 222.
Achéménides (Les), 975.
Achélis, 791, page 222.
Acominatos (Michel), 3170.
Acquaviva (Rodolphe), 3095.
Actiacus (Nicolaus), voir Nicolas de Ste Maure.
A. D., 2920.
Adam (Frédéric), 952, 970, 1041, 1043, 1044, 1047, 1065, 1117, 1139, 1201.
Adamantidis (Vincent), 3785.
Adelbulner (Joannes, Ernestus), 289.
Adelon, 1226.
A. E. B., voir Bulgaris (Eugène).
Aétius, 922.
Africanus (Sextus Julius), 1093.
A. Θ. I., 1303.
Agapios le Péloponésien, 2417.
Agapitos (A. S.), 3536.
Agasse (H.), 790.
Agathangélos, 1304.
Agathangélos d'Andrinople, 656.
Agatharchide, 1093.
Agathophron le Lacédémonien, voir Nicolopoulos (C.).
Agiovlasitis, 2395.
Agius (Petrus), 3501.

Agliardi (Antonio), 3878.
Aglietti (Francesco), 492.
Agrati (G.), 1014.
Ahn (F.), 3956.
A. K., voir Calcanis (Angélos).
A. K., voir Cogévinas (Angélos).
A. K., 1102.
A. K., 2628.
Akestoridis, 1093.
Akestoridis (P.), 2970.
Akylas (Parthénius), 3263.
A. K. Φ., 1815.
A. L., voir Loverdos (Agapios).
Alamannos (Antoine), 1559.
Alauzet (Victor), 859, 862.
ALBANA (Frédéric), 2585, 2935, 3056, 3059, 3204, 3375, 3723, 3827, 3994.
ALBANA MIGNATY (Marguerite), 2476, 2889, 3032, 3152, 3468, 3498, 3541, 3608.
Albanakis (Denys S.), 3979, 3989.
Albergati Capacelli (Francesco), voir Paschalis (Jean Donas).
Albert, prince de Carpi, 2059.
Albertini (Maddalena), 1025.
Albertos (C.), 1630.
Albrizzi (J.), 1720.
Albrizzi (Jean-Baptiste), 319.
Albrizzi (Girolamo), 253.
Albrizzi (Giuseppino), 778.
Albrizzi (Orsino), 189, 201, 1521.
Albrizzi, voir Théotokis.
Alcan (Félix), 3986.
Alde, 7, 1905.

Alde, *voir* Manuce.
ALEVRAS (Jean B.), 2922.
Alexakis (Jean A.), 3488.
Alexandra de Danemark, 2343, 2344.
Alexandra de Grèce, 3707, 3710, 3718, 3737.
Alexandre le Grand, 15, 48, 95, 105, 237, 254.
Alexandre Ier, empereur de Russie, 594, 596, 630, 662, 664, 675, 677, 684, 699, 712, 741.
Alexandre II, empereur de Russie, 2584.
Alexandre VIII, pape, 235, 238, 246, 362.
Alexandre de Jérusalem (Saint), 3094.
Alexandridès (Périclès R.), 1875.
Alexoudis (Anthime D.), 2668.
Alféraky (Nicolas d'), 1869.
Alfieri (Victor), 796, 890, 974, 1083, 1114.
Ali de Tébélen, 720, 775, 887, 955, 1201, 1287, 3267, 3872.
Alipuzza (Famille), 203.
Allatius (Léon), 147.
Allen (H.), 2399.
Allison (L.), 3755.
Almalis (Michel), 782.
Almeida (M. Figueira d'), 2413.
Altavilla (Famille), 203.
Alter (François Charles), 465, 584.
Alvisopoli, 878, 890, 914, 922, 924, 936, 1013, 1045, 1050, 1160, 1211, 1232, 1260.
Alyon (P. P.), 617, 1381.
Alypius le Stylite, 191.
A. M., *voir* Matésis (Antoine).
Amaduzzi, 377.
Ambrogi, 326.
Ambrosio (Père), 791, page 224.
Amédée de Savoie, 3670.
Amélie, reine de Grèce, 2300, 2313.
Ammonius, 378.
Ampélas (Timoléon), 3763.

AMPÉLORRAVDIS (Démétrius), 3759.
Amphilochios (R. P.), 40.
Amyntianos, 1093.
Amyot, 1291, 2176, 2584, 2635, 2917.
Anacréon, 881, 914, 924, 1011, 2475, 2562, 3191.
Ananiadès (C.), 2170.
Anastase d'Ambélakia, 856.
Anastase (Saint), 2988.
Anastasios (Christos), 1413, 1423, 1424, 1465, 1466, 1470, 1528.
André, 556.
Andreola (Francesco), 527, 545, 745, 1038, 1060, 1121, 1130, 1152, 1154, 1171, 1173, 1296.
Andriadis (A.), 2172.
ANDRICOPOULOS (Georges), 2692, 3035, 3062.
ANDRONIS (Spiridion), 1407, 1538, 1806, 1880, 2542.
Androutsellis (Louis Théotokis), 791, page 225.
ANDROUTSELLIS (Spiridion Théotokis), 3208, 3258, 3311.
Androutsellis (Théotokis), 956, 957.
Anésinos *ou* Anésis (André), 2.
Angeli (Giovanni), *voir* Calogéras (Angélos).
Angélidis (Angélos), 1229, 1262, 1304, 1337, 1600.
Angélidis (Nicolas), 1229, 1469, 1507, 1583, 1714, 1769, 1883, 1947.
Angélis (G. de), 3637.
Angeloni-Barbiani (Antonio), 2989.
Angélopoulos (Jean), 1703, 1741, 1766, 1780, 2098, 2834, 2960, 3216, 3600, 3601, 3638, 3834.
Anne, impératrice de Russie, 310.
ANNINOS (A. G.), 2339.
Anninos (Agathangéli, Choraphas), 1858.
Anninos (Baptiste), 2168.
ANNINOS (CHARALAMPE), 2842, 3020, 3448, 3838, 3920, 3959, 4034.

ANNINOS (ÉPAMINONDAS), 2447, 2594, 2847.
ANNINOS (Jean Sabbas), 3343, 3560.
ANNINOS (Th.), 2766.
Anninos, *voir* Choraphas.
Anselin, 1170.
Ansted (D. T.), 2399.
Anstey (F.), 3400.
Anthime, évêque de Cythère, 818.
Anthime, métropolitain d'Éphèse, 3717.
Anthime, patriarche, 1537, 1812.
Antiochos (Famille), 203.
Antiochos (Grégoire), 3170.
Antiochos (Spiridion), 3696, 3830.
Antippas (Spiridion) 1084.
Antoine, archimandrite des Ibères, 571, 1980.
Antoine, archevêque de Corfou, 2916, 3070, 3142.
Antoine (Saint), 2259.
Antoine de Padoue (Saint), 3878.
Antommarchi, 4022.
Antona-Traversi (Camille), 3352, 3411, 3412, 3497.
Antonakis (Aristide G.), 2292.
Antonelli (Joseph), 1013, 1261, 1489, 2276.
Antonelli, 2305, 2477, 2548, 2570, 2698, 3050, 3485.
Antonellos (A.), 3971.
ANTONELLOS (Angélos A.), 3376.
Antoniadis (Antoine Jean), 3609.
Antoniadis (Constantin), 1342, 1530, 1568, 1606, 3431.
Antonopoulos (D. P.), 2851.
A. Π., 3072.
A. Π. B., *voir* Papadopoulos Vrétos (André).
Apostolatos (Alexandre), 3841.
Apostolatos (Spiridion), 3841.
Apostolias (Georges), 3926.
Apostolidis Cosmitis (G.), 1133, 1469, 1507, 1542, 1678, 1705.

Apostolopoulos, 3963.
Apulée, 3399.
Aragon (Jeanne d'), 49, 55.
ARAVANTINOS (André), 235.
ARAVANTINOS (Constantin), 3164.
ARAVANTINOS (DENYS S.), 2222, 2300, 2475, 2939, 3191, 3399.
ARAVANTINOS (E.), 2512.
ARAVANTINOS (G. N.), 3284.
ARAVANTINOS (Jean), 3337.
ARAVANTINOS (Jean A.), 1994, 2374, 2651.
ARAVANTINOS (PANAGIOTIS), 1895, 2279, 3220.
ARAVANTINOS (S. A.), 2652.
ARAVANTINOS (Spiridion C.), 3946.
ARAVANTINOS (Spiridion P.), 3872.
Arbois frères (d'), 556.
Arborsellus (Simon), 30, 34.
Archinto (Joseph), 962.
Arcudius (Famille), 203.
ARCUDIUS (PIERRE), 89, 92, 94, 98, 125, 137, 139, 148, 187, 199, 204, 210, 286.
Aretinus (Angelus), 79.
ARGASARIS (D.), 2128.
ARGENTIS (Eustrate), 357.
Argyropoulos (Famille), 203.
Argyros (Famille), 203.
Arimino (Augustinus de), 79.
Arioste, 974.
Aristophane, 3461.
Aristote, 2, 10, 151, 3910, 3911.
Aristotile detto Zoppino (Nicolo), 17.
ARLIOTTIS (DÉMÉTRIUS), 554, 952, 2050, 2084, 2101.
Arliottis (Nicolas), 2902.
Arnaud (d'), 2508.
Arniotakis (Michel), 3317.
Arrien, 3, 1115.
Arsène (Saint), 160, 2856, 2871.
ARSÉNIS (Jean A.), 3215, 3278, 3332, 3443, 3518, 3559, 3579, 3720, 3828, 3869, 3913, 3978, 4018.

Arteaga (Stefano), 796.
Artigianelli di S. Carlo, 3878.
Artois (comtesse d'), 446.
ARVANITAKIS (Anastase), 2916.
Arvanitakis (Démétrius), 3459.
Arvanitakis (D. S.), 2105.
Arvanitakis (Hélène), 1921, 1965.
Arvanitakis (Jean), 1921, 3459.
ARVANITAKIS (Spiridion), 1279.
ARVANITAKIS COCKIARIS (Jean), 3055.
Asanis (Georges), 271.
ASANIS (Grégoire), 888.
ASANIS (Spiridion), 548.
ASHER (A), 3326.
Asimopoulos (Famille), 203.
Aslanoglou (Sophrone Ch.), 2667.
ASOPIOS (CONSTANTIN), 1151, 1278, 1286, 1363, 1378, 1568, 1734, 2300, 2892, 3264.
ASOPIOS (Irénée), 2529, 2568, 2617, 2723, 2759, 2808, 2880, 2924, 2951, 2994, 3043, 3090, 3150, 3194, 3238, 3289, 3351, 3408, 3452, 3453, 3493, 3529, 3569, 3842.
ASPIOTIS (Nicolas), 2404.
Aspiotis (Olga G.), 3279.
Assner (L.), 465.
Athanase le Crétois, *voir* Landos (Agapios).
Athanase de Paros, 2338.
ATHANASE, métropolitain de Corfou, 1630, 1817, 2301, 2302, 2338, 2405, 2436, 2729, 2739, 2856.
Athanase (Saint), 186, 395, 486, 3492.
ATHANASIADIS (A.), 2544, 2600.
Athanasiadis (E.), 3721.
Athanasiadis (Jean), 2370, 2780.
Athanasopoulos (Chariclée), 3667.
Atkinson (James), 1034.
Audois (Émile), 1833.
Auguste, 806.
Augustin (Saint), 688, 1052.
Avgérinos (P.), 2308.
AVLICHOS (Georges), 2677, 3366, 3820.

Avlonitis (Famille), 203.
Avlonitis (Georges), 213.
AVLONITIS (Nicolas), 1772, 2114, 2840.
Avouris (André A.), 3879.
AVOURIS (Panagiotis D.), 4019, 4020.
Avramis (Famille), 203.
Avramios, patriarche de Jérusalem, 1954.
AVRAMIOS (Jean), 268.
AVRAMIOTIS (Jean Denys), 883.
Avramiotis (Théodore), 185, 203, 254, 255, 256, 257.

B

BABACOS (André), 3658, 4006.
Babaténis, *voir* Vavaténis.
Bacalopoulos (Jean A.), 1642.
Bacco (Famille), 203.
BACHI (D.), 2288.
Bachmann (L.), 44.
BACHOMIS (Démétrius), 1681, 2092, 2137, 2367, 2692.
Badaloni, 2551.
Baglivio, 791, page 224.
Bagster (Samuel), 996.
Baïlas (Jean), 840, 1710.
Baillie, 781.
Baillie Cochrane (Alexandre), 1506.
Balbis (Spiridion), 3003.
Balbo (Jean), 87.
Baldus, 73.
Baldwin, Cradock and Joy, 887.
Baliarin (Famille), 203.
Ballanstyne and Hanson, 3943.
Ballanstyne and Hughes, 1389.
Ballianos, *voir* Vallianos.
Balsamos, *voir* Valsamos.
Baltarini (Vincent Marie), 343.
Baltatzi (Étienne E.), 3200.
Baltatzi (Georges), 8, 29, 91, 115, 126, 186, 212, 233, 265, 266, 268, 299, 340 *a*, 353, 464, 496.
BAMBAKÉROS (Michel), 3322.

Bambas, *voir* Vamvas.
Bambati (Famille), 203 (Barbati?).
Bandiera frères, 2333.
BANDOROS (Gérasime), 3433, 3597, 3664, 3705, 3748, 3749, 3889, 3890, 3950.
Banti (Lorenzo), 952.
Baptistiadis, *voir* Delviniotis.
Baracoulis (Georges), 443.
Barbarésos (N.), 1526, 1584, 2590.
Barbaro (Saint), 312, 3488.
Barbarrigos frères, 2965.
Barbarrigos (Vlastos), 3447, 3507.
Barbati (Nicolò), 554.
BARBIANI (Basile A.), 1855, 2438.
BARBIANI (D. G.), 2438.
Barbon (Michel Ange), 197, 214, 216, 236, 263.
Bardelli (Pietro), 3670.
BARDOUCAS (Jean), 3262.
Barlatier et Barthelet, 3793.
Barnard and Farley, 965, 1001.
Barozzi (Nicolò), 1978.
Barrois (Théophile) et Joubert, 1053.
Barrois Junior (Théophile), 1291.
Barthélemy le calligraphe, 33.
Barth et Hirst, 3772, 3987.
Bartole, 67, 68.
Βάρρ (Samuel), 3207.
Baseggio (Lorenzo), 484, 514.
Basilakis, *voir* Vasilakis.
Basilas, etc., *voir* Vasilas, etc.
Basile (Georges), 382.
BASILE (Jean), 382.
Bassan (Famille), 203.
Bassarab (Jean Constantin), 268, 363.
Batbie, 2485.
Batelli (V.), 1226.
BATTAGLIA (Alessandro), 1044, 1120, 1182.
Baudry, 1069, 1291.
Baumeister (Joseph), 461, 464, 465, 475, 485, 491, 496, 501, 502.
Βαϋροφφέρος (Ι. Δ. Γ.), 987.
BAVEA (Basilio N.), 1844.

Baynes (E. S.), 955, 1112, 1113.
B. C. G., 3108.
Béakis (Jean), 1946, 2560, 2578.
Beau (de), 1754, 1833.
Beauharnais (Hortense de), 1177.
Beaumont (de), 487.
Beccus (Joannes), patriarche, 94, 137, 199.
Beck (Carl), 3170, 3405, 2438.
BE... DEGLI UG... DI MALAMOCCO, 1172.
Bedel, 2747.
Bedetti (Enrichetta), 2719.
BEDOTTI (Lorenzo), 650, 721.
Beeskow, 2102.
Begero, 975.
Bégias, *voir* Végias.
Békellas (Nicolas), 869.
Βέχχιος (Δ. Ι.), 2178, 3010.
Belin, 1291.
Bélisaire, 465.
Belisario (A.), 3637.
Bellaire (J. P.), 720.
Bellanda (Famille), 203.
BELLÉLI (Lazare), 3064, 3324, 3499, 3669, 3738, 3758, 3855, 3934.
Belléli (Marianna), 3934.
Belléli (Ménachem), *voir* Belléli (Lazare).
Bellini, 791.
Bellini (V.), 3305, 3307.
Bembo, 2059.
Benacci (Vittorio), 90.
Bénakis (Libéral), 779.
Bénard, 1277.
Bencini (Federigo), 2158, 2543.
Benevitis (Famille), 203.
Benintendi, née Santi (Lucia), 1368.
Benoît XIII, 300, 323.
Βενσέολας 'Αϋγούλης (M.), 1755.
Bentham, 1404.
Bentley (Samuel et Richard), 846, 989.
Bentley (Richard and Son), 3032.
Bentoti, *voir* Ventotis.
Berbitsiotis, *voir* Vervitsiotis.

Beretta (Chrysoula), 2381.
BERETTA (Denys), 1855, 2693.
BERETTA (Jean Ph.), 2142, 2562.
Beretta (Pierre), 1875.
Beretta (Spiridion), 2124.
Berio (B.), 3655.
Berlentis, *voir* Verlentis.
Berlinghieri (André Vacca), 617, 1381.
Bernard (Christophore), 328.
Bernard (C. de), 2851.
Bernardakis (D.), 1840, 2289.
Bernardakis, *voir* Bulzo (Jeanne).
Bernardini (Cesare), 3335.
Bernardino (S.), 3940.
Berni (Hélène), 1045.
Beroaldus (Philippus), 2.
Berry (duchesse de), 1510.
Bertani, Antonelli e C., 1248.
Berthier (César), 757, 762, 763, 764, 765, 766, 767, 774, 777.
Bertrand (Arthus), 1287.
Bérykios, *voir* Vérykios.
Bessarion (Cardinal), 92, 98, 199.
Bessarion (Saint), 363.
Bessières (Julien), 805.
Besson, 581.
Bétant (É. A.), 1308, 1347.
Betini (A.), 2476.
Bettinelli (Thomas), 515.
Bettoni, 844, 881, 883, 892.
Bettoni (Nicolò), 755, 778, 977, 1004, 1094, 1187.
Beudant, 2485.
Bezout (L.), 1092.
Bezzi (Spiridion), 637.
Bezzi (Spiro), 637.
Biagio Colonna, *voir* Vlassopoulos (Stylianos).
Bianchi (A.), 1720, 1886.
Bianchi (Joseph), 455.
Bianchi-Minni, 2698.
Bianchini (Domenico), 3412.
BIANCHINI (MARCO), 2846, 2919, 3305, 3307, 3347, 3367, 3373, 3431, 3467, 3591.

BIASI (SPIRIDION DE), 1364, 1566, 2081, 3022, 3088, 3100, 3192, 3193, 3214, 3232, 3237, 3246, 3252, 3256, 3268, 3274, 3291, 3395, 3441, 3444, 3479, 3484, 3494, 3500, 3501, 3661, 3680, 3691, 3706, 3730, 3731, 3766, 3768, 3776, 3958, 3969, 3997.
Biedermann (Georges), 3531.
Bikélas (Démétrius), 3703.
Billot (M.), 2941.
Bindonis (Augustinus de), 23.
BIOTIS (Pierre C.), 3629.
BISBARDIS (Stylianos), 2282.
BISKINIS (A. S.), 3941.
Biton, 975.
Bizzoni, 3917.
Black (Alexander), 974.
Black Young and Young, 1274.
Blackwell (B. H.), 3935.
Blackwood (William), 1389.
Blado (Antonio), 26, 66.
BLAÏKOS (P. M.), 3671.
Blair (Roberto D.), 1331.
Blais, Roy, 3750, 3752, 3762, 3791.
Blaise (Saint), 474.
Blancard (Jules), 3349, 3491, 3561.
Blantis, *voir* Vlantis.
Blasios (Gabriel), 220.
Blassopoulos, *voir* Vlassopoulos.
Blemmydis (Nicéphore), 400.
Bobée (A.), 951, 954.
BOBOLINI (Francesco), 1319.
Boccace, 541.
Bocchi (Antonio, Giulianati), 522, 527.
Bocchini (Bernardo), 473.
Bock, 436.
Boivin (Jean), 1144.
Boldrini (Domizio), 2704.
Bolognesi (Lodovico), 3528.
Bombardini (Giuseppe), 1071.
Bona (Vincent), 2785, 3219.
Bonafeus (Constantin), 90.
BONAFEUS (Jean), 76, 86.
Bonaparte (Louis), 1177.

Bonaparte (Napoléon), 560, 581, 612, 3986.
Bonaparte (Napoléon Louis), 1177.
Bonatis (Jean), 3605.
Bonatis (Les frères), 3633.
Bonato (G. A.), 876.
Bonaventure (Jules), 2826.
Boncompagnus (Jacobus), 75.
BONDIOLI (Pierre Antoine), 492, 498, 504, 683, 722, 756, 795, 812, 839.
Bonelli, 3554.
BONI (Evangelista), 3063, 3469, 3743, 3787, 3795, 3802, 3804, 3814, 3821, 3835, 3871, 3878, 3921, 3931.
Bonicioli (Riccardo), 3377.
Bonnant (P. A.), 1167.
Bonneville, 581.
Bonomi, *voir* Martinelli.
Bonsignor (Athanase D.), 1795, 1864, 1866, 1917, 2437, 3511.
Bonsignor (Nicolas D.), 2127, 2998.
Boone (Thomas and William), 1201.
Booth (J.), 1120.
Borgarelli, 2704.
Borghi (Isidore), 546.
Borgia (Étienne), 377.
Borgno (Girolamo Federico), 1038.
Borroni et Scotti, 1882.
Bortoli (Antoine), 261, 262, 268, 272, 281, 282, 299, 301, 303, 312, 318, 320, 325, 327, 329, 331, 334, 340a, 342, 349, 350, 351, 374, 376, 381, 397, 418, 424, 430, 443, 447, 449.
Bory de S. Vincent, 1023.
Borzesi (Giuseppe, Perricciuoli), 1239.
Bosset (C. P. de), 873, 965, 1001.
Bostantzoglou (Michel J.), 1797, 1798.
Botta, 857.
Botta (Carlo), 570, 1036.
Bottu, 830.
Botzaris (Marc), 1164, 1423, 2043, 2506, 3269, 3377.
Bouas (Famille), 203.
Bouas, 2566.

Bouas (Mercure), 2575.
Bouas (Nicolò), 183.
Bouas (Pierre), 1644, 2754.
Bouas (Spiridion), 183.
Bouboulina, 3035, 3062.
Bouboulis (Nicolas), 217, 283.
Boucher, 239.
Boudouris (Marie), 3276.
Bougdanos (Catherine), 1901.
Boulismas, *voir* Voulismas.
Boultzos, *voir* Bulzo.
Bounialis (Marinos Tzanès), 209, 212.
Bourbachi (Démétrius), 3031.
Bourdier (P. A.), 2485.
Bourdon, 1125.
Bourdon-Viane (G.), 3577.
Bouret (A.), 2492.
Bourlié (François), 882.
Bousolinos (Spir. Cyriaque), 3432.
Bowyer Nichols (John), 1380.
Boyl (Alberto di), 2726.
Boyl and Callaghan, 933, 974.
Boylston (Zabdiel), 295.
Bozzetti, 3794.
B. II. X., 2732.
Bradbury and Evans, 2398.
Braïlas Arménis (Jean), 2694, 2738, 2771.
BRAÏLAS ARMÉNIS (Pierre), 1476, 1570, 1690, 1746, 1793, 1841, 1874, 1878, 2027, 2248, 2467, 2468, 2855, 2886, 2934, 2961, 3181, 3409, 3441, 3471, 3472, 3474.
Braille, 3295.
Branas (André), 3781.
Βράουν (A.), 1772.
Bratzanos (Thémistocle), 2292.
Breitkopf, 290, 357, 372, 382, 386, 388, 390, 391, 396, 400, 408, 411, 426, 3875.
Breitkopf et Haertel, 688, 698.
Brera (V. L.), 876.
Brettel (T.), 1340, 1375.
Bridel (Georges), 3308.

Brigonci (Francesco), 240, 241.
Brissot-Thivars, 972.
Brockhaus (F. A.), 2051, 2584, 2620, 2679, 2728, 2747, 2761, 3314, 3427.
Brodard (Paul), 3986.
Βροφφέριος ("Αγγελος), 1673.
Bronza (Antoine), 3342.
Bruin (Théodore et Henri), 265.
Brunet, 15, 1905.
Bryaenis (Anastase), 292.
BRYAKIS (Ch.), 2774, 3115.
BRYAKIS (S. C.), 3605.
Bryennios (Joseph), 400.
BRYONIS (Nicolas), 1169, 1313, 1526.
Bugnà, 791, page 222.
Bulgaris (Famille), 198, 203, 425, 427.
BULGARIS (Arsène), 253.
Bulgaris (B.), 3105.
BULGARIS (CHRISTODULE), 198, 206, 213, 242, 340, 381, 407, 930, 1718.
BULGARIS (Constantin), 3275, 3599.
BULGARIS (Étienne), 198, 253.
BULGARIS (EUGÈNE), 353, 357, 363, 386, 388, 395, 396, 400, 402, 404, 419, 420, 422, 437, 438, 442, 459, 476, 478, 499, 501, 538, 544, 571, 584, 656, 659, 688, 690, 697, 698, 719, 724, 730, 731, 840, 954, 1052, 1133, 1303, 1446, 1487, 1595, 1631, 1741, 1788, 1913, 1971, 1974, 2097, 2819.
Bulgaris (Georges), 213.
Bulgaris (Georges), 1870, 2823, 3100, 3525.
BULGARIS (Jean), 266, 3679.
Bulgaris (Jean-Baptiste), 213.
BULGARIS (NICOLAS), 183, 198, 213, 340, 381, 407, 791 (page 222), 930, 1718, 1899, 2170, 3189, 3422.
BULGARIS (comte Nicolas), 565.
BULGARIS (NICOLAS TIMOLÉON), 1525, 1645, 1682, 1754, 1899, 1926, 2051, 3189, 3223, 3679.
Bulgaris (Pénélope), 3544, 3564.

BULGARIS (Pierre, puis Polycarpe), 567, 594.
Bulgaris (Signorina), 1289.
Bulgaris (Spiridion), 213, 299, 312.
Bulgaris (Spiridion Christodule), 2953.
Bulgaris (Spiridion J.), 3473.
Bulgaris (Stamati), 1185, 1186, 1246.
BULGARIS (Timoléon), 2146.
Bulzo (Constantin), 1919.
Bulzo (Étienne), 1989, 2011.
Bulzo (Jeanne, Bernardakis), 2011.
Bulzo Menzicof (D.), 3025, 3062, 3378.
Buttmann (Philippe), 1151.
Buttrigarius (Hercules), 68.
Bure (de), 1150.
Burkart (W.), 3843.
Burlamaqui (Jean Jacques), 1320.
Byron (Lord), 253, 1120, 1825, 3224, 3269, 3281.
Byron (Ada), 1120.
Byron (Anna Isabella), 1120.
BYTHOULCAS (Anastase N.), 2159.
BYTHOULCAS (BASILE G.), 2965, 3154, 3410, 3447, 3463, 3477, 3482, 3693, 3876.
Bywater (Ingram), 57, 125, 192.
Byzantios (Georges), 2125.
Byzantios (Gérasime), 818.

C

Caballis (Nicolaus de), 69.
Cabasilas, *voir* Cavasilas.
Cacavélas (Gérasime), 233.
Caclamanos (Démétrius), 4013.
Cacopardo (Filippo), 2230.
Cadir bey, 563.
Cadorino (Jacques et Matthieu), 193, 194, 196.
Caffarelli (A.), 775.
CAFFATOS (Georges M.), 3358.
Caille (Abbé de la), 548.
CAIMI (M.), 3738.
Cairophylas (Costas N.), 4011.

INDEX ONOMASTIQUE

Caivano-Schipani (A. Felice), 3444.
Calafatti (Emmanuel), 188.
Calarakis (Apostole), 3884, 3899, 3928, 3957, 3991, 4003, 4021.
Calbo, *voir* Calvos.
Calcani (Marco), 2276.
CALCANIS (ANGÉLOS), 2208, 2613, 2643, 2699, 2744, 2753, 2860, 2865, 2900, 3041, 3137, 3221, 3285, 3306, 3362.
Calderinus (Domitius), 2.
Calentzotis (Nicolas), 3439.
Calichiopoulo, *voir* Chalikiopoulos.
Callergis (Démétrius), 1429.
CALLIACOUDAS (Chr.), 2016.
Calligas, 2927.
CALLIGAS (Gérasime, puis Germanos), 3545, 3572, 3767, 3840.
CALLIGAS (Jean P.), 2024.
Calligas (Paul), 1874.
Calligero Sullo (Nicolò), 1924.
CALLINICOS (Démétrius), 1846, 1900, 1995, 2203, 2274, 3686.
CALLINICOS (Georges N.), 3556.
Callinique le Zagorien, 386.
Calliopios, moine, 305 *a*.
Calliroïs (Grégoire), 1145.
CALLIVOCAS (Antoine D.), 3546, 3613.
Calloierea (Constantin), 162.
CALLONAS (Fr. A.), 2515.
CALLONAS (Mélétius), 3128.
CALLONAS (N.), 1468.
CALLOS (A. M.), 1528.
CALLOS (Georges), 3266.
CALLOS (Matthieu G.), 1373, 1458.
CALLOS (Spiridion), 1591, 1875, 2250, 2343, 2455, 2638, 3182.
Calmet (Augustin), 1303.
Calogéras (Famille), 203.
CALOGÉRAS (ANGÉLOS), 301, 304, 305, 346, 347, 352, 359, 367.
Calogéras (Jean-Baptiste), 791, page 223.
CALOGÉRAS (Léon Georges), 1484.

Calogéras (Liberal), 234.
Calogéras, *voir* Quartano.
CALOGÉROPOULOS (D.), 3969.
CALOGÉROPOULOS (Néophyte), 2956, 2967, 3016, 3019, 3047, 3151.
Calogéropoulos (Nicolas), 912.
Calogierà, *voir* Calogéras.
CALOS (Gérasime), 2907.
CALOSGOUROS (Georges), 3653, 3726.
Calotéos (Chr. G.), 3158.
Calothétos (Famille), 203.
Caloudis (Arsène), 201.
CALOUDIS (Nicolas), 1285, 1480.
Caloutsis (Georges), 329.
Caloutsis (Soph. N.), 2043.
CALOYERIUS (Stamos D.), 69.
CALVOS (ANDRÉ), 933, 974, 995, 996, 1042, 1046, 1079, 1278, 1362, 2469, 3252, 3411.
CALYVAS (A.), 2364, 3287.
CALYVAS (Denys A.), 3771, 3991.
CALYVAS (Spiridion), 3593.
Camalis (Famille), 203.
Camassei (Filippo), 3854.
Cambanis (A.), 3354.
Cambanis frères, 3348, 3550.
Cambiéras (Antoine), 2638.
Cambouroglos (Jean), 3494.
Camera, 1882.
Camérinis (Eugène), 3467.
Cameroni (F.), 2689.
Cametius (Octavianus), 483, 616.
Camilos (Denys, Lagousis), 2432.
Caminer (Domenico), 308.
Cammarano (Leopoldo), 2076.
Camoin (E.), 2917.
Camotius (Franciscus), 44.
Campbell (James), 864, 2347.
Campeggi (Vittoria, Malvezzi), 3341.
Campilli (Pietro), 967.
Canal (Famille), 203.
Canaliotis (Famille), 203.
CANALE (George D.), 2043.
Canariotis (Angélos), 2526, 2575.

Canaris (Constantin), 3048, 3065, 3067, 3083.
CANDIANOS ROMAS (Georges), 912, 1620, 1656, 1660, 1683, 1739, 2084, 2487, 3291.
Canélis (M.), 2635.
Canella (Antonio Maria), 1072.
Canellidis (P.), 2850.
Canellos (Georges), 3235.
Canellos (Grégoire), 3235, 3354, 3535, 3604.
Canini (Marco Antonio), 3436.
Canna (Giovanni), 3260, 3917, 3999, 4017, 4020.
Canovetti (B.), 3236, 3335.
Cantacuzène (Matthieu), 475.
Cantakitis (Léonidas), 3143, 3246, 3543, 3685.
Cantas (Photios), 3232, 3263.
Cantounis (Angélos), 3691, 3877.
Cantù (Cesare), 2493.
Caodistria, *voir* Capodistria.
Caos frères, 1957, 1960, 1999, 2037, 2042, 2044, 2049, 2052, 2058, 2084, 2111, 2151, 2162, 2168, 2174, 2181, 2188, 2192, 2194, 2204, 2215, 2233, 2238, 2250, 2256, 2257, 2288, 2291, 2309, 2312, 2314, 2315, 2318, 2322, 2325, 2326, 2327, 2332, 2340, 2341, 2346, 2348, 2349, 2350, 2351, 2355, 2360, 2363, 2372, 2381, 2385, 2388, 2389, 2392, 2393, 2405, 2407, 2411, 2420, 2436, 2441, 2443, 2444, 2445, 2448, 2449, 2450, 2451, 2453, 2457, 2460, 2473, 2478, 2511, 2516, 2539, 2544, 2571, 2579, 2591, 2595, 2597, 2598, 2599, 2600, 2611, 2615, 2629, 2637, 2640, 2647, 2650, 2657, 2659, 2661, 2664, 2668, 2678, 2725, 2729, 2738.
Caos (Arsène), 2669, 2670, 2671, 2739, 2741, 2754, 2772, 2832, 2838, 2843, 2856, 2871, 2902, 2932, 2935, 2968, 2990, 3017, 3070, 3111, 3169, 3208.

Caos (Spiridion), 2926.
Capelli (Giovanni), 781, 1031.
Capello (Agostin), 212.
Capello (Famille), 203.
Capodistria (Famille), 203.
Capodistria (Les), 1830.
Capodistria (Agostino), 1972.
Capodistria (Angelo), 183, 213.
Capodistria (Antoine), 224.
Capodistria (A. J.), 2483.
Capodistria (Antoine Marie), 770.
Capodistria (A. M.), 2934.
CAPODISTRIA (Jean Antoine), 626, 708, 715, 875, 925, 951, 1109, 1127, 1134, 1163, 1173, 1174, 1175, 1185, 1186, 1188, 1196, 1287, 1308, 1347, 1383, 1392, 1429, 1465, 2050, 2323, 2584, 2769, 2859, 2989, 3489, 3506, 3513, 3515, 3520, 3523, 3526, 3528, 3553, 3560, 3646.
Capodistria (Viaro), 1375.
Cappadocas (Famille), 203.
Cappadocas (Jean), 1189, 1210.
Cappadocas (Paul), 554.
Cappos (Nicodème), 3100.
Capsocavvadis (Georges N.), 3473.
CAPSOKÉPHALOS (Aristide), 2297, 2506, 3302, 3241, 3342, 3576, 3592, 3627, 3680, 3710, 3969, 3972.
Capsoképhalos (Aristote), 2245.
Capsoképhalos (Nicolas Sp.), 4029.
Capsoképhalos (Spiridion N.), 3193, 3229, 3241, 3245, 3246, 3256, 3259, 3266, 3303, 3317, 3318, 3323, 3355, 3360, 3361, 3370, 3376, 3390, 3398, 3403, 3441, 3479, 3483, 3484, 3494, 3501, 3504, 3505, 3508, 3510, 3511, 3517, 3520, 3524, 3551, 3555, 3558, 3576, 3586, 3587, 3592, 3594, 3602, 3603, 3618, 3621, 3627, 3644, 3658, 3661, 3667, 3670, 3672, 3680, 3685, 3689, 3694, 3701, 3706, 3709, 3719, 3731, 3737, 3766, 3769, 3776, 3777, 3782, 3790, 3815, 3818, 3823, 3839,

3844, 3859, 3901, 3907, 3914, 3915, 3926.
Capurro (Niccolò), 1090.
Caputi (André), 280.
Caputi (Mauro), 2333.
Caracatsanis (Démétrius), 2470, 2712, 2900.
Caragianis (Nicolas), 313, 406, 448, 530.
Caragiannis (Néophytos), 2480, 2519, 2524, 2534, 2557, 2566, 2593, 2601, 2605, 2610, 2613, 2675, 2710, 2727, 2735, 2743, 2774, 2776, 2840, 2857, 2860, 2862, 2866, 2909, 3072, 3075, 3091, 3095, 3100, 3107, 3117, 3124, 3146, 3162, 3269, 3284, 3298.
Caraioannis (Athanase), 327.
Caraioannis (Étienne), 358, 365, 430.
Caraioannis (Georges), 358, 365.
Caraïscakis (Georges), 1424.
CARAMALIKIS (Spiridion Th.), 3658, 3685.
Carambinis (Alexandre D.), 3470.
Carambinis (Ph.) et Vaphas (C.), 1592, 1624, 1796, 2108.
CARANDINOS (Jean), 1077, 1078, 1102, 1125, 1146, 1147, 1158.
Carantzas (A.), 2429, 2858.
Carantzas (Jean Nicolas), 464.
CARANTZAS (Nicolas), 1616, 1689, 2039, 3140, 3229.
Caranza (Alexandre), 3276.
Carapanos (Constantin), 3740.
Carasoussas (Jean), 3304.
Caratheodoris (St.), 2413.
CARAVIAS (Ajax N.), 3122.
Caravias (Denys), 1176.
Caravias (Gabriel), 3540.
CARAVIAS (G.), 3033.
CARAVIAS (J. E.), 3540, 3868, 4033.
CARAVIAS (Hippocrate S.), 3473.
Caravias, *voir* Grivas.
Carazia (M.), 765.
Carboni (Achille), 2083.

CARBURI (J. B.), 446, 456.
CARBURI (Marco), 359, 456, 525.
CARBURI (Marin), 446.
Carey (É.), 1308.
CARINTAVAS (Spiridion J.), 3018, 3256.
Carli, 806.
Carlieri (Luigi), 479.
Carnéade, 1045.
Carolidis (Paul), 3760.
CAROUSOS (Anastase), 532.
CAROUSOS (C. D.), 3967, 3968, 4002.
CAROUSOS (Démétrius), 2306, 2309, 2314, 2316, 2326, 2348, 2349, 2350, 2351, 2352, 2369, 2812, 3103, 3213.
CAROUSOS (Gérasime), 510.
CAROUSOS (Germain), 708, 934, 1674.
CAROUSOS (Théodore), 1936, 1997, 1998, 2056, 2123, 2180, 2242, 2254, 2330, 2353, 2357, 2521, 2949, 3001, 3004, 3019, 3573.
Carousos Santrivili (André), 1669.
Caroutsos Colocotronis (Catherine), 2358.
Carrer, 1945.
CARRER (Frédéric), 2545, 3246, 3470, 3658, 3685, 3697, 3719, 3907, 3997.
CARRER (Louis), 1071, 1261, 1720.
CARRER (Paolo), 3293, 3378, 3580.
CARRER (Théodore), 1900.
Cartaillier, 1243.
CARTANOS (Joannikios), 19, 57, 84, 93, 129, 294, 1505, 1529.
Cartanos (Cali), 3056.
Cartwright (F. T.), 2749.
CARVELLAS (François), 898, 912.
Carvellas (Jean), 3908.
CARVELLAS (Nicolas), 912.
Carvellas (Spiridion), 1991, 3109.
Carvellas (Stella), 1991.
Carydas (Famille), 203.
CARYDIS (Niccolò), 1368.
Carydis (Pantazis), 1672.
CARYKIS (Démosthène), 3160.

Caryophyllis (G.), 2384.
Caryophyllos (Famille), 203.
Casdonis (Georges), 3663, 3747, 3831, 3951, 3959, 4034.
Casimatis, *voir* Cassimatis.
Casotti, 791, page 224.
Cassandreus (Jean), 2568.
Cassanos (S.), 3592.
Casselli, 3554.
Casselli (Jean), 1011.
CASSIANOS (Jean), 1540, 2163, 2172.
Cassimatis, 791, page 222.
CASSIMATIS (Anastase), 3777.
CASSIMATIS (Cosmas P.), 3386, 3416.
Cassimatis (Denys), 3116.
Cassimatis (Jean), 1111.
CASSIMATIS (Pierre), 283, 292.
CASSIMATIS (Pierre A.), 3736.
CASSIMATIS (Stylianos J.), 1818, 1894, 2456, 3000, 3753.
Cassin (E.), 1163.
Castellan (A. L.), 790, 798.
Castellani (C.), 3865.
Castellazzi (Jean-Baptiste), 1611.
Castorchis (Euthyme), 2854.
Castriot (Georges), *voir* Scanderbeg.
Castriotis (Antoine N.), 3475.
Castrisios, *voir* Malakis.
Castritzis (Famille), 203.
Cataneo (Jean), 316.
Cataneo (Pierre), 316.
CATANEO (THOMAS), 215, 225, 226, 227, 231, 240, 241, 243, 244, 249, 251, 275, 316.
Catapodis, 2923.
Catellani, 1381.
CATÉVATIS (P.), 2868.
Catherine II, 431, 437, 438, 454, 538, 639, 1486.
Catherine de Sienne, 3498.
Catherine (Sainte), 302.
CATILIANOS (DENYS), 74, 77, 85, 88, 97.
Catilina, 3725.

CATIPHOROS (ANTOINE), 281, 308, 313, 317, 318, 319, 325, 406, 448, 516, 530, 2002.
CATOPODIS (Pierre), 2778.
Catramis (Jean D.), 2988.
CATRAMIS (NICOLAS), 263, 363, 1632, 1788, 1938, 2183, 2260, 2271, 2507, 2540, 2831, 2885, 3227, 3511, 3514, 3524.
Catrivas (Jean), 668.
Cotsouropoulos (G.), 2897.
Cattani (Thomas), *voir* Cataneo.
Cattini, 322.
Catulle, 1641.
Catumsyritus (Jean-Baptiste), 125.
Catzaïtis (Famille), 203.
Catzaïtis (Alexandre S.), 3900.
CATZAÏTIS (André), 1706, 1707.
Catzaïtis (Euanthie), 3900.
CATZAÏTIS (Georges N.), 2724, 2752.
Catzaïtis (Gérasime), 3016.
CATZAÏTIS (MARC ANTOINE), 322.
Catzaïtis (Spiridion A.), 3322, 3336.
Catzaïtis (Spiridion), 3900.
Catzikidis (D. J.), 2364.
Cavadias, *voir* Cavvadias.
Cavadis (Al.), 3949, 4032.
Cavalaris (Famille), 203.
Cavasilas (Famille), 203.
CAVASILAS (Démétrius), 572.
Cavodistria, *voir* Capodistria.
Cavoudistras (L. J.), 2188.
CAVVADAS (Spiridion), 2914.
CAVVADIAS (Jean S.), 3160.
CAVVADIAS (Jérémie), 382, 390.
CAVVADIAS (Macaire), 606.
CAVVADIAS (P. A.), 2897, 2898, 2985.
CAVVADIAS (P.), 3174, 3231, 3406, 4026.
Cazzaïtis, *voir* Catzaïtis.
Cazzamano, 791, page 223.
CECCATO (Vettor), 734.
Cecchini (Gio.), 1208, 1436, 1510.
Cellini, 2889.

INDEX ONOMASTIQUE 809

Céphalas, *voir* Képhalas.
Céphaléon, 1093.
Céphallinos, *voir* Képhallinos.
Cerf, 3669, 3757, 3934.
Césaire (Saint), 1304.
Cesana, 791, page 222.
César (Jules) 1091, 4038.
Cesarotti (Melchior), 751, 1720.
Chabot, 563, 2410.
CHALCOMATAS (Stylianos), 2987.
Chalikias (Démétrius), 1988.
Chalikias (Nicolas), 1988.
Chalikiopoulos (Famille), 203.
CHALIKIOPOULOS (Alvise), 264, 268.
Chalikiopoulos (Ambroise), 791, page 223.
Chalikiopoulos (Antoine Pierre), 3236.
CHALIKIOPOULOS (Aristide, Pieri), 1406.
CHALIKIOPOULOS (Augustin), 382.
CHALIKIOPOULOS (Benoît, Pieri), 2009.
CHALIKIOPOULOS (Jacques), 572.
CHALIKIOPOULOS (Jean, Pieri), 1517.
Chalikiopoulos (Nicolas), 213.
CHALIKIOPOULOS (S.), 610, 663, 721, 1111.
Chalikiopoulos (Théodore), 115.
Chalikiopoulos, *voir* Mantzaros,
Chamerot (Georges), 2936, 2962, 3195.
Chantzous (Athanase G.), 2474.
Chapman and Hall, 2398, 2421.
Chapsal, 3038.
Chaptal (Gio, Antonio), 508.
Charalampe (Saint), 314.
CHARÉRIS (Philippe), 149.
CHARIATIS (Anastase), 3068.
CHARIATIS (Antoine), 2530, 2777, 2823, 2861.
Chariatis (D.), 2313.
CHARIATIS (Ph.), 2313.
CHARIATIS (Fréd. G.), 2331.
Charles-Quint, 974.
Chartophylax (G.), 1542, 1678, 1705.
Châteaubriand (F. A. de), 883.
Chatzianagnostis (Dimakis), 486.

Chatzidakis (J. N.). 3721, 3739.
Chatzopoulos (Sotirios), 3391.
Chauvin (A.), 3184.
Chelmis (N.), 3147.
Chelotti (G. F.), 1647.
Cherbuliez (Abraham), 1042, 1308.
Chesterfield (Philippe de), 461.
Chevalier Marescq, 3750, 3751, 3752, 3762, 3791.
Chiappini, 830.
Chiappini (Aristide), 1454.
CHIAPPINI (Federico), 978, 993.
Chiefala, *voir* Képhalas.
Chierico, *voir* Foscolo (Ugo).
Chiessari, *voir* Kaesaris.
Chiotis (Christos S.), 1594, 2904, 2927, 2929, 2939, 2972, 2997, 2998, 3012, 3023, 3024, 3028, 3071, 3086.
Chiotis (Denys S.), 3126, 3453.
CHIOTIS (PANAGIOTIS), 770, 1182, 1593, 1594, 1646, 1715, 1933, 1940, 2001, 2002, 2064, 2157, 2161, 2173, 2231, 2281, 2358, 2495, 2586, 2644, 2693, 2748, 2777, 2794, 2861, 2890, 2904, 3012, 3023, 3073, 3109, 3246, 3256, 3281, 3283, 3360, 3370, 3501, 3520, 3602, 3706, 3776.
CHOÏDAS (Daniel), 935, 940.
CHOÏDAS (Étienne), 529.
CHOÏDAS (G. J.), 3886.
Choïdas (Pharandos), 1108.
CHOÏDAS (Th.), 1487.
Chondrogiannis (Stathis), 738.
Choraphas (Angélique, Anninos), 3202.
CHORAPHAS (C., Anninos), 2389.
CHORAPHAS (Georges), 282, 341, 398.
CHORAPHAS (Nicolas), 1580, 2542.
CHORIATOPOULOS (Spiridion), 2692.
Chortatzi (Georges), 149.
Chortis (Constantin P.), 2829.
CHOUSOS (G.), 3697.
Christakis (Constantin), 445.
Christidis (S.), 3949.
Christodoulidis (Saphir), 1617.

Christodoulopoulos (Georges), 2581, 2587, 2643, 2914, 3160.
Christodoulos (Constantin), 2427.
Christodule (Saint), 370.
Christophe, hiéromoine, 353.
CHRISTOPHORE (Spiridion), 382.
Christopoulos (Athanase), 863, 1079, 1535, 2477, 3214.
CHRONIS (Jean), 2238.
Chrysanthe, protosyncelle, 1355.
Chrysanthe de Brousse, 1954.
Chrysanthe d'Ithaque, 954.
CHRYSANTHE, métropolitain de Corfou, 1355, 3432.
Chrysoloras (Manuel), 715.
CHRYSOVERGIS (G.), 1219, 1225, 1445.
Chrysovergis (C. G.), 1840.
Chuchalon (Hier.), 79.
Ciampi (Sebastiano), 1156.
Ciardetti (Jacopo), 1011.
Cicala (Jo.), 193.
Cicchero (L.), 1765.
Cicéron, 595, 791, 1139, 1435, 3121, 3591, 3725.
Cicogna, 196.
CIGALAS (Jean-Baptiste), 242.
Cigalas (Matthieu), 149, 154.
CIMARA (Giovanni), 1040.
Cladas (Famille), 2408, 2807.
Cladas (Gérasime), 2695.
Cladas (Jean), 2135, 2542.
Cladas (Regina), 2695.
CLADAS (Théodore G.), 1960, 2117, 2515.
CLADIS (D. N.), 3300, 3417.
CLADIS (M.), 2589, 2689.
CLADOS (A. J.), 1262, 1281.
Claparède (Arthur de), 4028.
CLAPATZARAS (VICTOR), 293, 299, 1674.
Clarke, Breton, 1792.
CLAUDIANOS (Denys C.), 3737.
CLAUDIANOS (Sp. D.), 3660, 3675.
Claudianus, 1836, 1870, 2675.
Claudien, 103, 1641.

Clavier (Auguste), 3793.
Clay (J.), 3845.
Cleaver (W. J.), 1506.
Clément d'Alexandrie, 370.
Clément Ier, 373.
Clément VII, 443.
Clément IX, 343.
Clément XI, 261, 262, 271.
Cléobis, 975.
Cléoboulos (Eustathe), 2329, 2416, 2482, 2536, 2573, 2620.
Cléomène, 975.
Clericus (Didymus), voir Foscolo (Ugo).
Clopeiau (Michel), 75.
Clugnet (Léon), 298, 818.
Clowes (William), 1159.
COCCALIS (Jean P.), 2692, 2970, 2976.
Cocchini, voir Cockinis.
Coccosoris (Matthieu), 2186.
Cockinis (Famille), 203.
COCKINIS (Jean), 1099, 1542.
Cockinis (Nicolas), 1438, 1843, 2368, 2861.
Cockinos (Angélos), 115.
COCKINOS (C. Nicolas), 1316.
COCOLLIS (S. E.), 2714, 2801.
Codricas (Panagiotakis), 526.
COEM (Giuseppe), 1071.
Coem (Jacob), 791, page 223.
Coem (Marco senior), 791, page 223.
Coem (Marco), 791, page 223.
COGÉVINAS (Angélos), 1806, 2636, 2771, 2774, 2775, 2797.
COGÉVINAS (A.), 2830, 2848, 3173.
Coïdan, voir Choïdas.
Colas (B. C.), 2493.
Colas (Louis), 1092.
Colburn, 1716.
Colitas (Famille), 203.
Coletii fratres, 481.
COLIADIS (Constantin), 1150.
Coliatsos (Socrate), 3383.
Collarakis (A.) et Triantaphyllos (N.), 3593, 3659, 3736.

Collas (Jean A.), 2451.
Colmet de Santerre, 2485, 2624.
Colocotronis (Jean), 2358.
Colocotronis (Théodore), 1229, 1488, 1714, 2358.
Colocotzas (Denys), 1987.
Colocotzas (Évangélos), 1893, 1987.
Colomb (Christophe), 3753.
Colombis (François), 266.
Colonias (Jean), 3969.
Colonna Bozi, 2191.
Colonna (Giacomino), 1455.
Colonna (Vittoria), 890, 1090.
Columbardo (Dionisio), 926.
Combi e Lanoù, 228.
Combothécras (D. J.), 2118.
Combothécras (Marie, Diacato), 2839.
Combothécras (Spiridion), 2839, 3609.
Comello, 2433.
Comiotis (Jean Marin), 1256.
Comis (Famille), 203.
Comis (Parthénius), 2831.
Comis (Pierre), 115.
Comis (Séraphin), 3870.
Comizopoulos (Antoine P.), 1797, 1798.
Commitas (Étienne), 2161.
Comnène (Panagiotis), 3256.
Comnos (Spiridion), 1609, 2960.
Comoutos (Antoine), 315.
Comoutos (Cte Antoine), 1795.
Comoutos (Démétrius), 392, 671.
Comoutos Messala (Anastasie), 1646.
Compagnoni (Abbé), 601.
Condaris (Ange), 1189.
Condaris (Démétrius), 1183, 2105
Condaris (Denys), 335.
Condaris (Joannikios), 392, 405.
Condoïdis (Athanase), 311.
Condoïdis (Panaiota), 310, 311.
Condorousis (Jean, Rousis), 328.
Condos, *voir* Contos.
Condylakis (Jean D.), 3929.
CONÉMÉNOS (Nicolas), 2341, 2457, 2909, 2969, 3183, 3633.

Conidaris (Ange), 2987, 3473.
Conidaris (Georges S.), 3235, 3354, 3455, 3533, 2535, 3552, 3604, 3615, 3619, 3620, 3642, 3650, 3657, 3677, 3874, 3881, 3882, 3883, 3894, 3923, 3930, 3993.
Conidaris (Mélétius), 405.
Conon, 1093.
Conscience (Henry), 3609, 3634.
Constable (Archibald), 983.
Constance, *voir* Yérakis.
Constantas (Polychronios V.), 2458, 3280.
Constantin le Grand, 1304.
Constantin de Grèce, 3465, 3607.
Constantin de Bulgarie, métropolitain de Corfou, 3585.
Constantin de Nicée, métropolitain de Corfou, 3585.
Constantin, fils d'Alexios, de Clitzo, 500, 1467.
Constantinidis (Anestis), 3094, 3130 3290, 3410, 3446, 3518, 3521, 3522, 3573, 3581, 3598, 3617, 3688, 3714, 3720, 3784, 3799, 3887, 3932, 3933, 3980, 4001, 4013.
Constantinos (Démétrius), 2482, 2536, 2573, 2620, 2679, 2728, 2761.
Constantinos, métropolitain de Serres, 614.
Contarini (Cardinal), 29.
Contarini (Jean Nicolas), 2342.
Contarini (Simon), 325.
Contaris, *voir* Condaris.
Contin (François de), 2477.
Contis (Antoine C.), 2458.
Contogeorgis (P.), 3206.
Contogiannakis, 2505, 2523.
Contogiorgas (Nicolas), 2074, 2167, 2169, 2183, 2222, 2254, 2255, 2259, 2260, 2264, 2265, 2273, 2274, 2278, 2310, 2313, 2358, 2423, 2437, 2445, 2446, 2489, 2495, 2505, 2506, 2515, 2523, 2541, 2550, 2556, 2559, 2563,

2580, 2589, 2688, 2689, 2693, 2700, 2737, 2744, 2753, 2861, 2868, 2946, 3035, 3037, 3055, 3058, 3116, 3125, 3227, 3243, 3265, 3283, 3291, 3293, 3316, 3329, 3369, 3381, 3395, 3399, 3415, 3469, 3470, 3486, 3538, 3563, 3668, 3684, 3686, 3687, 3690, 3692, 3697, 3722, 3730, 3746, 3754, 3768, 3796, 3817, 3825, 3852, 3877, 3939, 3973, 3984, 3997, 4005, 4016, 4035.
Contogiorgas (Sp. D.), 3915.
Contogouris (P.), 2628.
Contoléon (S. E.), 3387.
Contonis (Jean), 2169.
Contos, prêtre, 2002.
Contos (C.), 3386, 3862, 3937.
CONTOS (Spiridion), 920, 951, 954, 1061, 1065, 1100.
Contoutsis, 3555.
Conturbia (Luigi da), 3089.
Conzati (Jean Antoine), 480, 482.
Conzatti, 274.
Conzatti (Carlo), 522.
Cophiniotis (Évang. C.), 3418, 3890, 3950.
Copidas (D. S.), 2096.
Corafa, *voir* Choraphas.
Coraï (Diamantis *ou* Adamantios), 462, 841, 843, 844, 942, 1109, 1116, 1196, 1205, 1567, 1817, 2206, 2603, 2558, 3610.
Corderius (Balthasar), 2035.
Coressis (Bélisaire), 2853.
Coressis (Georges), 1843, 3350.
Corgialénios (Démétrius), 1003.
Corgialénios (Jacques), 1672.
Cornaro (Frédéric), 282.
Cornaro (Girolamo), 231.
Cornaro (Jean), 133, 280.
Cornaro (Vincent), 272.
Cornelius (Franciscus), 274.
Cornelius (Joasaph), 488.
Cornero (Frédéric), 243.
Cornero (Jean), 244.

Coromantzos (Thémist. B.), 3398.
Coromilas (André), 1241, 1258, 1332, 1446, 1485, 2582, 2623, 2849, 2854, 2936, 2937, 2943, 3181, 3206, 3292, 3409, 3413, 3414, 3448.
Coromilas (Démétrius), 2676, 2712, 2851, 2854.
Coromilas (Denys), 2527.
Corona et Caimi, 2493.
Coronæos (Christophe), 1503.
Coronæos (Jean), 1756.
CORONÆOS (Tzanès), 2575.
Coroni (Luigi), 931.
Corréard, 972.
Corrège (Le), 3468.
Cortato (Jean, Loverdo), 1248.
Cortese (Nicolas), 235.
Cortis (C. G.), 3206.
Corumalus (Démétrius), 188.
Corydalée (Théophile), 115, 117, 538.
Coskinas (S. L.), 2821, 2828.
Cosmas (Saint), 1617, 2322.
Cosmétato (Irène), 2967.
Cosse et Dumaine, 1830.
Cossonacos (Constantin), 3785.
Costa (Paolo), 1165, 1511.
Costantas (P. B.), 2483.
Costatis (Jean B.), 2041.
Costi (Gérasime A., Loverdo), 3578.
Costi (Jean P., Loverdo), 3578.
Cotelle, 1320.
Cothonæos (Nicolas et Dominique), 270.
Cotsakis (N. G.), 3069.
Cotta (C.), 2249, 2253.
Cottounios (Jean), 159.
Cotzambasis (Angélinos), 2515.
Cotzambasopoulos (Georges Em.), 1825.
Cotzantas (Polychronios), 2187.
Cotziris (Jean), 1957, 1970, 2204, 2218, 2393, 2396.
Coumanoudis (Ét. A.), 3431.
Coumésopoulos (Jean D.), 3813.

Coummoutos (Nicolas), 185.
Coumoundouros (Al.), 2610.
Counadis (André), 22, 27, 28, 48, 72.
Counadis (Pierre), 6, 7, 18.
Countouris (Gérasime D.), 2618.
COURCOUMÉLIS (D.), 1740, 1764, 2012, 2609.
COURIS (SOCRATE), 1576, 1722, 1762, 1767, 2055, 2057, 2256, 2257, 2363, 2471, 2671, 3053.
Couris (Théodore), 1198.
COURNIACTIS (A.), 2654.
COURSOULAS (NICOLAS), 2289.
Courtière (de), 1109.
Courtsolas (Aloïse), 2122, 2131.
Courvisianos (Léon N. P.), 3820, 3886, 3946.
Couscouroulis (Constantin), 517.
Cousoulinos (Spiridion), 3211, 3239, 3416, 3463, 3477, 3591, 3721, 3866, 3872, 3888.
Coutloumousianos (Bartholomée), 1485.
Coutounios (Théodore), 468.
COUTOUVALIS (Marino), 2896.
Couttouvalis (Sophrone), 462, 466.
COUTZOUCOPOULOS (Nicolas), 3336.
Couvélis (Jean) et Trimis (A.), 3180, 3199, 3209, 3270, 3273.
Couvélis (Jean) et Délis (M.), 3530, 3534, 3557, 3609, 3626, 3634, 3649, 3704, 3711, 3770, 3861.
Cox (J. et H.), 1571.
Cox et Wyman, 1770.
Cozziris, *voir* Cotziris.
Cramer (J. A.), 1380.
Cramoisy (Sébastien), 125.
Crapelet, 612, 1069, 1150, 1185, 1186.
Crassan, *voir* Crassas.
CRASSAS (Alcibiade), 3428.
CRASSAS (Fioravante), 274.
Crassas (Nicolas), 271.
CRASSAS (Philippe Ét.), 3666.
Crassas (Stélios), 655.

Crendiropoulos (Jean G.), 2222.
Crescini (Valentin), 898.
Crissoplevri (Comte), *voir* Volterra (Nicolas).
Cristoforo (Spiridion), 791, page 224.
Critoboulidis, 3929.
Critopoulos (Métrophane), 3437.
Critzos (Triantaphyllos D.), 1797, 1798.
Crozat, 1236.
Crusius (Martin), 22, 55, 64, 267.
Ctésias, 1093.
Cténas (A.), 2897, 2898.
Cténas (A.) et Oeconomos (S.), 2723, 2745, 2763, 2787.
Cténas (A.) et Soutsas (P.), 2547.
Cuggiani (Philippe), 3792.
Cullen (Guglielmo), 515.
Cumbo (F.), 1820.
Curte (de), 49.
Curti, 203.
Cusani (Francesco), 1494.
Cussuni (Spiridione), 1575.
Cust (R.), 3421.
Cydonis (Démétrius), 137, 199.
Cyrille V, patriarche, 353, 357.
Cyrille VI, patriarche, 930.
Cyrille, patriarche de Jérusalem, 1971, 2053.

D

Dacoron (A.), 1271.
Dacre (Barbarine), 846.
DAMASKINOS (Alexandre), 2462.
Dallaporta (André), 4014.
DALLAPORTA (Denys Marino), 1603.
DALLAPORTA (NICOLAS), 508, 522, 527, 2125.
DALLAPORTA (Spiridion G.), 4014.
Damalas (Nicolas M.), 3477.
Damascène (Jean), 292.
Damascène le Studite, 37, 84, 93, 129, 294, 1529.

DAMASKINOS (A.), 2319, 2325, 2483.
DAMASKINOS (Jean), 3054.
DAMASKINOS (Spiridion), 1178.
Damianos (de Santa Maria da Spici), 8, 9, 11, 15, 21, 25, 27, 28.
Damianos (Nicolas), 2654, 2845.
Damilo (Famille), 203.
Damiri (Christodule), 1901.
Damiri (Constantin), 1901.
Damiri (Spiridion), 1901.
DAMODOS (VINCENT), 366, 369, 370, 869, 1672.
DANDOLO (ANTOINE), 903, 904, 1565, 1566, 1567, 1573, 1663, 1665, 1692, 1744, 1763, 1775, 1776, 1778, 1785, 1810, 1811, 1813, 1845, 1847, 1848, 1849, 1850, 1856, 1931, 1956, 2029, 2086, 2087, 2088, 2090, 2091, 2094, 2095, 2107, 2120, 2136, 2138, 2139, 2149, 2150, 2152, 2153, 2154, 2155, 2160, 2177, 2194, 2195, 2196, 2198, 2199, 2200, 2228, 2301, 2302, 2303, 2307, 2345, 2394, 2435.
Dandolo (Girolamo), 754, 1829.
DANDOLO (Spiridion Antoine), 562.
Daniel le Prophète, 214.
Dante, 974, 1106, 1329, 1391, 1458, 2446, 2476, 2488, 2964, 3026, 3247.
DAPHNIS (Nicolas G.), 3037.
Dapontès (Constantin), 314.
Dario (Antonio), 188.
Darius, 975.
DARMANIN (D.), 2950, 3489.
Darvaris (Démétrius N.), 696, 1453, 2633, 2995.
Darvaris (Jean N.), 696.
Darvaris (Pierre N.), 2995.
Darzidovitis (C.), 1996.
David le Prophète, 7, 18, 263, 968, 1052, 1227.
David, peintre, 1246.
Davy (John), 1394.
Δ. Δ., 2513, 2514.
DÉCADYOS (JUSTIN), 1, 7, 486.

DECIMA (ANGÉLOS DELLA), 455, 469, 480, 481, 482, 508, 842, 860, 876, 893, 902, 950.
Decima (Démétrius della), 1319.
Decima (Gérasime della), 2111.
Decima (Marinos della), 2111.
Dejoneo (Cefalo), 862.
DELACOVIAS (N.), 3548.
Delaunay, 1185, 1186, 1246.
DELETIS (Spiridion), 2000, 2259.
Delfino (Girolamo), 275.
Deligeorgis (Épaminondas), 2674.
Déliyannis et Calergis, 3849, 3906, 3910, 3927.
Dellaporta (André G.), 1950.
Dellaporta (Jean N.), 3904.
DELLAPORTA (Nicolas S.), 2977, 3996.
Delviniotis (Achille), 2115, 2242.
Delviniotis (Alexandre B.), 2436.
Delviniotis (Corinne), 2006.
DELVINIOTIS (Diomède), 2006.
DELVINIOTIS (Eugène, Baptistiadis), 2371.
DELVINIOTIS (Jean Baptiste, B.), 1323, 1606, 2004.
DELVINIOTIS (NICOLAS, BAPTISTIADIS), 805, 820, 977, 1026, 1430, 3046.
Demangeat, 2624.
Démétracopoulos (A. C.), 2728, 2761.
Démétriadès (Emmanuel), 869.
DÉMÉTRIADÈS (G. D.), 3739.
Démétriadès (Jean), 1625.
Demetrievichs (Athan.), 451.
Démétrius (Jean), 318.
Démétropoulos (Jean), 1467.
Démidis et Mélistagis, 1237.
DÉMISIANOS (Jean), 99, 103, 170.
Démonicos, 922.
Démopoulos (Ch.), 3158.
Demoquet, 1299.
Démosthène, 971, 1045.
Dendrinos (André A.), 2999.
Dentu (J. G.), 827.
Dentu (E.) 1754, 2048, 2917.

DENYS, métropolitain de Zante, 1794, 3969.
Denys l'Aréopagite, 370.
Denys Sinaïtis, 302.
Denys, évêque de Mylopotamos, 33.
Denys Comnène, patriarche, 233.
Denys IV, patriarche, 233.
Denys V, patriarche, 3717.
Denys (Saint), 4027.
Denys d'Égine (Saint), *voir* Sécouros (Saint-Denys).
DÉPHARANAS (Marc), 48, 64, 3464.
Dépharanas (Spiridion), 1672.
Deregni (Dominique), 360.
Derossi (G.), 3430.
Descartes, 1049.
Desmadryl, 1170.
Desportes (Henri), 3736.
Despuches (Joseph), 3006.
Destefanis (Jean Joseph), 811, 822, 824, 837, 841, 844.
Destounis (Gabriel S.), 3734.
Destounis (Spiridion), 611.
Desyllas (Angélos), 1620, 2367.
Desyllas (Michel), 2129.
Desyllas (Stamatios P.), 1898.
Detat (Melchior), 791, page 224.
Deuchino (Évang.), 133.
DEVARIS (Matthieu), 26, 33, 70, 75, 78, 83, 259, 289, 440.
Devaris (Pierre), 78, 83.
Dexippe, 1093.
Dezallier (Antoine), 210.
Diacato, *voir* Combothécras.
Diacos (Athanase), 1470.
DIACROUSIS (Acakios), 186, 190, 209, 217, 305, 330, 500, 578, 1467.
Diamantidis (Georges), 1296.
Didot, 700, 909, 928, 1059, 1090, 1127, 1170, 1174, 1287, 1392, 1548, 2165, 2190, 2239, 3995.
Didyme, 644, 645.
Diedo (Angelo), 472.
Dieterichiana (Officina), 1309.

Digotis (Famille), 203.
Dilotti (André), 554.
DILOTTI (Nicolò), 1564, 1613, 2162.
Dilotti, Lopresti, (Cornelia), 3006.
Dillotti, *voir* Medici (de).
Δ. I. M. 3400.
Dimanis (Famille), 203.
Dimitriadis (Rubina, née Naranzi), 3286.
Dimomitsis (C.), 2553.
Dimoulitzas (Georges), 960.
Dimoulitzas (Thomas), 1180.
Dioclès, 44.
Diodore, 3682, 3724.
Diogène, 1045.
Diogénidis (Eugène), 1155.
Diplas (Georges), 2443.
Diplovatace (Georges), 421.
DIPLOVATACE (Thomas), 3, 5, 50, 67, 68, 73, 79, 421.
Δ. K., 1141, 2785, 3303.
Δ. N. K., *voir* Cladis (D.-N.).
Δ. K. T., 1081, 1108.
Dolce (Giorgio), 102.
Domeneghini, *voir* Doménéginis.
Doménéginis (Georges), 3908.
Doménéginis (Jean Jules), 3013.
Doménéginis (Nathanaël), 1711, 1733, 2006.
Doménéginis (Nathanaël Jean), 3323, 3504, 3594, 3686, 3687, 3697, 3969, 3971, 4006.
Doménéginis (Pierre), 1629, 2475.
Doménigis (François), 1620.
Doménigis (Nadalis), 1620.
Doménigis (Pierre), 1963, 1964.
Domesticos (Étienne A.), 2170.
Donà (André), 403, 410.
Donà (Antoine), 360.
Donà (Jean), 838, 1279.
Donà (Léonard). 507.
Donato (Lunardo), 3735.
Dondey-Dupré, 1023, 1392.
Dondis (Famille), 203.

Dondis (Vincent), 1253, 1361.
Dondini (Laura), 2872, 2873, 2874, 2875, 2876, 2877.
Donzelot, 2347.
Doré, 3906.
Dorez (Léon), 3792.
Doria (Famille), 203.
Doria (André), 20.
Dorothée, 2417.
Dorothée, archimandrite, 1631.
Dosios (Nicolas), 3230.
Doucataris, *voir* Orsini.
Douglas (Jacques), 311.
Douglas (Howard), 1257, 1274, 1324, 1328, 1346, 1373, 1375.
Douglas (Lady), 1289.
Doumas (Jean), 1469, 1507.
Douniol (Charles), 2175.
DOUSMANIS (Antoine L.), 1433, 1444, 1451, 1457, 1462, 1821, 2004, 2315, 2324, 2326, 2348, 2349, 2379, 2389, 2401, 2479, 2690, 2959.
Dousmanis (Victor), 4038.
Doxaras (Pachôme), 117.
Doxaras (Panagiotis), 2787.
Dracatos, *voir* Papanicolas.
Dracopoulos (Arg.), 3789.
Dracoulis (Eustathe), 1890, 1892, 2454, 3122.
Dracoulis (Jason A.), 4022.
Dracoulis (Jeanne), *voir* Vasilios.
Dracoulis (Pénélope E.), 3110, 3122.
DRACOULIS (Platon E.), 3042, 3451, 3607, 3810, 3819, 3834, 3837, 3860, 3935.
Dracoulis (Platon S.), 3473.
Dragisévis (Cyriaque), 2806.
Dragonas (C.), 2001.
Dragoumis (N.), 2046, 2116.
Dramitinos (Famille), 203.
Drimyticos (Nicolas), 1928.
Drongitis (D. N.), 2942.
Drummond (William), 1046, 1059.
Drummond (Wolff H.), 2115.

Δ. Σ. Α., *voir* Aravantinos Denys S.
Dubois, 555.
Du Cange, 232.
Ducas Lascaris (Théodore), 175.
Dufour, 1069, 1862.
Dugour, 581.
Dujardin (Paul), 3170, 3755.
Dulau (A.), 933.
Dumaine (J.), 1830.
Dumas (Alexandre), 3376.
Dumas (Alexandre fils), 2868.
Dumba (Irène), 3656.
Dumolard, 3352, 3497.
Duplain, 348.
Dupont (P. F.), 972.
Duprat (Benjamin), 2347.
Durlacher (A.), 3669, 3757, 3855, 3934.
Dusmani, *voir* Dousmanis.
Dutrône (M.), 1163.
Duval (Amaury), 970, 972.
Duverger (E.), 1163, 1364.
Duvray (M.), *voir* Vrétos (Marinos, Papadopoulos).

E

E. A. K., *voir* Voulismas Eustathe.
E. A. Π., 2542.
Eberhart (J. M.), 852, 854, 903, 920, 1738.
Eberspach (J.), 496.
Eberstein (Wilhelm et Otto von), 35, 42.
Edgeworth (Marie), 3209.
Edmonds (Elisabeth Mayhew), 3943.
Ε. Γ., 2108.
"Εεις ('Εδουάρδος), 1857.
Egnazia (Jean-Baptiste), 2.
Eirinidès (D.), 2023, 2026.
Elcino, *voir* Petrettini (Spiridion).
Eleo (Ciparisso P. A.), 1071.
Elésa (Sainte), 1503.

Éleuthère (Saint), 2338.
Éleuthériadis (Joseph), *voir* Liberali (Giuseppe).
Élien (Claude), 1093, 3461.
Élisabeth Amélie Augusta (impératrice), 1844.
Ellisen (A.), 2059.
Elmucci (F.), 1368.
Elzévir 1905.
Elzévir (Abraham), 181.
Elzévir (Bonaventure), 181.
E. M., *voir* Martinengos Élisabéthios.
Emmanuel II, 3108.
Emo (Jean), 331, 368.
Endler (Wolfgang Maurice), 289.
Éparque (Famille), 203.
ÉPARQUE (Antoine), 29, 36, 51, 52, 221, 2730, 3792.
Ephraem, patriarche de Jérusalem, 411, 3875.
Épictète, 635.
Épicure, 1045.
Épiphane, 922.
Epis (Giovanni), 308.
Épiscoppooulos (Nic. D.), 3690, 4012, 4013.
Equicolo (Mario), 2059.
Erghinos (M.), 3949, 4018.
Erizzo (Marco Antonio), 489.
Erizzo (Mariette, née Zuccato), 1013.
Erizzo (Metilde Bentivoglio), 595.
Ésaïe (Paul), 1585, 1755.
Esculape, 69.
Ésope, 27, 1132, 1897.
Este-Gonzague (Isabelle d'), 2060.
E. T. *voir* Théotokis (Emmanuel).
Étienne l'hagiorite, 2667.
Étienne, métropolitain de Oungrovalachie, 314.
Étienne d'Alexandrie, 1304.
Étienne (Saint), 298, 1197.
Euchaïtis (Jean), 922.
Eugénicos (Marc), 468, 538.

Eumorphopoulos (P.) et Démétriadès (P.), 2207.
Eumorphopoulos (P.), 3607, 3775, 3779.
Eunape, 1093.
Euripide, 2820.
Eustathe, 26.
Eustathe, métropolitain de Zante, 3432.
Eustratios (D. G.), 3952.
Euthymiades (Christodule), 1996.
E. Φ., 905, 906.
Eymar (Augusto Giuseppe), 2595.
Eymar (J. G.), 2382.
Eyssenhardt (Franciscus), 3309.

Z. H. Θ.

Z. Π. P., 1273.
H. A. T., *voir* Tsitsélis (Hélie A).
Θ. M., 1345.
Θ. 'P. M., *voir* Robappas.

F

Faber (Georges), 3251.
Fanfani (David), 1734.
Farnèse (Alexandre), 83.
Farolfo, 245.
Fauriel (C.), 1059.
Fava et Goragnani, 2317.
Fazio (Barthélemy), 3.
Fedele (Cassandre), 867.
Felton (Cornélius C.), 2376.
Fénelon, 327, 1101.
Fenzi (Fr. Marie Co.), 605.
Fenzo, 495.
Fenzo (Modesto), 605.
Ferdinand II, 1766.

Fergusson (Bowen George), 1677, 1724, 1789, 1878, 2027.
Ferrari, 3865.
Ferrari (Anna Albis), 1006.
Ferrari (C.), 3436.
Ferrari (Paolo), 3768.
Ferrer, 1393.
Ferrero et Franco, 1765.
Ferretti, 279.
Festa (Famille), 203.
FESTA (Spiridion Albana), 2605, 2743.
Fick (Guil.), 1042.
Fick (Jules), 2382.
Filio (Famille), 203.
Filippi (Ant. di Tom.), 852, 1972.
Filippi (Tom.), 1903.
Filosi, 327.
Finckius (G.), 1280.
Finotti (Guglielmo), 3430.
Fiomaco (Famille), 203.
Firmin-Didot, *voir* Didot.
Firmus (D.), 480, 482.
Fischbacher, 3468, 3498, 4028.
Fischer (Ludwig Hans), 3457, 3542.
Fitzroy (Charles), 1330, 1634.
Flambouriaris (Denys), 770, 1213, 1242, 1290, 1319.
Flaminio (M. A.), 1641.
Flangini (Thomas), 1672.
Flori (Giuseppe), 3999.
Floros (Famille), 203.
Floros (Jean), 213.
Foca (N.), 1382.
Focosi, 1882.
Fogacci (Severiano), 1180, 1190, 1242, 3484.
Foglierini (Gio. André), 521.
Foglietta (Odoardo), 344.
Fontana (Grégoire), 455.
Fontebasso (F.), 373.
Fontenelle, 526.
Forconi (Felicità), 1285.
Foresti, *voir* Typaldos Foresti.
Foresti e Cristiani, 949.

Formanek (Ed.), 3843.
Forrest (Robert), 955.
Forte (Angelo de), *voir* Phortios.
Forte (N.), 3655.
Fortius (Angelus), *voir* Phortios.
Fortuna frères, 2977, 2985.
Foscardi (D.), 1083.
Foscarini (Jacques), 2758.
Foscarini (Jacopo Vincenzo Trabaudi), 2802.
Foscarini (Marc), 324, 359, 368.
Foscarini (Michel), 231, 247.
Foscarini (Sébastien), 241.
Foscolo (Daulus Augustus), 802.
Foscolo (Giulio), 3411.
FOSCOLO (Ugo), 540, 549, 612, 618, 619, 620, 622, 623, 755, 769, 797, 803, 816, 845, 855, 871, 943, 979, 980, 989, 1013, 1015, 1017, 1031, 1034, 1038, 1053, 1069, 1106, 1149, 1161, 1179, 1187, 1206, 1259, 1298, 1372, 1391, 1411, 1555, 2698, 2755, 3240, 3242, 3352, 3395, 3411, 3412, 3497, 3680, 3695, 3716, 3776.
Fouillée (A.), 2961.
Fourtouna, *voir* Fortuna.
Fracanzani (Laura), 1881.
France (Anatole), 4012.
Franceschi (Gaspard de), 337.
Franciscus (Ant.), 50.
François Ier, roi de France, 221.
François Ier, empereur d'Allemagne, 333.
François Ier, empereur d'Autriche, 1243.
François Joseph Ier, 1844.
François (M. A.), 3512.
Francopoulos (Constantin), 1923.
Francopoulos (Démétrius), 1986, 3507, 3360.
Francopoulos (D. A.), 2888, 2922.
Francopoulos (Jean), 465.
Francopoulos (Laure), 1986.
FRANCOPOULOS (Th.), 1939, 2423, 3507.

FRANGULI (Giovanni), 1508.
Franz (F. W.), 1749.
Franzof (P.), 1913.
Fraser (J.), 1785.
Frédéric II, roi de Prusse, 431.
Freschi (Gherardo), 1498.
Fusi, 991.

G

G. 2872, 2876.
Gabriel, métropolitain de Moldavie, 510, 571.
Gabriel, patriarche, 265.
Gabriel (Saint), 313.
Gabriélidis (B.), 4004.
GABRIÉLOPOULOS (Nicolas), 288, 1438, 1774.
Gabuardo (Alessandro, dalle Torricelli), 3.
Gabussi (Rita), 1249.
Gagaris (Georges C.), 3897.
GAÏTAS (Anastase), 2081, 3013.
Gaïtas (Antoine), 2580.
GAÏTAS (Paul), 1247.
Gaïus, 2099.
Galanis (Emmanuel), 2897.
Galanos (Démétrius), 1092, 1469, 1507, 1542, 1678, 1705.
Galatis (Francoula), 1672.
Galeati (Ignace), 2918.
Galeazzi, 991.
Galetti et Cocci, 3541.
GALIATSAS (André J.), 3011.
GALIATSAS (Jean), 1236.
Galiellos (Famille), 203.
Galien, 984.
Galles (Charlotte Augusta de), 941.
Galopin (Augustin), 3816.
GALVANI (Francesco), 2148, 2151.
GALVANI (J.), 3847, 3942, 3955, 3981.
Gambaretti, 751.
Gambaretti (Giovanni), 769.

Gambetta, 3158.
Gambrissis (Ch.), 1996.
Gandar (E.), 1781.
Gangadis (Périclès), 1081.
GANGADIS (Stamos), 1319, 1371, 1458.
Γ.Α.Π., voir Politis (Georges A.).
Gardner (John Dunn), 2077, 2078.
Garelli, 3534.
Garibaldi (Giuseppe), 3310.
Garigues, 2816.
GARNÉLIS (Jean), 3021.
Garnier, 1092.
Garpola (Alexandre), 1438, 1467, 1505, 1552, 1993.
Garpola (Constantin), 1311, 2417.
Garzoni (Spiridione), 2218.
Gasparatos, 2648.
Gasparini (Cesare), 2276.
Gatzos (Georges), 2211.
Gaudiano (G. B.), 3005, 3108.
Gaudino (Alberti de), 79.
Gaultier de Claubry (X.), 2410.
Gauricus (Lucas), 12.
Gavelot (Jules), 2051.
Gaza (Théodore), 10, 737, 730.
Gazin (Famille), 203.
Gazis (Anthime), 584, 616, 685, 801, 994.
Gazzola (Joseph), 284.
Γ.Δ.Κ., 2376.
Gédéon de Chypre, moine, 372.
GÉGLÈS (Georges C.), 3536.
GÉGLÈS (Georges S.), 3283, 4015, 4030, 4042.
Geibel (Stephan), 3549.
Geiger (M.), 3454.
Gélase de Cyzique, 373.
Gell (William), 780.
Gemelli (Carlo), 3240.
Gennadius (G.), 1731.
Gennadius (Jean), 272, 340 a, 391, 1212, 1731, 3732.
Gentilinis (Agathe), 3221.
GENTILINIS (F. M.), 3030.

GENTILINIS (Pietro), 781.
GENTILINIS (Paolo), 811.
GENTILINIS (S. G.), 3244.
Georgantopoulos (Ép.), 2901.
Georges, prêtre, *voir* Phatséas (Georges).
Georges l'Étolien, 3885.
Georges de Grèce (Prince), 2707.
Georges Ier, roi de Grèce, 1593, 2308, 2342, 2354, 2403, 2441, 2494, 2577, 2623, 2715, 2846, 2919, 3361, 3780, 3903.
Georges III, roi d'Angleterre, 899, 938.
Georges (Saint), 325.
Georges de Trébizonde, 5, 12.
Georgiadis (Anastase), 758.
Georgios (A. S.), 3895.
Georgios (Constantin), 994.
Georgios (Emm.), 2118.
GÉRACARIOTIS (Basile, Papageorgopoulos), 3517.
GÉRAKIS (Georges), 3119, 3392.
Gérakis, *voir* Yérakis.
Geraldus (Hieronymus), 21.
Gerardi (Michele), 498.
Gérardin, 2624.
Gérasime, métropolitain d'Héraclée, 389.
GÉRASIME (Saint), 115, 288, 397, 447, 1027, 1152, 1773, 2184, 2718.
Gerbelius (Nicolaus), 35, 42.
Gerlin (Rosa), 1071.
Germanos, *voir* Calligas (Gérasime).
Germer, Baillière, 3986.
Gerold (Joseph), 462, 466.
Gerold (Rosa von), 3457.
Gerold's Sohn (Carl), 3457, 3542.
Géromériatis (Famille), 203.
Géronticos (Démétrius), 670.
Géroulanos (Spiridion), 1155.
Gerrish (S.), 295.
Geurts (Hubertine), 3302, 3342.
GEZOUAS (R. D.), 2553.

G. F., 3310.
Gherardini (Carlo), 851.
Gherardini (Giacomo), 2130.
Ghicas (Alexandre), 396, 426.
Ghicas (Grégoire), 388, 391, 400, 426.
Ghicas (Hélène), *voir* Istria (Dora d').
Ghicas (Jacques), 363.
Ghicas (Jean A.), 3639.
Ghilanzoni (Antoine), 3347.
Ghinis, 382.
Ghiocas (Dimos), 1617.
Ghiolmas (M.), 3121.
Ghiouros (Basile), 1990.
Ghiouros (Georges), 1985, 1990.
Giachetti frères, 1099.
Giacometti (P.), 2795.
Giacomo (Abbate di S.), 597.
Giacoumatos, 2648.
Giannacakis (Marigo), 3830.
Giannikésis (Angélos), 1788.
Giannopoulos (Franklin J.), 2471.
Giannos (Photos), 1385.
GIANNOULIS (Georges, *alias* Gérasime), 584a, 1679, 2987.
GIANNOULIS (Jean), 1717.
Giesecke et Devrient, 2686.
Giffard (Edward), 1291.
Gilbert et Rivington, 1724.
Gilliéron (Émile), 3271.
Giordani (Pietro), 2119.
Girardi (Marc), 307.
Giraud (Ch.), 2624.
GIRONCI (Alessandro M.), 2726.
Gironci (P. A.), 1626.
Giropétris (Famille), 203.
Giscaferius (Gulielmus), 75.
Giuliani (André), 184, 186, 191, 192, 207, 212.
Giuliani (Antoine), 80, 149, 175, 220.
Giuliani (Jean Antoine), 160, 177, 178, 180.
Giusti (Enrichetta, Fortunati), 706.
Giustiniani (Famille), 203.
Giustiniani, 791.

Giustiniani (Girolamo Ascagno), 225, 247.
Giustiniani (Giulio Ascagno), 274.
Giustiniani (Nicolò Antonio), 367.
Giustiniani (Sebastiano), 375.
Giusto (Alvise), 227.
Giusto (Leon), 1026.
Giustozzi (Francesco), 3670.
Gladstone (W. E.), 1677, 1789, 2032, 2054, 2055, 2155, 2196, 2690, 2959, 3032, 3165, 3214, 3224.
Glasson, 2624.
Glycos (Jean), 28.
GLYCOS (Juste), 28.
Glykys (Léon), 213.
Glykys (Marthalis), 302.
Glykys (Michel), 801, 1057, 1996.
Glykys (Nicolas), 202, 205, 208, 211, 213, 217, 223, 248, 254, 255, 256, 257, 258, 305, 330, 332, 361, 364, 365, 378, 383, 384, 385, 389, 393, 394, 401, 409, 423, 431, 433, 445, 453, 457, 458, 460, 470, 474, 478, 483, 487, 488, 493, 512, 528, 530, 533, 539, 547, 548, 551, 552, 553, 558, 559, 573, 578, 600, 603, 635, 644, 645, 661, 696, 724, 748, 752, 753, 759, 787, 809, 817, 868, 872, 874, 875, 886, 907, 918, 929, 930, 946, 947, 953, 973, 976, 884, 990, 994, 1027, 1445, 1181, 1240, 1521, 1553, 1773.
Glynzounios (Emmanuel), 146.
G. M., *voir* Marcoras (Georges).
Gobineau (de), 2863.
Gobios (Philippe), 483.
Goess (Pierre de), 893.
Goldoni (Carlo), 918, 3077.
Gomes (Carlos), 3367, 3381.
Gondoliere (Tipi del), 1344.
Gonémis (Famille), 203.
Gonémis (Nicolas), 3462, 3526, 3566.
Gonémis (Nicolas Ch.), 159.
Gonewster, 1818.

Gonzague (Louis de), 2059.
Goodison (William), 1008.
Gore (John), 2347.
Gori (P.), 1031.
Gornielli (Antoine de), 2230.
Gortchacoff, 2917.
Goudas (A. N.), 2298, 2299.
Goudis (S.), 3663.
Goujon, 1092.
Gouliarmis (Nicolas), 382.
Goulis (Spiridion), 3117, 3269.
Gounaris (Scoulis, Silivergos), 689.
Gounaris (St.), 3548.
Gounélidis (D.), 3697.
GOUZÉLIS (Démétrius), 760, 910, 1238, 2132, 2173, 3274, 4029.
G. P., *voir* Padovan (Girolamo).
Gradenigos (Alvise *ou* Louis, *puis* Ambroise), 194, 197, 206, 207, 208.
Γρανδῆς (Γουίδων), 616.
Grandi (Jacopo), 228.
Grapsas (Famille), 203.
Gras, 2185.
Grasset (Édouard), 2115.
Grasset Saint-Sauveur (André), 582.
Grassetti (G.), 1070, 1143, 3444.
Gratsiatos (G.), 3538.
GRATSIATOS (Paul), 3004, 3045, 3103. 3578, 3806, 3906, 3956.
Gravaris (B.), 3697.
Gravesande ('s), 697.
Gravinos et Garouphalis, 1169.
Gray (F. J.), 2365.
Graziosi, 1156.
Gregentius (Saint), 177.
Grégoire, archevêque de Salonique, 126.
Grégoire, archevêque de Jannina, 392.
Grégoire, archevêque d'Eubée, 1103.
Grégoire de Nysse, 154.
Grégoire V, patriarche, 1759, 2762, 2763, 2764, 2796, 2815, 2829, 2844, 2854, 2904, 2937.
Grégoire VI, patriarche, 1712.

Grégoire XIII, 78.
Grégoire (Saint), 383.
Grégoras (Nicéphore), 922.
GRÉGORIADIS (Périclès), 2850.
GRÉGORIADIS (Spiridion), 2703.
Gregorina (Marco Antonio), 377.
Gregorina (Natal Eugenio), 377.
Gregorini (Géras. Const. de), 531.
Grégorovius (Ferdinand), 3313, 3314, 3345, 3426, 3427, 3724.
Grégory, 2420.
Grékis (Emmanuel), 3106.
Grenville (Thomas), 989.
Grétry, 1695.
Grey, 1770, 2149.
Grimani (Francesco), 1881.
Grimani (Giampetro), 1881.
Grimani (Pietro), 306, 326.
Grimaldo, 66.
Gritti (André), 17.
GRIVAS (Nicolas, Caravias), 1592.
Gros (J. B.), 1447.
GROTTA (Vincent), 3236, 3325, 3335, 3423.
Grundman (C.), 3703.
Gryllos (A.), 2115.
GRYPARIS (Denys), 1597, 1727, 3500.
Gryparis (Z.) et Canariotis (A.), 2469.
Gryphius, 44.
Γ. T., voir Tertzétis (Georges).
Gualtieri (Luigi), 3859.
Guarini, 4, 185.
Gueffier (B.), 1018.
Guerrazi (F. Dom.), 2957, 3091.
Guglielmini, 2493.
Guidi (Ignazio), 3255.
Guilford (Frédéric), 1036, 1037, 1072, 1100, 1107, 1150, 1499, 3156.
Guillaume le Conquérant, 1091.
Guinchi et Mordacchini, 1088.
GUSCO (Denys), 1331.
Guyon, 3540.
Γ. X., voir Chrysovergis (G.).

H

Haak (Théodore), 417.
Hachette (N.), 1147.
HAGIAPOSTOLITIS (PAÏSIOS), 3734.
Handjéris (Constantin), 558.
Hankey (Milady), 993.
Harménis (Augustin), 312.
Harménopoulos (Constantin), 389, 3961.
Harrassowitz (Otto), 1347, 2062.
Hatzidakis, voir Chatzidakis.
Haviland, 115.
Heideloff and Campe, 1291.
Heldreich (Th. de), 3308.
Hélène, femme de Ménélas, 3901.
HÉLIACOPOULOS (DENYS), 2945, 3023, 3071, 3120, 3246, 3501, 3592, 3680.
Hélias (André), de Bordeaux, 730.
HÉLIASCOS (Démétrius), 382.
HÉLIOPOULOS (P. D.), 2683.
Hennen (John), 1159.
Hennuyer (A.), 3201.
Hephell, 3400.
Héraclide de Pont, 1093.
Herban, 177.
Hercher (R.), 3385.
Hermogène, 569.
Hermoniaocs (Constantin), 11.
Henry (A.), 1399, 1400.
Hérodien, 635.
Hérodote, 975, 1258, 3354, 3455, 3533, 3923.
Hertz (Gabriel Jo.), 273, 284.
Hésychius de Milet, 1093.
Hidroménos (André J.), 2756.
HIDROMÉNOS (ANDRÉ M.), 560, 1838, 3165, 3179, 3363, 3647, 3676, 3873.
HIDROMÉNOS (MICHEL ÉTIENNE), 1197, 1588, 1838, 2729, 2769, 3654.
HIÉROSOLYMOS (Jean), 782.
Hilaret (Carlo), 1283.

Hippocrate, 44, 193, 984, 1045, 3772.
HIRACLIOTIS (Jean), 268.
Hoepli (Ulrico), 3412.
Hoffmann (Hans), 3549.
Holbach (d'), 456.
Holland (Henry), 880.
Holland (Lord), 892, 903.
Holtzhausen (Adolf), 3542.
Homère, 11, 26, 155, 267, 327, 332, 644, 645, 656, 851, 866, 1309, 1430, 1723, 1781, 2118, 2745, 2973, 3385.
Homann (Jean-Baptiste), 277, 278.
Honert (Tacon Hajon van den), 310.
Honorato (Nicolas Columella), 1412.
Hopf (Carl), 57, 2725.
Hoppner (Giov. Gugl. Belgrave), 936.
Hoppner (Riccardo Belgrave), 936.
Horace, 1999, 2985, 3824.
Horthemels (Daniel), 239.
Howard Douglas, *voir* Douglas.
Hugo (Victor), 2593, 2618, 2845.
Hull (T. A.), 2365.
Humbert, 720.
Humbert I*er*, 3112, 3362, 3407
Hume, 1751.
Hurst and Robinson, 983.
Huzard (M*me*), 1287.
Hyacinthe, *voir* Martzokis (André).
Hypoménas (Georges), 268.

I

Iacobs (F.), 1148.
IACOVATOS (Georges), 2648, 2652.
Iacovatos (Chrysanthi, Zervos), 1753.
IACOVATOS (Hélie, Zervos), 1602, 1753, 3820, 3851.
Iacovitsis (Stoïka), 314.
Iannoulis, *voir* Giannoulis.
Ianuszovius (Ioannes), 98.
Iasémidis (Démétrius), 3183.
Iasémidis (Périclès P.). 3386.
Iatras (Isabelle), 2017.

IATRIDIS (Polydore E.), 2730.
I. Γ. T., *voir* Tsacasianos (Jean).
I. Δ., 2131.
Ideville (Henri de), 2868.
Ignace, métropolitain de Valachie, 841, 845, 904.
Ilgen, 22.
INGLÉSIS (Christophe E.), 2740, 2784, 2788, 2943.
Inglésis (Démétrius), 1164.
Inglésis (N. G.), 3559, 3595, 3903.
Innocent IV, 73.
IOANNIDIS (A. Calvos), 968.
IOANNIDIS (Eustathe), 1199.
Ioannikios, patriarche, 373.
IOANNOPOULOS (J.), 2255, 2367.
Ioannopoulos (Anne), 2507.
Ioannis (Nicolas), 357.
Ioannou (Philippos), 1475, 2018, 2165, 3198.
Ioannoulis, *voir* Giannoulis.
I. Π., 3732.
Ippaviz (Luigi C.), 3794.
Isaac (Saint), 411.
Isaïe (P.), 1748.
Isaurus (Candidus), 1093.
Ischakis (A.), 3465.
Isengard (Luigi d'), 3999.
Isocrate, 841, 844, 846, 922, 1045, 2965, 3463.
Istria (Dora d'), 2023, 2412, 2904.
I. T., *voir* Tourlinos (Jean).
Italinsky (d'), 1028.
Izzo, 1341, 1346, 1361, 1370, 1426, 1452, 1511, 1520, 1566.

J

Jacob (Th.). 3190.
Jacovatos, *voir* Iacovatos.
Jacques de Milo, 328.
Jacques (Saint), 3505.
Jänecke, 2059.

Janske (Jos.), 1581.
Jarrad (F. W.), 2365.
Jason (Saint), 206, 1618.
Jaxa (D. Marino Antonio), 473.
Jean le Grammairien, 10.
Jean d'Autriche (Archiduc), 878.
Jean Chrysostome (Saint), 13, 230, 264, 930, 2532, 2683.
Jean de Jannina (Saint), 1.
Jenyns (Soame), 1303.
Jérémie, évêque du Magne, 115.
Jérémie II, patriarche, 77, 2718, 3254.
Jérémie IV, patriarche, 818.
Jervis-White Jervis (Henry), 1716.
Joannidis, *voir* Ioannidis.
Joannopoulos, *voir* Ioannopoulos.
Johnson (Samuel), 916.
Joseph, archimandrite de Phourna, 500, 1467.
Joseph, métropolitain de Salonique, 2667.
Joseph II, 502, 583.
Jouaust, 2635.
Joubert, 854.
Jouve (Henri), 3540.
Jules III, 26, 78, 1569.
Julien, 988, 1012.
Julien (Stanislas), 1046, 1059.
Junon, 975.
Junte (Les), 73, 1905.
Justin, 465.
Justinianus, *voir* Giustiniani.
Justinien, 3961.
Justus Tyberiensis, 1093.

K

K., 2650, 3039.
KÆROPHYLAS (Costas N.), 3901, 3969, 4011.
Kæroutos (Jean), 100, 101.
Kæsaris (J.), 3949.
Kæsaris (G.), 3994.

KÆSARIS (Nicolas), 1440, 1532, 1612, 1652, 1691, 1728, 1820, 1836.
KÆSARIS (Spiridion), 1196.
KAPHIREUS (Spiridion), 971.
Kaufmann (J.), 3855.
Képhalas (Adamantine), 2662.
KÉPHALAS (Bessarion), 418.
KÉPHALAS (Char.), 3008.
Képhalas (Constantin), 2662.
KÉPHALAS (Gérasime), 2486.
KÉPHALAS (Jean), 2490, 3011.
KÉPHALAS (Nicolas), 911, 917, 932, 944, 945, 1068, 1075, 1092, 1277, 1299, 1302, 1305, 1482.
KÉPHALAS (Spiridion G.), 3086.
KÉPHALLINOS (André), 3088, 3210, 3328, 3527, 3863.
Képhallinos (Frangin), 791, page 225.
Κέσος (Μάρκιος ὁ), 39.
Kestner (August), 1309.
K. Θ., 3554.
Kiepert (Heinrich), 3532.
Kirchmayr et Scozzi, 3271.
Kirchmayer, 1720.
Kirkswall (Viscount), 2421.
Kirmisson, 3540.
Κλαίρκιος (Πέτρος), 1446.
Kohles (Jodoc. Wilhelm), 267.
König (André), 315.
Kopp (G.), 2979.
Korn (Jean Jacques), 345.
Kositski (Grégoire), 345.
Κρώ66 (Cécile G.), 3914.
Κυβέτος (Βετίνα, Σολωμός), 1646.
Kündig (H.), 4028.
Kündig (W.), 4028.
Kypriotis (Georges), 1212, 1214, 1220.
KYPRIOTIS (Gérasime J.), 3001.
KYTRACAS (Stylianos), 474, 567.

L

Labia (Carlo), 198, 224.

Labiche (Eugène), 3575.
Laboulbène (A.), 3773.
Lacon (B.), 3739.
Lacroix, 1077, 2252.
Laërce (Diogène), 553.
Læstarchos (Michel), 33.
Lafayette, 1079.
Laffon (Gustave), 3201.
Lagomarsinius (Hieronymus), 3413, 3414.
Lagounaris (Évangélos), 3694.
Lagousis (N.), 3796.
Lagrange, 1077.
Laguidara (Georges), 2502.
Laguionie (Gaultier), 1092.
Lahure (Charles), 1781, 2176.
Laîné, 2416, 2685, 2687, 2720.
Laîné et Havard, 2329, 2472, 2481, 2536, 2573, 2645.
Lamartine, 1659, 3139, 3304, 3316.
Lambato (Paolo), 1224.
Lamber (Juliette), 3201.
Lambert (Claude François), 362.
Lambertini (Ida), 3041.
Lambis (Dimos), 1385.
Lambropoulos (A.), 3807.
Lambros (Grégoire), 3956, 3992.
LAMBROS (Michel P.), 2816, 3703.
LAMBROS (Paul), 146, 217, 223, 444, 463, 543, 551, 565, 568, 575, 588, 602, 611, 628, 629, 641, 648, 650, 655, 692, 696, 747, 783, 823, 853, 856, 863, 864, 872, 894, 895, 915, 918, 921, 935, 939, 940, 984, 1027, 1051, 1103, 1145, 1203, 1437, 1482, 1624, 1739, 1835, 2009, 2268, 2561, 2655, 2725, 2785, 3438.
LAMBROS (SPIRIDION P.), 2619, 2746, 2751, 2763, 2787, 2849, 2853, 2906, 3087, 3170, 3195, 3197, 3257, 3271, 3313, 3345, 3425, 3461, 3562, 3567, 3583, 3600, 3601, 3702, 3760, 3774, 3845, 3885, 3893, 3897, 3902, 3916, 3966.

Lampanitziotis (Polyzoïs), 358, 462, 464, 465, 466, 467, 475, 510, 558.
LAMPOUDIS (Anastase), 1919, 1955, 2224, 2328, 2890.
LAMPRYLLOS (Cyriaque), 2635, 2709, 2921.
Lancellotti (Orazio), 469.
Lancetti (Vincenzo), 1060.
Lancitius (Daniel), 89.
Landi (G.), 2231.
Landos (Agapios), 190, 217, 220, 248, 263, 330, 364, 383, 384, 385, 539, 578.
Landos (Antoine), 271, 955, 1029.
LANDOS (Michel B.), 595, 3892, 3969.
Landouzy, 3540.
Landriano (Bernardino de), 50, 67.
Lane (John), 3943.
Lang (Mich. Joh.), 22, 267.
Langefeld (von), 509.
Lankis, 291.
Lantzas (Famille), 203.
Lantzas (A.), 3462, 3489, 3525, 3526, 3584, 3624, 3715, 3723, 3921, 3931, 3944, 3960, 4024.
Lantzas (Benedicto), 213.
Λαντζῶλης, 1404.
Lanze (C. V. Amadeo delle), 352.
Larcher, 975.
Lardin (S.), 1695.
Larissæos (P.), 1304.
Larousse (Vᵛᵉ P.), 3468.
LASCARATOS (ANDRÉ), 1483, 1828, 1861, 1884, 1888, 1891, 2062, 2121, 2244, 2517, 2532, 2565, 2616, 2627, 2684, 2864, 3008, 3478, 3481, 3509.
LASCARIS (Agostino), 494.
Lascaris (Alexis), 92, 98.
Lascaris (Cananos), 3257.
Lascaris (Constantin), 715, 808, 836, 947, 1154.
LASCARIS (Jean), 474, 734, 742, 744, 747, 791.
Lascaris (Marie), 421.

LASCARIS (Sp.), 3371.
Laszczewski (Barlaam), 345.
LATAS (DENYS), 2834, 2895, 3014, 3216, 3505, 3712, 3832.
Lauderdale (de), 982.
Lavagnolus (Bartholomæus), 324.
LAVRANOS (Christophe), 1450.
Lavranos (Spiridion), 886.
LAVRANOS (Théodore), 2285,
Lavriotis (Cyrille), 2629.
Lazaras (Panagiotis), 1497, 3115.
Lazaratis (Anastase), 3368, 3375.
Lazaridis (E.), 2036.
Lazaridis (J.), 1547, 1595.
Lazaridis et Couvélanos, 3452.
LAZARIS (Ange), 306.
Lazaropoulos (Jean), 335.
LAZAROS (Apostolos), 444.
Lazarus, 92, 94, 98.
Lazzaroni (Giammaria), 322.
Lébounis (Georges), 1141.
Lébounis (Néophyte), 818.
LÉCATSAS (Antoine), 2263, 2270.
LÉCATSAS (Spiridion), 2207, 2221, 2223, 2272.
Lechat (Henri), 3740.
Le Chevalier (J. B.), 1150.
Lécluse (Fleury de), 22, 1144.
Lecointe et Durey, 1042.
Lefcokilos (Antoine), 998, 1029, 1030.
Lefcokilos (Thomas), 610.
Legendre (A. M.), 1146, 1158, 2251.
Legrand (Émile), 29, 211, 1160, 2685, 2720, 2745, 2793, 2826, 2936, 2962, 3702, 3995, 4005.
Lellis (Constantin Théodoridis), 807.
Lelong (Ch.), 2252.
Lemaître (J.), 3634.
Lemoine (John), 1738, 1761.
Le Monnier, 1555, 1641, 2762.
Le Moyne, 221.
Lenormant (Charles), 2104.
Lenormant (François), 2048, 2081, 2175, 2176, 2431, 2492.

LEO (N. di), 2344.
Léon le Sage, 1304.
Léon X, 443.
Léon XII, 1085.
Léon XIII, 3175, 3795, 3840, 3854, 3878, 3921.
Leoncini (Jacques), 55, 57, 64, 72.
LÉONDARAKIS (Denys), 1097, 1209.
Leone (Evasio), 941.
Léonis (Paraskévas), 3569, 3712, 3797, 3800, 3806, 3810, 3837, 3840, 3862, 3875, 3924, 3925, 3933, 3956, 3983, 3992, 3996, 4040.
LÉONTARITIS (Denys), 3658, 3697.
Λεόντιος Ναυπλιεὺς ὁ Μογγιστής, 54.
Lépéniotis (Famille), 203.
LEPORATTI (Lodovico), 3341.
Leroux (Ernest), 3349, 3429, 3491, 3561.
Leslie (John), 1147.
Lessis (Démétrius), 2423, 2595.
LEUCADIOS (Cosmas), 1760.
LEUCADITIS (Cosmas), 2494, 2672, 3038, 3903.
Leucaditis (P. A.), 3866.
LEUTHÉRIOTIS (A. J.), 3382, 3628, 3763.
Leucokilos, *voir* Lefcokilos.
Levasseur (J.), 3148.
LÉVI (David), 1635.
LÉVI (Joseph Emm.), 2981, 3738.
Lévy (Michel), 2492.
Lewis, 2399.
Lhomond, 1137.
Libadas, *voir* Livadas.
Libanti (Paolo), 1298.
LIBATHÉNOPOULOS (A. S.), 2792.
LIBATHÉNOPOULOS (D. S.), 2851.
LIBATHINOS (Jeanne D.), 3962.
Liberali (Giuseppe), 1416.
Libéris (Théodore), 2128.
LIBIÉRATOS (Eustathe C.), 2975, 3190.
Libiératos (Anastase), 3190.
Libiératos (Grégoire), 3190.

Libiératos (Nicolas), 3190.
Ligatos (D.), 4027, 4042.
Lilienstern (Kühle von), 1191.
LINARDATOS (Denys), 2356, 3573.
LIOPOULOS (S.), 3044.
Liosatos, 2648.
Lioumbis, Garios et Popov, 611, 656, 697.
Lisèo (Marino Metaxà), 529.
Lisgaras (Famille), 203.
LISGARAS (Jean), 2137.
LITINOS (JEAN), 434, 533.
LIVADAS (Gérasime), 1382, 1620, 1706, 1707, 2105, 3020, 3045, 3096, 3841.
LIVADAS (Michel), 3652.
LIVADAS (P.), 1568.
LIVADAS (Théagène), 2814, 3010, 3148.
LIVADAS (Thrasybule), 1745.
Λ. Κ., 2292.
Llorente (P.), 1567.
Λ. Μ., 1198.
Locatelli (A.), 3344.
Locatelli (Thomas), 2990.
Lock, 533.
Lodoni, 791.
Loescher (Ermanno), 2785.
Loffredo (Ludovico), 969.
Logaras (Théophane), 72.
LOGOTHÉTIS (Georges), 3768, 3818.
Λοιζερός (I.), 3392.
LOMBARDI (Ettore), 2249, 2253.
LOMBARDOS (CONSTANTIN), 1842, 1995, 2214, 2215, 2255, 2262, 2264, 2265, 2282, 2310, 2464, 2722, 3470, 3602, 3627.
LOMBARDOS (Démétrius S.), 3357.
LOMBARDOS (Salvator), 1993.
Lombardos (Tricoupis), 2958.
Longhi et Montanari, 3735.
Longin, 1211.
Longman, Hurst, etc., 873, 880, 965.
Longo (Gaetano), 2781, 2955, 2989, 3080.
Longus, 511.

Lontopoulos (Agathangélos), 2819.
Lophnan (L.), 2209.
Lorens (Eugène), 3753.
Louinis (J.), 2986.
LOUNTZIS (ANASTASE), 1427, 2413, 2893, 2933, 3776.
Lountzis (Catherine), 1915.
Lountzis (Démétrius), 1984, 2052.
LOUNTZIS (Eugène), 2449.
Lountzis (Euphrosyne), 1915, 2748.
Lountzis (Hélène), 1916.
LOUNTZIS (HERMANN), 550, 1427, 1458, 1511, 1536, 1701, 1762, 1882, 1947, 1978, 2141, 2317, 2413, 2666, 3126.
Lountzis (Marie), née de Martens, 1536, 1989, 2011.
LOUNTZIS (NICOLAS), 1638, 1915, 1916, 1984, 1999, 2021, 2332, 2340, 2360, 2448, 3301.
LOUNTZIS (Spiridion), 375, 531.
Loupinas (Famille), 203.
Loupinas (Stemmatello), 213.
Loupis (J.), 3599.
Louvros (Famille), 203.
LOVERDOS (AGAPIOS), 380, 387, 392, 399, 435, 503.
Loverdos (Euphémios), 575.
LOVERDOS (Jean), 2749, 3922.
LOVERDOS (S. E.), 1582, 1704, 1739.
LOVERDOS (Général), 1170.
Loverdos, *voir* Cortato *et* Costis.
Lovisa (Domenico), 271, 354.
Lowndes (J.), 1002, 1107, 1274.
Lucanis (Famille), 203.
LUCANIS (NICOLAS), 11, 155, 2745.
Lucar (Cyrille), 115, 127, 128.
Lucas (Robert), 1581.
Lucchesini (Jean Laurent), 235.
Lucien, 375.
Lunzi, *voir* Lountzis.
Lupinà, *voir* Loupinas.
Lushington (M. F.), 2319, 2325.
Lusi, *voir* Lountzis.

Lutaud (A.), 3613.
Λ. X. Z., *voir* Zoïs (L. Ch.).
Lycoudis (Démétrius), 2718.
Lycoudis (Emmanuel), 3083, 3365, 3401.
Lycoudis (S.), 2553.
Lytton (Bulwer), 1979.

M

M., 3277.
Mabil (Luigi), 848, 992.
Mabyl (Alvise), 536.
Macaire l'Égyptien (Saint), 1962.
Macarios, métropolitain de Corfou, 1118.
Maccas (C. G.), 3205.
Macchi e Brusa, 3411.
Macedo (Francisco Ferraz de), 3565, 3606.
Macedo (Carmalio de), 3565.
Macedo (Irène de), 3565.
Machæras (Georges), 2860.
Mackenzie (Keith Stewart), 1454.
Mackenzie (Mary Stewart), 1454, 1534.
Mackenzie (O. J. Alex. Stewart), 1534.
Macolas (Jean), 229, 281.
Macquer (M.), 456.
Macræos (Serge), 614, 1631.
Macris (Bessarion), 378.
Macris (E. J.), 3077.
Macris (Georges P.), 3884.
Macris (Hélène, Sigouros), 1646.
Macris (Jean), 102.
Macris (Pierre), 900.
Macris (Gradenigo), 274.
Maddalena (Spiridion), 2449, 2551, 2704, 2813, 3141, 3404.
Madruccio (Cristoforo), 49, 55.
Maffei (Andrea), 1259.
Maggi (Pietro Giuseppe), 1411.
Maggiotto, 1193.
Magimel, 720.

Magnès (Joseph), 1345.
Magnini (G.), 373.
Magron (H.), 3577.
Mahomet le Prophète, 361, 409.
Mahomet II, 2578.
Mai (Angelo), 846.
Maïotis (Georges), 242.
Maïsner (C.) et Cargadouris (N.), 3959, 3966, 3968, 3970, 3978, 4002, 4004, 4018, 4031, 4032.
Maisonneuve, 409, 475, 509, 2685, 2745, 2793, 2826, 2936, 2962, 3195, 3219.
Maitland (Thomas), 889, 898, 939, 941, 955, 982, 1001, 1201.
Maittaire, 6.
Μαχίλεϋ, 1818.
Malakis (Giacoumis), 270.
Malakis (Spiridion G.), 1312, 1623, 2240, 2375, 2425, 2470, 3841.
Malamani (Vittorio), 3344.
Malapetsas (Parthénius), 2000.
Malaxos (Grégoire), 51.
Maldini (Antoine), 910,.
Malipetrus (Petrus Franciscus), 595.
Manarakis (Antoine), 2937.
Mandacasis (Thomas), 388, 391, 396, 400.
Mandelli (Fortunato), 352.
Mandricardis (G.), 2970.
Manésis (Antoine C.), 3248.
Manésis (Denys), 3709.
Manésis (Gabriel), 1438.
Manésis (Georges), 2127, 3510, 3844.
Manésis (Jean S.), 2957, 2997.
MANÉSIS (Nicolas B.), 1517, 1596, 1698, 1899, 1926, 2084, 2742, 2902, 2990, 3189, 3403.
Manetti (Joannes), 252.
Manganello da Corachiana, 1122.
Maniakis (C.), 3348.
Maniakis (N.), 1176.
Manin (Daniel), 3654.
Mankétis (Jean Jacques), 2747.

Manolopoulos (E.), 2106.
Manousis (Antoine), 1557.
MANOUSOS (Antoine). 1657, 1958.
Manousos (Antoine), 2991, 3293, 3880.
Manousos (A. J.), 3912.
Mansell (A. L.), 2365.
Mantaphounis (T.), 2287, 3134.
Mantinéios (Georges), 3969.
Mantzarakis (P.), 1322.
Mantzaros (Giacomo, Chalikiopoulos), 586, 596, 1010.
Mantzaros (Nicolas, Chalikiopoulos), 993, 1695, 2115, 2811, 2833, 2857, 2935.
Mantzavinos (Eugène), 1950.
Mantzavinos (Georges), 2145.
Mantzavinos (Nicolas), 3442.
Mantzavinos (N. G.), 3575, 3577, 3785.
Manuce (Alde), 1, 7, 1905, 2050, 2060.
Manzoni (Alessandro), 2915.
Marc (Saint), 338.
Marc-Aurèle, 635.
Marcellus (Federicus), 274.
Marchant, 1201.
Marchessou, 211, 3349, 3429, 3491.
Marcopoulos (Denys), 3207.
Marcopoulos (Spiridion S.), 4006.
Marcoras (Famille), 203.
MARCORAS (Georges), 1335, 1458, 1493, 1544, 1546, 1547, 1747, 1784, 1812, 1909, 2174, 2327, 2346, 2372, 2388, 2392, 2583, 2735, 2768, 2887, 3146.
MARCORAS (Gérasime), 1961, 2377, 2441, 2459, 2805, 2974, 3663, 3673, 3958, 3969, 3970, 3999.
Marcoras (Troïlos), 213.
Marcouras (Joannikios), 160.
Marengo (Léopold), 3317.
Marenigh (Giovanni), 904.
Margaris (D. J.), 3680, 3697.
Margaris (D. L.), 2929.
Margaris (J. L.), 3012, 3109, 3246, 3261, 3318, 3360, 3908.

Margaris (Spiridion), 3171.
Margot (H.), 1294.
Margounios (Maxime), 126, 136, 179, 184.
Marguerite de Savoie, 3655.
Maria Camilla (Mère), 3611.
Marinis (André), 287.
Marinos (D.), 2639, 2681, 2702, 2803, 3589, 3733.
Marinos (Jean), 1762, 2215, 2283, 2361, 2495.
Marinos (Sp. E.), 3643.
Marinos (Saint), 298.
Mariotti, 3196.
Markétos (Daniel), 115.
Marmont, 787.
Marmontel, 465.
Marmoras (Famille), 203.
Marmoras (Anastase), 382.
MARMORAS (André), 203, 291, 452.
Marmoras (Jean), 554.
Maroutzis (Panos), 332.
Maroutzis (Zaccharie), 332.
Marsand (A.), 1720.
Marshall (V. G.), 3607.
Marsigli, 683.
Marsini (Silvestro), 367.
Martélaos (Antoine), 2987, 3252.
Martélaos (Denys), 3355, 3360, 3969.
Martin (E.), 3575.
MARTINÉLIS (Georges), 2925, 2953, 2999, 3089, 3104, 3127, 3129, 3155, 3168, 3312, 3521.
Martinelli (Fausto), 1886.
Martinelli-Bonomi, 1886.
Martinengos (Denys E.), 3908.
Martinengos (Élisabeth, Moutzan), 3253, 3384.
Martinengos (Élisabethios), 1808, 3253, 3384, 3501.
Martinengos (Jeanne, Voltera), 2413.
Martinengos (Marie), 2109.
Martinet (Émile), 2335, 3468.
Martinetti (G. Antonio), 3716.

Martini (Gio. Battista), 102.
Martini (Edmond), 103.
MARTINOS (Jean), 3492, 3736.
MARTZOKIS (ANDRÉ), 2929, 3125, 3132, 3171, 3229, 3246, 3274, 3394, 3617, 3658, 3692, 3701, 3754, 3776, 3779, 3782, 3815, 3984.
Martzokis (César), 3394, 3692.
MARTZOKIS (Étienne), 3483, 3516, 3592, 3596, 3618, 3680, 3775, 3879, 3995.
Martzokis (Ignace), 3265, 3687.
Martzokis (Louis César), 3782.
MARTZOKIS (LOUIS IGNACE), 1331, 1511, 1803, 1932, 2047, 2217, 2400, 2426, 2430, 2719, 3661, 3697, 3730.
Martzokis (Marine), 3132.
MARTZOKIS (MEMNON, ou RICORDANO), 2868, 2878, 2888, 2938, 3058, 3112, 3246, 3360, 3390, 3648, 3658, 3692, 3825, 3969.
MARULLI (Antoine), 545, 682, 742, 791, page 224.
Marzari (Gio. Battista), 477.
Masarachi, *voir* Mazarakis.
Masi (Glauco), 1075.
Mason (J.), 1002.
Massaia (Guglielmo), 3814.
Massei (Ferdinando), 3637.
Masson, 3847, 3942, 3955, 3981.
Masson (Philibert), 239.
Mastiani (Hélène), née Amati, 1209.
Mastracas (Famille), 203.
Mastracas (Paul), 791, page 223.
Mastracas (Étienne), 2218.
MASTRACAS (Stellio), 87.
MASTRACAS (Stylianos), 368.
MATARANGAS (P.), 3187, 3200, 3211, 3725.
Matésis, 2575.
MATÉSIS (ANTOINE), 1364, 1867, 2060, 3237.
MATÉSIS (Antoine S.), 3961.
Matrone (Sainte), 314.

Maukius (Joh. Gottl.), 440.
MAURIANOS (D.), 1945.
MAUROCHIS (N. G.), 3539.
Maurocordato (Alexandre Nicolas), 265, 2747, 3148.
Maurocordato (Alexandre Jean), 496.
Maurocordato (Alexandre), 2413.
Maurocordato (Constantin), 314, 319, 357.
Maurocordato (Fanny Scaramangas), 1300.
Maurocordato (Georges), 2819, 3148.
Maurocordato (Jean Constantin), 340.
Maurocordato (N.), 2531, 2949.
Maurocordato (Nicolas A.), 1833.
Maurocordato (Scarlatos), 357.
Maurogénis (Jean Nicolas Pierre), 485.
Maurogénis (Nicolas), 485.
MAUROGIANNIS (Constantin), 1310, 1372.
MAUROGIANNIS (G. E.), 2010, 2229, 2837, 3638, 3784.
MAUROGIANNIS (Spiridion), 1404, 1759.
MAUROGIANNIS (Spiridion P.), 2186, 2741, 2832, 2843, 2894.
MAUROKÉPHALOS (Panagis), 3026, 3247.
MAUROMMATIS (André), 1618, 1718, 1841, 1899, 3189.
MAUROMMATIS (André D.), 1562, 1645.
Maurommatis (D. Ath.), 1840, 1941, 1948, 2018, 2672, 2810.
Maurommatis (Nicolas), 823, 977.
Mavro-, *voir* Mauro-.
Maxime (Saint), 154.
Maximilien Ier, 346.
Maximilien, empereur du Mexique, 2736.
Mazarakis (Famille), 203.
MAZARAKIS (ANTHIME), 239, 398, 1405, 1436, 2030.
MAZARAKIS (Gérasime G.), 3437, 3571.
Mazi frères, 746.
Mazocopakis (Panagiotis), 370.
M. B., *voir* Bianchini (Marc).
M. Δ. Θ., 2159.

Mealli, 3656.
Medici (Spiridion, Dilotti de), 3005, 3006, 3108.
Medici (Lorenzino de), 2119.
Medici (Paul de), 2211.
Meissner (Th. G.), 3309.
Meissner, *voir* Maïsner.
Mékhitaristes (Les PP.), 1676.
Mélampe, 44.
Mélas (Terpsichore), 3290.
Melchiori (Anna), 1232.
Mélétius, 44.
Mélétius, métropolitain d'Athènes, 464.
Mélétopoulos (Ch.), 3013.
Meli (D.), 1088.
MÉLIAS (Spiridion), 358, 361, 364, 365, 373, 378, 383, 384, 385, 389, 393, 394, 401, 409, 430.
Mélikis (M. A.), 823, 2058.
Mélissène, *voir* Mélissinos.
Mélissinos (Alexis), 1248.
Mélissinos (Angélos), 822, 844.
Mélissinos (Antoine), 1183, 1248, 1249.
Mélissinos (Antoine), 3736.
Mélissinos (Claire), 1633.
Mélissinos (Georges), 1982.
Mélissinos (Laure), 3213.
Mélissinos (Pierre), 1248.
Mélissinos (Pierre), 3588.
MÉLISSINOS (Spiridion), 1786, 1859, 2042, 2345, 2381, 2422, 3162, 3445.
Mélistagis (G.), 1313, 1946, 2639.
Melzi, 301, 308, 347, 745.
Memnon, 1093.
Mémos (Georges), 3993.
Mémos (G. P.), 3642, 3645, 3650, 3657, 3677, 3874, 3881, 3882, 3883, 3894, 3923, 3930.
Mémos (P. G.), 3455, 3533, 3535, 3552, 3604, 3615, 3619, 3620.
Ménard (E.), 746.
Ménégatos (Stavros N.), 3728.
Meneghelli (A.), 1720.
Ménélas, archimandrite du monastere de Niamso, 2040.

Mengoulas (S. C.), 2764, 2800.
MENTO (Francesco di), 2859, 2950, 3141, 3234, 3404, 3407, 3474, 3513, 3612, 3616, 3635, 3636, 3656, 3680, 2718, 3742, 3745, 3763, 3764, 3940, 3985.
Mentzicof (D., Boultzos), 3036, 3057, 3061, 3191, 3288.
M. E. II., *voir* Prochéraris (M. E.).
MERCANTINI (Luigi), 1578, 1699, 1629, 1633, 1658, 1659.
Mercati (Camille), 2884, 2885.
Mercati (Denys), 1918, 2884, 2885.
Mercati (Jules), 3697, 3815.
Mercati (Michel), 970.
Mercati (Nicolas), 1918, 2884, 2885.
Mercati (Paul), 834, 1783, 1787.
Mercati (Paul Th.), 3779.
Mercouris (Spiridion), 3816.
Méridis (G.), 1825.
Mérimée (Prosper), 1833, 1868.
Merlo (G. B.), 1193, 1881.
Meseri (Emmanuele), 183.
MÉSOLORAS (J. E.), 3254, 3397, 3805, 3831, 3848, 3895, 3898, 3899, 3928, 3951, 3957, 2963, 3990, 4003, 4007, 4021.
MESSALA (Constantin), 1301, 1342, 1370, 2878, 2888, 2918, 3237, 3246, 3360, 3670, 3680, 3692, 3697.
Messala (Denys), 1920, 1927, 1968.
Messala (Étienne), 1920, 1968.
Messala (Georges), 1839, 1976.
Messala (Nicolas), 1920, 1968, 1976.
Messala (Pierre), 1976.
Mestheneus (D.), 1070.
Métallinos (Eustathe), 3674.
Métallinos (Georges), 2483.
Métastase (P.), 2828, 3200.
Métaxas (Famille), 203, 3788.
Métaxas (Alexandre), 271.
Métaxas (Anastase C.), 1706, 1707, 2242.
Métaxas (André), 2123, 2175.

MÉTAXAS (Constantin), 3325, 3561, 4004.
Métaxas (Épaminondas), 3788.
Métaxas (François), 115.
Métaxas (Georges), 1320, 1506.
Métaxas (Jean-Baptiste), 115.
Métaxas (Louis), 885, 1028, 1088.
Métaxas (Marinos), 690, 827, 866.
Métaxas (Néophyte), 1133.
MÉTAXAS (Nicodème), 117, 126, 127, 128.
Métaxas (Païsios), 115.
Métaxas (Panagiotis), 2820,
Métaxas (Spiridion), 1164.
Métaxas (Stavros J.), 2983.
Métaxas, *voir* Santorinis.
Méthodius (Saint), 1304.
Métriophronidis (Philarète), 954.
Métrophane de Nauplie, 397, 447, 1773.
Métrophane III, patriarche, 74, 85.
Metzler (J. B.), 3454.
Mevrel (J. R.), 1277.
Meyerbeer (Jacques), 3713.
Mezzabotta (E.), 3849.
Miani (Girolamo), 138.
Michalitzès (Jean), 363.
Michalitzès (Philarète), 363.
Michalopoulos (N.), 3424.
Michalowski (Antoine), 1099.
Michaud (F.), 1150.
Michel-Ange de Candie, *voir* Farolfo.
Michel II, prince d'Épire, 3568.
Michel (Saint), 1197.
Michieli (G.), 1720.
Midei (Famille), 203.
Migliaressi (Marie, née Donà), 2920.
Mignati, *voir* Miniatis.
Milesi-Antonelli, 1045.
Miliadis et Oeconomos, 2617, 2619, 2655.
Miliarakis (Antoine), 371, 1248, 3496, 3590, 3665.
Milias, *voir* Mélias.
Millin (Louis), 806.

Milocco (Domenico), 212.
Miltiade, 975.
Milton, 3906, 3946.
Minas (Saint), 689.
Mindonis (Jean), 49.
MINIATIS (Élie), 233, 260, 282, 290, 303, 320, 321, 345, 350, 371, 374, 377, 423, 449, 458, 467, 518, 574, 661, 1306, 2030, 2384.
Miniatis (François), 211, 290.
Miniatis (Jean), 676, 703, 705, 729, 732, 739, 740, 743.
Minio (Famille), 203.
Minotos (Les), 3766.
Minotos (Guillaume), 1711.
Minotos (Jean), 1471.
Minotos (Nicolas), 2890, 3013, 3283, 3706, 3969.
Minotos (P. Pavlidis), 1798.
Missiaglia (Jean-Baptiste), 1121.
Mitros (Michel), *voir* Mélétius, métropolitain d'Athènes.
Mitrovic (Bartolomeo), 3395.
Mittler (Ernst Siegfried), 1191.
Mocenigo (Georges), 631, 712.
Mocenigo (Hélène A.), 2321.
Mocenigo (Jean Alvise), 368.
Mochiato (Stefano), 2311.
Μογγιστής, *voir* Λεόντιος.
Moles (Marc Antoine), 197.
Molière, 2828.
Molina (Paolo Andrea), 975, 1093.
Molinari (Pancrazio), 1803, 1932,
Molino (Alessandro), 228.
Molossos (Basile Zôtos), 2581.
Mompherratos (André), 3662.
Mompherratos (Antoine G.), 3405, 3598, 3625, 3662.
Mompherratos (Georges), 3405.
Mompherratos (Joseph), 1620, 2105, 2242, 2247, 3570, 3841.
Monari, 791, page 224.
Monastiriotis (André), 1517.
Monastiriotis (Nicolas), 2742.

MONASTIRIOTIS (Spiridion, Rallis), 2483.
MUNDINOS (Spiridion), 2085.
Monsigny, 1695.
Montague (Maria, Wortley), 1297.
MONTÉSANTOS (Spiridion), 382.
Montesquieu, 2287.
Monti (Vincenzo), 1038, 1458.
Montini (Innocenzo), 308.
Monvel (Boutet de), 2816.
Moquet, 1302.
Moraïtinis (P. B.), 2229, 2240, 2594, 2648.
MORAÏTIS (André), 382.
Moraïtis (Spiridion), 3605.
MORATELLI (G. B.), 900, 923, 925, 926.
MORDO (Donat de), 2516.
MORDO (LAZARE DE), 587, 629, 646, 651, 662, 670, 692, 711, 736, 744, 747, 757, 791, 799, 800, 864, 891, 934, 1021, 1022, 1026, 2516.
Mordo (Sabatai de), 791, page 223.
MORDO (S. B. de), 2767, 2828.
Morelli (Jacopo), 892.
Morello (Famille), 203.
Moresini, *voir* Morosini.
MORETTIS (Angélos), 4006.
Morettis (Démétrius A.), 3288.
Morettis (Philippe D.), 3839.
MORETTIS (Rodolphe C.), 3997.
Morgagno, 791.
MORIKIS (Charalampe), 1282.
MORMORIS (Emmanuel), 818.
MORMORIS (Georges), 818.
Moros (Eugène), 3095.
Morosini (Alvise), 264.
Morosini (André), 133.
Morosini (Barbon), 344.
Morosini (Francesco), 218, 225, 249.
Morosini (Francesco II), 375, 379.
Morosini (Michel), 317.
Morosini (Pierre), 133.
Morosini (Sebastian), 472.
Μόρρη, 1818.
Morterra, 3880.

Morton (John), 1324, 1325, 1343.
Moschini (G. A.), 1720.
Moschopoulos (André), 1617.
MOSCHOPOULOS (Antoine), 1672.
Moschopoulos (Chrysanthe), 1672.
Moschopoulos (Grégoire), 1672.
MOSCHOPOULOS (Jean), 306.
Moschos (Famille), 203.
Moschus (Démétrius), 2059.
Moseley (J.), 1792.
Möst (J. B.), 195.
Mothonis (Nicolas), 345.
Motsénigos, *voir* Mocenigo.
Motzi, *voir* Mozzi.
MOURIKIS (Charalampe), 2442.
Mourmouras (Sp.), 3221, 3262, 3285.
Mourouzis (Alexandre), 2632.
Mousouris (Démétrius), 1312.
MOUSOURIS (Gérasime C.), 2618.
Mousson (Alb.), 2033.
Moustoxydis (Famille), 203.
MOUSTOXYDIS (ANDRÉ), 3, 675, 823, 841, 844, 846, 881, 888, 892, 914, 922, 924, 936, 937, 962, 972, 975, 977, 1004, 1011, 1014, 1045, 1054, 1093, 1205, 1310, 1325, 1340, 1343, 1344, 1346, 1414, 1435, 1485, 1500, 1505, 1543, 1562, 1667, 1897, 2059, 2086, 2098, 2115, 2133, 2268, 2433, 2524, 2593, 2955, 3050, 3124.
MOUSTOXYDIS (Michel A.), 2524, 2827.
MOUSTOXYDIS (Spiridion A.), 2378.
Moutier, 2594.
MOUTSOS (Christodule), 2629, 3070.
Moutzan, *voir* Martinengos.
Mozera (Antoine), 1992.
Mozera (Jean), 1992.
Mozzanega (Famille), 203.
Mozzanega (Marie, Chalikiopoulos), 739.
Mozzi (Angélique), 2505.
Mozzi (Ferdinand), 1260.
M. Π., 2765.
Μπεκέλλας, *voir* Békellas.

M. Σ., 1345.
Muazzo (Domenico), 514.
Mucci (A.), 2157.
Mullach (F. W. A.), 22, 1280.
Müller (Christian), 1018.
Müller (Guil. Conr. Arm.), 1231.
Müller (Lucien), 3824.
Münster (H. F.), 3242.
Mure (William), 1389.
Murray (John), 845, 980.
Murray and Gibb, 1394.
Mussuras (Jean André), 234.
Musurus (Marc), 2059.
MYLONAS (C. D.), 2382, 3085.
MYLONOPOULOS (B. D.), 3052, 3081.
Mynas (Minoïde), 1109, 1738.
MYRTILOS (Polybe S.), 3333.

N

N., 1713.
NACCOS (Nicolas), 382.
Nachamoulis (Joseph), 2690, 2697, 2726, 2752, 2765, 2767, 2768, 2786, 2791, 2802, 2821, 2828, 2848, 2859, 2872, 2873, 2874, 2875, 2876, 2877, 2950, 2959, 2963, 2981, 3009, 3022, 3044, 3046, 3056, 3088, 3131, 3157, 3159, 3165, 3173, 3175, 3179, 3204, 3228, 3230, 3248, 3258, 3279, 3294, 3295, 3296, 3297, 3310, 3322, 3324, 3331, 3356, 3363, 3364, 3372, 3383, 3385, 3388, 3400, 3402, 3421, 3426, 3432, 3435, 3439, 3449, 3465, 3488, 3490, 3495, 3499, 3506, 3513, 3547, 3612, 3629, 3635, 3646, 3647, 3655, 3663, 3718, 3724, 3738, 3742, 3745, 3756, 3758, 3855, 3873.
Nagos (Spiridion), 3860.
Nakis, 2630.
Nakis (N. B.), 2891, 3007.
Nani, 1193.
Nani (Battista), 194.

Nannarelli (Fabius), 2546.
NANNUCCI (Vincenzo), 889, 1184, 1329.
Napier (Charles James), 1201.
Napoléon Ier, 749, 757, 760, 762, 772, 787, 799, 800, 827, 1335, 4022; *voir* Bonaparte.
Napoléon III, 1177, 2594, 2736.
Napoléon (Eugène), 754, 756.
NARANTSIS (Démétrius), 2708.
Naratovich (Pietro), 1484, 1829.
Nardini (L.), 803.
Nathanaël (Jean), 58, 59, 60, 61, 63, 65.
Nautès (G. A.), 1141.
Nautès (S.), 2246.
Naville (Ernest), 2486.
N. Γ., 906.
N. Γ. O., *voir* Œconomidis (N. G.).
Nectaire, patriarche de Jérusalem, 361, 409.
Negri (Francesco), 1232, 1720, 2433.
Nelson, 562.
Néophyte, moine, 2211.
Néophyte, évêque de Cythère, 329.
Néophyte le Péloponésien, 737.
Nepos (Cornelius), 592, 604, 813, 3292, 3410.
Néroulis (Alexandre), 33.
Newcastle (Duc de), 2152, 2195.
Nicanor (Saint), 894.
Niccolini (Gio. Battista), 1031.
Nicéphore, moine, 3350.
Niceron (J. P.), 284.
Nicholson, 2542.
NICOCAVOURAS (Sébastien), 3683, 3870.
Nicodème, moine, 1674, 2417, 2667.
Nicolaïdis (Jean), 3813, 3829, 3911.
NICOLAÏDIS (Jean Marinos), 1183.
Nicolaïdis (Ch. Philadelpheus), 1414, 1483, 1487, 1488, 1496, 1525, 1527, 1544, 1551, 1556, 1562, 1575, 1576, 1577, 1578, 1579, 1588, 1589, 1591, 1596, 1598, 1601, 1602, 1603, 1604, 1605, 1609, 1910, 1618, 1636, 1639,

1640, 1644, 1645, 1657, 1661, 1662,
1667, 1670, 1675, 1682, 1690, 1691,
1700, 1701, 1759, 1804, 1814, 1819,
1832, 1846, 1867, 1871, 1873, 1904,
1905, 1910, 1914, 1944, 1958, 1980,
2034, 2062, 2065, 2079, 2126, 2145,
2251, 2362, 2561, 2682, 2696, 2841,
2891, 2979, 3119.
Nicolaïdis (Th. Philadelpheus), 635, 661, 817.
Nicolaos (Auguste), 1841.
Nicolas de Damas, 1093.
NICOLAS DE SAINTE-MAURE, 4.
Nicolas de Monténégro, 3129.
Nicolas Ier, 1675, 1819.
Nicolas II, 3878.
Nicolas (Saint), 293, 1674.
Nicolas le Jeune (Saint), 500, 1467.
Nicolopoulos (Constantin), 925, 954, 1046, 1160.
NICOLOSI (Dionisio), 3668, 3684.
Nikitarakos (Panagiota P.), 3830.
Nil (Saint), 154.
Ninni (Christos), 2955.
Ninni (Marie), 2955.
Ninni (Sofia), 2276.
Nisio (Felice), 2052.
Nistri, 1734, 2604.
Nitse (L.), 2486.
Nitsos (Démétrius), 1497.
N. K., *voir* Coneménos N.
N. M., 2270.
N. N., 1020, 2719.
Nobile (Agnello), 969.
Nobile e Tosi, 607.
NOBILI (Domenico de), 1290, 1432, 2963.
Noblet (Charles), 2624.
Nodari (Antonio), 936.
Noël, 3038.
Nolhac (Pierre de), 2060.
Nolhac (Stanislas de), 3315.
Nomicos (Jean), 2930.
Nomicos (Michel C.), 2801, 3437.

Norman (George), 2408.
Norman and Skeen, 1677.
Normanby, 1343, 2160.
Notaras (Gérasime), *voir* Gérasime (Saint).
Notaris (Jean), 3739.
Nougent (Lord), 1183.
Noukios, *voir* Nucius.
Novicow, 2676.
N. P., *voir* Panouris (Nicolas).
N. T. B., *voir* Bulgaris (Nicolas Timoléon).
NUCIUS (ANDRONIC), 25, 27, 37, 72, 2524.
Nucius (Ménandre), 13, 230.
NUCIUS (NICANDRE), 1380, 3309.
Nuncius *ou* Nuntius, *voir* Nucius.
N. V., *voir* Volterra (Nicolas).
Nyon, 446.

O

Occhi (Simone), 352, 617.
Ocellus, 485.
ODESCALCO (Monsignor), 66.
Odoardi (Jacopo), 344.
ŒCONOMIDIS (Athanase), 2640.
Œconomidis (Euth.), 1883.
ŒCONOMIDIS (Jean N.), 1326, 1636, 2115, 2241, 2582, 2682.
ŒCONOMIDIS (Philippe), 3198, 3224.
Œconomos (Constantin), 1631.
Œconomos (Démétrius A.), 3610.
Œconomos (Étienne), 1151.
Œconomos (Hercule B.), 3997.
ŒCONOMOS (Pierre A.), 2932, 3017, 3068, 3208, 3320, 3321, 3763.
Œconomos (Sophocle), 2002.
Œconomos (S. P.), 3043, 3082, 3084, 3170.
Offenstand (Gregor), 2100.
Ogden (J.), 3032.

Olga, reine de Grèce, 2577, 2697, 2820.
Olivet (Joseph), 1435.
Olivieri, 1285.
Olivieri (Annibale), 3, 421.
Ollendorf, 2582.
Olympiodore, 922, 1093.
Olympiotis (Methodius), 390.
Omoglou (Nectaire), 1913.
Omont (Henri), 32.
Ophimaque (Georges), 211.
Oporinus (Joannes), 35, 42.
Oppien, 922.
Orcet (G. d'), 3201.
ORIOLI (Francesco), 1362, 1399, 1400.
Orioli (Jean), 1399.
Orlandi (Pietro), 224.
Orlandini (F. S.), 1555.
Orléans (P. Joseph d'), 239, 246, 348, 362.
Orologio (Franc. Scip. Dondi), 902.
Orologio (Paolucci-Dondi dall'), 2781.
Orphanidis (Théodore G.), 2632.
Orsini (Comtes), 2725.
Orsini (Guillaume), 82.
ORSINI DOUCATARIS (Georges), 80, 81, 82.
Orsini Doucataris (Jean Zaphos), 82.
ORSINI DOUCATARIS (Nicolas), 82.
Orstley (M.), 1585, 1748.
Ortis (Jacopo), voir Foscolo (Ugo).
Ortolan, 2485.
Osborne (Sidney G.), 1005, 1131, 1203.
Ossian, 2234.
Ottoboni (Antoine), 238.
Ottoboni (Pierre), 235.
Othon Ier, roi de Grèce, 1247, 2249, 2300.
Ouchakof (Théodore), 563, 572.
Oudrof (Benjamin), 265.
Oungaros (André), 703.
Ounglésis (Famille), 203.
Ovide, 558, 559, 595, 1458, 2897, 3693.
Oxacof (Constantin), 2182.

P

Pachôme, évêque de Céphalonie et Zante, 115.
Pacini (Filippo), 3329.
Padovan (Famille), 203, 3479.
PADOVAN (Basile), 2461, 2824, 3185.
PADOVAN (Charles), 1668.
PADOVAN (Dominique), 2811, 3764.
PADOVAN (Étienne), 2105, 2242, 2366, 2542, 2567.
PADOVAN (Jean), 2601, 2727, 3113, 3624.
PADOVAN (JÉRÔME), 897, 1037, 1072, 1080, 1091, 1182, 1188, 1230.
Paedel frères, 3549.
Pæonius, 3174.
Π. A. Z., 2243.
PAGIATAKIS (Constantin), 2284.
PAÏZIS (Marc), 2105, 2272.
Païzis (Télémaque), 1620.
Pakington (John), 1751, 1770.
Palamas (Costis), 3958.
Palamas (Grégoire J.), 2170.
Palatianos (Famille), 203.
PALATIANOS (A.), 2612, 3157, 3295.
PALATIANOS (G.), 3994.
Palazzuol (Famille), 203.
Paléologue (Grégoire), 1127.
Paléologue (Marie), 2486.
Paléologue (Michel), 2486.
Palese (Carlo), 472, 507.
Palios, voir Pallios.
Paliouritis (Grégoire), 868.
Pallios (Jean), 2553, 3811.
Pallis (Angélique), 2085.
Pallis (A. B.), 2533.
Pallis (Panagiotis), 868.
Palma (Jean Baptiste), 1509.
Palmerston (Lord), 1302, 2228.
Palude, 791.
Paluello, 839.
PAMPALUGO (M.), 1122.
Pampéris (Ambroise), 391.

Pamphile, 1093.
PANAS (Ar. B.), 3945, 3947, 3948, 3976.
PANAS (Constantin), 379.
PANAS (EUSÈBE), 1312, 1863.
PANAS (Miltiade E.), 2705.
PANAS (PANAGIOTIS), 2234, 2546, 3218, 3570, 3849.
PANAS (PHOCION X.), 3918, 4025.
PANAS (PHOTINOS), 2113, 2335, 2747, 4025.
Pancalos (Hélène), 1990.
PANCALOS (Sophrone), 329, 490, 818, 1504, 2474, 3147, 3813.
Pancalos (Théodore), 235.
Panckoucke, 2941.
Pandin (Famille), 203.
PANDIN (Giovanni), 3637.
PANDIS (ARSÈNE), 1630, 1774, 1817, 2014, 2291, 2710, 2993, 3088, 3100, 3193.
Pangali (Famille), 203.
Panin (Alvise), 225, 227, 231.
Panin (Comte), 431.
Panipéris (Famille), 203.
Pannas, *voir* Panas.
PANOURIS (NICOLAS), 1771, 1890, 3202, 3213, 3226, 3233, 3265, 3276, 3286, 3316, 3369.
Pantélis (Pantélis C.), 1320, 1334.
Pantopoulos (Évangélos), 3786.
Paolis (Anna de), 993.
Paolucci-Dondi, *voir* Orologio.
Paoulis (Polyméris), 373.
Papabasilios frères, 2142.
Papadakis (J. G.), 2165, 2239, 2416, 2482, 2536, 2573, 2620, 2679, 2728, 2761.
Papadatos (Famille), 203.
Papadatos (André), 2608.
Papadatos (Spiridion J.), 3381.
Papadimitropoulos (Constantin), 1866.
Papadopoli (Antoine), 1211, 1343.
Papadopoli (Nicolas, Comnène), 193, 252, 253, 377, 791.

PAPADOPOLI (Nicolò), 3485.
PAPADOPOULOS (Emmanuel), 660, 699.
PAPADOPOULOS (Jean), 3763.
Papadopoulos (Nicolas), 872.
Papadopoulos (Nicolas), imprimeur, 1238, 2342.
Papadopoulos (Nicolas P.), 3887.
Papadopoulos (Spiridion), 392, 423.
Papadopoulos Kérameus (A.), 3734.
Papadopoulos Vrétos, *voir* Vrétos.
Papageorgios (Alexandre), 3562, 3575, 3579, 3583, 3616, 3673, 3676, 3678, 3679, 3698, 3726, 3761, 3767, 3783, 3788, 3805, 3828, 3869.
PAPAGEORGIOS (Démétrius C.), 3011.
Papageorgios (Georges), 1103.
Papageorgios (Pierre N.), 3170.
PAPAGEORGIOS (SPIRIDION C.), 2776, 2856, 2932, 3017, 3225, 3319, 3321, 3326, 3359, 3285, 3396, 3421, 3426, 3724, 3969.
PAPAGEORGOPOULOS (Léonidas B.), 1687.
Papagiannopoulos, 2892.
Papaïoannou (D.), 2997.
Papalexandris (Th.), 3386.
PAPAMARCOS (Charisios), 3331, 3388.
PAPANDRÉOU (L. G.), 3761, 3763, 3924, 3925, 3953, 3954, 3982, 3983, 3992, 3998.
PAPANICOLAS (GEORGES DRACATOS), 1340, 1439, 1571, 1699, 1770.
PAPANICOLAS (G.), 2553.
Papanicolas (G. D.), 2727.
Papanastasios (P. J.), 2892.
Paparrigopoulos, 2927.
Papicœnus (Antoine), 392.
Papoulis (André), 2644.
Pappa-, *voir* Papa-.
PARAMYTHIOTIS (ATHANASE), 2326, 2473, 2607, 2610, 3138, 3368, 3471.
PARAMYTHIOTIS (Étienne), 913.
Paramythiotis (Georges A.), 2322.
Paramythiotis (Jean A.), 2606.
Parascévé (Sainte), 1467.

PARASCHIS (Antoine), 3327.
Paravia (G. B.), 3210.
Paravia (Pierre Alexandre), 2133.
Pargas (Georges), 127,
Pâris, 550.
Parme (Dorotea Sofia, duchesse de), 305.
Parolari (Giov.), 888, 893.
Paroz (Jules), 3333.
Parthénius, patriarche, 390.
Partsch (Joseph), 870, 3532, 3623, 3681, 3708, 3756, 3761.
Parvilerius (Adrianus), 232.
PASCALIS (Spiridion), 2185.
Pascalius (Philippus), 595.
PASCHALÉE (NICÉPHORE), 104, 106, 107, 108, 110, 112, 113, 114, 116, 119, 120, 124, 129, 131, 132, 142, 189, 192, 201, 205, 208, 470.
PASCHALIS (Jean Donas), 520, 533, 601.
Paschas (André B.), 3879, 3962, 4015.
Pasi (Gaetano), 1301.
Paspalis (P.), 1485.
Pasquali (Augusto), 2066.
Pasquali (Jo. Bapt.), 368, 379, 456.
PASQUALI (Luigi), 3389.
Pasquali (Pietro), 477.
PASQUALI-PETRETTINI (Alexandre), 1720, 1886, 2133.
Pasquati, 87, 188, 234.
Passaris (N. G.), 2529, 2634, 2751, 2782.
Passaris (N. G.), et Canariotis (A. G.), 2246, 2375..
Passaris et Vergianitis, 3868.
Patella (Elena), 2305.
Patella (Giuseppe), 2305.
Patellis (D. J.), 2032.
Paterculus (Velleius), 847, 992, 1094.
Patousas (Jean), 264, 266, 907.
Patrikios (Antoine), 1247.
PATRIKIOS (Jean), 4039.
Patrikios (Michel N.), 1471, 1475.
Patrinos (Alexandre), 868.

Patzo (Jean Antoine), 293.
Patzo (Spiridion), 293.
Paul 1er, empereur de Russie, 462, 466, 589.
Paul III, pape, 23, 31, 78, 443.
Paul (Saint), 262, 1797.
Paulidès, *voir* Pavlidis.
PAULINI (Georges), 607.
Paulucci (Eugène), 2477.
Paulucci (Madeleine), 2477.
Pauthier (G.), 1079, 2347.
Pavlidis (S.) et Gryparis (Z.), 2010.
Pavlos (Démétrius), 496.
Pavloutzos (Blaise), 474.
Π. B. A., *voir* Braïlas Arménis (Pierre).
Pecchio (Giuseppe), 1161, 1206.
Pecora (Carlo), 325.
Π. E. Δ., *voir* Dracoulis (Platon E.).
Peel (Frederick), 1751.
Pegorini (Abbé), 308.
Pélécanos (François), 100.
Pélécasis (Démétrius), 2589.
PÉLÉCASIS (Robert), 1275, 1689.
PELLEGRINI (Pietro), 2813.
PELLICAS (Barbarigos N.), 3110.
Pellico (Sylvio), 3287.
Pellion, 1830.
Penada, 306, 498, 749.
Pendamodi (Famille), 203.
Pépanos (Démétrius), 377.
PEPE (Geronimo del), 1452.
PÉPHANIS (Angélos G.), 2498, 2695, 2966.
PÉPHANIS (Théodore G.), 1684, 1712, 2243, 2338.
Perchacinus (Gratiosus), 69.
PERDICARIS (Eugène), 2941.
PERDICOMMATIS (Georges), 2320, 2387
Perella (Francesco), 219.
Périclès, 3477.
Péridis (M. P.), 1818, 1894, 1896, 2560, 2579.
PÉRISTIANOS (ZOSIME, *puis* ATHANASE), 307.

Péristianos (P.), 2860.
Pernot (Hubert), 178, 181, 202, 212a, 237, 265, 266, 267, 287, 298, 299, 312, 313, 317, 320, 331, 332, 335, 339, 353, 382, 406, 411, 419, 420, 425, 427, 439, 440, 443, 447, 460, 490, 496, 497, 512, 516, 526, 528, 548, 559, 592, 616, 663, 685, 697, 737, 659, 760, 840, 886, 907, 910, 942, 973, 1036, 1070, 1103, 1107, 1138, 1160, 1181, 1183, 1263, 1274, 1275, 3995.
Perrey (Alexis), 2438.
Perrhævos (Christophe), 560.
Perri-Vamvas, 2676, 2710.
Perris, 2676, 2710, 2770, 2808, 2880, 2896, 2921, 3031, 3105, 3170, 3220, 3304, 3405, 3428, 3440, 3473, 3568, 3570, 3577, 3590, 3614, 3625, 3632, 3652, 3662, 3666, 3702, 3703, 3740, 3885, 3919, 4026.
Persan (P.), 1018.
Persico (Ignazio), 3802.
Perthes (Justus), 3532, 3623, 3681.
Pervélis (Chrysanthi), 3279, 3340.
Pestemaltzioglou (Périclès M.), 3243, 3518.
PÉTALAS (Christodule G.), 3699.
Pétaloudis (Jean), 3946.
Petermann (A.), 3708.
Pétrarque, 845, 974, 989, 2446.
Petreius, *voir* Petrus.
Petretin (Famille), 203.
Petretinus (Démétrius), 162, 213.
PETRETTINI (JEAN), 1121, 1243, 1386.
PETRETTINI (MARIE), 867, 1060, 1297, 1300, 1720, 1886, 2133, 3046.
PETRETTINI (SPIRIDION), 536, 745, 847, 988, 992, 1012, 1094, 1300, 1422, 3046.
Petrettini, *voir* Pasquali.
PÉTRIDIS (PLATON), 889, 895, 901, 916, 919, 938, 946, 1083, 1104, 1203, 1560, 1709, 2248, 2772.
Pétridis (Stamos), 1860, 1936, 1998, 2056, 2180.
PÉTRITSOPOULOS (André), 382.
PÉTRITSOPOULOS (DÉMÉTRIUS), 690, 865, 879, 991, 1024, 1050, 1195.
Pétritsopoulos (Dorine), 2208.
Pétritsopoulos (Georges), 2776.
PÉTRITSOPOULOS (Jean), 1227, 1324.
Pétritsopoulos (Philippe), 2258.
PÉTRITSOPOULOS (Pierre), 921, 1306, 1329, 1373, 1458, 1459.
PÉTROCOCKINOS (Calliope), 2658.
Pétrocopis (Athan. P.), 2780.
Pétrov (Basile), 442.
PETRUS (NICOLAS), 10, 12, 44.
Petsalis (Nicolas), 3553, 3556, 3628, 3639, 3641, 3653, 3654, 3671, 3700, 3765, 3778, 3781, 3827, 3867.
PETSALIS (Spiridion D.), 3091.
Petteri (Francesco), 317.
Peytieux, 1046.
Pezaros (Antoine), 2654.
Pezzati (Luigi), 1054.
PHALÉREUS (Georges), 1126.
Phanourios (Saint), 2870.
PHARANTATOS (Jean Sp.), 3420, 4040.
PHARANTATOS (Nicolas Sp.), 3330, 3800, 3862, 3909, 3910, 3911, 3937.
Phardis, 1237.
PHARDOULIS (Nicolas), 1237, 1585, 1748, 1755, 1823, 3051.
PHARMAKIDÈS (Théoclet), 1148.
PHATSÉAS (ANTOINE), 1558, 1600, 1642, 1769, 1883, 2370, 2504, 2582, 2717, 2782, 3239.
PHATSÉAS (GEORGES), 366, 369, 370.
Phatséas (Grégoire), 399.
Phaulkon, *voir* Yérakis.
Phèdre, 3482, 3876.
Phéxis (Anastase), 3906, 3964.
Phéxis (Georges D.), 3725, 3807, 3808, 3809, 3816, 3849, 3920, 3929, 4033.

Philadelpheus, *voir* Nicolaïdis.
Philalethes (Christophorus), 89.
Philaras (Léonard), 170, 186.
Philiotis (Panagiotis N.), 3908, 3971.
Philippas (D. E.), 2105.
Philippas (Eustathe), 2242.
Philippas (Spiridion), 2443.
Philippe II, prince de Tarente, 3294, 3568.
Philippidès (Stylianos), 3720.
PHILITAS (Christophe), 576, 1096, 1443, 1519, 1529, 1546, 1551, 1747, 1784, 2115, 2277.
Phillis (Spiridion, Paschalis), 2511, 2526.
Philopœmen, 1344.
Philoponus, 10.
Philostrate (Flavius), 1060.
Phinoménos (Eustathe), 3514, 3941, 3975, 4023.
Phlégon de Tralles, 1093.
Phlogaïtis (Théodore), 3912.
Phocas (Constantin), 1706, 1707, 2215.
Phocas (Gérasime), 3440, 3772, 3773, 3829.
Phocas (Hélène), 3714.
Phocas (Pierre), 1598, 1661.
Phormanos (Nicolas D.), 1413, 1423.
Phortios (Famille), 203.
Phortios (Alexandre), 49.
PHORTIOS (Angélos), 17, 23, 30, 34.
PHORTIOS (Léonard), 16, 2793.
Photius, 343, 1093, 1115, 1537, 1804, 3717, 4043.
Phournaris (Démétrius C.), 2041.
Phrancopoulos, *voir* Francopoulos.
Phréaritis (Constantin), 2634.
Phréris et Calomaniatis, 2803.
Phréris, 3466, 3615, 3620, 3642, 3645, 3650, 3657, 3677, 3874, 3881, 3882, 3883, 3894, 3923, 3930.
Phronimos (Démétrius), 1954.
Phroudakis (G.), 3658.
Piatti (Guglielmo), 816.

Piave (F. M.), 3373.
Picart (Jacques le), 239.
Piccolos (N.), 1049.
Pichon (F.), 3751.
Picotti, 843, 1128, 1132.
Pie IV, 78.
Pie VII, 605.
Pie IX, 1540, 1546, 1547, 1565, 1573, 1747, 1784, 2520, 3141.
Pieraccini, 1249, 1533.
Pieri (Adeline J.), 3359.
PIERI (Alexandre, Trivoli), 382, 478.
PIERI (Antoine, Trivoli), 566, 736, 751, 3046.
Pieri (Benetto), 595, 684, 742.
Pieri (Démétrius), 3622.
Pieri (Démétrius, Trivoli), 3046.
Pieri (Marino), 213, 302.
PIERI (Mario), 749, 751, 810, 812, 837, 839, 1000, 1057, 1135, 1641, 1720, 1765.
PIERI (Michel, Trivoli), 783, 858, 998, 1043, 3046.
Pieri (Nicolas Georges), 579.
Piero (Famille), 203.
Pierre le Grand, 297, 317, 318, 320, 339, 446, 516.
Pierre (Saint), 262.
Pierris, *voir* Pieri.
Pietrasanta (Plinio), 49.
Pigas (Mélétius), 128.
Pigault-Le-Brun, 706.
Pignatore (B.), 1382.
Pignatore (Gérasime B.), 3049, 3097.
PIGNATORE (Marino), 3547.
PIGNATORE (Nicolas), 3547.
Pignatore, *voir* Piniatoros.
Pihan de la Forest (A.), 1246.
Pilarinos, *voir* Pylarinos.
Pilate (Ponce), 1304.
Pilicas (Diomède G.), 2223.
Pilicas (Jean N.), 3783.
Pilicas (Spiridion), 3783.

Π. I. M., *voir* Mauroképhalos (Panagis).
Pindemonte (Hippolyte), 769, 839, 1259, 1298, 1458, 1720, 2433.
Pinelli, 867.
Pinelli (Antoine), 93, 95, 96, 97, 104, 105, 106, 107, 109, 110, 111, 112, 113, 114, 116, 118, 119, 120, 121, 122, 123, 124, 129, 130, 131, 132, 134, 135, 136, 158, 173.
Pinelli (Les fils de Jean Antoine), 403, 410, 412, 413, 414, 415, 416, 425, 428, 429, 441, 505.
Pinelli (Jean Pierre), 140, 141, 142, 143, 144, 145, 146, 150, 151, 152, 153, 155, 156, 157, 158, 161, 165, 167, 169, 172, 174, 176, 179, 182.
Pini (Alexandre), 228.
Pini (D. Ermenegildo), 525.
Piniatoros (André), 392.
Piniatoros (Anne G.), 2695.
Piniatoros (Hélène Phocas D.), 3714.
PINIATOROS (Nicolas G.), 2630, 3450, 3480.
Piniatoros (Théodore), 115.
Piniatoros, *voir* Pignatore.
Pio (Jean), 2062.
Piquet (Pierre), 944, 945.
Pirotta, 847, 1259, 1494.
Pisani (Alvise), 322.
Pisani (Angelo), 251.
Pisani (Nicolò), 251.
Piscopia (Giamb. Cornaro), 196.
Pisidès (Georges), 154.
Pisimisis (Th. P.), 3268.
Pitsipios (Avrocome), 2917.
Pitsipios (Jacob), 2917.
Pitteri (Francesco), 308, 317, 320, 339.
Pittoni (Leonardo), 309.
Pius (Joannes Baptista), 2.
Pizzamano (Domenico), 241.
PIZZAMANO (Gerasimo), 981.
Pizzamano (Paolina, Straticò), 479.
Planude, 27, 137, 199.

Plapoutas (D.), 1229.
Platon, 922, 1045, 2886, 3977.
Platon, métropolitain de Moscou, 438, 462, 466, 1116, 1817, 2603.
PLÉSAS (André), 2242.
PLESCAS (Panos), 2534, 2557.
Pléthon (Gémiste), 922.
Pline, 2.
Plochoff (Jean), 420.
Plon, 2863, 3315.
Plutarque, 33, 984, 1258, 1344, 1562, 2936.
Π. M., 1513, 3169.
Podhorsky (Louis), 2799.
Poffandi, *voir* Pophandis.
POJAGO (Giacomo), 1495, 1517.
Pokzaski (Sophrone), 538.
Polcastro (Girolamo), 937.
Polémon, 44.
Poletti (André), 243, 244, 247, 249.
Polilà, *voir* Polylas.
Politakis, 2170.
Politien (Ange), 2.
Politis (Famille), 203.
Politis (Anastase), 2183.
POLITIS (Antoine), 1945.
POLITIS (ATHANASE), 985, 1104, 1142, 1278, 1293, 1547, 1807.
POLITIS (Basile), 306.
POLITIS (G.), 1896, 3419, 3466.
POLITIS (Georges A.), 3713.
POLITIS (Nicolas), 610.
POLITIS (Périclès), 2833, 2857.
POLITO (THÉODORE ANTOINE), 2595, 3141, 3203, 3476, 3611, 3821, 3822, 3846, 3854, 3856, 3858, 3905, 4008, 4009.
Pollanis (Constantin P.), 2740.
POLLANIS (Nicolas A.), 1888, 2740.
Pollanis (Pierre N.), 2216, 2227, 2353.
Pollanis (N. P.), 3049.
Polycratès (P.), 2465.
Polylas (Famille), 203.
Polylas, 1528.

POLYLAS (Antoine), 1530, 1561, 1621, 1630, 1647, 2035, 2054, 2189, 2218.
Polylas (Eugène), 2866.
Polylas (G. D.), 3128.
POLYLAS (Jacques), 1826, 2031, 2087, 2115, 2134, 2193, 2712, 2798, 2973, 3067, 3614, 3678.
Polylas (Lucrèce), 884.
Polylas (Marc), 3994.
Polylas (Michel), 2450, 2452, 5647, 2765, 2866.
Polyméris (Georges), 1251, 1823.
Polytzidis (Mathieu), 93.
Polyzoïdis (A.), 1229.
Polyzoïs (Gérasime Giannoulatos), 3728.
Polyzoïs (Spyros), 366, 369.
Pomialowski (Jean), 297.
Pompée, 4038.
Pompejano (Maestro), 377.
Ponce de Léon (Gonzalve), 86.
Poniropoulos (D.), 2737.
Ponsonby (F. C.), 1086, 1087, 1091.
Pophantis (A.), 3763.
Pophantis (Christodule), 1575, 1620, 1713, 2455.
Popp (Hadji Constantin), 817.
Porcelli (Giuseppe Maria), 508.
Porteus (Ed.), 1157.
Postolacas (Achille), 2632.
Potain, 3540.
Potamianos (Stavros), 4036.
Potamitis (Denys), 2109.
Potemkin (Grégoire Alexandrovitch), 442, 476.
Potemkin, 1639.
Potter (J. D.), 2365.
Poulis (C.), 1642.
Pounialettos, *voir* Vlastos (Georges).
Poverettos, *voir* Typaldos.
Pozzo di Borgo (Antoine), 315.
Pozzo di Mombello (Enrico dal), 3541.
Π. Π., *voir* Pétridis (P.).
Praxagoras, 1093.

Prétendéris, *voir* Typaldos.
Prévétos (Élise), 2588.
Prévétos (Spiridion), 856, 927.
Princos (Jean), 371, 395.
Printézis Réniéris, 2461, 2510, 3000, 3250, 3267, 3272, 3300, 3417, 3905, 3993, 4008, 4009, 4010.
Prochéraris (M. E.), 2510, 2590, 3163.
Prontzas (Antoine), 3302.
Prossalendis (Famille), 203, 806.
Prossalendis, 791, page 222.
Prossalendis (Bartolomeo), 791, page 223.
Prossalendis (Basilio), 791, page 223.
PROSSALENDIS (François), 265, 1437, 2268.
Prossalendis (Georges), 3156.
Prossalendis (Hippolyte), 213.
Prossalendis (P.), 1276.
Prossalendis (Stelio Doria), 806, 821, 2483.
Prossalendis (Théodore), 118.
Prosperi, 1141.
Prosperini, 2133.
Protat, 3582.
Protodicos (J.), 3431.
Protopapas (Georges), 3644.
Prudhomme, 581.
Π. Σ., *voir* Stavrinidis (P.).
Psalidas (Athanase), 1143.
Psaraftis (J.), 2970.
Psaros (Georges), 2630.
Psellus, 154.
Psimaris (Athénaïs), 3832.
Psomas (Apostolos), 1195.
Psomas (François), 306.
Ptolémée (Claude), 12.
Ptolémée Héphestion), 1093.
Puis (Jean du), 204.
Pujati (Antoine), 344.
Pujati (G. M.), 1720.
Puy (Claude du), 99.
Pylareus (Eulyros), 1624.
Pylarinos (André Potamianos), 282.

PYLARINOS (Jacques), 273, 284, 295, 296.
Pylarinos (Othon S.), 1825, 2453, 2867, 4037.
Pylarinos (Rocco), 1450.
Pylarinos (Sissimos), 238.
Pylarinos (Spiridion Dionysiadis), 2446.
Pylarinos (Stamatélos), 306, 1620.

Q

Quartano (Famille), 203.
QUARTANO DI CALOGERA (Pierre), 1752, 2031, 2119, 2390, 2833, 2857, 3234.
Quartano di Calogerà (N. G.), 2485.
Quatrini (Bernardino), 2551.
Quérard, 1150.
Querini, voir Quirini.
Quesneville (D.), 1869.
Queux de Saint-Hilaire, 2581, 3349, 3380, 3703.
Quirini (André), 482.
QUIRINI (Ange Marie), 299, 300, 323, 656.
Quirini (Angelo), 1193.
Quirini (Emmanuel), 266, 268.
Quirini, voir Stampalia.

R

Rabbi (Samuel), 408, 2211.
Rabutot (J. E.), 2438.
Raçon, 2175.
Racovitza (Constantin Michel), 356.
Radinos (A.), 1258.
Raillard et Ricciardo, 280.
Raïner (Pierre), 1964, 1969, 1983.
Rallis (Alexandre), 1496.
Rallis (Antoine), 392.
Rallis (Constantin), 1225, 1336, 1337, 1347.

Rallis (M. C.), 2023.
Rallis (Thomas), 368.
Rallis, voir Monastiriotis.
Ramelli (Giuseppe), 3506.
Rampazetto (Francesco), 48.
Rampazetto (J. A.), 81.
Ramponi (Ulysse), 756.
Ramsay (George), 983.
Rangabé (Alexandre), 2064, 2815.
Raphaël le Capsocalyvite, 2629.
Raphtanis (Hercule S.), 3214.
Raphtanis (Serge Ch.), 1438, 1658, 1659, 1664, 1673, 1683, 1687, 1698, 1715, 1723, 1727, 1731, 1768, 1771, 1782, 1788, 1795, 1801, 1803, 1807, 1815, 1822, 1843, 1852, 1853, 1855, 1860, 1864, 1866, 1876, 1890, 1892, 1924, 1933, 1934, 1937, 1939, 1940, 2007, 2062, 2069, 2073, 2081, 2092, 2103, 2124, 2130, 2144, 2147, 2161, 2173, 2182, 2203, 2206, 2211, 2221, 2224, 2225, 2281, 2286, 2292, 2371, 2402, 2406, 2412, 2417, 2426, 2427, 2430, 2464, 2475, 2481, 2491, 2496, 2503, 2507, 2508, 2518, 2540, 2549, 2558, 2572, 2603, 2614, 2633, 2644, 2667, 2674, 2692, 2708, 2722, 2757, 2779, 2795, 2815, 2831, 2846, 2858, 2984, 2986, 2987, 3012, 3176, 3192, 3143, 3145, 3153, 3167, 3205, 3207, 3213, 3214, 3232, 3237, 3250, 3252, 3261, 3396.
Raphtopoulos (P. A.), 1241.
Rartouros (Famille), 203.
RARTOUROS (Alexis), 53, 160.
Rartouros (Aloyse), 213.
Rartouros (Priam), 160.
Rasis, voir Razis.
Raspis (Apostolos), 211.
Rataud, 2624.
Ravano della Serena (Piero), 16.
Ravano della Serena (Vettor), 16.
Razis (Chrysanthe), 2956.
Razis (Démétrius), 2956.

Razis (Georges), 1140.
Razis (Georges G.), 3833.
Razis (Jean), 2956, 3247, 3339, 4036.
Razis (Nicolas), 617, 1381.
Reaixtei (Comenido), voir Teixeira (Domenico).
Rebagli (C.), 2148.
Rebeschini, 3260, 4017, 4020.
Ῥηδηγέρος καὶ Κλαύδιος, 535, 537.
Refeletti (Famille), 203.
Regaldi (G.), 1719, 3316.
Reggini (Famille), 203.
Reggius (Hermodorus), 232.
Regozza (Giovan Battista), 326.
Reimer (Georges), 3461.
Reinach (Théodore), 3758.
Reinwald, 2679, 2687, 2728, 2761.
Reiske (Jean-Jacques), 432.
REMONDINI (Balthazar Marie), 338, 354.
Remquet et Goupy, 2347.
Renaldis (Ascanio de), 346.
Renaldis (Luca de), 346.
Renan, 2486.
Rengeriana (Libraria), 531.
Renier (Paolo), 375.
Rennell, 975.
Renouard (Jules), 1079.
Renouard (Paul), 1079.
Resnati (Giovanni), 1411.
Reusmann (Joh. Gottfr.), 440.
Reuter (F. G.), 1294.
Revoltella (Pascal), 2649.
Reynell (C. H.), 982.
Rh-, voir R-.
Riant, 20, 66, 218, 276, 279.
Ricchi, voir Rikis.
Riccoboni (Antoine), 2990.
Richards, 1506.
Richards (G. H.), 2365.
Ridgway (James), 1634, 1677, 1699, 1789, 2077, 2078.
Riemann (Othon), 3184.
Rigas (Constantin), 1658, 3702.

Rignoux, 1047, 2113.
Rigopoulos (André), 2089.
Rikænus (Jean-Baptiste), 74, 76, 77.
Rikis (Famille), 203, 791.
Rikis (Christophe), 956, 957.
Rikis (Démétrius), 2661.
Rikis (Georges), 542, 706.
Rikis (Hector) 1278, 1286, 1408, 1409, 1433.
Rikis (Jacques), 213.
Rikis (Jean Georges), 1071.
Rikis (Michel), 2661.
Rikis (Spiridion), 3741.
RIKIS (Stylianos), 118, 236.
Rilliotis (Néophyte), 1735.
Rinopoulos (Jean), 2597, 3264, 3279.
Risbis (Jean E.), 3550.
Risicaris (Famille), 203.
Rivelli (Albert), 3994.
Rivelli (Pierre), 3277.
Rivelli (Amélie P.), 3944, 3960, 3985, 4024, 4041.
Rivelli (Charles), 1999.
Rivelli (François G.), 1626.
Rivelli (Michel), 4024.
Rivington (Francis and John), 1724.
Rizzardi (Jean Marie), 323.
Rizzi, 1098.
Robappas (Athanase), 746.
Robertson, 974.
Robinson (J. Armitage), 3567.
Robinson (W.), 1067.
Rocca (Francesco), 56.
Roccaserra (H. de), 1177.
Rodios (Nicéphore), 1774.
Roditis (Famille), 203.
Rodocanakis (Emmanuel), 2496, 3986.
Rodolphe II, 80, 81, 82.
Rodostamos (Famille), 203.
Rodostamos, 1458.
Rodostamos (Antoine), 568, 595, 742.
Rodostamos (Étienne), 791, page 223.
Rodostamos (Jean), 287.
Rodostamos (Matthieu), 791, page 223.

Rodostamos (Stamos), 213.
RODOSTAMOS (Zacharie, Jean), 489.
Roger, 2510.
ROÏDIS (DENYS), 479, 495.
Roïdis (Emmanuel), 3149, 3833, 4004.
Rolandi (Pietro), 1391.
ROMÆOS (Théodore), 2608, 2609, 2615.
Romagni (Vettor), 425.
Romaïdis frères, 3215.
Romaniozi (J. D.), 1459.
Romanis (Eutychios), 3305, 3307.
Romanis (de), 885, 1028, 1068.
Romanos (Famille), 203.
Romanos (André), 1839.
ROMANOS (Antoine), 521.
ROMANOS (Antoine Louis de), 754, 878.
ROMANOS (JEAN), 82, 337, 568, 1295, 1339, 1426, 2043, 2699, 2725, 2756, 3059, 3294, 3532, 3568, 3629, 3757, 3763, 3867, 3905.
Romas, 168.
Romas (Adrienne, Stavrakis), 1128.
ROMAS (César C.), 2623, 3759.
Romas (Denys), 1933.
ROMAS (Georges), 1128, 1777, 1787, 3378.
ROMAS (Robert C.), 3099.
ROMAS (Spiridion), 2755, 3233, 3283, 3241, 3447.
Ronchetti e Ferreri, 1411.
Rontiris, 2641.
Rosa (Antonio), 706.
Roscius (Joannes), 68.
Rosellus (Paulus), 73.
Rosenberg (de), voir Orsini Guillaume.
Rosini (Gio.), 855.
Rosis, voir Rossi.
Rossétos (Antoine), 361, 409.
Rossétos (Jean), 511.
Rossi (Alexandre de), 2236.
Rossi (Constantin de), 138, 147, 168.
Rossi (Démétrius G. de), 1969, 1983.
ROSSI (Étienne D.), 3383, 3449.
Rossi (Georges de), 1362, 1969, 1983.

Rossi (Giuseppe), 516.
ROSSI (MARC), 1879, 1889, 2130, 2355.
ROSSI MARIO (Eugène), 3891.
ROSSI (Zikos), 2995, 3449.
Rossi, voir Rubeis (de).
Rossolimos (C.), 1524, 1535, 1590, 1597, 1599, 1615, 1616, 1619, 1620, 1627, 1629, 1632, 1633, 1635, 1637, 1650, 1653, 1654, 1660, 1671, 1681, 1686, 1688, 1689, 1694, 1702, 1719, 1732, 1777, 1783, 1787, 1790, 1865, 1879, 1889, 1900, 1911, 1928, 1930, 1932, 1937, 1938, 1943, 1954, 2001, 2002, 2020, 2024, 2047, 2060, 2132, 2217, 2232, 2235, 2300, 2331, 2373, 2395, 2400, 2429, 2602.
ROUBAS (Georges), 2656, 2783, 2796, 2822.
Rougeron (P. N.), 1053.
Rouphos, 791, page 223.
Rousis (Jean), voir Condorousis.
Rousopoulos (Nicolas), 3187, 3200, 3211.
Roussanos (Pachôme), 19, 1529, 3865.
ROUSSÉLATOS (Ch.), 3360.
Roux (L.), 3716.
Rozelini (M.), 3009.
RUBEIS (ALEXANDRE DE), 193.
Rubeis (Antoine de), 338.
Rubeis, voir Rossi.
Ruga, 612.
Ruggia, 1161.
Ruiter (Gertruda di), 315.
Rümpler (Carl), 2059.
Ruphonus, 198.
RUSCONI, 554.
Russel (J. C.), 887.
Russell (John), 980, 1324, 1328, 1341, 1343, 1375, 1770, 2107, 2176.
Ruzini (Antonio), 215.
Ruzini (Carlo), 306.
Ruzini (Marco), 215.
Ry (Antoine du), 79.
Ryffius (Andreas), 91.

S

S., 3041.
Σ., 3646.
Sabbas pacha (A. E.), 3778.
Sabellicus (Marcus Antonius), 2.
Sabio (Cornelius de), 39.
Sabio (Étienne de), 6, 7, 10, 11, 14, 21.
Sabio (Jean Antoine de), 10, 13, 15, 25, 27, 30, 37.
Sabio (Jean Victor), 163, 164, 172.
Sabio (Pierre de), 25, 27, 30, 37, 39.
Sachlikis (Famille), 203.
Sachlikis (Nicoletto), 1452.
Sagredo (Agostino), 1829.
Σ. A. Z., *voir* Zancarolos (S. A.).
Saint-Gervais (Antoine de), 2849.
Saint-Hilaire, *voir* Queux de Saint-Hilaire.
Saint-John (Percy B.), 1738.
Sajani (Tommaso Zauli), 1204.
Sakcinski (Ivan Kukuljevič), 2903.
Sakellarios (P. A.), 2096, 2097, 2098, 2118, 2146, 2268.
Sakellarios (P. D.), 3527, 3850.
SAKELLAROPOULOS (Constantin), 1481, 1572.
Sakellaropoulos (Démétrius), 3830.
Sakellaropoulos (Lymbérios), 3830.
SAKELLAROPOULOS (S. C.), 2979, 3135, 3292, 3446, 3522, 3763, 3824, 3980.
Sakellion (Jean), 3698.
Salamon (Dionisio), *voir* Solomos.
Salfi (Francesco), 1179.
Salivéros (Michel), 3909, 3937, 3953, 3954, 3974, 3977, 4014, 4022, 4030, 4043.
Salluste, 3239.
Salò (Remigio da), 1128.
Salomon, 154, 370.
Salomon (D.), *voir* Solomos.
SALOMON (MARINO), 1048, 2049.
Salomone (D.), *voir* Solomos.
Salomoni (Generoso), 343, 355.
Saltélis (Emmanuel), 928.
Salvator (Ludwig), 3651.
Salviucci, 3255.
Samaras (Spiros), 3612.
SAMOÏLIS (Jean M.), 3641.
SAMOUÏLIS (B.), 2554.
Samuel Rabbi, *voir* Rabbi.
Samuel, patriarche, 404.
Sanakea, 1092.
Sanbonifacio (Zacco), 2183.
Sandrini (Démétrius), 1921.
Sanfelice (Cardinal), 3407.
Sanfermo, 444.
Sanson (Spiridione A.), 2158.
Santa Rosa (Santorre di), 2202.
Santorini (Jean Dominique), 331.
Santorinis (Angélos, Métaxas), 1967.
SANTORINIS (D. Métaxas), 2122.
Sanudo (Gio Battista), 188.
Sanutus (Federicus), 69.
Saoulis, *voir* Vrokinis.
Sapho, 862, 1011.
SARAKINIS (Georges), 3908, 3971.
Sarandopoulos (Denys), 627, 631, 657, 658, 660, 663, 671, 672, 673, 680, 681, 692, 693, 702, 703, 708, 711, 713, 718, 733, 736, 747, 783, 807.
Sardi (Joseph), 200.
Sardiana (Chalcographia), 195.
Sargent (Éloïse), 3459.
Sargent (Robert), 3459.
Saros (Nicolas), 222, 233, 237, 242, 250, 270, 283, 285, 287, 288, 292, 293, 294, 290, 302, 326, 439, 450.
Sartori-Squeraroli, 2548.
Σ. A. Σ., 616.
Sathas (Constantin), 82, 290, 2563, 2575, 2745.
Sauerländer (Heinrich Remigius), 1383.
Saül, 974.
Sauli (Gérôme), 44.

Saunders and Stanford, 1770.
Savine (Albert), 3582.
Savioni (Pietro), 494.
Σ. B., *voir* Vlandis (Spiridion).
S. B., *voir* Bulgaris (Stamatis).
Sbaraglia, 791.
Σ. B. M., *voir* Mordo (S. B. de).
Scaltsounis (Aspasie), 3798.
Scaltsounis (Gérasime P.), 3372.
SCALTSOUNIS (Jean), 2547, 2622, 3186, 3659, 3798, 3984.
Scaltsounis (Panagis), 2457, 3229, 3301, 3984.
SCANDELLA (Giovanni B.), 1509, 1546, 1566, 1747, 1779.
Scanderbeg, 840, 969, 1552, 3424.
Scaphidas (Gérasime, Typaldos), 3988.
Scaramangas (Fanny), 2035, 2866.
Scaramangas (Nicolas), 2035.
Scarlatos (Roxane), 211.
Scarpa (G. B.), 2915.
Schade (Gustav), 2413.
Schembri (Francesco Saverio), 2233, 2478.
Scheria, 1663, 1665, 1668, 1680, 1692, 1695, 1696, 1704, 1711, 1713, 1722, 1728, 1738, 1739, 1744, 1746, 1752, 1761, 1762, 1767, 1776, 1792, 1805, 1826, 1836, 1838, 1845, 1847, 1848, 1849, 1850, 1856, 1870, 1897, 1907, 1908, 1909, 1929, 1931, 1956, 2035, 2054, 2063, 2189.
Scheurer (Georg), 218.
Schiassi (J.), 806.
Schimpff (F. H.), 3456.
Schinas (Démétrius), 841, 922.
Schinas (Michel G.), 1347.
Schindelmayer (K.), 691.
Schiratti, 215.
Schliemann (Henri), 2686, 2687.
Schmidt, 714.
Schmidt (Bernhard), 3682, 3724.
Schmidt (Christophe), 3270, 3273, 3634.

Schneider (A.), 1023.
Schneirer (Jean), 942.
Schœll (F.), 1045.
Scholarius (Georges), 126, 395.
Schrämbl, 584, 616, 674, 730, 737.
Schrœter (Johannes), 91.
Schuchardt (Charles), 3487, 3565, 3606.
Schulembourg (de), 277.
Schulthess (Fr.), 2033.
Schulze, 873, 1120, 1716.
Sclampanis, *voir* Stamatélos (Georges).
Sclavénitis (Spiridion), 382.
Sclebuni (Stefano Theotochi), 712.
Sclépas (Jean), 2820.
Scliros (Athanase), 2575.
Scocos (Constantin), 3747.
Scola (Giovanni), 2305.
Scopoli (Giovanni), 810.
Scordilis, 546.
Scordilis (François), 1193.
Scordilis (Jean), 2715.
Scordilis (Spiridion), 1898, 2665, 2883, 2894.
Scordilis (Spiridion Palazzol), 472.
Scorpa (G. B.), 2802.
Scoulidas (Nicolas), 445.
Scouphos (Nicolas), 906.
Scourtis (Nicolas), 408.
Scouzès (Panagis), 2065.
Scouzès (Georges P.), 2065.
Scribe (Eugène), 3713.
Σ. Δ., 697.
Sdrinias (Denys), 1954.
Sdrinias (G.), 2795.
Seaton (John), 1410, 1415, 1420, 1458, 1538, 2542.
Séchos (Jean), 3975.
Sécopoulos (Basile P.), 2718, 3102.
Sécouros, 168.
Sécouros (Adrienne Épiscopoulos), 3587.
Sécouros (André A.), 1887.
Sécouros (André J.), 315.

Sécouros (Constantin), 1922, 3658, 3685.
Sécouros (Démétrius), 2158, 3246, 3329.
Sécouros (Saint Denys), 349, 493, 584a, 1438, 2328, 2602, 2987.
Sécouros (Hector), 266.
Sécouros (Hector), 2232, 2429, 3062.
Sécouros (Hélène), 3754.
Sécouros (Jacques), 274.
Sécouros (Jean), 168.
Sécouros (Jean), 633, 634, 638, 641, 642, 643, 721.
Sécouros (Marc), 102.
Sécouros (Niccolò Gradenigo), 599, 628.
Sécouros (Pierre), 1409.
Sécouros (Spiridion), 1139.
Seemann (Carolus Henricus), 1231.
Ségouros, *voir* Sécouros.
Segner (Jean André), 396.
Segneri, 661.
Seillière (Ernest), 3755.
Σήλ (Jean Barlow), 1275.
Selim Ier, 361, 409.
Semenof, 1052, 1333.
Semo (A. Leone de), 1410.
Semo (Giuseppe de), 2115, 2825.
Semo (Sabato de), 1022, 1041.
Séraphin, higoumène, 2528.
Séraphin de Pisidie, 357.
Serchio, 3325.
Serhad (Guillaume), 273.
Serra (Georges), 147, 168, 354.
Serra (Georges), chanoine, 3025.
Serry (Jacques Hyacinthe), 307.
Servius, 2.
Servos (Gérasime), 2396.
Sesone (Fran.), 320.
Sessa (Melchior), 39.
Seth (Siméon), 1705.
Sévère (Gabriel), 74, 77, 85, 88, 97, 100, 102.
Shakespeare, 1826, 3614.

Sheridan (Richard Brinsley), 1203, 1560.
Σ. I. B., 2403.
Siber (Urb. Godfr.), 291.
Sicilianos (Michel), 1205.
Sicouros, *voir* Sécouros.
Sidéris (Jean N.), 3952, 4001.
Silvestri (Giovanni), 1000, 1015, 1036, 1422, 1435.
Simatos (Georges), 3807.
Simatos (Gérasime), 1858, 3727.
Siméon le Métaphraste, 190, 330, 364, 384, 539, 578.
Simon (Richard), 97.
Simonidès (Constantin), 1624.
Simpkin, Marshall, Hamilton and Kent, 3935.
Sinas (Simon), 2147.
Sinelli (Jacques), 45.
Sipilli (Emmanuele), 791.
Sipilli (Mosé), 791, page 223.
Sirleto (Guillaume), 76.
Σ. K., 2800.
Skead (F.), 2365.
SKIADAS (Athanase), 297, 318, 327, 417.
Skiadas (Georges), 417.
SKIADAS (Michel), 417.
Skiadopoulos (Jean A.), 3120.
Skiotis, *voir* Sykéotis.
Smacchia (Tullio), 306.
Smania (Michelangelo), 1259, 1298.
Smith, Elder and Co., 1245, 1394.
Smith (J.), 1178.
Socrate, 1045, 2543, 2961.
Soffiano, *voir* Sophianos.
Solli, 562.
Solms (Comte de), 431.
Solomos (Démétrius), 1702, 1842, 1911, 1951, 1954, 1963.
SOLOMOS (Denys), 1017, 1059, 1035, 1070, 1290, 1420, 1739, 1876, 1903, 1907, 1908, 1909, 1934, 1937, 1938, 1940, 1950, 1961, 1965, 2015, 2031,

2429, 2495, 2533, 2545, 2878, 2888, 2963, 3192, 3201, 3212, 3436, 3462, 3588, 3917, 3958, 3969, 4017, 4020.
Solomos (Gérasime), 1672.
SOLOMOS (Nicolas J.), 3789, 3797, 3808, 3809.
Solon, 1045.
Soméritis (Basiliki), 3938.
SOMÉRITIS (DENYS TH.), 2890, 2927, 2972, 3029, 3206, 3246, 3283, 3360, 3470, 3780, 3938.
SOMÉRITIS (Jean E.), 3212, 3581, 3721, 3932, 3933.
Soméritis (Théophile), 3938.
Sommariva, 612.
Sonzogno, 962, 975, 988, 1012, 1093, 1115.
Sophianos (Famille), 203.
Sophianos (Basile, Caligas), 655.
Sophianos (Michel), 49.
SOPHIANOS (NICOLAS), 31, 32, 33, 35, 36, 38, 42, 47, 91, 2936.
Sophocle, 3447.
Sophocle (Gabriel), 315.
Sophrone, ancien archevêque de Ptolémaïde, 400.
Soranza (Contarina Contarini), 240.
Soranzo (Francesco), 281.
Soranzo (Giacomo), 304.
Soranzo (Sebastiano), 240.
Sordinas (J. C.), 1253.
Sosipatros (Saint), 206, 1618.
Sotirios (Grégoire), 263,
Sotirios (Zisis), 2089.
Sotiris (Louis), 856, 927.
Sotiropoulos (Sotirios), 3337.
Sougdouris (Georges), 265, 342.
Sougdouris (Lucas), 65.
Soummakis, 168.
SOUMMAKIS (ANGÉLOS), 191, 194, 195, 196, 197, 336, 1438, 2575, 2987.
SOUMMAKIS (Michel), 185.
SOUPHIS (Jérôme Capodistrias), 2396, 2443.

Souris (Georges), 3575, 3987.
Soutsos (P.) et Cténas (A.), 2067, 2104, 2287.
Soutsos (Constantin G.), 1974.
Soutsos (Jean Michel Constantin), 526.
Soutsos (Panagiotis), 1769.
Soutsos (S.), 3285.
Σ. Π., *voir* Paramythiotis (Étienne).
Spada (Famille), 203.
Spaight (Georges Campbell), 2381.
Spanopoulos (Famille), 203.
SPANOPOULOS (Achille), 1601, 1605, 1640.
Spanos (Alexis), 389.
Sparmiotis (Jonas), 548, 616, 685.
Spathas (Charalampe), 2022.
Speciotti (Armida), 1301.
Sperandio (Jean Baptiste), 544.
SPÉRANTSAS (G.), 3763.
Spetziéris (Joachim), 3875.
SPHICAS (GEORGES C.), 2508, 2689, 2753, 2795, 2882, 3246, 3306, 3317, 3381, 3667, 3768, 3825, 3859, 3891, 3984.
Sphicas (Spiridion), 3768.
SPILIOPOULOS (J.), 3117, 3298.
Spinelli (Famille), 203.
Spinelli (André), 40, 43, 45, 46, 51, 52, 74, 76, 77.
Spinelli (Antoine), 108.
Spinelli (Jacques), 46.
Spinola (Dominique), 162.
Spiridion, archevêque de Céphalonie, 1884, 2809, 3101.
Spiridion (Saint), 198, 206, 207, 224, 281, 283, 285, 287, 291, 299, 309, 314, 323, 335, 351, 376, 418, 425, 427, 439, 450, 453, 597, 759, 787, 1193, 1252, 1514, 1870, 1899, 2164, 2233, 2404, 2449, 2478, 2551, 2675, 2704, 2770, 2813, 2823, 2840, 3021. 3063, 3094. 3100, 3189, 3262, 3389, 3396, 3495, 3599, 3795, 3801, 3871, 4027.

Spottiswoode, 1330, 3935.
Spuches (Giuseppe de), 3369.
Spyridion, *voir* Spiridion.
STAGNI (Michel), 3175.
STAÏS (Nicolas), 1533, 1583, 1584.
Stamatélos (Anastase), 3024.
STAMATÉLOS (Georges, Sclampanis), 946.
STAMATÉLOS (JEAN N.), 444, 1703, 2286, 2402, 2412, 2815, 2829, 2919, 3024, 3028, 3145, 3153, 3160, 3256.
STAMATÉLOS (Jean S.), 3816.
Stamatélos (Nicolas), 2286.
STAMATÉLOS (Nicolas J.), 3379.
STAMOULIS (Georges), 1183.
Stampalia (Caterina Quirini), 937.
Stampalia (Giovanni Quirini), 937.
Stanley, 2319, 2325.
Stanos (Jean), 392.
Stathis (Cyriaque Th.), 3974.
STATHIS (Spiridion C.), 3974.
Stavracas (Nicolas), 3205.
Stavrakis, *voir* Romas.
Stavrianos (G.), 3358, 3392, 3408, 3529, 3771.
Stavridis (Paul G.), 190.
STAVRINIDIS (P.), 2669.
STAVROPOULOS (Georges C.), 3952.
STAVROS (Hercule), 3098.
Stavros (Marie), 3088.
Stebbings, 3072.
Stecchetti (Laurent), 4011.
Stélianos (Matthieu), 115.
STÉPHANITSIS (Georges), 1459, 3160.
STÉPHANITSIS (P.D.), 1304, 1347.
Stéphanopoli (Dimos et Nicolas), 581.
Stéphanopoulos (Famille), 203.
Stéphanos, *voir* Étienne.
Sterne (Lawrence), 855.
Stérogiannis (N.), 1438.
Stevens (Richard), 2890.
Stevenson (Robert), 1631.
Stewart, 1245.
Stibas (Panagis N.), 4036.
Stifft (André Joseph de), 950.

Stock (I. M.), 388.
Stoïcovitch (Georges), 363.
Storks· (Henri Knight), 1854, 2029, 2094, 2095, 2114, 2136, 2377.
Stoupe, 446.
Stourdza (Alexandre), 1175, 1974.
Stourdza (Michel), 2530.
Straham (A.), 880.
Strani (Lodovico), 1017.
Straticò (Simone), 504.
STRATIGOS (ANTOINE), 266, 268, 270, 324, 325, 326, 331, 332, 333, 340.
STRATIGOS (Ch.), 2653, 2773, 3624.
Stratigos (Philippe), 2631.
STRATOULIS (CONSTANTIN), 1723, 1843, 1853, 1937, 2182.
Straub (F.), 3531.
STRAVOPODIS (Antoine), 3551.
STRAVOPODIS (D. A.), 3551, 3697.
Strouza (Anastase), 3057.
Strouza (Jean), 1992.
Strouza (Laure), 1992.
Stuart (John), 834.
Stuart (Patrick), 998.
Stürtz (H.), 3651.
Stylianos (Saint), 118, 236.
Surianus (Nicolaus), 595.
Svoronos (Jean Anastase), 655.
SVORONOS (Jean N.), 3632, 3888, 3919, 3987.
SVORONOS (M.), 2901.
Swann (Guillaume), 3182.
Sydenam (Thomas), 791.
Sygouros, *voir* Sécouros.
SYKÉOTIS (Gérasime), 2225, 2226.
Symmachios, *voir* Soummakis.
SYPANDROS (Georges), 349, 433, 493, 2987.
SYROPOULOS (Stelio), 274.

T

T., *voir* Tsitsélis (Élie A.).

Tacite, 745, 1422.
Tacuinus de Tridino (Joannes), 2.
Ταχουέτιος ('A.), 691.
Talbot (W. P.), 1885.
Talier (Angelo), 333.
Tantalidis (Élie), 1595, 1631.
Tapinis (Antoine), 1949.
Tapinis (Spiridion), 1949.
Tapinis (Tzogia), 1949.
Taraise (Saint), 1304.
Tardy (Joseph), 3582.
Taroussopoulos (Nestor J.), 1771, 1782, 1788, 1795, 1801, 1803, 1807, 1815, 1822, 1843, 1852, 1853, 1855, 1860, 1864, 1866, 1876, 1890, 1892, 1933, 1934, 1937, 1939, 2007, 2069, 2073, 2081, 2103, 2147, 2161, 2173, 2203, 2206, 2406, 2417, 2427, 2475, 2503, 2588, 2633, 2667, 2708, 2722, 2757.
Taroussopoulos (N.), 3850, 3938.
Tartagnus (Alexander), 50.
Tartani (Gaetano), e Santi-Franchi, 279.
Tasso (Torquato), 760, 974, 3084.
Taurellus (Jacobus), 5.
Tavernier, 582.
TAVOULARIS (A.), 2692, 2831.
Tavoularis (D. P.), 2795.
Téhil, 361, 409.
TEIXEIRA (DOMINIQUE), 576, 605, 1551.
Telfy (J. R.), 2850.
Tempesta (Basilio), 20.
Teodosio, voir Théodosios.
Teotochi, voir Théotokis.
TERTSÉTIS (Adélaïde), 2604, 3429.
TERTSÉTIS (Georges), 1196, 1229, 1431, 1488, 1527, 1556, 1714, 1759, 1832, 1865, 1867, 1941, 2018, 2065, 2079, 2145, 2202, 2362, 2500, 2543, 2604, 2696, 2841, 2864, 2891.
Terzakis (A.) et Romæos (Th.), 1708, 1710, 1718, 1747, 1750, 1772, 1774, 1775, 1778, 1784, 1786, 1793, 1802,
1811, 1813, 1817, 1835, 1841, 1859, 1898, 1912, 1926, 1942.
Terzakis (A.), 1899, 1975, 2005, 2006, 2009, 2031, 2038, 2041, 2050, 2057, 2071, 2099, 2101, 2119, 2134, 2143, 2149, 2150, 2153, 2156, 2199, 2208, 2214, 2220, 2237, 2241, 2248, 2261, 2262, 2263, 2266, 2275, 2281, 2293, 2301, 2302, 2307, 2311, 2319, 2321, 2354, 2361, 2366, 2369, 2379, 2383, 2391, 2394, 2397, 2462, 2467, 2468, 2494, 2497, 2499, 2501.
Terzétis voir Tertsétis.
Testapouza, 445.
TÉTSIS (Jean N.) 4001.
Teubner (B. G.), 3682.
Tevernin (Giovanni), 362.
Thacker (W. M.), 1034.
Thalès, 1101.
Theim (Karl Traugott), 1731.
Thémistocle, 1246.
Théocharis (Marie), 3635.
THÉODORACOPOULOS (Jean), 3283.
Théodore, notaire patriarcal, 373.
Théodore (Saint), 334, 1345.
Théodoret, évêque de Cyropolis, 154, 404.
Théodoret, de Jannina, moine, 2417.
Théodoridis (A.), 2714.
Théodosios (Démétrius), 380, 388, 392, 405, 407, 427, 435, 448, 486, 490, 500, 503, 518.
Théodosios (Nicéphore), 685.
Théodosios (Panos), 574, 584 a, 592, 601, 604, 760, 808, 813, 828, 836.
Théophane de Byzance, 1093.
Théophane, archevêque de Nicée, 86.
Théophile 922.
Théophile, métropolitain d'Athènes, 2540, 2788, 2819.
Théophile (Saint), 1843, 3350.
Théophraste, 1045, 1097, 1209.
Théophylacte, archevêque de Bulgarie, 372.

Théotokis (Famille), 203.
Théotokis (Alexandre), 554.
Théotokis (Alexandre Spiridion), 1541.
THÉOTOKIS (André), 884, 896, 908, 1458, 1534, 2148, 2151, 2411, 2434, 2525, 2611, 2636, 2662, 2697, 2799, 2926, 3616, 3636.
THÉOTOKIS (Emmanuel), 631, 648, 734, 791, 793, 815, 829, 835, 870, 877, 934, 1032, 1076, 1086, 1197, 2323.
Théotokis (Emmanuel), petit-fils du précédent, 2323,
Théotokis (Étienne), 610, 613, 1224.
Théotokis (Eustathe), 382.
Théotokis (Georges), 572.
Théotokis (Georges N.), 2624, 2838.
Théotokis (Henri M.), 4041.
Théotokis (Jean), 613, 651, 682.
Théotokis (Marc), 3258, 3311, 3460, 3646.
THÉOTOKIS (Nicéphore), 372, 391, 400, 408, 432, 436, 451, 454, 478, 535, 557, 583, 613, 788, 1173, 1332, 1631, 1661, 1741, 1797, 1798, 1974, 2053, 2211, 2780, 3046, 3475, 3698, 3875.
Théotokis (Spiridion), 494.
Théotokis (Spiridion Georges), 561, 591, 595, 597, 615, 626, 629, 630, 646.
THÉOTOKIS ALBRIZZI (Isabelle), 778, 796, 881, 890, 1090, 1260, 1261, 3046, 3344.
Théotokis del Santo, 791, page 222.
Théotokis, *voir* Sclebuni.
Thérianos (A.) 1877.
THÉRIANOS (Denys), 2649, 3456, 3610.
Thérianos (Eustathe), 2978.
THÉRIANOS (G.), 1157, 1226, 1278, 1548.
Thermogiannis (Th.), 2023.
Thermos (Marc), 2954.

Thiers, 2887.
Thomas d'Aquin (Saint), 200.
Thomopoulos (Famille), 203.
Thompson, 895.
Thorin (Ernest), 3184.
Thucydide, 603, 3682, 3724.
Thurn Hoffer Valsassina (J. B.), 860.
Tiepolo (Laurent), 281.
Tiepolo (Nicolas), 274.
Timonis (Emmanuel), 295, 296.
Timothée, 3461.
Timothée (Saint), 405.
Tinassius (Nicolaus Angelus), 235.
Tinterlin (L.), 2048, 2465.
Tipaldo, *voir* Typaldos.
Tisaménos (Georges C.), 2835.
Tissot (Simon André), 445, 457.
Tite Live, 2.
Toaldo (Giuseppe), 471, 504.
Toliopoulos (Dimos Jean), 894.
Tomaropoulos (Démétrius), 3720.
Tomassini, 3063.
Tombras (Constantin), 928.
Tombros (Alexandre), 823, 2058, 2192, 3515.
Tommaseo (N.), 239, 398, 1436, 1908, 2172, 2543.
Tommasini (Giacomo), 275.
Topalis (X.), 2553.
Topallis (Jean), 1167.
Topffer (Rodolphe), 1882.
Tornikès (Euthymios), 3170.
Tornikès (Georges), 3170.
Torri (Gio.), 1031.
Torti, 791.
Torti (Giovanni), 1038.
Totto (de), 2433.
Toumbas (Xénophon), 3160.
Tourlinos (Jean), 2591, 2637, 3114.
Trantaphyllos (Famille), 203.
Trantaphyllos (Nicolas), 298, 2916.
Trattner (T.), 869.
Trebbi (Olimpia), 3039.
Trentadue (Nicolas), 3670, 3680.

Treuttel et Würtz, 1392.
Trevisan (Francesco), 3242.
Triantaphyllidis (Constantin), 363.
TRICARDOS (DENYS) 3126, 3246, 3697.
TRICARDOS (Marie), 3812.
Tricoupis (Charilaos), 3579, 3780, 3907.
Tricoupis (Spiridion), 3268.
Trimis (Anastase), 3290, 3492, 3502, 3929.
TRIVIZAS (Jean B.), 3544.
Trivolis (Famille), 203.
TRIVOLIS (Benedetto), 183.
Trivolis (Georges), 213.
TRIVOLIS (JACQUES), 14, 71, 2685, 2826, 2962.
TRIVOLIS (N. S.), 3371.
Trivolis (Théodore), 2662.
Trivulce (Béatrice, née Serbelloni), 962.
Trivulce (Christine de), 962.
Troïlos (Jérôme), 183,
Tron (Chiara), 507.
Trousas (André), 738.
Trouvé (C. J.), 1014.
Trowitzschius, 1280.
Truchy, 1291.
Truthlover (W.), 1567.
Tryphéros (Famille), 203.
TRYPHONAS (Anastase G.), 2258, 2739.
Tsacasianos (Anastase D.), 3188.
TSACASIANOS (Denys), 3061.
TSACASIANOS (JEAN), 2931, 3036, 3061, 3188, 3508, 3555, 3558, 3574, 3580, 3949.
TSALAS (Georges), 4006.
Tsandiris (Georges), 211, 229, 272,
Tsarlambas (Évangélos), 1991.
TSARLAMBAS (Marc), 2542.
TSÉNEMBISIS (Élie J.) 2968.
Tsérépis (G. N.) 3131. 3222.
TSIMARAS (Anastase B.), 2616.
Tsimaras (Jean), 115.
Tsingounis (Georges Eust.), 1503.

TSIRIGOTOS (Ch.), 2905, 3144.
TSITSÉLIS (ÉLIE A.), 2680, 3082, 3353, 3836, 3864, 3900, 3904, 3969, 4037.
Tsocos (Spiridion), 1275.
Tsoucalas (André), 418.
Tsoucalas (Georges), 1676, 2036, 2520.
TSOULATIS (Fr.), 2734.
TSOULATIS (J.), 3969.
Tsoulatis (Pénélope), *voir* Dracoulis (Pénélope).
Turchi, Veroli e C., 1097.
Turchi (Romano), 1139.
Turlinò, 791.
Turra, 492.
TYPALDOS (CONSTANTIN), 1027, 1057, 1101, 1105, 1116, 1524, 1537, 1625, 1735, 1930, 2184, 2740, 3717.
TYPALDOS (ÉMILE), 1045, 1160, 1208, 1211, 1232, 1261, 1489, 1510, 1882, 1942, 2098, 2157, 2231, 2305, 2477, 2548, 2570, 2663, 2698, 2781, 2955, 2989, 3050, 3080, 3133, 3151.
TYPALDOS (PÈRE JEAN ANDRÉ), 343, 355.
TYPALDOS (J. A.), 3537.
TYPALDOS (Jean-Baptiste), 211.
TYPALDOS (Jean E.), 3850.
TYPALDOS (JULES P.) 1876, 1934, 1979, 1981, 2104, 3058, 3084, 3368, 4032.
TYPALDOS (MATTHIEU, *puis* MÉLÉTIUS), 200, 211, 222, 223, 250, 252, 262, 266, 271, 343.
TYPALDOS (Paul), 775.
TYPALDOS (Sacromon. D. C.), 1278.
Typaldos (Titas), 1981.
Typaldos (Titas), née Rigétis, 1981.
Typaldos Aliphonsatos (Antoine), 758.
TYPALDOS BASIAS (A.), 3750, 3751, 3752, 3762, 3791.
Typaldos Basias (Panagis), 3595.
Typaldos Charitatos (Timothée), 1794.

TYPALDOS COZAKIS (Georges), 909, 928, 1322, 1469, 1507, 1542, 1678, 1705, 1914, 3092, 3093, 3151.
TYPALDOS COZAKIS (Georges, fils), 2026, 2522, 3078, 3079, 3178.
Typaldos Dottoratos (Jean), 1620.
TYPALDOS FORESTIS (Marino), 1978.
TYPALDOS FORESTIS (Panagis), 1734, 2431, 2711, 3092, 3093, 3151, 2519.
Typaldos Forestis (Timothée), 3052.
Typaldos Forestis (Uranie), 3353.
Typaldos Povérettos (Charalampe), 1108.
Typaldos Prétendéris, 3519.
Typaldos Prétendéris (Alexandre C.), 3836.
TYPALDOS PRÉTENDÉRIS (Charalampe), 1628, 1872, 2115, 2383, 2537, 2663, 3085.
TYPALDOS PRÉTENDÉRIS (Zisimos), 3249, 3251, 3272, 3503, 3595, 3630, 3727, 3728, 3729, 3988.
TYPALDOS XYDIAS (Anastase), 1084, 2115, 2304, 2306, 2327, 2350, 2385.
Typaldos Xydias (Démétrius), 700.
Typaldos Xydias (Macaire), 700.
Typaldos, voir Scaphidas, Sclebuni.
Tz-, voir Ts-.
Tzakis (Famille), 203.
Tzangaropoulos (Athanase), 248, 263.
Tzanninis (Charles), 3312.
Tzanotis (Spiridion), 2938, 3116.
Tzanphournaris (Emmanuel), 123.
TZANPHOURNARIS (Théophylacte), 130, 134, 135, 136, 140, 141, 142, 143, 144, 145, 150, 151, 153, 156, 157, 158, 161, 165, 167, 169, 171, 174, 176, 177, 179, 180, 182, 184.
Tzantas (Nicolas L.), 3965.
Tzattas, voir Zatta.
Tzelechouris (Constantin), 372.

Tzerbinis (Spiridion), 382
Tziphras, voir Ziffra.
Tzortzis (Paul), 3867.
Tzougalas, voir Tsoucalas.
Tzoulatis, voir Tsoulatis.
Τζῶεττ (William), 896.

U

Uggeri (Bianca della Somaglia), 949.
Ughelli (Ferdinand), 187.
Ulrich (Heinrich), 3431.
Ulysse, 952, 1150.
Underwood (Thomas and George), 1008, 1159.
Unglessis, voir Ounglésis.
Usiglio (Cesare), 1210, 1262, 1266, 1410.

Φ. Χ.

Φ. A., voir Albana (Frédéric).
Φ. O., voir Oeconomidis (Philippe).
X., 3738.
Χ. Σ., 1959, 3564.

V

V***, 554.
Valadier (F.), 1781.
VALAORITIS (Aristote), 1942, 2038, 2105, 2215, 2237, 2242, 2266, 2305, 2396, 2561, 2570, 2587, 2655, 2804, 2815, 2818, 2829, 2844, 2854, 2904, 2937, 3139, 3149, 3153, 3154, 3158, 3160, 3260, 3304, 3349, 3380, 3491, 3703.
Valaoritis (Héloïse), 2038.
Valaoritis (Jean), 1458.
Valaoritis (Jean A.), 3002, 3703.
Valaoritis (Spiridion), 3228.

Valaresso (Alvise), 375.
Valckenaer (Louis Gaspard), 417.
VALDIS (Hélène B.), 2509.
Valère (Maxime), 1094.
Valérios (Jean), 2905, 2908.
VALÉRIS (BASILE), 39, 40, 41, 43, 45, 46.
VALÉRIS (Hélène), 100, 101.
VALÉRIS (Hippolyte), 54, 58, 59, 60, 61, 63, 65.
Valettas (Aristomène M.), 3386.
Valettas (C.), 3289.
Valette, 2485.
Valianos, *voir* Vallianos.
Valier (Silvestro), 234.
Vallérios (Octavien), 591.
Vallianos (Anastasie Th.), 2034.
Vallianos (André), 3545.
VALLIANOS (Étienne A.), 1539.
VALLIANOS (THÉODORE), 1639, 1670, 1675, 1804, 1819, 1871, 1980, 2034, 2419.
Vallianos (Zacharie), 115.
VALLIEN (Napoléon I.), 3076.
VALMIS (Grégoire), 1870.
VALSAMAKIS (Constantin), 862.
VALSAMAKIS (Démétrius), 859, 2480.
Valsamakis (Pierre), 2480.
Valsamos (Alexandre), 115.
Valsamos (Antoine), 115.
Valsamos (Daniel), 447.
Valsamos (Démétrius), 363.
Valsamos (Nicolas), 162.
Valsamos (Spyrakis), 363.
Valsamos (Théocharis), 115.
Valvasense (Domenico), 264.
Valvasense (Francesco), 147.
Valvasense (Pierre), 347.
VAMVAS (NÉOPHYTE), 852, 987, 1057, 1129, 1138, 1251, 1273.
Vanautgarden (Pierre), 484.
Vandalakis (Famille), 203.
VANDIRIOS (Georges), 211.
Vanelli (G.), 1106.

Vanni (Lorenzo), 479.
Varangoulis (Georges), 452.
VARDOUCAS (Jean), 3256.
Vare (Francesco), 918.
Varélis, *voir* Valéris.
Varouchas (Athanase), 263.
Vasilakis (Élie), 2309, 2351, 2352.
Vasilatos (Famille), 203,
Vasilas (Georges), 2843.
Vasilas (Xénophon), 2738, 2741.
VASILIADIS (Paphnuce), 3180.
Vasiliadis (Spiridion), 2944, 3304.
Vasilios (Jeanne C.), née Dracoulis, 3803.
Vasilios (Joseph), 2239.
Vasilios (Michel), 872.
VASIS (Spiridion), 3413, 3414, 3418.
Vasmoulos (Dorothée), 392.
Vatace (Basile), 3257.
Vaudoncourt (Guillaume de), 887.
Vavaténis (Nicodème), 222, 250.
Veccus, *voir* Beccus.
Végias (Matthieu), 392.
Végias (Périclès), 3756.
Véias (Famille), 203.
Veiga, 3606.
Vélentzas (Th.), 3337.
VÉLIANITIS (Démétrius J.), 3102, 3299, 3364.
VÉLIANITIS (Émilie Th.), 3228.
VÉLIANITIS (Georges), 2542.
VÉLIANITIS (Théod.), 3673.
Vellérianos (Athanase), 154.
Vellianitis, *voir* Vélianitis.
Véloudios, 4032.
Veloudo (Jean), 76, 191, 261, 262, 313, 1193, 1672, 2711, 3093, 3133.
Veloudo (Joseph), 2663.
Veloudo (Spiridion), 852, 1903, 1972, 2433.
VÉNÉRIOS (Dominique), 329, 342, 818, 1504, 2474, 3147, 3813.
Venerosi (Brandaligio, di Strido), 276.
Venier (Famille), 203.

Venier (Jérôme), 281, 284.
Vénièris (Démétrius), 669.
VENTOTIS (GEORGES), 445, 457, 461, 462, 463, 464, 465, 468, 475, 485, 491, 496, 506, 508, 510, 511, 517, 519, 523, 524, 526, 534, 600, 674, 685, 691, 719, 731, 809, 886, 976, 1181.
Vera (Auguste), 3538.
Verdi (Giuseppe), 3347, 3373.
Vergianitis, 3841.
VERGOTIS (PANAGIOTIS), 2488, 2535, 2555, 2596, 2660, 2964, 2982, 3027, 3060, 3074, 3247, 3338, 3339, 3423, 3454, 3458, 3538, 3547, 3631.
VERLENTIS (François), 663.
Verras (C. D.), 2939.
VERRAS (Démétrius), 2432.
VERRIOTIS (Eustathe Th.), 3250, 3267.
Vervitsiotis (Famille), 203.
VERVITSIOTIS (Jean), 972, 1667, 1897.
VÉRYKIOS (Anastase), 1855, 2693, 3012.
VÉRYKIOS (A. B.), 3707, 3745.
VÉRYRIOS (Angélos N.), 3580, 3877, 3969.
VÉRYKIOS (GEORGES), 1614, 1995, 2105, 2224, 2242, 2255, 2278, 2310, 2367, 2721, 2831, 3621, 3706, 3731.
Vérykios (Jules G.), 3167.
Vésale (André), 2158.
Victoria, reine d'Angleterre, 2217.
Vida (della), 1344.
Vidallé (Denys), 584 a.
Vieusseux (G. P.), 1054.
Vieusseux, 1144.
Vignal (Pierre), 3755.
Vilaras (Jean), 861, 1104, 1807, 2069, 2757, 3897.
Vilaras (L. D.) et Lioumis (B. P.), 1796.
Vilaras (Lazare D.), 1874, 1974, 2046, 2116, 2428, 2520, 2717, 2853.
Villani (Carolina), 1099.
Vincent de Paul (Saint), 1803, 1932.
Vincentini, 279.

Virgile, 476, 499, 1519, 1631, 2975.
Vischer (Friedrich Theodor), 3549.
Visconti, 975.
Visentini (Marco), 3092.
Vitaliani (Cesare), 3667.
Vitalinis (Bonifacius de), 79.
VITALIS (Th.), 1929.
Vitalis (G.), 2329.
VITTOURIS (Spiridion), 2354, 2409, 2414, 2415, 2445, 2460.
VIVANTE (Alexandre), 1071.
VIVANTE (Momolo), 1415.
Vlachos (Angélos), 3304.
Vlachos (Gérasime), 973.
Vlachos (Grégoire), 189, 192.
VLACHOS (LÉONIDAS), 2859, 2883, 3011, 3015, 3066, 3114, 3310, 3320, 3346, 3374, 3434, 3472, 3763.
Vlachos (Panagis), 3864.
Vlandi, *voir* Vlantis.
VLANTIS (ANDRÉ), 1326, 3018, 3160.
VLANTIS (François), 3735.
Vlantis (Philippe A.), 3002.
VLANTIS (SPIRIDION), 487, 512, 528, 530, 539, 541, 547, 551, 552, 553, 558, 559, 569, 573, 592, 600, 603, 604, 635, 644, 645, 661, 696, 724, 748, 752, 753, 787, 801, 808, 809, 813, 817, 828, 836, 868, 872, 874, 875, 886, 907, 918, 929, 930, 947, 953, 955, 961, 976, 984, 990, 1093, 1115, 1145, 1152, 1171, 1181, 1240, 1296, 3196.
Vlasopoulos (Famille), 203.
VLASOPOULOS (J.), 1334.
VLASOPOULOS (STÉLIO ou STYLIANOS), 575, 576, 589, 610, 615, 714, 1551.
VLASOPOULOS (Télémaque), 1948.
Vlastos (Constantin), 392.
Vlastos (Georges), 84.
Vlastos (S. C.), 1797, 1798, 1895, 2592, 2705, 2835, 3007, 3431, 3467, 3660, 3674, 3912.

Voltaire, 402, 422, 606, 2898.
Volterra (Anastase), 1331, 1458, 1857, 2019.
VOLTERRA (Démétrius), 1982, 2019, 2542.
Volterra (Denys), 1966, 1982.
Volterra (Hélène), 3360.
Volterra (Mathilde), 1857.
VOLTERRA (NICOLAS), 1408, 1420, 1520, 1535, 2019.
VORREUS (PANAGIOTIS), 1702, 1839, 1854, 1857, 1893, 1901, 1915, 1916, 1917, 1918, 1919, 1920, 1921, 1922, 1923, 1927, 1949, 1955, 1963, 1964, 1965, 1966, 1967, 1968, 1969, 1976, 1981, 1982, 1983, 1984, 1985, 1986, 1987, 1989, 1990, 1991, 1992, 2011, 2019, 2021, 2082, 2109, 3459.
Voss (Léopold), 1862.
VOTRONTO (JEAN), 1098, 2227, 2267.
Votsis (Héloïse), 3053.
VOULDOS, 2692.
VOULISMAS (EUSTATHE), 2115, 2978, 3585, 3698, 3826.
Voutsinas (Jean), 2842.
VOUTSINAS (Phocion A.), 2845.
VRACLIOTTIS (Antoine), 849.
VRÉTOS (ANDRÉ, PAPADOPOULOS), 14, 101, 158, 176, 285, 290, 327, 353, 366, 380, 399, 445, 459, 463, 487, 491, 502, 513, 519, 524, 533, 534, 537, 708, 746, 817, 840, 841, 856, 861, 932, 946, 969, 972, 985, 1014, 1055, 1062, 1072, 1074, 1089, 1125, 1142, 1148, 1151, 1156, 1160, 1175, 1287, 1311, 1337, 1379, 1399, 1400, 1425, 1429, 1475, 1486, 1499, 1505, 1552, 1741, 1766, 1780, 1796, 1862, 1869, 2003, 2025, 2072, 2097, 2098, 2150, 2197, 2201, 2584, 2645, 2917, 3424.
VRÉTOS (Euthymios), 2290.
VRÉTOS (MARINOS, PAPADOPOULOS), 1833, 1835, 1868, 2096, 2165, 2190,
2239, 2252, 2329, 2416, 2472, 2482, 2536, 2573, 2620, 2645, 2679, 2728, 2747, 2761, 2810, 2917.
VROKINIS (LAURENT), 87, 242, 264, 309, 322, 494, 507, 536, 545, 556, 566, 567, 586, 587, 589, 591, 593, 594, 595, 596, 598, 599, 613, 627, 630, 631, 639, 660, 663, 669, 673, 681, 687, 693, 694, 695, 706, 712, 714, 717, 718, 721, 734, 742, 757, 773, 793, 799, 800, 806, 815, 819, 820, 829, 830, 835, 849, 870, 877, 891, 897, 916, 934, 948, 952, 963, 964, 966, 970, 979, 1021, 1026, 1041, 1044, 1065, 1071, 1080, 1083, 1085, 1091, 1122, 1126, 1137, 1177, 1180, 1182, 1190, 1196, 1203, 1230, 1242, 1265, 1285, 1290, 1315, 1327, 1618, 2035, 2605, 2963, 3046, 3156, 3523, 3599, 3636, 3765, 3801, 3867.
Vrokinis (Spiridion), 2129.
Vrokinis Saoulis (Anne), 3118.
Vsevolozski (N. S.), 840.

W

Wachsmuth (Curt), 2626.
Waddington, 3158.
Wagner (Richard), 2889.
Walker (J. et C.), 2365.
Wallis (J.), 1008.
Walton (William), 887.
Ward (H. G.), 1721, 1736, 1751, 1770.
Warren (John), 1001.
Warsberg (Alexander von), 3542.
Wecker (L. de), 2727.
Weil (Henri), 3583.
Weis (Gaspard), 856, 927.
Welch, Bigelow and Co., 2043.
Weller, 301.
Wesbury, 2434.
Wesseling, 975.
Whiston, 691.

Whiting (C.), 2421.
Whyte-Jervis, 2398.
Widmann (Antoine), 605.
Widmann (Carlo Aurelio), 564.
Wiebel (K. W. M.), 2928.
Wilberg, 2003, 2051.
Williams (H. W.), 983.
Winspear (Ant.), 914.
Wishhoff (Conrad), 310, 311.
Wittmann (Ch.), 3755.
Woerl (Leo), 3651.
Wolf (Jean Chrétien), 1672.
Wolf (C.), 3225.
Wolff (H. Drummond), 2156.
Wolters (Jean), 259.
Woodward (Jean), 296.
Wright (J.), 780.
Wright (Jean), 1802.
Wyndham (Georges), 2826.

X

Xédactylos (Gérasime), 2680.
Xénakios (Théophane), 100, 101, 106, 107, 110, 130.
Xénophon, 828, 3682, 3724, 3982.
XÉNOPOULOS (GRÉGOIRE), 3453, 3580, 3688, 3697, 3747, 3786, 3887, 3943, 3958.
Xénos (Marie Julie D.), 3754.
Xirouchakis (Agathangélos), 209, 212.
XYNDAS (Spiridion), 1827, 1831, 2597, 3075, 3340.
Xypolytos (Constantin Georges), 314.

Y

Yérakis (André), 239.
Yérakis (Basile), 239.
Yérakis (Constantin), 239, 246, 348, 362.
Yérakis (Eustache), 239.

Yérakis (Georges), 239.
Yorick, 855.
York (Émilie), 1666.
York (Spiridion), 1673, 1986.
York et Albany (Duc de), 1117.
Young (John), 2004.
Young and Young, 1107.

Z

Z., 2873, 2874, 2877.
Zabitsianos, *voir* Zavitsianos.
Zacco, 791, page 222.
Zacco (Théodore), 2133.
Zacchi, *voir* Tzakis.
Zachinto (Ateneo), 791, page 225.
Zaffino (Giuseppe), 2950.
Zaïmis (André Th.), 3013.
Zalocostas (Georges), 2619.
ZAMBÉLIOS (JEAN), 915, 942, 1205, 1413, 1423, 1424, 1464, 1465, 1466, 1470, 1500, 2117, 2147, 3964.
ZAMBÉLIOS (Napoléon), 2193, 2209, 2317.
ZAMBÉLIOS (Patrice), 1183.
ZAMBÉLIOS (SPIRIDION), 1183, 1339, 1708, 1738, 1904, 2046, 2067, 2116, 2134, 2428, 2676, 2785, 3219, 3929.
ZAMBÉLIS (André), 949.
ZAMBÉLIS (Felice), 593.
Zambélis (Matthieu), 444.
ZAMBÉLIS (N.), 1571, 1740, 1764, 2115.
Zamboni (Francesco), 679.
ZANCAROLOS (Jacques), 2236, 2797, 2825.
Zancorolos (Georges), 3050.
Zancorolos (Emmanuel), 271.
ZANCOROLOS (S. A.), 3075.
Zane (Christophe), 304, 305.
Zanetti (Bartholomée), 19, 24.
Zanetti (Christophe), 71, 129.
Zanetti (François), 70, 83, 86, 2666.
Zanetti (Jean), 485.
Zanetti (Gérôme), 308.

INDEX ONOMASTIQUE

Zanetti (Pierre), 84, 88.
Zanini (Giuseppe), 3476.
Zannini (Costantino), 3203.
Zanichelli (Nicolas), 3240.
Zannoudakis (P. E.), 3862.
Zanotti (Francesco M.), 1135.
ZAPHARANAS (Spiridion), 655.
Zaphiropoulos (Étienne), 3828.
Zaphiropoulos (Onuphre D.), 2890.
Zappas (Les), 3609.
Zappas (Constantin), 2965, 3409.
Zariphis (Euphrosyne L.), 4004.
Zariphis (Georges), 3332.
ZARLAMBAS (Évangélos), 1517.
Zatta (Antonio), 358, 366, 369, 370, 373, 473, 525.
Zaviras (Georges), 220, 420, 422, 445, 451, 461, 462, 503, 510, 533.
ZAVITSIANOS (CONSTANTIN), 1223, 1791, 1935, 2181, 2359, 2713.
ZAVITSIANOS (GEORGES), 3700, 3744, 3778.
ZAVITSIANOS (NICODÈME), 2908, 3159, 3356.
Zavos (Basile), 1040, 1458.
Zénembisis (Denys), 3606.
ZÉNEMBISIS (ÉLIE J.), 3282, 3487, 3565, 3606.
Zénembisis (Photine), 3487, 3565.
Zénon de Chypre, 1045.
ZÉNOS (DÉMÉTRIUS), 6, 7, 8, 13, 18, 21, 22, 28, 48, 55, 230, 267, 1144, 1280.
ZERBINI (Georges), 554.
Zerlentis (Périclès), 207, 699.
ZERVOS (Anastase), 2675, 3495.
Zervos Canalatos (Spiridion), 2514.
ZERVOS (D.), 1395, 1396.
ZERVOS JACOVATOS (Aspasie), 2971.
ZERVOS JACOVATOS (Ch.), 2008.
ZERVOS JACOVATOS (Chrysanthe), 2040.
ZERVOS JACOVATOS (Chrysostome), 2210.
ZERVOS JACOVATOS (ÉLIE), 1620, 1655, 1737, 1925, 2166, 2205, 2119,
2247, 2261, 2262, 2275, 2281, 2282, 2625, 2733, 2869, 3053, 3841.
ZERVOS (Jean), 2675, 3495.
ZERVOS (Marc D.), 3735.
ZERVOS (Nicolas D.), 2673.
ZERVOS (NICOLAS S.), 2497, 2499, 2593, 2772, 2775, 2895, 2944, 3124, 3142, 3346, 3435, 3439.
ZERVOS (SOCRATE A.), 3746, 3817, 3852, 3939, 3973.
ZERVOS (Spiridion), 1962, 2663, 2839, 3299, 3735.
Zéza (Denys G.), 1893.
Ziffos, 2931.
ZIFFRA (Constantin Ph.), 3715.
ZIFFRA (Spiridion), 2691.
ZOCHIOS (GÉRASIME), 1463, 1814, 1910, 1944, 2251, 2716.
ZOCHIOS (Jean), 2817.
Zœrnikau (Adam), 538, 954.
Zographos (Christakis), 3028.
Zoïa, 791, page 222.
Zoia (Giacomo), 183.
ZOÏS (LÉONIDAS CH.), 3486, 3586, 3694, 3697, 3709, 3730, 3770, 3790, 2857, 3896, 3908, 3969, 4005, 4016, 4035.
Zola (Émile), 3920.
Zorzis (Gratianos), 2725.
Zosimás (Anastase), 535.
Zosimas (Nicolas), 1332, 1797, 1798.
Zosimas (Les frères), 553, 557, 584, 592, 599, 603, 604, 644, 645, 656, 659, 685, 688, 691, 697, 698, 719, 730, 731, 737, 746, 788, 809, 1052, 1173, 1181, 1332, 1487, 1971.
Zotos, 2679.
Zotos (Basiliki C.), 2640.
ZOULAS (Démétrius), 1589.
ZULATTI (ANGELO), 344, 360.
ZULATTI (FRANCESCO), 477, 484, 514.
ZULATTI (GIO. FRANCESCO), 529, 591, 711, 791.
Zulian (Girolamo), 521.

Z. φ. Δ., voir Zambélios (Spiridion).
Zweck (J. Barth.), 917.
ZYGOURAS (Thémistocle X.), 3557, 3704, 3770.

ZYGOURAS (Xénophon D.), 3199, 3209, 3270, 3273, 3290, 3502, 3530, 3534, 3609, 3626, 3634, 3649, 3711, 3861, 3927.

ERRATA

N° 73, l. 1, *au lieu de* Innocentii III, *lire* Innocentii IIII.
N° 147, l. 3, *au lieu de* Valuanense, *lire* Valuasense.
N° 191, l. 6, *au lieu de* MDCLVII, *lire* MDCLXVII.
P. 103, l. 18, *au lieu de* 340, *lire* 340 a.
N° 425, l. 12, *au lieu de* anciens, *lire* récents.
P. 233, titre, *au lieu de* 1801, *lire* 1811.
N° 985. l. 1, *au lieu de* τῆς, *lire* τῇς.
N° 2163, l. 10, *au lieu de* 2173, *lire* 2172.
N° 2485, l. 3, *au lieu de* Colojéras, *lire* Calojéras.

ERNEST LEROUX, ÉDITEUR, 28, RUE BONAPARTE.

PUBLICATIONS DE L'ÉCOLE DES LANGUES

QUATRIÈME SÉRIE.

I. **Catalogue de la Bibliothèque de l'École des Langues orientales vivantes**, publié par E. Lambrecht, secrétaire de l'École. Tome I. Linguistique : I. Philologie. — Langue arabe. In-8, p. xii-624...................................... 15 fr.

II. **Catalogue de la Bibliothèque de l'École des Langues orientales vivantes**. Tome II (*en préparation*).

III, IV, V. **El-Bokhâri**. Les traditions islamiques, traduites de l'arabe, avec notes et index, par O. Houdas et W. Marçais. Tomes I, II, III. In-8. Chacun.. 16 fr.

VI-VII. — Le même ouvrage. Tomes IV et V. (*En cours de publication.*)

VIII. **Les populations finnoises des bassins de la Volga et de la Kama**, par Jean Smirnov. Études d'ethnographie historique, revues et traduites du russe par Paul Boyer. — Première partie : Groupe de la Volga, ou groupe bulgare. I. Les Tchérémisses. II. Les Mordves. In-8........................ 15 fr.

IX. — Le même. Seconde partie : Groupe de la Kama, ou groupe permien. I. Les Votiaks. II. Les Permiens. In-8 (*en préparation.*)

X. **'Oumâra du Yémen** (xiie siècle), sa vie et son œuvre par Hartwig Derenbourg. Tome I. Autobiographie et récits sur les vizirs d'Égypte. — Choix de poésies. Texte arabe. In-8... 16 fr.

XI. — Le même. Tome II (partie arabe). Poésies, épîtres, biographies, notices en arabe, par 'Oumâra et sur 'Oumâra. In-8........................ 16 fr.

XI bis. — Le même. Tome II (partie française). Vie de 'Oumâra du Yémen. In-8. 16 fr.

XII. **Documents arabes relatifs à l'histoire du Soudan**. I. Tarikh es-Soudan. Histoire du Soudan, par Abderrahman ben Abdallah Et-Tonboukti. Texte arabe et traduction française, par O. Houdas, avec la collaboration de E. Benoist, élève diplômé de l'École des Langues orientales. — Tome I. Texte arabe. In-8. 16 fr.

XIII. — Le même. Tome II. Traduction française. In-8.................... 16 fr.

XIV. **Description des îles de l'archipel grec**, par Christophe Buondelmonti. Version grecque par un Anonyme, publiée avec une traduction française et un commentaire par Émile Legrand. Première partie, illustrée de 52 cartes. Gr. in-8... 20 fr.

XV. — Le même. Seconde partie. In-8 (*en préparation*).

XVI, XVII, XVIII, XXI. **Le livre de la création et de l'histoire, de Motahhar ben Tahir-el-Maqdisi**, attribué à Abou Zeid Ahmed ben Sahl El-Balkhi. Texte arabe publié et traduit d'après le manuscrit de Constantinople, par Cl. Huart. 4 vol. in-8. Chacun... 20 fr.

XIX. **Documents arabes relatifs à l'histoire du Soudan**. Tedzkiret en-Nisian fi Akhbâr Molouk es-Soudân. Texte arabe édité par O. Houdas, avec la collaboration de E. Benoist. In-8.. 15 fr.

XX. — Le même. Traduction française. In-8......................... 15 fr.

CINQUIÈME SÉRIE

I-II. **Dictionnaire annamite-français** (langue officielle et langue vulgaire), par Jean Bonet. 2 vol. in-8... 40 fr.

III. **L'imprimerie sino-européenne en Chine**, par Henri Cordier. In-8, planches .... 7 fr. 50

IV. **Nan-Tchao Ye-Che**. Histoire particulière du Nan-Tchao, traduction d'une histoire de l'ancien Yun-nan, accompagnée d'une carte et d'un lexique géographique et historique, par Camille Sainson. In-8, carte...................... 15 fr.

V. **Recueil de mémoires orientaux**. Textes et traductions publiés par les Professeurs de l'École spéciale des Langues orientales vivantes, à l'occasion du Congrès international des Orientalistes réuni à Alger (avril 1905). In-8....... 16 fr.

www.ingramcontent.com/pod-product-compliance
Lightning Source LLC
Chambersburg PA
CBHW070603230426
43670CB00010B/1392